作者简介

闵宽东 1960年生，韩国天安人。韩国庆熙大学中文系毕业，中国台湾文化大学中文研究所博士。现任韩国庆熙大学中文系教授、韩国中国小说学会会长、庆熙大学比较文化研究所所长。著有《中国古典小说在韩国之传播》（学林出版社1998年版）、《中国古典小说史料丛考》（韩国亚细亚文化社2001年版）、《中国古典小说批评资料丛考》（韩国学古房出版社2003年版）、《中国古典小说的传播和受容》（韩国亚细亚文化社2007年版）、《中国古典小说的出版和研究资料集成》（韩国亚细亚文化社2008年版）、《中国古典小说在韩国的研究》（学林出版社2010年版）、《韩国所见中国古代小说史料》（ 武汉大学出版社2011年版，合著）、《韩国所藏中国古典戏曲版本和解题》（韩国学古房出版社2012年版）、《韩国所藏中国文言小说版本目录和解题》（韩国学古房出版社2013年版，合著）、《韩国所藏中国通俗小说版本目录和解题》（韩国学古房出版社2013年版）、《朝鲜时代中国古典小说的出版本和翻译本研究》（韩国学古房出版社2013年版）、《韩国所藏稀贵本中国文言小说介绍和研究》（韩国学古房出版社2014年版，合著）、《中国通俗小说的流入和受容》（韩国学古房出版社2014年版）等数十部专著，翻译《中国通俗小说总目提要》（第4卷）（韩国蔚山大学出版部1999年版）、《中国通俗小说总目提要》（第5卷）（韩国蔚山大学出版部1999年版）。发表学术论文数十篇。

作者简介

陈文新　1957年8月生，湖北公安人。现为武汉大学文学院博士生导师，教育部长江学者特聘教授，武汉大学明清文学研究所所长，兼任《历代科举文献整理与研究丛刊》主编、《中国学术档案大系》主编、《湖北省志》总纂委员会副总纂、中国俗文学学会副会长、中国儒林外史学会副会长、中国明代文学学会理事等。主要研究中国小说史、明代诗学和科举文化。所主编18卷本《中国文学编年史》是一部系统完整、涵盖古今的文学编年史，荣获首届中国出版政府奖（2008年）和湖北省第六届人文社会科学优秀成果奖一等奖（2009年），入选新中国六十年高校哲学社会科学成就展（1949—2009年）、教育部重点研究基地十年建设标志性成果（2000—2010年）和党的十六大以来出版业发展成就代表性成果（2002—2012年）。个人学术专著主要有《传统小说与小说传统》《文言小说审美发展史》《中国小说的谱系与文体形态》《明代诗学的逻辑进程与主要理论问题》《中国文学流派意识的发生和发展》《明代文学与明代的科举文化生态》。发表学术论文二百余篇。多次赴海外讲学或参加学术会议。

作者简介

刘信俊　1971年出生于韩国首尔。淑明女子大学中文系毕业，淑明女子大学文学博士，庆熙大学比较文化研究所研究员。主要著作有：《韩国所藏中国文言小说版本目录和解题》（韩国学古房出版社 2013年版，合著）、《韩国所藏中国古典小说版本目录》（韩国学古房出版社 2013年版，合著）、《韩国所藏稀贵本中国文言小说介绍和研究》（韩国学古房出版社 2014年版，合著）。发表学术论文多篇。

韩国研究财团资助项目（课题号为NRF-2010-322-A00128）成果

韩国所藏中国文言小说版本目录

武汉大学学术丛书

Wuhan University Academic Library

闵宽东 陈文新 刘僖俊 著

武汉大学出版社
WUHAN UNIVERSITY PRESS

图书在版编目(CIP)数据

韩国所藏中国文言小说版本目录/闵宽东,陈文新,刘僖俊著.—武汉:武汉大学出版社,2015.2

武汉大学学术丛书

ISBN 978-7-307-14497-2

Ⅰ.韩… Ⅱ.①闵… ②陈… ③刘… Ⅲ.文言小说—版本—书名目录—中国 Ⅳ.Z88:I242

中国版本图书馆CIP数据核字(2014)第235235号

责任编辑:李 琼　　责任校对:汪欣怡　　版式设计:马 佳

出版发行:**武汉大学出版社** (430072 武昌 珞珈山)

(电子邮件:cbs22@whu.edu.cn 网址:www.wdp.whu.edu.cn)

印刷:武汉中远印务有限公司

开本:720×1000 1/16　印张:41.75　字数:596千字　插页:4

版次:2015年2月第1版　2015年2月第1次印刷

ISBN 978-7-307-14497-2　定价:118.00元

《韩国所藏中国文言小说版本目录》序

陈文新

2011年5月，我和闵宽东教授合作出版了《韩国所见中国古代小说史料》一书（武汉大学出版社）。在《韩国所见中国古代小说史料》的后记中，我曾写下这样两段话："近三十年来，韩国的中国古典小说研究取得了引人注目的进展，涌现出一批各有建树的学者，闵宽东教授是其中的一员。我和宽东教授相识十多年了，经常在学术会议上见面，或在韩国，或在中国。每次见面，都会或多或少地就一些共同关心的话题交流想法，我们之间的了解就是在聊天的过程中加深的。""《韩国所见中国古代小说史料》是我们在聊天中确立的第一个合作项目。我们的合作很愉快，也很有效率，有时候，为了解决一个疑问，我们一天要写好几封电子邮件。这是一段难忘的日子，而《韩国所见中国古代小说史料》则是我们友谊的永恒见证。我相信，我们之间还会有进一步的合作，我们还会为学术界奉献出新的成果。"现在，《韩国所藏中国文言小说版本目录》就要出版了，我很高兴我们的合作又有了新的收获，很高兴就这部新书向各位读者作一些说明。

(一)

也许有读者会问：既然已经有了《韩国所见中国古代小说史料》，何必再出“版本目录”呢？而我们想要告诉读者的是，“史料”和“版本目录”虽然都以“在韩国的”中国古代小说为对象，却有着不同的体例和功能。两者不能相互取代，只能相互配合。这两类著作的配合使用，可以取得相辅相成、相得益彰的效果。

“史料”和“版本目录”之所以不能相互取代，乃是因为，已传入韩国的中国古典小说有440余种，这440余种传入韩国的作品，可以大体分为两类：第一类是“有现存版本的作品”，第二类是“只出现在文献记录中而没有或是尚未发现实际现存版本的作品”。据闵宽东教授统计，“有现存版本的作品”有350余种，“只出现在文献记录中而没有或是尚未发现实际现存版本的作品”有80余种。其具体情形如下：

第一类是“有现存版本的作品”，其中唐代以前作品约23种，唐代约13种，宋元两代约29种，明代约90种，清代约197种：《山海经》《穆天子传》《燕丹子》《神异经》《十洲记》《洞冥记》《东方朔传》《汉武帝内传》《吴越春秋》《新序》《说苑》《列女传》《列仙传》《西京杂记》《高士传》《神仙传》《灵鬼志》《博物志》《拾遗记》《搜神记》《搜神后记》《述异记》《世说新语》《酉阳杂俎》《宣室志》《独异志》《朝野佥载》《北梦琐言》《因话录》《北里志》《卓异记》《玉泉子》《游仙窟》《尚书故实》《资暇录》《无双传》《太平广记》《杨太真外传》《绿珠传》《梅妃传》《汉成帝赵飞燕合德传》《唐高宗武后传》《归田录》《梦溪笔谈》《渑水燕谈录》《冷斋夜话》《岩下放言》《玉壶清话》《涑水记闻》《夷坚志》《续博物志》《鸡肋编》《过庭录》《桯史》《齐东野语》《鹤林玉露》《癸辛杂志》《鬼董》《闲窗括异志》《五色线》《睽车志》《江邻几杂志》《南村辍耕录》《稗史》《大宋宣和遗事》《说郛》《山中一夕话》《聘聘传》《太原志》《广博物志》《世说新语补》《皇明世说新语》《正续太平广记》《剪灯新话》《剪灯余话》《觅灯因话》《效颦集》《花影集》《玉壶冰》《稗史汇编》《红梅记》《西湖游览志》《亘史》《五杂俎》《智囊补》《野记》《何氏语林》《训世评话》《钟离葫芦》《两山墨谈》《花阵绮言》《情史》《太平清话》《林居漫录》《痴婆子传》《逸史搜奇一百四十家小说》《稗海》《国色天香》《顾氏文房小说》《广四十家小说》《五朝小说》《古今说海》《汉魏丛书》《狯园志异》《艳异编》《宋人百家小说》《三国志演义》《后三国志》《水浒传》《后水浒传》《水浒后传》《续水浒传》《结水浒传》《西游记》《后西游记》《金瓶梅》《续金瓶梅》《醒世恒言》《拍案惊奇》《今古奇观》《型世言》《续今古奇观》《石点头》（《五续今古奇观》）《贪欢报》（《今古艳情奇观》）《封神演义》《春秋列国志》《隋唐演义》《南北宋志传》《北宋演义》《南宋演义》《大唐秦王词话》《薛仁贵征东全传》《异说后唐传三集薛丁山征西樊梨花全传》《三遂平妖传》《东西汉通俗演义》《西汉演义》《楚汉演义》《东汉演义》《残唐五代史演义》《皇明英烈传》《续英烈传》《开辟演义》《武穆王贞忠录》《北方真武祖师玄天上帝出身全传》《新镌批评出相韩湘子》《东南西北四游记》《三宝太监西洋记通俗演义》《东游记》《南游记传》《醉醒石》《孙庞演义》《隋史遗文》《隋炀帝艳史》《禅真逸史》《八仙出处东游记传》《全相新镌包孝肃公神断百家公案演义》《于少保萃忠全传》《东度记》《典故列女传》《檐曝杂记》《挑灯新录》《客窗闲话》《续客窗闲话》《梦园丛说》（《梦园丛记》）《见闻随笔》《遁窟谰言》《耳食录》《妄妄录》《景船斋杂记》《无稽谰语》《鹂砭轩质言》《瓮牖余谈》《滦阳消夏录》《埋忧集》《子不语》（《新齐谐》）《夜谭随录》《夜雨秋灯录》及《续录》《燕山外史》《阅微草堂笔记》《聊斋志异》《女聊斋志异》《后聊斋志异》《两般秋雨盦随笔》《分甘余话》《我佛山人札记小说》《庸闲斋笔记》《虞初新志》《虞初续志》《广虞初新志》《右台仙馆笔记》《里乘》《删补文苑楂橘》《十一种藏书》《海陬冶游录》《谐铎》《今世说》《茶余客话》《质直谈耳》《壶天录》《寄

园寄所寄》《道听途说》《淞南梦影录》《雨窗记所记》《浇愁集》《粤屑》《因树屋书影》《萤窗异草》《秋坪新语》《翼駉稗编》《说铃》《香艳丛书》《坐花志果》《池北偶谈》《归田琐记》《浪迹丛谈》《池上草堂笔记》《宋艳》《笑林广记》《此中人语》《海上群芳谱》《沧海遗珠录》《秋灯丛话》《闲谈消夏录》《吴门画舫录》《秘书二十一种》《说冷话》《三异笔谈》《梦厂杂著》《板桥杂记》《续板桥杂记》《桃溪客语》《多暇录》《蕉轩随录》《北窗呓语》《庸盦笔记》《余墨偶谈》《定香亭笔谈》《椒生随笔》《雪鸿小记》《唐人说荟》《后三国石珠演义》《今古奇闻》《东周列国志》《后列国志》《大明正德皇游江南传》《回文传》《石头记》《红楼梦》《红楼梦补》《红楼复梦》《后红楼梦》《续红楼梦》《补红楼梦》《红楼梦影》《儒林外史》《镜花缘》《女仙外史》《瑶华传》《快心编》《五美缘》《品花宝鉴》《花月痕全书》《青楼梦》《绿牡丹》(《反唐四望亭》)《玉娇梨》《万花楼传》《粉妆楼》《儿女英雄传》《七剑十三侠》《七侠五义传》《忠烈侠义传》《忠烈续小五义》《雪月梅传》《施公案》(《施案奇闻》)《大字足本绣像施公案全传》《施公案演义》《彭公案全传》《续彭公案》《于公案奇闻》《刘公案》《原本海公大红袍传》《说唐前后传》《说唐演义全传》《说唐后传》《说唐小英雄传》《二十四史通俗演义》《离合剑莲子瓶》《神州光复志演义》《洪秀全演义》《异仙传演义》《后七国乐田演义》《五虎平西珍珠旗演义狄青前传》《好逑传》(《二才子侠义风月传》)《平山冷燕》《平山冷燕续才子书》《评演济公传》《四续济公传》《评演前后济公传》《再续济公传全部》《第十才子书白圭志》《绿野仙踪》《希夷梦》《锦香亭记》《莲子瓶全传》(《银瓶梅》)《二度梅全传》《英云梦传》《樵史通俗演义》《吴三桂演义》《西来演义》《野叟曝言》《西湖佳话》《西湖拾遗》《争春园全传》《绘芳录》《双凤奇缘》(《双奇缘全传》)《善恶图全传》《梼杌闲评全传》《女才子传》《二十载繁华梦》《三公奇案》《万年青奇才新传》《三合明珠宝剑全传》《海上繁华梦新书》《第九才子书平鬼传》《金台全传》《伍子胥传》《玉支玑》《南溪演谈》《醒风流》《引凤箫》《画图缘》《第十才子书驻春园》《第九

才子书捉鬼传》《新出情天劫小说》《永庆升平前传》《前后七国志演义》《吕祖全传》《龙图公案》《包龙图判断奇案》《闹花丛》《两晋演义》《民国新汉演义》《啖蔗》《彭公清烈传》《五虎平南狄青演义》《文明小史》《隔帘花影》《梦中缘》《飞龙全传》《续儿女英雄传》《六续济公传》《济颠大师醉菩提全传》《醒世奇闻国事悲》《英雄泪》《说岳全传》《豆棚闲话》《十二峰》。

第二类是“只出现在文献记录中而没有或是尚未发现实际现存版本的作品”，有 80 余种：《赵飞燕外传》《汉武故事》《齐谐记》《续齐谐记》《白猿传》《诺皋记》《河间传》《娇红记》《避暑录话》《三国志平话》《古本西游记》《春梦琐言》《虞初志》《仙媛传》《富公传》《迪吉录》《禅真后史》《盛唐演义》《东晋演义》《西晋演义》《涿鹿演义》《齐魏演义》《杨六郎传》《警世通言》《觉世名言》《西湖二集》《弁而钗》《昭阳趣史》《一枕奇》《浪史》《双剑雪》《金粉惜》《西周演义》《唐宋百家小说》《五色石》《人中画》《留人眼》《醒世姻缘传》《肉蒲团》《玉楼春》《艳情快史》《艳史》《杏花天》《恋情人》《灯月缘》《陶情百趣》《巧联珠》《金云翘传》《春柳莺》《凤箫媒》《春风眼》《巫梦缘》《定情人》《惊梦啼》《赛花铃》《五凤吟》《蝴蝶媒》《飞花艳想》《催晓梦》《吴江雪》《两交婚传》《凤凰池》《归莲梦》《情梦柝》《梦月楼》《麟儿报》《破闲谈》《八洞天》《跨天虹》《鸳鸯影》《锦疑团》《一片情》《再求凤》《快士传》《汉魏小史》《桃花影》《觉梦雷》《春苑记》《玉殿生春》《梅玉传奇》《定鼎奇闻》。

比对上述两种情况，可以发现，《韩国所见中国古代小说史料》所涵括的对象包括第二类 80 余种小说和第一类中约一半既有现存版本又有文献记载的小说，其总和约为 230 种。而第一类中的另外一半小说，其数量为 170 余种，限于体例，《韩国所见中国古代小说史料》无从涉及。这个数字提醒我们，对韩国所藏中国古典小说做系统的“版本目录”，正好与《韩国所见中国古代小说史料》相辅相成，可以为读者提供不同类型的学术信息。或者说，《韩国所见中国古代小说史料》与《韩国所藏中国古代小说版本目录》各有其不可替代的意义，两者在学术上各有其独立的价值。

在完成了《韩国所见中国古代小说史料》之后，我们之所以花大量精力继续做《韩国所藏中国古代小说版本目录》，原因在此。由于工作量太大，我们拟分两册来做，一册是《韩国所藏中国古代白话小说版本目录》，一册就是这本《韩国所藏中国文言小说版本目录》。

（二）

有几部中国古典小说，如《世说新语》《太平广记》《剪灯新话》，在中韩两国的文化交流中曾扮演重要角色，考察这几部名著东传的历程及其在韩国的版本情形，不仅有助于论古，而且有助于察今，不仅有学术意义，而且有文化意义，所以我们就这几部书特别多说几句。

《世说新语》是在朝鲜时代肃宗三十四年（1708）用原文在韩国出版的,① 其书名为《世说新语补》，是明代王世贞的删定本。引人注目的是这个版本用的是显宗实录字（朝鲜显宗：1659—1674年在位），证明了这是官刻出版。朝鲜时代对《世说新语》的重视由此可见。

这个版本的题署是：刘义庆（刘宋）撰，刘孝标（梁）注，刘辰翁（宋）批，何良俊（明）增，王世贞（明）删定，王世懋（明）批释，钟惺（明）批点，张文柱（明）校注，共20卷7册，版式为左右双边，31×20cm，半郭22.8×15.6cm，10行18字，有界，注双行，内向黑鱼尾。序文中有“嘉靖丙辰（1556）……王世贞撰”，“万历庚辰（1580）……王世懋撰”，“乙酉（1585）……王世懋再识”，“万历丙戌（1586）秋日……沔阳陈文烛玉叔撰”的记录。纸质是朝鲜楮纸。后代曾多次覆印。也有《世说新语姓汇韵分》这样改变《世说新语》原有的体例再出版的作品。《世说新语姓汇韵分》是按人名和姓氏排的，可大概推定是在肃宗末或英祖年间出版的。这个版本在后代也多次覆印（12卷3册，12卷4

① 高丽大学校中央图书馆，《晚松文库·汉籍目录》。

册，12卷6册，12卷12册等)。现藏于韩国中央图书馆、藏书阁、高丽大学校、延世大学校、成均馆大学校图书馆等处。

王世贞删定的《世说新语补》是经由什么途径传到韩国去的呢？是谁带到韩国去的呢？答案是：两国的文化交流是这个版本东传韩国的途径，而具体完成这一文化使命的是明朝万历年间的朱之蕃。

据钱谦益《列朝诗集小传》丁集上载，朱之蕃曾于万历年间出使朝鲜：

> 之蕃，字元价，金陵人。万历乙未状元，官终吏部右侍郎。元价为史官，出使朝鲜，尽却其赠贿，鲜人来乞书，以貂参为贽，橐装顾反厚，尽斥以买法书、名画、古器，收藏遂甲于白下。

朱彝尊《静志居诗话》卷十六也记载：

> 朱之蕃，字元价，南京锦衣卫籍，茌平人。万历乙未赐进士第一，授翰林院修撰，以右春坊，右谕德，掌院印。以右春坊，右庶子，掌坊印。升少詹事，进礼部右侍郎，改吏部右侍郎。卒，赠礼部尚书。有《使朝鲜稿》《南还》《纪胜》诸集。元价文翰兼工，张擅东国，与馆伴周旋，有倡必和，微嫌诗材愞熟，语不惊人。

《四库全书总目·别集类存目六·奉使稿》同样对朱之蕃出使朝鲜一事作了强调：

> 之蕃以万历乙巳冬被命使朝鲜，丙午春仲出都，夏杪入关，与馆伴周旋，有倡必和，录为二大册。第一册为《奉使朝鲜稿》，前诗后杂著，之蕃作也。第二册为《东方和音》，朝鲜国议政府左赞成柳根等诗也。

《列朝诗集小传》《静志居诗话》和《四库全书总目》都提到了朱之蕃出使朝鲜的事，也提到了他与接待他的馆伴相互唱和的事，但没有提到他带了些什么礼物过去。我们一直想弄清这一点。令人欣喜的是，朝鲜时代李宜显（1669—1745）的《陶谷集》提供了关于这一问题的部分答案：

> 其谈论风标书之文字，则无不澹雅可喜，此刘义庆《世说》所以为楮人墨客所剧嗜者也。因此想当时亲见其人听其言语者，安得不倾倒也。明人删其芜，补其奇，作为一书，诚艺林珍宝也。朱天使之蕃携来，赠西坰，遂为我东词人所欣睹焉。

李宜显（1669—1745）是朝鲜肃宗—英祖年间文人，著有《陶谷集》。所说的“西坰”是指朝鲜时代文臣柳根（1549—1627），他字晦夫，号西坰、孤山。李宜显称朱之蕃为天使，其间的敬慕之意溢于言表。朱之蕃出使朝鲜，是带了礼物的，其中一件就是王世贞删定的《世说新语补》。《世说新语》是在韩国最受欢迎的十大中国古典名著之一，另外九部是《太平广记》《剪灯新话》《三国演义》《东周列国志》《西、东汉演义》《水浒传》《西游记》《今古奇观》《红楼梦》（依作品类别、时序排列）。韩国现存的《世说新语》版本不下21种，现存的《世说新语补》版本不下16种，另有《世说新语姓汇韵分》等十余种，如此众多的版本类型表明，《世说新语》在韩国的确是备受欢迎的。朱之蕃以《世说新语补》作为出使朝鲜的礼物之一，说明他对朝鲜的国情民风有深入体察。他是一个称职的文化使者。中韩两国的文化交流因他而增加了光彩夺目的一页，而在中韩文化交流史上，他也因此有了一席之地。

《太平广记》与《太平御览》《文苑英华》《册府元龟》合称为“宋朝四部大书”，是李昉等人奉宋太宗之命集体编纂的。从太平兴国二年（977）三月开始，至次年八月结束，搜集上自秦汉、下至宋初的野史小说共约七千则，成书五百卷，目录十卷，约三百万字。

《太平广记》按题材分为九十二大类：神仙、女仙、道术、方士、异人、异僧、释证、报应、征应、定数、感应、谶应、名贤、廉俭、气义、知人、精察、俊辩、器量、贡举、铨选、职官、权倖、将帅、骁勇、豪侠、博物、文章、才名、儒行、乐、书、画、算术、卜筮、医、相、伎巧、博戏、器玩、酒、食、交友、奢侈、诡诈、谄佞、谬误、治生、褊急、诙谐、嘲诮、嗤鄙、无赖、轻薄、酷暴、妇人、情感、童仆奴婢、梦、巫厌咒、幻术、妖妄、神、鬼、夜叉、神魂、妖怪、精怪、灵异、再生、悟前生、冢墓、铭记、雷、雨、山、石、水、宝、草木、龙、虎、畜兽、狐、蛇、禽鸟、水族、昆虫、蛮夷、杂传记、杂录等。这种分类法虽然拆散了所引用的原书，但为分题材研究宋以前的文言小说提供了极大方便。

《太平广记》编成后，因卷帙繁重，又因为有人说这部书并非后学者所急需，就把版收了起来，在宋代已少流传，以至于有人把读过《太平广记》当做炫耀的资本。比如，洪适有《还李举之〈太平广记〉》诗："稗官九百起虞初，过眼宁论所失诬。午睡黑甜君所赐，持还深愧一瓻无！"① 吴曾《能改斋漫录》多处征引此书以为考订之资。陈振孙《直斋书录解题》卷十一记"妄人多取《广记》中旧事，改窜首尾，别为名字以投"洪迈。② 这些是宋人以读过《太平广记》而自豪的证据。至于罗烨《醉翁谈录》"小说开辟"称说话人必须"幼习《太平广记》"，更把《太平广记》当做说话这个行当的门面。直到明代嘉靖、万历年间，《太平广记》才有了各种不同的节选本，开始在士大夫文人间广泛流传。

《太平广记》大概在1100—1200年（高丽时代）首度传入韩国，朝鲜太宗时代又再度传入。因为《太平广记》过于庞大，故曾在朝鲜世祖八年（1462）由成和仲（成任）将它简缩后出版，书名为《详节太平广记》。

---

① 洪适：《盘洲文集》卷四，文渊阁四库全书本。

② 陈振孙：《直斋书录解题》，上海古籍出版社1987年版，第336页。

朝鲜时代刊行的《详节太平广记》现藏于高丽大学校、成均馆大学校、忠南大学校图书馆等处。其中成均馆大学校的版式如下：李昉（宋）奉敕编：韩国木版本，成任［朝鲜世祖八年（1462）］刊，全50卷中，现存7卷2册（卷15-21），四周单边，34×20.7cm，半郭23.7×16cm，10行17字，上下黑口内向黑鱼尾，纸质：楮纸。

其后，成和仲又参考《详节太平广记》出版了《太平通载》80卷（《太平通载》后于朝鲜成宗二十三年即1492年由李克墩重刊）。① 此外有翻译本《太平广记谚解》，大概是在朝鲜明宗二十一年至宣祖年间（1566—1608）出版的。现存的《太平广记谚解》有两种版本，一种是5卷135篇的"觅南本"，另一种是8卷268篇的"乐善斋本"。

考察韩国所藏《太平广记》版本，不难发现一个事实：大量刊行《太平广记》的朝鲜时代，与明人大量刊印《太平广记》各种节选本（包括改题书名的节选本）的时间大体对应。这或许不是偶合，而是表明了两国的文化风尚在这一时期高度相近。在相近的文化风尚背后，是两国之间频繁、活跃的文化交流。中韩两国在文化上的这种密切的亲戚关系，是值得我们永远珍惜和维护的。

明初瞿佑的《剪灯新话》在中国文言小说发展史上占有重要地位，在韩国的影响更加引人注目。

朝鲜时代的韩国不仅接收和引进了《剪灯新话》，而且还自行刊印，以便广为传播。据林芑跋文，当时出版的《剪灯新话句解》本（《剪灯新话句解》是就原本《剪灯新话》里难解的语句或词语加上校注后发行的作品）有两种，一种是林芑受宋粪的请托而作的版本（朝鲜明宗四年即1549年发行），另一种是在修订旧本的基础上，林芑集释、尹春年（沧洲）校正而发行的版本（明宗十四年即1559年发行）。这本《剪灯新话句解》（上、下二卷，共20篇，附录1篇，总21篇）是校书馆刊行本，其后又多次出版。署

---

① 丁奎福：《古小说和中国小说》，载《韩国古小说论》，亚细亚文化社（韩国）1991年版，第318页。

"山阳瞿佑宗吉著，沧洲订正，垂胡子集解"。沧洲与垂胡子都是朝鲜学者。现在广泛流传的版本就是沧洲订正的木版本，藏书阁、国立中央图书馆、奎章阁、高丽大学校、成均馆大学校图书馆等处均见收藏。可惜宋粪的木活字本久已失传，无法见到。

《剪灯新话句解》是《剪灯新话》有史以来的第一部注解本，也是目前所见《剪灯新话》足本中最早的版本。后传至日本，对长庆年间（1596—1614）、元和年间（1615—1623）的活字翻排本《剪灯新话句解》与庆安元年（1648）林正五郎翻排本《剪灯新话》有很大的影响。在目前没有《剪灯新话》原本的情况之下，甚难确定此版本的改作实况，但朝鲜的《剪灯新话句解》应是较近于原本《剪灯新话》的。

朝鲜明宗以后，《剪灯新话句解》又多次出版。根据鱼叔权的《考事撮要》和综合册板目录的《韩国册板目录总览》① 来看，北汉山城、保宁、密阳、永川、陕川、居昌、全州、顺天、龙安、济州、原州等地均有出版记录。② 现存的《剪灯新话句解》版本，仍有不下九种。

《剪灯新话》在韩国、日本、越南等国盛传，受到广泛欢迎与推崇，在这些国家尤其是韩国的小说史上产生了深远影响。韩国小说的始祖是金时习的《金鳌新话》，或者说，《金鳌新话》是韩国小说史上最初的小说，它在韩国小说史上的地位极为崇高。而说到《金鳌新话》，就不能不提《剪灯新话》。朝鲜初期，首先传入韩国的中国小说就是瞿佑的《剪灯新话》，《金鳌新话》就是《剪灯新话》影响下的产物：《金鳌新话》的《万福寺樗蒲记》反映了《剪灯新话》中的《滕穆醉游聚景园记》和《富贵发迹司志》等的影响；《金鳌新话》的《李生窥墙传》是《剪灯新话》中的《渭塘奇遇记》《翠翠传》《金凤钗传》《联芳楼记》和《秋香亭记》等

---

① 郑亨愚，尹炳泰编，精神文化研究院刊行［现韩国学中央研究院］1979年版。

② 柳铎一：《韩国文献学研究》，亚细亚文化社（韩国）1990年版，第296~299页。

的投影；《金鳌新话》的《醉游浮碧楼记》是模仿《剪灯新话》中的《鉴湖夜泛记》；《金鳌新话》的《南炎浮州志》是模仿《剪灯新话》中的《令狐生冥梦录》《太虚司法传》和《永州野庙记》；《金鳌新话》的《龙宫赴宴录》是模仿《剪灯新话》中的《水宫庆会录》和《龙堂灵会录》。可以说，没有《剪灯新话》，就没有《金鳌新话》，虽然《金鳌新话》已是一部具有鲜明的韩国民族特色的作品。值得一提的是，壬辰倭乱时，《剪灯新话》与《金鳌新话》流传到日本，又对日本文学产生了巨大影响，日本小说《伽婢子》《雨月物语》就是在这两部小说的带动下产生的。这些事实表明，《剪灯新话》在韩国、日本、越南等国的小说发展史上占有重要的地位。关注《剪灯新话》在海外的印刷、阅读情形和影响，其学术意义是显而易见的：不仅有助于我们把握韩国、日本、越南等国的小说发展史，也有助于我们叙述中国小说的发展历史，这是因为，小说史并非单纯的作家和作品的历史，它还包括作品被接受的历史——在国内被接受的历史和在国外被接受的历史。正是基于这个想法，我们很高兴能为研究中国小说史和韩国小说史的学者奉上这部新书，也期待读者们喜欢它，并享受到“开卷有益”的乐趣。

2014年8月12日于武汉大学

目　　录

上编　韩国所藏中国文言小说版本目录（按作品分类）

下编 韩国所藏中国文言小说版本目录(按收藏处分类)

上　编

韩国所藏中国文言小说版本目录（按作品分类）

第一章
唐代以前作品目录

1. 山　海　经

《山海经》原本三十二篇，西汉刘歆（后改名秀）等校定为十八篇。此书撰者，旧称夏禹、伯益，但书中载有夏后启、周文王以及秦汉时代的长沙、象郡、余暨、下隽诸地名，可知此书绝不会产生于三代以前，大概成书于战国时代，秦汉间又有增益。① 其中

① 胡应麟以为《山海经》产生于《穆天子传》之后，其言曰："《山海经》，古今语怪之祖。刘歆谓夏后伯翳撰，无论其事，即其文与典、谟、《禹贡》迥不类也。余尝疑战国好奇之士本《穆天子传》之文与事而侈大博极之，杂傅以汲冢《纪年》之异闻，《周书·王会》之诡物，《离骚》《天问》之遐旨，《南华》、郑圃之寓言，以成此书。而其叙述高简，词义淳质，名号倬诡，绝自成家，故虽本会萃诸书，而读之反若诸书之取证乎此者，而实弗然也。《穆天子传》至晋始出，而此书汉世独完，缘是前代文人率未能定其先后。余首发之于此，俟大雅君子商焉。""始余读《山海经》而疑其本《穆天子传》，杂录《离骚》《庄》《列》傅会以成者，然以出于先秦，未敢自信。载读《楚辞辨证》云：（接下页）

《五藏山经》简称《山经》，叙述各方山水、动植、物产、怪异。《海外》《海内》《大荒》各经简称《海经》，记载殊方异闻，保存了丰富的远古神话传说。《山海经》的体例、手法与地理著作相同之处甚多，但“好怪而妄言”，充满了荒诞的内容，实非地理著作。如《四库全书总目》史部地理类序所云：“古之地志，载方域、山川、风俗、物产而已。其书今不可见，然《禹贡》《周礼·职方氏》其大较矣……若夫《山海经》《十洲记》之属，体杂小说。”其中有几则影响深远的神话传说，如“精卫填海”、“鲧禹治水”、“夸父追日”等。

《山海经》一类的作品，汉代有《括地图》《神异经》《十洲记》，魏、晋、南北朝有《博物志》《玄中记》《述异记》。

书名	出版事项	版式状况	一般事项	所藏处/所藏番号
山海经	郭璞(晋)注,郝懿行(清)笺疏,清嘉庆九年(1804)跋	18卷4册(卷1-18),中国木版本,27×17.3cm,上下单边,左右双边,半郭:18.2×14.4cm,有界,10行24字,注双行,纸质:竹纸	表题:山海经笺注,跋:嘉庆九年甲子(1804)二月廿八日栖霞郝懿行撰	江原道江陵市船桥庄
山海经	郭璞(晋)注,郝懿行(清)笺疏,清嘉庆十四年(1809)序	山海经18卷,图赞1卷,订讹1卷,合20卷4册,中国木版本,27.5×17.5cm	笺疏序:嘉庆十四年(1809)……(清)阮元;嘉庆九年(1804)……(清)郝懿行	国立中央图书馆[古]2816-4

(接前页注文)‘古今说《天问》者皆本《山海经》《淮南子》，今以文意考之，疑此二书皆缘《天问》而作。’则紫阳已先得矣。然经所纪山川神鬼，凡《离骚》《九歌》《远游》、二《招》中稍涉奇怪者，悉为说以实之，不独《天问》也，而其文体特类《穆天子传》，故余断以为战国好奇之士取《穆王传》，杂录《庄》《列》《离骚》《周书》、晋《乘》以成者。自非熟读诸书及此经本末，不易信也。后世必有以余为知言者。”见胡应麟：《少室山房笔丛》卷三二《四部正讹下》，上海书店出版社2001年版，第314~315页。

续表

书名	出版事项	版式状况	一般事项	所藏处/所藏番号
山海经	郭璞(晋)注,郝懿行(清)笺疏,清嘉庆十四年(1809)序	8卷4册(卷1-8),中国木版本,27.2×17.4cm,上下单边,左右双边,半郭:18.4×14.5cm,有界,10行24字,纸质:竹纸	序:嘉庆十四年(1809)夏四月扬州阮元序,跋:嘉庆七年甲子(1804)二月廿八日栖霞郝懿行撰,附录:山海经图赞,山海经订讹	江原道江陵市船桥庄
山海经	郭璞(晋)注,郝懿行(清)笺疏,清光绪七年(1881)刊	18卷4册,中国木版本,24.5×16cm,上下单边,左右单边,半郭:18.4×14.4cm,有界,10行24字,纸质:竹纸	刊记:上谕光绪七年(1881)十二月二十四日内阁奉上谕前据顺天府府尹游百川呈进已	釜山大学校 2-11-18
山海经	郭璞(晋)注,吴志伊(清)注,扫叶山房,清光绪十年(1884)刊	4卷4册,中国木版本,24×15.5cm,四周单边,半郭:19×13.8cm,有界,9行20字,注双行,上下向黑鱼尾,纸质:竹纸	版心题:南山经,原序:晋记室参军郭璞景纯撰,后序:光绪甲申年(1884)小春月吴县孙溪逸士核于扫叶山房,刊记:绘图广注晋记室参军郭璞撰,所藏印:安钟和章	忠南大学校
山海经	郭璞(晋)注,吴志伊(清)注,刊写地未详,刊写者未详,光绪十年(1884)序	4卷4册(卷1-4),中国木版本,有图,24×15.3cm,四周单边,半郭:18.9×14.5cm,有界,9行20字,注双行,上下向黑鱼尾	目录题:山海经广注,标题:绘图广注山海经,原序:晋记室参军郭璞景纯撰,重修后序:光绪甲申年(1884)小春月吴县孙溪逸士校于扫叶山房,重修后序:大唐翰林侍读学士国子祭酒成都杨慎序于锦江浣溪书屋	东亚大学校(3):12:2-20
山海经	郭璞(晋)注,吴志伊(清)注,刊写地未详,扫叶山房,1884年刊	4卷4册,中国石印本,有图,23.5×15.4cm,四周双边,半郭:20×14.1cm,有界,9行20字,注双行,上下向黑鱼尾	书名:卷首题,序题:山海经原序,序题:重修山海经注后序,版心题:山海经,表题:山海经,注:吴志伊,序:光绪甲申年小春月吴县孙溪逸士校于扫叶山房,原序:晋记室参军郭璞撰	东国大学校 D981.2-곽41, v.1/v.2 v.3/v.4

续表

书名	出版事项	版式状况	一般事项	所藏处/所藏番号
山海经	郭璞(晋)注,吴志伊(清)注,上海扫叶山房,1884年刊	4卷4册,中国木版本,有图(74幅图),24.2×15.5cm,四周单边,半郭:19.1×13.8cm,有界,9行20字,注双行,上下向黑鱼尾	卷头:序:郭璞,重修山海经注后序:光绪甲申(1884)……孙溪,目录,表题:绘图广注山海经晋记室参军郭璞撰,扫叶山房藏版	岭南大学校南斋文库古南823.5-곽박
山海经	郭璞(晋)注,刊写地未详,浙江书局,光绪三年(1877)刊	18卷3册,中国木版本,25×15.4cm	刊记:光绪三年(1877)浙江书局,据毕氏灵岩山馆本校刻,序:乾隆四十六年(1781)……毕沅(清)	国立中央图书馆 BA2816-12
山海经	郭璞(晋)注,毕沅(清)校,光绪三年(1877),浙江书局刻	18卷3册,中国木版本,上下单边,匡郭:18×13.5cm,有界,9行21字,上黑鱼尾	刊记:光绪三年(1877)浙江书局刻	延世大学校 915.2
山海经	毕沅(清)校正,浙江书局,刊写者未详,清光绪三年(1877)刻,后刷	18卷3册,中国木版本,24×19.7cm,左右双边,半郭:18×12.5cm,有界,9行21字,注双行,上黑鱼尾,纸质:竹纸	序:乾隆四十六年(1781)九月九日兵部侍郎兼都察院右副都御史巡抚陕西西安等处地方赞理军务兼理粮饷钦赐一品顶带毕沅撰,刊记:光绪三年(1877)浙江书局据毕氏灵岩山馆本校刻	成均馆大学校 D7C-32
山海经	郭璞(晋)注,刊写地未详,浙江书局,光绪三年(1877)刊	18卷3册(1匣),中国木版本,24×15.2cm,上下单边,左右双边,半郭:18.2×12.3cm,有界,9行21字,注双行,上下向黑鱼尾	刊记:光绪三(1877)年浙江书局据毕氏灵岩山馆本校刻,序:乾隆四十六年(1781)……后序:乾隆四十八年癸未(1783)……	庆尚大学校古(춘추)D3B 곽41ㅅv.1-3

续表

书名	出版事项	版式状况	一般事项	所藏处/所藏番号
山海经	郭璞(晋)注,中国,刊写者未详,光绪二十三年(1897)刊	18卷1册(卷1-18),中国石印本,20.1×13.3cm,四周单边,半郭:15.5×10.8cm,有界,13行40字,注双行,内向黑鱼尾		檀国大学校竹田退溪图书馆 398.20953-곽964ㅅ
山海经	郭璞(晋)注,大阪,前川大荣堂,刊写年代未详	18卷7册(卷1-18),日本木版本,有图,25.1×17.8cm,四周双边,半郭:19.4×13.4cm,无界,9行20字,注双行,上白鱼尾	序:杨慎	国立中央图书馆[古]6-50-9
山海经	郭璞(晋)注	18卷4册,中国木版本,四周单边,匡郭:19×14.5cm,有界,9行20字,上黑鱼尾		延世大学校915.2
山海经	郭璞(晋)注,吴志伊(清)注,扫叶山房藏版	4卷4册,中国木版本,四周单边,匡郭:19×14cm,有界,9行20字,上黑鱼尾	序:郭璞	延世大学校(默容室文库)915.2
山海经	郭璞(晋)注	18卷4册,木版本,四周双边,匡郭:19×14.5cm,有界,9行20字,上黑鱼尾	序:郭璞	延世大学校(李源喆文库)
山海经	郭璞(晋)注,吴任臣(清)注,刊写者未详,朝鲜朝后期写	不分卷1册(34页),韩国笔写本,25.8×16.3cm,无界,10行25字,注双行,纸质:楮纸		东国大学校D819.32 곽 41ㅅ

续表

书名	出版事项	版式状况	一般事项	所藏处/所藏番号
山海经	刊写地未详，刊写者未详，刊写年未详	1册，笔写本，23.5×15cm		韩国国学振兴院
山海经	郭璞（晋）注，朝鲜朝后期写本	2卷2册，笔写本，26.9×17.9cm，四周单边，半郭：21×14.8cm，乌丝栏，10行21字，注双行，纸质：楮纸		蔚珍郡 崔震箕
山海经	郭璞（晋）注，刊年未详	18卷2册，木版本，24.7×15.6cm，四周单边，半郭：18×13.2cm，11行21字，上黑鱼尾	序：晋记室参军郭璞撰 版心题：槐荫草堂藏版	韩国学中央研究院 D7C-25
山海经	郭璞（晋）注，吴中衍（明）校，刊写地，刊写者，刊写年未详	18卷1册（99页），笔写本，18.5×15.3cm，无界，11行27字	表题：山海经抄，序：康熙六年（1667）……吴任臣	檀国大学校天安栗谷图书馆秋汀文库 ［고］912.53-곽964ㅅ
山海经	毕沅（清）校正，刊写地未详，隆文书局，刊写年未详	18卷4册（卷1-18），中国石印本，20.3×13.3cm	刊记：甲子年春三月隆文书局石印	庆熙大学校 915.2-필66ㅅ
山海经		1册（67页），笔写本，29.5×18cm，行字数不同	汉文，行书	平山申氏判事公派宗宅，韩国国学振兴院受托
山海经笺疏	郝懿行（清）笺疏，上海还读楼，清光绪十二年（1886）刊	20卷4册，中国木版本，27.5×17cm，四周双边，半郭：18×13.5cm，有界，24行10字，注双行，上黑鱼尾，纸质：竹纸	序：光绪第一丙戌（1886）五月上浣海上蔡尔康，刊记：光绪十二年（1886）六月下旬上海还读楼校刊印行，收藏印：唐城后人	成均馆大学校 D7C-35

续表

书名	出版事项	版式状况	一般事项	所藏处/所藏番号
山海经释义	郭璞(晋)注,王崇庆(明)释义,董汉儒(明)校订,清康熙二十八年(1689)刊	18卷6册,中国木版本,有图,25.4×16cm,四周单边,半郭:22.2×13.8cm,有界,9行19字,注双行,上黑鱼尾,纸质:竹纸	里题:山海经广注,版心题:注释山海经,序:岁王正晋陵后学蒋一葵识于尧山堂,跋:万历己未(1619)岁春月之吉戏生明龙岩山人□郡赵维垣书,刊记:康熙己巳(1689)新镌玉堂重梓,印:李王家图书之章	韩国学中央研究院 4-224
绘图广注山海经	吴志伊(清)注,扫叶山房,清光绪十年(1884)刊	4卷4册,中国木版本,有图,24×15.5cm,四周单边,半郭:20×13.5cm,有界,9行20字,注双行,上黑鱼尾,纸质:竹纸	序:光绪甲申年(1884)小春月吴县孙溪逸士校于扫叶山房,刊记:扫叶山房藏版	成均馆大学校 D7C-33
山海经图说	毕沅(清)校正,图书集成局,清光绪二十三年(1897)刊	18卷4册,中国石印本,19.8×13.3cm,四周单边,半郭:15.6×11.1cm,有界,13行40字,注双行,内向黑鱼尾,纸质:竹纸	刊记:光绪二十三年(1897)图书集成局印	成均馆大学校(曹元锡) D7C-34a
山海经笺疏图说	郭璞(晋)注,毕沅(清)校,上海图书集成局,光绪二十三年(1897)刊	18卷4册,中国木版本,18.7×12.5cm,四周单边,半郭:15.4×10.6cm,有界,13行40字,内向黑鱼尾		国立中央图书馆 BA750-2
山海经文	郭璞(晋)注释,刊写地未详,刊写者未详,刊写年未详	45页,笔写本,31.7×21cm	山海经图序……杨慎	国立中央图书馆 古朝50-131

续表

书名	出版事项	版式状况	一般事项	所藏处/所藏番号
山海经广注	郭璞(晋)注,吴任臣(清)注,刊年未详	18卷4册(卷首1册包含),木版本,有图,24.8×15.5cm,四周双边,半郭:18.8×12.8cm,9行22字	表纸书名:山海经,标题纸书名:增补绘像山海经广注,序:时康熙岁次丁未(1667)……仁和柴绍炳撰,康熙五年柔兆敦牂(丙午1666)……仁和吴任臣撰,藏版记:崇义书院藏版,印:[藕斋][闵栽基印]	韩国学中央研究院[霞]D7C-42
山海经广注	刊写地未详,刊写者未详,刊写年未详	1册,笔写本,31.5×21cm		韩国国学振兴院
山海经广注		5卷1册(67页),笔写本,24×14.7cm,8行24字,注双行	汉文,楷书,内容:南山经,西山经,北山经,东山经,中产经	开城高氏月峰宗宅,韩国国学振兴院受托
山海经广注	郭璞(晋)注,吴任臣(清)注	1册(1册65页),笔写本,35.8×21.7cm,12行24字,注双行	汉文,楷书,序:王嗣槐(1666),郭璞	英阳南氏宁海時庵古宅,韩国国学振兴院受托
山海经广注		1册,笔写本,31.5×21cm		丰山柳氏河回和敬堂,韩国国学振兴院受托
山海经抄(并儒胥必知)	抄者未详,朝鲜朝后期写	1册(66页),笔写本,28.7×18.9cm,10行33字,注双行,纸质:楮纸	表纸墨书识记:己巳(1809—1867)腊月书于里中社,合缀:儒胥必知[编者未详]	诚庵文库4-1415

续表

书名	出版事项	版式状况	一般事项	所藏处/所藏番号
山海经广注	郭璞(晋)注	零本 2 册(卷 5-8,15-18),中国木版本,上下单边,匡郭:20×13cm,有界,9 行 22 字,无鱼尾		延世大学校(庸斋文库)915.2
山海经要抄略	庚戌(?)写本	1 册(178 页),笔写本,20.7×19.3cm,无界,10 行 20 字,注双行,纸质:楮纸	表题:山海经,写记:庚戌(?)元月	庆星大学校
山海经广注杂述	吴志伊(清)注,朝鲜朝末期写	不分卷,1 册,笔写本,29×17.8cm,10 行 23 字,注双行,纸质:楮纸	序:康熙五年(1666)仲冬朔旦钱塘王嗣槐撰	成均馆大学校(晚溪)D7C-191
山海经广注	郭璞(晋)注	8 卷 3 册,中国木版本,有图,22.3×14.5cm	山海经图序……杨慎	忠北大学校 981.2-ㄱ 435ㅅ

2. 穆天子传

《穆天子传》又名《周王游行记》《周王传》,共六卷。先秦传记,作者不详。晋咸宁五年(279)汲县民不准盗发魏襄王古冢所得,侍中荀勖等校正,郭璞作注。所记周穆王西行事,经典不载,盖当时委巷流传,有此杂记。旧史因其记载有月日,多列入史部起居注类。《新唐书·艺文志》列入史部实录类,至《四库全书》,始改隶子部小说家类,姚振宗《汉书艺文志拾补》入诸子略小说类。郭璞注六卷本收入《道藏》《古今逸史》《汉魏丛书》《四库全书》《子书百家》《四部丛刊》等 15 种丛书。清洪颐煊有校本,收入《平津馆丛书》《丛书集成初编》《四部备要》等丛书。黄丕烈校本有山东图书馆影印本,另有天一阁本等。《穆天子传》经过晋代荀勖整理，有《上穆天子传序》，记载了竹简出土及“毁落残缺”的情况。书的前五卷记周穆王驾八骏马西征、见西王母等事，后一卷载穆王美人盛姬卒于途中及返葬事。据《左传·昭公十二年》载：“昔穆王欲肆其心，周行天下。”《楚辞·天问》也说：“穆王巧梅，夫何为周流？环理天下，夫何索求？”其体例虽似起居注，“实则恍惚无征”，“多夸言寡实”（《四库全书总目》）。明胡应麟《少室山房笔丛·三坟补逸下》谓其“文极赡缛，有法可观。三代前叙事之详，无若此者。然颇为小说滥觞矣”。后世诗文多以此为典故。戏曲作品如金院本《瑶池会》《蟠桃会》、宋元戏文《王母蟠桃会》等均据《穆天子传》铺衍而成。

书名	出版事项	版式状况	一般事项	所藏处/所藏番号
穆天子传	郭璞(晋)注，陶珽(明)重辑，姚安(清)，宛委山堂，顺治四年(1647)刊	1册，木版本，26×16.8cm，上下单边，左右双边，半郭：19.2×13.4cm，有界，9行20字，注双行，上花口，上下向白鱼尾		首尔大学校中央图书馆 0230-73-138
穆天子传	郭璞(晋)注，程荣(明)校刊，刊写年未详	6卷1册(35页)，木版本，26.4×17.4cm，上下单边，左右双边，半郭：19.9×13.4cm，有界，9行20字，注双行，花口，上下向白鱼尾	序：万历壬辰(1592)……屠隆，序：至正十年(1350)……王渐，序：郭璞，刊记：钱塘郭志学写，装帧：黄色表纸黄丝四缀	首尔大学校中央图书馆 0230-15-22
穆天子传	郭璞(晋)注，汪明际(明)订，刊写地未详，刊写者未详，延享四年(1747)跋	1册，木版本(日本)，27×18.2cm	刊记：延享四年丁卯(1747)五月吉旦田中市兵卫梓行 跋：延享丁卯(1747)……(日)芥换彦章，序：时至正十年岁在庚寅(1350)……(元)王渐	国立中央图书馆[古]6-45-93

续表

书名	出版事项	版式状况	一般事项	所藏处/所藏番号
穆天子传	郭璞(晋)传,洪颐煊(清)校,郑国勋辑,中国,龙溪精舍,刊写年未详	6卷1册,木版本,27.3×17.2cm,上下单边,左右双边,半郭:17×12.7cm,有界,10行21字注双行,花口,上下向黑鱼尾	刊记:龙溪精舍校刊,旧序:至正十年(1350)……王渐,序:荀勖,校正序:嘉庆庚辰年(1820)……洪颐煊,刊记:丁巳(1917)夏五潮阳郑氏用孙氏平律食官本刻	首尔大学校中央图书馆 0230-29-15
穆天子传	荀勖(晋)校正,郭璞(晋)注,上海天一阁,刊写年未详	6卷1册,石版本,20×13.2cm,四周单边,半郭:13.6×9.8cm,有界,9行18字,注双行,纸质:北黄纸	序:至正十年(1350)庚寅王渐玄翰序	全南大学校 3Q2-목 813 ㅅ
穆天子传	郭璞(晋)注,刊写年未详	6卷1册,笔写本,27×18cm,四周双边,半郭:19.3×14.5cm,乌丝栏,12行20字,注双行,内向三叶花纹鱼尾,纸质:楮纸	印:李王家图书之章	韩国学中央研究院 4-6881
穆天子传	郭璞注,刊写事项不明	1册,笔写本,20.7×13cm,无界,行字数不定,无鱼尾	表题:齐谐	庆北大学校 [古] 812.15 목 813
穆天子传	郭璞(晋)注,朝鲜朝后期写	6卷1册(15张),笔写本,25.3×19cm,16行字数不定,纸质:楮纸	序:南台都事海岱刘贞干旧藏是书惧其无传暇日稍加雠校……命金陵学官重刊……予题其篇端云时至正十年(1350)岁在庚寅春二月二十七日壬子北岳王渐玄翰序	玩树文库 4-191

续表

书名	出版事项	版式状况	一般事项	所藏处/所藏番号
覆校穆天子传	郭璞(晋)注,五经岁编斋,翟云升道光十年(1830)序	6卷1册(卷1-6),木版本,26.4×15.4cm,上下单边,左右双边,半郭:16.2×10.1cm,有界,10行25字,注双行,小黑口,上下向黑鱼尾	五经岁编斋三种,序题:穆天子传,序:道光十年(1830)夏五月,东莱翟云升书于五经岁编斋,序:荀勖序,序:至正十年(1350)岁在庚寅春二月二十七日壬子 北岳王渐元翰序	首尔大学校中央图书馆 0230-34-1

3. 燕　丹　子

《燕丹子》叙燕太子丹遣荆轲刺秦王故事，成书时间有秦汉、汉代、萧齐诸说，迄无定论。撰人不详。荆轲刺秦王故事，《史记·刺客列传》有记载，其他汉代著述如刘向《别录》（裴骃《史记集解》引）、刘歆《七略》（司马贞《史记索隐》引）、王充《论衡》、应劭《风俗通义》等也曾提及，可见此一故事在汉代流传之广泛。《燕丹子》见于著录自《隋书·经籍志》始。《隋书·经籍志三》子部小说类："《燕丹子》一卷。"注曰："丹，燕王喜太子。"《旧唐书·经籍下》子部小说类："《燕丹子》三卷，注曰：燕太子撰。"《新唐书·艺文三》子部小说类："《燕太子》一卷。"注曰："燕太子。"《四库全书》仍分三卷，子部小说家类存目。《燕丹子》颇采民间传说，明胡应麟《少室山房笔丛·四部正讹下》称其为"古今小说杂传之祖"。后世小说戏曲如《秦并六国平话》《东周列国志》等均叙及此事。有中华书局1985年点校本。

书名	出版事项	版式状况	一般事项	所藏处/所藏番号
燕丹子	孙冯翼(清)编,金陵,问经堂,嘉庆七年(1802)刊	3卷1册(卷上,中,下),木版本,27.3×17.2cm,上下单边,左右双边,半郭:17.9×14cm,有界,12行24字,注双行,大黑口,上下内向黑鱼尾	序:孙星衍,自序:孙冯翼刊记:嘉庆七年(1802)九月问经堂刊藏本,淮南万毕术/刘安(汉)撰,孙冯翼(清)辑许慎淮南子注/许慎(汉)注,孙冯翼(清)辑	首尔大学校中央图书馆 0230-58-15
燕丹子	孙星衍(清)校,上海中华书局	2卷1册,20.5×13.2cm		檀国大学校竹田退溪图书馆고 991.2-연 655

4. 神 异 经

《神异经》一卷，旧题东方朔撰，今存。郦道元《水经注》卷一《河水注》引《神异经》，卷一三《漯水注》引《神异经》，《三国志·齐王芳纪》裴松之注引《神异经》，《隋书·经籍志》地理类，均题东方朔撰。唐以降大多沿用旧说，《中兴馆阁书目》并说“朔周游天下，所见神异，《山海经》所不载者，列之”。高似孙《纬略》卷六亦持相同见解。但题东方朔撰显系假托，因为《汉书·东方朔传》所罗列的东方朔十余种著述中，并无《神异经》，《汉书》还特意强调：“朔之文辞……凡向（师古注：刘向《别录》所载）所录朔书具是矣，世所传他事皆非也。”“后世好事者因取奇言怪语附着之朔，故详录焉。”师古注解释说：“言此传所以详录朔之辞语者，为俗人多以奇异妄附于朔故耳。欲明传所不记，皆非其实也。”班固已明确否定了东方朔对于《神异经》的著作权。

另一种盛行的说法，断言《神异经》为六朝人所作。胡应麟《少室山房笔丛·丹铅新录一》说：“《神异经》《十洲记》之属，大抵六朝赝作者。”《四库全书总目提要》小说家类说：“观其词华缛丽，格近齐、梁，当由六朝文士影撰而成，与《洞冥》《拾遗》诸记，先后并出。”鲁迅《中国小说史略》第四篇说：“称东方朔撰者有《神异经》一卷，仿《山海经》，然略于山川道里而详于异物，间有嘲讽之辞。《神异经》稍显于汉而盛行于晋，则此书当为晋以后人作。”①

另有一种推测，说《神异经》产生于西汉成、哀前后。段玉裁《古文尚书撰异》卷一、胡玉缙《四库全书总目提要补正》卷四二、陶宪曾《灵华馆丛稿·神异经辑校序》、余嘉锡《四库提要辨证》卷一八均注意到一条材料：《左传·文公十八年》孔颖达疏曰：“服虔按：梼杌，状似虎，毫长二尺，人面虎足猪牙，尾长七八尺，能斗不退。”服虔是东汉末年人，已引《神异经》注释《左传》，可见《神异经》至迟当产生于东汉灵帝之前。李剑国《唐前志怪小说史》（南开大学出版社 1984 年版）第三章又补充了若干材料，推测《神异经》“出于西汉成、哀前后”，可备一说。

《神异经》今本一卷，与《隋书·经籍志》地理类、《日本国见在书目》土地家、《文献通考》小说家、《四库全书总目》小说家著录相同。《旧唐志》地理类、《新唐志》道家类、《崇文总目》地理类、《中兴书目》小说家、《宋史·艺文志》小说家、《通志》传记冥异类及地理方物类均析为二卷。通行本据其条数多寡可分为两类：一为五十八则本，如明何允中《广汉魏丛书本》、清陶珽《说郛》本、王谟《增订汉魏丛书》本、马俊良《龙威丛书》本、民国王文儒《说库》本、扫叶山房《百子全书》本；一为四十七则本，如胡文焕《格致丛书》本、《四库全书》所采即为此本。又张宗祥校明本《说郛》卷六五、民国吴曾祺《旧小说》甲集节选十五则。陶宪曾《神异经辑校》辑佚文九则，清王仁俊辑有佚文一卷，载于《经籍佚文》。

《神异经》当产生于东汉灵帝之前。与《山海经》侧重于记叙山川道里及远国异民有别，《神异经》略于山川道里而详于异物。

---

① 《鲁迅全集》第九卷，人民文学出版社 1981 年版，第 32 页。

文思清丽，可读之作甚多。《东南山中邪木》《东王公》《扶桑山有玉鸡》诸篇，后世常用为典故。

书名	出版事项	版式状况	一般事项	所藏处/所藏番号
神异经	题东方朔(汉)著，刊写地未详，刊写者未详，贞享五年(1688)刊	1卷1册,26.7×17.2cm	刊记:贞享五岁(1688)初夏日中村孙兵卫梓	国立中央图书馆 [古]BA古5-80-24
神异经	编著者未详，刊年未详	1册，笔写本，25×14.9cm，四周无边，无界，12行字数不定，注双行		启明大学校 이 812.8 신이경
神异经	题东方朔(汉)著，程荣(明)校刊，刊写年未详	1册(11页)，中国木版本，26.4×17.4cm，上下单边，左右双边，半郭：16.6×11.9cm	序:万历壬辰(1592)……屠隆，别国洞冥记:4卷1册(19张)，序:程荣，后序:庆历四年(1044)，述异记:2卷1册(43张)，装帧:黄色表纸黄丝四缀，汉魏丛书子籍，别国洞冥记，花口题:洞冥记，内容:神异经，别国洞冥记，述异记	首尔大学校中央图书馆 [古]0230-15-51

5. 十洲记（海内十洲记）

1600年以前《十洲记》和《洞冥记》无传入韩国的记录，1600年以后才有记录可查。但不能说此前未曾传入。

《十洲记》，旧题东方朔撰。《隋书·经籍志》史部地理类著录一卷，题东方朔撰。其后史志书名多有异。《旧唐书·经籍志》史部地理类、《新唐书·艺文志》子部道家类作《海内十洲记》，《宋史·艺文志》子部道家类作《十洲三岛记》，其他如《云笈七签》

作《十洲三岛》，《道藏精华录》作《海内十洲三岛记》等。此书刘向《别录》不载，《汉书·东方朔传》所列朔书中未见此作，题东方朔撰，不可信。《直斋书录解题》《四库全书总目》著录于小说家类。

关于《十洲记》的产生年代，有两种主要的说法：第一，以为系六朝人伪作。《四库全书总目提要》共列举了三条证据：魏齐王芳始改芳林园为华林园，汉武帝时怎么会有华林园之称呢？卫叔卿是《神仙传》中的仙人之一，《十洲记》既然引有卫叔卿事，当产生于《神仙传》之后。《汉武内传》中有《五岳真形图》，《十洲记》提及此书，当产生于《汉武内传》之后。但这三条证据都并非确凿无疑。《十洲记》记天汉三年“武帝幸华林园射虎”，《太平御览》卷七六六引作“帝幸上林苑射虎”，《续谈助》本亦作上林苑，可证今本华林园乃上林苑之讹。上林苑本秦宫苑，武帝建元三年重修，在长安以西，不在洛阳。又卫叔卿为汉武帝时人，《十洲记》采其传闻，不一定从《神仙传》取材；《五岳真形图》本神仙家编造的神仙图经，流行很早，并不始于《汉武内传》，不能因《汉武内传》中有《五岳真形图》，遂以为《十洲记》出于其后。参见李剑国《唐前志怪小说史》第三章有关考证。第二，或疑《十洲记》出于魏晋之前。宋晁载之《十洲记·跋》云：“朔虽多怪诞诋欺，然不至于著书妄言若此之甚，疑后人借朔以求信耳。然李善注《文选》郭景纯《游仙诗》，已云东方朔《十洲记》曰：‘臣故韬隐逸而赴王庭，藏养生而侍朱门矣。’则此书亦近古所传也。（景纯《游仙诗》曰：‘朱门何足荣，未若托蓬莱。’善之注如此；其后又曰：‘圆丘有奇草，钟山出灵液。’善之注曰：‘东方朔《十洲记》言：“北海外有钟山，自生千岁芝及神草；灵液，谓玉膏之属也。”’若景纯所言果以此，则此书诚出于晋魏之前矣。）”所谓“晋魏之前”，即汉代。《十洲记》或为东汉人所作，亦未可知。

《十洲记》今本一卷，与前人著录相同，主要传本有宋张君房《云笈七签》本及《道藏》《顾氏文房小说》《广汉魏丛书》《龙威秘书》诸本。

《十洲记》仿《山海经》体例，记汉武帝既闻西王母言八方巨海之中有十洲，向东方朔问十洲所在及所有之物名。这十洲是：祖洲、瀛洲、悬洲、炎洲、长洲、元洲、流洲、生洲、凤麟洲、聚窟洲。东方朔详道十洲及沧海岛、方丈洲、扶桑、蓬丘、昆仑的奇珍异宝，诸如火浣布、续弦胶、反生香、火光兽、切玉刀、夜光杯等，辞藻丰蔚，诗意盎然。

书名	出版事项	版式状况	一般事项	所藏处/所藏番号
海内十洲记	题东方朔(汉)著,刊写地未详,刊写者未详,光绪二十年(1894)刊	1册,中国木版本,18×12cm,四周单边,半郭:14.5×9.6cm,10行20字,注双行,上黑鱼尾	合刊:洞冥记/郭宪(汉)撰,枕中书/葛洪(晋)著,佛国记/释法显(晋)著	国立中央图书馆 BA2815-1

6. 洞冥记（汉武洞冥记）

《汉武洞冥记》，《隋书·经籍志》杂传类著录，一卷，题郭氏撰。《旧唐书·经籍志》传记类作郭宪《洞冥记》四卷。《新唐书·艺文志》道家类作郭宪《汉武帝别国洞冥记》四卷。《直斋书录解题》小说类著录《洞冥记》四卷，拾遗一卷，云："东汉光禄大夫郭宪子横撰。题《汉武别国洞冥记》，其别录又于《御览》中抄出。然则四卷亦非全书也。"《崇文总目》《通志》作一卷，晁公武《郡斋读书志》作五卷。《四库全书》列入小说家类异闻之属，云："《汉武洞冥记》四卷，旧本题后汉郭宪撰。"

前人多疑《汉武洞冥记》非郭宪所作。胡应麟《少室山房笔丛·四部正讹下》："《洞冥记》四卷，题郭宪子横，亦恐赝也。宪事世祖，以直谏闻。忍描饰汉武、东方事，以导后世人君之欲？且子横生西京末，其文字未应遽尔，盖六朝假托，若《汉武故事》之类耳。(《后汉书》宪列方技类，后人盖缘是托之。)"《四库全书总目提要》："考范史载，宪初以不臣王莽，至焚其所赐之衣，逃匿海滨。后以直谏忤光武帝，时有‘关东觥觥郭子横’之语，盖亦刚正忠直之士，徒以潠酒救火一事，遂抑之方术之中。其事之有无，已不可定；至于此书所载，皆怪诞不根之谈，未必真出宪手。又词句缛艳，亦迥异东京，或六朝人依托为之。”鲁迅《中国小说史略》亦曰：“然《洞冥记》称宪作，实始于刘昫《唐书》，《隋志》但云郭氏，无名。六朝人虚造神仙家言，每好称郭氏，殆以影射郭璞，故有《郭氏玄中记》，有《郭氏洞冥记》。”① 惟李剑国《唐前志怪小说史》以为郭宪作《洞冥记》不应有疑。

余嘉锡《四库提要辨证》考《洞冥记》实为梁元帝所作。其言曰：“宋晁载之《续谈助》卷一，录《洞冥记》廿余条，载之跋云：‘张柬之言随其父在江南拜父友孙义强、李知续，二公言似非子横所录。其父乃言后梁尚书蔡天宝《与岳阳王启》，称湘东昔造《洞冥记》一卷，则《洞冥记》梁元帝所作。其后上官仪《应诏诗》中用影娥池，学士时无知者。祭酒彭阳公令狐德棻召柬之等十余人，问此出何书。柬之对在江南见《洞冥记》云：汉武穿影娥池于望鹤台西。于是天下学徒无不缮写。而寻刘歆（案郭宪后汉人，即令此书真出于宪，安得著录于刘歆《七略》，此语殊误）阮籍（案“籍”字误，当作“阮孝绪”）《七略》，了无题目。贞观中，撰《文思博要》《艺文类聚》，紫台丹笥之秘，罔不咸集，亦无采掇。则此书伪起江左，行于永祯，明矣。昔葛洪造《汉武内传》《西京杂记》，虞义造《王子年拾遗录》（王嘉著《拾遗录》，见于《晋书·艺术传》及《隋书·经籍志》。此云虞义造，未知何据），王俭造《汉武故事》，并操觚凿空，恣情迂诞。而学者耽阅，以广闻见，亦各有志，庸何伤乎？案柬之所称湘东所造《洞冥记》一卷，而此分为四。然则此书亦未知定何人所撰也。’据其所考，则此书出于六朝人依托，非郭宪所撰，唐人已言之矣。其所引蔡天宝《与岳阳王启》，唐去六朝不远，必无舛误。惟蔡天宝应作蔡大宝，《周书》《北史》均附见《萧詧传》，尝为督使江陵见元帝，令注所制《玄览赋》。岳阳即詧也。大宝叙其耳目所闻

---

① 《鲁迅全集》第九卷，人民文学出版社1981年版，第36页。

见，其言最可征信，然则此书实梁元帝作也。（顷见苏时学《爻山笔话》卷七云：后梁尚书蔡天宝《上岳阳王启》言湘东昔造《洞冥》一卷。按天宝与湘东同时，而所言若此，必非妄谈。然则今之《洞冥记》实出梁元帝手，而藉名郭宪云。）载之乃以卷数不合为疑。不知《隋志》著录原止一卷，今分为四者，后人所析耳。元帝《金楼子·著书篇》，备载平生著作，无此书之名，则以既托名郭宪，不可复自名以实其伪也。”所考较为可信。

《洞冥记》，又称《汉武洞冥记》《汉武帝别国洞冥记》《别国洞冥记》《汉武帝列国洞冥记》等。通行的版本有《顾氏文房小说》《古今逸史》《汉魏丛书》《龙威秘书》《道藏精华录》《说库》等本。凡六十条，分四卷。明陈继儒《宝颜堂秘笈》本，条目与上述诸本相同，但合为一卷。《续谈助》本亦为一卷，条目分合及文句多异于通行本。《类说》《五朝小说》《说郛》《旧小说》等节抄此书而条目多寡不等。

《洞冥记》所载远国遐方传说，鲜见于他书，堪称“异闻”。比如卷二《勒毕国》等。

书名	出版事项	版式状况	一般事项	所藏处/所藏番号
洞冥记	题郭宪(汉)著，刊写地未详，刊写者未详，光绪二十年(1894)刊	1册，中国木版本，18×12cm，四周单边，半郭：14.5×9.6cm，10行20字，注双行，上黑鱼尾	合刊：洞冥记/郭宪(汉)撰，枕中书/葛洪(晋)著，佛国记/释法显(晋)著	国立中央图书馆 BA2815-1

7. 东方朔传

《东方朔传》撰者不详，或成书于魏晋南北朝间。《隋书·经籍志》杂传类著录八卷，不著撰人。清顾櫰三《补后汉书艺文志》入小说家类。现有重编《说郛》本、《五朝小说》本，均为一卷，题后汉郭宪撰。所记东方朔为邻母收养，向武帝献长生不老药，言远国遐方异事等情节，均见于今本《汉武洞冥记》。唯汉武帝寝灵光殿问汉大德祥瑞及朔死后汉武帝闻知其为岁星事未详所出。

书名	出版事项	版式状况	一般事项	所藏处/所藏番号
东方朔传	题郭宪(汉)撰，陶珽(明)重辑，宛委山堂，顺治四年(1647)刊	1册，中国木版本，26×16.8cm，上下单边，左右双边，半郭：19.2×13.4cm，有界，9行20字，注双行，上花口，上下向白鱼尾		首尔大学校中央图书馆 0230-73-135
东方朔传记	韩濩(朝鲜)书，宣祖年间刊	1册(8页)，笔写本，32.5×19.2cm		韩国学中央研究院 C10C-63

8. 汉武内传

《汉武内传》，《隋书·经籍志》杂传类著录，三卷，不著撰人。《旧唐书·经籍志》作《汉武帝传》二卷。《新唐书·艺文志》同，列入道家类神仙之属。皆不署撰人。《郡斋读书志》卷九云“不题撰人”，《宋志》云“不知作者”，《续谈助》《类说》亦不著作者名氏。然明清诸本大多题班固撰，也许是因误传班固作《汉武故事》，连类而及《汉武内传》。故《四库全书总目提要》曰：“旧本题班固撰……不知何据。”明道士白云霁《道藏目录详注》卷一作“东方朔述”，亦不知何据。《续谈助》本晁载之跋引张柬之《洞冥记跋》，谓晋葛洪撰。孙诒让《札迻》卷十一谓《汉武内传》即《汉武帝禁中起居注》，出葛洪依托。余嘉锡《四库提要辨证》亦从其说，并提供了另一例证：“日本人藤原佐世《见在书目》杂传类，有《汉武内传》二卷，注云‘葛洪撰’。佐世书著于中国唐昭宗时，是必唐以前目录书有题葛洪撰者，乃得据以著录。是则张柬之之言，不为单文孤证矣。(佐世于《洞冥记》仍题郭子横撰，不用柬之之说，故知其于此书题葛洪，必别有所据也。)”

关于《汉武内传》的产生时代，有四种主要的推测。一、南北朝齐、梁年间。胡应麟《少室山房笔丛·四部正讹下》：“《汉武内传》，不著名氏，详其文体，是六朝人作，盖齐、梁间好事者为之也。”胡应麟据文字风格立论，与从事考据的人思路有所不同。二、魏晋年间。《四库全书总目提要》：“其文排偶华丽，与王嘉《拾遗记》、陶弘景《真诰》体格相同。考徐陵《玉台新咏序》，有‘灵飞六甲，高擅玉函’之句，实用此传‘六甲灵飞十二事，封以白玉函’语，则其伪在齐、梁以前。又考郭璞《游仙诗》，有‘汉武非仙才’句，与传中王母所云‘殆恐非仙才’语相合。葛洪《神仙传》所载孔元方告冯遇语，与传中称‘受之者四十年传一人，无其人，八十年可顿受二人；非其人谓之泄天道，得其人不传是谓蔽天宝’云云相合。张华《博物志》载‘汉武帝好道，西王母七月七日漏七刻，乘紫云车来’云云，与此传亦合。今本《博物志》虽真伪相参，不足为证，而李善注《文选·洛神赋》已引《博物志》此语，足信为张华之旧文。其殆魏、晋间文士所为乎？”三、东晋以后。钱熙祚《汉武帝内传校勘记》：“书中年月日名，依附本纪，其论神仙服食及《五岳真行图》，四十年一传，与《抱朴子》《仙药》《遐览》诸篇相涉，首记景帝梦赤彘事，即《洞冥记》之文，若欲与《汉武故事》‘景帝梦高祖曰：王美人得子当名为彘’互证者。又《御览》引渐台神屋等五条，亦绝似《洞冥记》。大约东晋以后，浮华之士，造作诞妄，转相祖述，其谁氏所作，不足深究也。”四、东汉末年。李剑国《唐前志怪小说史》第三章：“汉时，武帝、西王母传说十分盛行，《汉武帝故事》《洞冥记》《十洲记》都以此为主要内容。《内传》全书系敷衍、增饰《汉武故事》中武帝会王母诸事，其景帝梦赤彘事，又抄《洞冥》文而稍作改易，文中又用《十洲记》上元夫人及十洲之说，是则在《故事》《洞冥》《十洲》后。《博物志》卷八记武帝会王母事，兼采《故事》和《内传》，中若‘武帝好仙道，祭祀名山大泽以求神仙之道’，‘尝三来盗吾此桃’诸语，皆出《汉武内传》，唯文字小异。《博物志》皆取古书旧说，是则《内传》极可能出于东汉末。”

《汉武内传》，或称《武帝内传》《汉武帝传》《汉武帝内传》《汉孝武内传》。其版本凡二种：一为《道藏》本，一为《广汉魏丛书》本。《道藏》本题作《汉武帝内传》，较为完备，《道藏举要》载此本，钱熙祚《守山阁丛书》，亦出此本，并附校勘记及佚文二十一则。《广汉魏丛书》本系从《太平广记》卷三录出，《五朝小说》《说郛》《增订汉魏丛书》《龙威秘书》《墨海金壶》等皆收此本。又《续谈助》卷四抄《汉孝武内传》六则，情事多为今本所不载，可补阙佚。

《汉武内传》当成书于王嘉《拾遗记》之前，其素材多取自《洞冥记》《十洲记》《汉武故事》，但错彩镂金，更为华丽，颇具辞章的韵味，其风格与《拾遗记》颇为相近。

书名	出版事项	版式状况	一般事项	所藏处/所藏番号
汉武帝内传	题班固（汉）撰，斐然（清）阅，三余堂，光绪六年（1880）刊	1 卷 1 册（15 页），木版本，13.5×8.3cm，四周单边，半郭：8.9×6.7cm，有界，10 行 20 字，花口，上下向黑鱼尾	汉武帝内传花口题：武帝内传	首尔大学校中央图书馆 0230-15B-22-25

9. 吴越春秋

《吴越春秋》，东汉赵晔著。原书十二卷，今存十卷。《隋书·经籍志》杂史类著录十二卷，两《唐书》同。《郡斋读书志》亦作十二卷，云：“吴起太伯，尽夫差；越起无余，尽句践；内吴外越，本末咸备。”《宋史·艺文志》著录为十卷，佚其二。有元徐天祐音注本，向称善本。今除单行本外，还有丛书本。其中十卷的有《四库全书》《四部丛刊》《四部备要》等本，合而为六卷的有《古今逸史》《广汉魏丛书》《秘书廿一种》《增订汉魏丛书》《丛书集成初编》等本。另有徐乃昌札记并辑佚的十卷本，收入《随庵徐氏丛书》《龙溪精舍丛书》，附札记一卷逸文一卷。本书记春秋时吴越两国史事，重点记述了两国间的争霸。“大抵本《国语》《史记》而附以所传闻者为之。”（钱福《重刊吴越春秋序》）较他书所记二国事为详，也更多小说意味。全书分《吴太伯传》《吴王寿梦传》《卫僚使公子光传》《阖闾内传》《夫差内传》《越王无余外传》《句践入臣外传》《句践归国外传》《句践阴谋外传》《句践伐吴外传》十篇。前五篇记吴事，重点写伍子胥由楚入吴，替父兄报仇，并辅佐夫差称霸。后五篇记越事，主要写越王勾践卧薪尝胆、奋发图强，终于报仇雪耻，灭吴称霸。“胥之忠，蠡之智，种之谋，包胥之论策，孙武之论兵”（朱彝尊《经义考·拟经》）等，都有记述，而“处女试剑，老人化猿，公孙圣三呼三应之类，尤近小说家言”（《四库全书总目提要》）。

书名	出版事项	版式状况	一般事项	所藏处/所藏番号
吴越春秋	赵晔(后汉)撰，肃宗四十五年(1719)刊	1册(零本)，笔写本，30.5×19.7cm	刊记：康熙五十八年(1719)壬辰七月日书	首尔大学校奎章阁 181.1-Ow2-v.5/6
오월춘추	赵晔(后汉)撰	1册(15页)，笔写本，31.4×16.3cm，无界，13行字数不定	表题：吴越春秋	檀国大学校天安栗谷图书馆(金东旭)고853.5-오869
吴越春秋	赵晔(后汉)撰，徐乃昌(清)编，南陵徐氏家，1903—1908年刊	10卷2册(卷1-10)，中国木版本，29.7×17.6cm，上下单边，左右双边，半郭：20×14.1cm，有界，9行17字，注双行，上下向白鱼尾	随庵丛书，总目录题，随庵徐氏丛书，总序：光绪戊申(1908)缪荃孙，卷末：徐氏补注，吴氏春秋逸文，吴氏春秋札记，序：徐天佑，跋：丙午(?)徐乃昌	首尔大学校中央图书馆0230-48-2-3

续表

书名	出版事项	版式状况	一般事项	所藏处/所藏番号
吴越春秋	赵晔(后汉)撰,游桂校,清版本	2卷2册,中国木版本,24.8×16.2cm		国立中央图书馆 BA2225-3-1-2
吴越春秋吴太伯传	赵晔(后汉)撰,郑国勋(中国)辑,龙溪精舍,刊写年未详	10卷3册(卷1-10),中国木版本,27.3×17.2cm,上下单边,左右双边,半郭:17×12.7cm,有界,10行21字,注双行,花口,上下向黑鱼尾	龙溪精舍丛书,标题:吴越春秋,卷末札记,刊记:龙溪精舍校刊,刊记:潮阳郑氏用元大德本刊,序:徐天佑	首尔大学校中央图书馆 0230-29-20-22
绣像新刻吴越春秋	上海茂记书庄,光绪三十四年(1908)刊	4卷4册,中国石印本,有图,14×8.8cm	标题纸书名:绣像吴越春秋鼓词全传,表纸书名:绣像吴越春秋,刊记:光绪戊申(1908)冬月上海茂记书庄校印	韩国学中央研究院 D7C-81

10. 新　序

《新序》，西汉刘向著。原书三十卷，今传本十卷。《隋书·经籍志》著录三十卷，至北宋时已残缺，曾巩辑校为十卷，即今之传本。收入《刘氏二书》《汉魏丛书》《广汉魏丛书》《秘书九种》《四库全书》《增订汉魏丛书》《子书百家》《四部丛刊》等丛书。清卢文弨有《新序校补》一卷，收入《抱经堂丛书》。本书所辑为春秋战国秦汉间的历史故事，而以春秋事居多。大抵采自百家传记，与《左传》《战国策》《史记》所记互有出入。今本分杂事、刺奢、节士、义勇、善谋五类，有的故事可独立成篇。如《杂事篇》的“丑女无盐”、“边亭之瓜”、“叶公好龙”，《节士篇》的“季子挂剑”、“介子推焚死”等。

书名	出版事项	版式状况	一般事项	所藏处/所藏番号
新序	刘向（汉）撰，1492—1493年刊	2卷1册，朝鲜木版本，24×17.5cm，四周双边，半郭：18.4×14.5cm，有界，11行18字，大黑口，内向黑鱼尾，纸质：楮纸		庆山郡崔在石（纷失）
新序	刘向（汉）撰，1492—1493年刊	4卷1册，朝鲜木版本，25.4×18cm，四周双边，半郭：18.3×14.6cm，有界，11行18字，小黑口，内向黑鱼尾，纸质：楮纸	版心题：新序	荣丰郡金用基（纷失）
新序	刘向（汉）撰，1492—1493年刊	5卷1册（卷6-10），朝鲜木版本，31×20cm，四周双边，半郭：18.5×15cm，有界，11行18字，注双行，内向黑鱼尾，纸质：楮纸	内容：刺奢 节士 义勇 善谋上 善谋下，下卷	安东市卧龙面后彫堂
新序	刘向（汉）著，1492—1493年刊	1册（零本，所藏本：卷1-5），朝鲜木版本，25.7×17.9cm，四周单边，半郭：18.5×14.7cm，有界，11行18字，黑口，内向黑鱼尾	内容：卷1-5，杂事	启明大学校귀812.8
新序	刘向（汉）著，刊年未详	5卷1册，笔写本，28.4×16.7cm，四周单边，半郭：24.6×13cm，乌丝栏，10行18字，内向二叶花纹鱼尾		启明大学校812.081-유 향ㅇ
新序	刘向（汉）著，程荣（明）校，刊写地未详，刊写者未详，享保二十年（1735）刊	10卷5册，日本木版本，21×17.8cm	刊记：享保二十岁乙卯（1735）二月吉旦江府书铺锦山堂植村藤三郎梓行，叙：（宋）曾巩	国立中央图书馆[古]1-50-8

续表

书名	出版事项	版式状况	一般事项	所藏处/所藏番号
新序	刘向(汉)著,程荣(明)校,江户,锦山堂,享保二十年(1735)刊	10卷1册,中国木版本,27.2×18cm,四周单边,半郭:18.8×13.4cm,无界,9行20字,上花口,上下向白鱼尾	叙:……编校书籍臣曾巩上	庆尚大学校古(춘추)C2 유92ㅅ
新序	刘向(汉)著,程荣(明)校,刊写地未详,刊写者未详,文化十一年(1814)刊	10卷2册,日本笔写本,24.2×17.7cm	年记:文化九年六月五日ヨリ 写始同年十月五日写终文化十一年(1814)六月十三日成就	国立中央图书馆[古]6-45-10
新序	刘向(汉)著,武井骥(日本)纂注,刊写地未详,刊写者未详,文政五年(1822)刊	日本木版本,10卷4册,26.2×18cm	版心题:新序,表题:刘向新序 纂注,跋:文政五祀岁次壬午(1822)……(日本)松平定常,序:(宋)曾巩,序:文政壬午(1822)……(日本)天籁馆主人	国立中央图书馆[古]6-45-44
新序	刘向(汉)著,武井骥(日本)纂注,大阪板,文政六年(1823)刊	10卷8册,25.4×17.6cm,四周单边,半郭:20×14cm,9行19字,注双行,上黑鱼尾	序:文政壬午(1822)……(日本)源赖绳,(宋)曾巩,跋:文政五禩岁次壬午(1822)……松平定常	国立中央图书馆[古]3741-12
新序	刘向(汉)著,程荣(明)校,刊写地未详,刊写者未详,天保三年(1832)刊	10卷2册,日本木版本,25.7×17.8cm	表题:刘向新序,刊记:天保三年壬辰(1832)仲秋补刻,叙:(宋)曾巩,藏版记:胜野氏藏梓	国立中央图书馆[古]6-45-12

续表

书名	出版事项	版式状况	一般事项	所藏处/所藏番号
新序	刘向(汉)著,刊写地未详,刊写者未详,天保三年(1832)刊	10卷2册,日本笔写本,25.6×18cm	享保二十岁丁卯二月吉日(卷末),叙:(宋)曾巩,标题纸:(汉)刘向著(刘向新序)天保三年壬辰仲秋补刻尚古堂梓	国立中央图书馆[古]1-49-3
新序	刘向(汉)撰,湖北,崇文书局,光绪元年(1875)刊	10卷2册,中国木版本,27×17.5cm		檀国大竹田退溪图书馆,고152.32-유 317ㅅ
新序	刘向(前汉)选,湖北,崇文书局,光绪元年(1875)刊	10卷2册(册1-2),27.5×17cm,四周双边,半郭:18.8×14cm,有界,12行24字,上下内向黑鱼尾		庆熙大学校952.11-유 63ㅅ
新序	刘向(汉)撰,刊写地未详,刊写者未详,光绪十九年(1893)刊	10卷2册,中国木版本,18×12cm,四周单边,半郭:14.5×9.5cm,10行20字,注双行,上黑鱼尾		国立中央图书馆BA2526-25
新序	刘向(汉)著,陈用光(清)校,刊年未详	10卷2册,木版本,24.8×16.2cm	叙:(宋)曾巩,印记:荻山鰈鸿藏书	国立中央图书馆[古]1272-2
新序	刘向(汉)著,刊年未详	10卷3册,木版本,26.5×16.7cm,四周单边,半郭:19.6×13.5cm,有界,9行20字,上白鱼尾	序:曾巩	启明大学校이 812.8-유향ㅅ

11. 说 苑

《说苑》，西汉刘向著，凡二十卷。刘向在校理群书时，根据《说苑》一类历史故事，删去和《新序》重复的材料编校而成。本名《新苑》（刘向《说苑叙录》），后改称《说苑》。《隋书·经籍志》著录二十卷。此书在北宋时已有残阙，经曾巩搜集整理，仍定为二十卷，并作《说苑目录序》。今传世者即经曾巩校订的本子。收入《刘氏二书》《汉魏丛书》《广汉魏丛书》《四库全书》《增订汉魏丛书》《子书百家》《四部丛刊》《丛书集成初编》《四部备要》等丛书中。清代卢文弨有《说苑校补》一卷，收入《抱经堂丛书》。今人赵善诒有《说苑疏证》二十卷，1985 年由华东师范大学出版社出版。

全书分为《君道》《臣术》《建本》《立节》《贵德》《复恩》《政理》《尊贤》《正谏》《敬慎》《善说》《奉使》《权谋》《至公》《指武》《丛谈》《杂言》《辩物》《修文》《反质》20 篇，也就是 20 类。其中不少故事，有较浓的小说色彩。如《贵德》所载“东海孝妇”条，是《窦娥冤》故事的雏形。《建本》中的“晋平公七十欲学”，《立芦》中的杞梁故事，《复恩》中的“吴起吮脓”，《正谏》中的“螳螂捕蝉”等，都广泛流传。《说苑》保存了不少文献史料，对后世小说有一定影响。

书名	出版事项	版式状况	一般事项	所藏处/所藏番号
说苑	刘向（汉）撰，1492—1493 年刊	1 册，朝鲜木版本，26. 6×18. 5cm，四周双边，半郭：18×14. 8cm，有界，11 行 18 字，大黑口，内向黑鱼尾，纸质：楮纸	版心题：说苑	奉化郡 权廷羽

续表

书名	出版事项	版式状况	一般事项	所藏处/所藏番号
说苑	刘向（汉）撰，1492—1493年刊	1册，朝鲜木版本，28.5×18.8cm，四周双边，半郭：18.7×14.8cm，有界，11行18字，大黑口，内向黑鱼尾，纸质：楮纸	版心题：说苑	奉化郡 金斗淳(纷失)
说苑	刘向（汉）撰，曾巩（宋）集，1492—1493年刊	3册，朝鲜木版本，24.1×17.9cm，四周双边，半郭：18.8×15cm，有界，11行18字，大黑口，内向黑鱼尾，纸质：楮纸		奉化郡 金斗淳(纷失)
说苑	刘向（汉）撰，1492—1493年刊	2卷1册，朝鲜木版本，28.2×18.4cm，四周双边，半郭：18.7×14.7cm，有界，10行18字，小黑口，内向黑鱼尾，纸质：楮纸		醴泉郡 李虎柱
说苑	刘向(前汉)撰，1492—1493年刊	5卷1册(卷16-20)，朝鲜木版本，25×18.9cm，四周双边，半郭：19.7×15.9cm，有界，11行18字，上下大黑口，内向一、二叶混入花纹鱼尾，纸质：楮纸	版心题：说苑，所藏印：五美洞印，丰山金氏，金宪在印	安东市 丰山邑 金直铉
说苑	刘向(前汉)撰，1492—1493年刊	20卷4册，朝鲜木版本，26.9×17.8cm，四周双边，半郭：18.7×14.9cm，有界，11行18字，注双行，内向一叶花纹鱼尾，纸质：楮纸	版心题：说苑，所藏印：先祖公家藏书男富义□□□	安东市 卧龙面 后彫堂

续表

书名	出版事项	版式状况	一般事项	所藏处/所藏番号
说苑	刘向(汉)撰,湖北,崇文书局,光绪元年(1875)刊	20卷4册,中国木版本,27×17.5cm		檀国大学校竹田退溪图书馆 IOS,고152.32-524 ㅅ
说苑	刘向(汉)撰,刊写地未详,刊写者未详,光绪十九年(1893)刊	20卷4册,中国木版本,18×12cm,四周单边,半郭:14.5×9.5cm,10行20字,注双行,上黑鱼尾	序:曾巩(宋)	国立中央图书馆 BA2526-24
说苑	刘向(汉)撰,刊年未详	20卷4册,木版本,24.8×16cm	序:嘉靖丁未(1547)……(明)何良俊	国立中央图书馆[古]1572-3
说苑	刘向(汉)著,杨以堂校,刊写地未详,刊写者未详,刊写年未详	20卷4册,中国木版本,24.8×16.2cm		国立中央图书馆 BA1272-3-1-4
说苑	刘向(汉)著,宋曾单编,刊写地、刊写者、刊写年未详	5册(1-5,卷1-20),笔写本,29.7×20cm	序:嘉靖丁未(1547)……何良俊撰	国立中央图书馆 B12526-4
说苑	刘向(汉)著	4册		玉山书院
说苑	刘向(汉)著	2册,木版本		庆州市立图书馆
说苑(卷7-10)	刘向(汉)撰,刊年未详	4卷1册(68张),木版本,28×18.8cm,四周单边,半郭:18.7×14.6cm,11行18字,内向黑鱼尾	装帧:黄色厚褙表纸,土红丝缀(改装)	国立中央图书馆 [贵]598,일산 [贵]3738-14

续表

书名	出版事项	版式状况	一般事项	所藏处/所藏番号
说苑	(卷第1-18)刘向(汉)撰	4册(全20卷5册中残本),木版本,23cm,四周双边,18.8×14.9cm,有界,11行18字,上下内向花纹鱼尾		延世大学校(贵重图书)[귀]535
说苑	(卷第15)刘向(汉)撰	10张,木版本,30cm,四周单边,18.6×14.9cm,界线,上下小黑口,上下内向黑鱼尾	版心题:说苑,15卷,新序5卷,全20卷中零本	延世大学校(贵重图书)[귀]25
说苑	刘向(汉)撰,刊写地、刊写者、刊写年未详	20卷4册(卷1-20),新式活字本,19.5×13.2cm	刊记:中华民国元年 鄂官书处重刊	庆熙大学校181.2-유93ㅅㄱ
说苑	刘向(汉)撰,刊写地未详,刊写者未详,刊写年未详	2卷1册(缺帙,卷17~18),29.4×18.2cm,四周双边,半郭:26.1×16.7cm,有界,10行19字,黑口,无鱼尾		东亚大学校(3):1-100
说苑	刘向(汉)撰,上海中华书局,刊写年未详	9卷2册(缺帙,卷7~15),中国新铅活字本,19.4×10.2cm,四周单边,半郭:14.2×10.2cm,有界,13行19字,小黑口,上下内向黑鱼尾	刊记:中华书局聚珍仿宋版印	全北大学校340.1-유향설
说苑	著者、刊写地、刊写者、刊写年未详	1册(57张),笔写本,21.5×20.2cm	书名:表题	庆尚大学校古(춘추)D2A설67

续表

书名	出版事项	版式状况	一般事项	所藏处/所藏番号
说苑	笔写地未详，笔写者未详，笔写年未详	1 册，笔写本，26.5×15.8cm		汉阳赵氏荷潭古宅韩国国学振兴院受托
说苑	笔写地未详，笔写者未详，笔写年未详	4 册，笔写本，26×17.5cm	元亨利贞	载宁李氏存在派眠云斋门中，韩国国学振兴院受托
说苑	笔写地未详，笔写者未详，笔写年未详	1 册（上），笔写本，28.5×18.5cm，10 行 30 字	楷书	潘南朴氏乐闲亭宗家韩国国学振兴院受托
说苑纂注	刘向（汉），尾洲（日本），永乐室东西郎，宽政五年（1793）刊	东装册，27cm		檀国大学校竹田退溪图书馆 고 183.32-유 317 ㅇ
说苑旁注评林	刘向（汉）著，黄从诚（明）评注，明万历二十五年（1598）序	33 卷 5 册，卷 1-7/1 册，卷 16-21/1 册，卷 1-10/2 册（新字），卷 1-10/1 册（韩诗外传），29×17.8cm，上下单边，左右双边，半郭：23.8×15.2cm，有界，6 行 17 字，注双行，头注，下向黑鱼尾，纸质：竹纸	表题：刘向说苑，序：万历丁酉（1597）秋九月望前进士古会稽郡楼居主人黄猷吉（明）寓武林南屏山寺汤题	清州大学校 152.32 유 6140 v.1，v.2
说苑纂注	刘向（汉）撰，尾张关嘉纂注，刊写者未详，宽政六年（1794）刊	20 卷 10 册（卷 1-20），日本木版本，27.5×18.9cm	跋：宽政五年（1973）……冈田挺之	国立中央图书馆 BA051-2-1-9 BA［古］6-45-1

续表

书名	出版事项	版式状况	一般事项	所藏处/所藏番号
说苑杂录	著者未详，刊写地未详，刊写者未详，刊写年未详	3卷1册(卷1-3)，笔写本，24×13.5cm，无界，10行30字，注双行，无鱼尾	朱墨旁点，写记：岁在乙卯(?)孟秋阴一日抄	全北大学校 181.21-설원잡
说苑新序	刘向(汉)撰，刊写地未详，刊写者未详，刊写年未详	5卷1册(全20卷4册)，元(卷1-5)，笔写本，30.3×19.5cm，四周单边，半郭：20.6×15.5cm，有界，10行20字，上下内向二叶花纹鱼尾	版心书名：说苑，表纸书名：刘向说苑，说苑新叙序……嘉靖丁未(1547)……东海何良俊撰	汉阳大学校 181.12-유 926 ㅅㄱ-v.1
说苑	刘向(汉)撰	5册(残)，活字本，16.5×25.2cm		忠北堤川市义兵展示馆

12. 列 女 传

《列女传》传入韩国的记载是1404年，但实际上的传入，可能会更早。此外1543年受王命而编撰翻译《列女传》，名叫《古列女传》。此《列女传》是翻译中国古典小说之嚆矢。可惜的是此书现在已无法见到。韩国现存的《列女传》版本只有5种，书名是《列女传》《列女传补》《典故列女传》《古今列女传》《古列女传》，它们都是明清两代的刊行本。

《列女传》也称《古列女传》，汉代历史故事集，七卷，刘向著。《列女传》原为《传》7篇，《颂》1篇，后汉班昭作注，析为14篇，故《隋书·经籍志》著录为15卷。今传本有《四部丛刊》《丛书集成》等的《古列女传》本；《四部备要》的梁端校注本；《郝氏遗书》《龙溪精舍丛书》的王照圆补注本；《石遗室丛书》的萧道管集注本等。

《汉书》刘向传记《列女传》创作缘起说："（刘）向睹俗弥

奢淫，而赵、卫之属起微贱，逾礼制。向以为王教由内及外，自近者始。故采取《诗》《书》所载贤妃贞妇，兴国显家可法则，及孽嬖乱亡者，序次为《列女传》，凡八篇，以戒天子。”全书分为母仪、贤明、仁智等七类，凡105篇，后人又续了20人。这些故事，近于后代的小说。

1543年受王命而翻译编撰的《列女传》（4卷1册）是申珽与柳沆翻译，柳耳孙笔写，李上佐画，六曹中礼曹主管的。此《列女传》是翻译中国古典小说之嚆矢，对后来的朝鲜小说界有很大的影响。可惜在笔者搜集的目录中无法见到，可说已失传。1918年太华书馆出版了《列女传》（另外有1920年大昌书院，1922年普及书馆，1926年京城书籍业等）。

书名	出版事项	版式状况	一般事项	所藏处/所藏番号
新刻古列女传	刘向(汉)撰,胡文焕(明)校,书种堂,日承应三年(1654)跋	零本8册,日本木版本,有图,24.6×17.4cm,四周单边,半郭:19.9×13.7cm,无界,10行字数不定,上下向白鱼尾,纸质:和纸	里题:列女传,序:万历丙午(1606)孟春日新都黄嘉育怀英父撰汪其澜仲观父书,刘向古列女传小序:嘉定七年甲戌(1214)十二月初五日武夷蔡骥孔良拜手谨书,跋:承应三年甲午(1654)五月(新刻古列女传卷1-8,5册,新续列女传卷1上、下,3册)	忠南大学校史.传记类中国人-744
新刻古列女传	刘向(汉)撰,胡文焕(明)校,水玉堂,承应三年(1654)刊	8卷5册(续),木版本,有图,26×17.8cm,四周单边,半郭:19.8×13.7cm,无界,半叶10行20字,注双行,上白鱼尾,纸质:楮纸	表题:刘向列女传,复本1帙,刊记:承应三年甲午(1654)五月谷旦二条通玉屋町上村次郎卫门版行序:嘉祐八年(1063)秋日长乐王回撰,序:万历丙午(1606)孟春日新都黄嘉育怀英父,序:编校馆阁书籍臣曾巩序	韩国学中央研究院 J2-162

续表

书名	出版事项	版式状况	一般事项	所藏处/所藏番号
新刻古列女传	刘向(汉)撰,胡文焕(明)校,水玉堂,承应三年(1654)刊	11卷8册(续),木版本,有图,26.7×18.7cm,四周单边,半郭:20×13.7cm,无界,半叶,10行20字,注双行,上白鱼尾,纸质:楮纸	里题:列女传,表题:刘向列女传,刊记:承应三年甲午(1654)五月水玉堂发兑序:嘉祐八年(1063)秋夕长乐王回撰,序:万历丙午(1606)孟春日新都黄嘉育怀英,小序:嘉定七年甲戌(1214)十二月初五日武夷蔡骥孔良拜手谨书	韩国学中央研究院 J2-161
列女传	刘向(汉)撰,梁端(清)校注,上海会文堂,同治十三年(1874)刊	8卷4册,石印本,20.1×13.3cm	标题:列女传校读本,序:钱唐梁德绳楚生氏撰,古序:嘉祐八年(1063)……长乐王回序并撰,目录序:曾巩序,识:道光癸巳(1833)……汪远孙,跋:同治十三年岁在甲戌(1874)…… 从子曾本谨跋	高丽大学校大学院 B12-B8-1-4
列女传	刘向(汉)编,梁端(清)校注,上海会文堂,1833年刊	8卷4册(卷1-8),中国石印本,20.3×13.5cm		檀国大学校竹田退溪图书馆 IOS,고 990.84-유 317 ㅇ

续表

书名	出版事项	版式状况	一般事项	所藏处/所藏番号
列女传	刘向(汉)撰,梁端(清)校注,上海会文堂,清同治十三年(1874)刊	8卷4册,中国石印本,20×13.3cm,上下单边,左右双边,半郭:15.2×10.3cm,有界,13行26字,注双行,上下向黑鱼尾,纸质:洋纸	里题:列女传校读本,古序:嘉祐八年(1063)九月十八日长乐王回序并撰,序:道光癸巳(1833)立秋日借闲漫士汪远孙识于观驯斋,跋:同治十三年岁在甲戌(1874)嘉平日从子会本谨跋于佗城禺斋,刊记:上海会文堂粹记出版,所藏印:高与世家,柳永善印	全北高敞郡玄谷书院
列女传	刘向(汉)撰,上海会文堂,同治十一年(1874)刊	8卷4册(卷1-8),中国石印本,20×14cm		檀国大学校竹田退溪图书馆 IOS,고 990.84-유 317 ㅇ
列女传	刘向(汉)编,上海会文堂,1874年跋	8卷4册,中国石印本,20×13.3cm,四周单边,半郭:15.2×10.5cm,有界,13行28字 注双行,上下向黑鱼尾	表题:列女传校读本,序:道光癸巳(1833)……汪远孙,跋:同治十三年岁在甲戌(1874)……曾本,刊记:上海会文堂粹记出版,藏版记:据钱塘汪氏振绮堂藏本校印	国立中央图书馆 g13738-21
列女传	刘向(汉)撰,梁端(清)校注,上海锦章图书局,刊写年未详	8卷4册,中国石印本,20.3×13.3cm,四周双边,半郭:17.3×11.6cm,15行32字,注双行,上下向黑鱼尾	标题:校正列女传读本,表题:列女传读本,刊记:上海锦章图书局石印	西江大学校 [고서]열 214v.1-v.4

续表

书名	出版事项	版式状况	一般事项	所藏处/所藏番号
列女传	刘向(汉)撰,上海锦章图书局	8卷4册,中国石印本,20.3×13.4cm,四周双边,半郭:17.4×11.6cm,有界,15行32字,注双行,上下向黑鱼尾,纸质:洋纸	题签:列女传读本,版心题:校正列女传,序:钱塘梁德绳楚生氏撰,编校馆阁书籍臣曾巩序,刊记:上海锦章图书局印行	忠南大学校史.传记类-556
列女传	刘向(汉)撰,上海锦章图书局,刊写年未详	8卷4册,中国石印本,20.3×13.4cm,四周双边,半郭:17.4×11.6cm,有界,15行32字,注双行,上下向黑鱼尾,纸质:洋纸	题签:列女传读本,里题:校正列女传,刊记:上海锦章图书局印行,序:钱塘梁德绳楚生氏撰,编校馆阁书籍臣曾巩序	庆熙大学校920.052-유93ㅇ
列女传	刘向(汉)撰,上海会文堂粹记,刊写年不明	8卷4册,13.3×20.1cm,四周单边,半郭:10.7×15.5cm,有界,13行28字,注双行,上下向黑鱼尾	刊记:……嘉祐八年九月二十八日长乐王回序并跋文:……谨跋于陀城禹霁	明知大学校812.3-2
列女传		2卷2册,石印本		朴在渊(金奎璇所藏本)
列女传	刘向编撰,上海会文堂,刊写年未详	8卷1册(卷1-8),中国石印本,20cm	表题:列女传校读本	庆熙大学校920.052-유93ㅇㄱ
新刊古列女传	余仁仲(宋)著,刊写地未详,刊写者未详,道光五年(1825)跋	2卷1册(卷7-8,全8卷4册),有图,27.5×15.8cm,上下单边,左右双边,半郭:18.6×12.1cm,无界,11行12字,黑口,上下向黑鱼尾	版心题:列女传,跋:嘉庆二十五年(1820)三月十一日甘泉江藩题竣时年六十,跋:道光五年(1825)秋攘州阮福识于岭海节楼	东亚大学校(2):7:2-25

续表

书名	出版事项	版式状况	一般事项	所藏处/所藏番号
参订刘向列女传	松元万年(日本)标注，本荻江(日本)校正，东京，万青堂，明治十一年(1878)刊	3卷3册(卷1-3)，23×15.7cm，四周双边，半郭：18.6×12.4cm，无界，11行21字，注17行6字，上下向黑鱼尾	标题：标注刘向列女传，刊记：明治十一年(1878)五月出版，序：明治十一年(1878)四月四日四田义？书上段(注记)2.9cm，下段(本文)15.7cm	东亚大学校(2)：7：2-72
古列女传	上海广雅书局	6卷3册，石印本		朴在渊
列女传	中宗三十八年癸卯(1543)刊	申珽、柳沆翻译，柳耳孙写，李上佐画		失传
고녈녀뎐	翻译笔写本	1册，79页	原文充实翻译，古列女传	国立中央图书馆57-아-411，R35N-002960-2
녈녀전	翻译笔写本	2册(乾，坤)，28×21cm	再编翻译，列女传	国立中央图书馆
열녀전	翻译笔写本	1册，67张	列女传	忠北大学校李树凤 所藏
列女传	刘向(汉)撰，上海会文堂书局，1910年刊	8卷4册，中国石印本，19.7×13.2cm，上下单边，左右双边，半郭：15.4×10.4cm，有界，13行26字，注双行，黑口，上下向黑鱼尾	标表题：列女传校读本，序：钱塘梁德绳楚生氏撰，跋：同治十三年岁在甲戌(1874)……曾本，刊记：庚戌(1910)夏上海会文堂书局印行，藏版记：据钱塘汪氏振绮堂藏本精校	国立中央图书馆BA3738-22 卷1-8

续表

书名	出版事项	版式状况	一般事项	所藏处/所藏番号
列女传	刘向(汉)撰,梁端(清)校注,上海会文堂书局,清宣统二年(1910)刊	4卷2册(卷1-4),中国石版本,20.1×13.4cm,四周双边,半郭:15.5×10.3cm,有界,13行26字,注双行,小黑口,上下向黑鱼尾,纸质:绵纸	里题:列女传校读本,序:道光癸巳(1833)立秋日借闲漫士汪远孙(清),刊记:庚戌(1910)夏上海会文堂书局印行	釜山大学校 2-7-185
列女传	刘向(汉)编纂,梁端(清)校注,上海会文堂,宣统二年(1910)刊	全8卷4册(卷1-8),20.1×13.3cm,左右双边,半郭:15.3×10.4cm,有界,13行28字,上内向黑鱼尾	表纸书名:列女传,刊记:据钱塘汪氏振绮堂藏本校印,古列女传目录序:曾巩,跋:同治十三年岁在甲戌(1874)嘉平月从子曾本谨跋,序:道光癸巳(1833)立秋日借闲漫士汪远孙识,序:钱塘梁德绳,内容:卷1-2-目录,母仪传,贤明传,卷3-4-嬖孽传,续传,卷5-6-仁智传,贞顺传,卷7-8-节义传,辩通传	汉阳大学校 920.052-유926 ○-v.1-4

13. 列　仙　传

《列仙传》分上、下二卷，今本凡七十人，非足本。佚名《列仙传叙》谈到刘向写作本书的一些情况，至少说明两点：其一，作者相信神仙是实有的，在他看来，他所记述的都是真事；其二，《列仙传》系编纂而成，材料出自西汉国家图书馆的“典籍”。

《列仙传》篇幅不大，短的仅四五十字，长的也不到两百字，但无论长短，都采用了杂传体式，开头交代人物的姓氏籍贯，中间记叙其履历，最后交代其结局。不过，作者真正看重的往往是其中富于诗意的细节。这类作品在《列仙传》中为数不少，其中《萧史》《江妃二女传》《园客传》《邗子传》尤为出色。

书名	出版事项	版式状况	一般事项	所藏处/所藏番号
列仙传	冈田挺之（日本）撰，日本，文光堂，宽政五年(1793)刊	2卷2册，木版本，25.4×18cm，四周单边，半郭：20.7×14.8cm，有界，10行20字，花口，上下向黑鱼尾	版心题：列仙传 版心题：列仙传考异 装帧：蓝色表纸黄丝四缀	首尔大学校 中央图书馆 4660-155-1-2
列仙传	刘向（汉）撰，刊写地未详，扫叶山房，1911年刊	1册（零本），有图，木版本，25.2×15cm		首尔大学校 奎章阁 5088-v.00
列仙传	刘向（汉）撰，日本，名古屋，文光堂，明治三十五年(1902)刊	东装2卷2册，木版本，25.2×18.2cm，四周单边，半郭：20.5×14.8cm，有界，10行20字，上黑鱼尾	序：宽政五年(1793)……/冈田挺之	启明大学校 920.952-유향ㅇ
列仙传	刘向（汉）撰，徐立方（清），江文（清），胡珽（清）同校，会稽董氏，取斯家塾，刊写年未详	2卷1册，木活字本，27.8×18cm，四周单边，半郭：18.8×12cm，有界，9行21字，注双行，大黑口，上下向黑鱼尾	卷末：校讹，卷末：补校，刊记：汲古阁刊本长洲宋翔凤洞箫楼藏书，刊记：宜兴曹凤奎刷印，装帧：黄色表纸金丝缀，疑仙传/玉简(?)撰	首尔大学校 中央图书馆 0230-87-12
有象列仙全传	王世贞（明）辑次，刊写地未详，刊写者未详	9卷6册，有图，木版本，22.8×15cm	表题纸：列仙传 序：李攀龙	首尔大学校 奎章阁 5218

14. 西京杂记

《西京杂记》，《隋书·经籍志》史部旧事类著录，二卷，不题撰人。《旧唐书·经籍志》作一卷，《新唐书·艺文志》作二卷，均列入故事类，《新唐书》又互见地理类，题葛洪撰。《郡斋读书志》杂史类著录，云："江左人或以为吴均依托为之。"《直斋书录解题》传记类著录作六卷。《宋史·艺文志》入故事类，六卷。《四库全书》始列入小说家类杂事之属，因六卷本葛洪跋称此书系抄辑刘歆《汉书》而成，故《四库全书总目提要》兼题刘歆、葛洪姓名，"以存其旧"。

关于《西京杂记》作者，主要有三说，即刘歆说、葛洪说、吴均说。刘歆说的依据是葛洪《西京杂记·跋》："洪家世有刘子骏《汉书》一百卷，无首尾题目，但以甲乙丙丁记其卷数。先公传之。歆欲撰《汉书》，编录汉事，未得缔构而亡，故书无宗本，止杂记而已，失前后之次，无事类之辨。后好事者以意次第之，始甲终癸为十帙，帙十卷，合为百卷。洪家具有其书，试以此记考校班固所作，殆是全取刘氏，有小异同耳。并固所不取，不过二万许言，今抄出为二卷，名曰《西京杂记》。"但刘歆的著作权自宋以来受到了强有力的质疑。陈振孙《直斋书录解题》说："向、歆父子亦不闻其尝作史传于世。使班固有所因述，亦不应全没不著也。"《四库全书总目提要》说："歆始终臣莽，而此书载吴章被诛事，乃云章后为王莽所杀，尤不类歆语。又《汉书·匡衡传》'匡鼎来'句，服虔训鼎为当，应劭训鼎为方。此书亦载是语，而以鼎为匡衡小名。使歆先有此说，服虔、应劭皆后汉人，不容不见，至葛洪乃传。是以陈振孙等皆深以为疑。"余嘉锡《四库提要辨证》说："《汉书》者，固所自名。断代为书，亦固所自创。今洪序乃谓刘歆所作，已名《汉书》，是并《叙传》所言，亦出于刘歆之意，而固窃取之矣。此必无之事也。况文帝以代王即位，明见《史记》，此何等大事，岂有讹传之理？刘歆博极群书，以汉人叙汉事，何至误以文帝为太子？（见卷三）故葛洪序中所言，刘歆《汉书》之事，必不可信，盖依托古人以自取重耳。至其中间所叙之事，与《汉书》错互不合，有不仅如《提要》所云者。明焦竑《笔乘》续集卷三云：‘《西京杂记》，是后人假托为之。其言高帝为太上皇，思乐故丰，放写丰之街巷屋舍，作之栎阳，冀太上皇见之如丰然，故曰新丰。然《史》记汉十年，太上皇崩，诸侯来送葬，命郦邑曰新丰。是改郦邑为新丰，在太上皇既葬之后，与《史记》所言不同。’此事与《史》《汉》显相刺谬，不仅小有异同矣。”考证详密，结论是可信的。

葛洪说在三种说法中占主导地位。此说始于唐代。宋晁载之《续谈助》卷一《洞冥记跋》引张柬之之言云：“昔葛洪造《汉武内传》《西京杂记》。”刘知幾《史通·杂述篇》云：“葛洪《西京杂记》。”段成式《酉阳杂俎·动植篇》载葛洪（稚川）就上林令鱼泉问草木名，今在此书第一卷中。张彦远《历代名画记》载毛延寿画王昭君事，亦引为葛洪《西京杂记》。但葛洪的著作权也一再受到质疑。理由有三。其一，宋黄伯思《跋西京杂记后》说：“按《晋史》，葛未尝至长安，而晋官但有华林令，而无上林令，其非稚川决也。”其二，陈振孙《直斋书录解题》说：“按洪博闻深学，江左绝伦，所著书几五百卷，本传具载其目，不闻有此书。”《四库全书总目提要》也说：“今考《晋书·葛洪传》，载洪所著有《抱朴子》《神仙》《良吏》《集异》等传，《金匮要方》《肘后备急方》并诸杂文，共五百余卷，并无《西京杂记》之名。则作洪撰者自属舛误。”对这两点质疑，余嘉锡《四库提要辨证》曾予以反驳：“此书盖即抄自百家短书，洪又以己意附会增益之，托言家藏刘歆汉史，聊作狡狯，以矜奇炫博耳。”故葛洪虽未尝至长安，却并不妨碍他从“东晋以前古书”中抄入种种与长安有关的掌故。葛洪著书，“多至三百余卷，其书当有数十种，既非切要，而必胪列不遗，史家亦无此体。未可遽执本传所无，遂谓非洪所作也”。其三，清卢文弨《新雕西京杂记缘起》提出：“书中称‘成帝好蹴鞠，群臣以为非至尊所宜，家君作弹棋以献’，此歆谓向家君也。洪奈何以一小书之故，至不惮父人之父，求以取信于世也邪?”鲁迅《中国小说史略》认为卢文弨所说不能构成否定葛洪著作权的理由，因为“既托名于歆，则模拟歆语，固亦理势所必至矣”。余嘉锡和鲁迅的意见可以作为定论。

吴均说的依据是段成式《酉阳杂俎·语资篇》：“庾信作诗，用《西京杂记》事，旋自追改曰：‘此吴均语，恐不足用也。’”但吴均的著作权已为众多学者所否认。鲁迅《中国小说史略》说：“所谓吴均语者，恐指文句而言，非谓《西京杂记》也。梁武帝敕殷芸撰《小说》，皆抄撮故书，已引《西京杂记》甚多，则梁初已流行世间，固以葛洪所造为近似。”李慈铭《孟学斋日记》乙集，考明吴均精通史学，而《西京杂记》却多有与《史记》《汉书》所载不合的情形，足见此书非吴均作，得到余嘉锡等学者的赞同。

另据《南史·竟陵文宣王子良传》载：“（萧）贲，字文奂，子良子，好著述，尝著《西京杂记》六十卷。”或以为即今本《西京杂记》六卷之讹，或以为萧贲所著系另一本同名书。美国学者倪豪士认为《西京杂记》为萧贲所作，其论文摘要见《文学遗产》1994 年第 5 期。存疑待考。

《西京杂记》的通行本为六卷。现存明刻本以嘉靖壬午野竹斋刊本为最早，嘉靖壬子孔天胤刊本次之，明清诸丛书中，以清乾隆间抱经堂本最为精审。中华书局 1985 年出版程毅中点校本，附录《版本序跋》《书目著录》，颇便阅读。

《西京杂记》杂载西汉逸事传闻，断代取材（以西汉为限），开了后世专题笔记的先河。叙事多截取片段，意绪秀逸，与首尾完整的史家纪传体有别。《四库全书总目提要》对之评价颇高：“其中所述，虽多小说家言，而摭采繁富，取材不竭。李善注《文选》，徐坚作《初学记》，已引其文，杜甫诗用事谨严，亦多采其语。词人沿用数百年，久成故实，固有不可遽废者焉。”《西京杂记》被后世用为典实的传说甚多，如文君当垆、匡衡好学、秋胡戏妻、五侯鲭等，足见其影响深远。

书名	出版事项	版式状况	一般事项	所藏处/所藏番号
西京杂记		1册,木版本,明刊本		朴在渊
西京杂记	刘歆(汉)撰,重刊,抱经堂本,光绪八年(1882)刊	1册(61张),中国木版本,14.9×12.2cm	序:卢文弨(侶),印:集玉斋	首尔大学校奎章阁[奎중]5680
西京杂记	刘歆(汉)著,高宗年间(1864—1906)写本	6卷1册,笔写本,24.4×16.3cm,无界,12行24字,注双行,纸质:楮纸		庆南 镇海市海军士官学校
西京杂记	程荣(明)校,葛洪(清)集,刊写地未详,明吴郡黄省曾,刊写年未详	6卷1册(卷1-6),27×17.6cm,四周单边,半郭:19.7×13.4cm,有界,9行20字,上下向白鱼尾	内容:西京杂记,葛洪:程荣…… 赵飞燕外传,程荣……南方草木状,程荣	庆熙大学校812.8-정64ㅅ
西京杂记	葛洪(清)编,程荣(明)校,刊写年未详	1册(52张),木版本,25.8×17.8cm	序:黄省曾(明)	国立中央图书馆[古]10-30-나41
西京杂记	题刘歆(汉)撰	2卷1册(61张),木版本,19cm,上下单边,左右双边,10.3×7.3cm,界线,9行18字,上黑鱼尾	序:葛洪	延世大学校812.38/4

15. 高 士 传

《高士传》，魏晋间名士皇甫谧撰。三卷。记述上古至魏晋隐逸高士96人的生平事迹。原书只记述高士72人，今本系后人杂抄《太平御览》所引嵇康《高士传》《后汉书》等，附益而成。皇甫谧所撰，亦系借古咏怀之意。其中一些人物故事，多为后世戏曲、小说所取材。

皇甫谧（215—282），幼名静，字士安，自号玄晏先生，安定朝那人。从坦席学儒。中年因患风痹疾，乃钻研医学，著《甲乙经》，对针灸学造诣颇深。另著有《帝王世纪》《列女传》《玄晏春秋》等。

书名	出版事项	版式状况	一般事项	所藏处/所藏番号
高士传	皇甫谧(晋)著,张遂辰(清)阅,刊写地未详,刊写者未详,文化二年(1805)刊	3册,日本木版本,25.6×18cm	刊记:文化二乙丑岁(1805)出版,序:皇甫谧	国立中央图书馆 BA古6-45-95
高士传	皇甫谧(晋)著,刊写地未详,刊写者未详,光绪二十年(1894)刊	2卷1册,中国木版本,四周单边,18×12.2cm,半郭:14.5×9.8cm,20字,注双行,上黑鱼尾	刊记:光绪甲午(1894)孟夏艺文书局重雕,序:皇甫谧,合缀,合刊:莲社高贤传编者未详江幼光版	国立中央图书馆 BA252-1
高士传	皇甫谧(晋)撰,王锡龄(清)校,刊写地未详,刊写者未详,咸丰八年(1858)刊	2册(1-2册),木版本,有图,29.3×17.6cm	序:咸丰七年(1857)……王锡龄	首尔大学校奎章阁 4522
高士传	皇甫谧(晋)撰,上海同文书局,光绪十二年(1886)刊	1册(53张),石版本,有图,19.8×12.6cm	序:咸丰七年(1857)……王锡龄	首尔大学校奎章阁 5646
高士传	皇甫谧(晋)著,郑国勋(中国)辑,龙溪精舍,刊写年未详	3卷1册(卷上、中、下),中国木版本,上下单边,左右双边,27.3×17.2cm,半郭:17×12.7cm,有界,10行21字,注双行,花口,上下向黑鱼尾	丛书事项:龙溪精舍丛书,刊记:龙溪精舍校刊,刊记:潮阳郑氏用明刻本刊,刊记:广陵邱义卿邱绍周监刻,扬州周楚江刊刻,序:皇甫谧	首尔大学校中央图书馆 0230-29-54

16. 神 仙 传

《神仙传》十卷，东晋葛洪撰。《隋书·经籍志》著录十卷，题葛洪撰。与《神仙传自序》《抱朴子外编自序》《晋书》卷七十二《葛洪传》所说相同。《旧唐书·经籍志》杂传类、《新唐书·艺文志》道家类著录并同。《日本国见在书目》杂传类析为二十卷。《崇文总目》道书类、《通志·艺文略》道家类、《国史·经籍志》道家传类俱著录葛洪《道家传略》一卷，大约是仅存梗概之节本。

葛洪（283—363），字稚川，号抱朴子，东晋丹阳句容（今江苏句容）人。少以儒学知名，后崇信道教，尤好神仙导引之法，主张儒、道、方术兼治，以神仙养生为内，儒术应世为外。司马睿任丞相时，召为掾属，后任州主簿、谘议参军等职。闻交趾出丹砂，求为勾漏令，携子侄至广州，止于罗浮山炼丹，病卒山中。著有《神仙传》《抱朴子》《肘后方》等书。《神仙传》的版本系统主要有二：一为通行的九十二人本，刊于《广汉魏丛书》《增订汉魏丛书》《龙威秘书》《说库》等；一为八十四人本，收入《四库全书》。据唐代梁肃《神仙传论》（载《文苑英华》卷七百三十九），《神仙传》凡一百九十人，则今存十卷本，均非完帙。另有《五朝小说》本一卷，凡七十九人，陶珽《说郛》本一卷，凡六十六人，均为仅存梗概的节本。

《神仙传》是葛洪三十余岁时所作。他在《神仙传》自序中对《列仙传》“殊甚简略，美事不举”深表不满，因而对诸仙行事搜罗比较完备，着笔细致，篇幅较长。《黄初平》《麻姑》《壶公》等篇在后世诗文中经常被用为典实，或成为小说、戏曲的重要素材。

书名	出版事项	版式状况	一般事项	所藏处/所藏番号
神仙传	葛洪(晋)著,金鸡,三余堂,光绪六年(1880)刊	10卷2册,木版本,13.5×8.3cm,四周单边,半郭:9.1×6.7cm,无界,10行20字,花口,上下向黑鱼尾	神仙传序题:神仙传,丛书标题面(册1):经翼二十种别史十四种子余二四种载籍三二种汉魏丛书,丛书:王谟(清)重编,重刻汉魏丛书叙:乾隆壬子(1792)……陈兰森,汉魏丛书序:万历壬辰(1592)……屠隆纬,丛书刊记:光绪六年庚辰岁(1880)练江三余堂藏板,丛书刊记:光绪庚辰年(1880)重镌,孔丛序:丁丑(1577)……装帧:黄色表纸黄丝四缀	首尔大学校中央图书馆 0230-15B-27-28
绘图历代神仙传	上海扫叶山房,清宣统元年(1909)刊	24卷8册,中国石印本,有图,20×13.2cm	卷头序:宣统元年(1909)夏四月三鱼书屋主人目录,标题纸里面:扫叶山房新印书籍目录	岭南大学校陶南文库 [古도] 823.6 역대신
绘图历代神仙传	编者未详,扫叶山房,刊写者未详,清宣统元年(1909)刊	线装不分卷8册,石印本,19.9×13.1cm,四周双边,半郭:17.1×10cm,18行38字,上黑鱼尾,纸质:竹纸		成均馆大学校 B09FC-0039
绘图历代神仙传	上海扫叶山房,清宣统元年(1909)刊	24卷8册,有图,石印本,20×13.2cm	标题纸里面:扫叶山房新印书籍目录,卷头序:宣统元年(1909)夏四月三鱼书屋主人,目录	高丽大学校 화산 B12-B28-1-8 岭南大学校 古도 823.6-역대신

续表

书名	出版事项	版式状况	一般事项	所藏处/所藏番号
神仙传	葛洪(晋)著,孔学声校	10卷1册,木版本	跋:王谟,序:葛洪	国立中央图书馆 BA2520-22

17. 灵 鬼 志

《灵鬼志》，《隋书·经籍志》杂传类著录，三卷，题荀氏撰。《旧唐书·经籍志》杂传类著录，《新唐书·艺文志》改入小说家类。亦题荀氏撰。宋时亡佚。鲁迅《古小说钩沉》辑佚文二十四条。荀氏字里无考，仅从书中“南平国蛮兵”条，知荀氏于东晋安帝义熙中为南平国郎中。《嵇康》是《灵鬼志》中最好的一篇，写嵇康“耻与魑魅争光”的风度，满含玄远意味。《南郡议曹掾》记沙门为欧掾疗不治之症，《周子长》记周子长自恃佛弟子身份，敢与鬼一较高低，《胡道人》记胡道人（外国和尚）得到鬼王帮助，《张应》记张应妻是佛家女，故竹昙镜为之做佛事，祛病消灾，凡此种种，均以显扬佛法为事。《外国道人》一条，由释典《旧杂譬喻经》中的梵志作术故事演变而来，后来进一步发展为吴均《续齐谐记·阳羡书生》。《灵鬼志》中还有数篇专记谶语应验，将某些谣谚或儿歌与人事祸福相联系，反映了一种如履薄冰看待生活的心理。

书名	出版事项	版式状况	一般事项	所藏处/所藏番号
灵鬼志	荀氏(晋)撰,陶珽(明)重辑,姚安(清),宛委山堂,顺治四年(1647)刊	1册,木版本,26×16.8cm,上下单边,左右双边,半郭:19.2×13.4cm,有界,9行20字,注双行,上花口,上下向白鱼尾	金刚经鸠异/段成式(唐)撰 博异志/郑还古(唐)撰 才鬼记/张君房(宋)撰 括异志/鲁应龙(宋)撰	首尔大学校中央图书馆 0230-73-141

18. 博　物　志

《博物志》亦名《博物记》，晋张华撰。《晋书》张华本传及《隋书·经籍志》杂家类著录，十卷。《旧唐书·经籍志》《新唐书·艺文志》改入小说家类，《宋史·艺文志》入杂家类，卷帙皆同。《郡斋读书志》小说类著录，有周日用注。《直斋书录解题》小说类著录，又有卢氏注六卷。《四库全书》小说家类琐记之属著录十卷。按，裴松之《三国志注》、李善《文选注》、段公路《北户录》、赵彦卫《云麓漫抄》等书引《博物志》之文，今本多无，故《四库全书总目提要》说："或原书散佚，好事者掇取诸书所引《博物志》，而杂采他小说以足之。故证以《艺文类聚》《太平御览》所引，亦往往相符。其余为他书所未引者，则大抵剽剟《大戴礼》《春秋繁露》《孔子家语》《本草经》《山海经》《拾遗记》《搜神记》《异苑》《西京杂记》《汉武内传》《列子》诸书，饾饤成帙，不尽华之原文也。"关于《博物志》阙佚甚多的原因，昔时又有删落之说。王嘉《拾遗记》卷九载，《博物志》原书四百卷，晋武帝司马炎嫌它繁杂，"记事采言，亦多浮妄"，因令删为十卷。王谟《博物志跋》据此推论："是则此十卷，即武帝所删定也。"但《拾遗记》乃小说家言，"杜撰无稽，殆无一语实录"①，资以论古，未免为有识者所讥。现存版本有两系：一为常见的通行本，如《古今逸史》《广汉魏丛书》《格致丛书》《秘书二十一种》《增订汉魏丛书》诸本，为三十九目；一为黄丕烈刊《士礼居丛书》本，内容虽同于通行本，但不分细目，次第迥异，《指海》本、《龙溪精舍丛书》本皆由此本出。另有辑佚本数种，如王谟《汉唐地理书抄》辑本、周心如《纷欣阁丛书·博物志补》、钱熙祚《指海·博物志佚文》、陈穆堂《博物志疏证》辑本、王仁俊《经籍佚文》辑本。今人范宁《博物志校证》，辑佚文二百一十二条，收罗最为完备，中华书局1980年出版。

---

① 余嘉锡：《四库提要辨证》卷十八，中华书局1980年版，第1155页。

《博物志》的体例略仿《山海经》。宋李石《续博物志序》说："张华述地理，自以禹所未至，且天官所遗多矣；经所不载，以天包地，象纬之学，亦华所甚惜也。虽然，华仿《山海经》而作，故略。"崔世节《博物志跋》也说此书："天地之高厚，日月之晦明，四方人物之不同，昆虫草木之淑妙者，无不备载。"这正是"博物"体志怪的特色。

《博物志》列有"异人"、"异俗"、"异产"、"异兽"、"异鸟"、"异虫"、"异鱼"、"异草木"、"异闻"等类别，侧重于记载远方珍异，与两汉的"博物"体志怪更为接近。

书名	出版事项	版式状况	一般事项	所藏处/所藏番号
博物志	张华(晋)撰	1册(107页),笔写本,23.3×17.2cm,11行20字,注双行	行书,附:续博物志	青松沈氏七悔堂古宅,韩国国学振兴院受托
博物志	著者,刊写地,刊写者未详,朝鲜朝末期—日帝时代写	线装1册20页,笔写本,行字数不定,23.1×18cm,纸质:楮纸		成均馆大学校 C15-0082
博物志	张华(晋)撰,汪士汉(清)校	10卷1册,中国木版本,25.5×15.7cm	序:康熙戊申(1668)……汪士汉考述,合刊:桂海虞衡志,范成大(宋)纪	高丽大学校 C14-B67B
博物志	范成大等序	7册,木版本,18.3×11.9cm,四周单边,半郭:13.4×9.5cm,有界,10行25字,注双行,花口,上下向黑鱼尾,纸质:竹纸	桂海虞衡志序:淳熙二年(1175)……范成大书	釜山大学校 海苍文库(子部) OAC 3-11 31
博物志(并)续	张华(晋)撰,上海文瑞楼,20世纪初刊	10卷,续10卷,合2册,中国石印本,20.2×13.4cm	标题:正续博物志,序:钱塘唐琳玉林父识,合刊:续博物志 李石(唐)撰	高丽大学校 C14-B67

19. 拾　遗　记

《拾遗记》十卷，王嘉撰。一题《拾遗录》《王子年拾遗记》。《晋书》卷九十五《王嘉传》说："著《拾遗录》十卷，其记事多诡怪，今行于世。"萧绮《拾遗录序》说："《拾遗记》者，晋陇西安阳人王嘉字子年所撰。凡十九卷，二百二十篇，皆为残缺……今搜检残遗，合为一部，凡一十卷，序而录焉。"据此，则王嘉《拾遗记》原为十九卷，二百二十篇，经兵乱后残缺不全，萧绮为之补订，定为十卷。《隋书·经籍志》杂史类著录《拾遗记》二卷，注："伪秦姚苌方士王子年撰。"又有《王子年拾遗记》十卷，注："萧绮撰。"似二卷本为残本，十卷本为萧绮增订本。两《唐书》杂史类两本俱著录，惟《拾遗录》作三卷。《直斋书录解题》作《拾遗记》，始列入小说类，十卷，云："晋陇西王子年撰，萧绮序录。"另著录王子年《名山记》一卷，云："即前（指《拾遗记》）之第十卷。大抵皆诡诞。嘉，苻秦时人，见《晋书·艺术传》。"《四库全书》小说家类异闻之属著录，十卷，题秦王嘉撰。明胡应麟曾对王嘉的著作权表示怀疑，其《少室山房笔丛·四部正讹下》以为《拾遗记》"盖即绮撰而托之王嘉"，但没有提出证据。故杨守敬在《日本访书志》卷八嘲笑他说："胡氏故为高论，以矜其具眼，而不校《隋唐志》三卷之录，失之目睫也。"宋晁载之《续谈助》卷一《洞冥记跋》引张柬之语，称"虞义造《王子年拾遗录》"，不知何据。

王嘉字子年，陇西安阳（今甘肃渭源）人。十六国时前秦方士。后赵石虎末，隐居长安终南山。前秦苻坚屡征不起，"公侯以下咸躬往参诣，好尚之士无不宗师之。问其当世事者，皆随问而对。好为譬喻，状如戏调；言未然之事，辞如谶记，当时鲜能晓之，事过皆验"（《晋书》卷九五《艺术传》）。后秦主姚苌入长安，颇礼遇之，后因答问忤姚苌意被杀。事迹见《晋书·艺术传》《高僧传·释道安传》《云笈七仙·洞仙传》《类说·王氏神仙传》。《拾遗记》今存最早刻本为明嘉靖世德堂翻宋刻本，其他通行本有：《古今逸史》本、《汉魏丛书》本、《广汉魏丛书》本、《增订汉魏丛书》本、《秘书二十一种》本、《百子全书》本等。《稗海》本多有异文，为另一系统。《历代小史》本作一卷，但内容与十卷本相同。今人齐治平校注本（中华书局1981年版），增辑佚文十三则，并附录《传记资料》《历代著录及评论》，颇便阅读。

《拾遗记》前九卷以历史年代为经，卷一记庖牺、神农、黄帝、少昊、高阳、高辛、尧、舜八代事；卷二至卷四记夏至秦事；卷五、卷六记汉事；卷七、卷八记三国事；卷九记晋及石赵事。最后一卷即第十卷则以方位移换为序，依次记叙昆仑、蓬莱、方丈、瀛洲、员峤、岱舆、昆吾、洞庭八座名山的奇异景物。

《拾遗记》讽世意味颇浓，或蕴藉，或锐利，表现出作者诙谐而辛辣的个性。谭献《复堂日记》卷五云："《拾遗记》，艳异之祖，诙谲之尤，文富旨荒，不为典要，予少时之论如此。今三复乃见作者之用心。奢虐之朝，阳九之运，述往事以讥切时王，所谓陈古以刺今也。篇中于忠谏之辞，兴亡之迹，三致意焉。"（谭献《复堂日记》，河北教育出版社2001年版，第110页）卷一《少昊》写少昊之母皇娥与白帝之子的桑间濮上之行，卷四《秦始皇》将赵高说成诛秦之暴的英雄，尤为引人注目。杨慎《丹青总录》说："首篇谓少昊母有桑中之行，尤为悖乱。"王谟《汉魏丛书·拾遗记跋》："其甚者，至以《卫风·桑中》托始皇娥，为有淫佚之行，诬罔不道如此！"《四库全书总目提要》说："其言荒诞，证以史传皆不合，如皇娥宴歌之事、赵高登仙之说，或上诬古圣，或下奖贼臣，尤为乖忤。"实则王嘉意在嘲弄世俗陈见，所谓千古定论，往往并不可信。《拾遗记》卷三《周灵王》"夷光、修明"写西施之美，卷七《魏》"薛灵芸"、卷九《晋时事》"翔风"在对人生繁华的描写中慨叹憔悴之不可避免，意味颇为深长。从整体看，《拾遗记》注重藻饰，辞采华丽，情调优美，其风格对后来的唐人传奇影响显著。

书名	出版事项	版式状况	一般事项	所藏处/所藏番号
拾遗录	王嘉(晋)撰,陶珽(明)重辑,姚安(清),宛委山堂,顺治四年(1647)刊	1册,木版本,26×16.8cm,上下单边,左右双边,半郭:19.2×13.4cm,有界,9行20字,注双行,上花口,上下向白鱼尾	别国洞冥记花口题:洞冥记,海内十洲记/东方朔(汉)撰,洞天福地记/杜光庭(唐)撰,别国洞冥记/郭宪(汉)撰,西京杂记/刘歆(汉)撰	首尔大学校中央图书馆[古]0230-73-77
拾遗	刊写地未详,刊写者未详,刊写年未详	1册,16.8×10.3cm		汉阳大学校351.1325-습66
王子年拾遗记	王嘉(晋)著,萧绮(梁)录,刊写地未详,刊写者未详,刊写年未详	10卷2册(卷1-10),木版本,27×17.8cm,上下单边,左右双边,有界,半郭:19.4×13.4cm,9行20字,上下向白鱼尾	版心题:拾遗记	庆熙大学校812.8-왕72

20. 搜　神　记

《搜神记》与《说苑》及《高士传》等书，高丽宣宗八年（1091）即已传入韩国，但现在都已不存，所存的都是明清年间的版本。从1091年以前已传入《搜神记》与《说苑》之事实来看，当时中国流行的《十洲记》《洞冥记》《列仙传》《博物志》《述异记》《汉武故事》《酉阳杂俎》《齐谐记》《高士传》等书也可能传入韩国。

《搜神记》，晋干宝撰。《隋书·经籍志》杂传类著录，三十卷，题干宝撰。《旧唐书·经籍志》《新唐书·艺文志》著录皆为三十卷。《宋史·艺文志》小说类著录："干宝《搜神总记》十卷，《宝椟记》十卷。"注："并不知作者。"既注明"干宝"，又说"不知作者"，似非原书。《崇文总目》小说类著录《搜神总记》十卷，原释："不著撰人名氏。或云干宝撰，非也。"今本二十卷，为胡应麟所辑集。胡应麟《甲乙剩言·知己传》说："姚（叔祥）

见余家藏书目有干宝《搜神记》，大骇，曰：‘果有是书乎？’余应之曰：‘此不过从《法苑》《御览》《艺文》《初学》《书抄》诸书中录出耳。岂从金函石匮、幽岩土窟握（掘）得耶？’大都后出异书，皆此类也。”胡应麟辑本于万历年间由胡震亨刻入《秘册汇函》，毛晋又刻入《津逮秘书》，遂得行世。《四库全书》列入小说家异闻之属，《四库全书总目提要》说：“此本为胡震亨《秘册汇函》所刻，后以其版归毛晋编入《津逮秘书》者。考《太平广记》所引，一一与此本相同。以古书所引证之，裴松之《三国志》注，《魏志·明帝纪》引其柳谷石一条，《齐王芳纪》引其火浣布一条，《蜀志·麋竺传》引其妇人寄载一条，《吴志·孙策传》引其于吉一条，《吴夫人传》引其梦月一条，《朱夫人传》引其朱主一条，皆具在此本中。刘孝标《世说新语注》引其庐（卢）充金碗一条，刘昭《续汉志》注，《五行志》荆州童谣条下引其华容女子一条，建安四年武陵充县女子重生条下引其李娥一条，桓帝延熹七年条下引其大蛇见德阳殿一条，《郡国志》马邑条下引其秦人筑城一条，故道条下引其旄头骑一条，李善注王粲《赠文叔良诗》引其文颖字叔良一条，注《思玄赋》引其张车子一条，注鲍照《拟古诗》引其太康帕头一条，刘知幾《史通》引其王乔飞舄一条，亦皆具在此本中。似乎此本即宝原书。惟《太平寰宇记》青陵台条下引其韩凭化蛱蝶一条，此本乃作化鸳鸯。郭忠恕《佩觿》上篇称干宝《搜神记》以琵琶为频婆。此本吴赤乌三年豫章民杨度一条，凡三见琵琶字，安阳城南亭一条亦有琵琶字，均不作频婆。又《续汉志》注，《地理志》緱氏条下引其延寿亭一条，巴郡条下引其泽中有龙鸣鼓则雨一条，《五行志》建安七年醴陵山鸣条下引其论山鸣一条，李善《蜀都赋》注引其澹台子羽一条，陆机《皇太子宴玄圃》诗（此处当脱一注字）引其程猗说石图一条，此本亦皆无之。至于六卷七卷，全录两《汉书·五行志》。司马彪虽在宝前，《续汉书》宝应及见，似决无连篇抄录一字不更之理，殊为可疑。疑其即诸书所引，缀合残文，傅以他说，亦与《博物志》《述异记》等。但辑二书者，耳目隘陋，故罅漏百出。辑此书者，则多见古籍，颇明体例，故其文斐然可观，非细核之，不能辨耳。观书中‘谢尚无子’一条，《太平广记》三百二十二卷引之，注曰‘出《志怪录》’，是则捃拾之明证。”周中孚《郑堂读书记》卷六六亦赞同此说。鲁迅《中国小说的历史的变迁》：“《搜神记》多已佚失，现在所存的，乃是明人辑各书引用的话，再加别的志怪书而成，是一部半真半假的书籍。”四库馆臣、周中孚和鲁迅均未判定辑录者是谁。按，姚叔祥《见只编》卷中云：“江南藏书，胡元瑞号为最富。余尝见其书目，较之馆阁藏本，目有加益……有《搜神记》，余欣然索看，胡云：‘不敢以诒知者，率从《法苑珠林》及诸类书抄出者。’”参以胡应麟《甲乙剩言》之语，则辑录者即是胡应麟。《搜神记》的通行本有：《秘册汇函》本、《津逮秘书》本、《四库全书》本、《学津讨原》本、《百子全书》本、《丛书集成初编》本、今人胡怀琛标点本（商务印书馆 1957 年版）、汪绍楹校注本（中华书局 1979 年版）等，均为二十卷。

干宝（？—336），字令升，东晋新蔡（今属河南）人。生卒年详见李剑国考证。① 少勤学，博览群书。以才器召为佐著作郎。平杜有功，封关内侯。晋元帝时，中书监王导表为史官，领国史。因家贫，求补山阴令，升任始安太守。王导请为司徒右长史，迁散骑常侍。曾著《晋纪》二十卷，时有“良史”之称。另有《春秋左氏义外传》《百志诗》九卷、《干宝集》四卷、《搜神记》三十卷等。除《搜神记》外，余皆散佚。事见《晋书》卷八十二《干宝传》。

与干宝《搜神记》体例不类，而也名为《搜神记》的，另外还有两部书，一是商濬《稗海》八卷本，一是句道兴一卷本。此处一并略作说明。

《稗海》本《搜神记》，明以前未见引用。全书凡四十则，见于二十卷本仅十二则。卷六德化张令条，即《太平广记》卷三五〇《浮梁张令》，出《纂异记》。德化县，南唐始置。故程毅中《古小说简目》推测此书“当为五代以后人纂辑”。余如卷七李汾

① 李剑国：《干宝生卒年考》，《文学遗产》2001 年第 2 期。

条见《太平广记》四三九卷，李楚宾条见《太平广记》三六九卷，均出《集异记》。今本亦题干宝撰，无据。或即《崇文总目》中《搜神总记》一书之残本。参见范宁《关于搜神记》① 一文。《广汉魏丛书》本、《增订汉魏丛书》本、《龙威秘书》本、《说库》本等皆从此本出。句道兴本出于敦煌石室藏书，残存一卷，题句道兴撰。王重民等编《敦煌变文集》卷八收之，王庆菽校云："本卷标题原有，作者句道兴亦原有。见于罗振玉《敦煌零拾》所载，但罗氏所校，有漏去和随意改换之字。现在从罗福颐先生处借得此卷日本中村不折藏本的影印本，重新校订和加断句；并用伦敦、巴黎所藏的《搜神记》诸本作为比勘：斯五二五号为甲卷，原文载故事十则。斯六〇二二号为乙卷，原文载故事六则。伯二六五六号为丙卷，原文载故事三则。又巴黎尚藏有一卷，编号为伯五五四五。原卷甚残阙，标题亦原有，共载故事十则。今固未影得此卷，故无从取勘。"王本共三十五则，前三十三则为罗本所有，末二则录自斯六〇二二、伯二六五六本。中华书局 1981 年版《搜神后记》（汪绍楹校注）附录句道兴本《搜神记》，即据人民文学出版社 1957 年版《敦煌变文集》。此书成书年代不详。李剑国《唐五代志怪传奇叙录》（南开大学出版社 1993 年版）据其"所载均为先唐事"及不避"渊"、"世"等讳，以为"本书撰于唐初"高祖朝："文辞朴俚，乱举引书，多违史实，大类唐世俗文，则句道兴者下层文人耳。"程毅中《唐代小说史话》（文化艺术出版社 1990 年版）推测此书约成于唐代或唐以前。这是一本志怪集，其中有些故事与干宝《搜神记》相同。行文朴拙，多俚俗口语，故治唐世俗文学者多以之为唐代说话底本，或目之为"变文"②；程毅中、李剑国将之归入志怪集中。

"搜神"体是魏晋南北朝志怪小说的主要类型。干宝的《搜神记》、署名陶潜的《搜神后记》、刘义庆的《幽明录》、刘敬叔的

① 《文学评论》1964 年第 1 期。

② 《敦煌变文集》以句道兴本《搜神记》包含着变文的原始资料而编入，《敦煌变文集》引言谓变文只是话本的一种名称。

《异苑》等是这一类型的代表作。

“搜神”体发轫于汉末陈寔的《异闻记》，经过旧题魏文帝《列异传》的发展，至东晋初干宝《搜神记》问世，“搜神”体在志怪小说中确立了其主导地位。

书名	出版事项	版式状况	一般事项	所藏处/所藏番号
搜神记	干宝(晋)撰,新安(清),刊写者未详,康熙七年(1668)序	1册,木版本,25.3×15.9cm,上下单边,左右双边,半郭:19.9×13cm,有界,10行20字,注双行,上花口,上下向黑鱼尾		首尔大学校中央图书馆 0230-98-4
搜神记	干宝(晋)撰,杨先烈(清)校,清初版本	8卷1册,中国木版本,24.8×16cm,上下单边,左右双边,半郭:19.4×13.5cm,有界,9行20字,白口,上白鱼尾	印:礼信文库	海军士官学校[중] 95
新刻出像增补搜神记	唐富春(清)校,清版本	6卷4册,中国木版本,有图,24.2×15.2cm	序:罗懋登,印:集玉斋,帝室图书之章	首尔大学校奎章阁[奎중]5622
重增三教源流圣帝佛师搜神大全	干宝(晋)著,鼓出如林(清)重增,清朝末期刻,后刷	4卷3册,中国木版本,有图,18.4×12.6cm,四周单边,半郭:13.7×10cm,无界,10行24字,上黑鱼尾,纸质:竹纸	里题:绣像搜神记	成均馆大学校 D7C-97

21. 搜神后记

《搜神后记》，《隋书·经籍志》杂传类著录，十卷，题陶潜撰。《日本国见在书目》同。梁僧慧皎《高僧传序》引作陶渊明

《搜神录》。《法苑珠林》及《初学记》《艺文类聚》《太平广记》时又引作《续搜神记》。《四库全书》列入小说家类异闻之属。对于陶渊明作《搜神后记》，很早就有人表示怀疑。《四库全书总目提要》说："旧本题晋陶潜撰。中记桃花源事，全录本集所载诗序，惟增注'渔人姓黄名道真'七字。又载干宝父婢事，亦全录《晋书》。剽掇之迹，显然可见。明沈士龙跋，谓潜卒于元嘉四年，而此有十四、十六两年事；陶集多不称年号，以干支代之，而此书题永初、永嘉，其为伪托，固不待辨。然其书文辞古雅，非唐以后人所能。《隋书·经籍志》著录，已称陶潜，则赝撰嫁名，其来已久。"周中孚《郑堂读书记》卷六六云"当由隋以前人所依托"，鲁迅《中国小说史略》亦谓"陶潜旷达，未必拳拳于鬼神，盖伪托也"。但梁僧慧皎《高僧传序》已云"陶渊明《搜神录》"，其后隋萧吉《五行记》曾引陶渊明《搜神记》（见《太平广记》卷四三三），唐释法琳《破邪论》卷下、道宣《三宝感通录》卷下均著录有陶元亮《搜神录》，李剑国《唐前志怪小说史》据以断定"《后记》之为陶渊明作灼然无疑"。至于陶渊明卒于元嘉四年，而今本《搜神后记》中记有元嘉十四、十六两年事，当系他书阑入，古书中常有这种情形。现在所见的十卷本，疑为明人纂辑，万历年间胡震亨收入《秘册汇函》；后来又有毛晋《津逮秘书》本、张海鹏《学津讨原》本、《百子全书》本、《丛书集成初编》本、《增订汉魏丛书》本、汪绍楹校注本（中华书局 1981 年版）等。

《搜神后记》对于人的生命极为关心。卷一《丁令威》写丁公化鹤事，围绕人生的短暂立意，与大多数神仙故事关注荣华富贵不同。卷四《徐玄方女》是一个充满乐观情调的复生故事。同卷《李仲文女》则因死者未能复生而充满悲伤情调。卷九《鹿女脯》《林虑山亭犬》较早写到"照妖镜"，值得重视。《搜神后记》中还有若干关于山川民俗的传说，如卷五《白水素女》中的田螺姑娘、卷七《虹化丈夫》中的虹精、卷一《贞女峡》中的贞女等，或叙事曲折，或寥寥数语，都有一种清峻之美。在鬼故事中，卷六《鲁子敬墓》记生前谦恭有加的鲁肃在阴间却异常凶暴，《张姑子》

记吴详与女鬼的“两情相恋”，也都颇为有趣。而仙故事中的《剡县赤城》，记袁相、根硕入山遇仙，尤其流播广远。卷五“阿香雷车”事，唐宋词人亦递相援引。

书名	出版事项	版式状况	一般事项	所藏处/所藏番号
搜神后记	陶潜(晋)著,刘□(清)校,金鸡,三余堂,光绪六年(1880)刊	2卷1册(15页),中国木版本,13.5×8.3cm,四周双边,半郭:9.3×6.7cm,有界,10行20字,花口,上下向黑鱼尾	刊记:光绪六年庚辰岁(1880)练江三余堂藏板,丛书刊记:光绪庚辰年(1880)重镌,搜神后记,跋:王谟,三辅黄图,刊记:述古山庄校刊,装帧:黄色表纸黄丝四缀	首尔大学校中央图书馆 [古] 0230-15B-59-61
搜神后记	陶潜(晋)撰,光绪二十年(1894)刊	1册,中国木版本,18×12.2cm,四周单边,半郭:14.5×9.4cm,10行20字,注双行,上黑鱼尾	合刊:还冤记(北齐)颜之推,神异经(汉)东方朔	国立中央图书馆 [古]3738-16

22. 述　异　记

《述异记》，旧题任昉撰。此书《梁书》《南史》本传和《隋书·经籍志》《旧唐书·经籍志》《新唐书·艺文志》皆未见著录。《崇文总目》小说类著录，二卷，题任昉撰。《中兴馆阁书目》卷帙同，并云：“任昉天监三年撰。昉家书三万卷，多异闻，又采于秘书，撰此记。”《郡斋读书志》小说类著录，云：“梁任昉撰。昉家藏书三万卷，天监中，采辑前代之事纂新述异，皆时所未闻。”《四库全书》列入小说家类琐记之属，提要疑为后人伪托：“考昉本传，称著《杂传》二百四十七卷，《地志》二百五十二卷，文章三十三卷，不及此书。且昉卒于梁武帝时，而下卷‘地生毛’一条云‘北齐武成河清年中’，按河清元年壬午，当陈天嘉三年、周保定二年、后梁萧岿天保元年，距昉之卒久矣，昉安得而记之？其为后人依托，盖无疑义……考《太平广记》所引《述异记》，皆与此本相同，则其伪在宋以前。其中桃都天鸡事，温庭筠《鸡鸣埭歌》用之，燕昭王为郭隗筑台事，白居易《六帖》引之，则其书似出中唐前。蛇珠龙珠之谚，乃剽窃《灌畦暇语》，则其书又似出中唐后。或后人杂采类书所引《述异记》，益以他书杂记，足成卷帙，亦如世所传张华《博物志》欤？”程毅中《古小说简目》推测说：“任昉有《杂传》三十六卷，见《隋书·经籍志》杂传类，注云：‘本一百四十七卷，亡。’（《梁书》《南史》本传均作二百四十七卷）或后人辑其佚文为此书。”但李剑国《唐前志怪小说史》认为“任昉作《述异记》是可信的，没有充分证据可以推翻旧案。《梁书》《南史》本传及《隋志》《唐志》不录任氏《述异记》者，盖其书已含于《杂传》之中。宋时《述异记》独传而其余杂传渐亡，故宋代书目始有著录”。“我疑心《述异记》原有任昉自序，《中兴书目》和晁志的说法即采自任序，故而说得那么具体明确。”任昉（460—508），字彦升，东安博昌（今山东寿光）人。曾居齐竟陵王萧子良门下，为“竟陵八友”之一。历仕宋、齐、梁三朝，官终新安太守。工表奏书启，时沈约以诗擅名，人称“沈诗任笔”。著有文集三十四卷并《地记》《杂传》等近五百卷，均佚。明人辑有《任彦升集》。现存《述异记》主要有两种版本系统：一为常见的通行本，如《汉魏丛书》本、《广汉魏丛书》本、《增订汉魏丛书》本、《四库全书》本、《龙威秘书》本、《百子全书》本、《说库》本等，上卷一百五十三条，下卷一百五十二条；一为商濬《稗海》本，亦为上下二卷，但条目、文字有所不同，上卷一百五十五条，下卷一百五十四条。

南齐祖冲之亦撰有《述异记》，但与任昉之作性质不同，属于“搜神”体志怪小说。《隋书·经籍志》杂传类著录，十卷，题祖冲之撰。《旧唐书·经籍志》同。《新唐书·艺文志》列入小说家类，卷帙、撰人同。大概宋时亡佚。遗文散见于《北堂书抄》《艺文类聚》《初学记》《太平御览》《太平广记》《事类赋注》等书。此书古无辑本，吴曾祺《旧小说》辑入八则。鲁迅《古小说钩沉》

辑佚文九十则，其中误入了任昉《述异记》中的几篇作品。祖冲之（429—500），字文远，范阳蓟（今北京城西南）人，一说范阳遒（今河北涞水县北）人。其曾祖祖台之，撰有《志怪》二卷。祖冲之是著名科学家。《南齐书》卷五二、《南史》卷七二有传。

任昉《述异记》成就不高，主要是名副其实的“异闻”太少。对此，《四库全书总目提要》有过相当细致的评述：“其书文颇冗杂，大抵剽剟诸小说而成。如开卷‘盘古氏’一条，即采徐整《三五历记》；其余‘精卫’诸条，则采《山海经》；‘圆客’诸条，则采《列仙传》；‘鬼历’诸条，则采《拾遗记》；‘老桑’诸条，则采《异苑》；以及‘防风氏’、‘蚩尤’、‘夜郎王’之类，皆非僻事，不得云‘世所未闻’。其‘武陵源’一条，则袭陶潜所记，而于桃外增李，移其地于吴中；‘《周礼》孤竹之管’、‘空桑之琴瑟’二条，则附会竹生东海，空桑生大野山，尤为拙文陋识……或后人杂采类书所引《述异记》，益以他书杂记，足成卷帙，亦如世所传张华《博物志》欤？”①

《述异记》中偶见关于殊方异域的记载，“大食小儿”、“鬼母”、“哀牢夷”诸则，较为新异。

书名	出版事项	版式状况	一般事项	所藏处/所藏番号
述异记	任昉(梁)撰,光绪十九年(1893)刊	3 册,中国木版本,18×12cm,四周单边,半郭:14.5×9.5cm,10 行 20 字,注双行,上黑鱼尾	合刊:续齐谐记/吴均(梁)著,搜神记/干宝(晋)撰	国立中央图书馆 [古]3738-17
述异记	任昉(梁),刊年未详	1 册(11 页),笔写本,30.5×17.1cm,四周单边,半郭:26.9×15cm,无界,12 行 26 字,无鱼尾		启明大学校 이 812.8-임방ㅅ

① 永瑢等撰：《四库全书总目》，中华书局 1965 年版，第 1214 页。

23. 世说新语

《世说新语》，《隋书·经籍志》小说类著录《世说》八卷，题宋临川王刘义庆撰。又刘孝标注本，十卷，分三十八门。唐人题作《世说新书》（唐写本，《酉阳杂俎》引）。宋人称为《世说新语》（如晁公武《郡斋读书志》）。分十卷本（如《崇文总目》）、三卷本（如陈振孙《直斋书录解题》）两种。董棻刻本有汪藻叙录二卷。今本俱作三卷，分上、中、下。现在的通行本均为三十六门。旧本曾有过四十五门、三十八门、三十九门。四十五门本即十卷本，据董棻跋语："古《世说》三十六篇。世所传厘为十卷，或作四十五篇。"三十八门本和三十九门本见于汪藻《世说叙录》："三十八篇：邵本于诸本外别出一卷，以《直谏》为三十七，《奸佞》为三十八。惟黄本有之，它本皆不录。三十九篇：颜氏、张氏又以《邪谄》为三十八，别出《奸佞》一门为三十九。按二本于十卷后，复出一卷，有《直谏》、《奸佞》、《邪谄》、三门，皆正史中事，而无注。颜本只载《直谏》，而余二门皆亡其事。张本又升《邪谄》在《奸佞》上，文皆舛误不可读，故它本皆削而不取。然所载亦有与正史小异者，今亦去之，而定以三十六篇为正。"鲁迅《中国小说史略》称"《世说新语》今本凡三十八篇"，实误（范烟桥《中国小说史》、谭正璧《中国小说发达史》、郭箴一《中国小说史》等亦沿其误），郭豫适曾作《〈世说新语〉门数小考》（收入《中国古代小说论集》，华东师范大学出版社 1985 年版），结论是："明清以来通行的《世说新语》皆从此袁褧刻本，均为三十六门，从未见有三十八门的。"《世说新语》的作者，诸家书目均署刘义庆撰。但鲁迅《中国小说史略》以为："然《世说》文字，间或与裴郭二家书所记相同，殆亦犹《幽明录》《宣验记》然，乃纂辑旧文，非由自造；《宋书》言义庆才词不多，而招聚文学之士，远近必至，则诸书或成于众手，亦未可知也。"① 这一见

① 《鲁迅全集》第九卷，人民文学出版社 1981 年版，第 61~62 页。

解得到学术界的广泛认同。

《世说新语》的原名，《四库全书总目提要》引黄伯思《东观余论》，谓《世说》之名，肇于刘向，其书已亡；故义庆所集名《世说新书》。“段成式《酉阳杂俎》引王敦澡豆事，尚作《世说新书》可证。不知何人改为《新语》，盖近世所传。”余嘉锡《四库提要辨证》认同其说，并云：“刘向《世说》虽亡，疑其体例亦如《新序》《说苑》，上述春秋，下纪秦、汉。义庆即用其体，托始汉初，以与向书相续，故即用向之例，名曰《世说新书》，以别于向之《世说》。其《隋志》以下但题《世说》者，省文耳。犹之《孙卿新书》，《汉志》但题《孙卿子》；《贾谊新书》，《汉志》但题《贾谊》，《隋志》但题《贾子》也。”据此，则《世说新语》原名《世说新书》，改称今名始于唐代。但也有学者认为，《世说》确为此书原名，为区分二者，才增添了“新书”或“新语”二字。鲁迅《中国小说史略》、徐震堮《世说新语校笺·前言》等均持此说。

刘义庆（403—444），彭城（今江苏徐州）人。刘宋王朝宗室。武帝初袭封临川王，任侍中。文帝时官至南兖州刺史，加开府仪同三司。传附《宋书》卷五十一、《南史》卷十三《刘道规传》。通行的《世说新语》版本有：明李栻辑《历代小说》本（一卷）、《四库全书》本（三卷）、清李锡龄辑《惜阴轩丛书》本（三卷）、近人郑国勋辑《龙溪精舍丛书》本（三卷）、《四部备要》本（三卷）、中华书局《诸子集成》本（三卷）、文学古籍刊行社 1956 年版王利器断句校订本、上海古籍出版社 1982 年版王先谦校订本、中华书局 1983 年版余嘉锡笺疏本、中华书局 1984 年版徐震堮校笺本。其中，余嘉锡笺疏着重考案史实，而不致力于训解文词。对《世说新语》原作与刘孝标注所云人物事迹一一寻检史籍，考辨异同；对原书阙而不备者略作增补；对事乖情理者则加以评骘，并对《晋书》多所匡正。书末附录《世说新语序目》《世说旧题一首旧跋二首》《世说新语常见人名异称表》《世说新语人名索引》《世说新语引书索引》。徐震堮校笺在训诂、考证、校勘、句读上细致精核，有利于读者正确理解《世说新语》，与余嘉锡笺疏可称双璧。书末附录《世说新语词语简释》《世说新语人名索引》。

《世说新语》是魏、晋、南北朝时期“世说体”成就最高的作品，也是古代轶事小说中影响最为深远的作品。

书名	出版事项	版式状况	一般事项	所藏处/所藏番号
世说新语	刘义庆(宋)撰，刘孝标(梁)注，刊写地未详，刊写者未详，淳熙戊申年(1188)序	3卷6册，25.5×18cm，中国木版本，四周单边，半郭：21.2×15.5cm，有界，11行21字，注双行，大黑口，无鱼尾	表题：世说，旧跋：淳熙戊申年(1188)重五月……陆游书，	中央大学校 812.8-왕 의 경세
世说新语	刘义庆(刘宋)著，刘孝标(梁)注，黄之寀(明)校，海易戴，序(1523)	6卷6册(卷1-6)，19.7×13cm，四周双边，有界，半郭：17.5×11.5cm，小字15行35字，上下向黑鱼尾	内容-卷1：德行，言语 卷2：政事，文学 卷3：方正，雅量 卷4：赏誉 卷5：容止，自新 卷6：排调	庆熙大学校 812.31-유 68ㅅ
世说新语	刘义庆(刘宋)撰，刘孝标(梁)注，刘辰翁(宋)评，万历八年(1580)序	6卷3册(第3册缺)，中国木版本，25.8×16.5cm，四周单边，9行20字，半郭：20.3×13.5cm，上白鱼尾	旧序：刘应登序，序：嘉靖乙未(1535)……吴郡袁褧撰，万历庚辰(1580)……吴郡王世懋书，印：[沈喜泽印][青松]	韩国学中央研究院[贵]D7C-26
世说新语	刘义庆(刘宋)撰，刘孝标(梁)注，王世懋(明)批点，陆瀛初校，万历八年(1580)序	8卷8册，中国木版本，26.9×15.8cm	序：……万历庚辰(1580)□吴郡王世懋书，印：东阳，申翊圣，君奭，乐斋 外2种	高丽大学校(华山文库)C14-B76
世说新语	刘义庆(刘宋)撰，刘孝标(梁)注，明万历九年(1581)序	8卷8册，中国木版本，26.5×17cm，四周单边，半郭：21.7×13.8cm，无界，8行18字，注双行，头注，纸质：绵纸	表题：世说，序：万历辛巳(1581)之夏月云间乔懋敬允德甫撰，印：李王家图书之章	韩国学中央研究院4-228

续表

书名	出版事项	版式状况	一般事项	所藏处/所藏番号
世说新语	刘义庆(刘宋)撰,刘孝标(梁)注,万历十三年(1585)序,后刷	6册,中国木版本,26.6×16.6cm	序:嘉靖乙未(1535)……袁褧,藏版记:本衙藏版	国立中央图书馆[古]10-30-나113
世说新语	刘义庆(刘宋)撰,刘孝标(梁)注,刘辰翁(宋)注,明版本衙藏版,万历三十七年己酉(1609)刊	3卷6册,木版本,16.1×25.5cm,上下单边,左右双边,半郭:14.5×20cm,有界,10行20字,细注双行20字,白口,黑鱼尾上	序:袁褧(1535),印:闵丙承印	涧松文库
世说新语	刘义庆(刘宋)撰,刘孝标(梁)注,传古堂,明万历三十七年(1609)序	3卷5册(卷上之上,上之下,中之上,中之下,下之下),中国木版本,25×16.9cm,上下单边,左右双边,半郭:19.8×15.3cm,10行20字,注双行,内向黑鱼尾,纸质:竹纸	表题:世说新语补,序:吴郡袁褧撰,万历己酉(1609)春开氏博古堂刊序晔,内容:德行、简傲	清州大学校823.4 왕 489 ㅅ v.1-v.6
世说新语	刘义庆(刘宋)撰,刘孝标(梁)注,刊写地未详,刊写者未详,道光戊子(1828)刊	1册(全36卷6册)4,卷中、下,中国木版本,25.4×17.9cm,四周单边,半郭:21.4×15.5cm,有界,11行21字,注双行,上黑口无鱼尾	版心书名:世说新语,表纸书名:世说,刊记:道光戊子(1828)……周心如,序:嘉靖乙未(1535)袁褧,世说旧跋:淳熙戊申(1189)陆游,内容:卷中之下赏誉,品藻,规箴,捷悟,夙恶,豪爽	汉阳大学校812.34-유 678 ㅅㄴ-v.4
世说新语	刘义庆(刘宋)撰,刘孝标(梁)注,刊写地未详,刊写者未详,道光戊子(1828)刊	全36卷6册,中国木版本,25.4×17.9cm,四周单边,半郭:21.4×15.5cm,有界,11行21字,注双行,上黑口无鱼尾	版心书名:世说新语,表纸书名:世说,刊记:道光戊子(1828)……周心如,序:嘉靖乙未(1535)袁褧,世说旧跋:淳熙戊申(1189)陆游	汉阳大学校812.34-유 678 ㅅㄴ-v.1-v.4,v.6

续表

书名	出版事项	版式状况	一般事项	所藏处/所藏番号
世说新语	刘义庆(刘宋)撰,刘孝标(梁)注,湖北,崇文书局,光绪三年(1877)刊	6卷4册,中国木版本,30.2×17.7cm	印:集玉斋	首尔大学校奎章阁[奎중]3511
世说新语	刘义庆(刘宋)撰,刘孝标(梁)注,湖北,崇文书局,清光绪三年(1877)刊	6卷4册,中国木版本,27.1×17.3cm,四周双边,半郭:18.5×14cm,有界,12行24字,注双行,大黑口,内向鱼黑尾,纸质:竹纸	刊记:光绪三年(1877)三月湖北崇文书局开雕,	成均馆大学校D7C-46a
世说新语	刘义庆(刘宋)撰,刘孝标(梁)注,光绪三年(1877)刊	5卷3册(卷2-6),中国木版本,26×17cm,四周双边,半郭:18.5×14cm,有界,12行24字,注双行,大黑口,内向黑鱼尾,纸质:竹纸		全北大学校
世说新语	刘义庆(刘宋)撰,刘孝标注,光绪十七年(1891)思贤讲舍开雕	6卷6册,中国木版本,27cm,上下单边,左右双边,17.4×12.7cm,有界,11行24字,注小字双行,上下大黑口,上黑鱼尾	序:嘉靖乙未(1535)岁立秋日吴郡袁褧撰,题跋:淳熙戊申(1188)重五日新定郡守陆游书,卷首:释名,卷末附录:引用书目,佚文,校勘小识,校勘小识补,考证,藏书记:罗州丁氏寓居谷城珍藏,印记:默容室藏 外14种	延世大学校812.38/6
世说新语	刘义庆(刘宋)撰,刘峻(梁)注,张懋辰(明)订,明朝末期刊	8卷4册,中国木版本,26.5×16.5cm,四周单边,半郭:21.2×14.2cm,有界,9行19字,注双行,上白鱼尾,纸质:竹纸	表题:世说,里题:陈太史增补古世说新语,序:万历庚辰(1580)秋吴郡王世懋书	成均馆大学校D7C-46

续表

书名	出版事项	版式状况	一般事项	所藏处/所藏番号
世说新语	刘义庆(刘宋)撰,刘孝标(梁)注,思贤讲舍,清光绪十七年(1891)刊	6卷6册,中国木版本,22.5×16.7cm,左右双边,半郭:17.4×12.8cm,有界,11行24字,注双行,大黑口,上黑鱼尾,纸质:绵纸	表题:世说,里题:世说新语,序:嘉靖乙未岁(1535)立秋日吴郡袁褧撰,刊记:光绪十有七年(1891)思贤讲舍开雕	成均馆大学校 D7C-46b
世说新语	刘义庆(刘宋)撰,刘孝标(梁)注,长沙,清光绪二十二年(1896)刊	6卷6册,中国木版本,21.6×14cm,四周单边,半郭:17.5×12cm,有界,10行20字,注双行,大黑口,上黑鱼尾,纸质:绵纸	序:嘉靖乙未岁(1535)立秋日吴郡袁褧撰,卷末:嘉靖乙未岁(1535)吴郡袁氏嘉趣堂重雕,刊记:光绪丙申(1896)七月重刊于长沙	成均馆大学校 D7C-46c
世说新语	刘义庆(刘宋)撰,思贤讲舍,光绪十七年(1891)刊,清版本	2卷,附录,合4册,木版本,26.7×17.1cm,四周单边,半郭:17.2×12.8cm,有界,11行24字,注双行,黑口,上黑鱼尾	序:嘉靖乙未(1535)……袁褧,刊记:光绪十有七年(1891)……思贤讲舍开雕	启明大学校 이 812.8 유의경ㅅ
世说新语	刘义庆(刘宋)著,刊写地未详,长沙,光绪二十二年(1896)刊	6卷2册,中国木版本,24.9×15cm,四周单边,半郭:19.8×13cm,有界,9行18字,注双行,上下向黑鱼尾	序:……嘉靖乙未岁(1535)……吴袁褧撰,刊记:光绪丙申(1896)七月重刊于长沙	檀国大学校竹田退溪图书馆 878.4-유 294ㅅ
世说新语	刘义庆(刘宋)撰	8卷8册,木版本,27.5×18cm	表题:刘氏世说	延世大学校 812.38
世说新语	刘义庆(刘宋)撰,刘孝标(梁)注,上海中华书局,刊年未详	6册,中国石印本,13.2×20.8cm	序:嘉靖乙未(1535)……吴郡袁褧,附:续世说/孔平仲(宋)撰,钱熙祚(清)校	首尔大学校奎章阁 [古]039.952-W182s-v.1-6

续表

书名	出版事项	版式状况	一般事项	所藏处/所藏番号
世说新语	刘义庆(刘宋)撰,刘峻(梁)注,凌濛初(明)订,刊年未详	3卷1册(零本),木版本,25.6×15.6cm,栏眉注	表纸书名:世说,印:朴鼎源印	首尔大学校奎章阁[古]920.052-Y91s-v.2
世说新语	刘义庆(刘宋)撰,刘孝标(梁)注,上海扫叶山房,刊年未详	6卷6册,中国石印本20×13cm,四周双边,半郭:15.5×10.5cm,有界,12行28字,注双行,上下向黑鱼尾	内纸:宋刘义庆撰,梁刘孝标注,世说新语,扫叶山房石印	首尔大学校奎章阁[奎古]171
世说新语	刘义庆(刘宋)撰,刊年未详	12卷6册,古活字本(木活字),25.5×17.6cm,四周单边,半郭:21×15.3cm,无界,11行21字,注双行,上黑口,无鱼尾	序:刘应登	国立中央图书馆[한]48-224
世说新语	刘义庆(刘宋)撰,刘孝标(梁)注,吴勉学校	全6卷6册中一部缺,木版本,27cm,上下单边,左右双边,19.7×12.8cm,界线,10行18字,注小字双行,上黑鱼尾,落卷:卷之1,4(共2册)	笔写:第六才子书(西厢记)/王实甫 著:金圣叹(辑注),全6卷中一部缺;插图,落卷:卷之1-3,6	延世大学校(贵重图书)[귀]812
世说新语	刘义庆(刘宋)撰,刘孝标(梁)注,上海扫叶山房	6卷3册,中国石印本,19.9×13.1cm		高丽大学校(华山文库)C14-C76A
世说新语	刘义庆(刘宋)撰,刘孝标(梁)注,20世纪初刊	6卷6册,石印本,20.1×13.2cm	标题纸:宋刘义庆撰……海易戴恂书	高丽大学校(华山文库)C14-B76B

续表

书名	出版事项	版式状况	一般事项	所藏处/所藏番号
世说新语	刘义庆(刘宋)撰,刘孝标(梁)注,张懋辰(明)订,刊年未详	8卷4册,木版本,25.8×16.6cm	叙:山阴笑庵居士王思任题,旧序:嘉靖乙未(1535)岁立秋日吴郡袁褧撰,印:锦城介石愚日宅之印,华山,金□房藏书印,全州世家,小颜过目,韩韵海印,李容书印	高丽大学校(华山文库)C14-B76C
世说新语	刘义庆(刘宋)撰,刘孝标(梁)注,吴中珩(明)校,三畏堂	6卷6册,中国木版本,22.1×14.9cm	标题:世说新语补,序:嘉靖乙未(1535)……吴邑袁褧撰,印:太华山人 赵氏宗藏	高丽大学校C14-B76D
世说新语	刘义庆(刘宋)撰,刘峻(梁)注,凌濛初(明)订,宝旭斋	6卷6册,中国木版本,25.9×16cm	标题:增订世说新语补,世说新语鼓吹序:康熙丙辰(1676)……富春全城后章绂麟来氏书,吴兴后学凌濛初……书,皇清康熙十一年(1672)……沈筌书于……印:献窝	高丽大学校C14-B76E
世说新语	刘义庆(刘宋)撰,刘峻(梁)注,凌濛初(明)订,承德堂	6卷,补4卷,合10册,中国木版本,25.2×15.8cm	标题:增定世说新语补,补序:康熙丙辰(1676)……全城后章绂麟来氏书,印:默容室藏,合刊:世说新语补,何良俊(明)撰补,王世贞(明)删定,张文柱(明)校注,凌濛初(明)考订	高丽大学校C14-B76F
世说新语	刘义庆(刘宋)撰,何良俊(明)补,程稍(清)重订,广陵,玉禾堂	8卷,补4卷,合4册,中国木版本,26.7×17.1cm,四周单边,20.8×14.2cm,9行19字,小字双行,上白鱼尾	序:康熙岁在甲戌(1964)春王正月莆阳余怀撰,练江寄亭程稍题,补旧序:嘉靖丙辰(1556)季夏琅琊王世贞撰,刊记:广陵玉禾堂藏板	高丽大学校C14-B76G

续表

书名	出版事项	版式状况	一般事项	所藏处/所藏番号
世说新语	刘义庆（刘宋）撰，刘孝标（梁）注，刊年未详	1 册（零本），活字本，25.5×18cm，四周单边，半郭：21.7×15.3cm，无界，11 行 21 字，上内向长花黑鱼尾		建国大学校［고］924
世说新语	刘义庆（刘宋）撰，刘孝标（梁）注，刘辰翁（宋）注	6 卷 6 册 1 匣，石印本，13×19.6cm，四周双边，半郭：11.6×17.6cm，有界，15 行 35 字，细注双行 35 字，白口上黑口下，黑鱼尾上		涧松文库
世说新语	刘义庆（刘宋）撰，刘孝标（梁）注，上海扫叶山房，刊年未详	6 卷 6 册，中国石印本，19.9×13.2cm		韩国学中央研究院 D7C-26B
世说新语	刘义庆（刘宋）撰，刘孝标（梁）注	3 卷 6 册，木版本，半郭：17.5×12.8cm，11 行 24 字，上下黑口，上黑鱼尾	刊记：光绪十有七年（1891）思贤讲舍开雕	雅丹文库 823.4-유 67 ㅅ
世说新语	刘义庆（刘宋）撰，刘孝标（梁）注	6 卷 3 册，木版本，半郭：18.9×14.1cm，12 行 24 字，上下黑口，黑鱼尾	印记：李范修印，刊记：中华民国元年（1911）鄂官书屋重刊	雅丹文库 823.4-유 67 ㅅ
世说新语	刘义庆（刘宋）撰，刘孝标（梁）注，刊写地未详，博古堂，刊年未详	3 卷 3 册，木版本，26×17cm，上下单边，左右双边，半郭：19.6×14.5cm，有界，10 行 20 字，注双行，白口上下内向黑鱼尾，纸质：竹纸	标题：世说新语补，序：万历己酉（1609）春周氏传古堂刊……袁褧撰，纹样：卍字七宝纹	釜山大学校海麓文库（子部）OBC 3-10 6
世说新语	刘义庆（刘宋）撰	6 卷 6 册，石印本，22×14cm		庆州市汶坡文库

续表

书名	出版事项	版式状况	一般事项	所藏处/所藏番号
世说新语	刘义庆(刘宋)撰,中国,刊年未详	4册(零本,卷2-5),木版本,26×16.5cm,上下单边,半郭:20.5×15.3cm,有界,10行20字,注双行,内向黑鱼尾		启明大学校 고 812.8
世说新语	刘义庆(刘宋)撰,刘孝标(梁)注	4册(零本,全6卷6册),中国木活字本(徐氏木活字),25.7×18.1cm,四周单边,半郭:21.1×15.5cm,有界,11行21字,注双行,上大黑口黑鱼尾	卷头世说新语序目:嘉靖乙未(1535)……吴郡袁褧,目录,世说旧题一首旧跋二首:旧题,旧跋:绍兴八年(1138)……董弅,淳熙戊申(1188)……陆游,世说新语释名,所藏:卷上之上,中之上,中之下,下之下	岭南大学校 味山文库 [古宅]823 유의경
世说新语	刘义庆(刘宋)撰,刘孝标(梁)注,刊写地不明,刊写处不明,刊写年不明	1册(零本),中国木版本,26.3×18cm	表题:世说,所藏:卷下之上	庆尚大学校 D7 왕 68 ㅅ(아천)
世说新语	刘义庆(刘宋)撰,刘孝标(梁)注,刘辰翁(宋)批,王世贞(明)删定,王世懋(明)批释,钟惺(明)批点,张文柱(明)校注,刊写地未详,刊写者未详,朝鲜中期	4卷1册(零本),木活字本,31.4×20.5cm,四周单边,半郭:23.5×16cm,有界,10行18字,注双行,上下内向二叶花纹鱼尾	表题:世说,所藏本:卷10-13	金敏荣

续表

书名	出版事项	版式状况	一般事项	所藏处/所藏番号
世说新语	刘义庆（刘宋）撰，刘峻（梁）注，凌濛初（明）订，刊写地未详，刊写者未详，刊写年未详	6册（册1-6），木版本，26×16.3cm，上下单边，左右双边，有界，半郭：19.5×12.2cm，9行20字，部分双行，上下向黑鱼尾	内容：册1-4，世说新语…… 册5-6，世说新语补	庆熙大学校 812.31-유 67ㅅ
世说新语	刘义庆（刘宋）撰，刘峻（梁）注，凌濛初（明）订	全36卷3册（5，卷下，上），木版本，25×15.2cm，左右双边，有界，半郭：23×13.2cm，9行20字，注双行，上内向黑鱼尾	表纸书名：世说新语，内容：卷下之上 容止，自新，企羡，伤逝，栖逸，贤媛，术解，巧艺，宠礼，任诞，简傲	汉阳大学校 812.34-유 678ㅅㄷ-v.5
世说新语	刘义庆（刘宋）撰，刘孝标（梁）注	5卷3册（缺帙，卷2-6），木版本，26×17cm，四周双边，有界，半郭：19.1×14cm，12行24字，注双行，大黑口，上下内向黑鱼尾		全北大学校 812.081-유 의룩세
世说新语	刘义庆（刘宋）撰，刊写地未详，刊写者未详，肃宗年间刊	17卷7册（卷1-17），朝鲜金属活字本（显宗），32.5×20.3cm，四周单边，半郭：22.7×15.3cm，有界，9行字数不定，注双行，内向黑魚尾，纸质：楮纸	序：万历庚辰（1580）秋吴郡王世懋撰，万历丙戌（1586）秋日沔阳陈文烛玉叔撰	全南大学校 3Q-세 53 ㅇ-v.1-7
世说新语		1册，笔写本，21×22cm		岭南大学校 823
世说新语	刘义庆（刘宋）撰，刘孝标（梁）注，刊年未详	6卷3册，笔写本，24.5×16.7cm	序：淳熙戊申（1188）……笠泽陆游书	韩国学中央研究院 D7C-26A

续表

书名	出版事项	版式状况	一般事项	所藏处/所藏番号
世说新语	刘义庆(刘宋)撰,刊写地未详,刊写者未详,刊写年未详	1册,笔写本,24.5×18cm,行字数不定	表题:世说	淑明女子大学校 CL 812 유의경세
世说新语	刘义庆(刘宋)著	6卷1册(95页),笔写本,半郭:20.6×18cm	表纸:昭阳协洽阏逢摄提格始题于南阳石南家	雅丹文库 823.4-유67ㅅ
世说新语	刘义庆(刘宋)撰,朝鲜朝后期写	1册,笔写本,24.9×16.6cm,12行字数不定,注双行,纸质:楮纸		忠南论山郡 尹宝重
世说新语	刘义庆(刘宋)撰,刘孝标(梁)注,刊写地未详,刊写者未详,刊写年未详	2卷1册(零本),笔写本,21.1×13.6cm,无界,10行字数不定	表题:世说,序:万历乙酉(1609)……吴郡袁褧	檀国大学校天安栗谷图书馆罗孙文库고878.4-왕984ㅅ-乾
世说新语	刊写地未详,刊写者未详,刊写年未详	1册,笔写本,26×18cm,无界,10行字数不定,小字双行,无鱼尾	表题:世说	京畿大学校 경기-K113427-全
世说新语	刘义庆(刘宋)撰,刊写地未详,刊写者未详,朝鲜朝后期	6卷6册(册1-6),笔写本,22.2×14.6cm	书名:卷首题,序题:刻世说新语序,表题:世说(第一),序:吴邑袁褧撰,内容:卷1-德行,言语,卷2-政事,文学,卷3-方正,雅量,识鉴,卷4-赏誉,品藻,规箴,夙悟,捷悟,豪爽,卷5-容止,企羡,栖逸,术解,宠礼,简傲,自新,伤逝,贤媛,巧艺,任诞,卷6-排调,假谲,俭啬,忿狷,尤悔,惑溺,轻诋,黜免,汰侈,谗险,纰漏,仇隙	东国大学校(庆州) D823.4-유68, v.1-6

续表

书名	出版事项	版式状况	一般事项	所藏处/所藏番号
世说新语	刊写地未详，刊写者未详，刊写年未详	1册，笔写本，26×18.5cm		义城金氏川前派 霽山宗宅，韩国国学振兴院受托
世说	刘义庆（刘宋）撰	1册（23页），笔写本，29×19cm	印记：尹泓定印	延世大学校（李源喆文库）812.38
世说	刊年未详	1册（76页），笔写本，30×19cm，11行不同，半郭：24.5×14cm		建国大学校［고］081
世说	刊写地未详，刊写者未详，刊写年未详	1册，笔写本，29.2×20.4cm，无界，12行字数不定，无鱼尾	书名：表题	京畿大学校 경기-K111953
世说	刊写地未详，刊写者未详，刊写年未详	1册，笔写本，21×14.5cm	설명산실기	庆熙大学校 812.8-세 64
世说	首尔，刊写者未详，20世纪初刊	不分卷1册，笔写本，25.2×12.5cm		大邱 Catholic 大学校，동 991.2-세 53
世说	刊写地，刊写者，刊写年未详	1册，笔写本，21×14.5cm		韩国国学振兴院
世说	刊写地，刊写者，刊写年未详	9册，笔写本，32.8×21cm		韩国国学振兴院
世说	刊写地，刊写者，刊写年未详	1册，笔写本，22×21cm		韩国国学振兴院

续表

书名	出版事项	版式状况	一般事项	所藏处/所藏番号
世说	刘义庆(刘宋)著	1 册,笔写本,26.4×17.5cm,13 行 27 字	内容:宋临川王刘义庆采汉晋以来诸著,附录:尧山堂记	雅丹文库 823.4-유 67 ㅅ
世说〈上〉	刘义庆(刘宋)撰	零本 1 册,23cm,10 行 20 字,注小字双行		延世大学校 812.38/5
世说	刘义庆(刘宋)著,刊写地不明,刊写者不明,刊写年不明	3 卷 1 册,笔写本,23.6×16cm,9 行 28 字,注双行		庆尚大学校 D7c 유 68 ㅅ a (아천)
世说抄	刘义庆(刘宋)撰,刊写地未详,刊写者未详,刊写年未详	1 册(85 页),笔写本,22.2×16.2cm		檀国大学校竹田退溪图书馆 IOS 고 823.4-유 294 사
世说抄	刊写地未详,刊写者未详,刊写年未详	1 册,笔写本,19×13cm		韩国国学振兴院
世说抄	刘义庆(刘宋)撰,刊写地未详,刊写者未详,刊写年未详	2 册,笔写本,22.9×18.2cm	跋:甲申(?)……苍史樵夫题,藏书记:醲墨山房藏	全北大学校 812.081-세 설조
世说抄	刘义庆(刘宋)撰	2 册,笔写本,21.5×15cm		延世大学校 [고서]812.38
世说抄	刘义庆(刘宋)撰,朝鲜朝后期写	1 册(44 页),笔写本,25.6×11.4cm,无界,行字数不定,纸质:楮纸		全北 里市 柳在泳

续表

书名	出版事项	版式状况	一般事项	所藏处/所藏番号
世说抄	俞镇瓒（朝鲜）编，刊年未详	1卷（71页），笔写本，24.5×19.7cm	跋：甲申……苍史樵夫题，印：［亩秉弌印］［亩］，藏书记：醲墨山房藏	韩国学中央研究院 D7C-32
世说抄	刘义庆（刘宋）撰，刘孝标（梁）注，刊写地未详，刊写者未详，刊写年未详	1册（48页），笔写本，24.5×21.2cm，四周无边，无界，17行字数不定，注双行，无鱼尾，纸质：楮纸	上栏注，行间朱色重要标点	全南大学校 2H1-세 53
世说抄	编著者未详，刊写地未详，刊写者未详，刊写年未详	48页，笔写本，24.5×21.2cm，四周无边，无界，17行字数不定，纸质：楮纸		全南大学校 2H1-세 53
世说抄	刊写地未详，刊写者未详，刊写年未详	1册，笔写本，24.9×15.4cm	表纸书名：世说	岭南大学校 味山文库 823.099 세설초
世说抄	刊写地未详，刊写者未详，刊写年未详	1册（66页），笔写本，19×13cm，12行字数不同，注双行	行书	义城金氏开岩公派南湖古宅，韩国国学振兴院受托
世说抄语	刊写地未详，刊写者未详，刊写年未详	1册（1册，23页），笔写本，23.8×15cm，12行字数不同，注双行	行书，内容：德行，言语，规箴 等	潭阳田氏 后塘德贤派，韩国国学振兴院受托
世说新语抄	刘义庆（刘宋）撰，抄者未详，朝鲜朝末期写	1册（58页），笔写本，25.5×16.1cm，17行字数不等，注双行，纸质：楮纸	内容：忠孝部，德行，志概部，言行，治郡，为政，假谲，节义，慷慨等으로 分类 奇异事迹，人名	诚庵文库 4-1420

续表

书名	出版事项	版式状况	一般事项	所藏处/所藏番号
增补世说	刘义庆(刘宋)撰	10卷1册,笔写本,22×19cm	序:嘉靖丙辰(1556)王世贞,万历丙戌(1586)陈文烛	延世大学校 812.38
世说笺本	刘义庆(刘宋)撰,刘孝标(梁)注,尾张秦士铉(日本)校读,刊写者未详,文政九年(1826)刊	20卷10册,日本木版本,28×18.9cm,左右双边,上下单边,2段10行半郭:22×13.1cm,有界,18字,注双行,上栏小字头注,上内向黑鱼尾,纸质:和纸	序题:世说新语,补序:嘉靖丙辰(1556)季夏……王世贞撰,序:万历丙戌(1586)……陈文烛玉叔撰.刊记:文政丙戌(1826)春新刊	东国大学校 도전 D819.8 유68 ㅅ미
世说笺本	刘义庆(刘宋)撰,刘峻(梁)注,沧浪·无强笺,尾张秦士铉(日本)校读,大阪书林,天保六年(1835)刊	20卷10册,日本木版本,24.5×17.2cm	序:天保乙未(1835)……源海辅识,世说新语补序:嘉靖丙辰(1556)……王世贞撰,世说新语序:万历庚辰(1580)……王世懋撰	高丽大学校 C14-C1
世说笺本	刊写地未详,刊写者未详,刊写年未详	1册,日本木版本,25.8×17.9cm,左右双边,半郭:22.8×13cm,有界,10行18字,上内向黑鱼尾	内容:卷13-14,豪爽外—,卷15-16,贤媛,术解,功艺,宠礼,任诞—,卷17-18,任诞外—,卷19-20,轻诋外	汉阳大学校 812.34-세 5331-v.7-10
世说掇英	刘义庆(刘宋)原著,刊年未详	不分卷1册(82页),笔写本,24.8×15.5cm	笔写记:甲子(?)二月初三日始克成编	韩国学中央研究院 D7C-52
世说新补	刘义庆(刘宋)著,刊写地,刊写者,刊写年不明	2册,笔写本,24×15.4cm,8行27字,注双行	表题:世说	庆尚大学校 D7 유 68 ㅅ(아천)

续表

书名	出版事项	版式状况	一般事项	所藏处/所藏番号
续世说	著者未详，上海中华书局，刊写年未详	4卷1册（缺帙，卷9-12），中国新铅活字本，19.6×13.3cm，四周单边，半郭：14.9×10.2cm，有界，13行20字，小黑口，上下向黑鱼尾	刊记：中华书局聚珍仿宋版印，跋：钱熙祚	全北大学校 812.081-공 평중속
世说新语类抄	刘义庆（刘宋）原著，朴铣（朝鲜）抄录，肃宗年间刊	上下卷2册，笔写本（自笔本），25.2×19.2cm	表题书名：世说，印：[晦叔][朴铣][高灵后人][止观斋]	韩国学中央研究院 [贵]D7C-30
世说新语抄	刘义庆（刘宋）撰，抄者未详，朝鲜朝末期写	1册（58页），笔写本，25.5×16.1cm，17行字数不定，注双行，纸质：楮纸	内容：忠孝部，德行，志概部，言行，治郡，为政，假谲，节义，慷慨等	诚庵文库 4-1420
世说新语序	刊写地未详，刊写者未详，刊写年未详	1册，笔写本，31.9×21.1cm，无界，16行字数不定，无鱼尾	版心题：世说补	京畿大学校 경기-K115916
世说新语抄	刊写地未详，刊写者未详，刊写年未详	1册，笔写本，21.6×14.2cm，无界，行字数不定，注双行，无鱼尾	表题：世说	京畿大学校 경기-K119057
增订世说新语	刘义庆（刘宋）选，刘峻（梁）注，凌濛初（明）订，清版本	4册（零本，卷上下），中国木版本，25.7×15.7cm	印：巡壁堂丛兑，义精仁	首尔大学校奎章阁 [古]952.052-Y91sb-v.1
世说新语摘珠	卢相稷（朝鲜）著	1卷1册（16页），笔写本，14.6×9cm，无界，8行字数不定，纸质：楮纸	表题：世说新语	釜山大学校小讷文库（子部） OFC 3-12 59
钟伯敬批点世说新语补			合缀：诗传大全	忠南大田市燕亭国乐院

世说新语补

书名	出版事项	版式状况	一般事项	所藏处/所藏番号
世说新语补	刘义庆(刘宋)撰,宣祖十九年丙戌,万历十四年(1586)序	20卷5册,中国木版本,14.4×22cm,上下单边,左右双边,9行18字,半郭:12.5×18.3cm,有界,细注双行18字,白口,白鱼尾上	版心书名:世说补,序:王世贞(1556),王世懋(1585),陈文烛(1586),刘辰翁(宋)批,刊记:梅墅石渠阁梓,印:洪重寿	涧松文库
世说新语补	刘义庆(刘宋)撰,刘孝标(梁)注,刘辰翁(宋)批,何良俊(明)增,王世贞(明)删定,王世懋(明)批释,张文柱(明)校注,王湛(明)校订,万历十四年(1586)序	20卷6册,中国木版本,22×14cm	标题:刘须溪先生纂辑,世说新语补,梅墅石渠阁梓序:万历丙戌(1586)秋日沔阳陈文烛玉叔撰,嘉靖丙辰(1556)季夏琅琊王世贞撰,万历庚辰(1580)秋……王世懋书,丙戌(1586)李贽序,嘉靖乙未(1535)……袁褧撰,绍兴八年(1138)……董弅题	高丽大学校(晚松文库)C14-B8J
世说新语补	刘义庆(刘宋)撰,刘孝标(梁)注,何良俊(明)增补,王世贞(明)删定,刘须溪纂辑,明,万历十四年(1586)刻,后刷	20卷10册,中国木版本,22.8×14.4cm,左右双边,半郭:18.5×12.6cm,有界,9行18字,注双行,上白,黑混合鱼尾,纸质:竹纸	版心题:世说补,补刻序:万历丙戌(1586)秋日沔阳陈文烛玉叔撰,刊记:梅墅石渠阁梓,所藏印:金氏尚熗,敬庵,王性淳印	成均馆大学校D7C-47a

续表

书名	出版事项	版式状况	一般事项	所藏处/所藏番号
世说新语补	刘义庆(刘宋)撰,刘辰翁(宋)批,何良俊(明)增,肃宗三十三年(1707)刊	20卷10册,显宗实录字版,30.8×20cm,四周单边,半郭:22.8×15.8cm,有界,10行18字,注双行,内向黑鱼尾,纸质:楮纸	刊年出处:韩国古印刷技术史	仁寿文库 4-434
世说新语补	刘义庆(刘宋)撰,何良俊(明)增补,肃宗三十四年(1708)刊	零本1册,活字本(显宗实录字),32.5×20.3cm,四周单边,半郭:23.1×15.7cm,有界,10行18字,小字双行,上下白口,上下内向黑鱼尾	所藏本中 卷16-17(1册),以外缺(全7册中)	高丽大学校(薪庵文库) C14-A37
世说新语补	刘义庆(刘宋)撰,刘孝标(梁)注,何良俊(明)增,肃宗三十四年(1708)刊	20卷5册,显宗实录字本,29.5×19.5cm,四周单边,半郭:23.2×15.5cm,10行18字,注双行,内向黑鱼尾	序:嘉靖丙辰(1556)……(明)王世贞,万历丙戌(1586)……(明)陈文烛	国立中央图书馆[古]373-1
世说新语补	刘义庆(刘宋)撰,刘孝标(梁)注,刘辰翁(宋)批,何良俊(明)增,王世贞(明)删定,王世懋批释,钟惺(明)批点,张文柱校注,肃宗三十四年(1708)刊	20卷7册,笔写本,31.1×19.8cm,左右双边,22.9×15.4cm,10行18字,小字双行,内向黑鱼尾	序:嘉靖丙辰(1556)季夏琅琊王世贞撰,万历庚辰(1580)秋日吴郡王世懋撰,乙酉(1585)世懋再识,万历丙戌(1586)秋日沔阳陈文烛玉叔撰,印:[东阳汝成申晚]	高丽大学校(晚松文库) C14-A37

续表

书名	出版事项	版式状况	一般事项	所藏处/所藏番号
世说新语补	刘义庆(刘宋)撰,刘孝标(梁)注,刘辰翁(宋)批,何良俊(明)增,张文柱(明)校注,刊写者未详,肃宗三十四年(1708)刊	9卷2册(零本,卷1-5,10-13),金属活字本(显宗实录字),31.3×20.5cm,四周双边,半郭:24.9×16.2cm,有界,10行18字,头注 注双行,内向二叶花纹鱼尾,纸质:楮纸	跋:长州陆师道撰,序:嘉靖丙辰(1556)季夏……王世贞撰	东国大学校 D819.8 유 68 ㅅ
世说新语补	刘义庆(刘宋)编,肃宗三十四年(1708)刊	1册(零本),古活字本(显宗实录字),32×20cm,四周单边,半郭:22.7×15.3cm,10行18字,上下花纹鱼尾		建国大学校[고]924
世说新语补	刘义庆(刘宋)撰,刘孝标(梁)注,何良俊(明)增,王世贞(明)删定,刊地,刊者未详,肃宗三十四年(1708)刊	3卷1册(零本3册,卷13-16),金属活字本(显宗实录字),31.4×19.5cm,四周单边,半郭:22.8×15.5cm,有界,10行18字,注双行,上下内向黑鱼尾	版心题:世说补,文化财登录　番号:140号	建国大学校[고]812.38-유 68 ㅅ-2-13-16
世说新语补	刘义庆(刘宋)撰,何良俊(明)增补,王世贞(明)删定,肃宗三十四年(1708)刊	6卷2册(卷9-11,15-17),显宗实录字版,31.3×20cm,四周单边,有界,半郭:22.7×15.5cm,10行18字,注双行,内向黑鱼尾,纸质:楮纸	表题:世说新语,版心题:世说补,刊年出处:藏书阁目录,备考:共7册中2册存	诚庵文库 4-1417
世说新语补	刘义庆(刘宋)撰,何良俊(明)增补,王世贞(明)删定,肃宗三十四年(1708)刊	20卷7册,显宗实录字版,31.4×19.9cm,四周单边,半郭:22.8×15.3cm,有界,10行18字,注双行,内向黑鱼尾,纸质:楮纸	表题:世说新语,版心题:世说补,序:嘉靖丙辰(1556)……琅琊王世贞(明)撰,序:万历庚辰(1580)……王世懋(明)撰,印记:朴城,凝川后人	诚庵文库 4-1418

续表

书名	出版事项	版式状况	一般事项	所藏处/所藏番号
世说新语补	刘义庆（刘宋）撰，何良俊（明）增补，肃宗三十四年（1708）刊	20卷7册中14卷5册（卷1-11，15-17），显宗实录字版，30.7×20.1cm，四周单边，半郭：22.7×15.7cm，有界，10行18字，注双行，内向二叶花纹鱼尾，纸质：楮纸	表题：世说，版心题：世说补，序：嘉靖丙辰（1556）季夏琅琊王世贞（明）撰，印记：李世惪，外4种	诚庵文库 4-1419
世说新语补	刘义庆（刘宋）撰，何良俊（明）增补，王世贞（明）删定，显宗实录字版，肃宗三十四年（1708）刊	20卷7册，31.4×19.5cm，四周单边，有界，半郭：22.8×15.5cm，10行18字，注双行，内向黑鱼尾，纸质：楮纸	表题：世说，版心题：世说补，序：嘉靖丙辰（1556）季夏琅琊王世贞撰，序：万历庚辰（1580）秋吴郡王世懋撰，序：万历丙戌（1586）秋日沔阳陈文烛玉叔撰，印：丰壤后人，赵东型印，李王家图书之章，卷6-8写本	韩国学中央研究院 4-6884
世说新语补	刘义庆（刘宋）撰，何良俊（明）增编，王世贞（明）删定，肃宗三十四年（1708）刊	2卷1册（卷1-2），显宗实录字本，29.1×19.4cm，左右双边，半郭：22.9×15.3cm，有界，10行18字，注双行，内向黑鱼尾，纸质：楮纸	表题：世说，版心题：世说补，序：嘉靖丙辰（1556）季夏王世贞（明）撰，万历庚辰（1580）秋吴郡王世懋撰，万历丙戌（1586）秋日沔阳陈文烛玉叔撰	岭南大学校博物馆
世说新语补	刘义庆（刘宋）撰，何良俊（明）增补，肃宗三十四年（1708）刊	6卷1册（卷11-16），显宗实录字本，30.5×19.4cm，四周单边，10行18字，半郭：22.8×15.3cm，有界，注双行，内向黑鱼尾，纸质：楮纸	版心题：世说补	温阳民俗博物馆

续表

书名	出版事项	版式状况	一般事项	所藏处/所藏番号
世说新语补	刘义庆(刘宋)撰,刘孝标(梁)注,刘辰翁(宋)批,何良俊(明)增,肃宗三十四年(1708)刊	2卷1册(卷1-2),显宗实录字本,29.7×19.5cm,上下单边,左右双边,半郭:23×15.5cm,有界,10行18字,注双行,内向黑鱼尾,纸质:楮纸	表题:世说新语,版心题:世说补,序:嘉靖乙未(1535)袁褧(明)撰,万历丙戌(1586)……陈文烛玉叔撰	海军士官学校
世说新语补	刘义庆(刘宋)撰,刘孝标(梁)注,刘辰翁(宋)批,肃宗三十四年(1708)刊	20卷7册,显宗实录字本,29.7×19.2cm,上下单边,左右双边,有界,半郭:23.1×16.4cm,10行18字,注双行,内向黑鱼尾,纸质:楮纸	表题:世说,刻序:万历丙戌(1586)秋日沔阳陈文烛(明)玉叔撰,嘉靖丙辰(1556)季夏琅琊王世贞(明)撰	清州大学校 823.4 유 591 ㅅ v.1-v.7
世说新语补	刘义庆(刘宋)撰,刘孝标(梁)注,刘辰翁(宋)批,何良俊(明)增,肃宗三十四年(1708)刊	零本1册,古活字本(显宗实录字本),29.7×19.5cm,上下单边,左右双边,半郭:23×15.5cm,有界,10行18字,小字双行,白口,上下内向黑鱼尾	表纸书名:世说新语,序:……嘉靖丙辰(1556)王世贞撰……万历丙戌(1586)……陈文烛玉叔撰,补序……嘉靖乙未(1535)……袁褧撰,所藏本中卷1-2,1册以外缺(全20卷7册中)	海军士官学校 [한]248
世说新语补	刘须溪(刘辰翁)注,三畏堂,肃宗三十四年(1708)刊	6卷6册(卷1-6),活字本,24.5×15cm,上下单边,左右双边,半郭:19.5×13cm,有界,9行18字,上下向黑鱼尾	内容:卷1:言语 卷2:文学,政事 卷3:方正 卷4:赏誉 卷5:工艺 卷6:排调	庆熙大学校 819.8-유 56 ㅅ
世说新语补	刘义庆(刘宋)撰,刘孝标(宋)注,刘辰翁(宋)批,肃宗三十四年(1708)刊	20卷5册,显宗实录字版,31.3×20cm,左右双边,半郭:22.9×15.5cm,有界,10行18字,注双行,内向黑鱼尾,纸质:楮纸	表题:世说,版心题:世说补,序:万历丙戌(1586)……沔阳陈文烛玉叔撰	尚熊文库 4-158

续表

书名	出版事项	版式状况	一般事项	所藏处/所藏番号
世说新语补	编者未详,壬乱以后刊	12卷4册,木活字本,30×19.1cm,四周单边,半郭:22×14.7cm,有界,10行18字,注双行,内向二叶花纹鱼尾,纸质:楮纸	版心题:世说,序:嘉靖丙辰(1556)季夏琅琊王世贞撰,旧序:嘉靖乙未(1535)岁立秋日吴郡袁褧(明)撰,印记:沧浪老叟,菀山,白元山,安东世家外5种	山气文库 4-694
世说新语补	刘义庆(刘宋)撰,刊写地未详,刊写者未详,肃宗年间(1675—1720)刊	17卷7册(卷1-17),金属活字本(显宗实录字),32.5×20.3cm,四周单边,半郭:22.7×15.3cm,有界,9行字数不定,注双行,花口,内向黑鱼尾,纸质:楮纸	表题:世说新语,版心题:世说补,序:万历庚辰(1580)秋吴郡王世懋撰,万历丙戌(1586)秋日沔阳陈文烛玉叔撰,旧序:嘉靖乙未(1535)岁立秋日吴郡袁褧撰	全南大学校 3Q-세 53 ㅇ
世说新语补	刘义庆(刘宋)撰,刊写地未详,刊写者未详,肃宗年间(1675—1720)刊	8卷3册(卷1-8),木版本,32×20.6cm,上下单边,左右双边,半郭:22.9×15.3cm,有界,10行18字,注双行,花口,内向黑鱼尾,纸质:楮纸	序:嘉靖丙辰(1543)季夏琅琊王世贞撰	全南大学校 3Q-세 53 ㅇ 2
世说新语补	刘义庆(刘宋)原著,王世贞(明)删定,肃宗年间(1675—1720)刊	20卷7册,显宗实录字本,31×19.7cm,四周单边,半郭:23.2×16.1cm,有界,10行18字,注双行,内向黑鱼尾,纸质:楮纸	版心题:世说补,序:万历丙戌(1586)秋日沔阳陈文烛玉叔撰,印记:国宗外2种	山气文库 4-695
(重订)世说新语补	刘义庆(刘宋)撰,未详,茂清书屋藏(1762)	6册,23cm		岭南大学校 东滨文库 [古]823

续表

书名	出版事项	版式状况	一般事项	所藏处/所藏番号
世说新语补	刘义庆(刘宋)撰,刘孝标(梁)注,刘应登(宋)评,何良俊(明)增,王世贞(明)删,王世懋(明)评,张文柱(明)注,刊写地未详,黄汝琳,乾隆壬午(1762)序	6卷2册,23.3×14.8cm,中国木版本,左右双边,上下单边,有界,半郭:17.5×11.7cm,9行18字,注双行,上下向黑鱼尾	序题:重订世说新语补,版心题:世说补,表题:世说,刊记:乾隆壬午(1762)春日江夏黄汝琳砥崖补订重刊茂清书屋板,旧序:万历丙戌(1586)春日沔阳陈文烛玉叔撰,重订序:乾隆二十有七年壬午(1762)上元日崇明黄汝琳砥崖氏书……内容:册1(卷1-3),册2(卷4-6)	中央大学校 812.8-유 의 경 세
世说新语补	刘义庆(刘宋)撰,何良俊(明)增,王世懋评,茂清书室,乾隆二十七年(1762)刊	零本8册,中国木版本,24.3×15.3cm,上下单边,左右双边,半郭:17.7×12cm,有界,9行18字,小字双行,白口,上黑鱼尾	版心书名:世说新语,刊记:乾隆壬午(1762)春镌茂清书室藏板,所藏本中卷1-10、15-20以外缺(全20卷10册中)	海军士官学校[중]86
世说新语补	刘义庆(刘宋)撰,中国,茂清书屋乾隆二十七年(1762)刊	4册,24cm,无界,行字数不定,无鱼尾	版心书名:世说补,刊记:乾隆壬午(1762),卷首:嘉靖乙未(1535)……吴郡袁褧,丙戌(1586)……刘应登,万历(1586)……陈文烛(明)	忠北大学校 912.03-ㅅ384-春,夏,秋,冬
世说新语补	刘义庆(刘宋)撰,何良俊(明)增补,王世贞(明)删定,茂清书室,清乾隆二十七年(1762)刊	20卷8册,中国木版本,24×15.5cm,左右双边,半郭:17.5×12cm,有界,9行18字,注双行,上黑鱼尾,纸质:竹纸	表题:世说,里题:重订世说新语补,版心题:世说补,序:乾隆二十有七年壬午(1762)上元日崇明黄汝琳砥崖氏书于金阊津西之七桂楼,刊记:乾隆壬午(1762)春镌,茂清书室藏板	成均馆大学校 D7C-47c

续表

书名	出版事项	版式状况	一般事项	所藏处/所藏番号
世说新语补	刘义庆(刘宋)撰,刘孝标(梁)注,刘应登(宋)评,何良俊(明)增,王世贞(明)删,黄汝琳(清)补订,乾隆二十七年(1762)刊	20卷8册,中国木版本,24.2×15.5cm,左右双边,半郭:17.8×11.9cm,有界,9行18字,注双行,上黑鱼尾,纸质:竹纸	里题:重订世说新语补,版心题:世说补,序:万历丙戌(1586)秋日沔阳陈文烛玉叔撰,刊记:乾隆壬午(1762)春镌,题:绍兴八年(1138)夏四月癸亥广川董弁题,藏板:茂清书室藏板,印:谚士居人,李王家图书之章 外1种	韩国学中央研究院 4-229
世说新语补	刘义庆(刘宋)撰,刘孝标(梁)注,刘应登(宋)评,何良俊(明)增,王世贞(明)删,黄汝琳(清)补订,清乾隆二十七年(1762)重刊	20卷8册,中国木版本,24.6×15.4cm,左右双边,半郭:17.4×11.7cm,有界,9行18字,注双行,上黑鱼尾,纸质:竹纸	表题:世说,版心题:世说补,序:乾隆二十有七年(1762)壬午上元日崇明黄汝琳砥崖氏书于金阊津西之七桂楼,刊记:乾隆壬午(1762)春镌,茂清书屋藏板,印:平山之印,李王家图书之章	韩国学中央研究院 4-230
世说新语补	刘义庆(刘宋)撰,何良俊(明)增补,王世贞(明)删定,茂清书屋,清乾隆二十七年(1762)刊,后刷	20卷6册,中国木版本,23.5×15cm,左右双边,半郭:17.5×12cm,有界,9行18字,注双行,上黑鱼尾,纸质:竹纸	表题:世说,里题:重订世说新语补,版心题:世说补,序:乾隆二十有七年壬午(1762)上元日崇明黄汝琳砥崖氏书于金阊津西之七桂楼,刊记:乾隆壬午(1762)春镌,茂清书屋藏板,所藏印:尹氏致秀	成均馆大学校 D7C-47d
世说新语补	刘义庆(刘宋)撰,刘孝标(梁)注,刘辰翁(宋)批,显宗年间刊	20卷7册,活字本(显宗实录字),30.5×19.6cm,上下单边,左右双边,半郭:22.9×15.4cm,10行18字,注双行,上下黑鱼尾,纸质:楮纸	卷首:嘉靖丙辰(1556)……王世贞撰,万历庚辰(1580)……王世懋撰,万历丙戌(1586)……陈文烛玉叔撰,印:弘文馆	首尔大学校 奎章阁 [奎중]1801,2072

续表

书名	出版事项	版式状况	一般事项	所藏处/所藏番号
世说新语补	何良俊(明)撰补,张文柱(明)校注,清版本	4卷4册,中国木版本,24.8×15.1cm		首尔大学校奎章阁[古]952.01-H11s-v.1-4
世说新语补	刘义庆(刘宋)撰,刘孝标(梁)注,何良俊(明)增,李贽(明)批点,清版本	20卷6册,中国木版本,26.9×16.7cm	标题纸:李卓吾批点……版心书名:批点世说补,表纸书名:世说补,卷首:嘉靖乙未(1535)……吴郡旧字,淳熙戊申(1188)……陆游,旧跋	首尔大学校奎章阁[가 람 古]920.052-Y91s-v.1-6
世说新语补	刘义庆(刘宋)撰,王世贞(明)删,肃宗年间刊	20卷7册,古活字本(显宗实录字),30×19.4cm,四周单边,半郭:22.9×15.6cm,10行18字,注双行,内向黑鱼尾	补序:嘉靖丙辰(1556)……王世贞	国立中央图书馆[한]48-225
世说新语补	刘义庆(刘宋)撰,何良俊(明)增补,王世贞(明)删定	零本3册,(卷1-2,9-11,18-20),显宗实录字本,四周单边,匡郭:23.5×16.5cm,有界,10行18字,上下黑鱼尾	序:嘉靖丙辰(1556)王世贞	延世大学校[고서]812.38
	刘义庆(刘宋)撰,何良俊(明)增补,茂清书室	20卷6册(卷1-3缺),木版本,上下单边,匡郭:18×13cm,有界,9行18字,上黑鱼尾	表题:世说,印记:韩章锡印	延世大学校811.38
世说新语补	刘义庆(刘宋)撰,何良俊(明)增补,王世贞(明)删定	零本1册(卷1-2),显宗实录字本,四周单边,匡郭:23.5×16.5cm,有界,10行18字,上下黑鱼尾	序:嘉靖丙辰(1556)王世贞	延世大学校(濯斯文库)

续表

书名	出版事项	版式状况	一般事项	所藏处/所藏番号
世说新语补	刘义庆（刘宋）撰，何良俊（明）增补	20卷6册（卷1-3，缺），木版本，上下单边，匡郭：18×13cm，有界，9行18字，上黑鱼尾	表题：世说	延世大学校（韩相亿文库）
世说新语补	刘义庆（刘宋）撰，刘孝标（梁）注，刘辰翁（宋）批，何良俊（明）增，王世贞（明）删定，王世懋（明）批释，钟惺（明）批点，张文柱（明）校注	20卷6册，显宗实录字本，32cm，上下单边左右双边，23×15.5cm，有界，10行18字，注小字双行，上下内向黑鱼尾	版心题：世说补，序：嘉靖丙辰（1556）季夏王世贞撰，万历庚辰（1580）秋吴郡王世懋撰，万历丙戌（1586）秋日陈文烛撰，旧序：嘉靖乙未（1535）立秋日 吴郡袁褧撰，旧题：绍兴八年（1138）夏四月癸亥广川董弅题，跋：淳熙戊申（1188）重五日新定郡守陆游书，印记：温阳人郑宗愚明老除之印外4种	延世大学校 812.38/7
世说新语补	刘义庆（刘宋）撰，刘孝标（梁）注，何良俊（明）增，王世贞（明）删定，王世懋（明）批释，张文柱（明）校注，古吴麟瑞堂藏版	20卷10册，木版本，23cm，上下单边，左右双边，18.6×12.4cm，有界，9行18字，注小字双行，上黑鱼尾（上白鱼尾混合）	版心题：世说补，序：万历丙戌（1586）秋日陈文烛撰，嘉靖丙辰（1556）季夏王世贞撰，万历庚辰（1580）吴郡王世懋书，旧序：嘉靖乙未（1535）岁立秋日吴郡袁褧撰，卷首：释名，印记：日庵外3种	延世大学校 812.38/8
世说新语补	刘义庆（刘宋）撰	1册（卷之6-10），显宗实录字本，30cm，上下单边，左右双边，22.9×15.3cm，有界，10行18字，注小字双行，上下内向花纹鱼尾	*全20卷6册中零本	延世大学校 812.38/9

续表

书名	出版事项	版式状况	一般事项	所藏处/所藏番号
世说新语补	刘义庆(刘宋)撰,刘孝标(梁)注,刘辰翁(宋)批,何良俊(明)增,王世贞(明)删定,王世懋(明)批释,钟惺(明)批点,张文桂(明)校注	20卷7册,活字本(实录字),31.1×19.8cm,上下单边,左右双边,有界,半郭:22.9×15.4cm,10行18字,白口,内向黑鱼尾,纸质:楮纸	补序:嘉靖丙辰(1556)季夏琅琊王世贞撰,序:万历庚辰(1580)秋吴郡王世懋撰,岁乙酉初春世懋再识,刻补字:万历丙戌(1580)秋日沔阳陈文烛玉叔撰,补旧字:嘉靖乙未(1535)……岁立秋日吴郡袁褧撰	高丽大学校(华山文库)C14-A37
世说新语补	刘义庆(刘宋)撰,何良俊(明)增补,王世贞(明)删定,显宗实录字版,肃宗年间刊	20卷7册,31×20cm,左右双边,有界,半郭:22.8×15.6cm,10行18字,注双行,内向黑鱼尾,纸质:楮纸	版心题:世说补,序:万历丙戌(1586)秋日沔阳陈文烛玉叔撰,所藏印:严汉重	成均馆大学校D7C-47
世说新语补	刘义庆(刘宋)撰,何良俊(明)增补,王世贞(明)删定,明朝末期刊	4卷1册,中国木版本,26.6×16.5cm,四周单边,半郭:21×14.2cm,有界,9行19字,注双行,上白鱼尾,纸质:竹纸	里题:世说,序:嘉靖丙辰(1556)季夏琅琊王世贞撰	成均馆大学校D7C-47b
世说新语补	刘义庆(刘宋)撰,何良俊(明)撰补,王世贞(明)删定,张懋辰(明)考订,刊年未详	1册(第2册缺,全4卷2册),木版本,25.6×16.6cm,四周单边,半郭:21.2×14.1cm,有界,9行19字,注双行,上白鱼尾	序:嘉靖丙辰(1556)……王世贞撰,所藏印:成后龙舜卿印	国会图书馆[古]812.3 ㅇ998 ㅅ
世说新语(及)补	刘义庆(刘宋)撰,刘峻(梁)注,张懋辰(明)订,刊年未详	12卷10册,木版本,25.6×16.7cm,四周单边,半郭:21×14.2cm,有界,9行19字,注双行,上白鱼尾	序:……王思任题,所藏印:成后龙舜卿印,内容:册1-德行,册2-言语,册3-文学,册4-方正,册5-赏誉,册6-捷悟,册7-巧艺,册8-轻诋,册9-10-补遗	国会图书馆[古]952.3 ㅇ431 ㅅ

续表

书名	出版事项	版式状况	一般事项	所藏处/所藏番号
世说新语补	刘义庆(刘宋)撰,刘孝标(梁)注,刘辰翁(宋)批,何良俊(明)增,王世贞(明)删定,王世懋(明)批释,钟惺(明)批点,张文柱(明)校注	20卷5册(册仁,义,礼,智,信),金属活字本(显宗实录字),31×20cm,四周单边,半郭:23×15.5cm,有界,10行字数不定,上下向黑鱼尾	表题:世说新语,序:嘉靖丙辰(1556)……王世贞撰,万历庚辰(1580)……王世懋撰……乙酉(1585)世懋识……万历丙戌(1586)……陈文烛撰……旧序:嘉靖乙未(1535)……袁褧撰	建国大学校[고]812.34-유68ㅅ-2
世说新语补	刘义庆(刘宋)编,刊年未详	9卷2册,木活字本,31.5×20.5cm,四周双边,半郭:23×17cm,有界,10行17字,上下花纹鱼尾	序:万历丙戌(1586)沔阳陈文烛玉叔撰,版心书名:世说补,表纸书名:世说新语	梨花女子大学校[고]811.085 유78
世说新语·世说新语补	刘义庆(刘宋)编,刊年未详	11册(缺本),木活字本,26×15.5cm,上下单边,左右双边,有界,半郭:23.5×12.8cm,9行24字,注双行 上黑鱼尾	内容:第1-10册,外缺	梨花女子大学校[고]811.085 유78a
世说新语补	刘义庆(刘宋)撰	20卷7册,活字本(改铸甲寅字,实录字),20×31.1cm,四周单边,半郭:15.8×23.2cm,10行18字,细注双行,白口,黑鱼尾上下	表纸书名:世说补,序:王世贞(1559),王世懋(1585),陈文烛(1586),刘辰翁(宋)批,印:金东弼之直章	涧松文库
世说新语补	刘义庆(刘宋)撰,刘孝标(梁)注,王世贞(明)删定,肃宗年间刊	20卷7册(第2册缺),显宗实录字版,30.9×19.9cm,四周单边,半郭:23.1×15.7cm,10行18字,上下黑鱼尾,纸质:楮纸	表题书名:世说,版心书名:世说补,序:嘉靖丙辰(1556)……琅琊王世贞撰,万历丙戌(1586)……沔阳陈文烛玉叔撰	韩国学中央研究院 D7C-61

续表

书名	出版事项	版式状况	一般事项	所藏处/所藏番号
世说新语补	刘义庆(刘宋)撰,刘孝标(梁)注,何良俊(明)增	2卷1册(卷17-18),木版本,半郭:17.9×12.2cm,9行18字,黑白混鱼尾	印记:金柱臣(1661—1712)厦卿印,庆恩府院君家藏书籍	雅丹文库 823.4-유 67 ㅅ
世说新语补	刘义庆(刘宋)撰,何良俊(明)增编	5卷1册(卷16-20,贞),笔写本,22×19cm,10行18字	表纸书名:世说新语	雅丹文库 823.4-유 67 ㅅ
世说新语补	刘义庆(刘宋)撰,刘孝标(梁)注	8卷3册(卷10-12,16-20),木版本,半郭:18.9×12.5cm,9行18字,上黑鱼尾		雅丹文库 823.4-유 67 ㅅ
世说新语补	刘义庆(刘宋)撰,刘孝标(梁)注,何良俊(明)增,王世贞(明)删定	7卷2册(卷1-4,12-14),显宗实录字本,半郭:22.9×15.4cm,10行18字,内向黑鱼尾	序:万历丙戌(1586)秋日沔阳陈文烛玉叔撰	雅丹文库 823.4-유 67 ㅅ
世说新语补	刘义庆(刘宋)撰,刘孝标(梁)注,刘辰翁(宋)批,何良俊(明)增,王世贞(明)删定,王世懋(明)批释,钟惺(明)批点,张文柱(明)校注,肃宗年间刊	20卷5册(卷1-20),显宗实录字本,32×18.8cm,四周双边,半郭:22.8×15.4cm,有界,10行18字,注双行,内向黑鱼尾,纸质:楮纸	序:嘉靖丙辰(1556)季夏琅琊王世贞(明)撰,万历丙戌(1586)秋日沔阳陈文烛(明)玉叔撰,刊年出处:藏书阁图书韩国版总目录,所藏印:边时渊印,内容:哀册文笺表等	全罗南道灵岩郡文昶集
世说新语补	刘义庆(刘宋)撰,何良俊(明)增补,朝鲜朝后期—末期 写	1册(56张),笔写本,25.4×18.9cm,无界,14行字数不定,注双行,纸质:楮纸	表题:世说	庆星大学校博物馆

续表

书名	出版事项	版式状况	一般事项	所藏处/所藏番号
世说新语补	刘义庆（刘宋）撰，肃宗年间刊	9卷3册(卷6-14)，显宗实录字本，21.6×19.4cm，四周单边，有界，半郭：22.8×15.7cm，10行18字，注双行，内向黑鱼尾，纸质：楮纸	表题：世说新语	庆尚南道 密阳郡 申柄澈
世说新语补	刘义庆（刘宋）集录	1册（71张），笔写本，25.9×14.3cm，10行26字，无界，注双行，纸质：楮纸		釜山大学校 小讷文库（子部） OFC3-106A
世说新语补	刘义庆（刘宋）撰，刘孝标（梁）注，刊写地未详，刊写者未详，刊写年未详	17卷6册（零本，卷1-20），木活字本，30.6×19.7cm，上下单边，左右双边，半郭：22.9×15.4cm，有界，10行18字，注双行，上下内向黑鱼尾	版心题：世说补，表题：世说补，序：嘉靖丙辰(1556)……王世贞，序：万历丙戌（1586）……陈文烛	檀国大学校 天安栗谷图书馆罗孙文库 고 878.4-유294ㅅ
世说新语补	刘义庆（刘宋）撰，刘孝标（梁）注，刘辰翁（宋）批，王世贞（明）删定，王世懋（明）批释，钟惺（明）批点，张文柱（明）校注，刊写地未详，刊写者未详，朝鲜中期刊	5卷1册（零本），木活字本，31.4×20.5cm，四周双边，半郭：23.2×16.3cm，有界，10行18字，注双行，上下内向二叶花纹鱼尾	表题：世说，序：万历庚辰（1580）秋吴郡王世懋撰，补序：嘉靖丙辰（1556）季夏琅琊王世贞撰，补序：万历丙戌（1586）秋日沔阳陈文烛玉叔撰，所藏本：卷1-5	金敏荣 集部 小说类

续表

书名	出版事项	版式状况	一般事项	所藏处/所藏番号
世说新语补	刊写地未详,刊写者未详,刊写年未详	1册,笔写本,27.5×16.9cm,四周单边,半郭:22.5×12.8cm,有界,12行字数不定,注双行,无鱼尾	表题:世说新语	京畿大学校 경 기-K114463-单
世说新语补	刘义庆(刘宋)撰,刊写地未详,刊写者未详,刊写年未详	1册(缺帙,卷1-2),木版本,31.8×18.9cm,上下单边,左右双边,有界,半郭:22.9×15.7cm,10行18字,注双行,上下内向黑鱼尾	版心题:世说补	京畿大学校 경기-K121453-1
世说新语补	刘义庆(刘宋)选,何良俊(明)补,刊写地未详,刊写者未详,刊写年不明	20卷7册,铜活字本,19.3×28.4cm,半郭:16×23cm,有界,10行18字,上黑鱼尾	版心题:世说补	明知大学校 812 유 687 ㅅ
世说新语补	刘义庆(刘宋)撰,刊写地未详,刊写者未详,肃宗年间刊	8卷3册(卷1-8),木版本,32×20.6cm,上下单边 左右双边,有界,半郭:22.9×15.3cm,10行18字,注双行,内向黑鱼尾,纸质:楮纸	序:嘉靖丙辰(1543)季夏琅琊王世贞撰	全南大学校 3Q-세 53 ㅇ 2-v. 1-3
世说新语补	刘义庆(刘宋)撰,何良俊(明)增,刊写年未详	20卷5册,显宗实录字本,29.2×19.2cm,四周单边,半郭:23×15.5cm,有界,10行18字,注双行,内向黑鱼尾	序:嘉靖丙辰(1556)……王世贞	启明大学校 이 812.8 유의 경ㅅ
世说新语补	刘义庆(刘宋)撰,刊写年未详	1册,笔写本,28.5×18cm,四周无边,无界,14行34字		启明大学校 고 812.8 유의 경

续表

书名	出版事项	版式状况	一般事项	所藏处/所藏番号
世说新语补	刘义庆(刘宋)撰,何良俊(明)增,刊年未详	20卷5册,显宗实录字本,29.2×19.2cm,四周单边,半郭:23×15.5cm,有界,10行18字,注双行,内向黑鱼尾	序:嘉靖丙辰(1556)……王世贞	启明大学校 고812.8
世说新语补	刘义庆(刘宋)撰,刊年未详	20卷3册,笔写本,31.8×20.4cm,四周白边,无界,14行24字,注双行	序:嘉靖丙辰(1556)……王世贞,年记:壬辰八月……凤西册毕书碉翁也	启明大学校 178-유의경ㅅ
世说新语补	刘义庆(刘宋)撰,刘孝标(梁)注,刘辰翁(宋)批,何良俊(明)增补,王世贞(明)删定	2册(零本,全20卷7册,本馆所藏:2册,卷6-8,15-17),金属活字本(显宗实录字),29.6×19.4cm,四周单边(一部分左右双边),半郭:23×15.6cm,有界,10行18字,注双行,上下内向黑鱼尾	版心题:世说补,卷六第1-5张笔写本,表纸书名:世说	岭南大学校南斋文库[古南]823 유의경
世说新语补	刘义庆(刘宋)撰,刘孝标(梁)注,刘辰翁(宋)批,何良俊(明)增补,王世贞(明)删定,王世懋(明)批释,张文柱(明)校注,王湛(明),彭燧(明)校订	1册(零本,全20卷5册,本馆所藏:1册,卷13-16),中国木版本,22.5×14.9cm,上下单边,左右双边,半郭:18.6×12.6cm,有界,9行18字,注双行,上下内向白鱼尾	版心题:世说补,表纸书名:世说补	岭南大学校南斋文库[古南]823 유의경ㅈ
世说新语补	刘义庆(刘宋)撰	1册,笔写本,22×20cm		岭南大学校 823

续表

书名	出版事项	版式状况	一般事项	所藏处/所藏番号
世说新语补	刘义庆(刘宋)撰,王世贞(明)删定,刊写地不明,刊写者不明,刊写年不明	1册(130页),笔写本,23.5×14.4cm		庆尚大学校 C2 유 68 ㅅ(오림)
世说新语补	刊写地未详,刊写者未详,刊写年未详	1册,笔写本,31×20.8cm		英阳南氏宁海兰皋宗宅,韩国国学振兴院受托
世说新语补	刘义庆(刘宋)撰,何良俊(明)增补,王世贞(明)删定,肃宗三年(1677)刊	3卷1册(卷9-11),显宗实录字本,32.5×20.5cm,四周单边,半郭:23×16.4cm,有界,10行18字,注双行,头注,白口,内向黑鱼尾,纸质:楮纸	表题:世说新语补,版心题:世说补	忠清北道 清州市 古印刷博物馆
世说新语补	刘义庆(刘宋)撰,何良俊(明)增补,王世贞(明)删定,1708年刊	3卷1册(卷3-5),显宗实录字本,29×19.5cm,四周单边,10行18字,半郭:23.2×16.5cm,有界,注双行,头注,白口,内向黑鱼尾,纸质:楮纸	表题:世说谱	忠清北道 清州市 古印刷博物馆
世说新语补	刘义庆(刘宋)撰,何良俊(明)增补,王世贞(明)删定,1708年刊	6卷2册(卷3-8),显宗实录字本,31×19.4cm,四周单边,半郭:23×16.6cm,有界,10行18字,注双行,头注,白口,内向黑鱼尾,纸质:楮纸	表题:世说新语补,版心题:世说补	忠清北道 清州市 古印刷博物馆

续表

书名	出版事项	版式状况	一般事项	所藏处/所藏番号
世说新语补	刘义庆（刘宋）撰，何良俊（明）增补，王世贞（明）删定	20卷6册，木版本，31×19.8cm，上下单边，左右双边，10行22字，半郭：23.1×16.5cm，有界，注双行，头注，白口，内向黑鱼尾，纸质：楮纸	表题：世说补，版心题：世说补，序：余少时得世说……长洲陆师道撰	忠清北道 清州市 古印刷博物馆
世说新语补	刘义庆（刘宋）撰，何良俊（明）增补，王世贞（明）删定	20卷7册（卷1-20），显宗实录字本，32.5×19.7cm，上下单边，左右双边，10行18字，半郭：23×18.3cm，有界，注双行，头注，白口，内向黑鱼尾，纸质：楮纸	表题：世说，版心题：世说补	忠清北道 清州市 古印刷博物馆
世说新补卷抄	刘义庆（刘宋）著，写年未详	2册，笔写本，23.9×25.4cm，无界，8行字数不定，纸质：楮纸	表题：世说	庆尚南道 晋州市 崔载浩
李卓吾批点世说新语补	刘义庆（刘宋）撰，刘孝标（梁）注，刘辰翁（宋）批，何良俊（明）增，王世贞（明）删定，王世懋（明）批释，李贽（明）批点，张文柱（明）校注，万历十四年（1586）序	零本4册，中国木版本，27.4×17.7cm	表题：世说新语，序：嘉靖丙辰（1556）季夏琅琊王世贞撰，万历庚辰（1580）……王世懋撰，丙戌（1586）李贽序，嘉靖乙未（1535）……袁褧撰，印：金昌业，藏本：卷1-8，18-20	高丽大学校（晚松文库）C14-B83A
李卓吾批点世说新语补	刘义庆（刘宋）撰，李贽（明）批点，	20卷8册，木版本，四周单边，匡郭：19.5×15cm，有界，9行18字，无鱼尾	序：万历庚辰（1580）王世懋 表题：世说新语补	延世大学校（韩相亿文库）

续表

书名	出版事项	版式状况	一般事项	所藏处/所藏番号
李卓吾批点世说新语补	刘义庆(刘宋)撰,李贽(明)批点	20卷8册,木版本,四周单边,匡郭:19.5×15cm,有界,9行18字,无鱼尾	表题:世说新语补	延世大学校 812.38
李卓吾批点世说新语补	刊写地不明,刊写者不明,刊写年不明	6册(1-6,9-10,13-16),16×25cm,四周单边,半郭:14.2×23.6cm,有界,9行18字,注双行	刊记:……心云尔长洲,版心题:批点世说谱,制尖题:世说	明知大学校 812-3
(李卓吾批点)世说新语补	刘义庆(刘宋)撰	20卷5册,活印本,26cm		岭南大学校 [慕]823
批点世说补	刊写事项不明	零本1册(卷1-3),新铅活字本,27.6×16.8cm,四周单边,半郭:20.5×14.8cm,有界,10行18字,无鱼尾	版心题:批点世说补,序:万历丙戌秋日沔阳陈文烛玉叔撰	庆北大学校 [古]812.1 비73

世说新语姓汇韵分

书名	出版事项	版式状况	一般事项	所藏处/所藏番号
世说新语姓汇韵分	英祖年间	12卷4册,古活字本(显宗实录字体木活字),28×17.7cm,四周单边,半郭:22×15cm,10行18字,注双行,内向二叶花纹鱼尾	补序:嘉靖丙辰(1556)……王世贞,旧序:嘉靖乙未(1535)……袁褧	国立中央图书馆 [한]48-223
世说新语姓汇韵分	刊写地未详,刊写者未详,刊写年未详	12卷6册,笔写本,32×20.5cm	旧序:嘉靖乙未(1535)吴郡袁褧,序:嘉靖丙辰(1556)王世贞,表题:世说	延世大学校(默容室文库)812.38

续表

书名	出版事项	版式状况	一般事项	所藏处/所藏番号
世说新语姓汇韵分	著者未详	12卷6册,木活字本,四周单边,匡郭:22×15.5cm,有界,10行18字,上下花纹鱼尾	旧序:嘉靖乙未(1535)袁褧,序:嘉靖丙辰(1556)王世贞	延世大学校[고서]812.38
	刊写地未详,刊写者未详,刊写年未详	12卷6册,笔写本,32×20.5cm	旧序:嘉靖乙未(1535)袁褧,序:嘉靖丙辰(1556)王世贞	延世大学校[고서]812.38
世说新语姓汇韵分	刊写地未详,刊写者未详,刊写年未详	12卷6册,木活字本,30cm,四周单边,21.9×14.6cm,有界,10行18字,注小字双行,上下内向花纹鱼尾	序题:世说新语补,外题:世说,序:嘉靖丙辰(1556)季夏琅琊王世贞撰,旧序:嘉靖乙未(1535)立秋日……吴郡袁褧撰,印记:默容室藏外13种	延世大学校812.38/10
世说新语姓汇韵分	刘义庆(刘宋)撰,王世贞(明)补	12卷4册,木活字本,28×19.2cm,四周单边,半郭:22×14.9cm,10行18字,小字双行,内向二叶花纹鱼尾	序:嘉靖丙辰(1556)季夏琅琊王世贞撰,旧序:嘉靖乙未(1535)岁立秋日吴郡袁褧撰,印:完山李彦荩 国献图书 爱吾庐藏	高丽大学校(晚松文库)C14-A37D
		12卷6册,木活字本,28.6×18.2cm,四周单边,半郭:21.8×14.8cm,10行18字,小字双行,内向花纹鱼尾	表题:世说,序:嘉靖丙辰(1556)季夏琅琊王世贞撰,旧序:嘉靖乙未(1535)……吴郡袁褧撰	高丽大学校(晚松文库)C14-A37C
		零本11册,木活字本,29.4×18.7cm,四周单边,半郭:22.6×14.9cm,10行18字,小字双行,内向二叶花纹鱼尾	序:嘉靖丙辰(1556)季夏琅琊王世贞撰,嘉靖乙未(1535)岁立春日吴郡袁褧撰,缺本:卷之八(全12卷12册)	高丽大学校(晚松文库)C14-A37E
	刘义庆(刘宋)撰,刘辰翁(宋)编,丁酉(?)刊	12卷2册,笔写本,24.8×18cm	笔写记:丁酉(?)九月初七日	高丽大学校(晚松文库)C14-A37B

续表

书名	出版事项	版式状况	一般事项	所藏处/所藏番号
世说新语姓汇韵分	刘义庆(刘宋)撰,王世贞(明)删定,出版事项未详	12卷3册,木活字本,28.5×18.6cm,四周单边,半郭:21.7×14.5cm,有界,10行18字,小字双行,下内向花纹鱼尾,下白口	世说新语补序:……嘉靖丙辰(1556)季夏琅琊王世贞撰,旧序:……嘉靖乙未(1535)岁立秋日吴郡袁褧撰,复本所藏本中卷之1册 以外缺	高丽大学校(华山文库)C14-A37A
世说新语姓汇韵分	著作未详,刊写地未详,刊写者未详,刊写年未详	8卷4册(缺帙,卷1~8),木活字本(训练都监字),30.7×19.5cm,四周单边,半郭:21.8×14.5cm,有界,10行18字,注双行,上下内向二叶花纹鱼尾	文化财登录番号:139号,世说新语补序:嘉靖丙辰(1556)季夏琅琊王世贞撰,旧序:嘉靖乙未(1535)立秋日吴郡袁褧撰,书记:崇祯后戊戌(1658)七月买得以为传家……	建国大学校[고]812.34-세53
世说新语姓汇韵分	著作未详,刊写地未详,刊写者未详,刊写年未详	4卷2册,木活字本(训练都监字),30.8×19.5cm,四周单边,半郭:22×14.6cm,有界,10行18字,上下内向二叶花纹鱼尾	版心题:世说,表纸题:世说新语,化财登录番号:139号,卷首:世说新语补,序:嘉靖丙辰(1556)……王世贞,旧序:嘉靖乙未(1535)……袁褧撰	建国大学校[고]812.38-세53-1-2-5-6-7-8 [고]812.38-세53
世说新语姓汇韵分	刘义庆(刘宋)撰,王世贞(明)补,刊年未详	12卷6册(第2、4册缺),笔写本,27.5×18.9cm	表题书名:世说,序:嘉靖丙辰(1556)……王世贞撰,旧序:嘉靖乙未(1535)……吴郡袁褧撰	韩国学中央研究院D7C-45
世说新语姓汇韵分	刘义庆(刘宋)撰,朝鲜朝后期刻	12卷6册,木活字本,30×19.2cm,四周单边,半郭:22.5×15cm,有界,10行18字,注双行,白口,内向2,3叶混入花纹鱼尾,纸质:楮纸	版心题:世说,旧序:嘉靖乙未(1535)岁立秋日吴郡王世懋撰,嘉靖丙辰(1556)季夏琅琊王世贞撰	漆谷郡李敦柱

续表

书名	出版事项	版式状况	一般事项	所藏处/所藏番号
世说新语姓汇韵分	刘义庆(刘宋)撰,何良俊(明)增补,王世贞(明)删定	2卷2册,笔写本,17.6×14.1cm,无界,10行35字,注双行,纸质:楮纸	表题:世说,所藏印:夏山	忠南大学校
世说新语姓汇韵分	刘义庆(刘宋)撰	9卷4册,木活字本,29.2×18.2cm,四周单边,半郭:21.8×15cm,有界,10行18字,注双行,头注,内向二叶花纹鱼尾,纸质:楮纸	表题:世说,版心题:世说,世说新语补序:嘉靖乙未(1535)岁立秋日吴郡袁褧撰,所藏印:德水李□□,大仲	忠南大学校 总. 丛书类-52
世说新语姓汇韵分	刊写地未详,刊写者未详,刊写年未详	8卷4册(缺帙,卷1-4、7-8、11-12),木活字本,28.4×18.3cm,四周单边,半郭:22.4×14.7cm,有界,10行18字,注双行,上下内向二叶花纹鱼尾	表题:世说	京畿大学校 경기-K121023-1
世说新语姓汇韵分	刊写地未详,刊写者未详,刊写年未详	3册(零本,全12卷4册,本馆所藏:3册,卷1-9),木活字本,28.9×19.2cm,四周单边,半郭:21.9×14.7cm,有界,10行18字,注双行,上下内向四瓣黑鱼尾	世说新语补序:嘉靖丙辰(1556)……王世贞,旧序:嘉靖乙未(1535)……吴郡袁褧,世说新语姓汇韵分,凡例,目录,版心题:世说,表纸书名:世说	岭南大学校 味山文库 [古味]823.099 세설신
世说新语姓汇韵分	刊写地未详,刊写者未详,刊写年未详	5册(零本),古木活字本,30×19cm		岭南大学校 东滨文库 [古]823.099
世说新语姓汇韵分	刘义庆(刘宋)著,朝鲜朝中期刊	12卷5册,木活字本,30×18cm,四周双边,半郭:22×15cm,有界,10行18字,内向二叶花纹鱼尾,纸质:楮纸	表题:世说新语,版心题:世说,序:嘉靖丙辰(1556)……琅琊王世贞(明)撰,印记:宿云堂藏,菁川,王振外2种	山气文库 4-696

续表

书名	出版事项	版式状况	一般事项	所藏处/所藏番号
世说新语姓汇韵分	18 世纪刊	20 卷 4 册,古活字本(显宗实录字体木活字),29.4×19.1cm,四周单边,半郭:22.3×15.7cm,10 行 18 字,注双行,头注,白口,内向二叶花纹鱼尾	表题:姓汇世说,版心题:世说	忠清北道 清州市 古印刷博物馆
世说新语姓汇韵分	英祖年间刊	12 卷 3 册,古活字本,30.5×19cm,四周单边	表题:世说,补序:嘉靖丙辰(1556)……王世贞,旧序:嘉靖乙未(1535)……袁褧	忠北大学校 823-0591

第二章

唐代作品目录

1. 酉阳杂俎

《酉阳杂俎》，唐代段成式撰。段成式（？—863），字柯古，祖籍临淄邹平（今山东邹平），迁居荆州（今湖北江陵）。以父荫授秘书省校书郎，迁尚书郎。后历官太常博士、江州刺史。晚年寓居襄阳。博闻强记，学识渊博，尤精佛学。诗与李商隐、温庭筠齐名，因三人排行均为十六，故称他们的诗为“三十六体”；骈文亦为时所称。所撰《酉阳杂俎》，前集二十卷、续集十卷。前集写于唐会昌（841—846）、大中（847—859）年间，续集写于大中七年（853）之后。《新唐书·艺文志》《崇文总目》《郡斋读书志》《直斋书录解题》《四库全书总目》均入小说家。有明脉望馆刻本（《四部丛刊》本据此影印）、《稗海》本、《津逮秘书》本、《学津讨原》本、《丛书集成初编》本等。1981 年中华书局版方南生点校本附有校勘记、历代序跋、著录资料及段成式年谱等。书名中的“酉阳”，指小酉山（今湖南沅陵），据《方舆记》：昔秦人隐学于小酉山石穴中，有所藏书千卷。梁湘东王尤好聚书，故其赋曰："访酉阳之逸典。"成式以"酉阳"名书，意在表明家中藏书丰富。其书分类条叙事物，体例近于张华《博物志》。每类各有标目，虽然隐僻，却也自有其寓意，如道家以壶天、壶公称仙境、仙人，故段成式名其记道术的部分为《壶史》；诺皋是道家的太阴名，故志怪的部分名为《诺皋记》；印度贝多罗树的叶子，用水沤后可以代纸，印度人多用以写佛经，故其书抄佛经的部分名为《贝编》。其他如记叙丧葬的名《尸穸》，汇聚文身之事的名《黥》，讲养鹰之法的名《肉攫部》，亦新奇可喜。

《酉阳杂俎》前集卷十四、卷十五为《诺皋记》，分上、下两卷。葛洪《抱朴子》内篇《登涉篇》引《灵宝经》云："往山林中，当以左手取青龙上草，折半置逢星下，历明堂入太阴中，禹步而行，三咒曰：诺皋，太阴将军，独开曾孙王甲，勿开外人……"诺皋乃禁咒发语之词，常见于道书之中。《诺皋记》多取材于《穆天子传》《神异经》《博物志》《异苑》等唐前志怪小说。明人将《诺皋记》抽出单行，刻入重编《说郛》等书中。其单行本曾传入韩国。

段成式《酉阳杂俎》于朝鲜成宗二十三年（1492）在韩国出版，书名为《唐段少卿酉阳杂俎》（20 卷 20 册），跋文说："弘治壬子（1492）李士高［李克墩］……弘治五年（1492）……李宗准谨识。"此版本现藏于成均馆大学校。

这版本不是私刻本而是官刻本。在韩国出版的《酉阳杂俎》，其版式如下：10 卷 2 册，四周双边，29×16.8cm，半郭：18.4×12.5cm，有界，10 行 19 字，注双行，版心题"俎"字，纸质是楮纸。版本中有 20 卷 2 册或 20 卷 3 册本，可能是因为后代有覆印的缘故。

从朝鲜出版之事实来看，此书的传入应是 1492 年以前。韩国现存的版本，除了朝鲜成宗版本以外，还有明代毛晋本《酉阳杂俎》与其他明清版本。

书名	出版事项	版式状况	一般事项	所藏处/所藏番号
唐段少卿酉阳杂俎	段成式(唐)撰,月城,成宗二十三年(1492)刻,后刷	20卷3册,朝鲜木版本,28×16.5cm,四周双边,半郭:17.6×12.5cm,有界,10行19字,大黑口,内向黑鱼尾,纸质:楮纸	版心题:俎,跋:募工刊于月城广流布……弘治壬子(1492)腊前二日广原李士高识,备考:卷6-13纸叶中央毁损	成均馆大学校贵 D7C-16
唐段少卿酉阳杂俎	段成式(唐)撰,成宗二十三年(1492)刊	10卷1册(卷11-20),朝鲜木版本,29.1×16.8cm,四周双边,半郭:18.4×12.5cm,有界,10行19字,注双行,内向黑鱼尾,纸质:楮纸	表题:酉阳杂俎,版心题:俎,跋:……弘治壬子(1492)……李士高识,印记:权熙渊花山世家实言	诚庵文库 4-1412
唐段少卿酉阳杂俎	段成式(唐)撰,成宗二十三年(1492)刊	8卷1册(卷12-15,17-20),朝鲜木版本,26.9×17.5cm,四周双边,半郭:18.4×12.5cm,有界,10行19字,注双行,上下小黑口,上向黑鱼尾,纸质:楮纸	版心题:俎,跋:……弘治壬子(1492)……李士高识……弘治五年(1492)……李宗准谨识……弘治壬子(1492)……睡翁崔应贤宝臣谨志	诚庵文库 4-1413
唐段少卿酉阳杂俎	段成式(唐)撰,成宗二十三年(1492)刊	零本1册,朝鲜木版本,29.2×16.8cm,四周双边,半郭:18.6×12.3cm,有界,10行19字,上下大黑口,上下内向黑鱼尾,纸质:楮纸	序:……唐太常少卿段成式,所藏:卷1-10	奉化郡冲斋宗宅 09-1935
唐段少卿酉阳杂俎	16世纪刊(后印)	零本1册,朝鲜木版本,28×18cm,四周双边,半郭:21.7×14cm,有界,10行23字,上下白口,上下向黑鱼尾,纸质:和纸	藏书记:夏寒亭,20卷4册中卷16-20(1册)现存(绍修书院)	荣州 啸皋祠堂 01-01525

续表

书名	出版事项	版式状况	一般事项	所藏处/所藏番号
唐段少卿酉阳杂俎	唐太常少卿柯古段成式撰,明四川道监察御史内乡李云鹄校	30卷(前集20卷,续集10卷)4册,中国石印本,20×14cm		岭南大学校汶坡文库
酉阳杂俎	段成式(唐)撰,刊写地未详,刊写者未详,元禄十年(1677)刊	20卷8册,日本木版本,27×19cm		国立中央图书馆[古]10-30-나3
酉阳杂俎	段成式(唐)撰,清光绪元年(1875)刊	20卷2册,中国木版本,26.7×17.5cm,四周双边,半郭:18.7×14cm,有界,12行24字,注双行,上下小黑口,内向黑鱼尾,纸质:绵纸	序:段成式序,识:湖南毛晋识,刊记:光绪纪元夏月湖北崇文书局开雕	仁寿文库4-440
酉阳杂俎	段成式(唐)撰,明版本	20卷2册,中国木版本,25.4×16cm	序:段成式	首尔大学校奎章阁[奎중]4838
酉阳杂俎	段成式(唐)撰,毛晋(明)订,刊年未详	20卷4册,中国木版本,24.7×15.2cm,四周单边,半郭:18.4×13.2cm,9行19字,注双行,无鱼尾	序:(唐)段成式,识:(明)毛晋	国立中央图书馆[古]3739-1
酉阳杂俎		4册,中国木版本		三溪书院
酉阳杂俎	段成式(唐)撰,毛晋(明)订,明朝年间刊	20卷5册,中国木版本,24.5×15.5cm,左右双边,半郭:18.5×13.2cm,有界,9行19字,注双行,纸质:竹纸	序:唐太常少卿段成式撰……酉阳杂俎凡三十篇为二十卷不以此间录味也,跋:以此为嚆矢云湖南 毛晋识,印:李王家图书之章	韩国学中央研究院4-239

续表

书名	出版事项	版式状况	一般事项	所藏处/所藏番号
酉阳杂俎	段成式(唐)撰,刊写地未详,刊写者未详,刊写年未详	12卷2册(缺帙,卷1-12),24.1×15.7cm,四周双边,半郭:18.1×12.8cm,有界,9行24字,注双行,花口,内向二叶花纹鱼尾	表题(记):临川李穆堂辑酉阳杂俎 本衙藏板……序:段成式	檀国大学校竹田退溪图书馆 873-단 258ㅇ
酉阳杂俎	著者未详,刊写地未详,刊写者未详,刊写年未详	8卷2册(缺帙,卷13-20),23.9×15.6cm,四周双边,半郭:18.1×12.8cm,有界,9行24字,花口,内向二叶花纹鱼尾		檀国大学校竹田退溪图书馆 873-유 285
酉阳杂俎	段成式(唐)撰,上海文瑞楼,刊写年未详	20卷3册(续集10卷2册,共5册,卷1-20,续集卷1-10),20×13.2cm,四周双边,半郭:16.4×11.8cm,有界,14行31字,上下向黑鱼尾	表题:正续酉阳杂俎,刊记:上海文瑞楼印行	东亚大学校(3):12:2-18

2. 宣 室 志

《宣室志》现存十卷，补遗一卷，而《太平广记》中还有轶文，计二百余篇，与《广异记》《独异志》同为保存较为完好的唐代小说集。中华书局1983年出版有《宣室志》点校本（与《独异志》合为一册）。宋晁公武《郡斋读书志》卷十三云：“纂辑仙鬼灵异事，名曰《宣室志》者，取汉文召见贾生论鬼神之义。”据《史记·屈原贾生列传》：“孝文帝方受厘，坐宣室。上因感鬼神事，而问鬼神之本，贾生因具道所以然之状。值夜半，文帝前席。”这就是李商隐《贾生》诗所说的“可怜夜半虚前席，不问苍生问鬼神”。张读以“宣室”名书，表明该书题材偏于神怪，如征应、果报、鬼魅、梦异、精怪、珠宝等。

张读，字圣用，《郡斋读书志》作“圣朋”，深州陆泽（今河北深县）人。约生于太和八年（834），大中六年（852）进士及第。《新唐书·张荐传》附有他的传：“大中时第进士，郑宣辟署宣州幕府。累迁礼部侍郎。中和初为吏部，选牒精允。调者丐留二年，诏可，榜其事曹门。后兼弘文馆学士，判院事，卒。”他以礼部侍郎典贡举在乾符五年（878）。张读是《游仙窟》作者张鷟的后裔，其祖父是《灵怪集》作者张荐，外祖父是《玄怪录》的作者牛僧孺，耳濡目染，喜欢传奇故事。

张读常有出人意料的想象。比如，在六朝志怪中，物怪通常被视为邪恶的化身。如果它们幻化为诱惑男子的女性，一旦被发觉，就会受到惩罚，或者被毫不留恋地舍弃。唐代前中期的小说如《广异记》，虽然写出了可亲可羡的物怪，但充当恋爱女主角的仍多为仙女、神女。而《宣室志》却不仅让物怪幻化的女性扮演恋爱主角，而且有资格成为深情明慧的妻子。这类故事中较好的是《谢翱》（《太平广记》卷三六四引）、《计真》（《太平广记》卷四五四引）

《陆颙》（《太平广记》卷四七六引）是张读《宣室志》中的名篇。陆颙自幼嗜面食，吃得愈多身体愈瘦，原来肚子里有一条消面虫，“实天下之奇宝也”，被几个胡人用重金买走。他们来到海边，“投虫于鼎中炼之，七日不绝燎”，迫使海中仙人献出了至宝：“一珠，径三寸许，奇光泛空，照数十步。”有了这颗珠，入海时，“其海水皆豁开数十步，鳞介之族，俱辟易回去。游龙宫，入蛟室，珍珠怪宝，惟意所择”。这个故事设想瑰奇，“消面虫”一节影响到《聊斋志异·酒虫》；“煮海”一节则启发元李好古写出杂剧《沙门岛张生煮海》。

《宣室志》包含了多种作品类型。有的粗陈梗概，尚守六朝家法；有的铺陈缛丽，篇幅较长。就那些传奇体小说而言，善于制造悬念，开拓了想象空间，并寓含对世态人情的讽刺，达到了较高水准。

书名	出版事项	版式状况	一般事项	所藏处/所藏番号
宣室志	张读（唐）编，明版本	10卷2册，中国木版本，25.4×16cm	合缀：河东先生龙城录	首尔大学校奎章阁[奎중]4381

3. 独 异 志

《独异志》，唐李亢撰。李亢，《宋志》作李伉，《崇文总目》作李元，明抄本、《稗海》本作李冗。程毅中《唐代小说史话·附记》认为李亢应为李伉之讹。李伉，曾任夏州节度掌书记，开成五年（840）在坊州撰《修秦文公庙记》，咸通六年（865）为明州刺史。所撰《独异志》，《新唐书·艺文志》著录为十卷。现存明嘉靖抄本和《稗海》本为三卷，已非原本。《太平广记》中引有佚文。1980年中华书局出版张永钦、侯志明点校本，附有补佚。

《独异志》以志怪为主，所记故事富于民间传说意味。如《张宝藏》叙张宝藏为唐太宗治愈痢疾，太宗"宣下宰臣，与五品官。魏徵难之，逾月不进拟。上疾复发，问左右曰：'吾前饮乳煎荜拨有效。'复命进之，一啜又平。因思曰：'尝令与进方人五品官，不见除授，何也？'徵惧曰：'奉诏之际，未知文武二吏？'上怒曰：'治得宰相，不妨已授三品官，我天子也，岂不及汝耶？'乃厉声曰：'与三品文官，授鸿胪卿。'"这种故事富于民间传说的风趣与机智，却不具备起码的历史品格。"又如《列子》海人狎鸥、愚公移山事，皆摭寓言为实事，尤为胶固。"（《四库全书总目》子部小说家类存目二《独异志》提要）作者的见识似乎比较浅陋，文笔亦显得粗糙。

《独异志》也收录了少量非志怪的琐闻，如曹彰以妾换马一事，可能是转述前人的记载，但其存佚之功，仍不可没。

书名	出版事项	版式状况	一般事项	所藏处/所藏番号
独异志	李亢(唐),商濬(明)校,明版本	1册(70页),中国木版本,26.5×16.7cm		首尔大学校奎章阁[古]952.01-Y56d
独异志	李亢(唐)撰,新安(清),刊写者未详,康熙七年(1668)序	1册,木版本,25.3×15.9cm,上下单边,左右双边,半郭:19.9×13cm,有界,10行20字,注双行,上花口,上下向黑鱼尾	稗海全书	首尔大学校中央图书馆0230-98-8

4. 朝野佥载

《朝野佥载》，唐张鷟撰。《新唐书·艺文志》杂传类著录，《直斋书录解题》收入小说类。原书二十卷，今存六卷本或十卷本均非全本。1979 年中华书局出版赵守俨点校本，附有补遗，是目前最完备的本子。张鷟（？658—？730），字文成，自号浮休子，深州陆泽（今河北深县北）人。他是《灵怪集》作者张荐的祖父。唐高宗调露初（679）登进士第，授岐王府参军、襄乐县尉，调长安尉，迁鸿胪丞。据两《唐书·张荐传》，他在当时文名籍甚，员半千曾对人说："张子之文，如青钱万选万中。"时目为"青钱学士"。新罗、日本等国，尤为钦慕他的文章，每次使者来长安，"必出金宝购其文"。但他性情浮躁，不持士行，为宰相姚崇所厌恶。开元初，御史李全交弹劾他讪短时政，贬至岭南。不久内徙，任司门员外郎。著有《游仙窟》《朝野佥载》《龙筋凤髓判》等。

《朝野佥载》记隋至唐开元间朝野见闻，而以武后时期为主，对朝政之腐败、黑暗，时有披露。唐太宗入冥故事，最早见于《朝野佥载》卷六。卷五所载李杰判寡妇告子不孝的公案，是《拍案惊奇》卷十七《西山观设箓度亡魂　开封府备棺追活命》的原型。

书名	出版事项	版式状况	一般事项	所藏处/所藏番号
朝野佥载	张鷟（唐）撰，陶珽（明）重辑，姚安（清），宛委山堂，顺治四年（1647）刊	1册，木版本，26×16.8cm，上下单边，左右双边，半郭：19.2×13.4cm，有界，9行20字，注双行，上花口，上下向白鱼尾	唐国史补/李肇（唐）撰，唐阙史/吴竞（唐）撰，唐语林/王谠（宋）撰，大唐新语/刘肃（唐）撰，三圣记/李德裕（唐）撰，先友记/柳宗元（唐）撰，零陵总记/陆龟蒙（唐）撰，玉堂闲话，皮子世录/皮日休（唐）撰，卢氏杂说/卢言（唐）撰	首尔大学校中央图书馆 0230-73-56

5. 北梦琐言

《北梦琐言》，孙光宪著。《崇文总目》《直斋书录解题》《述古堂书目》及作者自序所言均为三十卷，《宋史·艺文志》《文献通考》《四库全书总目》作二十卷。有《稗海》本、《四库全书》本、《云自在龛丛书》本、《雅雨堂丛书》本、1959年中华书局排印本、1981年上海古籍出版社排印本等。此书作于孙光宪出仕荆南时，因《左传》有“畋于江南之梦”等语，而荆州在江北，故名《北梦琐言》。

孙光宪（？—968），字孟文，自号葆光子，贵平（今四川仁寿县）人。五代后唐时任陵州判官，后避地荆州，仕荆南高从诲为书记，历检校秘书少监，兼御史大夫。963年，荆南纳土归宋，仕宋为黄州刺史。平生好聚书，亲自抄写校雠，不惜以重金购求，藏书达数万卷。以文学自负，常有不得志之叹。能诗，《全五代诗》存其诗十七首；亦善词，为“花间派”作家。除《北梦琐言》外，所著《荆台集》等均佚。

《北梦琐言》广泛记载唐五代政治遗闻、士大夫言行和社会风习。孙光宪自序谈到他写这部小说的目的：“非但垂之空言，亦欲因事劝戒。”其褒贬倾向甚为分明。如《陈敬瑄》一则，既赞赏陈敬瑄宽容营妓的雅量，也隐约表达了对其豪侈的批评。《北梦琐言·自序》还叙述了本书的题材来源：耳闻而非目见。作者“生自岷峨，官于荆郢，咸京故事，每愧面墙，游处之间，专于博访”。他对“耳闻”的材料从不轻信，“每聆一事，未敢孤信，三复参校，然始濡毫”。取材审慎，使其记载较为可信。

书名	出版事项	版式状况	一般事项	所藏处/所藏番号
北梦琐言	孙光宪(宋)纂集,刊写地未详,刊写者未详,乾隆二十一年(1756)刊本	20卷4册(卷1-20),26.7×16.4cm,四周单边,半郭:17.8×14.3cm,有界,10行21字,注双行,上下向黑鱼尾	刊记:乾隆丙子(1756)镌雅雨堂藏板,序:乾隆丙子(1756)德州卢见曾序	东亚大学校(3):12:1-10
北梦琐言	孙光宪(宋)撰,中国,雅雨堂,乾隆二十一年(1756)刊本	20卷4册(卷1-20),中国木版本,28.3×17.8cm,四周单边,半郭:18.2×13.4cm,有界,10行21字,花口,上下向黑鱼尾	序:乾隆丙子(1756)卢见曾	首尔大学校中央图书馆4360-11-1-4
北梦琐言	孙光宪(宋)纂集,商濬(明)校,刊写地未详,刊写者未详,刊写年未详	1册(零本),中国木版本,26.6×16.7cm		首尔大学校奎章阁952.02-S057b-v.00

6. 因 话 录

《因话录》，六卷，唐赵璘撰。《新唐书·艺文志》小说家类著录，六卷。今有《稗海》本等。1958年，上海古典文学出版社据以排印，1979年上海古籍出版社重印。另有《重辑百川学海》、涵芬楼及重编《说郛》等一卷本。

赵璘字泽章。据《新唐书·宰相世系表》等，他祖籍南阳，迁居平原（今山东陵县），是德宗时宰相赵儒侄孙。太和八年（834）进士，开成三年（838）博学宏词科及第。大中时官左补阙，历祠部员外郎、度支、金部郎中，出为衢州刺史。书分宫、商、角、徵、羽五个部分。宫部记帝王、后妃，商部记王公、官宦，角部记平民众庶，徵部记典故及谐戏，羽部记见闻杂事。《因话录》是一部较为重要的笔记小说。

书名	出版事项	版式状况	一般事项	所藏处/所藏番号
因话录	赵璘(唐)撰，陶珽(明)重辑，姚安(清)，宛委山堂，顺治四年(1647)刊本	1册，木版本，26×16.8cm，上下单边，左右双边，半郭：19.2×13.4cm，有界，9行20字 注双行，上花口，上下向白鱼尾	朱墨口诀傍点	首尔大学校中央图书馆 0230-73-31

7. 北 里 志

《北里志》，唐孙棨撰。成书于僖宗中和四年（884）。《郡斋读书志》《直斋书录解题》《宋史·艺文志》小说类著录。有《古今说海》本、《说郛》本、《丛书集成初编》本、1957年上海古典文学出版社排印本等。凡一卷，十三则，有自序，附录五则。有后记。孙棨字文威，自号无为子，武强（今属河北）人。僖宗时（874—888）入京应试，历任侍御史、翰林学士、中书舍人等职。

该书记载晚唐长安城北平康里歌妓生活以及士大夫冶游狎妓的故事。长安城北平康里，简称“北里”，因其地为妓院所在，后世即用为妓院的代称。孙棨《北里志·自序》说：“予频随计吏，久寓京华，时亦偷游其中，固非兴致。每思物极则反，疑不能久，常欲记述其事，以为他时谈薮，顾非暇豫，而窃俟其叨忝耳。不谓泥蟠未伸，俄逢丧乱，銮舆巡省，殽函鲸鲵，逋窜山林，前志扫地尽矣。静思陈事，追念无因，而久罹惊危，心力减耗，向来闻见，不复尽记。聊以编次，为太平遗事云。”他写作《北里志》，是要表达对承平光景的追怀和历经丧乱的忧虑，故《俞洛真》等篇，读来如闻抽噎之声。而叙事平实，也迥异于此前唐人传奇的浪漫风格。

书名	出版事项	版式状况	一般事项	所藏处/所藏番号
北里志	孙棨(唐)撰,陶珽(明)重辑,姚安(清),宛委山堂,顺治四年(1647)刊本	1册,木版本,26×16.8cm,上下单边,左右双边,半郭:19.2×13.4cm,有界,9行20字,注双行,上花口,上下向白鱼尾	序:陈继儒,教坊记/崔令钦(唐)撰 青楼记/黄雪蓑(元)撰 丽情集/张君房(宋)撰	首尔大学校中央图书馆 0230-73-93

8. 卓　异　记

《卓异记》，一卷，唐陈翱撰。《新唐书·艺文志》小说家类著录，一卷，题陈翱撰，注：“宪、穆时人。”《郡斋读书志》《直斋书录解题》题李翱撰，并题陈翱。《宋史·艺文志》录陈翱《卓异记》、李翱《卓异记》各一卷。书中记事最晚至昭宗，而李翱卒于武宗会昌中，无缘记昭宗时事。全书共二十七则，其中帝王事三则，均为即位、退位复辟或封禅之类，将相大臣事二十四则，均为某人三拜中书、某家三代拜相、某人三为左仆射之类。作者以此类“功业盛事”为卓异，诚如《四库全书总目提要》所云：“可谓无识之尤矣。”

书名	出版事项	版式状况	一般事项	所藏处/所藏番号
卓异记	李翱(唐)撰,陶珽(明)重辑,姚安(清),宛委山堂,顺治四年(1647)刊本	1册,木版本,26×16.8cm,上下单边,左右双边,半郭:19.2×13.4cm,有界,9行20字 注双行,上花口,上下向白鱼尾		首尔大学校中央图书馆 0230-73-59

9. 玉 泉 子

《玉泉子》，又名《玉泉子闻见真录》《玉泉笔端》《玉泉子闻见录》，唐佚名撰。《新唐书·艺文志》小说家类著录，五卷，题《玉泉子闻见真录》。《直斋书录解题》著录《玉泉笔端》三卷本和一卷本，谓三卷本不著姓氏，有中和三年（883）序，又谓一卷本号《玉泉子》。今南京图书馆所藏明刊本《玉泉子》和北京图书馆所藏明抄本《玉泉子闻见真录》，均为一卷本。该书记唐代社会种种琐闻，晚唐事尤多，而于科场弊端多所记述，如“杜羔妻”、“赵琮”、“杜黄裳”、“李德裕”诸条。对买官卖官的情形，也时有披露。

书名	出版事项	版式状况	一般事项	所藏处/ 所藏番号
玉泉子	著者未详，刊写地未详，刊写者未详，1368—1644年刊	1册（37页），木版本，26×16.6cm，四周单边，半郭：20.6×13.5cm，有界，9行20字，上黑鱼尾		首尔大学校 奎章阁 920.052-0g1

10. 游 仙 窟

《游仙窟》问世不久即引起了新罗人及日本使臣的兴趣。新罗时代已经传入韩国，同时传入日本。

作于唐高宗调露元年的《游仙窟》是唐人传奇中的一篇特殊作品。文章近乎骈俪，并大量穿插诗歌、俗语等，在唐人传奇中几乎找不到姊妹篇。其作者张鷟，简介参见《朝野佥载》提要。《游仙窟》在国内久已失传，清末才由日本传抄回来。

《游仙窟》以第一人称叙述张鷟本人的一次艳遇。他在奉使河源途中，进入一个相传为“游仙窟”的大宅，受到十娘、五嫂款待，宴饮笑谑，诗书相酬，留宿一夜而去。据说这篇传奇是因爱慕武则天而作（约当中国的南北宋之际，日本西行法师传抄的《唐物语》一书，其第九章述及《游仙窟》本事，提出这一看法）。但这可能是日本人的讹传：因为武则天的男宠张易之、张昌宗姓张，他们的族祖名张行成（很容易与张文成弄混），而张文成恰有《游仙窟》一文，于是牵合出这一段传说。

“游仙”实即狎妓。六朝志怪常写凡人入山遇仙，如《幽明录》中的“刘晨阮肇天台山遇仙”。而遇仙的高潮往往是：人间男子与女仙共宿。这容易使人联想到狎妓生活。到了唐代，文人们索性用“仙”来指妓女或艳冶女子。“神仙窟”就是妓院，十娘即妓女，五嫂的身份则近于鸨母。《游仙窟》说崔十娘是“博陵王之苗裔，清河公之旧族”，只能视为小说家的游戏之词。

《游仙窟》的文体与唐代兴起的变文有较多共同点。用骈文与诗赞结合来演述故事，是变文的特色，也是《游仙窟》的特色。二者之间可能存在影响与被影响的关系，而更大的可能是，它们同受影响于此前的故事赋和其他说唱文学。程毅中《唐代小说史话》认为：“张鷟《游仙窟》在体制上有不少特点，只有从民间文学去找它的因由，才能得到比较合理的解释。”这意见是对的。此外，用骈文铺陈景物，较易见长，但以之叙事，则往往显得局促。张鷟才情轻艳，故能驭骈如散，流利顺畅，不愧为一代名家。晚唐裴铏的《传奇》和明代中篇传奇小说等颇受其影响。

书名	出版事项	版式状况	一般事项	所藏处/所藏番号
游仙窟	张文成(唐)作，东京，松山堂书店，元禄三年(1690)刊本	5卷2册，有图，木版本(日本)，22.3×14.8cm，四周双边，半郭：18×11.3cm，无界，10行11字，无鱼尾	表题：头书图画游仙窟，序题：游仙窟，序：元禄三年(1690)……平休亭(墨书)，游仙窟后序：文宝三年(1319)……英房，装帧：黄色表纸白丝四缀	首尔大学校中央图书馆 3477-150-1-2

11. 尚书故实

《尚书故实》，唐李绰撰。《新唐书·艺文志》杂传类著录，一卷，题李绰著。《宋史·艺文志》归入小说类。《直斋书录解题》著录，谓此书又名《尚书谈录》。今有《宝颜堂秘笈》本、《重辑百川学海》本。《太平广记》引此书四十二条，其中卷一六五“李勉”条、卷二〇八“唐太宗”条，不见于今本。李绰于史无传。据《新唐书·宰相世系表》《唐郎官石柱题名考》，李绰字肩孟，号宽中子，赵郡（今河北赵县）人。又据《旧唐书·昭宗记》《直斋书录解题》，李绰龙纪初（889）官太常博士，乾宁四年（897）为礼部郎中，转膳部郎中。作者自序云：该书所记，系其唐末避难圃田时得闻于兵部尚书河东张公，故名。所记多为晋唐间艺林掌故，王羲之、戴逵、郑虔、顾况等人事迹，错出其中。

书名	出版事项	版式状况	一般事项	所藏处/所藏番号
尚书故实	李绰(唐)撰,陶珽(明)重辑,姚安(清),宛委山堂,顺治四年(1647)刊本	1册,木版本,26×16.8cm,上下单边,左右双边,半郭:19.2×13.4cm,有界,9行20字,注双行,上花口,上下向白鱼尾	次柳氏旧闻/李德裕(唐)撰 隋唐嘉话/刘𫗧(唐)撰 刘宾客嘉话录/韦绚(唐)撰 宾朋宴语/丘昶(宋)撰 法藏碎金录/晁迥(宋)撰	首尔大学校中央图书馆 0230-73-44

12. 资暇录

《资暇录》，又作《资暇集》，三卷，唐李匡文撰。《新唐书·艺文志》小说家类著录《资暇》三卷。《郡斋读书志》著录同，云：“唐李匡乂济翁撰，序称世俗之谈多讹误，虽有见闻，默不敢证，故著此书。上篇正误，中篇谭原，下篇本物，以资休闲云。”《直斋书录解题》著录《资暇集》，改入杂家类，题“唐李匡文济翁撰”。《四库全书》入子部杂家类，题李匡乂撰。余嘉锡《四库提要辨证》考定为李匡文。有《说郛》本、《百川学海》本、《学海类编》本、《墨海金壶》本等。中华书局1985年版《资暇集》以《顾氏文房小说》本为底本。李匡文，晚唐人，字济翁，宰相李夷简子，约生于唐宪宗元和初（806），曾任漳州刺史、房州刺史。僖宗幸蜀，李匡文随至成都。昭宗时先后任太子宾客、贺州刺史、宗正少卿、宗正卿。寻卒，年八十多岁。著述除《资暇录》外，尚有《唐皇室维城录》《十代鐲疑史目》《汉后隋前瞬贯图》《两汉至唐年纪》等凡十二种。

《资暇录》上卷多纠正俗说之谬，如“李”字，除果名、地名、姓氏之外，更无别义，《左传》“行李之往来”乃错字；又如“挽歌”始于春秋；“押衙”应作“押牙”等。下卷多谈物品，如记毕罗、琴甲、茶托子、书题签、席帽、承床等，都有益于考据。此外，像论证《文选》五臣注尽出于李善之注反排斥李善之说等，亦有新意。书中虽有一些误解、谬说，为宋人所驳，但就全书而言，仍瑕不掩瑜。

书名	出版事项	版式状况	一般事项	所藏处/所藏番号
资暇录	李济翁(唐)撰，陶珽(明)重辑，姚安(清)，宛委山堂，顺治四年(1647)刊本	2卷1册，木版本，26×16.8cm上下单边，左右双边，半郭：19.2×13.4cm，有界，9行20字 注双行，上花口，上下向白鱼尾	朱墨口诀傍点，宾退录/赵与时(宋)撰 过庭录/范公称(宋)撰	首尔大学校中央图书馆 0230-73-21

13. 无　双　传

《无双传》，又名《刘无双传》《古押衙传奇》，《太平广记》卷四八六收入。作者薛调（？830—？872），河中宝鼎（今山西万荣）人。大中年间（847—859）进士及第，咸通元年（860）为左拾遗内供奉，咸通十一年（870）自户部员外郎加驾部郎中，充翰林承制学士，咸通十二年加知制诰。《唐语林》卷四《容止》载："调美姿貌，人号为生菩萨……为翰林学士，郭妃悦其貌，谓懿宗曰：'驸马何若薛调乎？'顷之暴卒，时以为中鸩。卒年四十三。"死后追赠户部侍郎。

《无双传》写王仙客与表妹刘无双自幼相爱，由于无双之父在朱泚之乱中接受过伪职，父母被处死，无双被掠入内廷。王仙客求侠客古押衙设计救出无双，逃归故里，为夫妇五十年。事后，古押衙杀死所有知情者，他本人也随即自杀，以免走漏消息。

《无双传》兼写恋爱与侠义。以"无双"标题，其实比起王仙客，作者花在她身上的笔墨较少，不像霍小玉、崔莺莺真正处于小说的中心。古押衙是作品中的另一重要人物。王仙客与他的关系，类似于燕太子丹之于荆轲。

《无双传》是晚唐单篇传奇的杰作，情节曲折，悬念迭出。其题材也为后世作家所重视，宋元南戏中有《无双传》《王仙客》，明代传奇剧中有陆采的《明珠记》。明凌濛初《二刻拍案惊奇》卷九《莽儿郎惊散新莺燕　龙香女认合玉蟾蜍》的入话亦据无双事敷衍而成。

书名	出版事项	版式状况	一般事项	所藏处/所藏番号
绿珠传	乐史（宋）撰，陶珽（明）重辑，姚安（清），宛委山堂，顺治四年（1647）刊本	1册，中国木版本，26×16.8cm，上下单边，左右双边，半郭：19.2×13.4cm，有界，9行20字 注双行，上花口，上下向白鱼尾	非烟传/皇甫枚（唐）撰，霍小玉传/蒋防（唐）撰，刘无双传/薛调（唐）撰，虬髯客传/张说（唐）撰，韩仙传/韩若云（唐）撰，神僧传/法显（晋）撰，剑侠传	首尔大学校中央图书馆 0230-73-137 册1
고압아 古押衙（无双传）	笔写本，高宗十六年（1879）刊本	线装1册（37页），韩文笔写本，23×12cm，四周双边，半郭：18×9.8cm，乌丝栏，6行字数不定	表题：传奇，附：裴铏，红线　卷末：岁在己卯三月侄世本七十一岁书（金东旭所藏）	檀国大学校 天安栗谷图书馆 고 853.5-고 817

第三章
宋元作品目录

1. 太平广记

《太平广记》与《太平御览》《文苑英华》《册府元龟》合称为“宋朝四部大书”，是李昉等人奉宋太宗之命集体编纂的。从太平兴国二年（977）三月开始，至次年八月结束，搜集上自秦汉、下至宋初的野史小说共约七千则，成书五百卷，目录十卷，约三百万字。

《太平广记》的命名，“太平”二字易于理解，因该书成于太平兴国年间；但“广记”二字，则不知所取何义。据钱锺书推测，有两种可能：一、“广记”即“广异记”之省。《太平广记》引用书目中有戴孚《广异记》，题材都是神仙鬼怪，《太平广记》亦以志怪搜神为主。二、取义于李翱《卓异记》序。李序云：“广记则随所闻见，杂载其事，不以次第。然皆是警惕在心，或可讽叹；且神仙鬼怪，未得谛言。非有所用，俾好生不杀，为仁之一途，无害于教化。故贻谋自广，不俟繁书，以见其意。”如此说来，则“广记”之“广”包括取材广泛及“贻谋自广”两层含义。①

《太平广记》按题材分为九十二大类：神仙、女仙、道术、方士、异人、异僧、释证、报应、征应、定数、感应、谶应、名贤、廉俭、气义、知人、精察、俊辩、器量、贡举、铨选、职官、权倖、将帅、骁勇、豪侠、博物、文章、才名、儒行、乐、书、画、算术、卜筮、医、相、伎巧、博戏、器玩、酒、食、交友、奢侈、诡诈、谄佞、谬误、治生、褊急、诙谐、嘲诮、嗤鄙、无赖、轻薄、酷暴、妇人、情感、童仆奴婢、梦、巫厌咒、幻术、妖妄、神、鬼、夜叉、神魂、妖怪、精怪、灵异、再生、悟前生、冢墓、铭记、雷、雨、山、石、水、宝、草木、龙、虎、畜兽、狐、蛇、禽鸟、水族、昆虫、蛮夷、杂传记、杂录等。这种分类法虽然拆散了所引用的原书，但为分题材研究宋以前的文言小说提供了很大方便。

《太平广记》编成后，因卷帙繁重，又因为有人说这部书并非后学者所急需，就把版收了起来，在宋代已少流传，但并非绝无读者。比如，洪适有《还李举之〈太平广记〉》诗：“稗官九百起虞初，过眼宁论所失诬。午睡黑甜君所赐，持还深愧一瓻无!”② 吴曾《能改斋漫录》多处征引此书以为考订之资；陈振孙《直斋书录解题》卷十一记“妄人多取《广记》中旧事，改窜首尾，别为名字以投”洪迈。③ 这些是宋人读过《太平广记》的证据。至于罗烨《醉翁谈录》“小说开辟”称说话人必须“幼习《太平广记》”，虽属门面话，却也透露了几分实情。

《太平广记》的价值是多方面的。其一，李昉通过具体的编选分类，表达了他的小说观念：社会和自然界的所有奇异现象可视为小说题材，小说与“异闻”是密不可分的。其二，《太平广记》共采用古籍四百七十五种，其中半数以上早已散佚，赖《太平广记》的收录得以保存下一部分。明代中后期的文言小说创作高潮，很大

---

① 钱锺书：《管锥编》第二册，中华书局 1979 年版，第 639 页。

② 洪适：《盘洲文集》卷四，文渊阁《四库全书》本。

③ 陈振孙：《直斋书录解题》，上海古籍出版社 1987 年版，第 336 页。

程度上即得益于《太平广记》所收作品的被广泛刊刻。其三，研究宋以前的文言小说，这是一部不可或缺的总集。

《太平广记》大概是在1100—1200年（高丽时代）传入韩国的，其后到朝鲜太宗时再度传入韩国。因为《太平广记》过于庞大，故曾在朝鲜世祖八年（1462）由成和仲（成任）将它删减后出版，书名为《详节太平广记》。

朝鲜时代刊行的《详节太平广记》现藏于高丽大学校、成均馆大学校、忠南大学校图书馆等处。其中成均馆大学校的版式如下：李昉（宋）奉敕编：韩国木版本，成任［朝鲜世祖八年（1462年）］刊，全50卷中，现存7卷2册（卷15-21），四周单边，34×20.7cm，半郭：23.7×16cm，10行17字，上下黑口内向黑鱼尾，纸质：楮纸。

其后，成和仲参考《详节太平广记》又出版了《太平通载》80卷。《太平通载》又于朝鲜成宗二十三年（1492）由李克墩重刊。① 此外有翻译本《太平广记谚解》，此书大概是在朝鲜明宗二十一年至宣祖年间（1566—1608）出版的。现存的《太平广记谚解》本有两种，一种是5卷135篇的“觅南本”，另一种就是8卷268篇的“乐善斋本”。总之，《太平广记》在高丽与朝鲜时代传入韩国后，广受读者喜爱，多次出版与翻译，在韩国小说史上有深远影响。

书名	出版事项	版式状况	一般事项	所藏处/所藏番号
太平广记	太宗皇帝命撰，刊写地、刊写者未详，太平兴国三年(977)刊本	册17-64(卷125-500)48册，15.2×10cm	本书总册数64册中第1册至第16册落帙	国立中央图书馆［古］BA3738-13

① 丁奎福：《古小说和中国小说》，载《韩国古小说论》，亚细亚文化社1991年版，第318页。

续表

书名	出版事项	版式状况	一般事项	所藏处/所藏番号
태평광기	1566—1608年刊	5卷5册(卷之二缺本)零本1册,笔写本,27.5×17.5cm	太平广记	觅南本(金一根)
태평광기	约17世纪下半叶刊	卷之二零本1册,笔写本,27.5×17.5cm	木觅本(5卷5册)缺本,太平广记	延世大学校
太平广记	李昉(宋)等编,许自昌(明)校,刊写者未详,嘉靖四十五年(1566)刊本	80册,25.8×17.7cm,上下单边,左右双边,半郭:22.3×14.1cm,有界,12行24字,注双行,上花口,上下向黑鱼尾	卷1-10,卷1-500,目录10卷4册,500卷76册共80册	首尔大学校奎章阁[古]0170-35-1-80
太平广记	李昉(宋)等奉敕撰,黄晟(清)刊,清乾隆二十年(1755)刊本	500卷48册,中国木版本,16×10.8cm,四周双边,半郭:12.1×9.4cm,有界,12行22字,注双行,上黑鱼尾,纸质:绵纸	序:乾隆十八年(1753)岁次癸酉秋八月天都黄晟晓峰氏校刊于槐荫草堂,刊记:乾隆乙亥(1755)年夏月,藏版:槐荫草堂藏版,印:五车楼发兑,敬业馆之藏书,安乔之印,李王家图书之章,	韩国学中央研究院4-244
太平广记	李昉(宋)等受命编,黄晟(清)校刊,三让睦记藏版,道光二十六年(1846)刊本	64册(零本,卷59-62(1册)缺),中国木版本,17.4×11.2cm	序:乾隆十八年(1753)……黄晟,印:集玉斋,帝室图书之章	首尔大学校奎章阁[奎중]6006
太平广记	李昉(宋)等奉敕修,道光丙午(1846)镌,三让睦记藏版	500卷64册,中国木版本,四周双边,匡郭:12×9.5cm,有界,12行22字,上黑鱼尾	刊记:道光丙午(1846)镌三让睦记藏版	延世大学校812.38

续表

书名	出版事项	版式状况	一般事项	所藏处/所藏番号
太平广记	李昉(宋)等奉敕修,道光丙午(1846)镌	64册,中国木版本,四周双边,匡郭:12×9.5cm,有界,12行22字,上黑鱼尾	序:黄晟,刊记:道光丙午(1846)镌	延世大学校(李源喆文库)
太平广记	李昉(宋)等受命编,黄晟(清)校刊,刊写地未详,三让睦记,1846年刊	(1-64匣1-8)64册8匣,中国木版本,11.4×8.5cm,有界,12行22字,注双行,上下向黑鱼尾		岭南大学校 古도 082-이방
太平广记	李昉(宋)等,清黄晟晓峰氏,光绪二十六年(1846)刊本	162卷23册(卷1-162),中国木版本,17.3×11.1cm,四周双边,半郭:11.1×8.5cm,有界,12行22字,注双行,上花口,上下向黑鱼尾	序:乾隆十八年(1753)……黄晟,刊记:道光丙午年(1846)镌 三让睦记藏板	首尔大学校 奎章阁 [古]039.51-Y51t-v.1-23
太平广记	李昉(宋)等奉敕撰,中国,文光裕记藏版,道光二十六年(1846)刊本	(目录10卷,186卷,目录卷1-10,卷1-53,368-500,共23册(全64册))目录10卷,186卷,共23册(全64册),中国木版本,15.7×10.7cm		高丽大学校 C14-B25-0.1-0.2
太平广记	李昉(宋)等奉敕编,谈恺、许自昌(明)校	500卷30册,中国木版本,26×16.5cm	表:太平兴国三年(978)……李昉等诚惶……印:金印履度,李宜显德哉章	高丽大学校 C14-B53A
太平广记	李昉(宋)等奉敕编,刊写者未详,刊写年未详	4册(缺帙,5,8,10-11),木版本,22.8×15.3cm,左右双边,上下单边,半郭:19.3×13.5cm,有界,9行20字,上下向白鱼尾		国民大学校 고 823.4 태 01

续表

书名	出版事项	版式状况	一般事项	所藏处/所藏番号
太平广记	李昉监修(宋太宗)	47册(零本),石印本,25×16cm,四周单边,半郭:19×14cm,有界,9行20字,上白鱼尾	内容:第45册,外缺	梨花女子大学校[고]812.08 태854
太平广记	冯犹龙辑,刊写地未详,刊写者未详,刊写年未详	(1-40)40册,活字本,25.2×16.3cm,四周单边,半郭:19×14cm,有界,9行20字,花口,上下向白鱼尾	标题:正续太平广记,卷头:苕上野客漫题	岭南大学校 3-12-33
태평광긔(太平广记)	作者未详,写年未详	9卷9册,笔写本,28.8×23.2cm,13行23字,注双行,无鱼尾,纸质:楮纸	表题:太平广记,印:藏书阁印.乐善斋本(18—19世纪)	韩国学中央研究院 4-6853
太平广记	李昉(宋)奉敕监修,黄晟(清)校刊,清代刊	500卷64册(目录2册,1-500卷62册),中国木版本,16.9×10.8cm,四周双边,半郭:11.8×9.3cm,有界,12行22字,上下向黑鱼尾,纸质:竹纸	序:乾隆十八年岁次癸酉(1753)秋月天都黄晟晓峰氏	江原道 江陵市 船桥庄
太平广记	李昉(宋)等奉敕撰,刊写地、刊写者、刊写年未详	6册(缺本),木版本,17×11cm		檀国大学校竹田退溪图书馆IOS 고823.4-이712ㅌ
太平广记	刊写地未详,刊写者未详,刊写年未详	81卷11册(全500卷40册,所藏卷164-244),木版本,16.1×10.8cm,四周双边,半郭:11.3×8.4cm,有界,12行22字,注双行,花口,上下向黑鱼尾		檀国大学校竹田退溪图书馆 873.4-황812ㅌ

续表

书名	出版事项	版式状况	一般事项	所藏处/所藏番号
太平广记	李昉(宋)等奉敕编,黄晟(清)校刊,刊写地未详,刊写者未详,刊写年未详	405卷48册(全500卷64册,卷105-500),18×11.8cm,四周双边,半郭:11.4×9cm,有界,12行22字,注双行,上下向黑鱼尾		东亚大学校(3):12:2-56
太平广记	许自昌(明)校,刊写地未详,刊写者未详,刊写年未详	18卷2册(缺帙,卷316-325,440-447),26.9×18.6cm,上下单边,左右双边,半郭:22.3×14.5cm,有界,12行24字,注双行,上下向黑鱼尾		东亚大学校(3):12:3-4
太平广记		一册(卷4-9存),袖珍本		朴在渊
太平广记	李昉(宋)等奉敕编,黄晟(清)校刊,刊写地,刊写年未详	卷目录合32册,32×21.5cm,四周双边,半郭:23.2×17.3cm,12行22字,注双行,内向黑鱼尾	序:乾隆十八年岁次癸酉(1753)……(清)黄晟	国立中央图书馆[古]d1032-87
太平广记详节	李昉(宋)奉敕监修,成任(1470—1449)选,成宗年间(1470—1495)刊	7卷2册(卷15-21),木版本,33.9×20.9cm,四周单边,半郭:23.8×16.1cm,有界,10行17字,注双行,上下小黑口,内向黑鱼尾,纸质:楮纸	表题:太平广记,版心题:广记 详节,刊年出处:清芬室书目,内容:卷15-博物,卷16-书,卷17-绝艺,卷18-酒,卷19-谄佞等	诚庵文库4-1433
太平广记详节	李昉(宋)等奉敕撰,世祖八年(1462)序	2卷1册,木版本,30.7×19.9cm,四周单边,半郭:23×16cm,有界,10行17字,内向黑鱼尾,纸质:楮纸	表题:太平广记,序:苍龙壬午(1462)夏四月有日达城徐居正(1420—1488)刚中书于四佳亭之读书轩易城李胤侯序	忠南大学校集,总集类-1251

续表

书名	出版事项	版式状况	一般事项	所藏处/所藏番号
太平广记详节	李昉(宋)等奉敕撰,成任改撰,刊写地未详,刊写者未详,睿宗元年(1469)刊本	(卷14-19)1册,木版本,32.5×20.2cm,四周单边,半郭:23.4×16.2cm,有界,10行17字,注双行,内向黑鱼尾	装帧:黄色厚褙表纸,土红丝缀,改装	国立中央图书馆[古]B2古朝91-58
太平广记详节	李昉(宋)等奉敕撰,成宗年间(1470—1495)刊	3卷3册(卷1-3),木版本,33.5×20.5cm,四周单边,半郭:23.2×15.9cm,有界,10行17字,注单行,内向黑鱼尾,纸质:藁精纸	版心题:广记,序:易城李胤保序	忠南大学校集,总集类-1251
太平广记详节	李昉(宋)奉敕监修撰,成任(1470—1495)选,成宗年间(1470—1495)刊	7卷2册(卷15-21),木版本,33.9×20.9cm,四周单边,半郭:23.8×16.1cm,有界,10行17字,注双行,上下小黑口,内向黑鱼尾,纸质:楮纸	表题:太平广记,版心题:广记 详节,刊年出处:清芬室书目,内容:卷15,博物,卷16,书,卷17,绝艺,卷18,酒,卷19,谄佞等	诚庵文库4-1433
太平广记详节	李昉(宋)等奉敕纂,成任(朝鲜)编 世祖-成宗年刊(1470—1495)刊	4卷3册(卷1-3),木版本,33.5×20.5cm,四周单边,半郭:23.2×15.9cm,有界,行字数不定,上下内向黑鱼尾,纸质:藁精纸	版心题:广记,序:壬午(1462)夏四月有日达成徐居正(1420—1488)刚中书,序:易城李胤保序	忠南大学校集,总集类-1251
太平广记详节	李昉(宋)奉敕撰,中宗至宣祖年间刊	3册(零本),木版本,四周单边,半郭:16.2×24cm,10行17字,有界,黑口,上下内向黑鱼尾,纸质:楮纸	所藏本:卷之8-11,20-23,35-37,序:……嘉靖己亥(1539)藏仲春之赐进士……李檗拜书	玉山书院01-0545-0547

续表

书名	出版事项	版式状况	一般事项	所藏处/所藏番号
太平广记详节	李昉(宋)等,奉敕撰,成任(朝鲜)选,成宗年间(1470—1495)刊	零本 2 册,木版本,34×20.7cm,四周单边,10 行 17 字,上下黑口,内向黑鱼尾	版心题:广记详节,刊年:清芬室书目,藏本:卷 8-11,39-42(全 50 卷)	高丽大学校(晚松文库)[贵]338

2. 杨太真外传

《杨太真外传》，上、下共二卷，宋乐史撰。有《顾氏文房小说》本、鲁迅《唐宋传奇集》本、《笔记小说大观》本。乐史(930—1007)，字子正，抚州宜黄（今属江西）人。初仕唐，后入宋举进士，担任过三馆编修、直史馆著作郎、水部员外郎等职。他是宋代著名的地理学家，曾编《太平寰宇记》二百卷；又是著名的小说家，有传奇小说《绿珠传》《杨太真外传》等。其《太平寰宇记》中也杂有小说。

《杨太真外传》写杨贵妃一生故事。杨贵妃字玉环，原为寿王妃，后归玄宗，册封为贵妃。备受玄宗宠爱。其姐妹兄弟皆受封，一时杨氏权倾天下。后安禄山起兵，潼关失陷，“六军不发无奈何，宛转蛾眉马前死”。肃宗即位，大驾还京，太上皇日夜思念贵妃，有蜀中方士，在蓬莱仙阁寻得杨太真，说及长生殿盟誓一事，并以“钿合金钗”为证。《杨太真外传》系摭采《明皇杂录》《开天传信记》《安禄山事迹》《酉阳杂俎》《长恨歌传》等排比、润饰而成。有关唐明皇、杨贵妃的逸事，略备于此。全篇虽有中心人物，但并无中心情节。小说的魅力主要是靠一系列的掌故形成的，这使它更近于轶事小说而与唐人传奇不同。后世小说、戏曲受其影响甚巨，元白朴《梧桐雨》杂剧、清洪昇《长生殿》传奇和褚人获《隋唐演义》小说，均取材于此。

书名	出版事项	版式状况	一般事项	所藏处/所藏番号
杨太真外传	乐史（宋）撰，清刊	2卷1册（上，下），中国木版本，26.3×17cm	跋：嘉庆乙丑（1805）……（清）乐钧	国立中央博物馆［古］2521-1

3. 绿 珠 传

《绿珠传》，一卷，宋乐史撰。有《琳琅密室丛书》本、《说郛》本等。乐史（930—1007）简介见《杨太真外传》题解。绿珠本姓梁，以美艳而成为西晋石崇的爱妾。赵王司马伦专权时，权臣孙秀向石崇索取绿珠，为石崇所拒。后石崇被逮，绿珠坠楼自杀。《绿珠传》系以《语林》《世说新语》及《晋书》中的旧文为本，稍加排比而成。乐史精于地理学，《绿珠传》亦常拳拳于山水。如关于双角山、金谷涧、绿珠江、昭君村，乐史都根据地志杂书详加铺叙。宋人传奇爱发议论，乐史是其鼻祖，《绿珠传》连篇累牍的议论是其在风格上区别于唐人传奇的标志之一。

书名	出版事项	版式状况	一般事项	所藏处/所藏番号
绿珠传	乐史（宋）撰，陶珽（明）重辑，姚安（清），宛委山堂，顺治四年（1647）刊本	1册，中国木版本，26×16.8cm，上下单边，左右双边，半郭：19.2×13.4cm，有界，9行20字 注双行，上花口，上下向白鱼尾	非烟传/皇甫枚（唐）撰，霍小玉传/蒋防（唐）撰，刘无双传/薛调（唐）撰，虬髯客传/张说（唐）撰，韩仙传/韩若云（唐）撰，神僧传/法显（晋）撰 剑侠传	首尔大学校中央图书馆 0230-73-137 册1

4. 梅 妃 传

《梅妃传》，宋佚名撰。李剑国《唐五代志怪传奇叙录》认为《梅妃传》是唐人曹邺的作品。但宋初乐史撰《杨太真外传》，搜罗相关资料极为完备，而叙事无一字及于梅妃，可证《梅妃传》当在《杨太真外传》之后问世。南宋尤袤《遂初堂书目》著录。全文始见于《说郛》卷三十八，亦见于明顾元庆《顾氏文房小说》(顾本不著撰人)。《唐人说荟》题为曹邺作。文末有无名氏跋，称“此传得自万卷朱遵度家，大中二年七月所书，字亦媚好……唯叶少蕴与余得之，后世之传，或在此本”。朱遵度是五代末宋初人，少蕴是叶梦得之字，为南北宋之际人，两人相距年代太远，不可能发生交往。估计是南宋人所作，传与跋均出于一人之手。

《梅妃传》是宋人传奇的名篇之一，以叙梅妃事为主。妃姓江名采蘋，莆田人。开元间高力士出使闽粤，将之选入玄宗后宫，大受宠信。性喜梅，玄宗赐名梅妃，又戏呼梅精。杨太真入宫，梅妃遭嫉，玄宗被迫将她迁置上阳东宫，偶然密叙旧爱，太真亦寻衅大闹。梅妃赋《楼东赋》以抒幽恨，玄宗览而怆然。安史乱起，明皇西幸，太真被缢于马嵬坡，梅妃亦死于乱兵之中。乱平，玄宗于梅树下得梅妃遗骸，以妃礼葬之。

《梅妃传》抒情色彩较浓，写梅妃的幽怨与才情，如泣如诉，优于《谭意歌》等篇。明人吴世美曾据以创作《惊鸿记》杂剧，清洪昇《长生殿》等也采用了其情节。

书名	出版事项	版式状况	一般事项	所藏处/所藏番号
매비젼(梅妃传)		1 册，笔写本，29.2×20.5cm，半叶 13 行字数不定	附录：한셩뎨됴비연합덕젼，당고종무후뎐	雅丹文库 813.5- 48
梅妃传	收入《说郛》[陶宗仪(明)纂，张缙彦(明)补辑]，宛委山堂，清版本(1644—1911)	165 册(10 册)，木版本，22.4×15.3cm		首尔大学校奎章阁[奎]4498

续表

书名	出版事项	版式状况	一般事项	所藏处/所藏番号
梅妃传	收入《艺苑捃华》，务本堂，同治七年（1868）序	24 册，木版本，16.2×11.2cm，上下单边，左右双边，半郭：12.1×9.2cm，有界，9 行 20 字，鱼尾无		首尔大学校奎章阁[奎]6192

5. 汉成帝赵飞燕合德传

《汉成帝赵飞燕合德传》即《赵飞燕别传》，一题《赵后别传》《赵后遗事》《赵飞燕合德别传》《赵氏二美遗踪》，北宋秦醇撰。秦醇，字子复，一作子履，亳州谯（今安徽亳县）人。时代不详。北宋刘斧编的《青琐高议》中收有他的四篇传奇小说，即《谭意歌》《赵飞燕别传》《骊山记》《温泉记》。《赵飞燕别传》系据旧题为汉伶玄所作《赵飞燕外传》改写，描叙汉成帝皇后赵飞燕、昭仪赵合德的荒淫故事。两篇的构架大体相似，但在命意、细节、文字等方面存在差异。其一，命意不同。托名伶玄的《赵飞燕外传》，旨在表达盛衰无常的感慨。秦醇《赵飞燕别传》则在劝善惩恶的道德旗帜下表达了作者对色情的兴趣。一方面，秦醇以压抑不住的兴致细述汉成帝、赵飞燕、昭仪的荒淫无度的生涯；另一方面，他又附和传统的伦理道德，谴责他们，甚至令昭仪受“冥谴”，被“罚为巨鼋，居北海之阴水穴间，受千岁水寒之苦”。这与《赵飞燕外传》坦率承认好色是“慧男子”行径大不一样，而道德的惩戒亦不如“感之以盛衰奄忽之变”来得自然。其二，《赵飞燕外传》写汉成帝诸人的放荡，虽亦流于病态，但不像秦醇《赵飞燕别传》那样竭力将飞燕、昭仪写得穷凶极恶：飞燕诈托有孕，以高价买民间婴儿冒充己子；昭仪甚至歹毒到“宫人凡孕子者，皆杀之”，其凶悍淫荡，无以复加。其三，托名伶玄的《赵飞燕外传》语言“淳质古健”，而秦醇《赵飞燕别传》则较为通俗平易。

附：《赵飞燕外传》解题

《赵飞燕外传》，《隋书·经籍志》《旧唐书·经籍志》《新唐书·艺文志》皆不著录；《郡斋读书志》传记类著录，一卷：“汉伶玄子于撰。茂陵卞理藏之于金縢漆柜。王莽之乱，刘恭得之，传于世。晋荀勖校上。”《直斋书录解题》传记类著录，作《飞燕外传》，云：“称汉河东都尉伶玄子于撰。自言与扬雄同时，而史无所见，或云伪书也。然通德拥髻等事，文士多用之，而‘祸水灭火’一语，司马公载之《通鉴》矣。”《宋史·艺文志》史部传记类著录一卷，题伶玄撰。《四库全书》列入子部小说家类存目一，作《飞燕外传》，一卷：“旧本题汉伶玄撰。”

一般认为，此书及伶玄自序并桓谭、荀勖题语，大抵皆出于假托。洪迈《容斋五笔》卷七《盛衰不可常》云：“《飞燕别传》以为伶玄所作，又有玄自叙及桓谭跋语，予窃有疑焉。不惟其书太媟，至云扬雄独知之，雄贪名矫激，谢不与交；为河东都尉，捽辱决曹班躅，躅从兄子彪续司马《史记》，绌子于无所叙录。皆恐不然。而自云：‘成哀之世，为淮南相。’案是时淮南国绝久矣，可昭其妄也。”胡应麟《少室山房笔丛·四部正讹下》云：“《赵飞燕外传》，称河东都尉伶玄撰。宋人或谓为伪书，以史无所见也。”《四库全书总目提要》考辨甚详，足以成为定论：“其文纤丽，不类西汉人语。序末又称玄为河东都尉时，辱班彪之从父躅，故彪续《史记》不见收录。其文不相属，亦不类玄所自言。后又载桓谭语一则，言更始二年刘恭得其书于茂陵卞理，建武二年贾子诩以示谭。所称理藏之金縢漆柜者，似不应如此之珍贵。又载荀勖校书奏一篇。《中经簿》所录，今不可考，然所校他书，无载勖奏者，何独此书有之？又首尾仅六十字，亦无此体。大抵皆出于依托。且闺帏媟亵之状，嫕虽亲狎，无目击理。即万一窃得之，亦无娓娓为通德缕陈理。其伪妄殆不疑也。晁公武颇信之。陈振孙虽有或云伪书之说，而又云通德拥髻等事，文士多用，而‘祸水灭火’之语，司马公载之《通鉴》。夫文士引用，不为典据；采淖方成语以入史，自是《通鉴》之失。乃援以证实是书，纰缪殊甚。且祸水灭火，其语亦有可疑。”下引王懋竑《白田杂著·汉火德考》中“前汉自王莽、刘歆之前，未有以汉为火德者”等语，推论道：“淖方成在莽、歆之前，安得预有灭火之说，其为后人依托，即此二语，亦可以见。安得以《通鉴》误引，遂指为真古书哉！”

关于《赵飞燕外传》的产生时代，胡应麟《少室山房笔丛·四部正讹下》说：“文体颇浑朴，不类六朝。”似乎承认这是汉代作品。但仅从风格着眼，不一定能说服他人，程毅中《古小说简目》就说：“本篇不似汉人文笔。”鲁迅《中国小说史略》推测“是唐宋人所为”。周中孚《郑堂读书记》以为“当出于北宋之世”，可能是错误的。因为，如果是宋人所为，司马光不会信而不疑；且唐人李商隐《可叹》诗有云：“梁家宅里秦宫人，赵后楼中赤凤来。”“赤凤”指赵飞燕私通的宫奴燕赤凤，足见唐人已熟知这个故事，《赵飞燕外传》的撰写最晚也在唐代，估计是六朝至唐初的作品。

《赵飞燕外传》的明清传本颇多。《顾氏文房小说》《汉魏丛书》作《赵飞燕外传》，《古今逸史》作《赵后外传》，《广汉魏丛书》《龙威秘书》作《飞燕外传》。

书名	出版事项	版式状况	一般事项	所藏处/所藏番号
汉成帝赵飞燕合德传	1册，笔写本，23页	29.2×20.5cm，半叶13行字数不定	《梅妃传》的附录1	雅丹文库 813.5-48

6. 唐高宗武后传

《唐高宗武后传》，即《则天外传》，北宋佚名撰。《遂初堂书目》杂传类著录，无撰人、卷数。《艳异编》卷十《武后传略》与《则天外传》内容当大体相近。《情史》卷十七据《武后传略》删取其要，改题为《唐高宗武后传》。

书名	出版事项	版式状况	一般事项	所藏处/所藏番号
唐高宗武后传	1册，笔写本，22页	29.2×20.5cm，半叶13行字数不定	《梅妃传》的附录2	雅丹文库 813.5- 48

7. 归 田 录

《归田录》，二卷，宋欧阳修撰。有《欧阳文忠公全集》本、《稗海》本、《说郛》本、《四库全书》本、《笔记小说大观》本、1981年中华书局点校本等。欧阳修（1007—1072）是北宋著名文学家，著有《欧阳文忠集》《新五代史》等。

《归田录》有宋英宗治平四年（1067）九月欧阳修自序，表示他将休官归田，并提出《归田录》是一部“备闲居之览”的小说。其中记录朝廷轶闻，多属“细事”，像宋仁宗屡改年号的原因；曹彬征江南回，深自谦抑，诣阁门进榜子称：“奉敕江南勾当公事回”等就算“大”了；不过事情虽小，也能传达出严峻的人生况味，如卷一“杨文公”：进谗言者虽无实据，却利用真宗的疑心，造成真宗对“刚劲寡合”的杨亿的猜忌。

谐谈、琐语在《归田录》中占了较大分量。据王明清《挥麈三录》说，《归田录》初成时，神宗索取，“时公已致仕在颍州，因其间所记有未欲广布者，因尽删去之，又恶其太少，则杂记戏笑不急之事，以充满其卷帙”。但这部分在读者中的流布似更广泛。卷一“开宝寺塔”记杰出的木工掌墨师预浩的“用心之精”；“卖油翁”记陈尧咨射箭与卖油翁酌油，其技艺之过人，俱缘手熟等，均为名篇。

书名	出版事项	版式状况	一般事项	所藏处/所藏番号
归田录	欧阳修(宋)撰,陶珽(明)重辑,姚安(清),宛委山堂,顺治四年(1647)刊本	1册,中国木版本,26×16.8cm,上下单边,左右双边,半郭:19.2×13.4cm,有界,9行20字,注双行,上花口,上下向白鱼尾		首尔大学校中央图书馆 0230-73-48
归田录	欧阳修(宋)著,刊写地未详,刊写者未详	3册,中国木版本,25.2×16cm	序:治平四年(1067)……欧阳修,合缀:东坡先生志林,苏轼著	首尔大学校奎章阁 5211 의 2
归田录	欧阳修(宋)著,刊写地未详,刊写者未详,刊写年未详	1册,笔写本,19.3×18.7cm,无界,12行18字,无鱼尾	内容:归田录-诗话,东坡外记,黄山谷年谱抄,参同,稗史,欧阳公事迹,汉魏五君篇	延世大学校
归田录	刊写地未详,刊写者未详,1805年刊本	81张,笔写本,31.4×19.9cm	南阳洪世钟家甲子(1804)—乙丑(1805)	国立中央图书馆 BC古朝51-나75

8. 梦溪笔谈

《梦溪笔谈》，北宋沈括（1031—1095）撰，凡三十卷，其中《梦溪笔谈》二十六卷，《补梦溪笔谈》三卷，《续梦溪笔谈》一卷。有元东山书院《古迁陈氏家藏梦溪笔谈》刻本、《稗海》本、《四库全书》本、1957年中华书局《新校正梦溪笔谈》（胡道静注）排印本等。沈括字存中，晚年自号梦溪翁。钱塘（今浙江杭州）人。嘉祐八年（1063）进士。熙宁五年（1072）提举司天监，熙宁八年（1075）出使辽国，驳斥辽的争地要求。次年任翰林学士，权三司使。后知延州（今陕西延安）。元丰五年（1082）以宋军于永乐城之战中为西夏所败，连累被贬。晚年在润州（今江苏镇江）筑梦溪园，撰写了《梦溪笔谈》。

《梦溪笔谈》全书共十七目，内容涉及天文、数学、物理、化学、生物等各个门类学科，所涉既广，见解亦精。社会历史方面，对北宋政治、军事、典制礼仪、赋役制度等，都有较为翔实的记载。沈括《梦溪笔谈·自序》说："予退处林下，深居绝过从，思平日与客言者，时记一事于笔，则若有所晤言，萧然移日，所与谈者，唯笔砚而已，谓之《笔谈》。"友朋聚谈之余，提笔追述，不必雕琢矜持，只需信笔直书，故活泼轻快，平易近人，别有一种睿智而不拘泥的风度。《梦溪笔谈》之所以拥有众多读者，这是一个重要原因。

《梦溪笔谈》是一部具有世界性影响的名著。早在 19 世纪中叶，日本就排印了这部名著。20 世纪以来，法、德、英、美、意等国都有学者对《梦溪笔谈》进行系统而又深入的研究。

书名	出版事项	版式状况	一般事项	所藏处/所藏番号
梦溪笔谈	沈括(宋)著,商濬(明)校,刊写地未详,刊写者未详,明朝刊本	26卷4册,木版本,24.3×15.5cm,四周单边,半郭:20.4×13.7cm,有界,半叶9行20字,注双行,上黑鱼尾,纸质:竹纸		韩国学中央研究院 C3-209
梦溪笔谈	沈括(宋)撰,番禺陶氏,光绪三十二年(1906)刊本	26卷3册,木版本,27×17.5cm,上下单边,左右双边,半郭:16×11.8cm,无界,11行21字,注双行,大黑口,上下内向黑鱼尾	刊记:番禺陶氏爱卢校刻光绪三十二年丙午(1906)夏四月刻竟药阳王秉恩署,刊记:番禺陶氏校刊,序:崇祯四年(1631)……马元调,重刻后序:巽甫	首尔大学校 中央图书馆 895.108-Si41m-cv.1-3

9. 渑水燕谈录

《渑水燕谈录》，凡十卷，北宋王辟之撰。《郡斋读书志》《直斋书录解题》小说家类著录，十卷。《郡斋读书志》误题作者为王辟。《宋史·艺文志》著录，书名作《渑水燕谈》。书前有绍圣二年自序，谓“齐国王辟之将归渑水之上，治先人旧庐，与田夫樵叟闲燕而谈说也”，故名《渑水燕谈录》。有《稗海》本、《知不足斋丛书》本、《笔记小说大观》本、《丛书集成初编》本、中华书局 1981 年点校本（与欧阳修归田录合刊）等。王辟之（1045—？1110），字圣涂，青州（今山东益都）人。治平四年（1067）进士。曾任忠州太守等官。出仕后，每于燕谈得一嘉话，“辄录之”，元祐初（1086—1093）已成书，绍圣二年（1095）始序而刊之。原有三百六十余条，现存二百八十余条。

《渑水燕谈录》所记皆为绍圣以前北宋杂事。共分为十七类：帝德、谠论、名臣、知人、奇节、忠孝、才识、高逸、官制、贡举、文儒、先兆、歌咏、书画、事志、杂录、谈谑。王辟之在作于绍圣二年（1095）的《渑水燕谈录》自序中说：“今且老矣，仕不出乎州县，身不脱乎饥寒，不得与闻朝廷之论、史官所书；闲接贤士大夫谈议，有可取者，辄记之，久而得三百六十余事，私编之为十卷，蓄之中橐，以为南亩北窗、倚杖鼓腹之资，且用消阻志、遣余年耳。”可见王辟之在记录、整理逸闻趣事时，虽有政治倾向性和审美倾向性，但又保持了一种平和而亲切的写作态度。

书名	出版事项	版式状况	一般事项	所藏处/所藏番号
渑水燕谈录	王辟之(宋)著，刊写年未详	10卷1册，木版本，26.9×16.5cm，四周单边，半郭：21.4×13.5cm，有界，9行20字，上黑鱼尾		启明大学校 이 812.8-왕벽지ㅅ
渑水燕谈录	王辟之(宋)著，刊写地未详，刊写者未详，刊写年未详	10卷2册，中国木版本，17.8×11.8cm，左右双边，半郭：12.8×9.2cm，有界，9行21字，注双行，上下大黑口	标题纸：渑水燕谈录，知不足斋丛书，全240册中一部，卷头：渑水燕谈录，序：绍圣二年(1095)正月甲子序，目录1，版心下端记录(木板)：知不足斋丛书，卷末：跋，(知不足斋丛书；卷178-179)	岭南大学校 古南 912.0094-왕벽지

10. 冷斋夜话

《冷斋夜话》，十卷，宋释惠洪著。《郡斋读书志》著录惠洪《冷斋夜话》六卷，《直斋书录解题》作十卷，《宋史·艺文志》作十三卷，涵芬楼本《说郛》作十五卷。今传明刻本、《稗海》本、《津逮秘书》本等均为十卷。惠洪（1071—1128），俗姓彭，又名德洪，自称洪觉范，又称觉范道人。赐号圆明禅师。宜丰（今属江西）人。大观间坐事流放海南朱崖，旋放归。著有《石门文字禅》《临济宗旨》等。

《冷斋夜话》记录北宋琐闻，十之七八为诗话；人物以元祐党人居多，而黄庭坚更是主角。惠洪好诗，黄庭坚则是北宋后期诗坛盟主，两人交游密切，多记黄语自是题中应有之义。

书名	出版事项	版式状况	一般事项	所藏处/所藏番号
冷斋夜话	[释]惠洪(宋)著,明版本	10卷1册(73页),中国木版本,25.3×15.8cm	印:帝室图书之章	首尔大学校奎章阁[奎중]4492
冷斋夜话	惠洪(宋)撰,刊写地未详,刊写者未详,刊写年未详	10卷2册,中国木版本,26.5×16.6cm,四周单边,半郭:21.3×13.7cm,无界,9行字数不定,上下向黑鱼尾		国民大学校고824.4 혜01ㄱ

11. 岩下放言

《岩下放言》，南宋叶梦得撰。《直斋书录解题》小说家类著录，一卷。但今传《石林遗集》本、《唐宋丛书》本、《郎园先生全书》本等均为三卷，故《四库全书总目提要》疑《直斋书录解题》为传刻之讹。明刊《稗海》有《蒙斋笔谈》一种，题作郑景望撰，当是剌取本书部分内容，伪题书名、作者而成。叶梦得（1077—1148），字少蕴，号石林居士，吴县（今属江苏）人。绍圣四年（1097）登进士第，历任翰林学士、户部尚书、江东安抚制置大使等职。晚年隐居湖州弁山玲珑山石林，所著诗文多以石林为名，如《石林燕语》《石林词》《石林诗话》等。绍兴十八年卒，年七十二，死后追赠检校少保。

《岩下放言》为作者于绍兴间致仕后，退居卞山时所作。或考证经史子书，或议论前代诗文，或自叙仕宦经历见闻，兼及北宋士大夫事迹，所涉较为广泛。作者多识前言往行，所记颇多可取之处。

书名	出版事项	版式状况	一般事项	所藏处/所藏番号
岩下放言	叶梦得(宋)撰,陶珽(明)重辑,姚安(清),宛委山堂,顺治四年(1647)刊本	1册,木版本,26×16.8cm 上下单边,左右双边,半郭:19.2×13.4cm,有界,9行20字,注双行,上花口,上下向白鱼尾		首尔大学校中央图书馆 0230-73-28

12. 玉壶清话

《玉壶清话》，又称《玉壶野史》，十卷，宋释文莹撰。《郡斋读书志》《直斋书录解题》《宋史·艺文志》小说家类著录文莹《玉壶清话》十卷，南宋李焘《续资治通鉴长编》等引作《玉壶野史》，《四库全书总目提要》题为《玉壶野史》，现存《知不足斋丛书》《守山阁丛书》均作《玉壶野史》。文莹，北宋僧人，生卒年不详，字道温，又字如晦，尝居西湖菩提寺、荆州金銮寺。主要活动于北宋仁宗、英宗、神宗年间。工诗文，与苏舜钦、欧阳修、丁谓等交游颇多。所著除《玉壶清话》外，还有《湘山野录》《湘山续录》《渚宫集》。

《玉壶清话》是文莹于神宗元丰元年（1078）作于荆州的一部

笔记，内容、体例与《湘山野录》《湘山续录》相仿。据书前自序，知玉壶为其隐居之潭。《玉壶清话》前八卷杂记北宋开国至神宗朝百年间君臣逸事、文坛掌故、市井见闻等；第九、十卷则详细记录了五代后期南唐政权的“治乱之迹”，是研究五代史和北宋史的珍贵资料。其中谈诗论文之语，曹溶以“玉壶诗话”之名辑入《学海类编》。

书名	出版事项	版式状况	一般事项	所藏处/所藏番号
玉壶清话	释文莹(明)撰，中国，宝绘堂，乾隆四十五年(1780)序	10卷2册，木版本，19.4×11.5cm，上下单边，左右双边，半郭：12.6×9.1cm，有界，9行21字，注双行，小黑口，无鱼尾，纸质：绵纸	序：元丰戊午岁(1078)八月十日余杭沙门文莹湘山草堂，刊记：乾隆庚子(1780)……宝绘堂	全南大学校 4D-옥95ㅇ

13. 涑水记闻

《涑水记闻》，又名《司马温公记闻》《温公记闻》《温公日记》《温公琐语》，北宋司马光撰。涑水指司马光，司马光为陕州夏县涑水乡人，故称。通行本凡十六卷。《直斋书录解题》杂史类著录《涑水记闻》十卷，《宋史·艺文志》故事类著录，作三十二卷，《四库全书》改入小说家类，作十六卷。司马光（1019—1086），字君实，号迂叟，陕州夏县（今属山西）涑水乡人，世称涑水先生，北宋政治家、史学家、文学家。历仕仁宗、英宗、神宗、哲宗四朝，卒赠太师、温国公，谥文正。生平著作甚多，主要有史学巨著《资治通鉴》《温国文正司马文公集》《稽古录》《涑水记闻》等。

《涑水记闻》记录了从北宋太祖朝到神宗朝的政事琐闻，道听途说者多注明何人所说，采自他书者亦标注出处。元祐初，修《神宗实录》，多取材于此书。

书名	出版事项	版式状况	一般事项	所藏处/所藏番号
涑水记闻	司马光(宋)撰，陆锡熊(清)，纪昀(清)，萧芝(清)共纂修，刊写地未详，刊写者未详，乾隆四十二年(1775)序	16卷4册(卷1-16)，19.1×13.1cm，四周双边，半郭：17.8×12.4cm，有界，13行33字，注双行，上下向黑鱼尾	序：乾隆四十二年(1775)八月恭校上	东亚大学校(3)：12：1-6
涑水记闻	司马光(宋)撰，刊写地未详，刊写者未详，乾隆四十二年(1775)	4卷7册，中国木版本，26.7×16.9cm		国立中央图书馆 BA3747-78-1-7
涑水记闻	司马光(宋)，湖北，崇文书局，光绪三年(1877)刊本	16卷4册，中国木版本，29.8×17.6cm，四周双边，半郭：19×14cm，有界，12行24字，黑口，内向黑鱼尾		国民大学校 912.0094-사04

14. 夷 坚 志

《夷坚志》，南宋洪迈著，书名取《列子·汤问》“夷坚闻而志之”语意，以记载传闻的怪异之事为主。原有四百二十卷，① 分初志、支志、三志、四志；每志又分十集，按甲、乙、丙、丁等顺序编次。甲至癸二百卷，支甲至支癸一百卷，三甲至三癸一百卷，四甲四乙各十卷。但《宋史·艺文志》仅录甲乙丙六十卷，丁戊己庚八十卷，说明元时书已散佚。《宛委别藏》本七十九卷，《笔记小说大观》本五十卷，《十万卷楼丛书》本、《丛书集成初编》本

① 《夷坚志》以卷帙浩繁著称。胡应麟《少室山房笔丛》卷二《经籍会通二》云：“小说昉自《燕丹》，东方朔、郭宪浸盛，至洪迈《夷坚志》四百二十卷极矣。”见上海书店出版社 2001 年版，第 22 页。

各八十卷。1981 年，中华书局据涵芬楼编印的《新校辑补夷坚志》加以标点校定（何卓校点），包括初志、支志、三志，以及补遗共二百零六卷，另从《永乐大典》等书辑出佚文二十八则，作为“三补”，约为原书的一半，是目前收录篇目最为完备的本子。洪迈（1123—1202），字景庐，别号容斋，又号野处，鄱阳（今江西波阳）人。绍兴十五年（1145）进士，授两浙转运使，迁左司员外郎。高宗时使金，不惧要挟，差点被扣留。孝宗朝拜翰林学士，出知绍兴府。宁宗朝以端明殿学士致仕，卒谥文敏。据《宋史》本传载，洪迈幼而强记，博极群书，自经史百家，乃至稗官小说，无不涉猎。著述甚丰，除《夷坚志》外，还有《容斋随笔》等，编有《万首唐人绝句》。

《夷坚志》的写作，意在遣兴娱情，洪迈贪多务得，不加抉择，有些提供素材的人，遂将前代志怪故事稍加改动，投送给他，致使《夷坚志》新意较少。据洪迈《夷坚支甲序》，当时已有人指出他“所登载颇有与昔人传记相似处，殆好事者饰说剽掠，借为谈助”。《夷坚志》因其“广异闻”的价值有限，影响了它在小说史上的地位。①

① 胡应麟以为今传《夷坚志》杂有伪作。其言曰：“洪景庐《夷坚志》四百二十卷，今传止五十卷，他不可考。惟王景文《夷坚别志》序尚可以知其纂辑之概，因录之。序曰：‘志怪之书甚伙，至鄱阳《夷坚志》出则尽超之。余平生所书略类洪公，始读《左传》《史记》《汉书》，稍得其记事之法而无所施，因志怪发之，久之习熟，调利滋溉，玩不能释。闲自观览，要不为无补于世，而古今文章之关键亦间有相通者，而以是为无益而中画，愈衰所见闻益之，事三百七十、卷二十四，今书之目也。余心尚未艾，久之则将浸及于《夷坚》矣。凡《夷坚》所有而复见者删之，更生佛之类是也；凡《夷坚》所有而未备者补之，黄元道之类是也。其名仍为《夷坚》而别志之，辨于鄱阳也。得岁月者纪岁月，得其所者纪其所，得其人者纪其人，三者并书之备矣，阙一二亦书，皆阙则弗书。丑而不欲著姓名者婉见之，如《夷坚》确梦之类是也；丑而姓名不可不著者显揭之，如《夷坚》人牛之类是也。其称某人云，又某人得诸某人云，若已所见，各识其所自来，皆循《夷坚》之规弗易也。其异也者，笔力瞠乎其后矣。’（观此序，则洪《志》义例可推，其叙事当亦可喜，今所传甚猥浅，盖残缺之中又杂以伪矣。）”见胡应麟：《少室山房笔丛》卷二九《九流绪论下》，上海书店出版社 2001 年版，第 286 页。

《夷坚志》产生于说话艺术兴盛的南宋，为洪迈提供故事的人中有不少是说话艺术的爱好者或熟悉者，因此，其中的故事颇多市井趣味。这从它们受到明清时代通俗小说作家青睐的情形可见一斑，如甲志卷四《吴小员外》为《警世通言》卷三十《金明池吴清逢爱爱》所本；甲志卷十二《林积阴德》为《清平山堂话本》之《阴骘积善》所本；甲志卷十九《毛烈阴狱》为《二刻拍案惊奇》卷十六《迟取券毛烈赖原钱失还魂牙侩索剩命》所本；丙志卷三《杨抽马》为《二刻拍案惊奇》卷三十三《杨抽马甘请杖 富家郎浪受惊》所本；丁志卷九《太原意娘》为《古今小说》卷二十四《杨思温燕山逢故人》所本；丁志卷十一《王从事妻》为《石点头》第十卷《王孺人离合团鱼梦》所本，《拍案惊奇》第二十七卷则取之为头回；支乙卷五《杨戬馆客》为《二刻拍案惊奇》卷三十四《任君用恣乐深闺 杨太尉戏宫馆客》所本；支景卷三《王武功妾》为《清平山堂话本》之《简帖和尚》所本；支戊卷九《董汉州孙女》为《二刻拍案惊奇》卷七《吕使君情媾宦家妻 吴太守义配儒门女》所本；志补卷五《湖州姜客》为《拍案惊奇》卷十《恶船家计赚假尸银 狠仆人误投真命状》所本；志补卷八《吴约知县》《李将仕》为《二刻拍案惊奇》卷十四《赵县君乔送黄柑 吴宣教干偿白镪》所本；志补卷八《王朝议》为《二刻拍案惊奇》卷八《沈将仕三千买笑钱 王朝议一夜迷魂阵》所本；志补卷十一《满少卿》为《二刻拍案惊奇》卷十一《满少卿饥附饱飏 焦文姬生仇死报》所本；志补卷十一《徐信妻》为《警世通言》卷十二《范鳅儿双镜重圆》之入话所本；志补卷十九《蔡州小道人》为《二刻拍案惊奇》卷二《小道人一着饶天下 女棋童两局注终身》所本。《夷坚志》大量被改编为通俗小说，这有助于我们理解其风格特征。尝鼎一脔，试对丁志卷十一《王从事妻》加以解读：小说将背景设计为“四方盗寇未定”的“绍兴初”，旨在将奸人拐卖妇女的情节演绎得自然一些。关键词是“拐卖妇女”，王从事夫妻的悲欢离合只是这一关键词的陪衬或烘托。仅凭阅读常识我们也能意识到，这是一个来自市井的话题，也是市井百姓感兴趣的话题。当然，这话题已经超出传统志怪的范围，但如果将“怪”理解成“反常”的话，写这种“反常”的生活事件，也未尝不可说是《夷坚志》的题内应有之意。

书名	出版事项	版式状况	一般事项	所藏处/所藏番号
夷坚志	释齐贤（日本）评，元禄六年（1693）刊本	8卷8册，日本木版本，27.8×19.3cm	表题：夷坚志和解，刊记：元禄六年癸酉（1693）仲春十一日中村孙兵卫绣梓，跋：时贞亭三岁次丙寅（1686）……桑门齐贤，序：元禄三载（1690）……近雅散人	国立中央图书馆 BA古5-80-21
夷坚志	洪迈（宋）撰，光绪五年（1879）刊本	12册（甲卷1-6缺），中国木版本，四周双边，匡郭：18×13cm，有界，9行18字，上下黑口	刊记：光绪五年岁在屠维单阏（1879）	延世大学校 812.385
夷坚志	洪迈（宋）撰，宣统三年（1911）刊本	50卷16册，中国石印本，19.6×13cm	序：乾道七年（1171）五月……洪迈景庐叙，刊记：宣统三年（1911）七月初版，印：唐澄浩然	高丽大学校 C14-B54

15. 续博物志

《续博物志》，十卷，宋李石撰。旧题晋李石撰，或题唐李石撰，误。《宋史·艺文志》及宋人书目未见著录，而明代颇有刻本行世，《古今逸史》《稗海》《格致丛书》等丛书收入。李石（1116—1181），字知几。原名知几，后改名石，遂易名为字。号方舟子。资州盘石县（今四川资中）人。绍兴二十年（1150）进士及第，为成都司户参军，历任太学博士、成都通判、尚书都官员外郎、成都路转运判官等职。著有《方舟集》《方舟经说》《世系手记》等。

《续博物志》旨在补张华《博物志》所未备，唯张华《博物志》以地理开篇，而《续博物志》以天象开篇，体例小异。其余虽不分门目，然大致略同。李石自序谓此书次第一仿张华，"一事续一事"，"然龟巢莲叶一条，与华书复出，竟不及检。又王士祯《香祖笔记》摘其既云刘亮合仙丹，得白蝙蝠，服之立死。又云陈子真得蝙蝠，大如鸦，食之，一夕大泄而死。乃更云丹水石穴蝙蝠，百岁者倒悬，得而服之，使人神仙。自相矛盾。又摘其以文帝使掌故欧阳生受伏生尚书，以伏生墓为在漯水，以蟠溪为在汲郡，皆附会舛误。特以宋人旧笈，轶闻琐语，间有存焉。姑录以备参考云尔"。(《四库全书总目提要》)

书名	出版事项	版式状况	一般事项	所藏处/所藏番号
续博物志	李石(宋)撰,湖北,崇文书局,光绪元年(1875)刊本	10卷1册(卷1-10),中国木版本,26.8×17cm,四周双边,半郭:18.3×13.9cm,有界,12行24字,大黑口,内向黑鱼尾,纸质:竹纸	刊记:光绪纪元(1875)夏月湖北崇文书局开雕	全南大学校 3N4-이 41 ㅇ
新刻续博物志	李石(宋)编,胡文焕(明)校,刊地,刊者,刊年未详	10卷1册,木版本,25.6×15.7cm,左右双边,半郭:19.7×12.7cm,有界,10行20字,上下内向白鱼尾	版心书名:续博物志,表纸书名:续博物志	汉阳大学校 031.2-이 532 ㅅ

16. 鸡 肋 编

《鸡肋编》，三卷，南北宋之际庄绰撰。宋代书目未见著录。《四库全书》子部小说家类著录庄绰《鸡肋编》三卷。有北京图书馆影元抄本、《琳琅密室丛书》本、涵芬楼辑宋人小说本、中华书局1983年点校本等。庄绰（约1079—?），字季裕，清源（治所在今福建泉州）人。状貌清癯，人目为"细腰宫院子"。历任襄阳县尉、南雄州知州、鄂州太守等官。喜游历。博物洽闻，学问渊博。所著除《鸡肋篇》三卷外，还有《杜集援证》《灸膏肓法》《筮法新仪》。鸡肋是用曹操的典故，自谦其书是意思不大而又舍不得丢弃的东西。

《鸡肋编》所记先世旧闻，当代事实，有些可补正史之不足；所记各地习俗，异闻琐事，亦足资参考。所记绍兴初兵马钱谷之数，为他书所未载；禁剥桑事也以此书所记述为最详；关于摩尼教的条目，为研究摩尼教者所征引；有关刻丝、种茶及农作物种植情况的记载，也为研究经济史者所重视。可读的篇章甚多，如卷上《馓子》记某小贩的趣事，卷中《南北风土之殊》记风土人情的地域性特征，卷中《省记条与几乎赏》记北宋初年各种制度不完备的情形等，均幽默风趣，耐人寻味。

书名	出版事项	版式状况	一般事项	所藏处/所藏番号
鸡肋编	庄绰（宋）撰，陶珽（明）重辑，姚安（清），宛委山堂，顺治四年（1647）刊本	1册，木版本，26×16.8cm，上下单边，左右双边，半郭：19.2×13.4cm，有界，9行20字，注双行，上花口，上下向白鱼尾	浩然斋视听抄花口题：视听抄，朱墨口诀傍点	首尔大学校中央图书馆 0230-73-35

17. 过　庭　录

《过庭录》，一卷，南宋范公偁（1126—1158）著。宋代书目未见著录。《四库全书》子部小说家类著录范公偁《过庭录》一卷。有《稗海》本、《笔记小说大观》本、中华书局点校本等。自序称其书多述祖德，皆于绍兴十七、十八年（1147—1148）间闻之于父者，故名《过庭录》。范公偁是范仲淹的玄孙、范纯仁（1027—1101）的曾孙，范直方（1083—1152）之子。事迹见《宋元学案补遗》卷三及《宋诗纪事》卷四一等。

《过庭录》主要记述范仲淹（989—1052）等祖辈事迹，多切实有据，涉及宋朝大政、变法、官制等记载，亦可作历史研究之用。本书兼及宋朝文坛，保留了一些名家名作之外的诗词文句和轶事，是研究范氏家族的珍贵史料。

书名	出版事项	版式状况	一般事项	所藏处/所藏番号
过庭录	范公偁(宋)著，清版本	1册(92页)，中国木版本，25.2×16cm	合缀：泊宅编上、中、下，方勺著	首尔大学校奎章阁[奎중]5213
过庭录	范公偁(宋)著，李羲平(1772—1839)校，20世纪初刊本	1册，定稿本，29×20.1cm，四周双边，半郭：20.6×14.5cm，有界，10行20字，注单行，上下向二叶花纹鱼尾，纸质：楮纸	被传者：李泰永(1744—1803)	忠清南道 大田市 文忠祠

18. 程　　史

《桯史》，十五卷，南宋岳珂撰。《直斋书录解题》小说家类著录岳珂《桯史》十五卷。有宋刻递修本、明岳元声等刻本、《津逮秘书》本、《学津讨原》本、《四库全书》本、中华书局1981年排印本等。岳珂，字肃之，号亦斋，晚号倦翁。相州汤阴（今属河南）人。寓居嘉兴（今属浙江）。岳飞之孙，岳霖之子。历任光禄丞、司农寺主簿、军器监丞、司农寺丞、嘉兴知州、承议郎、江南东路转运判官、户部侍郎、淮东总领兼制置使等职。

《桯史》记叙两宋人物、政事、旧闻等，北宋部分多得作者父兄口述，南宋部分以作者见闻为主，具有较高的史料价值。卷十一《番禺海獠》条，记叙了当时广州穆斯林的有关情况，是宗教史研究的重要史料。

书名	出版事项	版式状况	一般事项	所藏处/所藏番号
桯史	岳珂(宋)著,陈文东(明)批点,明成化十一年(1475)刊本	15卷2册,中国木版本,30×17.7cm,四周双边,半郭:21.3×14cm,有界,10行20字,上下大黑口,下向黑鱼尾,纸质:绵纸	序:嘉定马逢淹茂岁(?)围如既望珂(宋)序,跋:成化十一年乙未(1475)月元日建安江泝(明)题,印记:闻韶世家,金璨伯温,内容:南北宋杂事中140余条诙谐之词裒辑	诚庵文库 4-1437

19. 齐东野语

《齐东野语》，二十卷，周密撰。《国史经籍志》《千顷堂书目》小说家类著录周密《齐东野语》二十卷，有中华书局1983年排印本等。周密（1232—1298），字公谨，号草窗，又号弁阳老人、泗水潜夫、华不注山人等。祖籍济南。其曾祖泌，自济南迁居吴兴，始为湖州（今属浙江）人。宋末曾任义乌令等职；入元不仕，寓杭，居癸辛街，以南宋遗老自居。是书用《齐东野语》之名，乃作者不忘祖籍之意。另有《武林旧事》《癸辛杂志》《浩然斋杂谈》等笔记。周密是南宋著名词家，有《草窗词》。

《齐东野语》以记南宋旧事为主，如“张浚三战本末”、“绍熙内禅”、“诛韩本末”、“端平入洛本末”、“端平襄州本末”、“胡明仲本末”、“李全”、“朱汉章本末”、“邓友龙开边”、“安丙矫诏”、“淳绍岁币”、“岳武穆逸事”、“巴陵本末”、“景定行公田”、“景定慧星”、“朱唐交奏本末”、“赵信国辞相”、“二张援襄”、“嘉定宝玺”、“张仲孚”等，都足补史阙。本书兼及文坛掌故、文人轶事，如“放翁钟情前室”记陆游与唐琬的婚姻悲剧，“台妓严蕊”记朱熹与严蕊的纠葛，考证古义，亦多精当之处。

书名	出版事项	版式状况	一般事项	所藏处/ 所藏番号
齐东野语	周密（宋）著，上海扫叶山房，刊年未详	20卷6册，中国木版本，19.9×13.3cm	序：至元辛卯（1291）……戴表元（元），周密（宋），标题纸：弁阳老人周密著上海扫叶山房石印	国立中央博物馆 ［古］2529-1
齐东野语	周密（宋），上海扫叶山房，刊写年未详	20卷6册1匣，中国石印本，20×13.5cm，四周双边，半郭：17.1×11.5cm，无界，14行28字，上下向黑鱼尾	序：至元辛卯（1291）……剡源戴表元序，自序：周密公谨父书	国民大学校 고823.4 주01
齐东野语	周密（宋）著，上海扫叶山房	20卷6册，中国石印本，19.8×13.3cm	序：至元辛卯（1291）……戴表元	首尔大学校 奎章阁 398.21-J868j 1-6册
齐东野语	周密（宋）著，上海扫叶山房	20卷6册，中国石印本，19.9×13.3cm	标题纸：弁阳老人周密著，上海扫叶山房石印，序：（宋）周密，序：至元辛卯（1291）……（元）戴表元	国立中央图书馆 BA2529-1
齐东野语	周密（宋）著，上海扫叶山房，	20卷6册，中国石印本，19.9×13.3cm	标题纸：弁阳老人周密著，上海扫叶山房石印，序：（宋）周密，序：至元辛卯（1291）……（元）戴表元	成均馆大学校 C14B-0043
齐东野语	周密（宋），上海扫叶山房	20卷3册，石印本，19.5×13cm，四周双边，半郭：17×11.5cm，无界，14行28字，上黑鱼尾	序：周密	启明大学校 812.4-주밀ㅈ

20. 鹤林玉露

《鹤林玉露》，十八卷，南宋罗大经撰，取杜甫《赠虞十五司马》诗“爽气金天豁，清谈玉露繁”之意为书名。宋代书目未见著录。《百川书志》小说家类著录罗大经《鹤林玉露》十六卷，《四库全书》改入杂家类。今传各本主要分为十六卷和十八卷两个系统，十八卷本较近罗书原貌。中华书局 1983 年排印本为目前最为完备易见之本。罗大经（1196—1252 后），字景纶，号儒林，又号鹤林，庐陵（今江西吉水）人。宝庆二年（1226）进士，历任容州法曹掾、辰州判官、抚州推官。在抚州时，因株连罢官。此后未再出仕。

《鹤林玉露》半数以上评述前代及宋代诗文，记述宋代文人轶事颇多，如乙卷四《诗祸》一则，记宋理宗宝庆、绍定间江湖诗案一事；卷三《东坡文》一则，论苏轼文章深受《庄子》《战国策》影响；卷五《二老相访》一则，记晚年杨万里与周必大的亲密交往，对研究宋代文学尤具参考价值。

书名	出版事项	版式状况	一般事项	所藏处/所藏番号
新刊鹤林玉露	罗大经(宋)撰,刊写地未详,刊写者未详,宽文二年(1662)刊	18 卷 8 册,日本木版本,25×18cm,四周双边,半郭:20×13.2cm,6 行 19 字,注双行,上白鱼尾	刊记:宽文二壬寅(1662)仲秋日野市右衡门梓行,序:万历甲申(1584)……黄贞升,序:时宋淳祐戊申(1248)……(宋)罗大经	国立中央图书馆 BA1221-11
新刊鹤林玉露	罗大经(宋)著,日本,守野市右卫门,宽文二年(1662)刊	18 卷 3 册,日本木版本,25×16.4cm,四周单边,半郭:20.2×13cm,无界,8 行 19 字	序:……后学黄贞升撰……万历甲申(1584)一阳月下浣之吉;……时宋淳祐戊申(1248)正月望日庐陵罗大经景纶,刊记:……宽文二年(1662)壬寅仲秋日守野市右卫门梓行	大邱市立图书馆 OL820.82-나 222-1-18 卷 1-18

续表

书名	出版事项	版式状况	一般事项	所藏处/所藏番号
新刊鹤林玉露	罗大经(宋)著,刊年未详	1册(卷3-4),日本木版本,25.1×17.9cm,四周单边,半郭:20.2×13.3cm,8行19字,注双行,上白鱼尾	印记:远藤氏藏书记,“おくりがな”	国立中央图书馆 [古]3848-7
(新刊)鹤林玉露	罗大经(宋)著,刊写地未详,中野市右卫门梓,宽文二年(1662)刊	18卷9册,木版本,27×18.5cm	序:万历甲申(1584)……(明)黄贞升	国立中央图书馆 BA 古 10-30-나2
鹤林玉露	罗大经(宋)撰	3卷1册(缺帙),木版本,26.4×16.5cm,上下单边,左右双边,半郭:20.8×13cm,有界,10行22字,上下向白鱼尾,纸质:绵纸		诚庵文库 3-970
鹤林玉露	罗大经(宋)撰	3卷3册,23.7×15.3cm,四周双边,半郭:18.1×11.1cm,有界,9行20字,上下向黑鱼尾		庆熙大学校 812.081-나23ㅎ
鹤林玉露	罗大经(宋)撰	24卷7册,26×16.4cm,四周单边,半郭:19.4×14.3cm,有界,9行19字,上下向黑鱼尾		东亚大学校 (4):3-72
鹤林玉露	罗大经(宋)撰	12卷3册(缺帙),木版本,25×16.3cm,四周单边,半郭:20.3×13.3cm,有界,9行20字,上下向黑鱼尾		大邱市立图书馆 OL820.82-나222-1-12 卷1-12

续表

书名	出版事项	版式状况	一般事项	所藏处/所藏番号
鹤林玉露	罗大经(宋)著,明版本	16卷4册,木版本; 25.4×16cm	序:罗大经	首尔大学校奎章阁 4410册1-4
鹤林玉露	罗大经(宋)著	17卷5册,木版本,22cm	石田文库 序:罗大经	大邱 Catholic 大学校 820.8-나 222 ㅎ
鹤林玉露	罗大经(宋)著,清版本	4册,24cm		国立中央图书馆 a13747-27
鹤林玉露	罗大经(宋)著	3册(第4册缺),木版本,26.3×16.3cm,四周单边,上白鱼尾		韩国学中央研究院 C14B-5CC14B-5B
鹤林玉露	罗大经(宋)撰,李穆堂(明)辑,刊写地、刊写者、刊写年未详	16卷4册,木版本,26.3×15.8cm,四周单边,半郭:21×13.4cm,有界,9行20字,上下向黑鱼尾,纸质:竹纸	刊记:临川李穆堂辑本衙藏板	忠南大学校 子.杂家类-613
鹤林玉露	罗大经(宋)著	1册(零本),金属活字本,30×18.6cm,四周双边,半郭:22×15cm,12行20字,大黑口,上下花纹鱼尾		首尔大学校奎章阁 895.18-N11h-v.6/11
鹤林玉露	罗大经(宋)撰	7卷2册(卷1-3,13-16缺帙),木版本,25.9×15.9cm,四周单边,半郭:21.2×13.1cm,有界,10行22字,上下向白鱼尾	跋:……万历戊申(1608)二月甲子余姚孙镛识:……万历七年(1579)首夏之望田林大识	大邱市立图书馆 OL820.82-나222-1-3, 13-16 卷1-3,13-16

续表

书名	出版事项	版式状况	一般事项	所藏处/所藏番号
鹤林玉露	罗大经(宋)撰	2册(缺帙),新铅活字本,26.3×15.2cm,无界,行字数不定,无鱼尾	序:……后学黄贞升撰……万历甲申(1584)一阳月下浣之吉:……时宋淳祐戊申(1248)正月望日庐陵罗大经景纶	大邱市立图书馆 OL820.82-나222-天,地 册2
鹤林玉露	罗大经(宋)撰	16卷4册,木版本,23.5×14.1cm,四周单边,半郭:16.5×12.5cm,有界,11行21字,大黑口,无鱼尾	表题:芸四,朱墨傍点,内容:卷1-4(元),卷5-8(亨),卷8-11(和),卷12-16(贞)	首尔大学校中央图书馆 0330-24A-1-4
新刊鹤林玉露	罗大经(宋)著,日本	6册,木版本,26.8×16.8cm,四周单边,半郭:20.3×14cm,8行19字,注双行,花口,上下向白鱼尾	表题/版心题:鹤林玉露,朱墨傍点,重梓鹤林玉露题词:万历甲申后学黄贞升,集序:宋淳祐戊申罗大经,地集序:宋淳祐辛亥,人集序:宋淳祐壬子	首尔大学校中央图书馆 0330-24B-1-6 册1
(新刊)鹤林玉露	罗大经(宋)撰	1册(第2-9册缺),木版本,25×17.5cm,四周单边,半郭:20×13.2cm,8行19字,上白鱼尾	表纸书名:鹤林玉露,序:万历甲申(1584)……黄贞升:时宋淳祐戊申(1248)……罗大经景纶	韩国学中央研究院 C14B-6 全9册
鹤林玉露	罗大经(宋)著,刊写地未详,刊写者未详,1844年刊	1册(68页),笔写本,24.5×16cm,10行24字	卷末:甲辰(1844)孟夏终于德林斋	国立中央图书馆 BA2521-22
鹤林玉露	罗大经(宋)撰	全16卷3册,笔写本,26.3×15cm		高丽大学校 신암 C12-A48 만송 C12-A48A

续表

书名	出版事项	版式状况	一般事项	所藏处/所藏番号
鹤林玉露	罗大经(宋)撰	全 16 卷 3 册,笔写本,26. 3×15cm		韩国学中央研究院 C14B-5
鹤林玉露	罗大经(宋)著	1 册(54 页),笔写本,28. 3×15. 5cm		国民大学校 818-나 01 818-나 01 ㄱ
鹤林玉露	罗大经(宋)著	1 册(54 页),笔写本,28. 3×15. 5cm		忠南大学校 子.儒家类-2295
鹤林玉露	罗大经(宋)著	1 册(54 页),笔写本,28. 3×15. 5cm		韩国学中央研究院 C14B-5D 全
鹤林玉露	罗大经(宋)著	3 卷 3 册,笔写本,29. 6×18. 4cm,无界,10 行 34 字	序:罗大经	安东大学校 824. 4-나 222 ㅎ
鹤林玉露	罗大经(宋)著,刊写地、刊写者、刊写年未详	1 册,笔写本,26×20. 4cm		岭南大学校 古部 820. 9-나 대경
鹤林玉露	罗大经(宋),刊写地、刊写者、刊写年未详	16 卷 2 册,笔写本,24. 2×18cm,四周白边,无界,12 行字数不定		启明大学校 812. 0904-나 대경ㅎ
鹤林玉露	刊写地、刊写者、刊写年未详	1 册,笔写本,25. 6×14. 7cm,无界,半叶:12 行 31 字,纸质:楮纸		忠南大学校 子.杂家类-1259

续表

书名	出版事项	版式状况	一般事项	所藏处/所藏番号
鹤林玉露	罗大经(宋)著,刊写地、刊写者、刊写年未详	1 册, 笔写本, 21.8 × 14.7cm, 四周白边, 无界,12 行 26 字		启明大学校 812.0904-나대경ㅎ
鹤林玉露	罗大经(宋)著,刊写地、刊写者、刊写年未详	1 册,笔写本,25cm	石田文库	大邱 Catholic 大学校 동 820.8-나 222 ㅎ
鹤林玉露	罗大经(宋)撰	1 册,笔写本,28.7×19cm,无界,行字数不定,无鱼尾		京畿大学校경기-K118875-单册 1
鹤林玉露	罗大经(宋)撰	1 册,笔写本,20.7×20cm,无界,行字数不定,无鱼尾		京畿大学校,경기-K103261-1 册 1
鹤林玉露抄	罗大经(宋)著	1 册(57 张),笔写本,29.1×16.5cm,四周单边,半郭:13.6×25.4cm,有界,14 行 42 字,注双行,无鱼尾,纸质:楮纸	表题:鹤林抄	全南大学校 4D-학 239 ㄴ 册 1
鹤林玉路	罗大经(宋),朝鲜后期	1 册,笔写本		忠清北道 镇川郡 申章澈

21. 癸辛杂识

《癸辛杂识》，六卷，南宋周密（1232 — 1298）撰。宋亡后，周密寓居杭州癸辛街，以南宋遗老自居，著书以寄愤，《癸辛杂识》因而得名。各家书目著录卷数不等。有《稗海》本、《四库全书》本、《学津讨原》本等，中华书局 1988 年排印本最为完备。作者简介见《齐东野语》题解。

《癸辛杂识》是宋代同类笔记中卷帙较多的一种。其内容广泛，主要记载宋元之际的琐事杂言，遗闻轶事、典章制度，兼及都城胜迹、艺文图书、医药历法、风土人情和自然现象等，大量记载为国捐躯的将士，坚持民族气节的士大夫，以及投降派的言行，寄亡国之痛于笔端，尤为该书特色所在。

书名	出版事项	版式状况	一般事项	所藏处/所藏番号
癸辛杂识（新后集）	周密（宋）著，商濬（明）校，明版本	2 册，中国木版本，27×16.8cm	印：弘文馆，帝室图书之章　合缀：江邻几杂志	首尔大学校奎章阁［奎중］3298
癸辛杂识外集	周密（宋）著，商濬（明）校，明版本	1 册（112 张），中国木版本，27.2×17cm	印：弘文馆	首尔大学校奎章阁［奎중］5339
癸辛杂识	周密（宋）著，商濬（明）校，清版本	1 册（50 张），中国木版本，26.6×16.7cm		首尔大学校奎章阁［古］895.18-J869g

22. 鬼　董

《鬼董》，一名《鬼董狐》，五卷，南宋沈氏撰。有北京图书馆藏清抄本（《鬼董狐》五卷），《知不足斋丛书》本、《龙威秘书》本、《说库》本等均为《鬼董》五卷。关于本书作者，元临安钱孚泰定丙寅（1326）跋曰："其可考者，云太学生沈，又云孝、光时人，而关解元之所传也。"《鬼董》中有些材料透露了沈氏的若干事迹。

《鬼董》全书共四十余篇，其故事多出于里巷传闻，人物多为胥吏、僧尼、术士、客旅、屠夫、乡民、倡优等下层民众，情节多曲折离奇，语言则通俗晓畅，是宋代通俗传奇小说的一个重要文本。

书名	出版事项	版式状况	一般事项	所藏处/所藏番号
鬼董	编者未详，刊写者未详，刊写年未详	5卷1册，中国木版本，19.7×12cm，左右双边，半郭：12.7×9cm，有界，9行21字，注双行，上下小黑口，纸质：绵纸	（知不足斋丛书）版心题：泰定丙寅（1326）清明日临安钱孚跋	东国大学校 D819.34 귀225

23. 闲窗括异志

《闲窗括异志》，一卷，南宋鲁应龙撰。宋人书目未见著录，《说郛》亦未采录。明末《红雨楼书目》、清初《千顷堂书目》著录。《四库全书总目》小说家类存目。有《稗海》本、《丛书集成初编》本等。鲁应龙字子谦，嘉兴府海盐（今属浙江）人，理宗淳祐四年（1244）馆于沈氏书塾，六年应举不第，以布衣终老。

《闲窗括异志》前半部主要记载嘉兴湖山桥井寺庙祠墓的传闻，多以神鬼故事言因果报应，后半部多剌取前人道书、小说之类，唐宋书尤多，是一部成就不高的文言小说。

书名	出版事项	版式状况	一般事项	所藏处/所藏番号
闲窗括异志	鲁应龙（宋）著，明版本	1册（59张），中国木版本，25.4×16cm	合缀：搜采异闻录，宋永亨著	首尔大学校奎章阁 [奎중]5153
闲窗括异志	鲁应龙（宋）著，商濬（明）校	1册（30张），中国木版本，26.2×16.6cm，四周双边，半郭：20.4×13.5cm，有界，9行20字，上黑鱼尾		首尔大学校奎章阁 915.2-N658h

24. 五　色　线

《五色线》，三卷，宋罗叔恭编辑。《遂初堂书目》类书类著录，无卷数及撰人姓名。《宋史·艺文志》著录为一卷，注："不知作者。"丁丙《善本书室藏书志》收录旧抄本，缪荃孙《艺风堂藏书续记》收录明刻本皆为三卷。《津逮秘书》所收，仅上、下两卷，缺中卷，《四库全书总目》据以列入小说家类存目。各本及书目均未署作者。宋周紫芝《太仓稊米集》卷二十一有诗题引及"罗叔共《五色线》"，李剑国以为即罗叔恭。罗叔恭名竦，开封（今属河南）人，迁居江都（今江苏扬州）。事迹见《宋元学案》卷二十七。《五色线》系从一百六十余种书中摘取而成，故名《五色线》。所引书属小说者有《稽神录》《谭宾录》《闻奇录》《感异记》等六十余种，以唐人小说为主。

书名	出版事项	版式状况	一般事项	所藏处/所藏番号
五色线	发行事项不明	1 册，笔写本，23.2 × 15.4cm		安东大学校［古小］082 오52

25. 睽　车　志

《睽车志》，六卷，南宋郭彖撰。《直斋书录解题》小说家类著录，五卷，解题曰："知兴国军历阳郭彖次象撰。取《睽》上六（按：当作上九）'载鬼一车'之语。"《文献通考·经籍考》同。《宋史·艺文志》小说类作一卷。《汲古阁书目》《也是园书目》均著录有五卷本。今传者为六卷本，有《稗海》本、《四库全书》本、《笔记小说大观》本、《丛书集成初编》本等，题宋历阳郭彖，无序跋。郭彖字次象，和州历阳（今安徽和县）人。绍兴二十四年（1154）进士，淳熙中知兴国军。

据张端义《贵耳集》载：“宪圣在南内，爱神鬼幻诞等书，郭象《睽车志》始出。”可见此书的出现与南宋初年高宗的爱好有关，尝供御览。

本书主要记载了建炎、绍兴、隆兴、乾道、淳熙间事，亦有少量汴京旧闻，强调因果报应，难免“缘饰附会，有乖事实”（《四库全书总目》）。如米芾为北宋名流，书中疑其为蟒精；张觷能斥奸干乱，志操甚正，书中记他因挟嫌杀人，白昼见鬼而死。又，元欧阳玄亦有《睽车志》一卷，载《说郛》（宛委山堂本）中。

《睽车志》传入韩国的记录不多，只在朝鲜光海君时许筠（1569—1618）的《闲情录》中可见到书名而已。此书的版本现存延世大学校、高丽大学校图书馆。

书名	出版事项	版式状况	一般事项	所藏处/所藏番号
睽车志	郭象(宋)撰	6卷6册,中国木版本,四周单边,半郭:20×14.5cm,有界,9行20字,上黑鱼尾		高丽大学校[고서중]812.385
睽车志	郭象(宋)撰	20卷7册,26.5×16.5cm	序:历阳郭象……淳熙(1174)八月,标题:六种奇话卷1-6,睽车志……郭象撰	延世大学校

26. 江邻几杂志

《江邻几杂志》，北宋江休复撰。晁公武《郡斋读书志》子部小说家类著录，其中袁州刊本未标明卷数，而衢州刊本题作三卷。又陈振孙《直斋书录解题》卷十一作《嘉祐杂志》三卷，则在南宋时，书名已有不同称呼。考宋人引述，多称《杂志》，或江氏《杂志》、江邻几《杂志》以及《江邻几杂录》等，则最初本名《杂志》。至于卷数，宋以后书目、书志等多作二卷、一卷，或不标明卷数。清钱曾《述古堂藏书目》作六卷，不知何故。常见刊本有《稗海》本、《宝颜堂秘笈》本、《纷欣阁丛书》本、《学海类编》本及《四库全书》本等，多作一卷，或作二卷。

江休复（1005—1060），号邻几，开封陈留（今河南开封）人，举进士，调蓝山尉，历任信州、潞州司法参军，通判阆州、知天长县事、充集贤校理、提点陕西路刑狱、修起居注等，累迁刑部郎中。著有《唐宜鉴》十五卷、《春秋世论》三十卷、《文集》二十卷，今均不存。存世者有《江邻几杂志》。生平详见欧阳修《居士集》卷三十三《江邻几墓志铭》。

《江邻几杂志》所载，主要包括三类：一是轶事逸闻，涉及者多为当时名公及其交友；二是诗话类；三是地方风俗人情。《四库全书总目提要》说："休复所与交游率皆胜流。耳濡目染，具有端绪，究非委巷俗谈可比也。"

书名	出版事项	版式状况	一般事项	所藏处/所藏番号
江邻几杂志	商濬(明)校，清版本	1册(42页)，中国木版本，26.4×16.7cm		首尔大学校奎章阁［古］818-Sa58g

27. 稗　史

《稗史》，一卷，元仇远撰。元明书目未见著录。钱大昕《补元史艺文志》著录一卷。涵芬楼本《说郛》收佚文三十四条，分十一目。仇远字近仁，一字仁甫，号山村民、山村先生等。钱塘（今浙江杭州）人，由宋入元，至元中曾官溧阳教授。有《山村遗集》《金渊集》等，事迹附见《新元史·吾邱衍传》《元史类编》卷三六等。《稗史》所记，皆宋末元初事，表彰孝义之行，讽刺出仕元朝的宋臣，是书中引人注目的内容。

书名	出版事项	版式状况	一般事项	所藏处/所藏番号
稗史		172 页，笔写本，28cm，10 行 29 字 内外	目次：雪壑谀闻，荷潭野乘，紫海笔谈，荷潭破寂，宣庙中与志，名分说，卷末，岁丁卯孟夏上瀚书	延世大学校（贵重图书）[귀]884
稗史		1 册，笔写本，17.8×17cm	注记：丙申七月—十月	五美洞 丰山金氏 虚白堂门中，韩国国学振兴院 受托
稗史		1 册（46 页），笔写本，27.6×18.4cm	内容目次：三学士传（洪翼汉，尹集，吴达济），朴泰辅直谏记 / 师善编	首尔大学校奎章阁 7771

第四章

明代作品目录

1. 说　郛

《说郛》，元末明初陶宗仪辑编。有120卷本和100卷本两种系统。100卷本有明抄本多种（均残，现存北京图书馆），通行的有1927年商务印书馆排印本，简称“商务本”，收书725种。120卷本有明刻本2种（存北京图书馆，一有傅增湘校并跋）和《四库全书》本。通行的有清顺治三年（1646）宛委山堂刊本，收书约1300种。宛委山堂本已由陶珽重编。其后附有《说郛续》46卷，收书500多种。此书有杨维桢序，称“陶君九成取经史传记下迨百氏杂说之书二千余家，纂成一百卷，凡数万条，剪扬子语名之曰《说郛》”。又有署弘治九年的郁文博序。宛委山堂本还有清顺治初年李际期序、王应昌序。

本书所收，自汉迄宋，包括经史杂著、诸子论说、稗官野史、传奇志怪、地理博物、诗话文论等，范围广泛。除《谭子化书》《毛诗草木鸟兽虫鱼疏》《孙公谈圃》《大唐创业起居注》等少数几种全收之外，其余仅选录若干条，但仍冠以原来书名。如何光远《鉴戒录》十卷，《说郛》选录为一卷，仍名《鉴戒录》；彭乘《墨客挥犀》十卷，《说郛》选录为一卷，仍名《墨客挥犀》。又，《说郛》所收之书，亦有自他书摘录数条，而另标书名的，如卷三十二所收之《耳目记》，便由张鷟《朝野佥载》采入。《四库全书总目提要》曾批评说："姚安陶珽所编，又非文博之旧矣，其中如《春秋纬九种》之后又别出一《春秋纬》，《青琐高议》之外别出一《青琐诗话》，《孔氏杂说》之外又别出一《珩璜新论》；周密之《武林旧事》分题九部，段成式之《酉阳杂俎》别立三名，陈世崇之《随隐笔记》诡标二目。宗仪之谬，决不至斯。又，王逵《蠡海集》，其人虽在明初，而于宗仪为后辈，自商濬《稗海》始误为宋之王逵；《汉杂事秘辛》出于杨慎伪撰，慎正德时人，又远在其后；今其书并列集中，则不出宗仪，又为显证。"鲁迅因称宛委山堂本《说郛》为"假说郛"。在文献方面，100卷本更为学者所重。

《说郛》可取之处亦多。《说郛》一般只选辑而不删改，比起《类说》《绀珠集》等书大量删削原文，《说郛》所录基本上保存了原貌；又因陶宗仪是元人，所见宋版书甚多，其中相当一部分已经失传，如《老学庵续笔记》《赵飞燕外传》《春梦录》等赖《说郛》得以了解原书。正如《四库全书总目提要》所云："虽经窜乱，崖略终存。古书之不传于今者，断简残篇，往往而在；佚文琐事，时有征焉；固亦考证渊海也。"

书名	出版事项	版式状况	一般事项	所藏处/所藏番号
说郛	陶宗仪(明)纂，张缙彦(明)补辑，刊写地未详，宛委山堂，清版本	165册，中国木版本，22.4×15.3cm	序:弘治九年(1496)……郁文博，第121册/续集(册1-10，11-22，23-30，31-40，51-59，60-68，69-80，81-90，91-100，101-110)	首尔大学校奎章阁[古]4498

续表

书名	出版事项	版式状况	一般事项	所藏处/所藏番号
说郛	陶宗仪(明)编	本集120卷93册(卷101缺),续集46卷40册(卷1缺),合133册,木版本,四周双边,匡郭:19.5×14.5cm,有界,10行20字,上白鱼尾	序:顺治四年丁亥(1647)王应昌……顺治三年丙戌(1646)李际期	延世大学校(李源喆文库)
说郛	陶宗仪(明)编,陶珽(明)重辑,清代刊	零本18册,中国木版本,24.2×15.4cm,上下单边,左右双边,9行20字,半郭:19.2×14.3cm,有界,上下向白鱼尾,纸质:竹纸	(18册:5,12,13,15,16,30,37,38,39,48,58,59,78,111,116,117,118,续16)	忠南大学校总.丛书类-13
说郛	陶宗仪(明)纂,陶珽(明)重辑	38册(缺帙),中国木版本,22.8×15.4cm,上下单边 左右双边,9行20字,半郭:19.1×13.6cm,有界,注双行,花口,上下向白鱼尾,纸质:竹纸		全南大学校3N4-설47ㄷ
说郛	陶宗仪(明)编,陶珽(明)重辑,宛委山堂,清顺治四年(1647)序	121卷118册,木版本,23.2×15.7cm,左右双边半郭:19.2×13.6cm,有界,9行20字,上白鱼尾,纸质:竹纸		成均馆大学校C14D-0018
说郛	陶宗仪(明)纂,清顺治四年(1647)序	160册,中国木版本,24.8×16.3cm	序:顺治四年(1647)……王应昌 弘治九年(1496)……郁文博	首尔大学校奎章阁3649
说郛	陶宗仪(明)编	168册,中国木版本,25.1×15.5cm		国立中央图书馆BA[古]10-00-나42

2. 山中一夕话

《山中一夕话》，署名李卓吾，是晚明的一部托名李贽的笑话集。

书名	出版事项	版式状况	一般事项	所藏处/所藏番号
山中一夕话	题李卓吾（明）编	7卷4册，新集7卷2册，共6册，22×14cm，四周单边，半郭：19×13cm，有界，8行18字，上黑鱼尾		梨花女子大学校 812.308-이 841 ㅅ-1-6
山中一夕话	题李卓吾（明）编，笑笑先生增订，哈哈道士校阅	14卷6册（本卷1-7，新卷1-7），中国木版本，25.5×16.4cm，四周双边，8行18字，半郭：18.9×12.2cm，有界，注双行，上下向黑鱼尾	（表）题纸书名：开卷一笑	国立中央图书馆 BA古5-80-42

3. 聘聘传（娉娉传）

《聘聘传》（《娉娉传》），即《贾云华还魂记》，明初李昌祺撰。据李昌祺《剪灯余话》自序，《贾云华还魂记》是李昌祺写的第一篇传奇小说，时间在永乐十年（1412）。后收入《剪灯余话》。李昌祺（1376—1452），名祯，以字行。庐陵（今江西吉安）人。少负才名。明永乐癸未进士，授翰林庶吉士，参与编修《永乐大典》，以赅博著称。后以礼部主客郎中权知部事，外调任广西、河南左布政使。居官刚严方直。能诗文，有《侨庵诗余》《容膝轩草》《运甓漫稿》等。另有传奇小说集《剪灯余话》。

《聘聘传》（《娉娉传》）全文约一万五千字，穿插诗词四十余首，书信二封，祭文一篇。述元至正年间，襄阳才子魏生（魏鹏）

与杭州贾平章之女娉娉（贾云华）一见钟情，相互倾慕，私订终身。两家本有指腹为婚之盟，不料贾母不愿女儿远嫁他方，致使婚事不成。娉娉伤心成疾而死，魏鹏亦誓不再娶。阴君感魏生高义，允许云华附魂于月娥之身，二人终得团圆。其情节结构明显模仿元宋梅洞《娇红记》，但又有其特点：虽以《娇红记》为典范，却努力给男女主角安排一个团圆结局，还魂情节就是为达到团圆结局而设计的。该书是明代第一部中篇传奇小说。这部小说在明代中后期广为人知，东传朝鲜，对该国汉文小说影响甚巨。明末周清源据以改编为话本《洒雪堂巧结良缘》，收入《西湖二集》。梅孝已的剧作《洒雪堂传奇》亦取材于本篇。

书名	出版事项	版式状况	一般事项	所藏处/所藏番号
빙빙뎐（聘聘传）	未署作者，刊写年未详	5卷5册(卷2,3,4,5)，笔写本，28×20cm，无郭，无丝栏，12行28字，无版心，纸质：楮纸	表题：聘聘传，印：藏书阁印	韩国学中央研究院 귀 4-6814

4. 太　原　志

《太原志》是在中国已失传的章回体小说，仅在韩国有翻译本流传。《太原志》，4卷4册，半叶，10行20-25字，29. 1×15. 6cm，收藏于乐善斋，朝鲜后期翻译。梗概如下：金陵有一贫寒道士任伟，晚年得子，名呈，字德才。德才聪明过人，雄姿非凡，有得天下之志。年方二十的任呈与其弟任雄在赤壁江又逢棕黄、曹正，一同立盟，誓言恢复中原。见元大都气数未尽，遂暂时隐居。元朝廷察觉东南方有王气，便搜索各方。任伟得到消息，将呈儿隐藏避难。呈儿漂流到绝海孤岛，击败来袭的应天大将军，缴获大量财宝。漂流数月，任呈疑天命他属，欲投海自尽被救。航海中遇女儿国女王，准备与其成婚，后发现竟是一狐狸精。随从在一岛获黄金箱，内有玉玺，将之呈献给任呈。漂流中他们又见到西安国道士平记，平记听到任呈名字，大吃一惊，告之此地流行“德才平安百姓”的歌谣。任呈就地训练百姓，征服西安国。棕黄等人推任呈为王，国号大兴。任呈登基，国富民强。金国、土国、木国、火国和水国等太原五国相继归顺。任呈建元清明，都城在延安郡青龙山脚下。

书名	出版事项	版式状况	一般事项	所藏处/所藏番号
太原志	零本1册(卷2)，笔写本	29.5×21cm		延世大学校 811.36
太原志	4卷4册，笔写本	29.1×15.6cm，无郭，无丝栏，10行20-25字，无版心，纸质：楮纸	表题：太原志	韩国学中央研究院 K4-6852

5. 广博物志

《广博物志》，五十卷，明末董斯张撰。有明万历刊本、乾隆重刻本等。董斯张（1587—1628）原名嗣章，字然明，号遐周，又号借庵，浙江湖州人。明末监生。因体弱多病，自称“瘦居士”。除《广博物志》外，另有《静啸斋词》一卷、《吴兴备志》三十二卷。《西游补》作者董说为其子。

西晋张华著《博物志》，世所传本，真伪相淆，内容简略。南宋李石曾续其书，体例大体因仍旧目。斯张从而广之，遂全改张华体例，变为分门隶事之书。凡分大目二十有二，子目一百六十有七。所载始于《三坟》，迄于隋代，详略互见，未能首尾赅贯。其征引诸书，皆标列原名，缀于每条之末，体例较为完善。但也有舛驳之处，如《太平御览》《太平广记》皆采摭古书，原名俱在。而斯张所引，凡出自二书者，往往仅题《御览》《广记》之名，而不标出古书原名，殊不妥当。又图经不言某州，地志不言某代，随意剽掇，近于稗贩。《三坟》为毛渐伪撰，《汉杂事秘辛》为杨慎赝作，世所共知。而斯张好异喜新，杂然并载，不免疏于持择。但《广博物志》蒐罗既富，唐以前遗文坠简，裒聚良多。在明代类书中，固为翘楚。

书名	出版事项	版式状况	一般事项	所藏处/所藏番号
广博物志	董斯张(明)纂,刊写地未详,高晖堂,万历三十五年(1607)刊本	册(卷18-23),中国木版本,25.7×16.2cm,四周单边,半郭:20.2×14.4cm,有界,9行18字,注双行,上黑鱼尾		汉阳大学校 031.2-동 51 ㄱㄱ-v.1,3,4
广博物志	董斯张(明)纂,刊写地未详,高晖堂,万历三十五年(1607)刊	全50卷24册(卷20,25-27),中国木版本,25.7×16.2cm,四周单边,半郭:20.2×14.4cm,有界,9行18字,注双行,上下向黑鱼尾	内容:卷20:人伦,师友,卷25:形体,卷26-27:艺花1-2	汉阳大学校 031.2-동 51 ㄱㄱ-v.2,5,6
广博物志	董斯张(明)纂,高士煌,高晖堂,刊写者未详,明万历三十五年(1607)刊	线装21卷11,中国木版本,25.5×17.3cm,四周单边,半郭:20.5×14.5cm,有界,9行18字,上黑鱼尾,纸质:竹纸		成均馆大学校 C15-0080
广博物志	董斯张(明)纂,杨鹤(明)等订,高晖堂藏版,乾隆二十六年(1761)刊本	50卷24册,中国木版本,24.2×16cm	序:万历丁未(1607)……	首尔大学校 奎章阁 [古]039.51-D717g-v.1-24
广博物志	董斯张(明)纂,刊写地未详,高晖堂,丁巳(1857)刊本	50卷33册(卷1-50),25cm,四周单边,半郭:20×14cm,有界,9行18字,上下内向黑鱼尾		庆熙大学校 001-동 52 ㄱ
广博物志	董斯张(明)纂,杨鹤(明)订,学海堂,光绪五年(1879)刊本	50卷24册,中国木版本,29.5×17.4cm	序:万历丁未(1607)……韩敬,印:集玉斋,帝室图书之章	首尔大学校 奎章阁 [奎중]2726

续表

书名	出版事项	版式状况	一般事项	所藏处/所藏番号
广博物志	董斯张(明)撰	32册,木版本,四周单边,匡郭:21×15cm,有界,9行18字,上黑鱼尾	表题:博物志	延世大学校(默容室文库)031.02
广博物志	董斯张(明)编,刊年未详	零本,石印本,24.5×16cm,四周单边,半郭:20×15cm,有界,9行22字,小字双行,上黑鱼尾	内容:卷46,外缺	梨花女子大学校[고]812.8 동61

6. 皇明世说新语

《皇明世说新语》，即《明世说新语》，八卷，晚明李绍文撰。《千顷堂书目》《明史·艺文志》《四库全书总目》著录。有万历三十八年（1610）云间李氏原刊本等。李绍文字节之，华亭（今上海松江）人。除《明世说新语》外，另有《艺林累百》一书。

《明世说新语》体例全仿南朝宋刘义庆《世说新语》，其三十六门亦仍其旧。所载明一代佚事琐语，迄于嘉庆、乾隆年间。前有释名一则，详列书中诸人名字谥号爵里。陆从平序谓绍文近以文学受知于熊剑化，剑化复为厘其谬误。然今书方正门以文徵明论先人世谊语属之对上相杨公，品藻门以王畿贪嗔痴救戒定慧语属之对陆树声，皆与他说部所载不合，可见传闻异词，未能尽确。又以杨士奇为东杨，杨荣为西杨，释名亦不无舛误。

书名	出版事项	版式状况	一般事项	所藏处/所藏番号
皇明世说新语	李绍文(明)撰,刊年未详	8卷4册,木版本(覆刻),30.9×20.4cm,四周双边,半郭:18.5×14.9cm,10行20字,注双行,上二叶花纹鱼尾		国立中央图书馆[한]48-221

续表

书名	出版事项	版式状况	一般事项	所藏处/所藏番号
皇明世说新语	李绍文(明)撰	8卷4册,木版本,四周双边,半郭:18.9×14.8cm,有界,10行20字,下向二叶上花纹鱼尾	序:万历庚戌(1610)陆从平	延世大学校(元氏文库)[고서]950.952
皇明世说新语	李绍文(明)撰,刊年未详	8卷4册,木版本,30×20.3cm,四周双边,半郭:19.8×15.4cm,有界,10行20字,上花纹鱼尾	序:万历庚戌(1610)……陆从平	启明大学校 082-이소운ㅎ
皇明世说新语	李绍文(明)撰	8卷4册,木版本,31×20cm 四周双边,半郭:19×14.8cm,有界,10行20字,上花纹鱼尾	卷头书名:皇明世说新语 序:万历庚戌(1610)……陆从平	首尔大学校 奎章阁 4660-17 册1-4
皇明世说新语	李绍文(明)撰,朝鲜朝后期刊	8卷4册,木版本,32.8×21.4cm,四周双边,半郭:18.7×15cm,有界,10行20字,注双行,上二叶花纹鱼尾,纸质:楮纸		成均馆大学校 B09FC-0029
皇明世说新语	李绍文(明)撰,朝鲜朝后期刊	8卷4册,木版本,30.3×19.5cm,四周双边,半郭:18.9×14.8cm,有界,10行20字,上下向二叶花纹鱼尾,纸质:楮纸	表题:皇明世说,版心题:皇明世说,序:万历庚戌(1610)阳月友人陆从平顿首书,所藏印:笔岩书院之章	全南长城郡笔岩书院(纷失)
皇明世说新语	李绍文(明)撰	8卷3册,笔写本,23.5×17.9cm,四周单边,半郭:19.7×13.8cm,有界,10行20字,上下向二叶花纹鱼尾	朱墨校正字,表题:明世说,序:万历庚戌(1610)阳月友人陆从平顿首书	延世大学校(용재문고)[고서]1110-1

7. 正续太平广记

《正续太平广记》，即《太平广记钞》，八十卷，晚明冯梦龙编辑。未见著录。上海图书馆藏有明天启六年（1626）刻本，1982年中州古籍出版社据以排印。李长庚序称此书节录《太平广记》，“大约削减十三，减句字复十三，所留才半”。书中附有大量冯梦龙评语。

又清陆寿名（1620—1671）撰有《续太平广记》八卷。孙殿起《贩书偶记》小说家类著录。有嘉庆五年（1800）怀德堂刊本，1996年北京出版社据以影印出版。陆寿名字处实，号芝庵，长洲（今江苏苏州）人。顺治进士，官宁国府教授，有《凤鸣集》传世。《续太平广记》采集北宋至明代各类杂事，共分十七类。所采故事不注出处，体例殊不完善。

书名	出版事项	版式状况	一般事项	所藏处/所藏番号
续太平广记	明代刊	1册,中国木版本,24.5×15.5cm,左右双边,半郭:19×14.5cm,有界,9行20字,上内向白鱼尾		国史编纂委员会 D7C-2
正续太平广记	冯梦龙(明)辑,明版本	15册(零本),中国木版本,24.4×15.6cm	印:熙政堂,帝室图书之章	首尔大学校奎章阁 [奎중]5189
正续太平广记	冯梦龙(明)辑,清朝年间刊	386卷33册,中国木版本,24.5×15.7cm,四周单边,半郭:19.2×13.5cm,有界,9行20字,上白鱼尾,纸质:竹纸	魏晋序:苕上野客漫题,唐人序:桃源居士,宋人序:壬申(?)春日桃源(缺),皇明序:甲戌(?)小寒日……石间沈廷松(明)	成均馆大学校 D7C-193

8. 剪灯新话

《剪灯新话》，四卷，明瞿佑撰。《百川书志》小史类著录，四卷，附录一卷，共二十一篇。今存正德六年（1511）杨氏清江堂刊本。瞿佑（1347—1433），①“佑”一作“祐”，字宗吉，号存斋，钱塘（今浙江杭州）人。年十四，和杨维桢《香奁八题》诗，为杨所叹赏。明洪武中，以荐历仁和、临安、宜阳训导，升周王府长史。永乐间，以诗蒙祸，被谪戍保安十年，遇赦放归。著作颇丰，有《香台集》《咏物诗》《存斋遗稿》《乐府遗音》《归田诗话》等二十余种，大多散佚。《剪灯新话》是他流传最广的作品，正集四卷，附录一卷，共二十二篇。

《剪灯新话》在中国文言小说发展史上占有重要地位，在海外的影响更加引人注目。

朝鲜时代的韩国不仅接受和引进了《剪灯新话》，而且还自行刊印，以便广为传播。据林芑跋文，当时出版的《剪灯新话句解》本（《剪灯新话句解》是就原本《剪灯新话》里难解的语句或词语加上校注后发行的作品）有两种，一种是林芑受宋粪的请托而作的版本［朝鲜明宗四年（1549）发行］，另一种是在修订旧本的基础上，林芑集释、尹春年（沧洲）校正而发行的版本［明宗十四年（1559）发行］。这本《剪灯新话句解》（上下二卷，共20篇，附录1篇，总21篇）是校书馆刊行本。其后又多次出版。署“山阳瞿佑宗吉著，沧洲订正，垂胡子集解”。此沧洲与垂胡子都是朝鲜学者。现在广泛流传的版本就是沧洲订正的木版本，藏书阁、国立中央图书馆、奎章阁、高丽大学校、成均馆大学校图书馆等均见收藏。但宋粪的木活字本早已失传，无法见到。

《剪灯新话句解》是《剪灯新话》有史以来的第一部注解本，也是目前所见《剪灯新话》足本中最早的版本。后传至日本，对

① 瞿佑生卒年据程毅中先生的考订。见程毅中：《明代小说丛稿》，人民文学出版社2006年版，第1页。

庆长年间（1596—1614）、元和年间（1615—1623）的活字翻排本《剪灯新话句解》与庆安元年（1648）林正五郎翻排本《剪灯新话》有很大的影响。在目前没有《剪灯新话》原本的情况之下，甚难确定此版本的改作实况，但朝鲜的《剪灯新话句解》本应是较近于原本《剪灯新话》的。

《剪灯新话》在韩国、日本、越南等国盛传，受到广泛欢迎与推崇。韩国小说的始祖是金时习的《金鳌新话》，或者说，《金鳌新话》是韩国小说史上最初的小说，它在韩国小说史上的地位极为崇高。而说到《金鳌新话》，就不能不提《剪灯新话》。朝鲜初期，首先传入韩国的中国小说就是瞿佑的《剪灯新话》。《金鳌新话》就是《剪灯新话》影响下的产物。《金鳌新话》的《万福寺樗蒲记》反映了《剪灯新话》中的《滕穆醉游聚景园记》和《富贵发迹司志》等的影响；《金鳌新话》的《李生窥墙传》是《剪灯新话》中的《渭塘奇遇记》《翠翠传》《金凤钗传》《联芳楼记》和《秋香亭记》等的投影；《金鳌新话》的《醉游浮碧楼记》是模仿《剪灯新话》中的《鉴湖夜泛记》；《金鳌新话》的《南炎浮州志》是模仿《剪灯新话》中的《令狐生冥梦录》《太虚司法传》和《永州野庙记》；《金鳌新话》的《龙宫赴宴录》是模仿《剪灯新话》中的《水宫庆会录》和《龙堂灵会录》。可以说，没有《剪灯新话》，就没有《金鳌新话》，虽然《金鳌新话》已是一部具有鲜明的韩国民族特色的作品。值得一提的是，壬辰倭乱时，《剪灯新话》与《金鳌新话》流传到日本，又对日本文学产生了巨大影响，日本小说《伽婢子》《雨月物语》就是在这两部小说的带动下产生的。这些事实表明，《剪灯新话》在韩国、日本、越南等国的小说发展史上占有重要的地位。关注《剪灯新话》在海外的传播、接受情形，其学术意义是显而易见的：这不仅有助于我们把握韩国、日本、越南等国的小说发展史，也有助于我们叙述中国小说的发展历史，这是因为，小说史并非单纯的作家和作品的历史，它还包括作品被接受的历史——在国内被接受的历史和在国外被接受的历史。

朝鲜明宗以后，《剪灯新话句解》又多次出版。根据鱼叔权的

《考事撮要》和综合册板目录的《韩国册板目录总览》① 来看，北汉山城、保宁、密阳、永川、陕川、居昌、全州、顺天、龙安、济州、原州等地均有出版记录。②现存的《剪灯新话句解》版本，就有不下九种。

书名	出版事项	版式状况	一般事项	所藏处/所藏番号
剪灯新话	瞿佑(明)著,沧洲订正,垂胡子(朝鲜)集解,刊写地未详,刊写者未详,壬乱以前刊	4卷1册,乙亥字本,21×13.7cm,四周单边,半郭:17.4×10.7cm,有界,14行18字,纸质:楮纸	备考:卷首卷末缺张	忠南大学校集,小说类-1228
剪灯新话	瞿佑(明)著,朝鲜朝中期刊	下卷1册,木版本,33×22.5cm,四周单边,半郭:23.2×16cm,有界,18行18字,内向二叶花纹鱼尾,纸质:楮纸	备考:剪灯新话后记,后志,后序,补写	山气文库4-716
剪灯新语	朝鲜刊本	上下二卷二册,木版本		朴在渊
剪灯新话	瞿佑(明)著,垂胡子(朝鲜)集释,朝鲜朝后期刊	1册,木版本,31.4×21.9cm,四周双边,半郭:23.9×16.5cm,有界,10行18字,注双行,内向二叶花纹鱼尾,纸质:楮纸		蔚珍郡张甫均
剪灯新话	瞿佑(明)著,沧洲订正,垂胡子集释,刊写年未详	1册(下),木版本,31.3×21cm,四周单边,半郭:22.1×16.5cm,有界,10行18字,注双行,上下黑口鱼尾		国立中央图书馆[东谷古]3736-57

① 郑亨愚，尹炳泰编，韩国精神文化研究院刊行（现韩国学中央研究院）1979年版。

② 柳铎一：《韩国文献学研究》，亚细亚文化社1990年版，第296~299页。

续表

书名	出版事项	版式状况	一般事项	所藏处/所藏番号
剪灯新话	朝鲜朝后期—末期写	1册，笔写本，32×19cm，四周单边，半郭：22.8×15cm，乌丝栏，10行字数不定，纸质：楮纸		庆星大学校博物馆
剪灯新话	瞿佑（明）著，朝鲜朝末期写	1册，笔写本，10行16字，纸质：楮纸		忠清南道济州道 韩益洙
剪灯新话	瞿佑（明）编，庚子字覆刻本，刊年未详	1册（78页），33.7×21cm，四周双边，半郭：25.3×17.8cm，有界，10行18字，注双行，上下向二叶花纹鱼尾	序：洪武己巳（1389）……桂衡（明）＊东谷 3736-57 下卷所藏	国立中央图书馆[일모古]3736-70
剪灯新话	瞿佑（明）著	零本1册（下册：全2册），木版本，29.5×19.8cm，四周单边，12行18字，小字双行，上黑鱼尾	书名：版心题	高丽大学校（晚松文库）C14-A5G
剪灯新话	瞿佑（明）著，胡子昂（明）集释	2卷2册，木版本，28×18cm，四周单边，半郭：23×15.7cm，11行20字，版心：上下花纹鱼尾		建国大学校[고]923.5
	瞿佑（明）著，沧洲（朝鲜）订正垂胡子（朝鲜）集释	2卷2册，木版本，28×20cm，四周单边，半郭：21.5×16.8cm，11行20字，版心：上下花纹鱼尾，纸质：楮纸	注记：下卷笔写本	建国大学校[고]923.5
剪灯新话	瞿佑（明）著，刊年未详	2卷2册（缺本），29.5×21.2cm，四周单边，半郭：23×16.2cm，有界，11行20字，小字双行，上下花纹鱼尾	内容：第2册，卷下，外缺	梨花女子大学校[고]812.8 구77

续表

书名	出版事项	版式状况	一般事项	所藏处/所藏番号
剪灯新话	瞿佑(明)著	1册(下卷),木版本,半郭:23.5×16.7cm,10行18字,内向二叶鱼尾		雅丹文库 823.5-구　66ㅈ
剪灯新话	瞿佑(明)著	1册,木版本		庆州市 金相宅
剪灯新话	瞿佑(明)著,刊写地未详,刊写者未详,刊写年未详	2卷2册(卷1-2),木版本,16.9×10.8cm,四周单边,半郭:12.9×9cm,有界,9行17字,黑口,上下向黑鱼尾		檀国大学校竹田退溪图书馆 873.5-구　173ㅈ
剪灯新话	刊写地未详,刊写者未详,刊写年未详	1卷1册(全2卷2册,卷下),木版本,33.2×22cm,四周单边,半郭:22.5×17cm,有界,10行18字,小字双行,上下内向二叶花纹鱼尾	书名:版心题	京畿大学校 경기-K108328-2
剪灯新话	瞿佑(明)著,首尔,刊写者未详,刊写年未详	2卷2册(卷1-2),木版本,26.5×19cm,四周单边,半郭:23×16cm,有界,11行20字,上下内向花纹鱼尾	本馆所藏:51回-100回	大邱市立图书馆 OL823.5-구67-上,下
剪灯新话	刊写地、刊写者、刊写年未详	1册		韩国国学振兴院
	瞿佑(明)著,刊写地、刊写者、刊写年未详	3册,木版本,29×21.2cm		韩国国学振兴院
	刊写地、刊写者、刊写年未详	1册(坤),木版本,26×19cm		韩国国学振兴院

续表

书名	出版事项	版式状况	一般事项	所藏处/所藏番号
剪灯新话	瞿佑(明)著,沧洲(朝鲜)订正,垂胡子(朝鲜)集释,刊写地、刊写者、刊写年未详	2卷2册(卷1-2),有图,30.5×22.4cm,四周单边,半郭:22×18cm,有界,12行18字,注双行,上下内向黑鱼尾,纸质:楮纸		庆熙大学校 812.3-구 66 ㅈㄱ
剪灯新话	瞿佑(明)著,刊写地、刊写者、刊写年未详	1册,29.6×19.7cm,四周单边,半郭:23.1×16.4cm,11行20字,上下二叶花纹鱼尾	版心题:剪灯	朝鲜大学校 895.13-ㄱ 483 저
剪灯新话	瞿佑(明)著	2册(第1册),25×19cm		岭南大学校
剪灯新话	瞿佑(明)著	2册(第2册),32×21cm		岭南大学校
	瞿佑(明)著	2册,木版本,19cm		岭南大学校
剪灯新话	瞿佑(明)著	不分卷1册,木版本,32.2×20.5cm,四周单边,半郭:21.5×16.8cm,有界,11行20字,注双行,白口,上下内向二叶花纹鱼尾		永州冶城宋氏松皋古宅,韩国国学振兴院受托
剪灯新语	覆刷本	未详		朴在渊
剪灯新话	瞿佑(明)著	3册,木版本,		安东权氏歌隐后孙,韩国国学振兴院受托
剪灯新话	瞿佑(明)著,刊写地、刊写者、刊写年未详	1册,笔写本,24.5×18cm,行字数不定	表题:新话	淑明女子大学校 CL812 유의경세

续表

书名	出版事项	版式状况	一般事项	所藏处/所藏番号
전등신화	瞿佑(明)著,刊写地未详,刊写者未详,刊写年未详	1卷1册(全5册),笔写本,29.7×21.5cm,无界,10行22字内外,无鱼尾,纸质:壮纸	表题:剪灯新话,韩文本	西江大学校[고서]전228v.2
전등신화([취]경원긔)	《滕穆醉游聚景园记》翻译,宪宗十年(1884)刊	1册(14页),韩文笔写本,32.5×16.4,纸质:楮纸	里面:太清道光二十四年(1884)岁次甲辰时宪书,剪灯新话	高丽大学校대학원C14-A31
전등신화(剪灯新话)		5卷(后半部,3卷13编)	完译	首尔大学校一簑文库
剪灯新话	瞿佑(明)著,刊写年未详	1册(64页),笔写本,33.4×21.6cm,四周双边,半郭:24.5×17.6cm,乌丝栏,10行24字,上下内向二叶花纹鱼尾,纸质:楮纸		檀国大学校天安栗谷图书馆 罗孙文库,[古]873.5/구 173 ㅈ
剪灯新话	瞿佑(明)著,己巳(?)写	1册,笔写本,27.4×16.9cm,无界,12行20字,注双行,纸质:楮纸	写记:己巳(?)初八月初八日书记,备考:水浸本	忠南 大田市燕亭国乐院
剪灯新话	瞿佑(明)著,沧洲(朝鲜)订正,垂胡子(朝鲜)集释,刊写地、刊写者、刊写年未详	1册(59页),笔写本,23×16cm,无界,12行字数不定,纸质:楮纸		檀国大学校天安栗谷图书馆 고 873.5-구173 지
전등신화(剪灯新话)	瞿佑(明)著,刊写地未详,刊写者未详,刊写年未详	10卷1册,笔写本,28.5×19.2cm,无界,8行字数不定,纸质:楮纸	谚释剪灯新话,异面:检案书	檀国大学校天安栗谷图书馆고 873.5-구173 조

续表

书名	出版事项	版式状况	一般事项	所藏处/所藏番号
剪灯新话	瞿佑(明)著,刊写地未详,刊写者未详,刊写年未详	1册(64页),笔写本,33.4×21.6cm,四周双边,半郭:24.5×17.6cm,乌丝栏,10行24字,上下内向二叶花纹鱼尾		檀国大学校天安栗谷图书馆 고 873.5-구173ㅈ
剪灯新话	刊写地未详,刊写者未详,刊写年未详	1册,笔写本,23×14.9cm,无界,9行16字,无鱼尾		京畿大学校 경기-K118857
剪灯新话	瞿佑(明)著,首尔,刊写者未详,20世纪初刊	册(卷上、下),笔写本,22×15cm		大邱 Catholic 大学校 동 823.5-구67ㅈ
剪灯新话	刊写地,刊写者,刊写年未详	2册,笔写本,29×18.5cm		韩国国学振兴院
	刊写地,刊写者,刊写年未详	1册,笔写本,29×19.5cm		韩国国学振兴院
剪灯新话	瞿佑(明)著,刊写年未详	1册,笔写本,33.8×22.5cm,四周无边,无界,12行27字,注双行,纸质:楮纸		启明大学校 고 812.35 구우전ㄷ
	瞿佑(明)著,庚戌年,刊写年未详	2卷1册,笔写本,23.8×19.5cm,四周无边,无界,12行20字,注双行,纸质:楮纸		启明大学校 이 812.35 구우ㅈ

续表

书名	出版事项	版式状况	一般事项	所藏处/所藏番号
剪灯新话	瞿佑(明)著	2册(上),笔写本,23×18cm		岭南大学校中央图书馆 823.5
	瞿佑(明)著	2册(下),笔写本,30×19cm		岭南大学校中央图书馆 823.5
	瞿佑(明)著	1册,笔写本,29×18cm		岭南大学校中央图书馆 823.5
剪灯新话	瞿佑(明)著	2册,笔写本,29×18.5cm,纸质:楮纸		仁同张氏 南山派 晦堂宗宅,韩国国学振兴院受托
剪灯新话	瞿佑(明)著	1卷1册,木版本,25.5×19.2cm		国立清州博物馆
剪灯新话	瞿佑(明)著,朝鲜后期	1卷1册,木版本,22×32cm		忠北 报恩郡 金奭中
剪灯新话	瞿佑(明)著	2卷1册,木版本,17×27.3cm		忠北 槐山郡 李龟范
剪灯新话	瞿佑(明)著,刊写年未详	1册,活字本,18.7×25.3cm		忠北 槐山郡 金显吉
剪灯新话	瞿佑(明)著,朝鲜后期	1卷1册,木版本,22×32cm		忠北 报恩郡 金奭中
剪灯新话	瞿佑(明)著	2卷1册,木版本,17×27.3cm		忠北 槐山郡 李龟范

续表

书名	出版事项	版式状况	一般事项	所藏处/所藏番号
剪灯新话	瞿佑(明)著,刊年未详	1册,活字本,18.7×25.3cm		忠北 槐山郡金显吉
剪灯新话		1卷1册,木版本,25.5×19.2cm		国立清州博物馆
剪灯传	瞿佑(明)著,刊写事项不明	1册,笔写本,26.6×17.7cm,无界,8行19字,无鱼尾	表题:剪灯传	庆北大学校[古]812.3 전228
剪灯新话句解	瞿佑(明)著,林芑(朝鲜)集释,明宗十四年(1559)刊本	2册,木版本,30.4×21cm,四周双边,半郭:23.6×17cm,有界,1行20字,大黑口,上下细花纹鱼尾,纸质:楮纸	序:洪武十一年(1378)……瞿佑,跋:嘉靖己未(1559)……林芑,印:伊达佪观澜阁图书印	首尔大学校奎章阁[古贵]895.1308-G93j-v.1-2
剪灯新话句解	瞿佑(明)著,胡子昂(明)集释,万历四十二年甲寅(1614)中秋新刊	2卷2册,木版本,四周单边,匡郭:21.5×18cm,有界,11行20字,上下黑鱼尾	刊记:万历四十二年甲寅(1614)中秋新刊	延世大学校812.36
剪灯新话句解	瞿佑(明)著,刊写地未详,刊写者未详,仁祖十一年(1633)刊本	2卷2册,28.3×20.7cm,四周单边,半郭:22.7×16.4cm,行字数不同,上二叶花纹鱼尾	表纸题:剪灯新话,版心题:剪灯	朝鲜大学校895.13-ㄱ 483 전
	瞿佑(明)著,沧洲(朝鲜)订正,垂胡子(朝鲜)集释,刊写地未详,刊写者未详,仁祖十一年(1633)刊本	2卷2册,30.5×20.7cm,四周单边,半郭:21.6×18.8cm,10行22字,黑口,上下黑鱼尾,纸质:楮纸	版心题:剪灯新话	朝鲜大学校895.13-ㄱ 483 ㅈ

续表

书名	出版事项	版式状况	一般事项	所藏处/所藏番号
剪灯新话句解	瞿佑(明)著,沧洲(朝鲜)订正,垂胡子(朝鲜)集释,仁祖十一年(1633)刊本	2卷2册,木版本,31×19.7cm,四周单边,半郭:20.8×16.7cm,有界,11行20字,注双行,内向黑鱼尾,纸质:楮纸	题签:剪灯新话,刊记:崇祯六年癸酉(1633)六月日开刊	忠南大学校集,小说类-1229
剪灯新话句解	瞿佑(明)著,仁祖十一年(1633)后刷	1册(卷下),木版本,36×20cm,四周单边,半郭:21.8×17.5cm,有界,11行20字,注双行,内向黑鱼尾,纸质:楮纸	刊记:崇祯六年癸酉(1633)六月日开刊	山气文库 4-718
	瞿佑(明)著,肃宗三十年(1704)后刷	1卷1册(卷下缺),木版本,33.4×22cm,四周单边,半郭:21.5×18.3cm,有界,12行18字,注双行,下向黑鱼尾,纸质:楮纸	表题:剪灯新话	山气文库 4-719
剪灯新话句解	瞿佑(明)著,沧洲(朝鲜)订正,垂胡子(朝鲜)集释,肃宗三十年(1704)刊本	零本1册(卷之下:全2卷2册),木版本,31.5×21.3cm,四周单边,23×17cm,10行18字,小字双行,内向黑鱼尾	刊记:康熙四十三年甲申(1704)八月日开刊	高丽大学校(晚松文库) C14-A5D
剪灯新话句解	瞿佑(明)著,沧洲(朝鲜)订正,垂胡子(朝鲜)集释,刊写地、刊写者未详,肃宗三十年(1704)刊本	1卷1册(全2卷2册,卷下),木版本,31.5×21.3cm,四周单边,半郭:23×17cm,有界,10行18字,小字双行,上下内向黑鱼尾	刊记:康熙四十三年甲申(1704)八月日开刊	京畿大学校 경 기-K102682-上
剪灯新话句解	瞿佑(明)著,刊写地未详,刊写者未详,肃宗三十年(1704)刊本	2卷2册,木版本,33×22cm,纸质:楮纸		檀国大学校竹田退溪图书馆 IOS,고 823.5-구 173 ㅈ

续表

书名	出版事项	版式状况	一般事项	所藏处/所藏番号
剪灯新话句解	瞿佑(明)著,沧洲(朝鲜)订正,垂胡子(朝鲜)集释,康熙四十三年(1704)刊	2卷2册(第2册缺),木版本,30.8×21cm,四周单边,半郭:25×17.8cm,10行18字,上下混入花纹鱼尾,纸质:楮纸	表纸书名:剪灯新话,刊记:康熙四十三年甲申(1704)八月日开刊	韩国学中央研究院 D7C-5B
剪灯新话句解	瞿佑(明)著,垂胡子(朝鲜)集解,甲寅字覆刻版,肃宗三十年(1704)刊	2卷1册,30.2×21cm,四周单边,半郭:23×16.9cm,有界,10行18字,注双行,内向黑一,二叶花纹鱼尾,纸质:楮纸	刊记:康熙四十三年甲申(1704)八月日开刊	成均馆大学校 D7C-91
剪灯新话句解	瞿佑(明)著,沧洲(朝鲜)订正,垂胡子(朝鲜)集释,武桥哲宗十四年(1863)刊	2卷2册(上下卷2册),木版本,24.1×19.3cm,四周单边,半郭:22×16.7cm,12行20字,上下二叶花纹鱼尾,纸质:楮纸	表纸书名:剪灯新话,版心文字:剪灯,刊记:癸亥(1863)仲秋武桥新刊	韩国学中央研究院 D7C-5H
剪灯新话句解	瞿佑(明)著,林芑(朝鲜)集释,高宗时刊	2册,木版本(后刷),33.4×22.2cm,四周单边,半郭:21.6×18.4cm,有界,12行18字,上下黑鱼尾,纸质:楮纸	印:集玉斋,帝室图书之章	首尔大学校奎章阁[奎중]1467,1468
	瞿佑(明)著,林芑(朝鲜)集释,高宗时刊	2册,木版本(后刷),33.4×22.2cm,四周单边,半郭:21.6×18.4cm,有界,12行18字,上下黑鱼尾,纸质:楮纸	印:集玉斋,帝室图书之章	首尔大学校奎章阁[奎중]1467,1463
	瞿佑(明)著,胡子昂(明)集释,20世纪初刊	2册,木版本,25.4×18.8cm,四周单边,半郭:23.1×16cm,有界,11行20字,上下花纹鱼尾		首尔大学校奎章阁[가람古]895.13-G93jd-v.1-2

续表

书名	出版事项	版式状况	一般事项	所藏处/所藏番号
剪灯新话句解	瞿佑(明)著,刊写年未详	2卷2册,木版本,35×22.5cm,四周单边,半郭:21.7×18.3cm,有界,12行18字,上下内向黑鱼尾	印:末松图书,郑赞容印,震旦学会,想白文库,剧中有此闲	首尔大学校奎章阁[想白古]895.135-G93ja-v.1-2
	瞿佑(明)著,胡子昂(明),林芑(朝鲜)集释,刊写年未详	2卷2册,木版本,34.7×21.2cm,四周单边,半郭:23×16cm,有界,11行20字,上下内向花纹鱼尾,纸质:楮纸	印:震旦学会,想白文库	首尔大学校奎章阁[想白]895.135-G93j-v.1-2
	瞿佑(明)著,尹春年(朝鲜)订正,林芑(朝鲜)集释,刊写年未详	2卷1册,木版本,33×20cm,四周双边,半郭:24.3×16.8cm,有界,10行18字,上下内向花纹鱼尾	表纸书名:剪灯新话,序:洪武十三年(1380)……钱塘,洪武己巳(1389)……桂衡,跋:洪武辛酉(1381)……金冕	首尔大学校奎章阁[古]3472-7
剪灯新话句解	瞿佑(明)著	64张1册,木版本(覆刻),25.8×19cm,四周单边,半郭:23.5×15.9cm,11行20字,注双行,内向二叶花纹鱼尾		国立中央图书馆[한]48-2
	瞿佑(明)著,沧洲(朝鲜)订正,垂胡子(朝鲜)集释,刊写年未详	2卷2册,木版本(覆刻),36.1×22.3cm,四周单边,半郭:21.8×14.6cm,10行20字,注双行,上二叶花纹鱼尾		国立中央图书馆[한]48-19
	瞿佑(明)著,刊写年未详	1册(卷下),木版本,29×19cm,四周单边,半郭:23×16cm,11行20字,注双行,内向二叶花纹鱼尾		国立中央图书馆[무구재古]3736-19

续表

书名	出版事项	版式状况	一般事项	所藏处/所藏番号
剪灯新话句解	瞿佑(明)著,刊写年未详	1册(卷下),木版本,30.4×20.8cm,四周单边,半郭:21×17cm,11行20字,注双行	刊记:庚子年七月日刊	国立中央图书馆[우구재古]3736-20
	瞿佑(明)著,沧洲(朝鲜)订正,垂胡子(朝鲜)集释,刊写年未详	2册(卷上、下),木版本,28×18.2cm,四周单边,半郭:23×16cm,11行20字,注双行,内向二叶花纹鱼尾,纸质:楮纸	印记:[臣申甲均][醉樵][华林主人][平山世家]	国立中央图书馆[古]3736-7
	瞿佑(明)著,刊写年未详	2卷2册(卷上、下),木版本,26×19cm,四周单边,半郭:23.5×16cm,11行20字,注双行,内向二叶花纹鱼尾		国立中央图书馆[의산古]3730-16
	瞿佑(明)著,沧洲(朝鲜)订正,垂胡子(朝鲜)集释,刊写年未详	2卷2册(卷上、下),木版本,28.5×18.6cm,四周单边,半郭:23×16cm,11行20字,注双行,内向二叶花纹鱼尾		国立中央图书馆[古]3735-2
	瞿佑(明)著,刊写年未详	1册(卷上),笔写本,30.2×18.5cm,纸质:楮纸		国立中央图书馆[의산古]3736-11
		1册(卷下),木版本,30.5×20.7cm,四周单边,半郭:23.3×19cm,11行18字,注双内向黑鱼尾		国立中央图书馆[의산古]3736-14
	瞿佑(明)著,胡子昂(明)集释,刊写年未详	卷下(74张),33×21.1cm,四周双边,半郭:24.9×17.3cm,10行18字,注双行,内向二叶花纹鱼尾	印记:丹城后人	国立中央图书馆[일산古]3736-5

续表

书名	出版事项	版式状况	一般事项	所藏处/所藏番号
剪灯新话句解	瞿佑(明)著,沧洲(朝鲜)订正,垂胡子(朝鲜)集释,刊写年未详	1册(卷上),木版本,28.6×19cm,四周单边,半郭:23×16cm,11行20字,注双行,内向二叶花纹鱼尾,纸质:楮纸		国立中央图书馆 [古]373-2
	瞿佑(明)著,沧洲(朝鲜)订正,垂胡子(朝鲜)集释,刊写年未详	2册,木版本,30.6×19.7cm,四周单边,半郭:23×16.2cm,11行20字,注双行,内向二叶花纹鱼尾,纸质:楮纸	印记:碧海异珠	国立中央图书馆 [위창古]3736-3
剪灯新话句解	瞿佑(明)著,胡子昂(明)集释	2卷2册,木版本,四周单边,匡郭:24×16.5cm,有界,11行20字,上下花纹鱼尾		延世大学校(默容室文库)812.38
	瞿佑(明)著,胡子昂(明)集释	2卷2册,木版本,四周单边,匡郭:24×16.5cm,有界,11行20字,上下花纹鱼尾		延世大学校 812.36
	瞿佑(明)著,沧洲(朝鲜)订正,垂胡子(朝鲜)集释	2卷2册,木版本,30cm,四周单边,21.6×18.2cm,有界,12行18字,注小字双行,上下内向黑鱼尾,纸质:楮纸	外题:剪灯新话	延世大学校 812.36/53
	(卷之下) 瞿佑著,沧洲(朝鲜)订正,垂胡子(朝鲜)集释	60页(上下2卷2册中零本),木版本,33cm,四周单边,21.2×17.4cm,有界,11行20字,注小字双行,上下内向花纹鱼尾,纸质:楮纸	版心题:新话	延世大学校 812.36/54
		57张(上下2卷2册中零本),木版本,27cm,四周单边,23.3×16.1cm,有界,11行20字,注小字双行,上下内向花纹鱼尾,纸质:楮纸	版心题:剪灯	延世大学校 812.36/55

续表

书名	出版事项	版式状况	一般事项	所藏处/所藏番号
剪灯新话句解	瞿佑(明)著,沧洲(朝鲜)订正,垂胡子(朝鲜)集释,出版事项未详	2卷2册,木版本,28.3×18.7cm,四周单边,半郭:23×15.9cm,有界,11行20字,小字双行,上下白口,上下内向花纹鱼尾,纸质:楮纸		高丽大学校(薪庵文库)C14-A5B
	瞿佑(明)著,沧洲(朝鲜)订正,垂胡子(朝鲜)集释,顺天,广松寺,壬午(?)刊本	零本1册(卷下),木版本,31×19.9cm,四周单边,半郭:21.2×16.8cm,11行20字,小字双行,上下黑口,内向黑鱼尾	刊记:壬午(?)三月日	高丽大学校(晚松文库)C14-A5
	瞿佑(明)著,沧洲(朝鲜)订正,垂胡子(朝鲜)集释	零本1册(卷之下:全2卷2册),木版本,24.5×18.5cm,四周单边,半郭:20×17.4cm,11行20字,小字双行,内向二叶花纹鱼尾		高丽大学校(晚松文库)C14-A5E
	瞿佑(明)著,沧洲(朝鲜)订正,垂胡子(朝鲜)集释	零本1册(卷之下:全2卷2册),木版本,34.2×21.5cm,四周单边,半郭:23.4×18.6cm,11行18字,小字双行,上下黑口,内向黑鱼尾,纸质:楮纸		高丽大学校(晚松文库)C14-A5F
	瞿佑(明)著	2卷2册,笔写本,28.4×16cm		高丽大学校(晚松文库)C14-A5C
	瞿佑(明)著,沧洲(朝鲜)订正,垂胡子(朝鲜)集释,广松寺,壬午(?)刊本	零本1册(卷之下),木版本,29.2×20cm,四周单边,半郭:21.3×16.9cm,11行20字,小字双行或上下黑口 内向黑鱼尾	刊记:壬午(?)三年刊广松寺,附录:秋香亭记	高丽大学校C14-A5

续表

书名	出版事项	版式状况	一般事项	所藏处/所藏番号
剪灯新话句解	瞿佑(明)著,沧洲(朝鲜)订正,垂胡子(朝鲜)集释	零本1册(卷之下:全2卷2册),木版本,31.2×21.4cm,四周单边,半郭:22.1×18.4cm,12行18字,小字双行内向或下向黑鱼尾,纸质:楮纸		高丽大学校 A14-A5A
剪灯新话句解	瞿佑(明)著,垂胡子(朝鲜)集解,武桥癸亥(?)刊	2卷2册,木版本,24.8×19.1cm,四周单边,半郭:21.7×16.6cm,有界,12行20字,注双行,内向二叶花纹鱼尾,纸质:楮纸	刊记:癸亥(?)仲秋武桥新刊	成均馆大学校 D7C-91a
	瞿佑(明)著,垂胡子(朝鲜)集解,朝鲜朝后期刊	2卷2册,木版本,30×19.3cm,四周单边,半郭:23.2×16cm,有界,11行20字,注双行,内向二叶花纹鱼尾,纸质:楮纸	版心题:剪灯	成均馆大学校 D7C-91b
	瞿佑(明)著,垂胡子(朝鲜)集解,朝鲜朝后期刻,后刷	1卷1册,木版本,29.8×20.6cm,四周单边,半郭:20.8×17cm,有界,11行20字,注双行,内向黑鱼尾,纸质:楮纸		成均馆大学校 D7C-91c
	瞿佑(明)著,垂胡子(朝鲜)集解,朝鲜朝后期刻,末期后刷	2卷2册,木版本,30.4×20.8cm,四周单边,半郭:21.6×18.2cm,有界,12行18字,注双行,内向黑鱼尾,纸质:楮纸	版心题:剪灯新话	成均馆大学校 D7C-91d
	瞿佑(明)著,垂胡子(朝鲜)集解,朝鲜朝末期写	2卷2册,笔写本,24.7×17.5cm,半郭:20×14cm,青丝栏,10行20字,注双行,纸质:楮纸	所藏印:上党人韩麐镐字伯游号小玉	成均馆大学校 D7C-91f

续表

书名	出版事项	版式状况	一般事项	所藏处/所藏番号
剪灯新话句解	瞿佑(明)著,沧洲(朝鲜)订正,垂胡子(朝鲜)集释,刊写者未详,朝鲜朝后期刊	2卷2册,韩国木版本,28×18cm,四周单边,半郭:23×15.8cm,有界,11行20字,注双行,内向二叶花纹鱼尾,纸质:楮纸	表题:剪灯新话	东国大学校 D819.35 구 67 ㅈ
	瞿佑(明)著,沧洲(朝鲜)订正,垂胡子(朝鲜)集释,刊写者未详,朝鲜朝后期刊	1卷1册(零本,卷下),韩国木版本,27.8×20cm,四周单边,半郭:21×17.2cm,有界,11行20字,注双行,内向二叶花纹鱼尾,纸质:楮纸	表题:剪灯新话	东国大学校 D819.35 구 67 ㅈ 2
	瞿佑(明)著,沧洲(朝鲜)订正,垂胡子(朝鲜)集释,刊写者未详,朝鲜朝后期刊	2卷2册,韩国木版本,30×20.5cm,四周单边,半郭:21.5×18.2cm,有界,12行18字,注双行,间混黑口,内向黑鱼尾,纸质:楮纸	表题:剪灯新话	东国大学校 D819.35 구 67 ㅈ 3
剪灯新话句解	瞿佑(明),刊写地未详,刊写者未详,刊写年未详	2卷1册,木版本,28.6×18.9cm,四周单边,半郭:23.2×16.1cm,有界,11行20字,内向二叶花纹鱼尾,纸质:楮纸		国民大学校 고 823.5 구 01-1
		1册(缺帙,下),木版本,28.9×19.2cm,四周单边,半郭:23.2×16.1cm,有界,11行20字,内向二叶花纹鱼尾		国民大学校 고 823.5 구 01-1 ㄱ
		1册(缺帙,下),木版本,33.6×22.2cm,四周双边,半郭:23.9×17.4cm,有界,10行18字,内向二叶花纹鱼尾		国民大学校 고 823.5 구 01-1 ㄴ

续表

书名	出版事项	版式状况	一般事项	所藏处/所藏番号
剪灯新话句解	瞿佑(明)著,垂胡子(朝鲜)集释,刊写地未详,刊写者未详,20世纪初刊	1册(缺帙),笔写本,24.6×19.9cm	印文:晓山书室藏	国民大学校 고 823.5 구 01-1 ㄷ
剪灯新话句解	瞿佑(明)著,刊写年未详	1册(零本),木版本,26×18.7cm,四周单边,半郭:23.2×16cm,有界,11行19字,注双行,上下内向花纹鱼尾		建国大学校 [고] 923.5
	瞿佑(明)著,刊写年未详	1册(零本),木版本,27.2×19.8cm,四周单边,半郭:21×17cm,有界,11行20字,注双行,上内向黑鱼尾,纸质:楮纸		建国大学校 [고] 923.5
	瞿佑(明)著,刊写年未详	2卷2册,木版本,28×19cm,四周单边,半郭:22.8×15.7cm,11行21字,上下花纹鱼尾		建国大学校 [고] 923.5
	瞿佑(明)著,沧洲(朝鲜)订正,刊写年未详	2卷2册,木版本,31×20cm,四周单边,14行25字,上黑鱼尾,纸质:楮纸		建国大学校 [고] 148.8
剪灯新话句解	瞿佑(明)著,胡子昂(明)集释	2册,木版本(后刷),29.4×20.7cm,四周单边,半郭:22.3×19cm,有界,12行18字,内向黑鱼尾		龙仁大学校 D7-18

续表

书名	出版事项	版式状况	一般事项	所藏处/所藏番号
剪灯新话句解	瞿佑(明)著,胡子昂(明)集释	残本1册(卷下),木版本,29.4×20.7cm,四周单边,半郭:22.3×19cm,有界,12行18字,内向黑鱼尾,纸质:楮纸		龙仁大学校 D7-19
	瞿佑(明)著,胡子昂(明)集释	2册,木版本,30×20cm,四周单边,半郭:22.3×19cm,有界,12行18字,内向黑鱼尾		龙仁大学校 D7-20
	瞿佑(明)著,胡子昂(明)集释	2册,木版本(后刷),29.4×20.7cm,四周单边,半郭:22.3×19cm,有界,12行18字,内向黑鱼尾,纸质:楮纸		龙仁大学校 D7-21
剪灯新话句解	瞿佑(明)著	2卷2册,木版本,18.7×28.7cm,四周单边,半郭:16×23cm,有界,11行20字,细注双行20字,白口,花纹鱼尾上下	表纸书名:剪灯新话,版心书名:剪灯,印:全钟源章(青印)	涧松文库
	瞿佑(明)著	2卷2册,木版本,19.1×27.4cm,四周单边,半郭:16.3×23cm,有界,11行20字,细注双行20字,白口,花纹鱼尾上下	表纸书名:剪灯新话,版心书名:剪灯,印:藕斋,基晟基印,闵丙承印,闵晟基(英文印)	涧松文库
剪灯新话句解	瞿佑(明)著,垂胡子(朝鲜)集释,朝鲜朝后期刊	1卷1册(卷下),初铸甲寅字覆刻版,31.5×21.3cm,四周单边,10行18字,半郭:23.7×17cm,有界,注双行,内向二叶花纹鱼尾,纸质:楮纸	版心题:剪灯新话	诚庵文库 4-1427

续表

书名	出版事项	版式状况	一般事项	所藏处/所藏番号
剪灯新话句解	瞿佑(明)著,垂胡子(朝鲜)集释,朝鲜朝后期刊	1卷1册(卷上),木版本,27×19.5cm,四周单边,12行18字,半郭:23.1×18cm,有界,注双行,内向黑鱼尾,纸质:楮纸		诚庵文库 4-1428
剪灯新话句解	瞿佑(明)著,垂胡子(朝鲜)集释,刊写年未详	2卷2册(上、下卷2册),木版本,30.2×20cm,四周单边,半郭:22.3×16.2cm,11行20字,上下二叶花纹鱼尾	表纸书名:剪灯新话,版心文字:剪灯	韩国学中央研究院 D7C-5
	瞿佑(明)著,沧洲(朝鲜)订正,垂胡子(朝鲜)集释,刊写年未详	2卷2册(第2册缺),木版本,33.1×22.2cm,四周单边,半郭:23.8×19cm,11行18字,上黑鱼尾,纸质:楮纸	表纸书名:剪灯新话,跋:永乐庚子(1420)庐陵晏壁彦文甫跋,后序:永乐十九年岁次辛丑(1421)……钱塘瞿佑宗吉甫书于保安城南寓舍	韩国学中央研究院 D7C-5A
	瞿佑(明)著,沧洲(朝鲜)订正,垂胡子(朝鲜)集释,刊写年未详	2卷2册(第1册缺),木版本,31.2×20.5cm,四周单边,半郭:23.5×19.2cm,11行18字,上下黑鱼尾,纸质:楮纸	表纸书名:剪灯新话	韩国学中央研究院 D7C-5C
	瞿佑(明)著,沧洲(朝鲜)订正,垂胡子(朝鲜)集释,刊写年未详	2卷2册(上下卷2册),木版本,28.7×19.7cm,四周单边,半郭:21.6×17cm,11行20字,上下黑鱼尾,纸质:楮纸		韩国学中央研究院 D7C-5D

续表

书名	出版事项	版式状况	一般事项	所藏处/所藏番号
剪灯新话句解	瞿佑(明)著,沧洲(朝鲜)订正,垂胡子(朝鲜)集释,刊写年未详	2卷2册(第2册缺),木版本,30.5×20cm,四周单边,半郭:22.8×18.4cm,12行18字,上下二叶花纹鱼尾,纸质:楮纸		韩国学中央研究院 D7C-5E
	瞿佑(明)著,刊写年未详	2卷2册(第1册缺),木版本,28.3×21.5cm,四周双边,半郭:23.4×17cm,10行18字,上下二叶花纹鱼尾	表纸书名:剪灯新话	韩国学中央研究院 D7C-5F
	瞿佑(明)著,沧洲(朝鲜)订正,垂胡子(朝鲜)集释,刊写年未详	2卷2册(第2册缺),木版本,31.7×20.1cm,四周单边,半郭:21.7×14.6cm,10行18字,上二叶花纹鱼尾,纸质:楮纸	表纸书名:剪灯新话,版心文字:剪灯	韩国学中央研究院 D7C-5G
	瞿佑(明)著,沧洲(朝鲜)订正,垂胡子(朝鲜)集释,刊写年未详	上下卷1册(91张),笔写本,36.3×24cm,纸质:楮纸	表纸书名:剪灯新话	韩国学中央研究院 D7C-5I
	瞿佑(明)著,胡子昂(明)集释,刊写年未详	卷2,1册存(卷1册1缺),木版本,32.8×22.1cm,四周双边,半郭:21.5×18.1cm,有界,12行8字,注双行,内向黑鱼尾,纸质:楮纸	表题:剪灯新话,印:藏书阁印	韩国学中央研究院 4-6886

续表

书名	出版事项	版式状况	一般事项	所藏处/所藏番号
剪灯新话句解	瞿佑(明)著,胡子昂(明)集释,刊写年未详	2卷2册存,木版本,31.3×20.3cm,四周单边,半郭:23×16.5cm,有界,11行20字,注双行,内向二叶花纹鱼尾,纸质:楮纸	表题:剪灯新话,版心题:剪灯,印:李王家图书之章	韩国学中央研究院 4-6887
	瞿佑(明)著,胡子昂(明)集释,刊写年未详	卷2,1册缺(卷),木版本,34.4×23.3cm,四周双边,半郭:24.3×17.1cm,有界,10行18字,注双行,内向黑二叶三叶混入花纹鱼尾,纸质:楮纸	表题:山阳集,印:藏书阁印	韩国学中央研究院 4-6888
剪灯新话句解	瞿佑(明)著,沧洲(朝鲜)订正,垂胡子(朝鲜)集释,刊写地、刊写者、刊写年未详	2卷1册,木版本,30.2×19.7cm,四周单边,半郭:23×15.9cm,有界,11行20字,注双行,上下内向二叶花纹鱼尾	版心题:剪灯	西江大学校 [고서]전 228
剪灯新话句解	瞿佑(明)著,沧洲(朝鲜)订正,垂胡子(朝鲜)集释	2卷2册,木版本,25.8×19cm,四周单边,半郭:23.3×15.8cm,有界,11行20字,注双行,内向二叶花纹鱼尾,纸质:楮纸	版心题:剪灯	忠南大学校 集.小说类-1230
	瞿佑(明)著,沧洲(朝鲜)订正,垂胡子(朝鲜)集释	2卷2册,木版本,26.8×19.1cm,四周单边,半郭:23.1×15.9cm,有界,11行20字,注双行,内向二叶花纹鱼尾,纸质:楮纸	版心题:剪灯	忠南大学校 集,1230

续表

书名	出版事项	版式状况	一般事项	所藏处/所藏番号
剪灯新话句解	瞿佑(明)著,刊写地、刊写者、刊写年未详	2卷2册,木版本,30.6×20cm,四周单边,半郭:23×16cm,有界,11行20字,白口,上下内向二叶花纹鱼尾	版心题:剪灯,表题:剪灯新话	忠南大学校集.小说类-1296卷1-2
	瞿佑(明)著,沧洲(朝鲜)订正,垂胡子(朝鲜)集释,刊写地、刊写者、刊写年未详	2卷2册,木版本,30.4×20.8cm,四周单边,半郭:20.9×16.9cm,有界,11行20字,注双行,内向黑鱼尾	刊记:庚子(?)年七月日刊	忠南大学校集.小说类-1296卷1-2
	瞿佑(明)著,沧洲(朝鲜)订正,垂胡子(朝鲜)集解,刊写地不明,刊写者不明,壬乱以前刊	2卷2册,木版本,32×21cm,四周单边,半郭:32×21cm,有界,12行18字,注双行,小黑口,上下内向黑鱼尾,纸质:楮纸	表题:剪灯新话	忠南大学校鹤山文库集,小说类-2032
剪灯新话句解	瞿佑(明)著,沧洲(朝鲜)订正,垂胡子(朝鲜)集释,壬乱以后刻,后刷	1卷1册(卷下),木版本,有图,31.5×21.8cm,四周单边,半郭:22×17.2cm,有界,10行18字,注双行,内向黑鱼尾,纸质:楮纸	表题:剪灯新话	忠南大田市赵钟业
	瞿佑(明)著,沧洲(朝鲜)订正,垂胡子(朝鲜)集释,朝鲜朝后期刊	1卷1册(卷下),木版本,29×19.5cm,四周单边,半郭:23×15.9cm,有界,11行20字,注双行,内向二叶花鱼尾,纸质:楮纸		忠南大田市赵钟业

续表

书名	出版事项	版式状况	一般事项	所藏处/所藏番号
剪灯新话句解	瞿佑(明)著,垂胡子(朝鲜)集释,朝鲜朝后期刊	1册,木版本,28.6×19.2cm,四周单边,半郭:21.7×16.8cm,11行18字,注双行,内向黑鱼尾,纸质:楮纸	表题:奇谈	忠南论山郡尹宝重
	瞿佑(明)著,垂胡子(朝鲜)集释,朝鲜朝后期刊	1卷1册(卷下),木版本,33.5×21.5cm,四周双边,半郭:23.2×17.2cm,有界,10行18字,注双行,内向二叶花纹鱼尾,纸质:楮纸	表题:剪灯新话,版心题:剪灯新话,跋:洪武辛酉(1381)重阳前一日……西斋写	忠南论山郡尹宝重
剪灯新话句解	瞿佑(明)著,沧洲(朝鲜)订正,垂胡子(朝鲜)集释,朝鲜朝后期写本	2卷1册(卷上,下),笔写本,30.8×23.2cm,无界,11行28字,注双行,纸质:楮纸	墨书识记:岁在壬寅(?)子月日褩	江原道江陵市权纯显
剪灯新话句解	瞿佑(明)著,沧洲(朝鲜)订正,垂胡子(朝鲜)集释,朝鲜朝后期刊	1卷1册(卷上),木版本,29.6×21cm,四周单边,半郭:22.5×18.9cm,有界,12行18字,注双行,内向黑鱼尾,纸质:楮纸		江原道三陟郡灵隐寺
剪灯新话句解	瞿佑(明)著,垂胡子(朝鲜)集释,辛亥(?)写本	1卷1册(卷上),笔写本,30.2×18.7cm,四周单边,有界,11行20字,注双行,纸质:楮纸	刊记:辛亥(?)满月旬九日誊终	江原道春城郡崇德祠
剪灯新话句解	瞿佑(明)著,垂胡子(朝鲜)集释,朝鲜朝后期,末期后刷	1册,木版本,26×19.3cm,四周单边,半郭:22.8×18.4cm,有界,12行18字,注双行,小黑口,内向黑鱼尾,纸质:楮纸	版心题:剪灯新话,内容:水官庆会录、富贵发迹司志	全北高敞郡林钟秀

续表

书名	出版事项	版式状况	一般事项	所藏处/所藏番号
剪灯新话句解	瞿佑(明)著,垂胡子(朝鲜)集释	1卷1册(69页),木版本,29×18.3cm,四周单边,半郭:23.1×16.7cm,有界,11行20字,白口,上下内向二叶花纹鱼尾,纸质:楮纸	表题:剪灯新话,版心题:剪灯	釜山大学校海苍文库(子部) OAC 3-12 32
	瞿佑(明)著,垂胡子(朝鲜)集释	1卷1册(57页),木版本,27.8×17.8cm,四周单边,半郭:22.8×15.8cm,有界,11行20字,注双行,白口,上下内向二叶花纹鱼尾,纸质:楮纸	表题:剪灯新话,版心题:剪灯,纹样:卍字纹	釜山大学校直斋文库(子部) OCC 3-12 32
	瞿佑(明)著	1卷1册(64页),木版本,30.6×20cm,四周单边,半郭:23×16cm,有界,11行20字,注双行,白口,上下内向二叶花纹鱼尾,纸质:楮纸	版心题:剪灯	釜山大学校芝田文库(子部) OEC 3-12 32A
	瞿佑(明)著,尹春年(朝鲜)订正	1卷1册(60页),木版本,28×20cm,四周单边,半郭:21.3×17.3cm,有界,11行20字,注双行,白口,上下内向二叶花纹鱼尾,纸质:楮纸	版心题:新语	釜山大学校苍原文库(经书部) OHC 3-12 32B
	瞿佑(明)著,垂胡子(朝鲜)集释	1卷1册(60页),木版本,26.4×19.3cm,四周单边,半郭:20.7×17.1cm,有界,11行20字,注双行,白口,上下内向二叶花纹鱼尾,纸质:楮纸	表题:剪灯新话	釜山大学校于溪文库(子部) OIC 3-12 32E

续表

书名	出版事项	版式状况	一般事项	所藏处/所藏番号
剪灯新话句解	瞿佑(明)著	1册(卷下),木版本		庆州市 蒋燉
剪灯新话句解	瞿佑(明)著	2册,木版本		庆州市 郑炳琩
剪灯新话句解	瞿佑(明)著,沧洲(朝鲜)订正,垂胡子(朝鲜)集释,刊写地、刊写者、刊写年未详	2卷2册,木版本,25.8×19cm,四周单边,半郭:23.3×15.8cm,有界,11行20字,注双行,内向二叶花纹鱼尾,纸质:楮纸		檀国大学校天安栗谷图书馆 고　873.5-구173 주-上
	瞿佑(明)著,沧洲(朝鲜)订正,垂胡子(朝鲜)集释,刊写地、刊写者、刊写年未详	1卷1册(零本),木版本,33×22cm,四周单边,半郭:23×18.5cm,有界,12行18字,注双行,上下内向黑鱼尾		檀国大学校天安栗谷图书馆 고　873.5-구173 저-上
	瞿佑(明)著,沧洲(朝鲜)订正,垂胡子(朝鲜)集释,刊写地、刊写者、刊写年未详	2卷2册(卷1-2),木版本,28.6×19cm,四周单边,半郭:23×16cm,有界,11行20字,注双行,内向二叶花纹鱼尾		檀国大学校天安栗谷图书馆 고　873.5-구173 주-上-下
	瞿佑(明)著,沧洲(朝鲜)订正,垂胡子(朝鲜)集释,刊写地、刊写者、刊写年未详	2卷2册(卷上、下),木版本,28.5×18.6cm,四周单边,半郭:23×16cm,有界,11行20字,注双行,内向二叶花纹鱼尾		檀国大学校天安栗谷图书馆 고　873.5-구173 조-上

续表

书名	出版事项	版式状况	一般事项	所藏处/所藏番号
剪灯新话句解	瞿佑（明）著，沧洲（朝鲜）订正，垂胡子（朝鲜）集释，刊写地、刊写者、刊写年未详	1卷1册（零本，卷1），木版本，33.7×22.2cm，四周双边，半郭：23.8×17.8cm，有界，10行18字，注双行，上下内向二叶花纹鱼尾，纸质：楮纸	表题：剪灯新话（坤），卷末：道光九年己丑（1829）南至月日买来价文一两共上下	檀国大学校天安栗谷图书馆 고 873.5-구 173 죠-下
	瞿佑（明）著，沧洲（朝鲜）订正，垂胡子（朝鲜）集释，刊写地、刊写者、刊写年未详	2卷2册，木版本，30.4×20.8cm，四周单边，半郭：20.9×16.9cm，有界，11行20字，注双行，内向黑鱼尾，纸质：楮纸	刊记：庚子（？）年七月日刊	檀国大学校天安栗谷图书馆 고 873.5-173 조-下，고 873.5-구 173 저-上
	瞿佑（明）著，沧洲（朝鲜）订正，垂胡子（朝鲜）集释，刊写地、刊写者、刊写年未详	1册（卷下），木版本，31.3×21cm，纸质：楮纸		檀国大学校天安栗谷图书馆 고 873.5-구 173 자-下
	瞿佑（明）著，沧洲（朝鲜）订正，垂胡子（朝鲜）集释，刊写地、刊写者、刊写年未详	1卷1册（卷下），木版本，30.5×20.7cm，四周单边，半郭：22.3×16.9cm，有界，10行18字，注双行，上下黑口，内向黑鱼尾，纸质：楮纸		檀国大学校天安栗谷图书馆 고 873.5-구 173 자-下
	瞿佑（明）著，沧洲（朝鲜）订正，垂胡子（朝鲜）集释，刊写年未详	1卷1册（零本），木版本，31×21.2cm，四周单边，10行18字，半郭：22.9×17cm，有界，注双行，上下内向二叶花纹鱼尾	表题：剪灯新话	檀国大学校天安栗谷图书馆 罗孙文库 ［古］873.5/구 173 자

续表

书名	出版事项	版式状况	一般事项	所藏处/所藏番号
剪灯新话句解	瞿佑(明)著,沧洲(朝鲜)订正,垂胡子(朝鲜)集释,刊写年未详	1册(零本),木版本,31.7×20cm,四周单边,半郭:22×14.4cm,有界,10行19字,注双行,上下内向二叶花纹鱼尾	表题:剪灯新话,版心题:剪灯	檀国大学校天安栗谷图书馆 罗孙文库 [古]873.5/구173 쟈
	瞿佑(明)著,沧洲(朝鲜)订正,垂胡子(朝鲜)集释,刊写年未详	1卷1册(零本),木版本,30.6×20.8cm,四周单边,半郭:21.1×17.1cm,有界,11行20字,注双行,上下内向 二叶花纹鱼尾,纸质:楮纸	表题:剪灯新话,序:洪武十一年戊午(1378)……瞿佑,序:洪武十三年(1380)……凌云翰,跋:洪武辛酉(1381)	檀国大学校天安栗谷图书馆 罗孙文库 [古]873.5/구173 저
	瞿佑(明)著,沧洲(朝鲜)订正,垂胡子(朝鲜)集释,刊写年未详	1卷1册(零本),木版本,27.7×18.2cm,四周单边,半郭:23.1×16.6cm,有界,11行20字,注双行,上下内向 二叶花纹鱼尾,纸质:楮纸	表题:剪灯新话,版心题:剪灯	檀国大学校天安栗谷图书馆 罗孙文库 [古]873.5/구173 조
	瞿佑(明)著,沧洲(朝鲜)订正,垂胡子(朝鲜)集释,刊写年未详	1卷1册(零本),木版本,33.7×22.2cm,四周双边,半郭:23.8×17.8cm,有界,10行18字,注双行,上下内向 二叶花纹鱼尾,纸质:楮纸	表题:剪灯新话,卷末:道光九年己丑(1829)南至月日买来价文一两共上下	檀国大学校天安栗谷图书馆 罗孙文库 [古]873.5/구173 죠
	瞿佑(明)著,沧洲(朝鲜)订正,垂胡子(朝鲜)集释,刊写年未详	1册(零本),木版本,26.5×18.7cm,四周单边,半郭:23.1×16.5cm,有界,11行20字,注双行,上下内向二叶花纹鱼尾	表题:剪灯新话,版心题:剪灯	檀国大学校天安栗谷图书馆 罗孙文库 [古]873.5/구173 주

续表

书名	出版事项	版式状况	一般事项	所藏处/所藏番号
剪灯新话句解	瞿佑(明)著,沧洲(朝鲜)订正,垂胡子(朝鲜)集释,刊写年未详	1卷1册(零本),木版本,33×22cm,四周单边,半郭:23×18.5cm,有界,12行18字,注双行,上下内向黑鱼尾		檀国大学校天安栗谷图书馆其他[古]873.5/구 173 저
	瞿佑(明)著,沧洲(朝鲜)订正,垂胡子(朝鲜)集释,刊写年未详	1卷1册(零本),木版本,29.4×21.7cm,四周单边,半郭:20.4×17.3cm,有界,11行20字,注双行,上下内向黑鱼尾		檀国大学校天安栗谷图书馆 其他[古] 873.5/구 173 조
	瞿佑(明)著,沧洲(朝鲜)订正,垂胡子(朝鲜)集释,刊写年未详	2卷2册,木版本,28.5×18cm,四周单边,半郭:23×15.9cm,有界,11行20字,注双行,上下内向二叶花纹鱼尾	印记:金培信	檀国大学校天安栗谷图书馆 其他[古] 873.5/구 173 쥬
剪灯新话句解	瞿佑(明)著 刊写地、刊写者、刊写年未详	2卷2册(卷1-2),木版本,35×22.5cm,四周单边,有界,半郭:21.7×18.3cm,12行18字,上下内向黑鱼尾,纸质:楮纸		京畿大学校 경기-K108327-1
剪灯新话句解	瞿佑(明)著,沧洲(朝鲜)订正,垂胡子(朝鲜)集释,刊写地、刊写者、刊写年未详	1卷1册(缺帙,卷下),34.9×23cm,四周单边,半郭:22.3×17cm,有界,行字数不定,注双行,上下内向黑鱼尾	表题:剪灯新话	京畿大学校 경기-K119038-2

续表

书名	出版事项	版式状况	一般事项	所藏处/所藏番号
剪灯新话句解	瞿佑(明)著,沧洲(朝鲜)订正,垂胡子(朝鲜)集释,刊写地、刊写者、刊写年未详	1卷1册(全2卷2册,卷上),木版本,27.6×20cm,四周单边,半郭:21×16.9cm,有界,11行21字,注双行,上下内向混叶花纹鱼尾,纸质:楮纸	表题:剪灯新话,跋:辛酉(?)端阳前一…… 由义西斋写	京畿大学校 경기-K115075-1(乾)
	刊写地未详,刊写者未详,刊写年未详	1卷1册(缺帙,卷下),木版本,28×20cm,四周单边,半郭:20.3×16.9cm,有界,11行20字,小字双行,上下内向二叶花纹鱼尾		京畿大学校 경기-K107364-2
	瞿佑(明)著,沧洲(朝鲜)订正,垂胡子(朝鲜)集释,刊写地、刊写者、刊写年未详	1卷1册(缺帙,卷上),木版本,30.1×19.8cm,四周单边,半郭:21.9×18cm,有界,12行18字,注双行,上下内向黑鱼尾		京畿大学校 경기-K118786-1
	刊写地未详,刊写者未详,刊写年未详	1卷1册(缺帙,卷上),木版本,26.3×19.4cm,四周单边,半郭:22.9×16.8cm,有界,12行18字,注双行,上下内向黑鱼尾		京畿大学校 경기-K119860-1
	瞿佑(明)著,刊写地未详,刊写者未详,刊写年未详	2卷2册(卷1-2),木版本,30.6×20cm,四周单边,半郭:23×16cm,有界,11行20字,白口,上下内向二叶花纹鱼尾	版心题:剪灯,表题:剪灯新话	京畿大学校 경기-K104513-1(上)=2

续表

书名	出版事项	版式状况	一般事项	所藏处/所藏番号
剪灯新话句解	瞿佑(明)著,沧洲(朝鲜)订正,垂胡子(朝鲜)集释,刊写地、刊写者、刊写年未详	2卷2册(卷1-2),木版本,25×19cm,四周单边,半郭:22×16.6cm,有界,12行20字,注双行,上下内向二叶花纹鱼尾	表题:剪灯新话,版心题:剪灯,刊记:癸亥(?)仲秋武桥新刊	京畿大学校 경기-K114698-2
	刊写地未详,刊写者未详,刊写年未详	1卷1册(缺帙,卷下),笔写本,28.1×19.6cm,无界,9行17字,无鱼尾	表题:剪灯新话	京畿大学校 경기-K116750-2(下)
	瞿佑(明)著,垂胡子(朝鲜)集释,刊写地、刊写者、刊写年未详	2卷2册(卷1-2),30.4×20.8cm,四周单边,半郭:21.6×18.2cm,有界,12行18字,纸质:楮纸		京畿大学校 경기-K105758-上
剪灯新话句解	瞿佑(明)著,沧洲(朝鲜)订正,垂胡子(朝鲜)集释,刊写地、刊写者、刊写年未详	1册(缺帙),朝鲜木版本,30.2×18.5cm,纸质:楮纸		庆熙大学校 812.3-구 66 ㅈㅍ
剪灯新话句解	瞿佑(明)著,沧洲(朝鲜)订正,垂胡子(朝鲜)集释,刊写地、刊写者、刊写年未详	1册,28.2×18.7cm,四周单边,半郭:23.2×16cm,有界,11行字数不定,注双行,上下内向二叶花纹鱼尾	版心题:剪灯	庆熙大学校 812.3-구 66 ㅈㄷ
剪灯新话句解	瞿佑(明)著,垂胡子(朝鲜)集释,刊写地、刊写者、刊写年未详	上下2册(册1-2),笔写本,28.3×19.2cm	口诀本(笔写),剪灯新话	汉阳大学校 812.35-구 65 ㅈ乾

续表

书名	出版事项	版式状况	一般事项	所藏处/所藏番号
剪灯新话句解	瞿佑(明)著,沧洲(朝鲜)订正,垂胡子(朝鲜)集释,刊写地、刊写者、刊写年未详	2卷2册(卷1-2),木版本,28.6×19cm,四周单边,半郭:23×16cm,有界,11行20字,注双行,上下内向二叶花纹鱼尾	内容:册3,鲁颠传外,内容:卷3-4,马伶传外,卷7-8,书戚三郎事外,卷9-10,剑侠传外,卷11-12,过百龄传外,卷13-14,曼殊别志书外,卷15-16,记同梦外,卷17-18,纪袁枢遇仙始末外	汉阳大学校 812.35-구 65 ㅈㄱ-v.2 坤
剪灯新话句解	瞿佑(明)著,沧洲(朝鲜)订正,垂胡子(朝鲜)集释,刊写地、刊写者、刊写年未详	2卷2册(卷上、下),30.7×20.5cm,四周单边,半郭:21.4×18.4cm,有界,12行18字,注双行,内向黑鱼尾,纸质:楮纸	表题:剪灯新话	东亚大学校(3):12:2-6
	瞿佑(明)著,沧洲(朝鲜)订正,垂胡子(朝鲜)集释,刊写地、刊写者、刊写年未详	2卷2册(卷上、下),29.7×18.6cm,四周单边,半郭:23.2×16.3cm,有界,11行20字,注双行,内向二叶花纹鱼尾	版心题:剪灯,表题:剪灯新话	东亚大学校(3):12:2-7
剪灯新话句解	瞿佑(明)著,发行地未详,发行处未详,发行年未详	2册,木版后刷本,29.4×18.8cm,四周单边,半郭:23.3×16.9cm,有界,11行19字,注双行,内向四叶花纹鱼尾		明知大学校 812-4
	瞿佑(明)著,胡子昂集释,发行地,发行处,发行年未详	2卷2册,木版后刷本,33×22.8cm,四周单边,半郭:22.7×18.2cm,有界,10行18字,注双行,内向四叶花纹鱼尾	卷末:大韩隆熙四年(1910)庚戌正月二十四日书也	明知大学校 812-3

续表

书名	出版事项	版式状况	一般事项	所藏处/所藏番号
剪灯新话句解	瞿佑(明)著,发行地未详,发行处未详,发行年未详	1册(零本),木版本,22.8×33cm,四周单边,半郭:22.7×18.2cm,有界,10行18字,注双行,鱼尾多样		明知大学校 812-6
剪灯新话句解	瞿佑(明)著,沧洲(朝鲜)订正,垂胡子(朝鲜)集释,刊写地、刊写者未详,朝鲜朝后期	1册(上),木版本,28.3×21.5cm,四周单边,半郭:22×17.9cm,有界,12行18字,注双行,无鱼尾,纸质:楮纸	书名:卷首题	东国大学校 D823.5-구 671
	瞿佑(明)著,沧洲(朝鲜)订正,垂胡子(朝鲜)集释,刊写地、刊写者、刊写年未详	2卷2册(卷1-2),木版本,28.6×19cm,四周单边,半郭:23×16cm,有界,11行20字,注双行,无鱼尾,纸质:楮纸	书名:卷首题	东国大学校 D813-전 94
剪灯新话句解	瞿佑(明)著,沧洲(朝鲜)订正,垂胡子(朝鲜)集释,刊写事项不明	2卷2册,木版本,27×18.3cm,四周单边,半郭:22.9×15.8cm,有界,11行20字,上下内向二叶花纹鱼尾	表题:剪灯,版心题:剪灯	庆北大学校 [古]812.3 구 67 ㅈ
	瞿佑(明)著,沧洲(朝鲜)订正,垂胡子(朝鲜)集释,刊写事项不明	2卷2册,木版本,32×21.4cm,四周双边,半郭:21.2×17.1cm,有界,10行18字,上下内向二叶花纹鱼尾	版心题:剪灯新话	庆北大学校 [古]812.3 구 67 ㅈ(2)

续表

书名	出版事项	版式状况	一般事项	所藏处/所藏番号
剪灯新话句解	瞿佑(明)著,沧洲(朝鲜)订正,垂胡子(朝鲜)集释,刊写事项不明	零本1册(卷下),木版本,26.3×19.5cm,四周单边,半郭:21×17.3cm,有界,11行20字,上下内向二叶花纹鱼尾	表题:剪灯新话,版心题:新话	庆北大学校[古]812.3 구67 ㅈ(3)
	瞿佑(明)著,沧洲(朝鲜)订正,垂胡子(朝鲜)集释,刊写事项不明	零本1册(卷下),木版本,29.5×20.5cm,四周单边,半郭:20.7×17.5cm,有界,11行20字,上下内向二叶花纹鱼尾	表题:剪灯新话,版心题:新话	庆北大学校[古]812.3 구67 ㅈ(4)
	瞿佑(明)著,沧洲(朝鲜)订正,垂胡子(朝鲜)集释,刊写事项不明	零本1册(卷下),木版本,31×21cm,四周单边,半郭:21.3×16.8cm,有界,11行20字,上下内向二叶花纹鱼尾		庆北大学校[古]812.3 구67 ㅈ(5)
	瞿佑(明)著,沧洲(朝鲜)订正,垂胡子(朝鲜)集释,刊写事项不明	零本1册(卷下),木版本,28.1×20.2cm,四周单边,半郭:20.4×17.3cm,有界,11行20字,上下内向二叶花纹鱼尾	表题:剪灯新话,版心题:新话	庆北大学校[古]812.3 구67 ㅈ(6)
	瞿佑(明)著,沧洲(朝鲜)订正,垂胡子(朝鲜)集释,刊写事项不明	零本1册(卷上),木版本,32.5×22cm,四周单边,半郭:21.5×17cm,有界,10行18字,上下内向二叶花纹鱼尾	表题:剪灯新话,版心题:新话	庆北大学校[古]812.3 구67 ㅈ(7)

续表

书名	出版事项	版式状况	一般事项	所藏处/所藏番号
剪灯新话句解	瞿佑(明)著,沧洲(朝鲜)订正,垂胡子(朝鲜)集释,刊写事项不明	零本1册(卷上),木版本,31.2×20.7cm,四周单边,半郭:21.5×18.2cm,有界,12行18字,上下内向黑鱼尾,纸质:楮纸	表题:剪灯	庆北大学校[古]812.3 구67ㅈ(8)
	瞿佑(明)著,沧洲(朝鲜)订正,垂胡子(朝鲜)集释,刊写事项不明	零本1册(卷上),木版本,28×19cm,四周单边,半郭:23.1×15.6cm,有界,11行20字,上下内向二叶花纹鱼尾	表题:剪灯新话,版心题:新话	庆北大学校[古]812.3 구67ㅈ(9)
	瞿佑(明)著,沧洲(朝鲜)订正,垂胡子(朝鲜)集释,刊写事项不明	零本1册(卷上),木版本,30.8×21cm,四周单边,半郭:22.7×18.4cm,有界,12行18字,上下内向黑鱼尾,纸质:楮纸	表题:剪灯新话	庆北大学校[古]812.3 구67ㅈ(10)
	瞿佑(明)著,沧洲(朝鲜)订正,垂胡子(朝鲜)集释,刊写事项不明	零本1册(卷上),木版本,30.9×21.2cm,四周双边,半郭:23×17.4cm,有界,10行18字,上下内向二叶花纹鱼尾	版心题:剪灯新话	庆北大学校[古]812.3 구67ㅈ(11)
	瞿佑(明)著,沧洲(朝鲜)订正,垂胡子(朝鲜)集释,刊写事项不明	零本1册(卷上),木版本,25.5×19.4cm,四周单边,半郭:22×16.6cm,有界,12行20字,上下内向二叶花纹鱼尾	表题:剪灯新话,版心题:新话下	庆北大学校[古]812.3 구67ㅈ(12)

续表

书名	出版事项	版式状况	一般事项	所藏处/所藏番号
剪灯新话句解	瞿佑(明)著,沧洲(朝鲜)订正,垂胡子(朝鲜)集释,刊写事项不明	零本1册(卷上),木版本,27.3×17.8cm,四周单边,半郭:21.9×14.5cm,有界,10行18字,上下内向二叶花纹鱼尾		庆北大学校[古]812.3 구67 ㅈ(13)
	瞿佑(明)著,沧洲(朝鲜)订正,垂胡子(朝鲜)集释,刊写事项不明	零本1册(卷上),木版本,26.4×19cm,四周单边,半郭:22.5×18cm,有界,12行18字,上下内向黑鱼尾,纸质:楮纸	表题:剪灯新话	庆北大学校[古]812.3 구67 ㅈ(14)
	瞿佑(明)著,沧洲(朝鲜)订正,垂胡子(朝鲜)集释,刊写事项不明	零本1册(卷下),木版本,32.5×22.9cm,四周单边,半郭:23.1×17.3cm,有界,10行18字,上下内向二叶花纹鱼尾	版心题:剪灯新话	庆北大学校[古]812.3 구67 ㅈ(15)
	瞿佑(明)著,刊写事项不明	1册,笔写本,33.7×21.2cm,无界,10行24字,无鱼尾		庆北大学校[古]812.3 구67 ㅈ(16)
	瞿佑(明)著,沧洲(朝鲜)订正,垂胡子(朝鲜)集释,刊写事项不明	1册(卷下),笔写本,29×22.7cm,四周双边,半郭:23.2×21cm,无界,11行20字,无鱼尾		庆北大学校[古]812.3 구67 ㅈ(17)
	瞿佑(明)著,沧洲(朝鲜)订正,垂胡子(朝鲜)集释,刊写事项不明	零本1册(卷下),笔写本,29.4×17.8cm,无界,10行20字,无鱼尾,纸质:楮纸	版心题:剪灯新话	庆北大学校[古]812.3 구67 ㅈ(18)

续表

书名	出版事项	版式状况	一般事项	所藏处/所藏番号
剪灯新话句解	瞿佑(明)著,沧洲(朝鲜)订正,垂胡子(朝鲜)集释,刊写事项不明	零本1册(卷下),笔写本,29.7×20cm,无界,11行18字,无鱼尾	表题:剪灯新话	庆北大学校[古]812.3 구67 ㅈ(19)
	瞿佑(明)著,沧洲(朝鲜)订正,垂胡子(朝鲜)集释,刊写事项不明	零本1册(卷下),笔写本,27.5×20cm,无界,行字数不定,无鱼尾		庆北大学校[古]812.3 구67 ㅈ(20)
	瞿佑(明)著,沧洲(朝鲜)订正,垂胡子(朝鲜)集释,刊写事项不明	零本1册(卷下),笔写本,22.2×21.3cm,四周单边,半郭:19.8×18.3cm,无界,10行18字,无鱼尾		庆北大学校[古]812.3 구67 ㅈ(21)
	瞿佑(明)著,沧洲(朝鲜)订正,垂胡子(朝鲜)集释,刊写事项不明	零本1册(卷上),笔写本,26×15.2cm,四周单边,半郭:21.7×12.3cm,有界,8行20字,无鱼尾	表题:剪灯	庆北大学校[古]812.3 구67 ㅈ(22)
	瞿佑(明)著,沧洲(朝鲜)订正,垂胡子(朝鲜)集释,刊写事项不明	零本1册(卷坤),笔写本,31.5×22.5cm,无界,11行20字,无鱼尾	表题:剪灯新话	庆北大学校[古]812.3 구67 ㅈ(23)
	瞿佑(明)著,沧洲(朝鲜)订正,垂胡子(朝鲜)集释,刊写事项不明	零本1册(卷下),笔写本,29.5×19cm,无界,10行20字,无鱼尾	表题:孟解	庆北大学校[古]812.3 구67 ㅈ(24)

续表

书名	出版事项	版式状况	一般事项	所藏处/所藏番号
剪灯新话句解	瞿佑(明)著,沧洲(朝鲜)订正,垂胡子(朝鲜)集释,刊写地、刊写者未详,康熙五十八年(1719)刊	1卷1册(缺本),木版本,32×20.5cm,四周双边,半郭:20×17.5cm,有界,10行18字,注双行,上下向二叶花纹鱼尾	刊记:康熙五十八年(1719)己亥春嘉善,表题:新话	淑明女子大学校 CL 812.3 구우전
	瞿佑(明)著,首尔,武桥,刊写年未详	1卷1册(卷下),木版本,25×19cm,四周单边,半郭:22×18cm,有界,12行20字,注双行,上下内向二叶花纹鱼尾	表题:剪灯,版心题:剪灯,刊记:癸亥(?)仲秋武桥新刊	淑明女子大学校 CL 812.3 구우전
	瞿佑(明)著,刊写地未详,刊写者未详,刊写年未详	1卷1册(卷下),笔写本,22×15cm,10行18字,注双行	表题:剪灯新话,刊记:壬辰(?)四月日抄	淑明女子大学校 CL 812.3 구우전-가
剪灯新话句解	瞿佑(明)著,沧洲(朝鲜)订正,垂胡子(朝鲜)集释	2卷2册,木版本,半郭:23.4×15.7cm,11行20字,内向二叶鱼尾,纸质:楮纸	标题:山阳集	雅丹文库 823.5-구66ㅈ
	瞿佑(明)著,沧洲(朝鲜)订正,垂胡子(朝鲜)集释	2册(卷上,同书2部),木版本,半郭:23.1×16cm,11行20字,内向二叶鱼尾		雅丹文库 823.5-구66ㅈ
	瞿佑(明)著	1卷1册(卷下),木版本,半郭:20.5×16.5cm,11行20字,大黑口内向黑鱼尾		雅丹文库 823.5-구66ㅈ

续表

书名	出版事项	版式状况	一般事项	所藏处/所藏番号
剪灯新话句解	瞿佑(明)著,沧洲(朝鲜)订正,垂胡子(朝鲜)集释	1卷1册(卷上),木版本,半郭:22.4×14.6cm,10行18字,上二叶鱼尾		雅丹文库 823.5-구66ㅈ
	瞿佑(明)著,沧洲(朝鲜)订正,垂胡子(朝鲜)集释	2卷2册,木版本,半郭:20.4×17.1cm,11行20字,黑口内向黑鱼尾		雅丹文库 823.5-구66ㅈ
	瞿佑(明)著	2卷2册,木版本,半郭:23.1×15.9cm,11行20字,内向二叶鱼尾		雅丹文库 823.5-구66ㅈ
	瞿佑(明)著,沧洲(朝鲜)订正,垂胡子(朝鲜)集释	2卷1册,木版本,半郭:23.6×16cm,11行20字,内向二叶鱼尾		雅丹文库 823.5-구66ㅈ
	瞿佑(明)著	2卷2册(同书3帙),木版本,半郭:21.6×18.1cm,12行18字,内向黑鱼尾		雅丹文库 823.5-구66ㅈ
	瞿佑(明)著,沧洲(朝鲜)订正,垂胡子(朝鲜)集释	1册(下卷),笔写本,21.6×21.1cm,行字数不定		雅丹文库 823.5-구66ㅈ
剪灯新话句解	瞿佑(明)著,垂胡子(朝鲜)集释,朝鲜朝后期刻,后刷	2卷2册,中国木版本(戊申字覆刻),29.5×20.3cm,四周单边,有界,半郭:22.1×18.2cm,12行18字,注双行,内向黑鱼尾,纸质:楮纸	表题:剪灯新话	达成郡 成垓济

续表

书名	出版事项	版式状况	一般事项	所藏处/所藏番号
剪灯新话句解	瞿佑(明)著,沧洲(朝鲜)订正,垂胡子(朝鲜)集释,朝鲜朝后期写	2卷1册,笔写本,26.4×18.9cm,四周双边,半郭:22.2×15.4cm,12行26字,乌丝栏,纸质:楮纸	表题:剪灯新话,所藏印:金宪在印	安东市丰山邑金直铉
剪灯新话句解	瞿佑(明)著,垂胡子(朝鲜)集释,朝鲜朝后期刊	1卷1册(卷下),木版本,27×19.5cm,四周单边,11行20字,半郭:23.1×18cm,有界,注双行,内向二叶花纹鱼尾,纸质:楮纸		安东市禄转面金台正
剪灯新话句解	瞿佑(明)著,沧洲(朝鲜)订正,垂胡子(朝鲜)集释,壬乱前后刊	1卷1册(卷下),木版本,33.5×22.1cm,四周双边,半郭:24.5×17.2cm,有界,10行18字,注双行,内向黑鱼尾,纸质:楮纸		安东市临东面金源宅
	瞿佑(明)著,沧洲(朝鲜)订正,垂胡子(朝鲜)集释,壬乱前后刊	1卷1册(卷下),木版本,33.5×22.1cm,四周双边,半郭:24.5×17.2cm,有界,10行18字,注双行,内向黑鱼尾,纸质:楮纸		安东市临东面金源宅
剪灯新话句解	瞿佑(明)著,沧洲(朝鲜)订正,垂胡子(朝鲜)集释,朝鲜朝后期刊	2卷2册,木版本,27.8×19.8cm,四周单边,半郭:20.8×17.5cm,有界,11行21字,注双行,内向一、二、三叶混入花纹鱼尾,纸质:楮纸	表题:剪灯新话,版心题:剪灯新话,序:洪武十三年(1380)夏四月钱塘凌云翰(明)	庆星大学校博物馆

续表

书名	出版事项	版式状况	一般事项	所藏处/所藏番号
剪灯新话句解	瞿佑(明)著,沧洲(朝鲜)订正,垂胡子(朝鲜)集释,朝鲜朝后期刊	1卷1册(卷下),木版本,27.2×18.5cm,四周单边,半郭:23×15.9cm,有界,11行20字,注双行,内向二叶花纹鱼尾,纸质:楮纸	表题:剪灯新话,版心题:剪灯	釜山直辖市金戊祚
剪灯新话句解	瞿佑(明)著,沧洲(朝鲜)订正,垂胡子(朝鲜)集释,朝鲜朝后期刊	2卷2册,木版本,31.5×21cm,四周单边,半郭:23×16cm,有界,11行20字,注双行,内向二叶花纹鱼尾,纸质:楮纸	表题:剪灯新话	釜山大学校
剪灯新话句解	瞿佑(明)著,沧洲(朝鲜)订正,垂胡子(朝鲜)集释,朝鲜朝后期刻,后刷	1卷1册(卷上),木版本,28×17.3cm,四周单边,半郭:23.5×16cm,有界,11行20字,注双行,内向二叶花纹鱼尾,纸质:楮纸	表题:剪灯新话,跋:洪武辛酉(1381)……金冕……庠之由义西斋写	釜山大学校
	瞿佑(明)著,沧洲(朝鲜)订正,垂胡子(朝鲜)集释,朝鲜朝后期刻,末期后刷	1卷1册(卷上),木版本,31.6×21.2cm,四周单边,半郭:23×18cm,有界,12行18字,注双行,小黑口,内向黑鱼尾,纸质:楮纸	表题:剪灯新话	釜山大学校
	瞿佑(明)著,沧洲(朝鲜)订正,垂胡子(朝鲜)集释,20世纪初刊	1卷1册(卷上),木版本,28×18.2cm,四周单边,半郭:23.2×16cm,无界,12行20字,纸质:楮纸	题签:剪灯新话,版心题:剪灯	釜山大学校

续表

书名	出版事项	版式状况	一般事项	所藏处/所藏番号
剪灯新话句解	瞿佑(明)著,沧洲(朝鲜)订正,垂胡子(朝鲜)集释,朝鲜朝末期刊	2卷2册,木版本,有图,30.1×20.8cm,四周单边,半郭:21.6×18.1cm,有界,12行18字,纸质:楮纸	表题:剪灯新话,附录:秋香亭记	釜山女子大学校 伽倻文化研究所
剪灯新话句解	瞿佑(明)著,垂胡子(朝鲜)集解,朝鲜朝末期刊	2卷2册(卷上下),木版本,30.5×20cm,四周单边,半郭:22.4×25.3cm,有界,上卷12行18字,下卷10行19字,注双行,内向黑一、二叶混入花纹鱼尾,纸质:楮纸	表题:剪灯新话	清州大学校
剪灯新话句解	瞿佑(明)著,垂胡子(朝鲜)集解,朝鲜朝后期刊	1卷1册(卷上),木版本,27.5×19.3cm,四周单边,半郭:21.6×17.6cm,有界,12行18字,注双行,内向黑鱼尾,纸质:楮纸	刊记:金锡范	清州大学校民俗博物馆
剪灯新话句解	瞿佑(明)著,沧洲(朝鲜)订正,垂胡子(朝鲜)集释,纯祖至哲宗(1801—1863)年间刊	零本1册,木版本,29.5×20.5cm,四周单边,半郭:21.2×17.3cm,有界,11行21字,小字双行,白口,上下内向二叶花纹鱼尾,纸质:楮纸	序:……洪武十三年(1380)夏四月钱塘凌云翰序……洪武十四年(1381)秋八月吴植书……洪武己巳(1389)六月六日睦人桂衡书……卷首跋:洪武辛酉(1381)……所藏本中卷之上1册以外缺	海军士官学校[한]408
	瞿佑(明)著,沧洲(朝鲜)订正,垂胡子(朝鲜)集释,哲宗十四年(1863)刊	零本1册,木版本,25.4×19cm,四周单边,半郭:22.3×16.9cm,有界,12行20字,小字双行,白口,上下内向二叶花纹鱼尾,纸质:楮纸	表纸版心书名:剪灯,刊记:癸亥(1863)仲秋武桥新刊,所藏本中卷之下1册以外缺	海军士官学校[한]407

续表

书名	出版事项	版式状况	一般事项	所藏处/所藏番号
剪灯新话句解	瞿佑(明)著,沧洲(朝鲜)订正,垂胡子(朝鲜)集释,高宗末刊	零本1册,木版本,29.7×19.4cm,四周单边,半郭:22.8×16cm,有界,11行20字,小字双行,白口,上下内向二叶花纹鱼尾	所藏本中卷之下1册以外缺(全2卷2册中)	海军士官学校[한]406
剪灯新话句解	瞿佑(明)著,沧洲(朝鲜)订正,垂胡子(朝鲜)集释,刊写地未详,刊写者未详,刊写年未详	2卷2册(卷上,下),木版本,28.5×18.6cm,四周单边,半郭:23×16cm,有界,11行20字,注双行,上下内向二叶花纹鱼尾,纸质:楮纸	内容:册3,鲁颠传外,内容:卷3-4,马伶传外,卷7-8,书戚三郎事外,卷9-10.剑侠传外,卷11-12,过百龄传外,卷13-14,曼殊别志书外,卷15-16,记同梦外,卷17-18,纪袁枢遇仙始末外	汉阳大学校812.35-구 65 ㅈㄱ-v.1乾
剪灯新话句解	瞿佑(明)著,沧洲(朝鲜)订正,垂胡子(朝鲜)集释,刊写地、刊写者、刊写年未详	2卷2册(卷1-2),木版本,29×19cm,四周单边,半郭:23×16cm,有界,11行20字,注双行,内向二叶花纹鱼尾		仁荷大学校H812.35-구66전
剪灯新话句解	瞿佑(明)著,首尔,刊写者未详,20世纪初刊	册(卷1-2),33cm		大邱 Catholic 大学校 동823.5-구67ㅈ
前灯新话句解	尹春年订正,林艺集解,朝鲜刊本	卷1,2,3,朝鲜出版本,纸质:楮纸		大邱 Catholic 大学校 823.5-367

续表

书名	出版事项	版式状况	一般事项	所藏处/所藏番号
剪灯新话句解	瞿佑(明)著,尹春年(朝鲜)订正,林芑(朝鲜)集释	1册(零本,卷下),后刷本版本,29×20.3cm,四周单边,半郭:22×18.3cm,有界,12行18字,注双行,上下黑鱼尾,纸质:楮纸	表题:剪灯新话	圆光大学校 AN823.5-ㄱ483ㄱ
	瞿佑(明)著,尹春年(朝鲜)订正,林芑(朝鲜)集释	1册(零本,卷下),本版本,27×19.4cm,四周单边,半郭:23.3×16cm,有界,11行20字,注双行,上下二叶花纹鱼尾,纸质:楮纸	表题:剪灯新话	圆光大学校 AN823.5-ㄱ483ㄷ
	瞿佑(明)著,尹春年(朝鲜)订正,林芑(朝鲜)集释,后刷	1册(零本,卷下),本版本,29.2×19cm,四周单边,半郭:23×16.6cm,有界,11行20字,注双行,上下二叶花纹鱼尾,纸质:楮纸	版心题:剪灯,表题:剪灯新话	圆光大学校 AN823.5-ㄱ483ㄹ
	瞿佑(明)著,尹春年(朝鲜)订正,林芑(朝鲜)集释,后刷	1册(零本,卷下),本版本,30×20.5cm,四周单边,半郭:23×17.5cm,有界,11行18字,注双行,上下黑鱼尾,纸质:楮纸	表题:剪灯新话	圆光大学校 AN823.5-ㄱ483ㅁ
剪灯新话句解	瞿佑(明)著,垂胡子(朝鲜)集解,刊写地未详,刊写者未详,甲寅字翻刻本,20世纪初刊	2卷2册(上,下),金属活字本,四周双边,半郭:23.2×16.1cm,有界,11行20字,注双行,上下内向二叶花纹鱼尾		全州大学校 OM823.5-구67ㅈ

续表

书名	出版事项	版式状况	一般事项	所藏处/所藏番号
剪灯新话句解	瞿佑(明)著,沧洲(朝鲜)订正,垂胡子(朝鲜)集释,刊写地、刊写者、刊写年未详	2卷2册(下卷缺),木版本,25.8×19cm,四周单边,半郭:23.3×15.8cm,有界,11行20字,注双行,内向二叶花纹鱼尾		全州大学校 OM823.5-구67저
剪灯新话句解	瞿佑(明)著,刊写地未详,刊写者未详,朝鲜后期刊	2卷2册(卷1-2),木版本,29.6×20.5cm,四周单边,半郭:21.2×18.3cm,有界,12行19字,注双行,大黑口,内向二叶花纹鱼尾,纸质:楮纸	表题:剪灯新话	全南大学校 3Q-전228ㄱ
	瞿佑(明)著,刊写地未详,刊写者未详	2卷2册(卷1-2),木版本,30.9×21.5cm,四周单边,半郭:22.5×16.7cm,有界,10行18字,注双行,内向二叶花纹鱼尾,纸质:楮纸	表题:剪灯	全南大学校 3Q-전228ㄱ
	瞿佑(明)著,刊写地未详,刊写者未详,刊写年未详	2卷1册(卷1-2),木版本,29.5×19cm,四周单边,半郭:23.2×15.7cm,有界,11行20字,注双行,二叶花纹鱼尾,纸质:楮纸		全南大学校 3Q-전228ㄱ2
	瞿佑(明)著,刊写地未详,刊写者未详,后刷	2卷1册(卷1-2),木版本,30.9×21.5cm,四周单边,半郭:22.5×16.7cm,有界,10行18字,注双行,内向黑鱼尾,纸质:楮纸		全南大学校 3Q-전228ㄱ-v.1-2

续表

书名	出版事项	版式状况	一般事项	所藏处/所藏番号
剪灯新话句解	瞿佑(明)著,刊写地未详,刊写者未详,朝鲜后期	2卷1册(卷1-2),木版本,29.5×19cm,四周单边,半郭:23.2×15.7cm,有界,11行20字,注双行,花口,内向二叶花纹鱼尾,纸质:楮纸	表题:剪灯新话	全南大学校 3Q-전 228 ㄱ2
	瞿佑(明)著,刊写地未详,刊写者未详,刊写年未详	2册,木版本,29.6×20.5cm,四周单边,半郭:21.2×18.3cm,有界,12行19字,注双行,花口,上黑内向鱼尾,纸质:楮纸		全南大学校 3Q-전 228 ㄱ-v. 1-2
剪灯新话句解	瞿佑(明)著,发行事项不明	2卷2册,木版本,25.7-29.8×19.5-19.8cm,四周单边,半郭:(21.6-22.2)×(18.1-16.9cm),有界,12行18字,注双行,上下内向黑鱼尾		安东大学校 [古小]823.5 구67ㅈ
	瞿佑(明)著,尹春年(朝鲜)订正,林芑(朝鲜)集释,发行事项不明	零本1册(2卷2册,卷2),木版本,29.2×18.8cm,四周单边,半郭:23.2×15.9cm,有界,11行20字,注双行,上下内向二叶花纹鱼尾		安东大学校 [古小]823.5 구67ㅈ
剪灯新话句解	瞿佑(明)著,尹春年(朝鲜)订正,林芑(朝鲜)集释,刊年未详	2卷2册,木活字本,28.3×20.3cm,四周单边,半郭:21.6×14.7cm,有界,10行18字,注双行,上二叶花纹鱼尾		启明大学校 고 812.35 구우ㅈ

续表

书名	出版事项	版式状况	一般事项	所藏处/所藏番号
剪灯新话句解	瞿佑（1347—1433）著，尹春年（朝鲜）订正，林芑（朝鲜）集释，刊写年未详	2卷2册，木版本，32.3×21cm，四周单边，半郭：21.5×18.4cm，有界，12行18字，注双行，内向黑鱼尾		启明大学校 고 812.35 구우전
	瞿佑（1347—1433）著，尹春年（朝鲜）订正，林芑（朝鲜）集释，刊写年未详	2卷2册，木版本，25.4×18.8cm，四周单边，半郭：24.1×15.3cm，有界，11行20字，注双行，内向二叶花纹鱼尾		启明大学校 고 812.35 구우전ㄷ
	瞿佑（明）著，刊写年未详	1册（零本），笔写本，33.5×22cm，四周单边，半郭：29.2×18.4cm，乌丝栏，11行20字，注双行，内向二叶花纹鱼尾		启明大学校 고 812.35 구우저
	瞿佑（明）著，尹春年（朝鲜）订正，林芑（朝鲜）集释，刊写年未详	2卷2册，木活字本，28.3×20.3cm，四周单边，半郭：21.6×14.7cm，有界，10行18字，注双行，上二叶花纹鱼尾		启明大学校 812.35-구 우ㅈ
剪灯新话句解	瞿佑（明）著，垂胡子（朝鲜）集释	上下2册，木版本，26.7×18.8cm，四周单边，半郭：23.1×16cm，有界，11行20字，注双行，上下内向四瓣黑鱼尾	版心题：剪灯，表纸书名：剪灯新话	岭南大学校 味山文库 823.5 구우

续表

书名	出版事项	版式状况	一般事项	所藏处/所藏番号
剪灯新话句解	瞿佑(明)著,垂胡子(朝鲜)集释	1册(零本,全上、下2册,本馆所:1册,卷上),木版本,28.3×19.2cm,四周单边,半郭:23.1×16cm,有界,11行20字,注双行,上下内向四瓣黑鱼尾	版心题:剪灯,表纸书名:剪灯新话	岭南大学校味山文库823.5 구우-2
	瞿佑(明)著,垂胡子(朝鲜)集释	1册(零本,全上、下2册,本馆所:1册,卷下),木版本,29×20.3cm,四周双边,半郭:21.1×16.7cm,有界,10行18字,注双行,上下内向四瓣黑鱼尾(一部分有纹黑鱼尾)	版心题:剪灯新话,表纸书名:剪灯新话	岭南大学校味山文库823.5 구ㅁ
	瞿佑(明)著,垂胡子(朝鲜)集释,京城,泰华书馆,刊写年未详	上下2册,木版本,27.4×19cm,四周单边,半郭:23×16.3cm,有界,11行20字,注双行,上下内向四瓣黑鱼尾	版心题:剪灯 表纸书名:剪灯新话	岭南大学校陶南文库[古도]823.5 구우
	瞿佑(明)著,垂胡子(朝鲜)集释	1册(零本,全上、下2册,本馆所藏:1册,卷上),木版本,33.4×21.9cm,四周单边,半郭:22.1×18.4cm,有界,12行18字,注双行,上下内向四瓣黑鱼尾	表纸书名:剪灯新话	岭南大学校南斋文库[古南]823.5 구우
	瞿佑(明)著,垂胡子(朝鲜)集释	1册(零本,全上、下2册,1册,卷上),木版本,32.1×21cm,四周单边,半郭:22.1×18.4cm,有界,12行18字,注双行,上下内向四瓣黑鱼尾	表纸书名:剪灯新话	岭南大学校南斋文库[古南]823.5 구우-2

续表

书名	出版事项	版式状况	一般事项	所藏处/所藏番号
剪灯新话句解	瞿佑(明)著,垂胡子(朝鲜)集释	1册(零本,全上、下2册,1册,卷上),木版本,26×19.8cm,四周单边,半郭:22.1×18.4cm,有界,12行18字,注双行,上下内向四瓣黑鱼尾		岭南大学校南斋文库[古南]823.5 구우-3
	瞿佑(明)著,垂胡子(朝鲜)集释	1册(零本,全上、下2册,1册,卷下),木版本,有图,31.4×20.9cm,四周单边,半郭:22.4×17.2cm,有界,10行18字(第5张以后11行),注双行,一部分,上下大黑口,上下内向黑魚尾	表纸书名:剪灯新话	岭南大学校南斋文库[古南]823.5 구우ㅁ
	瞿佑(明)著,垂胡子(朝鲜)集释	上、下2册,笔写本,33.9×21.5cm	表纸书名:剪灯新话	岭南大学校南斋文库[古南]823.5 구우ㅍ
	瞿佑(明)著,垂胡子(朝鲜)集释	1册(零本,全上、下2册,本馆所藏:1册,卷下),笔写本,33.3×20.2cm	原本印出记录(卷末):崇祯六年癸酉(1633)六月日开刊,笔写记录(表纸里面):道光二十七年(1847)菊月二十八日记,表纸书名:剪灯新话	岭南大学校南斋文库[古南]823.5 구우ㅍㄱ
	瞿佑(明)著,垂胡子(朝鲜)集释	1册(零本,全上、下2册,本馆所藏:1册,卷上),笔写本,33.9×21.2cm	笔写记录(卷末):乾隆六十年乙卯(1795),表纸书名:剪灯新话,口诀本(笔写),表纸书名:剪灯新话	岭南大学校南斋文库[古南]823.5 구우ㅍㄴ

续表

书名	出版事项	版式状况	一般事项	所藏处/所藏番号
剪灯新话句解	瞿佑(明)著,垂胡子(朝鲜)集释	1册(零本,全上、下2册,本馆所藏:1册,卷上),笔写本,28.3×19.2cm	口诀本(笔写),表纸书名:剪灯新话	岭南大学校南斋文库[古南]823.5 구우ㅍㄷ
	瞿佑(明)著	2册,木版本,29×19cm		岭南大学校中央图书馆[韶]823.5
剪灯新话句解	瞿佑(明)著,沧洲(朝鲜)订正,垂胡子(朝鲜)集释,刊写地、刊写者、刊写年不明	1册(零本,卷上),木版本,有图,26×19.7cm,四周单边,半郭:22×18.3cm,有界,12行18字,注双行,上下内向黑鱼尾		庆尚大学校D7C 구 67 ㅈ(아천)
	瞿佑(明)著,沧洲(朝鲜)订正,刊写地、刊写者、刊写年不明	1卷1册(卷上),木版本,31.8×22.2cm,四周单边,半郭:21.8×18.3cm,有界,12行18字,注双行,上下内向黑口鱼尾		庆尚大学校D7C 구 67 ㅈ(오림)
	瞿佑(明)著,垂胡子(朝鲜)集释,刊写地、刊写者、刊写年不明	1册(零本,卷下),木版本,有图,26.9×20.5cm,四周单边,半郭:22.5×17cm,有界,10行18字,注双行,上下内向黑鱼尾		庆尚大学校D7C 구67 ㅈ a(아천)
	瞿佑(明)著,沧洲(朝鲜)订正,垂胡子(朝鲜)集释,刊写地、刊写者、刊写年未详	1卷1册(全2卷2册),木版本,30.6×20.8cm,四周单边,半郭:22.5×18cm,有界,12行28字,注双行,内向黑鱼尾	表题:剪灯新话	庆尚大学校古(춘추)D7A 구 67 v.1

续表

书名	出版事项	版式状况	一般事项	所藏处/所藏番号
剪灯新话句解	瞿佑(明)著,沧洲(朝鲜)订正,垂胡子(朝鲜)集释,刊写地、刊写者、刊写年未详	2卷1册,木版本,28.7×20cm,四周单边,半郭:21×17.3cm,有界,11行21字,注双行,内向二叶花纹鱼尾	版心题:剪灯新话,序:洪武十一年(1378)戊午……瞿佑书于吴山大隐堂……	庆尚大学校古(춘추)D7A구67ㅈv.1-2
	瞿佑(明)著,刊写地、刊写者、刊写年未详	1卷1册(缺帙),木版本,25.9×19.7cm,四周单边,半郭:22.9×18.4cm,有界,12行18字,注双行,内向混叶花纹鱼尾		庆尚大学校古(춘추)D7B구67ㅈv.1
	瞿佑(明)著,沧洲(朝鲜)订正,刊写地、刊写者、刊写年未详	2卷2册,笔写本,32.2×21.7cm,10行字数不定	表题:瞿文	庆尚大学校勿川文库古(물천)D7A구67ㅈv.1-2
剪灯新话句解	瞿佑(明)著	卷下,木版本,27×19cm,半郭:21.9×14.2cm,上二叶鱼尾		安东市卧龙面后雕堂(金俊植)
剪灯新话句解	瞿佑(明)著,胡子昂集释	零1册,木版本,30×22cm,四周单边,半郭:23.7×18.3cm,有界,10行18字,小字双行		大邱大学校송곡문고古823ㄱ483ㅈ
剪灯新话句解	瞿佑(明)著	1册(1册,52页),笔写本,27.8×18.4cm,9行字数不同	楷书,背面记录:祭文	青松仲坪平山申氏泗南古宅,韩国国学振兴院 受托

续表

书名	出版事项	版式状况	一般事项	所藏处/所藏番号
剪灯新话句解	瞿佑(明)著	不分卷 1 册,木版本,29.7 × 20.3cm, 四周单边,半郭:23×18.5cm,有界,12 行 18 字,注双行,白口,上下内向黑鱼尾	楷书	安东金氏海轩古宅,韩国国学振兴院受托
剪灯新话句解	瞿佑(明)著	下 1 册,木版本,31.2×21.4cm,四周单边,半郭:22.8×19cm,有界,11 行 18 字,注双行,黑口,上下内向混入鱼尾	楷书	青松沈氏七悔堂古宅,韩国国学振兴院受托
剪灯新话句解	瞿佑(明)著	上 1 册,木版本,31.3×22.1cm,四周单边,半郭:18.9×16.3cm,有界,11 行 18 字,注双行,黑口,上下内向混入鱼尾	楷书	晋州姜氏海隐公派博士宅韩国国学振兴院受托
	瞿佑(明)著	下 1 册,木版本,27.3×19.8cm,四周单边,半郭:20.5×17.3cm,有界,11 行 18 字,注双行,黑口,上下内向混入鱼尾	楷书	晋州姜氏海隐公派博士宅,韩国国学振兴院受托
剪灯新话句解	瞿佑(明)著	上 1 册,木版本,26.6×18.6cm,四周单边,半郭:22.9×15.6cm,有界,11 行 20 字,注双行,白口,上下内向二叶花纹鱼尾	楷书	张宪求家 韩国国学振兴院受托

续表

书名	出版事项	版式状况	一般事项	所藏处/所藏番号
剪灯新话句解	瞿佑(明)著,壬乱以后刊	1卷1册(卷上缺),木版本,31.5×21cm,四周单边,半郭:23.2×16.9cm,有界,10行18字,注双行,内向二叶花纹鱼尾,纸质:楮纸	表题:剪灯新话	山气文库 4-717
	瞿佑(明)著,沧洲(朝鲜)订正,垂胡子(朝鲜)集释,朝鲜朝中期刊	1册(卷上),木版本,29.5×19cm,四周单边,半郭:23×16cm,有界,11行20字,注双行,内向二叶花纹鱼尾,纸质:楮纸	版心题:剪灯	山气文库 4-720
	瞿佑(明)著,沧洲(朝鲜)订正,垂胡子(朝鲜)集释,朝鲜朝中期刊	1册(卷上),木版本,28.3×18.2cm,四周单边,半郭:21.5×14.2cm,有界,10行18字,注双行,上二叶花纹鱼尾,纸质:楮纸	版心题:剪灯	山气文库 4-721
	瞿佑(明)著,沧洲(朝鲜)订正,朝鲜朝中期刊	2卷2册(卷上,下),木版本,28×19cm,四周单边,半郭:22×14.5cm,有界,10行18字,注双行,上二叶花纹鱼尾,纸质:楮纸		山气文库 4-722
剪灯新话句解	瞿佑(明)著,垂胡子(朝鲜)集释,朝鲜朝后期刊	1册(卷下),木版本,33.3×22cm,四周单边,半郭:22.2×17.2cm,有界,10行18字,内向黑鱼尾,纸质:楮纸		尚熊文库 4-171

续表

书名	出版事项	版式状况	一般事项	所藏处/所藏番号
剪灯新话句解	瞿佑(明)著,垂胡子(朝鲜)集释,朝鲜朝后期刊	1册(卷下,74页),木版本,31.4×21.4cm,四周单边,半郭:23×17.2cm,有界,10行18字,注双行,内向黑二叶花纹鱼尾,纸质:楮纸	版心题:剪灯新话(或无)	尚熊文库 4-172
	瞿佑(明)著,垂胡子(朝鲜)集释,朝鲜朝后期刊	1册(卷上,69页),木版本,33.3×22cm,半郭:21.6×18.4cm,有界,12行18字,注双行,内向黑鱼尾,纸质:楮纸		尚熊文库 4-173
	瞿佑(明)著,垂胡子(朝鲜)集释,朝鲜朝后期刊	1册(卷上),木版本,31.6×21.8cm,半郭:22×18cm,有界,12行18字,注双行,内向黑鱼尾,纸质:楮纸		尚熊文库 4-174
剪灯新话句解	瞿佑(明)著,朝鲜朝后期—末期刊	卷2册(上、下),木版本,24.5×18cm,四周单边,有界,半郭:22.8×15.8cm,11行20字,内向二叶花纹鱼尾,纸质:楮纸	表题:剪灯新话	玩树文库 4-194
剪灯新话句解	瞿佑(明)著,垂胡子(朝鲜)集释,朝鲜朝后期刊	1卷1册(卷下),初铸甲寅字覆刻版,31.5×21.3cm,四周单边,半郭:23.7×17cm,有界,10行18字,注双行,内向二叶花纹鱼尾,纸质:楮纸	版心题:剪灯新话	诚庵文库 4-1427

续表

书名	出版事项	版式状况	一般事项	所藏处/所藏番号
剪灯新话句解	瞿佑（明）著，垂胡子（朝鲜）集释，朝鲜朝后期刊	1卷1册（卷上），木版本，27×19.5cm，四周单边，半郭：23.1×18cm，有界，12行18字，注双行，内向黑鱼尾，纸质：楮纸		诚庵文库 4-1428
剪灯新话句解	瞿佑（明）著，沧洲（朝鲜）订正，垂胡子（朝鲜）集释，朝鲜朝后期刊	2卷2册，木版本，四周单边，半郭：23.1×15.3cm，纸质：楮纸	备考：卷上，1-2张落	德愚文库
剪灯新话句解	朝鲜朝后期刊	1册（卷下），木版本，四周单边，半郭：22.8×18.2cm，有界，10行18字，上下黑鱼尾，纸质：楮纸	版心题：下	金泉市 直指寺 直指圣宝博物馆
剪灯新话句解	朝鲜时代刊	1册（卷上），木版本，四周单边，半郭：21.6×18cm，有界，12行18字，注双行，上下内向黑鱼尾，纸质：楮纸	版心题：剪灯新话	釜山市 梵鱼寺 圣宝博物馆
剪灯新话句解	朝鲜时代刊	1册（卷上），木版本，26.1×19.4cm，四周单边，半郭：23.3×16.8cm，有界，11行不定字，二叶花纹黑鱼尾，纸质：楮纸	版心题：前（剪）灯上	西归浦市 光明寺 주지실
剪灯新话句解	瞿佑（明）著	1册，笔写本，32.3×22.2cm，无界，13行24字	行书	光山金氏 洛阴斋 韩国国学振兴院 受托

续表

书名	出版事项	版式状况	一般事项	所藏处/所藏番号
剪灯新话句解	朝鲜朝后期刊	1册(卷下),笔写本,34.5×21.7cm	墨书,刊记:乙未四月初八日罢	金海市 银河寺收藏库
剪灯新话句解	瞿佑(明)著	1册,笔写本,28×18.7cm,10行20字	楷书	潘南朴氏 判官公派 青下斋,韩国国学振兴院 受托
剪灯新话句解	瞿佑(明)著,沧洲(朝鲜)订正,垂胡子(朝鲜)辑释,朝鲜朝末期写	1卷1册(卷上),笔写本,32.5×19.7cm,11行20字,注双行,纸质:楮纸		仁寿文库 4-436
剪灯新话句解	瞿佑(明)著,首尔,刊写者未详,20世纪初刊	卷(句下),33.2×22.4cm		大邱 Catholic 大学校 동 823.5-구 67ㅈ
剪灯新话句解	18世纪刊	1卷1册,木版本,31.2×21cm		国立清州博物馆
剪灯新话句解(上)	戊午年刊	1卷1册,笔写本,20.5×31.2cm		忠清北道 报恩郡 金奭中
剪灯新话句解	瞿佑(明)著	1卷1册,木版本,20×30cm		忠清北道 沃川郡 管城会馆
剪灯新话句解	瞿佑(明)著	1卷1册,木版本,19×25.5cm		忠清北道 槐山郡 金文起

9. 剪灯余话

《剪灯余话》，凡四卷二十篇，附《贾云华还魂记》一篇，明李昌祺撰。《百川书志》小史类著录，凡四卷二十篇，每卷五篇，《还魂记》附于书末，不计卷。现存明成化刊本、清乾隆刊本、同治刊本等均为三卷。近人董康诵芬室据日本庆长、元和间所刊活字本翻刻，将《还魂记》单列一卷，共五卷二十一篇。古典文学出版社 1957 年周楞伽校注本即据诵芬室本，另增补《至正妓人行》一篇，共五卷二十二篇。据书前自序，《剪灯余话》成书于永乐十七年（1419）。李昌祺简介见《聘聘传》题解。

发挥道德训诫是《剪灯余话》中起主导作用的内容之一，如罗汝敬《剪灯余话·序》说："兹所记，若饼师妇之贞，谭氏妇之节，何思明之廉介，吉复卿之交谊，贾、祖两女之雅操，真、文二生之俊杰识时，举有关于风化，而足为世劝者。"在罗序列举的例证中，"饼师妇之贞"、"谭氏妇之节"分别见于卷一《长安夜行录》和《月夜弹琴记》。虽都托于往事，但构思方式并不相同。

有一个现象值得关注：尽管李昌祺笔下的男女爱情主角（女鬼或女神排除在外）风流缱绻，似乎无拘无束，但他们（尤其是女主角）却又同时是恪守道德操守的典范。

除了风教与风情，李昌祺对元明之际的战乱也给予了较多关注。他生于 1376 年，那时明朝的统治早已稳固，战乱的硝烟早已飘散，他不可能有瞿佑那样的切肤之痛。然而这时代毕竟离他不远，古老相传，还能引发他的想象。他将大部分爱情悲剧置于战乱的背景中，这样安排既有利于情节的推进，又借此抒发了士大夫们常有的废兴之感，比如卷二《秋夕访琵琶亭记》托为陈友谅婕妤郑婉娥作的一首《念奴娇》，着眼于不变的江山与变化的人事之间的对照，令人不胜欷歔，油然而生幻灭之感。这表现了李昌祺作为诗人的敏感。

韩国最早的《剪灯余话》出版记录可见于《朝鲜王朝实录》［"燕山君"第 62 条（1505）］。燕山君命印刷《剪灯余话》等书献上，但此书是否献上却不能确定，因没有其后的出版记录。但鱼叔权壬辰倭乱以前所撰的《考事撮要》（八道册板条）中有在全罗道顺昌地方出版《剪灯余话》的记录。① 此书不知是官刻本还是私刻本，跟燕山君命印刷而献上的《剪灯余话》也毫无关联。这是因为《考事撮要》的作者鱼叔权是壬辰倭乱以前的人，跟燕山君时代至少相距50年以上。顺昌本可能是另外版本之一。此书早已失传，版式或出版特记等事项也无从考证。

书名	出版事项	版式状况	一般事项	所藏处/所藏番号
剪灯余话	李昌祺（明）著张光启（明）校，日本，元禄五年（1692）刊	7卷1册，日本木版本，25.7×17.3cm	版心题：余话，表题：新编剪灯余话，刊记：元禄五年壬申（1692）十月之吉林兵卫寿梓，序：永乐庚子（1420）……曾棨，序：张光启	国立中央图书馆 BA古5-80-22
剪灯余话	李祯（明）撰，刊年未详	1册（103张），木版本，16.5×11.5cm，四周双边，有界，半郭：12.4×9cm，9行17字，注双行，上下向黑鱼尾	序：永乐庚子（1420）……李祯	国立中央图书馆［古］3736-63

10. 觅灯因话

《觅灯因话》，二卷，晚明邵景詹撰。《红雨堂书目》《千顷堂书目》小说类著录二卷。清同治年间刊本《剪灯丛话》，《觅灯因话》收入其中。日本有庆长、元和间刊刻的活字本，最为完备。诵芬室主董康据以翻刻，《觅灯因话》亦附刻于《剪灯丛话》中。周楞伽以诵芬室刊本为底本，对《剪灯新话》等三种进行了校注，《觅灯因话》是其中一种，附于卷末。校注本于1957年由古典文

① 柳铎一：《韩国文献学研究》，韩国亚细亚文化社1990年版，第303页。

学出版社出版，1980年重新修订，由上海古籍出版社于次年出版。作者邵景詹，生平事迹已不可考。据该书作者《小引》，可知其别号为自好子，书斋名遥青阁，此书撰于万历二十年（1592）壬辰，共2卷8篇，系仿瞿佑《剪灯新话》而作。邵景詹自序说这部小说集“非幽冥果报之事，则至道名理之谈；怪而不欺，正而不腐，妍足以感，丑可以思”，对某些传奇小说“述遇合之奇而无补于正，逞文字之藻而不免于诬”的倾向，表示不满。

邵景詹以传统道德作为褒贬人物的标准，将“幽冥果报”作为劝惩手段。如首篇《桂迁梦感录》和末篇《丁县丞传》都鞭笞了见利忘义之徒的丑恶灵魂。也有正面表彰的，如孙恭人的贞贤（卷一《孙恭人传》），郭稚真的坚贞不屈（卷一《贞烈墓记》），妓女翠娥的“甘心对冰雪，不爱艳阳春”（卷一《翠娥语录》），唐珏的忠义（卷二《唐义士传》）等，都表达了作者的钦佩之意。

《觅灯因话》与话本小说关系颇深。八篇作品中，《桂迁感梦录》被冯梦龙改写为《桂员外途穷忏悔》，见《警世通言》第二十五卷；《姚公子传》被凌濛初改写为《痴公子狠使臊脾钱　贤丈人智赚回头婿》，见《二刻拍案惊奇》第二十二卷；《唐义士传》被周清源改写成《会稽道中义士》，见《西湖二集》第二十六卷；《卧法师入定录》被凌濛初改写成《乔兑换胡子宣淫　显报施卧师入定》，见《初刻拍案惊奇》第三十二卷。

邵景詹对辞采不感兴趣。他在自序中明确反对“逞文字之藻”，而把精力花在曲折故事的设计和描述上，其风格以质朴见长。

书名	出版事项	版式状况	一般事项	所藏处/所藏番号
觅灯因话	邵景詹（明）撰，遥青阁纂录，清版本	1册（零本，卷1），中国木版本，17.3×11.8cm		首尔大学校奎章阁［古］920.052-Solm

11. 效 颦 集

《效颦集》，三卷，明赵弼撰。《千顷堂书目》《四库全书总目》小说家类著录，三卷。有明宣德间刊本，1957 年上海古典文学出版社据以排印。赵弼，字辅之，号雪航，福建南平人，曾任汉阳县儒学教谕。生活于永乐、宣德年间（1403—1435）。有《雪航肤见》十卷。所作《效颦集》，凡二十五篇，分上、中、下三卷，有作者宣德三年（1428）自序。系仿洪迈《夷坚志》和瞿佑《剪灯新话》而作，杂记宋代、元末及明洪武、永乐、洪熙三朝轶事，而以元至正间事最富。多谈报应以寓劝惩，文笔亦较拙劣。中卷所收《续东窗事犯传》及《钟离叟妪传》较为可观。

在《剪灯新话》《剪灯余话》中，立意劝惩，以善有善报、恶有恶报为宗旨的传奇已有数篇，像《三山福地志》（《剪灯新话》卷一）、《令狐生冥梦录》（《剪灯新话》卷二）、《富贵发迹司志》（《剪灯新话》卷三）、《何思明游酆都录》（《剪灯余话》卷一）、《两川都辖院志》（《剪灯余话》卷一）等。余波所及，产生了赵弼这样专谈报应的传奇作家。

关于《效颦集》在韩国的出版记录，沈喁俊的《日本访书志》曾推定说：《效颦集》是朝鲜时代孝宗以前（1600—1650）的木版本后印。现在收藏于日本蓬左文库。此书版式为卍字系浓茶色表纸（30. 8×21. 8cm），外题为《效颦集》。正文前面有宣德七年（1432）三月王静写的序文与目录，首有卷头题署与卷次，次行署“汉阳县儒学教谕南平赵弼撰述，汉阳府知府新安王静证订”。其他版式为四周单边，半郭 22. 6×17. 1cm，12 行 21 字，白口，上下内向黑鱼尾，纸材是楮纸。①

但笔者尚未阅览日本蓬左文库的《效颦集》，因此不敢确信，只能说此书与《朝鲜王朝实录》之“燕山君”的记录，可能有密

① 沈喁俊：《日本访书志》，精神文化研究院（现韩国学中央研究院），1988 年版，第 564~565 页。

切的关系。

书名	出版事项	版式状况	一般事项	所藏处/所藏番号
效颦集	赵弼(明)著	3卷1册,木版本,四周双边,有界,12行21字,注双行,上下内向黑鱼尾	序:宣德七年壬子(1432)……王静,复制本所藏处:国立中央图书馆(古3747-287)	日本蓬左文库(名古屋市教育委员会蓬左文库)103-27
效颦集	赵弼(明)著	1册,笔写本,23.9×16.7cm,12行字数不定,无鱼尾	书名:表题	国民大学校 001-효01

12. 花影集

《花影集》，凡四卷二十篇，明陶辅撰。书前有嘉靖二年（1523）作者自作《花影集引》。据此引，则《花影集》的主体部分完成于弘治初年（1488—1505），正是社会舆论猛烈抨击“剪灯”二话（《剪灯新话》《剪灯余话》）的年代，他“掷而不睹者三四十年”，或许是迫于外在的压力；嘉靖二年，他83岁，欲将《花影集》公布于世，大概是因为社会环境已较为宽松的缘故。陶辅（1441—?），字廷弼，号夕川，又号安理斋、海萍道人，凤阳（今属安徽）人。以祖先军功，荫为应天卫指挥，后辞官，寄情于山水。著有《花影集》《桑榆漫志》等。

《刘方三义传》《节义传》《心坚金石传》是《花影集》中流传颇广的三篇，均以爱情婚姻题材寓劝义劝孝之旨。情节曲折，大约是受话本小说影响所致。如《心坚金石传》叙松江府庠生李彦直与邻女丽容相爱，私订终身。幸得父母认可，偏又遇上参政阿鲁台在民间挑选歌妓，丽容被征，以舟送往京城。彦直徒步追随，精疲力尽，终至气绝身亡。丽容亦自缢殉情。阿鲁台怒焚女尸，于心中得一大如手指、色如金、坚如玉的人形物，宛如李彦直；李心中亦有丽容人形。阿鲁台囊以异锦，函以香木，名为“心坚金石之宝”，献给右相伯颜。伯颜开视，但见败血两具。阿鲁台因此获罪，下狱而死。《心坚金石传》曾被《绣谷春容》《燕居笔记》《情史》《百家公案》收入，还被改编成戏曲《霞笺记》。《刘方三义传》为《醒世恒言》卷十《刘小官雌雄兄弟》所本，以之为本事的戏曲作品有明叶宪祖《三义成姻》、范文若《雌雄旦》、王元寿《题燕诗》、黄中正《双燕记》等。

《花影集》中另有几篇作品应稍予注意。《丐叟歌诗》写李自然家业兴衰，故事并不曲折，但开头一段叙事与《金瓶梅词话》第九十二回陈经济投靠晏公庙任道士当徒弟的情节非常接近，连地点都相同；《邮亭午梦》等以小说论政治，《闲评清会录》等以小说寓哲理，表现出一定程度的探索精神。

陶辅的《花影集》是最近韩国鲜文大学朴在渊教授发现的稀贵本资料之一。唯一的朝鲜刻本收藏于日本早稻田大学。

此书传入韩国的记录，见于崔岦《花影集》跋文：

> 前五六年间，君会年兄与余俱为郡守。西海风土恶而民讼繁，使人居之不乐，疲于事为，未暇以书为嬉，盖相与病之。今兄守岭南之昆阳，寄余以新刻小说曰《花影集》者，余未及阅览，而必其书关世戒乎？发人意思乎？有取焉耳。然兄之刻此，不于前而于昆，昆之居可乐，少事为，足以书为嬉者可想矣。余又适去成都，而碌碌于京师，不觉抚卷而嗟羡也。兄之同姓从祖父尹斯文溪，于嘉靖丙午奉使中朝，购得此集，云君会名景禧，前后为郡及州，有治声。时万历丙戌首春通川崔岦识。

由此可知，《花影集》是中宗年间，由精通吏文的佥知尹溪于1546年出访中国时购买并带回韩国的。40年后，即1586年由历任信川和昆阳郡守的尹景禧在昆阳（今泗川地方）印刻。此书的跋文由宣祖年间的松都三绝之一，以一手好文章闻名的，而且作为奏请使多次出访明朝的崔岦（1539—1612）于1586年亲笔题写。①

书名	出版事项	版式状况	一般事项	所藏处/所藏番号
花影集	昆阳郡守尹景禧编纂，崔岦跋文，昆阳版刻（现泗川地方），1586年刊		花影集序文	日本 早稻田大学
화영집（花影集）	4卷20篇，〈뉴방삼의뎐〉1编翻译	韩文笔写本	翻译：18世纪（推定）	乐善斋本 태평광긔언해의附录

13. 玉　壶　冰

《玉壶冰》，一卷，明都穆撰。《国史经籍志》《千顷堂书目》小说类著录。有《续说郛》本。记古来高逸之事，如阮籍善啸、王徽之雪夜访戴、林逋隐居孤山等。大多抄自前人记载，而专注于高逸，亦寓有几许人生感触。

书名	出版事项	版式状况	一般事项	所藏处/所藏番号
玉壶冰	都穆（明）著，中宗十年（1515）跋，后刷	1册（24页），朝鲜木版本，27×18cm，四周单边，半郭：19.5×15cm，有界，9行17字，注双行，内向二叶花纹鱼尾，纸质：楮纸	跋：正德乙亥（1515）夏六月吴郡都穆	安东市卧龙面后彫堂（金俊植）

① 参见朴在渊：《对于朝鲜刻本花影集》，载《第19次中国学国际学术大会论文集》，韩国中国学会1999年版，第306~325页。

续表

书名	出版事项	版式状况	一般事项	所藏处/所藏番号
玉壶冰	都穆(明)著	1册,朝鲜木版本,22×17.1cm,四周单边,半郭:17.8×13.8cm,有界,9行17字,内向黑白鱼尾	跋:正德乙亥(1515)……都穆	启明大学校 이 812.8
玉壶冰	都穆(明)著	1册(14页),朝鲜木版本,28.5×18cm,四周单边,半郭:17.5×13.7cm,有界,9行17字,上下内向黑鱼尾	卷末:正德乙亥(1515)……都穆	首尔大学校 奎章阁 [想白古] 895.135-D65oa
玉壶冰	都穆(明)著	24页,朝鲜木版本,24.1×16.9cm,四周单边,半郭:17.5×13.5cm,9行17字,注双行,内向3叶花纹鱼尾	后识:正德乙亥(1515)……都穆	国立中央图书馆 BC古朝93-117
玉壶冰	都穆(明)著	24页,木版本,24.1×16.9cm,四周单边,半郭:17.5×13.5cm,9行17字,注双行,内向3叶花纹鱼尾	后识:正德乙亥(1515)……都穆	韩国学中央研究院 C14C-17全
玉壶冰	都穆(明)著	1册,木版本,24cm	识1515	岭南大学校 东滨文库 [古]824
玉壶冰	都穆(明)著	1册(23页),木版本,24.8×16.4cm,四周单边,半郭:19.4×13.3cm,无界,9行18字,上下花纹鱼尾	卷末:正德乙亥(1515)……都穆文	首尔大学校 奎章阁 一蓑古 049.51-D65o

续表

书名	出版事项	版式状况	一般事项	所藏处/所藏番号
玉壶冰	都穆(明)撰	1册(23页),木版本,四周单边,匡郭:18.5×14.5cm,有界,9行17字,上下黑鱼尾		延世大学校 812.36
玉壶冰	都穆(明)著,朝鲜朝后期刊	1册(24页),朝鲜木版本,27.9×18cm,四周单边,半郭:17.6×13.8cm,有界,9行17字,注双行,内向黑,二叶混入鱼尾,纸质:楮纸		庆尚南道 密阳郡 申柄澈
玉壶冰	都穆(明)著	1册,朝鲜木版本,24.4×17.8cm,四周单边,半郭:17.4×13.4cm,有界,9行17字,上下内向二叶花纹鱼尾	表题:玉壶冰,版心题:玉壶冰	庆北大学校 [古] 812.04 도35ㅇ
玉壶冰	都穆(明)著	1册(24页),中国木版本,25.7×17.7cm,四周单边,半郭:17×13.8cm,有界,9行17字,上下向黑鱼尾		庆尚大学校 古(춘추)D2C 도95o
玉壶冰		1册,笔写本,24cm		国立中央图书馆 a13749-2
玉壶冰	都穆(明)撰	1册,木版本(朝鲜),44cm		国立中央图书馆 a13749-4
玉壶冰	都穆(明)编,务安,宣祖十三年(1580)刊	1册,韩国木版本,25.2×16.7cm,四周单边,半郭:19.4×13.2cm,有界,9行18字,上向2叶花纹鱼尾	卷末:正德(1515)夏六月吴郡都穆去敬文,刊记:庚辰(1580)十月日务安县刊	高丽大学校 만송 E4-A7 册1

续表

书名	出版事项	版式状况	一般事项	所藏处/所藏番号
玉壶冰	都穆(明)著,务安县	1册(23页),韩国木版本,25.6×17.2cm,四周单边,半郭:19.5×13.3cm,有界,9行18字,上下内向花纹鱼尾	卷末:正德乙亥(1515)……都穆,刊记:庚辰(1580)十月日务安县刊,印:末松图书	首尔大学校奎章阁[想白古]895.135-D65o
玉壶冰	都穆(明)撰	1册(20页),木版本,四周单边,匡郭:25.5×18.5cm,有界,10行18字,上下花纹鱼尾		延世大学校812.38
玉壶冰	都穆(明)著,大学章句大全,朱熹(宋)编,刊写地未详,览辉斋,刊写年未详	1册(36页),笔写本,27×22.2cm,10行22字	写记:岁甲申(?)暮春览辉斋开刊,大学章句序:淳熙己酉(1189)二月甲子新安朱熹序	淑明女子大学校CL 811.3 도목옥
玉壶冰	刊写地未详,刊写者未详,刊写年未详	1册,笔写本,25.5×18.7cm,四周单边,半郭:20.8×16.2cm,有界,10行21字,无鱼尾		京畿大学校경기-K109044
玉壶冰	都穆(明)撰,朝鲜朝末期—日帝时代写	1册19页,笔写本,28.8×19.5cm,10行20字,纸质:楮纸		成均馆大学校C14C-0028

14. 稗史汇编

《稗史汇编》，一百七十五卷，明王圻编辑。《千顷堂书目》小说类著录，《四库全书总目》改入杂家类。有万历本传世。王圻（1530—1615）字元翰，号洪洲，上海人。嘉靖乙丑（1565）进士，历官万安知县、邛州判官、陕西参议等。学问渊博，著述甚丰，有《洪洲类稿》《三才图会》《两浙盐志》《续文献通考》《谥法通考》《稗史类编》《云间海防志》等。事迹见《明史》本传等。

《稗史汇编》是明代王圻编纂的一部类书体的文言小说集，上起古初、下至万历中期，跨越千年之久，广及天地人神，网罗宏富，分门别类，极便检索，在我国类书史上占有重要的地位。《稗史汇编》共一百七十五卷，全书集录条文一万多条，引书颇为庞杂。《稗史汇编》采用的是“门、类、条”三级类次，编排较为合理。

书名	出版事项	版式状况	一般事项	所藏处/所藏番号
稗史汇编	王圻(明)纂集，明版本	19 册，中国木版本，25.6×16.4cm	印：弘文馆，帝室图书之章所藏本：卷 8-11，97-106，124-129，134-147，154-156(19 册)	首尔大学校奎章阁[奎중]4382

15. 红　梅　记

《红梅记》，全称《古杭红梅记》，单篇传奇小说，明佚名撰。有《国色天香》本。《古杭红梅记》写梅魂张笑桃和才子王鹗的故事。

书名	出版事项	版式状况	一般事项	所藏处/所藏番号
홍매긔(红梅记)	韩文笔写本(18 世纪末)		乐善斋本《太平广记》卷 4	韩国学中央研究院 4-6853

16. 西湖游览志余

《西湖游览志余》，二十六卷，明田汝成撰。《明史·艺文志》小说家类收录田艺蘅《西湖志余》二十六卷。《千顷堂书目》《四库全书总目》题田汝成撰。有明嘉靖刊本。田汝成（1503—1557），字叔禾，钱塘（今浙江杭州）人。嘉靖五年（1526）进士。曾任南京刑部主事、礼部主事、贵州佥事、广西右参军、福建提学副使等职。后罢官归里，盘桓湖山之间，遍览浙西名胜。汝成博学工文，著述良多。有《炎徼纪闻》《龙凭记略》《辽记》《田叔禾集》《武夷游咏》《西湖游览志》《西湖游览志余》等。

田汝成在编辑《西湖游览志》过程中搜集了一些超出西湖范围的材料，《西湖游览志余》即据以整理而成，其内容仍以记述杭州之事居多，但以掌故轶闻为中心。其中有些故事后来被改编为白话小说，如周楫《西湖二集》和已失传的《西湖一集》，就大半取材于《西湖游览志余》，如卷五关于史弥远的故事就是《西湖二集》中《觉阇黎一念错投胎》的依据，而《西湖二集》卷一《吴越王再世索江山》也是采用《西湖游览志余》卷一的记载敷衍成篇。

书名	出版事项	版式状况	一般事项	所藏处/所藏番号
西湖游览志	田汝成(明)编,中国,万历四十七年(1619)序	4册(零本,所藏本:卷1-24),中国木版本,25.5×21.2cm,四周单边,半郭:22.4×13.7cm,有界,10行21字,注双行,上白鱼尾	序:万历四十七年(1619)	启明大学校 812.8-전여성ㅅ
西湖游览志	田汝成编,万历四十七年(1619)序	26卷16册,24cm		国立中央图书馆 BA2822-10

续表

书名	出版事项	版式状况	一般事项	所藏处/所藏番号
西湖游览志	田汝成(明)辑撰	2卷1册(卷12-13),中国木版本,半郭:19.6×12.7cm,10行20字,上黑鱼尾		雅丹文库 813.7 종 298
西湖游览志	田汝成(明)撰,商濬(明)重校,清代刊	4卷1册(卷4-7,零本),中国木版本,26.5×17cm,四周单边,半郭:22×14cm,有界,10行21字,上向白鱼尾,纸质:竹纸	表题:西湖志,版心题:西湖志	忠南大学校 鹤山古书史.地理类 1609
西湖游览志	田汝成(明)撰,1895年刊	24卷4册(卷1-24),木版本,有图,24.3×15.8cm,四周双边,半郭:16.5×11cm,有界,10行20字注双行,上黑鱼尾	刊记:光绪乙未(1895)仲春余杭孙树义仁和罗子孙峻校字姜德铨摹图,序:万历十二祀岁次甲申(1584)季秋望日巡按浙江监察御史江阴范鸣谦撰,叙:钱塘田汝成叔禾撰,嘉靖二十六年(1547)冬十一月	东亚大学校(2):11:9-5
西湖游览志	田汝成(明)编	24卷6册,余22卷9册,共46卷15册(缺帙),木版本,有图,27.2×16.7cm,四周双边,半郭:18.8×12.8cm,有界,10行20字,上下向黑鱼尾	表题:西湖志…… 序:万历十二岁次甲申(1584)……范鸣谦撰,叙:田汝成……嘉靖二十六年(1547)	檀国大学校 竹田退溪图书馆 915.3-전 358ㅅ
西湖游览志余抄	田汝成(明)撰	1册,28.8×17.4cm,四周无边,无界,行数不定、小字双行,无版,无鱼尾	表题:西湖览余	中央大学校 812.6-전 여 성 서

续表

书名	出版事项	版式状况	一般事项	所藏处/所藏番号
西湖游览志余	田汝成(明)编,中国,刊写年未详	26卷6册,中国木版本,25.5×16.2cm,四周单边,半郭:22.4×13.7cm,有界,10行21字,上白鱼尾		启明大学校 812.8-전여성서
西湖游览志	田汝成(明)辑撰	21卷5册(全26卷6册,卷1-4,10-26),笔写本,四周单边,半郭:19.5×15cm,有界,11行20字,上下花纹鱼尾		梨花女子大学校 915.2-전 74-1,3-6
西湖志余	朝鲜,钱塘田汝成辑撰	1册,笔写本	朝鲜人笔写	朴在渊
西湖志	田汝成(明)辑	1卷1册,笔写本,24.5×15.3cm,无界,10行27字,注双行,纸质:楮纸		圆光大学校 AN820.819-ㅈ294ㄱ
西湖志	田汝成(明)辑	1卷1册,笔写本,25.5×16cm,无界,11行30字,注双行,纸质:楮纸		圆光大学校 AN820.819-ㅈ294ㄴ
西湖志	田汝成(明)辑	1卷1册,笔写本,22.8×14.5cm,无界,8行31字,注双行,纸质:楮纸		圆光大学校 AN820.829-ㅈ294서
西湖志余	田汝成辑撰	1册,笔写本,22×13.2cm,8行字数不定,注双行	表题:东坡集,表题:西湖志,附录:东坡志林.坡仙别集抄	庆尚大学校 B15BC-전 64ㅅ
西湖志林	田汝成辑撰,姚靖增删	103张,笔写本,21.9×14.4cm		国立中央图书馆 c12820-1

续表

书名	出版事项	版式状况	一般事项	所藏处/所藏番号
西湖志余	田汝成辑撰，姚靖增删，纯祖十三年(1813)写	1册56张，笔写本，32×18.8cm，纸质：楮纸		高丽大学校 만송 D3-A21 册1
西湖志余	田汝成辑撰，姚靖增删，纯祖十三年(1813)写	1册56张，笔写本，32×18.8cm，纸质：楮纸		成均馆大学校 B16BC-0009
西湖志	田汝成(明)著	1册，笔写本，28.5×18.5cm		韩国国学振兴院
西湖志抄	田汝成(明)著	1册46张，笔写本，26.4×20.7cm		檀国大学校竹田退溪图书馆．IOS 고 981.202-전 358

17. 亘　　史

《亘史》，又名《亘史钞》，明潘之恒撰。《千顷堂书目》《明史·艺文志》小说类著录。《四库全书》改入子部类书类，无卷数。潘之恒（？1536—1621）字景升，号鸾啸生，冰华生，安徽歙县人，侨寓金陵（今江苏南京）。嘉靖间官至中书舍人。两试太学未中，从此恣情山水。与汤显祖、沈璟、屠隆以及袁宏道兄弟等交好。著有《亘史》《鸾啸小品》和诗集《涉江集》。

《亘史》含内之目、外之目、杂之目三类。编首顾起元序云："内纪内篇以内之，而忠孝节义、懿行名言之要举。外纪外篇以外之，而豪杰奇伟、技术艳异、山川名胜之事彰。杂记杂篇以杂之，而草木鸟兽、鬼怪琐屑、诙谐隐僻之用别。纪以类其事，篇以类其言。"可知其大旨所在。

书名	出版事项	版式状况	一般事项	所藏处/所藏番号
亘史	逸史冰华生(明)辑,明版本	8册(零本),中国木版本,26.3×16.8cm	印:弘文馆,帝室图书之章,所藏本-内编:卷1-23,外编:卷1-5,杂编:卷1-6,卷15-43(8册)	首尔大学校奎章阁[奎중]3759

18. 五 杂 俎

《五杂俎》，又作《五杂组》，十六卷，明谢肇淛撰。《千顷堂书目》《明史·艺文志》小说类著录。有明刻本、民国上海中央书局排印本、1959年中华书局排印本等。谢肇淛（1567—1624），字在杭，号武林、小草斋主人，晚号山水劳人，长乐（今属福建）人。万历二十年（1592）进士，历任湖州、东昌推官，南京刑部主事、兵部郎中、工部屯田司员外郎，官至广西右布政使。博学能诗文，为当时闽派代表作家。著有《麈史》《麈余》《续麈余》《居东杂纂》《文海披沙》《小草斋诗话》《小草斋集》《小草斋续集》等。

《五杂俎》全书十六卷，分类记事，计有天部二卷，地部二卷，人部四卷，物部四卷，事部四卷。本书是作者的随笔札记，包括读书心得和事理分析，也记载政局时事和风土人情。天部记述天文、气候、节气和四时的人事活动。地部记述地理、疆界、山川、河流、名胜，包括当时的海外地区，是研究历代地理的重要资料。人部记述人的形体、心性、境遇，包括技艺、医药、术数、书画、宗教等各种活动。物部记述动物、植物和各种物品，鸟兽虫鱼花卉草木、饮食服饰、文玩乐器等都有记述。事部记述收藏、文字、职官、行政、姓氏、婚嫁等社会活动。书中谈历代掌故部分，抄录前人笔记，而不注明出处，亦有明人通病。《五杂俎》在清乾隆年间曾因有违碍语被列为禁书。

书名	出版事项	版式状况	一般事项	所藏处/所藏番号
五杂俎	谢肇淛(明)撰，京都，松敏轩，宽文元年(1661)刊	16卷8册(卷1-16)，木版本(日本)，22.4×15cm，半郭：19.2×13.3cm，无界，9行18字，花口，上下向黑鱼尾	日汉混用本彩笔书入，序：李维桢，装帧：蓝色表纸蓝丝四缀	首尔大学校中央图书馆 0330-13A-1-8
五杂俎	谢肇淛(明)撰，潘膺祉校，中国，德聚堂，17世纪以后	16卷16册，中国木版本，29.5×17.7cm，四周单边，半郭：21.4×14cm，有界，9行18字，花口，上下向白鱼尾	标题纸：谢在杭先生辑著，序：李维桢，各卷末：东吴范迂漫翁审定，各卷末：新安如韦馆藏板，刊写者：黄行素刻，装帧：蓝色表纸黄丝四缀	首尔大学校中央图书馆 0330-13-1-16
五杂俎	谢肇淛(明)撰，日本，松梅轩，宽政七年(1795)刊	16卷8册(卷1-16)，木版本(补刻)(日本)，23×16.8cm，四周单边，半郭：19.3×13cm，无界，9行18字，上花口，上下向黑鱼尾	刊记：宽文元辛丑岁(1661)仲冬刊行宽政七乙卯岁(1795)仲夏补刻松梅轩 序：大泌山人李维桢	首尔大学校中央图书馆 081-Sa11o-v. 1-8
五杂俎	谢肇淛(明)撰，明末清初(1600—1700)刊	16卷10册，中国木版本，24.6×15.9cm，半郭：21.7×14.8cm，有界，9行18字，上白鱼尾，纸质：竹纸	序：大泌山人李维桢本宁父撰	韩国学中央研究院 C3-307
五杂俎	谢肇淛(明)撰，日本，宽政七年(1795)刊	16卷8册，木版本(日本)，22.4×15.8cm	序：李维桢	韩国学中央研究院 J3-439
五杂俎	谢肇淛(明)撰，日本，宽政七年(1795)刊	16卷8册，木版本(日本)，22.4×15.8cm	序：李维桢	国立中央图书馆 BA古 10-30-나4

19. 智 囊 补

《智囊补》，又名《智囊全集》《增智囊补》《增广智囊补》，二十八卷，明冯梦龙编辑。《四库全书总目》小说家类存目著录。有明天禄阁刻本、清斐斋刻本、《笔记小说大观》本等。原名《智囊》，重刊时改名《智囊补》。冯梦龙（1574—1646）字犹龙，又字耳犹、子犹，别号犹龙子、墨憨斋主人、吴下词奴、顾曲散人、詹詹外史、茂苑野史、绿天馆主人、无碍居士、可一居士等，长洲（今江苏苏州）人。因寄籍吴县，故冯梦龙自称“直隶长洲（今江苏苏州）人”（冯梦龙《寿宁待志》）。冯梦龙出身于书香门第，其兄冯梦桂是一位画家，其弟冯梦熊是一位诗人，兄弟三人在当时的苏州文坛颇有名气，时人称之为“吴下三冯”。“吴中自祝允明、唐寅辈才情轻艳，倾动流辈，放诞不羁，每出于名教之外。”（赵翼《廿二史札记》卷三十四《明中叶才士傲诞之习》）冯梦龙生长在这样的环境中，加上他久困于诸生，长期不能中举，不免放旷不羁，甚至“逍遥艳冶场，游戏烟花里”（王挺《挽冯犹龙》）。冯梦龙一度与名妓侯慧卿相好，并有白头之约，后被侯抛弃。据他的朋友董斯张记载：冯梦龙“自失慧卿，遂绝青楼之好”（董斯张《怨离词》评）。万历三十二年（1604）至三十七年（1609）间，冯梦龙曾与文震孟、姚希孟、钱谦益等七人组织文社，后又与袁于令等人组织“韵社”；万历三十八年前后，与嘉定侯氏三瞻（豫瞻、梁瞻、雍瞻）等过从甚密。这一类结社活动，兼有砥砺德业和扩大声誉的作用。万历三十九年，江夏熊廷弼督学南畿，执法甚严，他对冯梦龙不胜赏识，特予甄拔，二人从此结下深厚的师生之谊。冯梦龙自早年即酷爱李贽学说，将之“奉为蓍蔡”，并在若干年内将大量精力投入到通俗文学的研究、整理和刊行上。冯梦龙编纂的时兴歌曲，其《广挂枝儿》未见传本，现存《童痴一弄·挂枝儿》十卷，《童痴一弄·山歌》十卷，共收作品 818 首，是明代民间歌曲集中仅见的两部巨制，与冯梦龙同时代的名流如袁宏道、王骥德、贺贻孙、凌濛初、卓珂月等人均视之为“神品”。冯梦龙还编过两本笑话集：《广笑府》和《笑府》。其中既有来自民间的笑话，也有冯梦龙和其他文人的拟作。万历三十六、三十七年间，冯梦龙见到李贽批定的《水浒传》，心存爱慕，便与袁无涯、许自昌“相与校对再三”，“精书妙刻”。此即现存的《出相评点忠义水浒全传》。冯梦龙又在友人沈德符处见到《金瓶梅》抄本，不胜欣喜，“怂恿书坊以重价购刻”（沈德符《万历野获编》卷二五）。还把罗贯中的《平妖传》由二十回增补为四十回。这一时期，冯梦龙在创作《双雄记》传奇的同时，还改定他人的传奇作品达数十种之多，现存（包括后期改定的在内）十四种：《新灌园》《酒家佣》《女丈夫》《量江记》《精忠旗》《梦磊记》《洒雪堂》《楚江情》《风流梦》《邯郸梦》《人兽关》《永团圆》《三报恩》《杀狗记》，通称《墨憨斋定本传奇》。天启三年（1623）至崇祯三年（1630），冯梦龙相继完成《喻世明言》（别称《古今小说》）《警世通言》《醒世恒言》《太平广记钞》《智囊》《情史》《太霞新奏》等总集的评纂工作，并把万历四十八年（1620）编印的《古今笑》更名为《古今谭概》再度刊行。崇祯三年（1630），冯梦龙以 57 岁高龄考入国学，选为贡生，大约在次年被朝廷破例除授丹徒县训导。在任期间，冯梦龙曾编《四书指月》一书教授生员。此书后由陈仁锡作序刊行。崇祯七年，冯梦龙由丹徒县训导升任福建寿宁知县。崇祯十一年，秩满离任，归隐苏州。清代修《寿宁县志》，其《循吏传》称冯梦龙“政简刑清，首尚文学。遇民以恩，待士以礼”，评价颇高。退隐后，冯梦龙以著书自娱，完成了《新列国志》的增补和传奇剧本《万事足》《酒家佣》《三报恩》等书的改定。《新列国志》一百零八回，系据余邵鱼《列国志传》辑演而成，目的是全面展示春秋战国时期的“国家之兴废存亡，行事之是非存毁，人品之好丑贞淫”，其内容之丰富，非《列国志传》所能比拟。崇祯十七年（1644）三月，朱明王朝被推翻，冯梦龙陷入“悲痛莫喻”之中。五月，朱由崧在南京继位，是为南明弘光皇帝。冯梦龙集刊了《甲申纪事》一书，吊“忠节”之士，斥“叛徒”之人，期望朱由崧成为中兴之主。南明弘光王朝灭亡后，朱聿键于闰六月即帝位于福州。冯梦龙又编辑了《中兴伟略》一书，表达复国心愿。隆武二年即清顺治三年（1646），冯梦龙因忧愤过甚而与世长辞。

《智囊》初编成于明天启六年（1626），后又经冯梦龙增补，重刊时改名《智囊补》，其他刊本也称《智囊全集》《增智囊补》《增广智囊补》等，内容上均同《智囊补》。全书共收历代智慧故事一千二百余则，上起先秦，下迄明代，依内容分为十部二十八卷。冯梦龙在《杂智部总叙》中说："正智无取于狡，而正智反为狡者困；大智无取于小，而大智或反为小者欺。破其狡，则正者胜矣；识其小，则大者又胜矣。况狡而归之于正，未始非正，小而充之于大，未始不大乎?"点明了全书的宗旨。全书既有政治、军事、外交方面的大谋略，也有士卒、漂妇、仆隶、僧道、农夫等小人物的日常生活机智，风格诙谐，具有很强的可读性。

书名	出版事项	版式状况	一般事项	所藏处/所藏番号
智囊补	上海文盛书局，1910年刊	38卷6册，石印本		朴在渊
智囊补	冯梦龙（明）重辑	28卷7册，中国木版本，25×15.6cm，四周单边，半郭：20×13.8cm，无界，9行20字，上黑鱼尾	自序：冯梦龙	高丽大学校 B12-B30-1-7
智囊补	冯梦龙（明）重辑	28卷7册，中国木版本，25×15.6cm，四周单边，半郭：20×13.8cm，无界，9行20字，上黑鱼尾	自序：冯梦龙	启明大学校 920.952-풍몽룡ㅈ
智囊补	经纶堂版	12卷6册，木版本		朴在渊
增广智囊补	冯梦龙（明）重辑，张明弼（明）阅，上海文海书局，光绪二十一年（1895）刊	28卷6册，中国石版本，17.2×10.5cm，四周单边，半郭：14.2×9.5cm，无界，行字数不定，上下向黑鱼尾	自叙：冯梦龙题于……	国民大学校 991.2-풍01

续表

书名	出版事项	版式状况	一般事项	所藏处/所藏番号
增补智囊补	冯梦龙（明）重辑，上海二西山房，清光绪二十一年（1895）刊	28卷6册，中国石版本，16.8×10.1cm，四周单边，半郭：13.4×8.5cm，18行40字，上黑鱼尾，纸质：绵纸		成均馆大学校 C14C-0017b
增广智囊补	冯梦龙（明）重辑，上海文盛书局，光绪三十四年（1908）刊	21卷4册（零本），中国石印本，16.7×10.2cm，四周单边，半郭：13.2×8.7cm. 无界，18行40字注双行，上下向黑鱼尾	版心题：增智囊补 表题：增补智囊补 序：冯梦龙题	檀国大学校天安栗谷图书馆 고 183-풍52ㅈ-
增广智囊补	冯梦龙（明）重辑，上海文盛书局，光绪三十四年（1908）刊	1册（零本），石印本		檀国大学校竹田退溪图书馆 IOS，고 032-풍52ㅈ
增广智囊补	冯梦龙（明）辑，宣统二年（1910）刊	27卷6册，中国石版本，20×12.9cm	表纸书名：增补智囊补 庚戌夏五驼署	高丽大学校육당 B12-B12-1-6卷1-27
增补智囊补	冯梦龙（明）重辑，张明弼等同阅，上海文盛书局，清宣统三年（1911）刊	28卷4册，中国石版本，19.7×13cm，四周单边，半郭：17.2×11cm，无界，18行字数不定，上黑鱼尾，纸质：绵纸		成均馆大学校 C14C-0017
增定智囊补	冯梦龙（明）著，刊写年未详	28卷10册，中国石印本，22×15.5cm	“返还文化财” 序：（明）冯梦龙	国立中央图书馆 [古]3738-10
增补智囊补	冯梦龙（明）著	6册，中国石版本		国立中央图书馆 BA2205-6

续表

书名	出版事项	版式状况	一般事项	所藏处/所藏番号
增定智囊补	冯梦龙(明)著	28 卷 10 册,笔写本,22×15.5cm,四周单边 半郭:17.4×13.4cm,9 行 24 字	序:吴门冯梦龙题于松陵之舟中	国立中央图书馆 B13738-10-1-10
增广智囊补	冯梦龙(明)重辑,张明弼等同阅	28 卷 6 册,中国石版本,19.9×12.8cm	序:吴门冯梦龙题……	高丽大学校,목당 B12-B30-1-6 卷 1-28

20. 野　　记

《野记》，又名《九朝野记》《枝山野记》，四卷，明祝允明撰。《四库全书总目》小说家类存目著录。明刊本、清同治十三年（1874）元和祝氏刊本、《申报馆丛书续集》本等为四卷，《历代小史》本、《续说郛》本等为一卷。祝允明（1460—1527），字希哲，号枝山，因右手有六指，自号“枝指生”，又署枝山老樵、枝指山人等。长洲（今江苏苏州）人。弘治五年（1492）举人，官至应天通判。能诗文，工书法，有“唐伯虎的画，祝枝山的字”之说。与唐寅、文徵明、徐祯卿齐名，并称为“吴中四才子”。著有《怀星堂集》《前闻集》《语怪编》《志怪录》等。

《野记》记明初至嘉靖间朝野轶闻，作者书前“小叙”说，之所以以“野”为名，“大略不欲侵于史焉”。所记民间传闻不少成为话本小说的素材，如卷四记蔡指挥女为父报仇事为《醒世恒言·蔡若虹忍辱报仇》所本，同卷记嘉定少年徐达劫人新妇而逃事为《二刻拍案惊奇》之《徐茶酒乘闹劫新人　郑蕊珠鸣冤完旧案》所本，同卷记蒋霆戏言得妇事为《初刻拍案惊奇》之《陶家翁大雨留宾　蒋震卿片言得妇》所本。

书名	出版事项	版式状况	一般事项	所藏处/所藏番号
野记	祝允明(明)纂,清同治十三年(1874)刊	4卷2册,中国木版本,25.6×15cm,左右双边,半郭:18.5×13cm,有界,12行22字,注双行,上黑鱼尾,纸质:绵纸	序:玉笥山人毛文烨序,刊记:同治甲戌(1874)开雕元和祝氏藏板	成均馆大学校 D7C-76
野记	祝允明(明)纂,中国,元和祝氏藏,光绪元年(1875)刊	4卷2册,中国石印本,26×15.5cm,左右双边,半郭:18.8×12.8cm,有界,12行22字,上内向黑鱼尾,纸质:竹纸	刊记:同治甲戌(1875)开雕元和祝氏藏板	东国大学校 도전 D952.004-축67 ㅇ-v.1-2

21. 何氏语林

《何氏语林》，简称《语林》，三十卷，明何良俊编撰。《明史·艺文志》小说家类著录，三十卷，题《语林》。《千顷堂书目》《四库全书总目》著录，三十卷，题《何氏语林》。有明嘉靖二十九年何氏清森阁刻本、明嘉靖华亭何氏缁经堂刻本、明嘉靖文徵明序刻本、明万历张文柱刻本、乾隆茂清书屋刻本等。何良俊(1506—1573)，字元朗，号柘湖，华亭（今上海松江）人。嘉靖时为贡生，荐授南京翰林院孔目。后辞去官职，归隐著述。自称与庄周、王维、白居易为友，题书房名为“四友斋”。著有《柘湖集》《何氏语林》《四友斋丛说》等。

《何氏语林》书名得之裴启《语林》，其义例、门目则以刘义庆《世说新语》为蓝本，全书分三十八门，除“言志”、“博识”为自增外，其余三十六门全依《世说新语》门目之旧。采辑两汉至元代文人的言行，凡二千七百余条。“其简汰颇为精审。其采掇旧文，翦裁镕铸，具有简澹隽雅之致。视伪本李垕《续世说》剽掇南北二史，冗沓拥肿，徒盈卷帙者，乃转胜之。每条之下又仿刘孝标例自为之注，亦颇为博赡。”“虽未能抗驾临川，并驱千古，要其语有根柢，终非明人小说所可比也。”（《四库全书总目提要》）王世贞曾将《何氏语林》与《世说新语》删并为《世说新语补》一书，在中、日、韩三国流传甚广，并带动了日本江户时代的《世说新语》研究热潮。

书名	出版事项	版式状况	一般事项	所藏处/所藏番号
何氏语林	何良俊（明）撰并注，嘉靖二十九年（1550）刊	30卷10册，中国木版本，25.7×17.5cm，左右双边，半郭：20.4×14.4cm，有界，10行20字，注双行，内向黑鱼尾，纸质：绵纸	序：辛亥（1551）四月之望文徵明书，刊记：嘉靖庚戌（1550）华亭柘湖何氏潘经堂雕梓，印：杂名文库，立教馆图书印，白河文库，李王家图书之章，外2种	韩国学中央研究院 4-247
何氏语林	何良俊（明）撰，茅坤（明）评，天启四年（1624）序	30卷6册，中国木版本，26.4×17cm	序：天启甲子（1624）……文震孟，印：帝室图书之章	首尔大学校奎章阁 [奎중]3300

22. 训 世 评 话

《训世评话》，上、下两卷，韩国李边编撰。是继《老乞大》《朴通事》之后又一部重要的朝鲜时代汉语教科书，成书于1473年6月。1473年成宗曾下令以铸字印行，1480年再次下令出版，1518年（中宗十三年，明正德十三年），李边的外曾孙尹希仁在任江原道观察使兼兵马水军节度使时以木刻版出版。李边（1391—1473）是当时著名的汉语译学者，官至“司译院都提调辅国崇禄大夫领中枢府事”。他热爱汉语，“虽在一家中，必用华语，庸童少女，亦尝习知其语，日用使唤，应对如流，遂成家业”，“期于成效，彻夜讲读，闻有能汉语，则必寻访质正。家人相语，常用汉语。遇朋友，必先以汉语接语，然后言本国之语。由是能通汉语”。《训世评话》是他晚年编定的一部汉语教科书，凝聚了他毕生的心血。这部书分上、下两卷。李边从《孟子》《史记》《列子》《后汉书》《幽冥录》《古今人物志略》《三国志》《晋书》《搜神记》《搜神后记》《南雍州记》《涑水纪闻》《广异记》《幽明录》《河东记》《笑林》《剪灯新话》《儆戒录》《鹤林玉露》《还冤记》等二十多种中国古代典籍及朝鲜世宗时刊行的《三纲行实录》、英祖时翻译的《女范》朝文本中，收集、摘录、编辑了六十则故事，又从朝鲜民间故事中采集了五则，共六十五则，再把它们以当时的汉语改写成“评话”，取名《训世评话》，以此作为对朝鲜人进行汉文、汉语教育的教材。这在中朝文化交流史和朝鲜小说史上是一件大事。每个故事先以文言叙述，后译之以白话，其中白话部分2.1万余字，是研究明代前期汉语的宝贵资料。

书名	出版事项	版式状况	一般事项	所藏处/所藏番号
训世评话	李边(朝鲜)撰，刊写地、刊写者、刊写年未详(1473)	2卷1册，木版本，四周单边，有界，10行17字，注双行，上下内向黑鱼尾	跋：正德十三年戊寅(1518)……尹希仁，汉语学习教材	国立中央图书馆[古]327-6 日本蓬左文库(名古屋市 教育委员会 蓬左文库)103-36

23. 钟离葫芦

《钟离葫芦》是已经散佚的中国笑话集。中韩两国的各种图书目录上均无著录，甚至曾被误解为《钟离》和《葫芦》是两本不同的书。数年前崔溶澈教授在韩国雅丹文库中新发现了朝鲜刻本。此书为残本一册，共三十叶（后落页），半叶七行十五字，朝鲜木版本，共收录中国笑话七十八篇。

关于此书的记录，在朝鲜时代柳梦寅（1559—1623）的《於于野谈》和朝鲜后期小说家郑泰齐（1612—1669）的《天君演义》

序文中可以见到。

《钟离葫芦》的发现证实了16世纪文人柳梦寅和17世纪小说家郑泰齐所记录的内容。此书在朝鲜时代出版之后，广为传播。朝鲜后期小说家郑泰齐在他的小说《天君演义》序中提到："来自中国者，《剪灯新话》《艳异编》，出于我东者，《钟离葫芦》《御眠楯》等书。"由此可见，当时郑泰齐已经误认为此书出于朝鲜作家之手。

据柳梦寅与郑泰齐的记载，此书应该出现于柳梦寅在世的16世纪末到17世纪初，即明末以前，该书已经传入朝鲜并刊行。①

书名	出版事项	版式状况	一般事项	所藏处/所藏番号
钟离葫芦	朝鲜朝后期刊	1册(30页),木版本,20×14cm,7行15字,内向二叶鱼尾		雅丹文库 813.7 종 298

24. 两山墨谈

《两山墨谈》，十八卷，明陈霆撰。《千顷堂书目》《明史·艺文志》小说家类著录。《国史经籍志》作八卷。《四库全书总目》改入杂家类。有明嘉靖刻本、《惜阴轩丛书》本、《吴兴丛书》本等。陈霆（？1477—1550），字声伯，号水南，浙江德清县人。弘治十五年（1502）进士，历官刑科给事中、刑部主事、山西提学佥事等。著有《仙潭志》《两山墨谈》《水南稿》《清山堂诗话》《清山堂词话》等。《两山墨谈》多考证议论之言，《四库全书总目提要》评曰："是书考证古籍颇为详赡，而持论每涉偏驳。如据《国语》王子晋厉、宣、幽、平之言，谓周宣与厉、幽、平相等，谓许衡、姚枢不当仕元，谓至正二十六年即当削元之统，皆乖谬殊

① 崔溶澈：《朝鲜刊本中国笑话钟离葫芦之发掘》，载《中国小说论丛》（韩国）2002年第16期。

甚。又轻信小说，如红线、苏小妹之类，并引为故实。至于据《政和县志》所载余应诗，以元顺帝为瀛国公子，益荒诞矣。"

书名	出版事项	版式状况	一般事项	所藏处/所藏番号
两山墨谈	陈霆(明)撰,李檠编,崔起南等校正,庆州,庆州府,宣祖八年(1575)刊	13卷3册(全18卷4册),木版本,33.4×20.8cm,四周双边,半郭:21.6×15.2cm,有界,9行18字,注双行,内向黑鱼尾,纸质:楮纸	版心题:墨谈,序题:刻两山墨谈,序文:行书笔写体大字,跋:嘉靖己亥(1539)……陈霆(明),刊记:皇明万历三年岁在乙亥(1575)春庆州府开刊,手书刻序:嘉靖己亥(1539)……李檠(明)	国立中央图书馆 BA3638-39
两山墨谈	陈霆(明),庆尚道,庆州府,宣祖八年(1575)刊	18卷4册,木版本,24.2×21cm,四周双边,半郭:21.6×15cm,有界,9行18字,内向黑鱼尾	刊记:皇明万历三年岁在乙亥(1575)春庆州府开刊序:嘉靖己亥(1539)……/李檠	启明大学校 812.8-진정ㅇ
两山墨谈	陈霆撰,宣祖八年(1575)刊	9卷2册(缺帙),木版本,32×21cm,四周双边,半郭:20.9×15cm,有界,9行18字,上下内向黑鱼尾	版心题:墨谈,刊记:皇明万历三年岁在乙亥(1575)春庆州府开刊	京畿大学校 경기-K120798-4卷6-10,15-18
两山墨谈	陈霆(明)撰	4卷1册(缺帙),木版本,29×19cm,四周双边,半郭:21.5×15.1cm,有界,9行18字,内向黑鱼尾		高丽大学校 만송贵-309-10-13卷10-13
两山墨谈	陈霆(明)著,李锡龄(清)校刊,长沙,惜阴轩,光绪二十二年(1896)刊	18卷3册,中国木版本,24.1×15cm,四周单边,半郭:17.8×12.1cm,有界,10行22字,注双行,上下中黑口,上内向黑鱼尾,纸质:竹纸	惜阴轩丛书,序:嘉靖己亥(1539)岁仲春……李檠(明)拜书,道光己亥(1839)仲春……李锡龄(清)识于惜阴轩,跋:嘉靖己亥(1539)春正月吉旦陈霆(明)书,刊记:光绪丙申(1896)七月重刊于长沙	东国大学校 도전 D819.35 진73ㅇ

续表

书名	出版事项	版式状况	一般事项	所藏处/所藏番号
两山墨谈	陈霆(明)著	18卷4册,朝鲜木版本,32.1×20.6cm,四周单边,半郭:21.8×15.3cm,有界,10行20字,大黑口,上下内向黑鱼尾,线装,纸质:楮纸	刊记:皇明万历三年藏乙亥春庆州府开刊,序:刻两山墨谈水南先生……嘉靖己亥(1539)藏仲春之右赐进士知德清县事……李檗拜书 印:玉山书院(墨印),玉山书院(朱印)	玉山书院(庆州)01-0745-0748
两山墨谈	陈霆(明)著	8卷4册,朝鲜木版本,32.5×20.4cm,四周单边,半郭:22.3×15.3cm,有界,9行18字,注双行,上下内向黑鱼尾,线装,纸质:楮纸	嘉靖己亥(1539)藏仲春之吉赐进士……李檗拜书	玉山书院(庆州)01-1230-1233

25. 花阵绮言

《花阵绮言》，十二卷，“仙隐石公编次”。有明刊本，1991年上海古籍出版社据以影印出版，收入《古本小说集成》。仙隐石公，乃袁中郎宏道；又《花阵绮言题词》一则，亦署“楚人袁宏道题”。查《袁中郎全集》，无此题词，或系坊贾编成，冒名沽利所为。全书共十二卷。第一卷，《三奇合传》；第二、三卷，《花神三妙》；第四、五卷，《天缘奇遇》；第六、七卷，《钟情丽集》；第八、九卷，《金谷怀春》；第十、十一卷，《觅莲雅集》；第十二卷，《娇红记》。此书所辑中篇传奇小说数种，均错综出入于《燕居笔记》《绣谷春容》《国色天香》《万锦情林》《风流十种》等晚明通俗类书中。

书名	出版事项	版式状况	一般事项	所藏处/所藏番号
花阵绮言	仙叟石公(明)编，翰史茂生(明)评撰	12卷12册，木版本，22.9×15.4cm	序：袁宏道，内容：卷1：三奇合传，卷2、3：花神三妙，卷4、5：天缘奇遇，卷6、7：钟情丽集，卷8、9：金谷怀春，卷10、11：觅莲雅集，卷12：娇红记	国立中央图书馆 [古]5-80-35

26. 情　史

《情史》全称《情史类略》，又名《情天宝鉴》。明代文言小说集，24卷，870余篇。詹詹外史（冯梦龙）编。现存明东溪堂本，清初芥子园刊本，清嘉庆十四年（1809）刊行本，清道光二十八年（1848）三让堂、经国堂刊本，清光绪二十年（1894）上海石印本，清平妖堂刻本，民国间上海会文堂书局石印本。集前有署名为龙子犹和詹詹外史（皆为冯梦龙）的两篇序言。

全书以情为线索，汇集了上起周室、下至明季形形色色的男女之情。或表现男女间坚贞不渝的爱情，如收入情幻类的《王生》《张倩女》《柳氏女》《贾云华》，收入情化类的《望夫石》《心坚金石》《连理树》《并蒂莲》等。或表现下层妇女的不凡品质，如收入情仇类的《莺莺》《杜十娘》《刘翠翠》《王琼奴》，收入情侠类的《红拂妓》《瑞卿》《娄江妓》《荆十三娘》《邵金宝》等。《邵金宝》叙倡女邵金宝，与京营参将戴纶相善，后戴获罪下狱，“将坐重辟”，戴以三千金托邵谋救。邵历尽艰难，“十余年所如一”，终使戴获释，并得补建昌游击。邵又将四千余金付戴，并“从之任”。或叙人神、人鬼相恋，如收入情疑类的《白螺天女》《清溪小姑》《云英》《洞庭君女》，收入情鬼类的《崔少府女》《越王女》《薛涛》《桃园女鬼》《郑婉娥》等。或暴露权贵的荒淫腐朽，如收入情豪类的《汉灵帝》《秦始皇》《汉武帝》《唐玄宗》《元顺帝》，收入情秽类的《秦宣太后》《飞燕合德》《唐高宗武后》《唐玄宗杨贵妃》《山阴公主》《安乐公主》等。《情史》保存了一些稀见作品免于散佚，并为后代戏曲、小说提供了丰富素材。

书名	出版事项	版式状况	一般事项	所藏处/所藏番号
情史	詹詹外史(明)评辑,经纶堂,道光二十八年(1848)刊	13卷6册,中国木版本,16.1×11.2cm	卷头书名:情史类略,序:龙子犹,印:集玉斋,帝室图书之章	首尔大学校奎章阁[奎중]5887
情史	冯梦龙编	24卷6册,石印本		朴在渊
情史类略	著者未详,嘉庆十四年(1809)刊	零本7册(所藏本中卷之一至四,七至十一,十九至二十,7册以外缺,24卷12册中),中国木版本,17.2×10.6cm,四周单边,11行24字,半郭:12×9.2cm,无界,白口,上黑鱼尾	版心书名:情史,标题纸刊记:嘉庆己巳(1809)年镌	海军士官学校[중]173
情史类略	冯犹龙原本,詹詹外史(明)评辑,中国(清代)刊	22卷11册(卷1-7,10-24),中国木版本,有图,24.4×15.5cm,上下单边,左右双边,半郭:19.4×14.5cm,有界,11行24字,上下向黑鱼尾,纸质:竹纸	表题:情史,版首题:情史,版尾题:情迹,序:江南詹詹外史述,所藏印:赵文和章,玄问,内容:情贞类、情迹类	清州大学校
情史类略	詹詹外史(明)评辑,清版本	13卷6册(零本,卷9,14-24[8册]),中国木版本,23.6×15.2cm	印:帝室图书之章	首尔大学校奎章阁[奎중]4304

续表

书名	出版事项	版式状况	一般事项	所藏处/所藏番号
情史类略	詹詹外史(明)撰，清朝年间刻，后刷	1卷1册(卷19)，中国木版本，23.7×15.5cm，左右双边，半郭：19.2×13.9cm，有界，11行24字，头注，上黑鱼尾，纸质：竹纸	版心题：情史	成均馆大学校 D7C-168
绘图情史	詹詹外史(明)评辑，北京，自强书局，清宣统元年(1909)刊	24卷6册，中国石印本，20.3×13.4cm，四周单边，半郭：17.1×11.5cm，行字数不定，头注，纸质：竹纸	刊记：宣统元年(1909)暮春北京自强书局石印	成均馆大学校(曹元锡) D7C-182
绘图情史	詹詹外史(明)评辑，刊写地未详，刊写者未详，宣统元年(1909)刊	5卷1册(卷9-13，缺帙)，20×13cm，四周双边，半郭：17×11.6cm，无界，23行48字，上下向黑鱼尾	上栏外小字头注	东亚大学校(3)：12：2-71
绘图情史	著者未详，上海书局，1911年刊	24卷6册，1函6册(布匣本)，1-6(卷1-24)，中国石印本，有图，20.2×13.4cm，四周双边，半郭：16.3×11.2cm，无界，上下向黑鱼尾	书名：卷首题，序题：情史序，版心题：绘图情史，表题：绘图情史，序：吴人龙子犹叙中华民国元年上海书局石印	东国大学校(庆州) D912.0094-회25 v.1-v.6
绘图情史	詹詹外史(明)评辑，刊写地、刊写者、刊写年未详	11卷3册(卷14-24，缺帙)，19.9×13cm，四周双边，半郭：16.9×11.5cm，无界，23行48字，上下向黑鱼尾	上栏外小字头注	东亚大学校(3)：12：2-83
绘图情史		24卷6册，中国版，20.2×13cm，四周双边，半郭：17.4×11.8cm，23行48字，白口，上下向黑鱼尾	行草书，序：吴人龙子犹	鹅洲申氏忍斋派典庵后孙家，韩国国学振兴院受托

续表

书名	出版事项	版式状况	一般事项	所藏处/所藏番号
新编评点古今情史类纂	编者未详，新小说社，清朝末—民国初刊	2卷1册（卷1-2），中国石印本，20.5×13.6cm，四周双边，半郭：17.2×11.8cm，有界，19行42字，上黑鱼尾，纸质：竹纸	刊记：新小说社印行	成均馆大学校 D7C-158

27. 太平清话

《太平清话》，四卷，明陈继儒撰。《千顷堂书目》杂家类著录，四卷。《四库全书总目》改入小说家类。有《宝颜堂秘笈》本。《眉公十种藏书》本、《说库》本为二卷。陈继儒（1558—1639），字仲醇，号眉公、麋公。华亭（今属上海）人。诸生，年二十九，隐居小昆山，杜门著述，工诗善文，书法苏、米，兼能绘事。屡奉诏征用，皆以疾辞。著有《妮古录》《陈眉公全集》《小窗幽记》等。《太平清话》记琐事旧闻，而以“古今文献翰墨玄赏之事”为主。《四库全书总目提要》评曰：“是书杂记古今琐事，征引舛错，不可枚举。当时称继儒能识古今书画，然如所载耐辱居士墨竹笔铭，证以《唐书·司空图传》，乖舛显然，殊不能知其伪也。”

书名	出版事项	版式状况	一般事项	所藏处/所藏番号
太平清话（眉公秘笈）	陈继儒（明）编，万历三十四年（1606）序	69册（零本），木版本，24.4×14.9cm，四周单边，半郭：20.4×12.5cm，有界，8行18字，上黑鱼尾	《尚白斋镌陈眉公订正秘籍》表纸书名：眉公秘籍，序：麟叔祥［万历］丙午（1606）……陈万言，第72册，太平清话2卷	首尔大学校奎章阁 4332册 40-74

28. 林居漫录

《林居漫录》，前集六卷、畸集五卷，明伍袁萃撰。《四库全书总目》著录前集六卷、畸集五卷。北京图书馆藏万历刊本，分前集六卷、别集九卷、畸集五卷、多集六卷。伍袁萃（1595年前后在世），字圣起，号宁方，苏州府吴县（今属江苏苏州）人。万历八年（1580）进士，授贵溪知县，擢兵部主事，进员外郎，署职方事，出为浙江提学佥事，官至广东海北道按察副使。著有《林居漫录》《弹园杂志》。事迹附见《明史·徐贞明传》。《四库全书总目提要》评其《林居漫录》曰："史称所撰《林居漫录》《弹园杂志》，多贬斥当世公卿大夫，而于李三才、于玉立尤甚。今观是书，所载多朝野故实，往往引明初之事以证明季弊政，而词气过激，嫌于已甚。又因力排良知之说，与王守仁为难，遂并其事功而没之，不免矫枉过正。至胪载闾巷琐事，多参以因果之说，尤失于庞杂矣。"

书名	出版事项	版式状况	一般事项	所藏处/所藏番号
林居漫录	朝鲜朝末期	1册，笔写本，30×18.6cm，无界，10行24字，无鱼尾	书名：表题	高丽大学校 만송 D1-A2008

29. 痴婆子传

《痴婆子传》，明代中篇文言小说，凡上、下二卷，署"芙蓉主人辑，情痴子批校"。又名《痴妇说情传》。孙楷第《中国通俗小说书目》卷四著录："此书以文言演述，而颇浅露。《在园杂志》卷二，三余堂覆明本《东西晋演义》无名氏序均引此书。疑亦明人作。丁日昌禁书目著录。"

书名	出版事项	版式状况	一般事项	所藏处/所藏番号
痴婆子传	芙蓉主人（明）辑	汉文木字活本，2卷1册，31页，26×18.2cm，四周单边，半郭：21.6×15.1cm，10行20字，上下向黑鱼尾	题签：痴婆子传完，序：乾隆甲申（1764）排浪月，校：情痴子批	崇实大学校 5002

30. 逸史搜奇一百四十家小说

《逸史搜奇》，明汪云程编辑。《四库全书总目》小说家类著录，不分卷。有万历刊本。汪云程（？1506—？1576），号中山子、中山逋吏、栖闲居士，婺源大畈（今属江苏）人。嘉靖朝以官生任广平府通判（正六品）。著有《逸史搜奇》《蹴鞠图谱》等。《逸史搜奇》是一部丛抄性质的文言小说总集，所采自汉至明的文言小说计一百四十种之多，按天干排序，由甲至癸共十集。《四库全书总目提要》谓其所采"大抵皆猥亵荒唐之言"，是因为其中传奇小说较多的缘故。

书名	出版事项	版式状况	一般事项	所藏处/所藏番号
逸史搜奇一百四十家小说	汪云程（清）编集，刊年未详	全10卷10册（1册，第2-10册缺），中国木版本，24.3×15.7cm，四周双边，半郭：20×14cm，12行26字，下黑鱼尾	表纸书名：逸史搜奇，印：广州安鼎福百顺庵	韩国学中央研究院 D7C-9

31. 稗　　海

《稗海》，三百六十八卷，明商濬编辑。《明史·艺文志》小说家类著录，三百六十八卷。《千顷堂书目》入子部类书类，无卷数，凡四十六种，续二十七种。有万历间商氏半野堂刊本、康熙间振鹭堂据商氏刊版重编补刊印本等。商濬字初阳，一字景哲，会稽（今浙江绍兴）人。《稗海》是一部丛抄性质的文言小说总集，收晋唐至宋元间子部小说、传奇小说，大致以年代为序。所收多为名著，也有一些罕见书籍，如张邦基《墨庄漫录》、王铚《补侍儿小名录》、温豫《续补侍儿小名录》等。亦时有舛讹，如八卷本《搜神记》误题为干宝撰等。

书名	出版事项	版式状况	一般事项	所藏处/所藏番号
稗海	商濬（明）编，本衙藏，清版本	80册，木版本，25.4×16.2cm	本衙藏版 序：商濬	首尔大学校 奎章阁 3656
稗海	商濬（明）编，振鹭堂，清版本	100册，木版本，25×16.2cm	振鹭堂藏版 序：商濬	首尔大学校 奎章阁 4255
稗海	商濬（明）等校	9册，木版本，26.5×16cm		国立中央图书馆 BA古10-00-나27
稗海	商濬（明）编，	45册，活字本，25.5×16.9cm	序：陶望龄（明）书	国立中央图书馆 BA3730-15
稗海	商濬（明）编	1册（14张），笔写本，16×13cm，四周单边，半郭：12.3×10.3cm，有界，16行16字	表纸书名：三山日记	梨花女子大学校 [고]812.8 비92
稗海全书	商濬（明）编，中国，槐荫山房	80册，木版本，24.3×16.1cm	标题：稗海 序：会稽商濬书	高丽大学校 E1-B1-1-80

32. 国色天香

《国色天香》，凡十卷。通俗类书。明代吴敬所编辑。有明万历丁酉金陵书林周氏万卷楼刻本。首谢友可序，有“作者咸臻，养纯吴子乃大搜词苑”之语，后署“时万历丁亥九紫山人谢友可撰于万卷楼”。正文分上下两层，卷端卷第下署“抚金养纯子吴敬所编辑。书林万卷楼周对峰绣锲”。与《万锦情林》《燕居笔记》等书性质相同：诸体小说兼收，或用浅近文言写成，亦有文白相间或全用古代白话的篇目；还少量收录书翰、诗话、琐记；旨在雅俗共赏。该书上层除诗、词、歌、赋外，收有短篇小说十五篇，计《古杭红梅记》《相思记》《虾蟆吐丹记》《金兰四友传》《东郭记》《笔辩论》《虬须老叟》《侠妇人传》《张于湖传》《续东窗事犯传》《清虚先生传》《丽香公子传》《飞白散人传》《玄明高士传》《风流乐趣》。下层收《龙会兰池录》《刘生觅莲记》（上、下）《寻芳雅集》《双卿笔记》《花神三妙传》《天缘奇遇》（上、下）《钟情丽集》（上、下）共七篇中篇传奇小说。此书对研究明代通俗文言小说，颇具参考价值。

《燕居笔记》，明代通俗类书。何大抡编。凡十卷。有明末金陵刻本，题《重刻增补燕居笔记》。序署“古临琴涧居士何大抡元士题”，审其语气，即是作者。何大抡，字元士，杭州人，生平不详。书分上、下两层，上层收《天缘奇遇》《钟情丽集》《花神三妙传》《拥炉娇红》《怀春雅集》五篇中篇传奇小说。下层除收诗词歌赋文书联曲外，另有短篇小说二十六篇，乃《游会稽山记》《金凤钗记》《联芳楼记》《滕穆醉游聚景园记》《牡丹灯记》《渭塘奇遇记》《江庙泥神记》《虾蟆吐丹记》《周秦行记》《田洙遇薛涛联句》《凤尾草记》《芙蓉屏记》《心坚金石传》《节义双全传》《刘方三义传》《吴媚娘传》《续东窗事犯传》《琼奴传》《爱卿传》《雕传》《张于湖宿女真观》《红莲女淫玉禅师》《杜丽娘慕色还魂》《古杭红梅记》《绿珠坠楼记》《柳耆卿玩江楼记》等，多为传奇小说。另有清初刻本，二十二卷，题《增补批点图像燕居笔记》。卷第下署“明叟冯梦龙增编，书林余公仁批补”。卷首有苍山魏邦达序。冯梦龙当系托名。其书不分上下层。第七卷至第十三卷收录小说，其中《刘元普天赐佳儿》《蒋兴哥重会珍珠衫》《转运汉巧遇洞庭红》三篇选自《初刻拍案惊奇》及《古今小说》。《郑元和嫖遇李亚仙记》《张于湖宿女贞观记》《玩江楼记》《绿珠坠楼记》《东坡佛印二世相会传》五篇属于白话短篇小说，其他均为文言小说，计五十余篇，题如《东坡三过记》《羞墓亭记》《卖妇化蛇记》《王生渭塘奇遇记》《甘节楼记》《芙蓉屏记》《连理树记》《成令言遇仙记》《裴航遇云英记》《崔生遇仙记》《秋香亭记》《张老夫妇成仙记》《滕穆醉游聚景园记》《田洙遇薛涛联句记》《听经猿记》《会真记》《古杭红梅记》《天致续缘记》《招提琴精记》《舒信道白鳖记》《许真奇遇记》《孟氏思忆遇精记》《绿衣人记》《四女同欢记》《独孤遐叔记》《杜丽娘牡丹亭还魂记》《离魂记》《刘方玄记》《柳府尹遣红莲破月明和尚记》《刘方三义传》《名闺贞烈传》《朱氏遇仙传》《柳氏传》《非烟传》《琼奴传》《敝帚惑僧传》《酒蘖迷人传》《郭翰遇织女星传》《李玉郎张丽娘传》《爱卿传》《郑德璘传》《洞庭三娘传》《胡媚娘传》《佞人传》《张无颇传》《刘秀英还魂传》《浙湖三奇志》《钟情丽集》《高氏双双传》《三妙传》《天缘奇遇》《拥炉娇红传》《怀春雅集》《五金鱼传》《刘生觅莲记》等。

《燕居笔记》与《国色天香》《万锦情林》等书性质相同，既可供粗通文墨者阅读，亦可供文人墨客消遣，对研究文言小说有一定参考价值。

书名	出版事项	版式状况	一般事项	所藏处/所藏番号
国色天香	吴敬所（明）编，刊写地，刊写年未详，大业堂	10卷3册（卷1-10），木版本，22.9×14.6cm，四周双边，半郭：20.8×13.2cm，有界，13行30字，上黑鱼尾	版心题：国色天香，内表纸书名：京台新镌公余胜览国色天香，刊记：大业堂重校梓	东亚大学校（3）：11-140卷1-10
新刻京台公余胜览国色天香	吴敬所（明）编，如山甫（明）重梓，中国，书业堂，刊写年未详	10卷8册（卷1-10），中国木版本，17.4×11cm，四周单边，半郭：7.8×10cm，有界，13行16字，注双行，花口，上下向黑鱼尾	里题：公余胜览国色天香，表题：国色天香，序：谢友可	首尔大学校中央图书馆3432-68A-1-8

续表

书名	出版事项	版式状况	一般事项	所藏处/所藏番号
新刻京台公余胜览国色天香	中国，益善堂	10卷10册(卷1-10)，中国木版本，26.3×15.9cm，上下单边，左右双边，半郭：20.3×12.8cm，有界，13行16字，花口，上下向黑鱼尾	标题：公余胜览国色天香，版心题：国色天香，书眉注，刻公余胜览国色天香序：谢友可	首尔大学校中央图书馆 3432-68-1-10
新刻京台公余胜览国色天香	吴敬所(明)编辑，清朝后期刊	10卷8册，木版本，23×14.6cm，四周单边，半郭：21.4×13cm，有界，13行30字，上黑鱼尾，纸质：竹纸		成均馆大学校 D02C-0081

33. 顾氏文房小说

《顾氏文房小说》，明顾元庆编辑。有明嘉靖间顾氏夷白斋刊本、1925年上海商务印书馆影印明刊本等。顾元庆（1487—1565）字大有，长洲人。早年师事南濠都穆，后移家阳山大石下，学者称大石先生，室名夷白斋，藏书万卷。受当时江南文人辑刻说部丛书风尚的影响，顾元庆亦择其所藏善本，辑刻说部丛书，传世的有《顾氏文房小说》四十种、《顾氏明朝四十家小说》《广四十家小说》。著有《十友图赞》《云林遗事》《夷白斋诗话》《紫府奇言》《阳山新录》《山房清事》《大石八景记》《瘗鹤铭考》《茶谱》等。《顾氏文房小说》收汉魏至宋文言小说共四十种，如《续齐谐记》《汉武帝别国洞冥记》《海内十洲记》《博异志》《集异记》《开元天宝遗事》《白猿传》《周秦行纪》《高力士外传》《虬髯客传》《梅妃传》《杨太真外传》等。该书对于研究文言小说史很有参考价值。

书名	出版事项	版式状况	一般事项	所藏处/所藏番号
顾氏文房小说	上海涵芬楼	10册,中国石印本,19.5×13.2cm		首尔大学校奎章阁［古］895.13-G697-v.1-10

34. 广四十家小说

《广四十家小说》，明顾元庆辑。因顾元庆编刊未竟即卒，此书直到1915年始由上海文明书局石印行世。包括《贾氏谈录》《陶朱新录》《天隐子》《白獭髓》《冀越集》《石田杂记》《友会谈丛》《寇莱公遗事》《历代帝王传国玺谱》、《桂苑丛谈》《避戎夜话》《江淮异人录》《清夜录》《吴中旧事》《西征石城记》《中朝故事》《平江纪事》《震泽纪闻》《明皇十七事》《杜阳杂编》《兴复哈密国王记》《苹野纂闻》《摭言述妓馆五段事》《苏谈》《绿珠内传》《否泰录》《东方朔神异经》《开颜集》《江海歼渠记》《闲燕常谈》《景仰撮书》《拘虚晤言》《宝椟记》《太湖新录》《蚕衣》等作品。

书名	出版事项	版式状况	一般事项	所藏处/所藏番号
广四十家小说	顾元庆（明）编辑,上海文明书局,清朝末至民国初刊	不分卷6册,中国石印本,15.4×9.9cm,四周双边,半郭:12.7×8.3cm,有界,14行32字,内向黑鱼尾,纸质:竹纸	刊记:上海文明书局印行	成均馆大学校（曹元锡）D7B-130

35. 五朝小说

《五朝小说》，明佚名编辑。1926年上海扫叶山房取《五朝小说》稍加抽换，石印出版，改题为《五朝小说大观》，较为通行。1991年上海文艺出版社据石印本影印的《五朝小说大观》实仅有魏晋小说部分。《五朝小说》与《说郛》（重编本）、《续说郛》的版式相同，有人认为是据《说郛》《续说郛》的版片重新编印的。但《五朝小说》所收书与《说郛》并不完全相同，且现存《说郛》（重编本）的刊印晚于顺治四年（1647），实在《五朝小说》刊行之后。二者之间的关系，有待研究。

该书选取魏晋至明代志怪、传奇、志人等笔记杂书近五百种，分魏晋小说、唐人百家小说、宋人百家小说、皇明百家小说四部，因魏晋小说含两代作品，故合称为“五朝小说”，是明代以前文言小说的大型丛书。然其中部分篇目系从前人书中窃取，又改题篇名作者，造成一定混乱。比如魏晋部分有篇《楚王铸剑记》，署的作者名是汉朝的赵晔。这一篇本在《搜神记》卷十一里，署名干宝，绝不可能是汉朝赵晔写的。还有一篇《西王母传》，署的作者是汉朝的桓驎，这个故事的文字见于唐朝道士杜光庭编的《墉城集仙录》，写定者就是杜光庭。《五朝小说》收入，却署作汉朝的桓驎。唐代部分，《红线传》是《甘泽谣》里的一篇，作者袁郊，《五朝小说》却署作杨巨源撰。《枕中记》作者本是沈既济，《五朝小说》却署作李泌。《耳目记》作者是晚唐五代的刘崇远。《五朝小说》的《耳目记》不是原书，却用了《耳目记》的名字，而内容抄自张鷟的《朝野佥载》。

书名	出版事项	版式状况	一般事项	所藏处/所藏番号
五朝小说	清代刊	2册，中国木版本，22.8×16.5cm，上下单边，左右双边，半郭：19.3×14.4cm，有界，9行20字，注双行，下向白鱼尾，纸质：竹纸	内容：家王故事，钱惟演（宋）著，家世隽闻陆瀞（宋）著	清州大学校 823.4 오451 v.1，v2

36. 古今说海

《古今说海》，一百四十二卷，明陆楫（生卒年不详）编。有明嘉靖二十三年（1544）云间陆氏俨山书院刊本，此本分装四十册，现存于北京图书馆。另有明万历刊本、文津阁本（此本称此书为一百三十九卷）、清道光元年（1821）苕溪邵氏酉山堂刊本、清宣统元年（1909）上海集成图书公司排印本、民国四年（1915）上海进步书局石印本及《四库全书》本。陆楫（1515—1552），字思豫，号小山，松江府（今上海）人，陆深之子。以父荫由廪生入太学，未仕而逝。著有《蒹葭堂稿》。《古今说海》约刊成于明世宗嘉靖二十三年（1544）。唐锦序称："凡古今野史外记，丛说脞语、艺书怪录、虞初稗官之流，靡不品骘抉择，区别汇分，勒成一书，刊为四部，总而名之，曰古今说海。"全书共分四部七家：一说选部，载小录、偏记二家，收录《北征录》一卷（明金幼孜撰）、《北征后录》一卷（明金幼孜撰）、《北征记》一卷（明杨慎撰）、《平夏录》一卷（明黄标撰）等十五种书；二说渊部，载别传家，收录《洛神传》一卷（唐薛莹等撰）、《林灵素传》一卷（宋赵丏时撰）、《中山狼传》一卷（宋谢良撰）等六十四种书；三说略部，载杂记家，收录了《宣政杂录》一卷（宋江万里撰）、《三朝野史》一卷（元吴荣撰）、《霏雪录》一卷（明刘绩撰）等三十二种书；四说纂部，载逸事、散录、杂纂三家，收录了《汉武故事》一卷（汉班固撰）、《炀帝海山记》一卷（唐韩偓等撰）、《行营杂录》一卷（宋赵葵撰）、《虚谷闲抄》一卷（元方回等撰）、《乐府杂录》一卷（唐段安节撰）、《损斋备忘录》一卷（明梅纯撰）等二十一种书，四部共辑录前代至明小说一百三十余种，每种各自为帙，多选杂记传奇，以唐、宋小说为最多，是明代重要的小说丛书。虽不及南宋曾慥《类说》所收之罕见，又不及明陶宗仪《说郛》所收之繁富，但于所收之书皆存其始末，则又较二书为详赡，使古人单篇零种，赖以传世，有网罗放失之功。此书所收各种，颇有根据，在明人杂纂之中，犹属不甚伪妄者。但其所收一百三十余种之中，说渊一部，至六十四种，其间除宋、明人所著《林灵素传》《海陵三仙传》《辽阳海神传》《中山狼传》四种之外，余皆从《太平广记》中录出，而抹去其撰人及出处，则不免欺人之嫌。

书名	出版事项	版式状况	一般事项	所藏处/所藏番号
古今说海	陆楫(明)辑,嘉庆二十三年(1544)序	7册(零本,第1-7册),笔写本,24.3×15.5cm	表纸书名:说海,序:嘉靖甲辰(1544)……唐锦	首尔大学校奎章阁5041
古今说海	陆楫(明)辑	142卷24册(卷1-142),笔写本,22.1×15.6cm	表题:说海,引:嘉靖甲辰(1544)……唐锦题	高丽大学校E2-B2-1-24
古今说海	陆楫(明)编,清道光元年(1821)刻,后刷	5册,中国木版本,25×16.4cm,上下单边,左右双边,半郭:16.1×11.2cm,有界,8行16字,下向白鱼尾,纸质:竹纸	表题:说选,版心题:说选甲集,引:嘉靖甲辰(1544)岁夏四月朔龙江唐锦题,刊记:道光元年(1821)苕溪邵氏酉山堂重刊,道光元年(1821)苕溪邵氏酉山堂松岩重刊本,所藏印:安钟和	忠南大学校集.总集类-中国-1324
古今说海	陆楫(明)辑,松岩(清)道光元年(1821)刊	142卷20册(卷1-142),木版本,25.3×16.1cm,上下单边,左右双边,半郭:16.4×11.2cm,有界,8行16字,注双行,花口,上下向白鱼尾	4部7家135种142,刊记:松岩补刻	首尔大学校中央图书馆3403-10-1-20
古今说海	陆楫(明)编,上海集成图书公司,宣统元年(1909)	142卷12册(卷1-142),中国新活字本,20.2×13.3cm,四周双边,半郭:16.4×10.6cm,无界,13行32字,注双行,无鱼尾	刊记:宣统元年(1909)季冬月第二次印于上海,引:嘉靖甲辰岁(1544)四月朔龙江唐锦题,重刻序:无名氏	东亚大学校(3):10:5-9

续表

书名	出版事项	版式状况	一般事项	所藏处/所藏番号
古今说海	陆楫（明）著，北京集成图书公司，宣统元年（1909）	142卷12册（卷1-142），印本（中国），有图，19.7×13.5cm，四周双边，半郭：16.2×10.4cm，无界，13行32字，无鱼尾	序：嘉靖甲辰岁夏四月朔（1544），重刻序：陆楫宣统元年（1909）	梨花女子大学校 952-육 818-1-12

37. 汉魏丛书

《汉魏丛书》，包括《汉魏丛书》（程荣编辑）、《广汉魏丛书》（何允中编辑）、《增订汉魏丛书》（王谟编辑）。所收篇目何多于程，王又多于何，今通行王本。

程荣，安徽歙县人。万历二十年（1592）编刊大型丛书《汉魏丛书》，所收以汉魏人著作为主，间有晋、梁、陈、隋人著作，含古经逸史、稗官野乘，计子目三十八种，共二百五十一卷。这部丛书开了明代广刻大型丛书的风气。程氏还辑刻了关于园圃的《山居清赏》以及多种单行本。

程刻问世之后，因程刻而问世的丛书有万历间武林何允中辑刻的《广汉魏丛书》七十六种，清乾隆五十六年（1791）王谟辑刻的《增订汉魏丛书》八十六种，四百四十八卷等。

王谟字仁圃，江西金溪人，乾隆丁酉（1777）进士，授知县，自乞教职，选建昌府教授。好著述。曾辑《汉魏遗书》五百余种，撰《江西考古录》《豫章十代文献》等书。在程荣、何允中《汉魏丛书》基础上进一步完善体例，增订为八十六种，乾隆五十六年（1791）刊行。有学使陈兰森序，保留了屠隆原序。谟自撰《凡例》九条，又于目录后作《总跋》，罗列了何允中本失当之处。

书名	出版事项	版式状况	一般事项	所藏处/所藏番号
汉魏丛书	何镗(明)编,万历二十年(1592)序	99册(零本)(65册),中国木版本,24.3×15.6cm,左右双边,半郭:19×14.3cm,有界,6行14字,上白鱼尾	序:万历壬辰(1592)……屠隆纬真甫纂	首尔大学校奎章阁[古]4686-35-99
汉魏丛书	王谟(清)辑,中国,本衙藏版,乾隆五十六年(1791)	75卷75册(缺帙),中国木版本,24.2×15.7cm	标题纸:乾隆辛亥(1791)重镌本衙藏版	高丽大学校육당 E2-B20-1-18,73-79
增订汉魏丛书	王谟(清)辑,中国,乾隆五十七年(1792)后刷	(册1-72)72册,中国木版本,24.1×16.4cm	标题:汉魏丛书,序:乾隆壬子(1792)……陈兰森撰,万历壬辰(1592)……东海屠隆纬真甫纂,小尔雅,穆天子传,西京杂记,飞燕外传,神仙传,新序,博物志	高丽大学校E2-B1-1-72
汉魏丛书	王谟(清)编,清版本	80册(册1-80),木版本,24.2×15.4cm	表纸书名:汉魏丛书,序:万历壬辰(1592)……屠隆,跋:王谟,内容:小尔雅,神仙传,新序,抱朴子,搜神记,神异经,洞冥记,西京杂记	首尔大学校奎章阁[古]3713-1-80
汉魏丛书		79册(册76缺),中国木版本,上下单边,匡郭:20×14.5cm,有界,9行20字,上白鱼尾	序:壬辰屠隆纬真甫,内容为册24:穆天子传1-6,册25:飞燕外传 神仙传1-4 神仙传5-9 十洲记,册63:述异记(上下),册64:拾遗记1-10,册65:博物志1-10	延世大学校(李源喆文库)

续表

书名	出版事项	版式状况	一般事项	所藏处/所藏番号
汉魏丛书	王谟(中国)编,刊写地未详,育文书局,20世纪初刊	(册1-6)6册(缺帙),中国石版本,20.5×13.3cm,四周单边,半郭:17×11.9cm,有界,18行45字,注双行,上黑鱼尾,纸质:竹纸	内容:说苑,博物志,拾遗记,述异记,搜神记,神异经,洞冥记,枕中书	全南大学校 3N4-한 67 ㅇ-v. 1-6
汉魏丛书	王谟(清)辑,中国,震东学社,20世纪初刊	16册(册20,22-36,缺帙),石印本,20.3×13.3cm	题签题,校精汉魏丛书,版心:育文书局	高丽大学校 E2-B20A-20,22-36
汉魏丛书		42卷12册,木版本,15×26cm		忠清北道 槐山郡 金文起

38. 狯园志异

《狯园志异》，即《狯园》，十六卷，晚明钱希言撰。《千顷堂书目》《四库全书总目》小说家类著录《狯园》十六卷。有明万历刊本。清乾隆间知不足斋刊本改题为《狯园志异》。钱希言，字简栖，吴县（今属江苏）人，一作常熟人，生卒年不详。著有《狯园》《戏瑕》《剑筴》《桐薪》等。事迹见《列朝诗集小传》丁集下。

《狯园》分十类，卷一至卷四为仙幻，卷五至卷六为释异，卷七为影响，卷八为报缘，卷九为冥迹，卷十卷十一为灵祇，卷十二为淫祀，卷十三为奇鬼，卷十四、十五为妖孽，卷十六为瑰文。题材多涉神怪。许多故事标明了材料所自，有确切名姓可考者为130余人，如袁宏道、江盈科、李维桢、冯时可、王稚登、陈继儒、宋懋澄、钱允治、董其昌等。本书是晚明较有影响的文言小说之一。

书名	出版事项	版式状况	一般事项	所藏处/所藏番号
狯园志异	钱希言(明)撰,知不足斋,清版本	8卷4册,中国木版本,17.4×11.6cm	序:癸丑(?)……钱希言,印:集玉斋,帝室图书之章	首尔大学校奎章阁[奎중]5889

39. 艳 异 编

《艳异编》全称《新镌玉茗堂批评王弇州先生艳异编》。文言小说总集。明代王世贞编。正编四十卷，续编十九卷。卷首有汤显祖序，作于万历四十六年（1618）。今本《艳异编》，均有汤显祖批注，故题曰“玉茗堂原本”、“玉茗堂批评”。此书分类汇编明以前小说、史籍和笔记中有关故事，兼及明人创作，以“艳”、“异”为采录标准。正编分十七部：星部、神部、水神部、龙神部、仙部、宫掖部、戚里部、幽期部、冥感部、梦游部、义侠部、徂异部、幻术部、妓女部、男宠部、妖怪部、鬼部，计360余篇；续编分二十三部：神部、龙神部、仙部、鸿象部、宫掖部、幽期部、情感部、妓女部、梦游部、义侠部、幻术部、鳞介部、器具部、珍宝部、禽部、昆虫部、兽部、鬼部、徂异部、定数部、冥迹部、冤报部、草木部，计160余篇。所谓“艳”，即“艳情”之意。其主角，或为帝王后妃，如唐明皇、元顺帝、赵飞燕赵合德姊妹、齐废帝潘妃、陈后主张贵妃、唐高宗武后、唐中宗韦后、唐玄宗杨贵妃梅妃；或为青楼妓女，如李娃、霍小玉、杨倡、薛涛、天水仙哥、楚儿、颜令宾、王团儿；或为青年男女，如卓文君、崔莺莺、步飞烟、娇红、翠翠；或为仙、鬼，如辽阳海神、南楼美人等。所谓“异”，即“奇异”之意。其主角，或为龙神，如《柳毅传》《灵应传》所载；或为义侠，如红线、昆仑奴、聂隐娘、车中女子、《花月新闻》之剑仙；或为精怪，如猿(《白猿传》《袁氏传》)、狐(《任氏传》《李参军》《姚坤》)、猪(《乌将军》)、蛇(《白蛇传》)、虾(《长须国》)、鸟(《乌君山》)、鳖(《舒信道》)、鱼(《太湖金鲤》)、花(《崔玄微》《桃花仕女》)。《梦游部》《幻术部》《徂异部》等记梦境、幻术、奇遇之“异”，据“异”的方式归类，与按主角分类有别，其重要作品有《淳于棼》《邢凤》《阳羡书生》《狄氏》《王生》等。

《艳异编》所选，颇多传奇名作，如《红线》《昆仑奴》《聂隐娘》《柳毅传》《霍小玉传》诸篇，其艺术魅力之大，诚如汤显祖《艳异编叙》所云：“吾尝浮沉八股道中，无一生趣。月之夕，花之辰，衔觞赋诗之余，登山临水之际，稗官野史，时一转玩。诸凡神仙妖怪，国士名姝，风流得意，忼慷情深等语，千转万变，靡不错陈于前，亦足以送居诸而破岑寂。”“萧萧此君而外，更无知己。啸咏时每手一编，未尝不临文感慨，不能喻之于人。”汤又称赞此集“奇而法，正而葩”，“其为物也多姿，其为态也屡迁”，并非溢美。该书确是一部较好的文言小说选集，对促进明代后期传奇小说创作的繁荣发挥过一定的积极作用，亦为话本小说作家的参考要籍。另有一种四十五卷本《艳异编》，明息庵居士辑，北京图书馆藏有明刊本。另有《广艳异编》三十五卷，日本内阁文库藏，孙楷第《日本东京所见中国小说书目》著录，云明刊本。首吴大震自序，后署“东宇山人吴大震书于印月轩”。按大震字东宇，号长孺，自号市隐生，明万历时休宁人。书分二十五类。所收自唐人传奇以至宋元明人小说，颇多未见之书。

书名	出版事项	版式状况	一般事项	所藏处/所藏番号
艳异编	新镌玉茗堂批选王弇州先生艳异编	1册(卷十至卷十四存)，木版本	宫掖部	朴在渊
艳异编	新镌玉茗堂批选王弇州艳异编	1册(66张)，笔写本，29.8×18.6cm，10行24字，注双行，无鱼尾		国立中央图书馆 BA3749-61

40. 宋人百家小说

《宋人百家小说》，一百九十五卷，明桃园溪父辑。有明崇祯五年（1632）刻本。明佚名辑《五朝小说大观》分魏晋小说、唐人百家小说、宋人百家小说、皇明百家小说四部分，因魏晋小说含有两朝的作品，故合称为“五朝小说”。《宋人百家小说》系摘取《五朝小说大观》之宋代部分。清吴为楫曾改题为《宋人小说类编》，重编刊行，四卷，三十二类，一百五十二种。

书名	出版事项	版式状况	一般事项	所藏处/所藏番号
宋人百家小说	编者未详，清版本	19册（零本），中国木版本，25.4×16.5cm	序：壬申（?）……桃源，印：摛文院，帝室图书之章，4册（第3，5，12，22册）缺	首尔大学校奎章阁[奎중]5215

第五章

清代作品目录

1. 典故列女传

《典故列女传》，凡四卷，清晓星樵人复校重刊。有清末刊本。据班固《汉书·刘向传》载：西汉刘向曾撰《列女传》，“凡八篇，以戒天子”。《列女传》屡经传写，到了宋代已经不是原来的本子了，分篇也各有不同。明万历年间安徽歙县人汪道昆在此前《列女传》的基础上编写了明版《列女传》，共十六卷，增加了许多安徽汪姓女子。清晓星樵人复校重刊的《典故列女传》以列举各类典故的方式歌颂女德，分四类，卷一妇德，卷二妇言，卷三妇容，卷四妇功。

书名	出版事项	版式状况	一般事项	所藏处/所藏番号
绘图典故列女全传	著者未详，中国，扫叶山房，宣统三年(1911)刊	4卷4册(卷1-4)，有图，19.7×13.1cm，四周单边，半郭：16.5×11.3cm，有界，11行26字，上下向黑鱼尾		庆熙大学校 812.3-회 24

续表

书名	出版事项	版式状况	一般事项	所藏处/所藏番号
典故列女全传	清朝末期刊	4卷4册,中国木版本,23.6×15.4cm,四周单边,半郭:19×13cm,有界,9行17字,注双行,头注,上下向黑鱼尾,纸质:竹纸	表题:列女传,里题:列女传,刊记:晓星樵人复校重刊	釜山大学校
典故列女全传	晓星樵人复校重刊,刊写年未详	1册,中国木版本,23.1×15.5cm,四周单边,半郭:19.3×13.2cm,有界,9行17字,头注,上内向黑鱼尾		建国大学校[고] 159.2
典故列女传	朝鲜版本(推定)	1册,木版本,23.9×15.4cm,四周单边,半郭:19.8×13.2cm,有界,9行17字,注双行,头注,上下向黑鱼尾,纸质:楮纸	表题:列女传,印记:刘氏世藏	蔚珍郡南汶烈(纷失)
新刻典故列女传	扫叶山房,光绪九年(1883)刊	4卷4册,重刊木版本,24×15.5cm		首尔大学校奎章阁[奎中] 4053-1-4

2. 檐曝杂记

《檐曝杂记》,六卷,续一卷,清赵翼撰。《八千卷楼书目》著录赵翼《檐曝杂记》六卷。有《瓯北全集》本、1982年中华书局点校本等。赵翼(1727—1814),字云崧,一字耘崧,号瓯北,又号裘萼,晚号三半老人,阳湖(江苏常州)人。乾隆二十六年(1761)进士。官至贵西兵备道。旋辞官,主讲安定书院。与袁枚、张问陶并称清代性灵派三大家。所著《廿二史札记》与王鸣盛《十七史商榷》、钱大昕《二十二史考异》合称清代三大史学名著。著有《廿二史札记》《陔余丛考》《瓯北诗钞》《瓯北诗话》《瓯北文集》等。《檐曝杂记》为其一生零散杂记文字的汇辑。内容多为作者历官京城和出仕两广、云贵的见闻，涉及典章制度、政务军机、宫廷秘事、中外交流、科举考试、宦海风云、乡俗民情、奇闻趣事、诗文书画、读书心得等各个方面。

书名	出版事项	版式状况	一般事项	所藏处/所藏番号
檐曝杂记	赵翼(清)著,清,刊写者未详,嘉庆十六年(1811)刊	线装6卷2册,木版本,24.5×15.5cm,左右双边,半郭:17.8×12.8cm,有界,11行21字,注双行,上黑鱼尾,纸质:竹纸	表题:檐曝杂记,刊年:嘉庆十六年(1811)八九月间事	韩国学中央研究院 C2-124
檐曝杂记	赵翼(清)编,刊写地未详,刊写者未详,文政十二年(1829)刊	4卷3册,木版本,26.1×17.2cm	序:文政戊子(1828)……奥山翼	国立中央图书馆 [古]BA 古10-30-나39

3. 挑灯新录

《挑灯新录》，六卷，题“荆园居士撰”。有同治二年（1863）重刊本、民国间大达图书供应社铅印本等。据《挑灯新录》，荆园居士姓吴，连城（今属福建）人。书中记事较晚年代为嘉庆十年（1805），成书时间当距此不远。本书属于通俗传奇小说，其情节套路、风格趣味均与宋明话本小说相近。如《罗姓少年》叙罗生与陈秀姑私下成亲，被告到官府，反得官府偏袒，将原婚判离，情节类似于《醒世恒言·乔太守乱点鸳鸯谱》。《陈生》叙陈生贫寒，某富商欲悔婚约，陈得县令之助，不仅娶了其女儿，还获得富商巨额馈赠。另一些篇目，如《夏雪郎》等，仿效才子佳人小说，亦表现出入俗的品格。

书名	出版事项	版式状况	一般事项	所藏处/所藏番号
挑灯新录	吴荆园(清)编次,本堂藏版,同治二年(1863)刊	6卷4册,中国木版本,18.6×12cm	序:嘉庆庚午(1810)……荆园居士题	首尔大学校奎章阁[古]895.12-O5d-v.1-4

4. 客窗闲话

《客窗闲话》，正集八卷，续集八卷，清吴炽昌撰。未见清代书目著录。除道光原刻本外，另有光绪刻本、申报馆铅印本、清末上海石印本等。《笔记小说大观》本和《清代笔记丛刊》本删去部分篇章，改为初集四卷，续集四卷，已非原貌。吴炽昌，号芗厈。浙江海宁人。正集自序称道光甲午作于保定；续集自序称道光庚戌作于泉州，有“仆古稀已届”之语，可知作者约生于乾隆四十五年。贡生出身，游幕为生。《客窗闲话》涉及颇广，兼记逸闻和史事。如《金山寺医僧》提及的叶天士，为生活在清康乾年间的名医。而《磁州地震记》则翔实记载了道光庚寅年发生在今河北磁县一带的大地震。谈鬼语怪之作所占比重很小，以记人事为主，颇多讽世之意。

书名	出版事项	版式状况	一般事项	所藏处/所藏番号
客窗闲话	吴炽昌(清)著,本堂藏版,光绪二年(1876)刊	8卷4册,中国木版本,16.8×11.4cm	序:乙亥(1875)……长白山人,印:集玉斋,帝室图书之章	首尔大学校奎章阁[奎중]5798
客窗闲话	上海锦章图书局,20世纪初刊	4卷4册,中国石印本,15.2×9cm		高丽大学校(华山文库)[小]72

续表

书名	出版事项	版式状况	一般事项	所藏处/所藏番号
客窗闲话	吴芗厈(清)撰	初集4卷2册,续集4卷2册,共4册,中国石印本,有图,15cm	内题:绘图野叟奇谈正续客窗闲话,序:时在光绪乙未(1895)仲冬,吴县裴锡华书,印记:默容室藏书印外4种	延世大学校 812.38/1
客窗闲话	刊写事项不明	初集4卷2册,续集4卷2册(合4册),石印本,有图,14.7×8.9cm,四周单边,半郭:11.6×7.9cm,无界,16行36字,上下向黑鱼尾	题签题:绘图野叟奇谈正续客窗闲话,版心题:绘图客窗闲话	庆北大学校 [古]812.4 객 811

5. 续客窗闲话

参见《客窗闲话》题解。

书名	出版事项	版式状况	一般事项	所藏处/所藏番号
续客窗闲话	吴炽昌(清),滋本堂,光绪元年(1875)刊	3册(缺帙,1-3),中国木版本,15.8×11.7cm,四周双边,半郭:11.9×9cm,有界,8行20字,上下向黑鱼尾	标题[记]:光绪乙亥(1875)年镌……滋本堂藏版……序:性甫谢理拜撰,光绪乙亥(1875)……芗厈自序	国民大学校 고 823.6 오02

6. 梦园丛说（梦园丛记）

《梦园丛说》，又名《梦园丛记》，八卷，清方浚颐撰。《八千卷楼书目》小说家类著录，八卷。《贩书偶记》称有同光间扬州刊本，分内篇八卷，外篇八卷，未见。方浚颐（1815—1889）字子箴，号梦园，定远（今属安徽）人。道光二十四年（1844）进士，官至两广、两淮盐运使，擢四川按察使。晚年居扬州主讲安定书院。著有《梦园书画录》《梦园记》等。王振世《扬州览胜录》中说："梦园在湾子街东岳庙西，清同光间定远方都转浚颐筑。""官两淮十年，尤多善政。性嗜吟咏，以故园中文酒之会盛极一时。""并著有《梦园丛说》，为世所称。"是一部杂俎小说集。

书名	出版事项	版式状况	一般事项	所藏处/所藏番号
梦园丛说	方浚颐(清)撰，同治十三年(1874)刊	16卷4册，木版本，26×15.8cm四周双边，半郭：16.2×12.4cm，有界，10行21字，下黑口，上黑鱼尾	刊记：同治十三年甲戌(1874)仲冬月刊于扬州，序：光绪纪元岁在乙亥(1875)孟夏之月桐城许恩叔平甫撰，序：受业朱铭盘谨序	东亚大学校(3)：10；3-11
梦园丛说	方浚颐(清)著，申报馆，光绪元年(1875)刊	8卷2册，中国活字本，17×11cm	序：光绪纪元岁在乙亥(1875)……许奉恩，印：集玉斋，帝室图书之章	首尔大学校奎章阁[奎중]5908
梦园丛说	方浚颐(清)撰，光绪元年(1875)	16卷4册，24.3×15cm，四周双边，半郭：16.1×13cm，有界，10行21字，花口(上)，小黑口(下)，上下向黑鱼尾	序：光绪乙亥(1875)……许奉恩，序：朱铭盘，装帧：黄色表纸黄丝四缀	首尔大学校中央图书馆0330-17-1-4

7. 见闻随笔

《见闻随笔》，二十六卷，清齐学裘撰。《清朝续文献通考·经籍考》小说家类著录齐学裘《见闻随笔》二十六卷。有同治十年(1871)刊巾箱本。齐学裘（1803—?），字子贞，一作字子治，号玉溪，晚号老颠，婺源（今属江西）人。道光年间金匮县知县齐彦槐次子，"以诗名著江左，文人咸相引重，以为绰有父风云"。后隐居绥定山中。工书法，亦能画，有《蕉窗诗钞》。光绪年间流寓上海，与刘熙载、毛祥龄交好。《见闻随笔》杂记清代后期怪异事，多为雷公显灵、食荤遭报、鬼神灵验之类。卷三“丁小仙历迹”与鸦片战争有关，是志怪小说中值得注意的篇目。

书名	出版事项	版式状况	一般事项	所藏处/所藏番号
见闻随笔	齐学裘著,清版,同治十年(1871)刊	26卷6册,24cm		国立中央图书馆 BA092-1
见闻随笔	齐学裘著(清),同治十一年(1872)跋	26卷6册,木版本,17.8×12cm	跋:同治十一年(1872)……张德坚,序:同治七年(1868)……许国年	首尔大学校奎章阁 5927（第1-6册）

8. 遁窟谰言

《遁窟谰言》，十二卷，清王韬撰。《遁窟谰言》成书于同治初年，光绪元年（1875）初版。又名《遁叟奇谈》。有光绪元年申报馆仿聚珍版初印本、光绪六年上海木活字本、光绪二十六年江南书局刻本、1913年惜阴书屋石印本、1935年上海大达图书供应社排印本等。王韬（1828—1897），初名利宾，后易名瀚，字懒今。去香港后，更名韬，字仲弢，一字紫诠。别号天南遁叟、弢园老民。长洲（今江苏苏州）人。十八岁考中秀才，后屡试不第，遂决意科举。1849年任职于英国教会办的墨海书馆。1862年初，化名黄畹上书太平军将领刘肇均，事为清政府获悉，下令缉拿，被迫逃往香港，为英国传教士理雅各翻译中国经书，并游历英、法、俄等国。1874年在香港主编《循环日报》，并任主笔，大力鼓吹变法自强。1884年获李鸿章默许，回上海主持格致书院。常为洋务派出谋献策，但对洋务运动亦多批评。最早致力于文章社会化，肯定报章日用散文的价值，在散文发展史上具有划时代意义。王韬学贯中西，重经世致用，著述极富。其《弢园老民自传》所载，有26种；而据后人统计，实为40余种。其中较重要者，有《遁窟谰言》《淞隐漫录》《淞滨琐话》《弢园文录外编》《弢园尺牍》《蘅华馆诗录》《眉珠庵词钞》《瓮牖余谈》《花国剧谈》《弢园笔乘》等。

《遁窟谰言·自序二》云："同治纪元之岁，余以避兵至粤，寄迹香海，卜居山麓，小楼一楹，仅堪容膝，榜曰'天南遁窟'，盖纪实也。夙寡交游，闭门日多，风晨雨夕，一编自怡。时有以文字请者，诙谐诡诞，不名一体。于是窃效干宝之搜神，戏学髯苏之说鬼，灯灺更阑，濡毫瞑写。久之，遂如束笋，因并箧中所存髫年之作，厘为十二卷，名曰《遁窟谰言》。"据此，则本书实为他多年来小说创作的一个结集。

王韬在《变法自强论》中曾明确主张变"八股取士"之法，以为科举所选拔之人皆"贸然无知"，不能治国。这一旨趣亦贯彻于《遁窟谰言》中，如《碧蘅》借女之口谓"八股之学，殊无所用，习之者病，工之者死。今官吏不得其人，日见纷乱，莫展半筹，皆坐此弊"；《翠驼岛》中王之言曰："人无经济，胸虽藏万卷无益也……何物竖儒，竟开八股之学，以愚黔首，困顿英雄？使人束书不观，此与祖龙一炬，同为斯文之劫。"《魏生》叙某秀才两试优等便自命不凡，而腹中实空洞无物，亦意在讽刺八股取士制度。对社会生活的其他方面，小说也时有精彩描绘。如《何氏女》写佣工施德源与美丽、善良的何氏女结为夫妇，东家冯公垂涎何氏女美色，遂勾结道士，指何为妖，以离间施、何关系，阴谋不成，道士竟公然将何氏女杀死。《钟馗画像》写狐女赏识陆生风雅，与之相恋，助其经营商业，而陆生却忘恩负义，利用狐女畏惧钟馗画像的弱点，"中道弃之"。他如《诸葛炉》叙恶霸强占平民家祖传报时炉；《二狼》叙上海川沙顾、蒋二人武断乡曲，朋比为奸，有似"二狼"；《卓月》叙寺庙的藏污纳垢，这类作品有助于我们了解当时的社会生活。

王韬先后创作了三部传奇小说集，各有特色。与《淞隐漫录》《淞滨琐话》相比，《遁窟谰言》题材较为丰富，用笔较为质朴、简约，粗服乱头，亦多佳致。如《李酒颠传》叙绍兴李七与吴郡顾某角酒，就地而饮，汩汩有声，醉卧三年，醒后仍两颊酡然；其设想虽受《博物志·千日酒》的启发，但依然抒发出了一种摆脱尘烦污染的生活情趣。《陆书仙》叙生与女并工书法，因爱好相同而缔结情缘，这个美丽的故事传达出作者的某种情愫。王韬的传奇小说有着浓郁的抒情色彩，《遁窟谰言》已见端倪。

蒋瑞藻编《小说考证》续编卷二引《海沤闲话》一则，评《遁窟谰言》，足资参考，谨附于此："《遁窟谰言》，王紫诠得意之笔也。第三卷《骷髅》一则，略谓江东燕生，夜宿斋中，有丽人推扉入。诘所自来，丽人自述为燕生昔日邻舍饼师女；它徙已七年，今复至此者也。燕亦恍惚记之，遂与狎。朝去夕来，燕渐羸瘠。燕妻促归内室，不应。私于窗隙窥之，闻男女狎亵声。顷之，见夫与一骷髅从帐内出。俄闻如犬啮人骨声，乃骷髅踞床嚼人足。腰悬一首，颇类夫。越窗入，骷髅滚地出门，旋灭。妻呼集婢仆，然烛炤之，骨肉狼藉，首已无矣。（元文甚长，节录如此，然其有关系者皆存之。）此则不免有误，盖燕与女狎，未尝叙及有他人知其事也。妻之见之也，亦未与燕一语也。及越窗入，则夫已骨肉狼藉，骷髅亦出门而灭矣。试问饼师女云云，从何而来？小说虽为空中楼阁，随意杜撰，然此乃其用笔不周到处，不得引空中楼阁以自掩。妻之所见，骷髅也，非丽人也。妻知燕与骷髅狎，亮自夫视之，必为丽人，而夫未尝为人道也。是骷髅之为丽人，通悬测而得之，并不可直写为丽人，又况饼师女云云乎？偶尔粗心，遂罹此病。此小说之所以不易言也。"《海沤闲话》所论，实为限知叙事的视角问题，可见王韬掌握这种技巧尚不娴熟。

书名	出版事项	版式状况	一般事项	所藏处/所藏番号
遁窟谰言	王韬(清)撰，光绪六年(1880)刊	12卷4册，中国活字本(叭活子)，21×13.6cm	序：光绪六年(1880)……洪士伟，跋：光绪纪元乙亥(1875)……王堉，印：集玉斋，帝室图书之章	首尔大学校奎章阁[奎중]5290

续表

书名	出版事项	版式状况	一般事项	所藏处/所藏番号
遁窟谰言	王韬(清)撰,高宗十七年庚辰,光绪六年(1880)刊	12卷4册,中国铅活字本,13.6×21cm,四周双边,半郭:9.7×13.1cm,有界,12行23字,白口,黑鱼尾上	序:洪士伟(前序1875,后序1880)黄怀珍王韬自序(1875),跋:梁鹗(1875)钱征(1875),印:善斋,闵丙承印,刊记:庚辰仲夏重校以活字版印行	涧松文库

9. 耳 食 录

《耳食录》，乐钧（1766—？1817）撰。初编梦花楼刊本十二卷，有乾隆五十七年（1792）自序；二编八卷，有乾隆五十九年自序。其后有道光元年（1821）青芝山馆重刊巾箱本、同治七年（1868）藏修堂刻本、同治十年味经堂刊本。至清代《笔记丛刊》本、《笔记小说大观》本则已删并为五卷。初编还收有吴嵩梁的几篇作品。乐钧（1766—？1817），原名宫谱，字效堂，一字元淑，号莲裳，别号梦花楼主。临川（今属江西）人。弱冠补博士弟子。乾隆五十四年（1789）入国子监，聘为怡亲王府教席。嘉庆六年（1801）乡试中举，后屡试不第。先后游历于江淮、楚、粤之间。曾主扬州梅花书院讲席。与吴嵩梁同为翁方纲弟子。著有《青芝山馆诗集》《断水词》等。《清史稿》《清史列传》有传。

《耳食录》从整体上来说不能跟文言小说的巅峰之作《聊斋志异》相媲美，但在艺术上有其特色，是《聊斋》仿作中较为优秀的作品。《耳食录》在后世有一定影响。其中《范依》《段生》《芙蓉馆扫花女》等篇曾被改编为戏曲（参见庄一拂《古典戏曲存目汇考》），《夜雨秋灯录》之《痴兰院主》等，风格亦与《耳食录》相近。

书名	出版事项	版式状况	一般事项	所藏处/所藏番号
耳食录	乐钧(清),青芝山馆,道光元年(1821)刊	10册,16.8×11.8cm	道光元年中刊,内容:1-6册,上编,7-10册,下编	岭南大学校古凡824.6-악균
耳食录二编	乐钧(清),青芝山馆,道光元年(1821)刊	8卷4册,18.5×11.3cm,四周双边,半郭:12.3×10.2cm,有界,8行16字,上下向黑鱼尾	包匣题:耳食录,刊记:道光元年(1821)重刊青芝山馆藏板,序:乾隆甲寅(1794)岁十二月乐宫谱元洲自序于邸芳阴别业	东亚大学校(3):12:2-108卷1-8

10. 妄　妄　录

《妄妄录》，十二卷，清朱海撰。清代书目未见著录。有道光十年（1830）刊本。前有作者乾隆五十九年（1794）自序和叶世倬道光二年（1822）序。朱海事迹不详，据《妄妄录》所题，他字蕉圃，吴县（今属江苏）人。其自序称头颅渐老，多病多愁，行将与鬼为邻，故效苏轼谪黄州时故事，日强人说鬼，绝不做治生计。半年来妄言妄听，并追忆旧闻，随笔记十二卷，名曰《妄妄录》。《妄妄录》全记鬼事，时有借题发挥之笔。

书名	出版事项	版式状况	一般事项	所藏处/所藏番号
妄妄录	朱海(清)著,道光十年(1830)刊	10卷5册,中国木版本,17×10cm	序:道光二年(1822)……叶世倬,印:集玉斋,帝室图书之章	首尔大学校奎章阁[奎중]5759

11. 景船斋杂记

《景船斋杂记》，二卷，清章有谟撰。乾隆二十九年（1764）

刊行。有《申报馆丛书》续集本、申报馆仿聚珍版印本、上海中华图书馆印行本等。章有谟（1648—？1735），字载谋，松江华亭（今上海松江）人。曾师从王夫之。《景船斋杂记》以记明清之际朝野轶事为主，涉及科举、婚姻、官场等社会问题，是一部杂记体文言小说集。

书名	出版事项	版式状况	一般事项	所藏处/所藏番号
景船斋杂记	章有谟(清)著，陆明睿(清)校，申报馆，光绪年间(1875—1908)刊	2册，中国活字本，17.5×11.3cm	序:乾隆二十九年(1764)……章德荣，印:集玉斋，帝室图书之章	首尔大学校奎章阁[奎중]6154

12. 无稽谰语

《无稽谰语》，五卷，王兰阯撰。有乾隆五十九年（1794）家刻本。光绪二十九年（1903）石印本改题为《续夜雨秋灯录》，六卷，其最末一卷实抽自潘纶恩《道听途说》。王兰阯，号兰皋居士、兰皋主人，杭州人。乾隆四十五年（1780）北闱中式，官福建寿宁知县，乾隆五十年（1785）调台湾赤嵌，五十四年赴省垣，五十六年解组，寄居温州，五十九年作《无稽谰语》，嘉庆二年（1797）作《绮楼重梦》。《绮楼重梦》第一回作者自述云："兰皋居士，旷达人也。犹忆梦为孩提，梦作嬉戏，梦肄业，梦游庠，梦授室，梦色养，梦居忧，梦续娶，梦远游，梦入成均，梦登科第，梦作宰官，临民断狱，梦集义勇，杀贼守城，继而梦休官，梦复职，梦居林下，迢迢长梦，历一花甲于兹矣。犹复梦梦。"据此，则1797年作者年约六十，当生于1738年左右。其生平参见《无稽谰语》《绮楼重梦》《忏玉楼丛书提要》及《福建通志》有关部分。《无稽谰语》格调低下，内容芜杂，部分作品中有若干富于诗意的片段，如《鹦鹉》就明代诗人高启《咏梅》"雪满山中高士卧，月明林下美人来”二句生发，《梦里清歌》饶有婉约词风味，尚属可读之作。

书名	出版事项	版式状况	一般事项	所藏处/所藏番号
无稽谰语	兰皋居士（清）编，清版本	5卷4册，中国木版本，17.8×11.6cm	印：集玉斋，帝室图书之章	首尔大学校奎章阁[奎중]5937

13. 鹂砭轩质言

《鹂砭轩质言》，四卷，清戴莲芬撰。清代书目未见著录。《中国丛书综录》小说家收入。有《申报馆丛书》本，四卷。1935年上海大达图书供应社铅印本不分卷。书前有光绪五年（1879）作者自序。戴莲芬（1846—?），号霨峰（或曰是其字），南通（今属江苏）人。同治九年举人。《鹂砭轩质言》是一部仿《聊斋志异》的文言小说集，但鬼狐少而轶事多，与《聊斋》取材重点有所不同。书名“质言”，意在征信。文笔较好，叙事时有可观。

书名	出版事项	版式状况	一般事项	所藏处/所藏番号
鹂砭轩质言	戴莲芬（清）著，上海申报馆，光绪五年（1879）刊	4卷2册，中国活字本，17.4×11.2cm	序：光绪五年（1879）……戴莲芬，印：集玉斋，帝室图书之章	首尔大学校奎章阁[奎중]6155

14. 瓮牖余谈

《瓮牖余谈》，八卷，清王韬撰。王韬简介参见《遁窟谰言》题解。成书于同治十二年（1873），有《申报馆丛书》本、《笔记小说大观》本等。本书是王韬的一部笔记，对清末社会情形颇多记述。

书名	出版事项	版式状况	一般事项	所藏处/所藏番号
瓮牖余谈	王韬(清)撰,申报馆,光绪元年(1875)刊	8卷4册,中国活字本,17.1×11.3cm	序:同治十二年(1873)……林昌彝,跋:光绪元年(1875)……钱征,印:集玉斋,帝室图书之章	首尔大学校奎章阁[奎중]6156

15. 埋忧集

《埋忧集》十卷《续集》二卷，清朱翊清撰。据自序，此书当成于道光癸巳至乙巳年间（1838—1845）。其书中内容，个别篇章（如《梦庐先生遗事》）或系后来增补。有同治十三年（1874）杭州文元堂刊本、《笔记小说大观》本、《清代笔记丛刊》本、民国三年上海扫叶山房石印本。朱翊清（1795—?），字梅叔，别号红雪山庄外史，归安（今属浙江吴兴）人。《埋忧集》以传奇小说为主，兼容短篇志怪或志人作品。其道光二十五年（1845）自序云："余自辛卯迄癸巳，二老亲相继见背，始绝意进取。鸟已倦飞，骥甘终伏。生平知交，大半零落，而又畏见一切得意之人，俯仰四壁，惟日与幼女形影相依，盖生人之趣尽矣。乃喟然叹曰：穷矣！然身可穷，心不可穷也。余诚弃材，不足与海内诸豪俊比数矣。夫蝉蚓不知雨雪，蟪蛄不知春秋，犹能以其窍自鸣，岂樗散之余，遂并蛄蚓之不若乎？于是或酒边灯下，虫语偎阑，或冷雨幽窗，故人不至，意有所得，辄书数行，以销其块磊，而写髀肉之痛。当其思径断绝，异境忽开，窅然如孤凤之翔于千仞，俯视尘世，又何知有蝇头蜗角事哉！于是辄又自浮一白曰：惜乎！具有此笔，乃不得置身史馆与马、班为奴隶也，是亦足聊以自娱矣。今兹春归里门，箧中携有此本。诸同人见之，咸谓可以问世，谋醵金付梓。顷来此间竹屏蒋君又力任剞劂事。蒙诸君雅意，使得免仲翔没世之感，余亦何能复拒乎？独是余老矣，追忆五十以来，以有用之居诸，供无聊之歌哭，寄托如此，其身世亦可想矣！因书数语，以志吾恨焉。"以小说当歌哭，情感深厚，颇具特色。在艺术上，虚构与纪实并重，而纪实之作较有生气，传达出作者丰富的社会阅历和人生体验。虚构才能较弱，少有超越前贤之处。

道光四年（1824）曾有书商将《埋忧集》与王韬《遁窟谰言》合刊出版，题名《闲谈消夏录》。详见《闲谈消夏录》题解。

书名	出版事项	版式状况	一般事项	所藏处/所藏番号
埋忧集	朱翊清(清)著，上海进步书局印行	10卷2册，续集2卷1册，共3册，中国石印本，16cm，四周双边，12.7×7.9cm，14行35字，上下小黑口，上黑鱼尾	自序：岁次甲戌(1874)孟秋月八日朱梅叔自题，印记：默容室藏书印外5种	延世大学校 812.38/3

16. 子不语（新齐谐）

《子不语》共三十四卷，含正集二十四卷，续集十卷。清袁枚撰。《清朝续文献通考·经籍考》小说家类著录袁枚《子不语》二十四卷。有乾隆五十三年随园刻本、嘉庆二十年（1815）美德堂刻本等。常见版本有：20世纪20年代上海进步书局印行《笔记小说大观》本，1983年10月江苏广陵古籍刻印社校订整理重刊；又1986年11月上海古籍出版社申孟、甘林点校本。《子不语》是本书初名，后因见元人说部中有同名者，乃改名《新齐谐》。① 但元

① 纪昀所读的本子即名为《新齐谐》。《阅微草堂笔记》卷一载："福建汀州试院，堂前二古柏，唐物也，云有神。余按临日，吏白当诣树拜。余谓木魅不为害，听之可也，非祀典所有，使者不当拜。树柯叶森耸，隔屋数重可见。是夕月明，余步阶上，仰见树杪两红衣人，向余磬折拱揖，冉冉渐没。呼幕友出视，尚见之。余次日诣树，各答以揖。为镌一联于祠门曰：'参天黛色常如此，点首朱衣或是君。'此事亦颇异。袁子才尝载此事于《新齐谐》，所记稍异，盖传闻之误也。"见纪昀：《阅微草堂笔记》，上海古籍出版社1980年版，第13页。按，《阅微草堂笔记》叙及《新齐谐》之处颇多。如卷十六："《新齐谐》（即《子不语》之改名）载雄鸡卵事，今乃知竟实有之。"卷十七："此余家近岁事，与《新齐谐》所记针工遇鬼略相似，信凿然有之。"卷十九："《新齐谐》载冥司榜吕留良之罪曰：'辟佛太过。'此必非事实也。"见上海古籍出版社1980年版第388、426、456页。足见袁枚的志怪小说颇受纪昀重视。

人说部中之《子不语》，今已不存；故学界多仍以《子不语》称引袁枚的这部志怪小说集。

袁枚的《子不语》是清代成就较高的志怪小说集。袁枚（1716—1797），字子才，号简斋，钱塘（今浙江杭州）人。乾隆三年顺天举人，四年进士，选庶吉士。因满文考试不合格，出为溧水、江浦、沭阳、江宁等地知县，俱有政绩。33岁辞官，筑室江宁小仓山下，曰随园，优游其中凡五十年。自号仓山居士，晚号随园老人，世称随园先生。少负才名，善诗文，亦工骈体。论诗倡性灵说，对神韵说、格调说、肌理说俱表不满。诗与赵翼、蒋士铨齐名，号称乾隆三大家。有《小仓山房文集、诗集》《随园诗话》等。

袁枚《子不语》自序尝云："余生平寡嗜好，凡饮酒、度曲、樗蒲，可以接群居之欢者，一无能焉，文史外无以自娱。乃广采游心骇耳之事，妄言妄听，记而存之，非有所惑也。"（《随园戏墨》自序又有"余自戏编《子不语》"一语）这里值得注意的是"自娱"和"非有所惑"。所谓"非有所惑"，是将他创作这部"语怪"书的动机区别于干宝、王琰等人。如干宝之创作《搜神记》，目的在于"明神道之不诬"；而王琰作《冥祥记》，则是为"释氏辅教"。袁枚明确说过，他不喜释道二氏之说；又不信相术、风水之类。既然"非有所惑"，那又何以要志怪呢？原来是为了"自娱"，是以文为戏。

鲁迅《中国小说史略》评《子不语》说："其文屏去雕饰，反近自然，然过于率意，亦多芜秽。"①《子不语》中"芜秽"颇多，确乎主要由"率意"所致，试加缕析，可略分为三种情况：第一种情况，袁枚自身的情趣不高，这样，他所搜集或创作的故事便格调偏低。例如关于男色，袁枚既好之，且喜道之，不只一次地嘲骂他人不善欣赏男色和对同性恋的禁止、打击。第二种情况，"此书大抵道听途说"，他人姑妄言之，袁枚姑妄听之，有一些故事纯属荒诞无稽之谈，既无志怪情趣，又无诙谐的美感，但袁枚不加抉

① 《鲁迅全集》第九卷，人民文学出版社1981年版，第211页。

择，一概载入集中，如卷五《莺娇》《羊践前缘》，卷六《鸭躄》等。第三种情况，袁枚以小说为余兴，有时率尔命笔，在记叙中出现了不少本来极易避免的失误。蒋瑞藻《小说考证》所收《花朝生笔记》一则云："《新齐谐》，一名《子不语》……吾观其叙徐霞客事，以霞为崖，且谓不得于继母，欲置之死，竟似并此公《游记》尚未寓目者，可怪也。其余疵谬，犹不胜指。"① 洵为的论。

书名	出版事项	版式状况	一般事项	所藏处/所藏番号
新齐谐	袁枚(清)编,乾隆五十三年(1788)刊	24卷12册,中国木版本,24.1×14.7cm,左右双边,半郭:16.4×13cm,有界,11行21字,上黑鱼尾,纸质:绵纸	版心题:子不语,序:书成初名子不语后见元人说部有雷同者乃改为新齐谐云,刊记:乾隆戊申(1788)翻刻必究,藏版:随园藏版,印:李王家图书之章	韩国学中央研究院 4-237
新齐谐	袁枚(清)编,清版本	2册(零本,卷6-8,9-11),中国木版本,17.3×11.8cm		首尔大学校奎章阁 [古]895.13-W49s-v.6/8,9/9/11
子不语(新齐谐)	袁枚(清)编,莲溪书屋,清版本	24卷12册,中国木版本,12.2×11cm	印:集玉斋,帝室图书之章	首尔大学校奎章阁 [奎중]5847
新齐谐(子不语)	袁枚(清)编,上海锦章图书局,刊写年未详	8卷8册(初集 卷2,3,5),中国石印本,有图,20.2×13.4cm,四周双边,半郭:17.3×11.9cm,有界,21行45字,上内向黑鱼尾	里表纸书名:绘图正续子不语,版心书名:新齐谐初集	汉阳大学校 812.36-원 418ㅅ-v.2,-v.3,-v.5

① 蒋瑞藻：《小说考证》，上海古籍出版社1984年版，第528页。

续表

书名	出版事项	版式状况	一般事项	所藏处/所藏番号
新齐谐(子不语)	袁枚(清)编,上海锦章图书局,刊写年未详	1卷1册(初集 卷1,4),中国石印本,有图,20.2×13.4cm,四周双边,半郭:17.3×11.9cm,有界,21行45字,上内向黑鱼尾	里表纸书名:绘图正续子不语,版心书名:新齐谐初集(卷4),新齐谐续集(卷1)	汉阳大学校 812.36-원 418 ㅅ-v.1,-v.4
新齐谐(子不语)	袁枚(清)编,上海锦章图书局,刊写年未详	8卷8册(续集 卷上),中国石印本,有图,20.2×13.4cm,四周双边,半郭:17.3×11.9cm,有界,21行45字,上内向黑鱼尾	里表纸书名:绘图正续子不语,版心书名:新齐谐续集	汉阳大学校 812.36-원 418 ㅅ-v.6,812.36-원 418 ㅅ-v.8
新齐谐(子不语)	袁枚(清)编,上海锦章图书局,刊写年未详	1卷1册(续集 卷中),中国石印本,有图,20.2×13.4cm,四周双边,半郭:17.3×11.9cm,有界,21行45字,上内向黑鱼尾	里表纸书名:绘图正续子不语,版心书名:新齐谐续集	汉阳大学校 812.36-원 418 ㅅ-v.7

17. 夜谭随录

《夜谭随录》，清和邦额撰。《夜谭随录》成书于乾隆四十四年(1779)，首有乾隆五十四年雨窗序，乾隆四十四年作者自序。其版本有足本和非足本两大系统。足本凡一百四十一篇，篇后有作者及其好友恩茂先等的附语和评语，卷下题署“霁园主人闲斋氏著，葵园主人兰严氏评阅”，如乾隆己亥本衙藏本、进步书局《笔记小说大观》本、上海商务印书馆平装铅印本等。非足本凡一百四十篇，较足本少《红衣妇人》一篇，刊落篇末评语和眉批，并对原书加以删改润饰，如光绪丁亥鸿宝斋石印本、广益书局石印本、梁溪图书馆沈小英序本、大达图书公司朱惟公序本等。各种版本分卷颇相歧异，在十二卷本之外，另有一种四卷本。和邦额（1736—1795后），字闲斋（一作闲斋），别号霁园、霁园主人、蛾术斋主人，满洲镶黄旗人。和邦额祖父和明，字蕴光，号诚斋，能文善诗，著有《淡宁斋诗钞》，雍正元年（1723）癸卯科武进士，为圣安佐领，曾在甘肃武威县、陕西宜君县、青海乌兰县、广东右翼镇及福建汀州镇等地任过军职。和邦额自幼跟随祖父，到过甘、陕、青、闽、粤等地。祖父去世后，入京城八旗官学读书。38岁时中举，出任山西乐平（今昔阳）县令、钮祜禄氏副都统等职。

《夜谭随录》是一部摹拟《聊斋志异》的小说集。其自序云："子不语怪，此则非怪不录，悖矣，然而意不悖也。夫天地至广大也，万物至纷赜也，有其事必有其理，理之所在，怪何有焉？圣人穷尽天地万物之理，人见以为怪者，视之若寻常也。不然，凤鸟河图，商羊萍实，又何以称焉？世人于目所未见，耳所未闻，一旦见之闻之，鲜不为怪者，所谓少所见而多所怪也。苟不以理穷，则人生世间，无论天地万物广大纷赜也，即一身之耳目口鼻，言笑动止，死生梦幻，何者非怪？不求其理，而以见闻所不及者为怪，悖也；既求其理，而犹以见闻所不及者为怪，悖之甚者也。予今年四十有四矣，未尝遇怪，而每喜与二三酒朋，于酒觞茶榻间，灭烛谈鬼，坐月说狐，稍涉匪夷，辄为记载，日久成帙，聊以自娱。昔坡公强人说鬼，岂曰用广见闻，抑曰谈虚无胜于言时事也。故人不妨妄言，己亦不妨妄听。夫可妄言也，可妄听也，而独不可妄录哉？虽然妄言妄听而即妄录之，是亦怪也。"和邦额态度比较超脱，故其记事常能摆脱满族贵族偏见，如《陆水部》之写文字狱。尤以描写平民女子见长，塑造了一些带有"村野"气息的少女形象，如碧碧（《碧碧》）、香云（《香云》）、白氏（《王侃》）、秀姑（《秀姑》）等。《夜谭随录》中涉及旗人的包括《红姑娘》《阿凤》《小手》《伊五》《某马甲》《来存》《永护军》《锔人》《红衣妇人》《怪风》《大眼睛》《高参领》《嵩杉篙》《春秋楼》《猫怪三则》《异犬》《那步军》《佟犄角》《谭九》《额都司》《纸钱》《三官保》《某领催》《护军女》《多前锋》《堪舆》二十六篇，尤为难得。

书名	出版事项	版式状况	一般事项	所藏处/所藏番号
夜谭随录	霁园主人闲斋氏著,葵园主人兰严氏评阅,清版本	1册(零本,卷10),中国木版本,16×10cm	印:权益济印	首尔大学校奎章阁 [古小]920.052-J55y-v.10

18. 夜雨秋灯录

《夜雨秋灯录》，八卷，又续集八卷，晚清宣鼎撰。光绪三年(1877)，《夜雨秋灯录》由上海申报馆以仿聚珍版印行问世，共八卷一百一十五篇。光绪六年（1880)，又出版《夜雨秋灯续录》，仍为八卷一百一十五篇。今所见《清代笔记丛刊》本、《笔记小说大观》本和1985年岳麓书社点校本等均为赝本，收宣鼎原作仅五十五篇，其他作品系抽自《萤窗异草》《客窗闲话》等书。1987年上海古籍出版社出版恒鹤点校本，以申报馆原刊本为底本，始恢复原作面貌。首列蔡尔康序并宣鼎自序。宣鼎（1835—？1880)，字子九，号瘦梅、香雪道人等，天长（今属安徽）人。少年时期，家境丰裕。20余岁时，父母相继去世，家道中落。26岁时，入外家为婿。1885年，太平军攻占天长后，携家离乡，一度从军，在山东兖州府、济宁州等地当过幕僚。40岁时，开始创作《夜雨秋灯录》。另著有《钟小妹传》《返魂香传奇》等。

《夜雨秋灯录》《夜雨秋灯续录》是《聊斋》仿作中成就较高的一种，《雅赚》《麻疯女邱丽玉》等尤脍炙人口，情节曲折，文笔丽而不绮，被誉为清代传奇小说的压卷之作，鲁迅在《中国小说史略》中说："《夜雨秋灯录》十六卷（光绪二十一年序)，其笔致又纯为《聊斋》者流，一时传布颇广远。然所记载，则已狐鬼渐稀，而烟花粉黛之事盛。"《夜雨秋灯录》影响颇大。《盈盈》《俨然齐人》《谷慧儿》《樊惜惜》《枝娘》等篇，曾被改编为戏曲。其中由《麻疯女邱丽玉》改编而成的《病玉缘》，影响最大，流传最广。

书名	出版事项	版式状况	一般事项	所藏处/所藏番号
夜雨秋灯录	宣鼎(清)著,申报馆,光绪三年(1877)序	8卷8册,中国活字本,17×11.4cm	序:光绪三年(1877)……宣鼎,印:集玉斋,帝室图书之章	首尔大学校奎章阁[奎중]5771
夜雨秋灯录	宣鼎(清)著,中国,刊写者未详,光绪三年(1877)序	5册(缺帙,册1,3-4,6-7),中国新铅活字本,17×11.2cm,四周双边,半郭:12.2×9.3cm,无界,12行24字,花口,上下向黑鱼尾,纸质:竹纸	自序:光绪三年(1877)春二月花朝日天长宣鼎瘦梅自序于仙蝶来馆	全南大学校3N1-야67ㅅ
夜雨秋灯录	宣鼎(清)著,刊写地未详,刊写者未详,光绪三年(1877)序	5册(缺帙),中国新铅活字本,17×11.2cm,四周双边,半郭:12.2×9.3cm,无界,12行24字,上黑鱼尾,纸质:竹纸	自序:光绪三年(1877)春二月花朝日天长宣鼎瘦梅自序于仙蝶来馆	全南大学校3N1-야67ㅅ-v.1,3-4,6-7
夜雨秋灯续录	宣鼎(清)著,申报馆,光绪六年(1880)序	8卷8册,中国活字本,17×11.2cm	序:光绪六年(1880)……蔡尔康,跋:光绪庚辰(1880)……何镛,印:集玉斋,帝室图书之章	首尔大学校奎章阁[奎중]5837
夜雨秋灯录	宣鼎(清)著,上海鸿文书局印行	6卷6册,中国石印本,有图,14cm	版心题:绣像夜雨秋灯录,印记:默容室藏书印外4种	延世大学校812.38/13
夜雨秋灯录		2册,活字本	申报馆仿聚珍版印	朴在渊

19. 燕山外史

《燕山外史》，八卷，清陈球撰。嘉庆十六年（1811）刻本分上、下两卷。光绪五年（1879）上海广益书局石印本作八卷。陈球，字蕴斋，嘉兴（今属浙江）人，诸生，家贫，以鬻画自给，工骈俪，喜传奇。《燕山外史》是一部骈文体长篇小说，定稿于嘉庆十六年。其事迹原本明冯梦祯《窦生传》，叙述明永乐时窦生绳祖与绣州女子爱姑的悲欢离合，仍为老套的才子佳人故事。而全篇三万余字，竟全以骈文写作，承唐传奇《游仙窟》之风范，实为小说中的别格。

书名	出版事项	版式状况	一般事项	所藏处/所藏番号
燕山外史	陈球著，大乡穆训点，东京，长野龟七，明治十一年(1878)刊	2卷2册，日本木版本(训点本)，19cm，四周双边，12.5×9.1cm，有界，9行20字，上下大黑口	序：嘉庆辛未(1811)仲冬 吴展成拜手题	延世大学校 812.36/43
燕山外史	陈球(清)著，若骙子 辑注，清朝末至民国初刊	2卷2册，中国石印本，20×13.2cm，四周单边，半郭：17.4×11.5cm，16行38字，注双行，纸质：竹纸	序：光绪己卯(1879)仲冬嘉善戴咸弼拜撰	成均馆大学校 (曹元锡) D7C-162
燕山外史	香港(中国)，五桂堂书局，刊写年未详	1册(164面)，中国转写本，18.7×13cm，无界，行字数不定，注双行，纸质：竹纸	序：己卯仲冬……戴咸弼撰，序：嘉庆辛未(1811)仲冬……吴展成题，序：民国二十二年癸酉(1933)八月……朱益明谨识	釜山大学校 梦汉文库(子部) ODC 3-12 47
燕山外史		8卷1册(1册缺，卷三、四、五、六、七、八存)，石印本		朴在渊

续表

书名	出版事项	版式状况	一般事项	所藏处/所藏番号
燕山外史注释	陈球著,若骙子辑注,嘉庆辛未(1811)仲冬,上海袖海山房石印	8卷2册,中国石印本,20cm,四周双边,15.5×10.2cm,12行26字,注小字双行,上黑鱼尾	内题:注释燕山外史,序:光绪五年岁在己卯(1879)孟冬月永嘉若骙子序,嘉庆辛未(1811)仲冬吴展成拜手题	延世大学校 812.36/44
燕山外史注释	陈球(清)著,若骙子(清)辑注,新东垣(清)参校,清光绪五年(1879)刊	2卷2册(卷上,下),中国石印本,有图,20×13cm,四周单边,半郭:17.3×12.2cm,无界,16行38字,注双行,纸质:洋纸	里题:绣像燕山外史,序:光绪己卯(1879)仲冬嘉善戴咸弼拜撰	江原道 江陵市 船桥庄
燕山外史注释	陈球(清)著,光绪五年(1879)刊	8卷4册,中国木版本,22.4×13.4cm		高丽大学校(华山文库)C14-B26
燕山外史注释	陈球(清)著,若骙子(清)辑注,光绪五年(1879)刊	8卷4册,中国木版本,22.8×13.4cm	序:光绪五年(1879)……若骙子,跋:光绪五年……项震新,印:集玉斋,帝室图书之章	首尔大学校奎章阁[奎중]5273
燕山外史注释	陈球(清)著,刊写地不明,刊写者不明,乙未(1895)刊	8卷2册,石印本,有图,15×9.4cm,四周双边,半郭:11.3×7.5cm,有界,13行字数不定,上下向二黑鱼尾	表题:燕山外史,版心题:注释燕山外史,序:嘉庆辛未(1811)…… 清泰铁崖氏拜手,跋:为池校勘爰书数语以归之,刊记:乙未(1895)	庆北大学校[古]812.3 진17ㅇ
燕山外史注释	陈球著,若骙子辑注,上海海左书局,清光绪三十二年(1906)刊	8卷4册,中国石印本,有图,20×13.3cm,四周双边,半郭:17.3×11.1cm,有界,13行32字,注双行,上下向黑鱼尾,纸质:洋纸	表题:言情小说燕山外史,版心题:注释燕山外史,里题:绣像全图注释燕山外史,序:嘉庆辛未(1811)仲冬古横塘螟巢居士吴展成拜手题,刊记:光绪丙午(1906)上海海左书局石印	忠南大学校集,小说类-1218

续表

书名	出版事项	版式状况	一般事项	所藏处/所藏番号
燕山外史注释	陈球(清)著,上海海左书局,光绪三十二年(1906)刊	8卷4册,中国石印本,有图,20×13cm	标题:绣像全图注释燕山外史,序:嘉庆辛未(1811)……吴展成拜手题	高丽大学校 C14-B26
言情小说燕山外史	陈球(清)著,若骙子辑注,叶璋(清)等校字,上海海左书局,清光绪三十二年(1906)刊	8卷4册,中国石印本,20×13.2cm,四周双边,半郭:17.9×11.5cm,有界,13行32字,注双行,上黑鱼尾,纸质:竹纸	标题:绣像全图注释燕山外史,版心题:注释燕山外史,序:嘉庆辛未(1811)仲冬古横塘螟巢居士吴展成拜手题,刊记:光绪丙午(1906)上海海左书局石印	成均馆大学校 D7C-78

20. 阅微草堂笔记

《阅微草堂笔记》，二十四卷，清纪昀撰。《清史稿·艺文志》小说类著录纪昀《阅微草堂笔记》二十四卷，包括《滦阳消夏录》六卷，作于乾隆五十四年；《如是我闻》四卷，作于乾隆五十六年；《槐西杂志》四卷，作于乾隆五十七年；《姑妄听之》四卷，作于乾隆五十八年；《滦阳续录》六卷，作于嘉庆三年。这五种成书时曾分别刊行，嘉庆五年（1800）由其门人合为一书刊行，定名为《阅微草堂笔记》。现有上海古籍出版社1980年点校本。纪昀（1724—1805），字晓岚，又字春帆，号观弈道人、孤石老人、石云，谥号文达，直隶河间府献县（今属河北沧县）人。父亲纪容舒是康熙朝举人，历任户部、刑部属官，外放云南姚安府知府，后升任礼部尚书，《阅微草堂笔记》中的“姚安公”即是他。纪昀生于官宦家庭，得到良好的培养，自幼聪明，能一目十行，过目成诵，更有夜间清晰见物的特异功能。15岁，受业于名儒董邦达。24岁应顺天府乡试，考取第一，解元夺魁。后两次会试落第。31岁中进士，入翰林院为庶吉士，历任侍读学士、学政、知府等。乾隆三十三年（1768），因姻亲两淮盐运使卢见曾罹法，纪昀为其通风报信而获罪，谪戍乌鲁木齐三年，48岁遇赦返京。乾隆三十八年（1773），纪昀50岁，开始任《四库全书》总纂官，“始终其事，十有余年”，是其一生最重要的事业。他主纂的《四库全书总目提要》具有极高的学术价值。后累官至礼部尚书、协办大学士。82岁卒于京师。纪昀学问渊博，长于考证训诂。

《阅微草堂笔记》是继《聊斋志异》之后又一部重要的文言小说集，它打破了《聊斋志异》在文言小说领域“一统天下”的局面。自此，两种不同风格的文言短篇小说作品，有如双峰对峙，两水分流，自成流派，各极其盛。

纪昀创作《阅微草堂笔记》，是有意别于《聊斋志异》的。盛时彦《姑妄听之跋》引述纪昀语曰：“《聊斋志异》盛行一时，然才子之笔，非著书者之笔也。……今一书而兼二体，所未解也。小说既述见闻，即属叙事，不比戏场关目，随意装点。……今燕昵之词、媟狎之态，细微曲折，摹绘如生。使出自言，似无此理；使出作者代言，则何从而闻见之？又所未解也。留仙之才，余诚莫逮其万一；惟此二事，则夏虫不免疑冰。”这表明他不赞成《聊斋志异》“用传奇法，而以志怪”的叙事体例；主张“文章流别，各有体裁”，小说创作，应揆情度理，直录其事，“简淡数言，自然妙远”。纪昀坚持目录学意义上的小说观念，这从他主编《四库全书总目提要》对“小说”所作的分类上可以看得出来。

《阅微草堂笔记》在题旨上注重事理的揭示，在叙事准则上反对过度虚构，风格简淡，回避现场感，其文类特征是鲜明而系统的。这一事实表明，纪昀在写作《阅微草堂笔记》时，既注意与史家纪传划清界限，也注意与传奇小说划清界限，而致力于建立和完善子部小说的叙事规范。换句话说：《阅微草堂笔记》是一部渊源于子部叙事传统的经典，在中国叙事文学发展史上，其重要性可与《史记》（史部叙事经典）、《聊斋志异》（偏重集部叙事传统的经典）等相提并论。现代学者在面对《阅微草堂笔记》时，应当采用子部小说的原理来阐发文本，否则，牛头不对马嘴，议论越多，误解越深——不仅是对《阅微草堂笔记》的误解，也是对中国叙事传统的误解。

《阅微草堂笔记》问世以后，大量仿作、拟作相继产生，其中较为出色的是俞樾的《右台仙馆笔记》。其他如金捧阊《客窗偶笔》、梁恭辰《池上草堂笔记》、许奉恩《里乘》等，盛称祸福，专主劝惩，聊备一格而已。

《阅微草堂笔记》何时传入韩国，年代未详。从刊行年代看，可以说19世纪初已经传入朝鲜。此外，《阅微草堂笔记》的亚流小说，如许奉恩的《里乘》、俞樾的《右台仙馆笔记》、梁恭辰《池上草堂笔记》等书也可能于19世纪初传入。

书名	出版事项	版式状况	一般事项	所藏处/所藏番号
阅微草堂笔记	纪昀(清)著,嘉庆五年(1800)序	24卷10册,中国木版本,24×15.1cm	序:嘉庆庚申(1800)……盛时彦,印:集玉斋,帝室图书之章(赤色绢表纸)	首尔大学校奎章阁[奎중]5178
阅微草堂笔记	观弈道人(纪昀,清)著,苏州,振新书社,嘉庆五年(1800)序	24卷12册,中国木版本,25.6×14.9cm	序:嘉庆庚申(1800)八月门人北平盛时彦谨序,印:默容室藏	高丽大学校C14-B37
阅微草堂笔记	纪昀,北平,盛氏(1804)	10册,25cm		岭南大学校东滨文库[古]820.21
阅微草堂笔记	观弈道人撰,同文堂校刊,羊城,同文堂,清咸丰二年(1852)刊	24卷12册,中国木版本,16×11.4cm,左右单边,半郭:13.3×9.5cm,有界,10行20字,上黑鱼尾,纸质:竹纸	序:道光丁未(1847)嘉平月既望小蓬莱山馆主人附识,刊记:咸丰二年(1852)羊城同文堂镌	成均馆大学校D7C-79
阅微草堂笔记	纪昀(清)著,上海锦章图书局,20世纪初刊	24卷4册,中国石版本,20.3×13.5cm	标题纸:绘图阅微草堂笔记	高丽大学校(华山文库)C14-B37A

续表

书名	出版事项	版式状况	一般事项	所藏处/所藏番号
阅微草堂笔记	纪昀(清)著,上海广益书局,20世纪初刊	24卷4册,中国石版本,20.1×13.2cm	题签书名:纪文达公笔记	高丽大学校(华山文库)C14-B37B
阅微草堂笔记	观弈道人(清),刊年未详	24卷12册,木版本,23.7×15.4cm	序:嘉庆庚申(1800)……盛时彦,藏版记:北平盛氏开雕,印记:朴斋纯印	国立中央图书馆[古]10-30-나18
阅微草堂笔记	纪晓岚(清)著,上海中华图书馆	24卷6册(1函),中国石印本,半郭:16.1×11.3cm,14行32字,上黑鱼尾		雅丹文库823.6-기95o
阅微草堂笔记(滦阳消夏录)	纪昀(清)著,上海中华图书馆,刊写年未详	24卷6册(卷1-6),中国石印本,有图,20.1×13.3cm,四周双边,半郭:15.9×10.8cm,有界,14行32字,上内向黑鱼尾	序:嘉庆庚申(1800)八月门人 北平盛时彦谨序	汉阳大学校812.86-기662ㅇ-v.1
阅微草堂笔记(如是我闻)	纪昀(清)著,上海中华图书馆,刊写年未详	24卷6册(卷7-10),中国石印本,有图,20.1×13.3cm,四周双边,半郭:15.9×10.8cm,有界,14行32字,上内向黑鱼尾	序:嘉庆庚申(1800)八月门人 北平盛时彦谨序	汉阳大学校812.86-기732ㅇ-v.2
阅微草堂笔记(槐西杂志)	纪昀(清)著,上海中华图书馆,刊写年未详	24卷6册(卷11-12),中国石印本,有图,20.1×13.3cm,四周双边,半郭:15.9×10.8cm,有界,14行32字,上内向黑鱼尾	序:嘉庆庚申(1800)八月门人 北平盛时彦谨序	汉阳大学校812.86-기732ㅇ-v.3

续表

书名	出版事项	版式状况	一般事项	所藏处/所藏番号
阅微草堂笔记(槐西杂志)	纪昀(清)著,上海中华图书馆,刊写年未详	24卷6册(卷12-14),中国石印本,有图,20.1×13.3cm,四周双边,半郭:15.9×10.8cm,有界,14行32字,上内向黑鱼尾	序:嘉庆庚申(1800)八月门人 北平盛时彦谨序	汉阳大学校 812.86-기 732 ㅇ-v.4
阅微草堂笔记(姑妄听之)	纪昀(清)著,上海中华图书馆,刊写年未详	24卷6册(卷15-18),中国石印本,有图,20.1×13.3cm,四周双边,半郭:15.9×10.8cm,有界,14行32字,上内向黑鱼尾	序:嘉庆庚申(1800)八月门人北平盛时彦谨序	汉阳大学校 812.86-기 732 ㅇ-v.5
阅微草堂笔记(滦阳续录)	纪昀(清)著,上海中华图书馆,刊写年未详	24卷6册(卷19-24),中国石印本,有图,20.1×13.3cm,四周双边,半郭:15.9×10.8cm,有界,14行32字,上内向黑鱼尾	序:嘉庆庚申(1800)八月门人北平盛时彦谨序	汉阳大学校 812.86-기 732 ㅇ-v.6
阅微草堂笔记五种	纪昀(清)著,纬文堂,道光二十七年(1847)序	12册,中国木版本,16×11cm	序:道光丁未(1847)……小蓬莱山馆主人,印:集玉斋,帝室图书之章,内容:滦阳消夏录,如是我闻,槐西杂志,姑妄听之,滦阳续录	首尔大学校奎章阁 [奎중]5864
阅微草堂笔记五种	纪昀(清)著,唐文星堂,光绪三年(1877)刊	10册,中国木版本,17×11.3cm	序:道光丁未(1847)……小蓬莱山馆主人,印:集玉斋,帝室图书之章,内容:滦阳消夏录,如是我闻,槐西杂志,姑妄听之,滦阳续录	首尔大学校奎章阁 [奎중]6044

21. 滦阳消夏录

《阅微草堂笔记》五种之一，参见《阅微草堂笔记》题解。

书名	出版事项	版式状况	一般事项	所藏处/所藏番号
滦阳消夏录	观弈道人撰,(阅微草堂笔记:1),粤东同文堂校刊	1册(卷1-3,全6卷2册中零本),中国木版本,16cm,四周双边,12.9×9.6cm,有界,10行20字,上黑魚尾	观弈道人纪昀别号	延世大学校 812.38/2
阅微草堂笔记(滦阳消夏录)	纪昀(清)著,上海中华图书馆,刊写年未详	24卷6册(卷1-6),中国石印本,有图,20.1×13.3cm,四周双边,半郭:15.9×10.8cm,有界,14行32字,上内向黑鱼尾	序:嘉庆庚申(1800)八月门人北平盛时彦 谨序	汉阳大学校 812.86-기 6620-v.1

22. 聊斋志异

《聊斋志异》，清蒲松龄撰。康熙元年（1662），蒲松龄22岁时开始撰写狐鬼故事。康熙十八年春，40岁的蒲松龄初次将手稿集结成书，名为《聊斋志异》，由高珩作序。此后屡有增补。直至康熙三十九年前后和康熙四十六年，该书还有少量补作。《聊斋志异》的写作历时四十余年，倾注了蒲松龄大半生精力。该书包括约五百篇小说，版本甚多，主要有雍正年间抄本六卷四百八十五篇，题名《异史·聊斋焚余存稿》（1990年中国书店影印本、1993年安徽文艺出版社盛伟校释本）、蒲氏手稿本半部（1955年北京文学古籍刊印社影印本）、乾隆十六年铸雪斋抄本十二卷（1974年上海人民出版社影印本、1979年上海古籍出版社标点排印本）、1963年山东周村发现的二十四卷抄本、乾隆三十一年青柯亭刻本十六卷、张友鹤会校会注会评本（1962年中华书局上海编辑所排印本、

1978年上海古籍出版社重印本)、任笃行《会校会注集评聊斋志异》本(2000年齐鲁书社排印本)等。

蒲松龄(1640—1715),字留仙,一字剑臣,别号柳泉居士,世称聊斋先生,淄川(今山东淄博)人。其祖辈有蒲生池、蒲生汶等人登第入仕。其父蒲槃因年逾二十尚未考上秀才,加之家境贫困,遂弃儒从商。蒲松龄于19岁时以县、府、道三个第一名"补博士弟子员,文名籍籍诸生间"(张元《柳泉蒲先生墓表》)。后屡试不第,其中康熙二十六年(1687)乡试,系因"越幅被黜"。康熙五十一年(1712),蒲松龄以72岁高龄援例补岁贡生。在漫长的应考岁月中,蒲松龄主要靠做幕宾和坐馆为生。康熙九年(1670)蒲松龄入宝应知县孙蕙幕,次年辞职还乡;康熙十二年(1673)始,蒲松龄在本邑王敷政家坐馆;康熙十四年(1675)蒲松龄至唐梦赉家做西宾;康熙十七年(1678)蒲松龄到刑部侍郎高珩家坐馆,次年到本邑大族毕际有家坐馆,宾主甚相得。康熙二十七年(1688)暮春,蒲松龄在毕家与神韵派盟主王士禛相识,约在康熙四十八年(1709),才离开毕家还乡。

《聊斋志异》是蒲松龄的代表作。蒲松龄亦能写诗、文、词、赋、戏曲,善作俚曲。有《聊斋文集》《聊斋诗集》《聊斋词集》。戏曲作品有《闹窨》(附南吕宫[九转货郎儿])、《钟妹庆寿》《闹饭》三种。俚曲有《禳妒咒》《磨难曲》等十一种,合刊为《聊斋俚曲》。另有《农桑经》《省身语录》等有关农业、医药内容的通俗读物多种。一说长篇小说《醒世姻缘传》亦为他所作。

《聊斋志异》是中国古代最为卓越的文言小说集,它奠定了蒲松龄在中国文言小说史尤其是传奇小说史上的崇高地位。

蒲松龄的《聊斋自志》说:"才非干宝,雅爱搜神;情类黄州,喜人谈鬼。……集腋为裘,妄续幽冥之录;浮白载笔,仅成孤愤之书。"这明确地告诉读者,蒲松龄在描绘非人间题材时,自觉地用以书写"孤愤",其作品的抒情特征是异常鲜明的。他在《聊斋志异》中重点展示了他情感世界的三个侧面:恋爱题材和知己情结;豪侠题材与理想的生命形态;隐逸题材和操守的砥砺。《聊斋志异》在艺术上取得了卓越的成就。其一是"用传奇法,而以志怪”，继承唐代的若干传奇小说集如《玄怪录》《传奇》等的传统而发扬光大，境界拓展得更为宽阔。这在文体方面的表现是，蒲松龄在描绘非人间题材时，既瑰异，又真切，委曲细腻，把事物摹绘得如在眼前一般。也就是鲁迅在《中国小说史略》中所揭示的："《聊斋志异》虽亦如当时同类之书，不外记神仙狐鬼精魅故事，然描写委曲，叙次井然，用传奇法，而以志怪，变幻之状，如在目前。"① 传统的“志怪”以“粗陈梗概”为正宗写法，传奇则注重现场感，致力于经营细节，蒲松龄将志怪题材与传奇的文体特色结合，遂创作出了许多令人耳目一新的名篇。其二，《聊斋志异》在人物形象的塑造方面也取得了高度成就。或集中笔墨突出人物性格的一个方面，略及其余，将单一与丰满有机结合，如《婴宁》；或在各种对比中刻画人物性格，如真假阿绣（《阿绣》）、真假方氏（《张鸿渐》）的对比等；或借助于梦境、幻境将人物心理具体化，如《王子安》；或用富于特征的行动揭示人物内心世界，如《娇娜》写孔生因贪娇娜姿唯恐手术结束等。这类手法的灵活运用，使《聊斋志异》在塑造人物形象时精彩纷呈。其三，蒲松龄还是一位杰出的语言大师。他不是仅仅追求文言的淳雅，而且力求在淳雅的文言中，注入生活的新鲜与清纯。其叙述描写语言，往往能逼真地展现生活一角的面貌；其人物语言高度个性化，口吻惟妙惟肖。《聊斋志异》所以能臻于这种境界，从较为普遍的情况来看，有两个不容忽视的前提：蒲松龄所选择描写的情景，是充分生活化的，即所谓花妖狐魅多具人情，内容本身提供了这种可能性；蒲松龄虽用文言，但力避晦涩，尽量使它具有口语的浅显流畅，在某些作品中，作者还有意引入口语、谚语，如“世无百年不散之筵”、“一日夫妻，百日恩义”、“丑妇终须见姑嫜”等，这些口语或谚语，虽以文言的句式出现，仍不失生活的亲切感。

就传奇小说的发展历程而言，蒲松龄是在得天独厚的历史条件下创作《聊斋志异》的。一方面，大批才学兼富的清初古文作家（如王猷定、徐芳、魏禧）及笔记作家（如钮琇、王士祯）进入辞章化传

① 《鲁迅全集》第九卷，人民文学出版社1981年版，第209页。

奇小说创作领域，使其水准迅速超过了宋、元、明三代，而直逼唐人；另一方面，流行于宋、明的话本体传奇，尽管自身素质不高，但也提供了可资借鉴的经验。蒲松龄将辞章化传奇与话本体传奇的某些素质创造性地融合为一，终于攀登上了“一览众山小”的高峰。

《聊斋志异》传入韩国，大约是在1800年，在韩国所见的版本，都是王士祯批评本。另外，《聊斋志异》的亚流小说版本也甚多，例如王韬的《绘图后聊斋志异》（即《淞隐漫录》）、《后聊斋志异图说》（即《淞滨琐话》）与《遁窟谰言》、无名氏的《女聊斋志异》、沈起风的《谐铎》等书。

书名	出版事项	版式状况	一般事项	所藏处/所藏番号
聊斋志异	蒲松龄(清)著，王士正(清)评，清乾隆五十年(1785)刻，后刷	16卷16册，中国木版本，19×11.7cm，左右双边，半郭：13×9.5cm，有界，7行15字，大黑口，纸质：竹纸	序：乾隆三十年岁次乙酉(1765)十一月仁和余集撰，刊记：乾隆乙巳年(1785)重镌，青柯亭藏板	成均馆大学校 D7C-82
聊斋志异新评	蒲松龄(清)著，王士正(清)评，但明伦(清)新评，道光二十二年(1842)序	16卷16册，中国石印本，19.4×12.6cm	序：道光二十二年(1842)……但明伦，印：集玉斋，帝室图书之章	首尔大学校奎章阁[奎중]5793
聊斋志异新评	蒲松龄(清)编著，王士正评，道光二十二年(1842)序	16卷4册，中国木版本20.7×13cm	序：高珩；唐梦赉，自序：道光二十二年(1842)……但明伦，刊记：道光壬寅(1842)仲夏广顺但氏开雕	国立中央图书馆[古]5-80-3
聊斋志异新评	蒲松龄(清)著，上海，刊写者未详，道光二十二年(1842)序	16卷16册(卷1-16)，中国木版本，18×12.1cm，上下单边，左右双边，半郭：13.1×10.4cm，有界，9行21字，注双行，上下小黑口，无鱼尾，纸质：竹纸	序：道光二十二年(1842)夏五月广顺云湖但明伦识于两淮运署之题襟馆，跋：大清乾隆五年岁次庚申(1740)春日孙立悳谨识	全南大学校 3Q-요 72 ㅍ

续表

书名	出版事项	版式状况	一般事项	所藏处/所藏番号
聊斋志异新评	蒲松龄(清)著，王士正(清)评，但明伦(清)新评，上海扫叶山房，光绪九年(1883)刊	1卷1册(卷1)，中国石版本，19.2×12.3cm，左右双边，半郭:12.8×10cm，无界，9行21字，头注，注双行，上下中黑口，纸质:绵纸	序(奉)：乾隆三十年岁次乙酉(1765)十一月仁和余集撰，刊记:光绪九年(1883)癸未春正月扫叶山房印行	东国大学校 D819.36 포55 ㅇ왕
聊斋志异新评	蒲松龄(清)著，王士正(清)评，但明伦(清)新评，吕湛恩(清)注，上海著易堂，光绪十年(1884)刊	16卷8册，中国活字本，19.6×12cm	表纸书名:增注聊斋志异，序:道光二十二年(1842)……但明伦，跋:乾隆五年(1740)……孙立悳，印:集玉斋，帝室图书之章	首尔大学校奎章阁 [奎중]5794
聊斋志异新评	蒲松龄(清)著，王士正 评，但明伦(清)新评，吕湛恩注	6卷3册(零本)，铅活字本，13×19.8cm，四周双边，半郭:11×16.1cm，无界，16行42字，细注双行，白口，黑鱼尾上	表纸书名，版心书名:详注聊斋志异图咏，印:善斋，闵丙承印	涧松文库
聊斋志异新评	中新书局藏版	1册(零本)，活印本，20cm		岭南大学校 823.6
聊斋志异评注	蒲松龄(清)著，王士正(清)评，但明伦(清)新评，吕湛恩(清)注释，上海商务印书馆，清版本	16卷12册，中国石印本，有图，20.2×13.2cm	卷首:乾隆三十年(1765)乙酉……余集，康熙乙未(1679)……柳泉居士，印:黄华，藏书记:任讷藏书	首尔大学校奎章阁 [古]895.136-P75y-v.1-12

续表

书名	出版事项	版式状况	一般事项	所藏处/所藏番号
详注聊斋志异新评	蒲松龄(清)著,王士正(清)评,但明伦(清)新评,吕湛恩(清)注,上海江左书林,道光二十二年(1842)序	16卷8册,中国活字本,有图,19.8×12.8cm	卷头书名:聊斋志异新评,序:道光二十二年(1842)……但明伦,跋:乾隆五年(1740)……孙立悳,印:集玉斋,帝室图书之章	首尔大学校奎章阁[奎중]5806
详注聊斋志异图咏	蒲松龄(清)著,吕湛恩(清)注,刊写地不明,中华图书馆,光绪十二年(1886)序	16卷8册,中国石印本,有图,20×13cm,四周单边,半郭:15.6×11cm,无界,14行36字,无鱼尾	题签题:绘图聊斋志异,版心题:详注聊斋志异图咏,序:光绪十有二年(1886)…… 高昌寒食生撰,刊记:中华图书馆发行	庆北大学校[古]812.3 포55 ㅅ
详注聊斋志异图咏	蒲松龄(清)著,吕湛恩(清)注,铁城广百宋斋藏本,上海同文书局石印	16卷8册,中国石印本,有图,20cm,四周单边,15.7×10.8cm,14行36字,注小字双行	序:光绪十有二年太岁在柔兆阉茂(丙戌,1886),高昌寒食生撰,外题:绘图聊斋志异,原序:高珩题,樵史唐拜题,原跋:大清乾隆五年岁次庚申(1740)春日,孙立悳谨识,印记:默容室藏外3种	延世大学校812.38/16
详注聊斋志异图咏	蒲松龄(清)著,吕湛恩(清)注,上海同文书局,光绪十二年(1886)序	16卷16册,中国石印本,20×13cm	异书名:聊斋志异,序:光绪十有二年太岁在柔兆阉茂(丙戌 1886)……高昌寒食生撰	高丽大学校C14-B22B
详注聊斋志异图咏	蒲松龄(清)著,吕湛恩(清)注,清光绪十二年(1886)序	16卷8册,中国石版本,有图,15.3×10.3cm,四周双边,半郭:12.8×9cm,无界,14行36字,注双行,纸质:绵纸	序:光绪十有二年(1886)太岁在柔兆阉茂日缠大梁之次古越高昌寒食生撰,印:李王家图书之章	韩国学中央研究院4-225

续表

书名	出版事项	版式状况	一般事项	所藏处/所藏番号
详注聊斋志异图咏	蒲松龄(清)著,但明伦(清)评,吕湛恩(清)注,上海文宜书局,光绪丙申(1896)刊	16卷8册,中国石印本,有图,20×13.2cm,四周双边,半郭:17.5×11cm,无界,20行字数不定,上下向黑鱼尾	版心题:详注聊斋志异图咏,序:道人高珩题,刊记:光绪丙申(1896)上海文宜书局	庆北大学校[古]812.3 포55 ㅅ(2)
详注聊斋志异图咏	蒲松龄(清)著,吕湛恩(清)注,上海章福记书局,光绪三十三年(1907)刊	16卷8册,中国石版本,20×13.5cm,有图(38页),四周双边,半郭:16.8×12cm,无界,30行45字,上黑鱼尾		梨花女子大学校[고]812.3 포65
详注聊斋志异图咏	华兴书局,丁未(1907)刊	1匣8册,20cm		岭南大学校[韶]823.6
详注聊斋志异图咏	蒲松龄(清)著,隆熙三年己酉(1909宣统元年)刊	16卷8册,中国石印本,13.4×19.9cm,四周单边,半郭:11.9×17cm,无界,24行50字,细注双行,白口,黑鱼尾上	序:高珩吕湛恩注,刊记:宣统元年冬上海久敬斋石印,印:藕斋闵晟基印	涧松文库
详注聊斋志异图咏	蒲松龄(清)著,吕湛恩(清)注,上海章福记书局,宣统二年(1910)刊	16卷16册,中国石版本,有图,20.2×13.4cm,四周双边,半郭:16.2×11.7cm,无界,16行36字,头注,注双行,上内向黑鱼尾,纸质:竹纸	标题:绘图详注加批聊斋志异,版心题:详注聊斋志异,原序:大清乾隆五年岁次庚申(1740)春日孙立悳识,刊记:宣统庚戌年(1910)季秋上海章福记印行	东国大学校D819.36 포55 요
详注聊斋志异图咏	蒲松龄(清)撰,吕湛恩(清)注,上海天宝书局,清,宣统三年(1911)刊	16卷8册,中国石印本,20.3×13.6cm,四周单边,半郭:17.4×11.7cm,行字数不定,注双行,上黑鱼尾,纸质:竹纸	序:大清乾隆五年岁次庚申(1740)春日孙立悳谨识,刊记:宣统三年(1911)上海天宝书局石印	成均馆大学校(曹元锡)D7C-141

续表

书名	出版事项	版式状况	一般事项	所藏处/所藏番号
详注聊斋志异图咏	蒲松龄(清)著,吕湛恩(清)注,锦章图书局	16卷16册,中国石印本,有图,20×13cm	异书名:聊斋志异,序:紫霞道人高珩题,豹岩樵史唐梦赉拜题	高丽大学校 C14-B22A
详注聊斋志异图咏	蒲松龄(清)著,吕湛恩(清)注,刊写地未详,刊写者未详,刊写年未详	5册(缺帙,3-7),石印本,有图,19.3×12.8cm	表题:聊斋志异	国民大学校 고 823.6 포 01 ㄱ
详注聊斋志异图咏	蒲松龄(清)著,吕湛恩(清)注,清代刊	16卷8册(卷1-16),中国石印本,有图,19.5×12.8cm,四周单边,半郭:16.3×11.5cm,无界,14行36字,注双行,纸质:绵纸	题签:绘图聊斋志异,序:康熙己未(1679)春日柳泉居士题,序:大清乾隆五年岁次庚申(1740)春日孙立悳谨序	江原道 江陵市 船桥庄
详注聊斋志异图咏	蒲松龄(清)著,吕湛恩(清)注,上海,天宝书局,刊写年未详	16卷8册(卷1-16),有图,20×13.4cm,四周双边,半郭:17.4×12cm,无界,24行50字,注双行,上下向黑鱼尾	原跋:大清乾隆五年岁次庚申(1740)春日孙立悳谨识,印记:烟台兴隆街诚文信记印,精印弁言:宣统三年太岁重光大渊献(辛亥,1911)日火之次节山啸生撰	东亚大学校 (3):12:2-9
详注聊斋志异图咏	蒲松龄(清)著,吕湛恩(清)注,上海,清末民初刊	16卷8册(卷1-2,13-14缺),中国石印本,有图,19.9×13.1cm,四周单边,半郭:15.6×10.8cm,无界,14行26字,纸质:竹纸		釜山大学校
详注聊斋志异图咏		石印本,21cm		岭南大学校 823.6

续表

书名	出版事项	版式状况	一般事项	所藏处/所藏番号
详注聊斋志异图咏	蒲松龄(清)著,吕湛恩(清)注	16卷8册,中国石印本,有图,20.4×13.3cm,四周双边,半郭:17.7×12.2cm,无界,31行73字,头注,上下向黑鱼尾,纸质:竹纸	题签:详注聊斋志异图咏	忠南大学校集,小说类-522
详注聊斋志异图咏	蒲松龄(清)著,吕湛恩(清)注	16卷8册,中国石印本,有图,20.3×13.4cm,四周双边,半郭:17.7×12.2cm,无界,31行73字,头注,上下向黑鱼尾,纸质:竹纸	刊记:锦章图书局藏版	忠南大学校集,小说类-522卷1-16
聊斋志异评注	蒲松龄(清)著,吕湛恩(清)注释,刊写年未详	16卷8册,铅印本,有图,20.1×13.2cm		韩国学中央研究院 D7C-87

23. 淞隐漫录

《淞隐漫录》，十二卷，系王韬晚年在上海所作。最初以单篇发表于《申报》发行的《画报》上，自1884年下半年开始连载，每期一篇，配图一幅，至1887年年底刊登完毕，不久由点石斋结集成书。自序作于光绪十年（1884）五月，但书中《东部雏伶》记有光绪十一年事，《合记珠琴事》记有光绪十二年事，或许在连载完毕后，作者又续有增写、补充。有点石斋石印单行本、上海鸿文书局缩印本等。缩印本改题书名为《绘图后聊斋志异》。

王韬在自序中表示：鬼怪之说不足信；侈谈鬼神，惟此是务，而不致力于科技，这是中国落后的标志之一。既然如此，王韬何以还要写以鬼怪为题材的传奇小说呢？他坦率承认，意在抒愤：“今之时为势利龌龊谄谀便辟之世界也，固已久矣。毋怪乎予以直遂径行穷，以坦率处世穷，以肝胆交友穷，以激越论事穷。困极则思通，郁极则思奋，终于不遇，则惟有入山必深、入林必密而已，诚壹哀痛婉笃芬芳悱恻之怀，一寓之书而已。求之于中国不得，则求之于遐陬绝峤；求之于并世之人而不得，则上溯之亘古以前，下极之千载以后；求之于同类同体之人而不得，则求之于鬼狐仙佛，草木鸟兽。”其创作态度与蒲松龄有些相像，故其笔下名士，个性风采宛如作家本人。他的自画像是：“少抱用世之志。”“愤帖括之无用，年未弱冠，即弃而弗为。”(《淞隐漫录·自序》)其笔下名士，如李星史，亦“所诵多庄、列诸子书，授以帖括，弗解也；强使习之，亦能相缀成文，旋即弃去”（《淞隐漫录》卷二《何蕙仙》），主观抒情色彩很浓。此外，王韬一生颠沛流离，饱经忧患，因而“歌哭无端，悲愉易状”，表现于作品中，便是“墨沈淋漓，时与泪痕狼藉相间”，情致缠绵，意绪凄凉。

《淞隐漫录》也是一部在《聊斋志异》影响下产生的重要作品。鲁迅《中国小说史略》尝云：“迨长洲王韬作《遁窟谰言》(同治元年成)《淞隐漫录》（光绪初成）《淞滨琐话》（光绪十三年序），天长宣鼎作《夜雨秋灯录》十六卷（光绪二十一年序），其笔致又纯为《聊斋》者流，一时传布颇广远，然所记载，则已狐鬼渐稀，而烟花粉黛之事盛矣。”① 题材选择的这种变化，源于两点：其一，《聊斋志异》等“用传奇法，而以志怪”，已对狐鬼形象作了精彩描写，后来者难以开拓新的境界。其二，王韬曾两度居留上海，同妓女交往甚多，这方面的生活积累非常丰富。这类叙“烟花粉黛之事”的作品，或对妓女的不幸遭遇表示同情，或表现文人雅士的趣味，或借题发挥以抒忧愤，也自有其认识价值和审美价值。

《淞隐漫录》也广泛涉及其他题材。如《记日本女子阿傅事》《媚黎小传》《东瀛才女》写海外风情，《陆碧珊》《钱蕙荪》《吴也仙》写婚姻悲剧，《贞烈女子》《周贞女》赞扬女子的刚烈，《李韵兰》写李韵兰有胆有谋，为夫雪冤，《玉儿小传》写女艺人玉儿

① 《鲁迅全集》第九卷，人民文学出版社 1981 年版，第 216 页。

为贵公子所逼壮烈惨死……作品的内容可谓丰富多彩。

《淞隐漫录》的写法，既受《聊斋志异》的启示，又受域外小说，尤其是英国文人爱迪生报刊小说的影响，“知文章所贵，在乎纪事述情，自抒胸臆”（《弢园文录外编》）。其人物肖像和心理描写，和西方小说颇多近似处。作为文人小说，大量穿插诗词也是一个特点，虽然时有喧宾夺主之嫌。部分作品结构松散，草草成篇，也毋庸讳言。

书名	出版事项	版式状况	一般事项	所藏处/所藏番号
后聊斋志图说	王韬(清)著,大同书局,光绪十三年(1887)刊	4 册,中国石印本,20×12.2cm	序:光绪十年(1884)……王韬,印:集玉斋	首尔大学校奎章阁[奎중]6113
绘图后聊斋志异	王紫诠(清)撰,中华图书馆,清光绪十年(1884)序	12 卷 6 册,中国石印本,20.1×13.4cm,四周单边,半郭:17.1×9.9cm,16 行 40 字,上黑鱼尾,纸质:竹纸	序:绘图后聊斋将以付于劂氏……光绪十年岁次甲申(1884)五月中澣淞北逸民王韬自序,刊记:中华图书馆印行	成均馆大学校(曹元锡)D7C-189
后聊斋志异图说	王韬(清)著大同书局,光绪十三年(1887)刊	12 卷 4 册,石印本,20×12.2cm	序:光绪十年(1884)……王韬,印记:集玉斋	首尔大学校奎章阁[奎中]6113

24. 两般秋雨庵随笔

《两般秋雨庵随笔》，一作《秋雨庵随笔》，八卷，清梁绍壬著。《清朝续文献通考·经籍考》小说家类著录。有道光十七年（1837）钱塘汪氏振绮堂刊巾箱本、光绪十年（1884）钱塘许氏吉华室重刊本、光绪十八年兰溪铜活字本、《清代笔记丛刊》本、《笔记小说大观》本等。梁绍壬（1792—1837 前），字应来，号晋竹，钱塘（今浙江杭州）人。道光辛巳举人，官至内阁中书。著作除《两般秋雨庵随笔》外，还有《两般秋雨庵诗》等。

《两般秋雨庵随笔》多谈诗联品藻、字词音韵、奇闻趣事，并涉及其前辈及同时文人韵事，与夫亲属长辈诗作行谊，间有作者诗词骈文。其表弟汪适孙序文称："综其全旨，约有四端：一曰稽古，则《经典释文》之遗也；一曰述今，则《朝野佥载》之体也；一曰选胜，则模山范水卧游之图也；一曰微词，则贬愚订顽徇路之铎也。"旁征博引，文采甚富，意之所之，笔能达之，品藻诗文，多一语中的。

书名	出版事项	版式状况	一般事项	所藏处/所藏番号
两般秋雨庵随笔	梁绍壬(清)纂，大文堂，道光十七年(1837)序	8卷8册，中国木版本，15.7×11cm	序：道光十七年(1837)……汪适孙，印：集玉斋，帝室图书之章	首尔大学校奎章阁[奎중]6065
两般秋雨庵随笔	梁绍壬(清)著，大文堂，道光十七年(1837)序	8卷8册，木版本，16.3×11.2cm，上下单边，左右双边，半郭：12.3×9.2cm，有界，9行21字，注双行，大黑口，无鱼尾	序：道光十七年(1837)……汪适孙	首尔大学校中央图书馆0330-29A-1-8卷1~8
兩般秋雨庵随笔	梁绍壬(清)纂，中国，刊写者、刊写年未详	1册(缺帙，7)，木版本，17.3×11.3cm，左右双边，上下单边，半郭：13.1×9cm，9行21字，黑口	表题：秋雨庵随笔	国民大学校고824.6 양01
两般秋雨庵随笔	梁绍壬(清)纂	65张(全8卷8册中零本)，木版本，20cm，上下单边，左右双边，半郭：13×9.3cm，9行21字，上下大黑口	印记：礼信文库	延世大学校812.38/14
两般秋雨庵随笔	梁绍壬纂，中国，著易堂，20世纪初刊	8卷4册，新铅活字本，17.5×10.2cm	刊记：著易堂방聚珍版印	高丽大学校화산 C12-B1-1-4 卷1~8

续表

书名	出版事项	版式状况	一般事项	所藏处/所藏番号
两般秋雨庵随笔	梁绍壬(清)纂,中国,古华堂,光绪十年(1884)刊	8卷8册,木板本,19.6×12.8cm,上下单边,左右双边,半郭:13×9.3cm,有界,9行21字,黑口,无鱼尾	序:道光十七年(1837)……汪适孙,后序:光绪甲申(1884)……王己厚,刊记:光绪十年(1884)秋十月钱堂许氏古华堂重雕,装帧:黄色表纸黄丝四缀	首尔大学校中央图书馆 0330-29-1-8 卷1~8
两般秋雨庵随笔	梁绍壬(清)纂,著易堂,刊写者未详,光绪十年(1884)刊	8卷4册,新铅活字本,17.1×10cm,四周双边,半郭:13×8.2cm,13行35字,上黑鱼尾,纸质:绵纸		成均馆大学校 C14B-0030
两般秋雨庵随笔	梁绍壬(清)纂	1册(缺帙),木板本,17.3×11.3cm,上下单边,左右双边,半郭:13.1×9cm,有界,9行21字,黑口,无鱼尾	表题:秋雨庵随笔	国民大学校 824.6-양 01 7

25. 分甘余话

《分甘余话》，四卷，清王士祯晚年著作。康熙四十八年序刊本是本书最早刻本，七略书堂校刊本和民国间石印本均由此出。通行本为中华书局《清代史料笔记丛刊》本。王士祯（1634—1711），字子真，一字贻上，号阮亭，晚号渔洋山人，新城（今山东淄博桓台）人。顺治十五年（1658）进士，康熙四十三年（1704）罢刑部尚书，乃居家著述，以此消遣，《分甘余话》即此时所撰。书名取自《晋书·王羲之传》中与谢万书“顷东游还，修植桑果，今盛敷荣，率诸子，抱弱孙，游观其间，有一味之甘，割而分之，以娱目前”。全书共四卷，凡 278 条目。篇帙无多，但内容广泛，凡典章制度、先世著述、诗歌品评、地名考辨、文人轶事、字义辨析、古书藏佚、社会风俗、地方物产以及治病验方等均有涉及。

书名	出版事项	版式状况	一般事项	所藏处/所藏番号
分甘余话	王士祯(清)著,刊写地未详,刊写者未详,刊写年未详	4 卷 1 册,26.4×16.7cm,上下单边,左右双边,半郭:16.4×13cm,有界,10 行 19 字,黑口,上下向黑鱼尾	序:乙丑(1685)腊月朔雪中书渔洋老人王士祯,(渔洋山人全集,25)	东亚大学校(4):3-197 卷 1-4

26. 我佛山人札记小说

《我佛山人札记小说》，四卷，晚清吴沃尧撰。原载宣统二年（1910）《舆论时事报》，五十六条。1922 年上海扫叶山房石印本厘为四卷，五十五条，少《假妖》一条。吴沃尧（1866—1910），又名宝震，字小允，号茧人，后又改“茧”为“趼”。祖籍南海佛山镇（今广东佛山），故自称我佛山人。生于北京。从光绪二十三年（1897）起，五六年间，先后主笔《字林沪报》副刊及《采风报》《奇新报》《寓言报》。光绪二十八年（1902），应《汉口日报》聘赴鄂，次年回上海，开始创作小说，并投寄《新小说》发表。光绪三十二年秋起，主编《月月小说》。以小说知名，长篇有《二十年目睹之怪现状》《痛史》《瞎骗奇闻》《恨海》《新石头记》《九命奇冤》《糊涂世界》《劫余灰》《上海游骖录》《发财秘诀》《近十年之怪现状》等；短篇有《黑籍冤魂》《立宪万岁》《光绪万年》《平步青云》等。《我佛山人杂记小说》内容广泛，凡怪诞故事、科场见闻、文人轶事、山川名胜等，均有涉及。

书名	出版事项	版式状况	一般事项	所藏处/所藏番号
我佛山人札记小说	吴趼人著，上海扫叶山房，20世纪初刊	4卷2册，中国石印本，19.8×13.2cm		高丽大学校（华山文库）C14-B14

27. 庸闲斋笔记

《庸闲斋笔记》，十二卷，清陈其元撰。清代书目未见著录。今存八卷本和十二卷本。八卷本有同治吴氏刊本，首有同治十二年（1873）自序和次年俞樾序。《申报馆丛书》本和上海大达供应社铅印本据以翻印。十二卷本有宣统三年（1911）上海扫叶山房石印本、《笔记小说大观》本、中华书局《清代史料笔记丛刊》本等。陈其元（1812—1881），字子庄，晚年自号庸闲，海宁（今属浙江）人。曾任知州，后发往江苏补用，先后代理南汇、青浦、上海等大县县令。《庸闲斋笔记》内容丰富，如俞樾《序言》所说："《庸闲斋笔记》一书，首述家门盛迹，先世轶事，次及游宦见闻，下逮诙谐游戏之类，斐然可观。"作者出身于名门望族，又宦游四方，时值多事之秋，故所记朝章国故、经济民生、军情夷务，以及家世盛绩、风俗民情、轶事旧闻，下讫读书心得及诙谐游戏之类，均有稗史乘。

书名	出版事项	版式状况	一般事项	所藏处/所藏番号
庸闲斋笔记	陈其元（清）著，上海扫叶山房，宣统三年（1911）刊	12卷4册，中国石印本，19.7×13.1cm	序：同治十有三年（1874）……德清俞樾，同治十有二年（1873）……庸闲老人漫识于行苇堂……刊记：宣统三年（1911）石印，扫叶山房	高丽大学校 C14-B90

28. 虞初新志

《虞初新志》，二十卷，清初张潮编。初刊于康熙三十九年（1700）。初刻本中曾收入钱谦益的《徐霞客传》《书郑仰田事》等数篇，不久被宣布为“贰臣”，此书一度被禁。现通行本中的《南游记》《板桥杂记》《姜贞毅先生传》《孙文正、黄石斋两逸事》《纪周侍御事》五篇，均为康熙刻本所无，而为乾隆年间刊本所增入。

张潮（1650—1707 后），字山来，号心斋，新安（今安徽歙县）人，客居江苏扬州。其父张习礼，顺治六年（1649）进士，曾任刑部郎中、山东提学佥事。有《贻清堂集》。张潮出身书香门第，弱冠补诸生，学业甚优，但此后屡试不第。康熙三十年（1691），捐赀以岁贡生授翰林孔目（从九品），并未出仕。家居著述之余，广事交游，与他过从密切的前辈文人有黄周星、冒襄、余怀等，同辈友人有孔尚任、王晫等，还有说书艺人柳敬亭。康熙三十八年（1699），他受一桩事件牵连，又遭忘恩负义的“中山狼”诬陷，身陷囹圄，不久被释放。这次事件对他打击很大，以至于希望得到聂隐娘一类侠客的救助。一生著述甚丰，主要作品有《心斋诗钞》《酒律》《瓯月约》《贫卦》《幽梦影》等，主持编辑刊印了《昭代丛书》《檀几丛书》。

虞初本是汉武帝时的一个方士。据《汉书·艺文志》说，他是西汉洛阳人，武帝时以方士侍郎号黄车使者。因他曾以《周书》为本，著《虞初周说》九百四十三篇，为班固列入子部“小说家”类，再加上东汉张衡《西京赋》有“小说九百，本自虞初”之语，所以被后人视为“小说家”之祖。像齐谐、夷坚一样，虞初也常被作为文言小说的代称。明代无名氏编辑的《虞初志》，汤显祖编辑并评点的《续虞初志》，都是文言小说的选本。张潮以为这些选本搜采不广，并且多是唐代作品，于是慨然有《虞初新志》之辑。从创作年代来看，所收以清初作品为主，体现出“其事多近代”的特点。

张潮对于传奇小说的审美规范有较为清醒的认识。在《虞初新志》的序言、凡例和评点中，他阐述了若干有价值的见解。主要有两点。第一，张潮认为，传奇小说多借“才子、佳人、英雄、神仙”等“幽奇”题材寄寓“感愤”。《虞初新志·凡例十则》云：“鄙人性好幽奇，衷多感愤。故神仙英杰，寓意四怀；外史奇文，写心一启。生平罕逢秘本，不惮假抄；偶尔得遇异书，辄为求购。”其自注说：“予向有才子、佳人、英雄、神仙《四怀诗》及《征选外史启》。”由此可以透视《虞初新志》的选材重点。第二，张潮认为，传奇小说铺叙宜“详”。《虞初新志·凡例十则》云：“一事而两见者，叙事固无异同，行文必有详略。如《大铁椎传》，一见于宁都魏叔子，一见于新安王不庵。二公之文，真如赵璧隋珠，不相上下。顾魏详而王略，则登魏而逸王。只期便于览观，非敢意为轩轾。”古代作家看重文体之间的界限，比如词曲的话不能入诗，小说的话不能入文，甚至佛经语、宋人语录之语也不能入文；古文贵简、贵洁、贵雅、贵健，而简洁是雅、健的前提，反之则俗则弱。张潮却提倡繁、提倡详，这就将传奇小说与叙事的古文区别开来了。古文须矜持，传奇小说则不必。张潮的这一观点，当然不足以惊世骇俗，但确实突破了古文的叙事规范的束缚。如果我们将他的意见与钮琇《觚賸》的好“点缀敷衍”及蒲松龄《聊斋志异》的“繁衍”联系起来考察，更不难感受到时代的风气和传奇小说铺叙宜“详”的特点。

除了传奇小说外，《虞初新志》也选入了若干志怪、寓言、随笔，如顾珵美《闻见卮言》、来集之《樵书》、南怀仁《七奇图说》、余怀《板桥杂记》等。这些作品在文言小说史上也占有一定地位。

《虞初新志》刊行后，很快成为畅销书，并且远播到日本等国。影响所及，仿效者纷起，黄承增编了《广虞初新志》二十卷，郑澍若编了《虞初续志》十二卷，民国间又有人编了《虞初近志》《虞初支志》《虞初广志》等，形成了一个“虞初系列”。清代传奇小说兴盛，直至清末，还有《夜雨秋灯录》等名著问世，与《虞初新志》的影响是分不开的。

书名	出版事项	版式状况	一般事项	所藏处/所藏番号
虞初新志	张潮辑,康熙三十九年(1700)跋	零本1册,中国木版本,有图,25.1×16cm	所藏本中:卷之十九-二十1册 以外缺	高丽大学校(华山文库)C14-B77
虞初新志	张潮(清)辑,肃宗二十六年庚戌,康熙三十九年(1700)跋	20卷8册(卷1-2,1册缺),中国木版本,16×25cm,四周单边,半郭:12.8×18.5cm,有界,9行20字,白口,黑鱼尾上	跋:张潮(1700),印:朝鲜国漆原县人尹氏师国字宝卿号直庵图书印,直庵尹师国私印,尹师国印,郑氏昌顺,三山藏书	涧松文库
虞初新志	张潮(清)辑,小嫏嬛山馆,咸丰元年(1851)刊	20卷8册,中国木版本,14.4×10.2cm	序:康熙癸亥(1743)……张潮,印:集玉斋,帝室图书之章	首尔大学校奎章阁[奎중]6170
虞初新志	张潮,未详,小嫏嬛山馆,咸丰元年(1851)刊	1匣8册,16cm		岭南大学校东滨文库[古]823.6
虞初新志	张潮(清)编,康熙年间刊	20卷5册,中国木版本,25.2×16cm	自叙:康熙癸亥(1683)……张潮,总跋:康熙庚辰(1700)……张潮,印记:[霖逢印][春泽]	国立中央图书馆[古]5-80-45
虞初新志	张潮著,刊写年未详	20卷10册,石印本,16×10.7cm,四周双边,半郭:10.5×9.2cm,无界,9行20字,上黑鱼尾	序:康熙癸亥新秋(1683)心斋张潮	梨花女子大学校[고]812.8 장815
虞初新志	张潮(清)辑,荒井公廉(日本)训点,刊写地、刊写者、刊写年未详	全20卷10册(3,卷5-6),日本木版本,26×17.8cm,四周单边,半郭:18.5×12.5cm,有界,9行20字,注双行,上内向黑鱼尾	日本人荒井公廉训点日本版,内容:册3,鲁颠传外	汉阳大学校812.36-장74ㅇ-v.3

书名	出版事项	版式状况	一般事项	所藏处/所藏番号
虞初新志	张潮(清)辑,荒井公廉(日本)训点,刊写地未详,刊写者未详,刊写年未详	全20卷10册(册1-10,卷1-20),日本木版本,26×17.8cm,四周单边,半郭:18.5×12.5cm,有界,9行20字,注双行,上内向黑鱼尾	日本人荒井公廉训点日本版册,内容:册3,鲁颠传外,内容:卷3-4,马伶传外,卷7-8,书戚三郎事外,卷9-10.剑侠传外,卷11-12,过百龄传外,卷13-14,曼殊别志书外,卷15-16,记同梦外,卷17-18,纪袁枢遇仙始末外	汉阳大学校 812.36-장 74ㅇ-v.2 812.36-장 74ㅇ-v.4-9
奇文观止本朝虞初新志	菊池纯(日)著,依田百川(日)评点,明治十五年(1882)序	3卷3册,日本木版本,19.1×12cm,四周单边,半郭:15.8×8.8cm,有界,9行18字,头注,大黑口,纸质:绵纸	序:明治壬午(1882)八月日学海依田百州(日)撰并序,跋:时庆应丁卯(1867)六月松园道人盐田泰识	全南大学校 3Q2-본 75ㄱ

29. 虞初续志

《虞初续志》，十二卷，清郑澍若编。《虞初续志》是张潮《虞初新志》的续编，成于嘉庆七年（1802）六月，当年有养花草堂刊袖珍本，此后陆续有嫏嬛山馆刻本（咸丰元年）、清代笔记丛刊本、《笔记小说大观》本等，1986 年上海书店出版社收入《虞初志合集》。郑澍若，生卒年不详，字醒愚，福建建安人。《虞初续志》每卷前皆题“玉缨郑澍若醒愚编”，“玉缨”当是其别号。主要活动于乾隆嘉庆年间。其父方坤为雍正年间进士，官至兖州知府，即本书卷十《邯邑人士小传》的作者，著有《全闽诗话》等。

《虞初续志》所收文言小说以传记为主体。其自序云：“天地之大，何所不有？凡可喜可愕可歌可泣之事，千态万状，即可喜可愕可歌可泣之文，亦层出不穷也。”所以，在《虞初新志》之外，“美不胜收”之作尚多，“爰择录其尤雅者，名曰《虞初续志》”，“其文其事，则皆可以咤风云，锵金石，助麈谭而备辅轩之咨访者也”。所收不分体裁和时代先后，大约与张潮一样，随读随录，然后汇集成书。

与《虞初新志》相比，本书有两个较为明显的特点。其一，作者看重忠、孝、节、义等伦理观念，诸多作品与表彰忠臣、孝子、节妇、义士有关，如《乌文毅公广西殉难始末》《述赵西乾事》《孝节妇郑氏传略》《义士李伦表传》《崇明老人记》《阎典史传》《费宫人传》《江天一传》《梁烈妇传》《家贞女堕楼记》《重建宣城徐烈妇祠碑记》《黄孝子传》《孝烈张公传》《海烈妇传》《黄烈妇传》《刘孝子寻亲记》《杨孝子传》《赵孝子传》等。这类作品，洋溢着浓郁的儒家文化的气息，与偏于“才子、佳人、英雄、神仙”的《虞初新志》在情调上大为不同，二者既形成对比，又可以互补。其二，所收作品，纪实性较强。一个引人注目的例证是，本书收有蒲松龄《聊斋志异》中的四篇小说，全是记人的：《林四娘记》《志王成事》《志寄生》《崔猛传》；这几篇当然也有不少的虚构成分，但一篇以花妖狐魅为题材的作品也不收，却足以见出郑澍若的审美偏好。

《续修四库全书提要》子部小说类著录《虞初续志》为十卷本，注云：“通行本。”该提要指出：“是本所录只十卷；他本尚载珠泉居士《续板桥杂记》一卷，雪樵居士《秦淮闻见录》一卷。疑其书原为十二卷。”《续板桥杂记》和《秦淮闻见录》属传统的笔记范畴，与前十卷所收传记有别，之所以见收，也许是由于《虞初新志》收了余怀《板桥杂记》的缘故。

《虞初续志》是一部较为优秀的文言小说选集。吴曾祺编《旧小说》清代部分，从该书中辑录的作品，数量之多，仅次于《虞初新志》。这表明郑澍若所选，经得住时间的淘洗。

书名	出版事项	版式状况	一般事项	所藏处/所藏番号
虞初续志	郑澍若(清)编，未详，养花草堂，1802年	1匣4册，16cm		岭南大学校东滨文库[古]823.6

续表

书名	出版事项	版式状况	一般事项	所藏处/所藏番号
虞初续志	郑澍若(清)编，胡凤(清)校，小娜嬛山馆，咸丰元年(1851)刊	12卷6册，中国木版本，14.4×10.2cm	序：嘉庆七年(1802)……郑澍若，印：集玉斋，帝室图书之章	首尔大学校奎章阁［奎중］6171

30. 广虞初新志

《广虞初新志》，四十卷，清黄承增编。《广虞初新志》编成于嘉庆八年（1803）。有嘉庆八年寄鸥闲舫刊巾箱本。黄承增，字心庵，歙县（今属安徽）人。主要活动于乾隆、嘉庆年间。《广虞初新志》首有黄承增序，序云：邑人张潮所辑《虞初新志》，“仅就同时诸家手授抄本汇刻成书，究为搜罗未广。百余年来，前人全集既多刊行，后起作家亦复林立，予为补收博采，成《广虞初新志》四十卷，事多近代，文多时贤”。为《虞初新志》之续编，约收作品二百八十篇。编者抉择不严，所收传记体作品不足三分之一，而诗、序、说、逸事等却占三分之二强；名家如钮琇、王猷定、沈起凤等人无作品入选，同邑人之作却多达十三篇。其成书年代与郑醒愚《虞初续志》相近，但影响远远不及。

书名	出版事项	版式状况	一般事项	所藏处/所藏番号
广虞初新志	黄承增(清)辑，嘉庆八年(1803)序	40卷20册，中国木版本，17.2×12cm	序：嘉庆癸亥(1803)……黄承增，印：集玉斋，帝室图书之章	首尔大学校奎章阁［奎중］6186

31. 右台仙馆笔记

《右台仙馆笔记》，十六卷，清俞樾撰。有《春在堂全书》本、宣统二年上海朝记书庄石印本。俞樾（1821—1907）字荫甫，号曲园，又号曲园居士，浙江德清人，迁居仁和（今浙江杭州）。道光进士，由翰林院编修出任河南学政。因事罢职，乔居苏州，主讲苏州紫阳、上海求志等书院。晚年主讲杭州诂经精舍。治经、子、小学，以高邮王念孙父子为宗。著有《群经平议》《诸子平议》《古书疑义举例》等。能诗词，重视小说戏曲。所著《茶香室丛抄》《茶香室续抄》《小浮梅闲话》，对小说、戏曲演变与故事出处多所考证。所著诸书，总称《春在堂全书》，共二百五十卷。

《右台仙馆笔记》是俞樾晚年的作品。其自序称，作者 59 岁时，夫人姚氏去世，葬于钱塘之右台山，墓旁筑屋三间，题曰"右台仙馆"。"余吴下有曲园，即有《曲园杂纂》五十卷；湖上有俞楼，即有《俞楼杂纂》五十卷；右台仙馆安得无书？而精力衰颓，不能复有著述，乃以所著笔记归之。"此即本书得名之由。其自序所附《征求异闻启》坦率表明，他写作《右台仙馆笔记》，目的是为了"销暇日"，即"消闲"，即当成茶余饭后的谈助。因此，只是随笔写去，在平淡自然中呈露作者个人的性情、涵养，并向读者传达某种饱经沧桑后的人生况味。在蒲松龄和纪昀两位作家中，俞樾更偏爱纪昀。其《春在堂随笔》卷八说："若纪文达《阅微草堂五种》，专为劝惩起见，叙事简，说理透，不屑屑于描头画角，非留仙（蒲松龄）所及。"并明确表示，他写作《右台仙馆笔记》，"以《阅微》为法，而不袭《聊斋》笔意"。崇尚简短朴实，回避华丽铺张，这是志怪小说的经典写法。

《右台仙馆笔记》与《聊斋志异》有别，与《阅微草堂笔记》实亦有所不同，这表现在鬼怪题材所占比重较小，大量的还是人间故事，且人间故事中不乏名篇，如卷二"选人"、卷三"仆妇"、卷四"典妻"等。不过，这类故事虽属人间题材，但仍偏于见闻之"异"，不同于轶事小说之"轶"。所以，我们从整体上还是将

《右台仙馆笔记》当做志怪来看。

《阅微草堂笔记》何时传入韩国，年代未详。从刊行年代看，可以说19世纪初已经传入朝鲜。此外，《阅微草堂笔记》的亚流小说，如许奉恩的《里乘》、俞樾的《右台仙馆笔记》、梁恭辰《池上草堂笔记》等书也可能于19世纪初传入。

书名	出版事项	版式状况	一般事项	所藏处/所藏番号
右台仙馆笔记	俞樾(清)著,清版本	12卷6册,中国木版本,23.8×14.8cm	序:俞樾,印:集玉斋,帝室图书之章	首尔大学校奎章阁[奎중]4850
右台仙馆笔记	俞樾(清)撰,清朝末期刊	16卷8册,中国木版本,24×15cm,四周单边,半郭:15.5×11cm,有界,10行21字,上黑鱼尾,纸质:竹纸	序:曲园居士(俞樾)自记	成均馆大学校D7C-85
右台仙馆笔记	曲园居士(清)著,刊写地、刊写者、刊写年未详	16卷5册(卷1-16),22.8×14.8cm,上下单边,左右双边,半郭:16×11.7cm,有界,10行21字,上下向黑鱼尾	序:曲园居士自记	东亚大学校(3):12:2-17

32. 里　乘

《里乘》，十卷，清许奉恩著。十卷本有光绪五年（1879）常熟抱芳阁刊本，一名《兰苕馆外史》。《扫叶山房丛抄本》作四卷，《笔记小说大观》本作八卷。许奉恩（1816—1878），字叔平、勖平、兰苕馆主人等。世居安徽桐城黄华里（今属安徽省枞阳县黄美乡），屡应乡试不第，长期为幕僚。一度以知县任用，加五品衔，敕授文林郎，诰封奉直大夫，晋授通议大夫，但均为空头衔，终因谒选乏资，未能赴知县任。晚年做客汉皋（汉口），病逝于武昌幕府中。有《兰茗馆诗抄》《兰茗馆文品论诗合抄》等。《里乘》凡十卷，约收小说一百九十篇。《笔记小说大观》之《里乘》提要曰："有清一代，笔记小说夥矣，要以蒲、纪二氏最为擅场。《聊斋志异》以文词胜，《阅微草堂》以论断胜，皆千古不磨之作。此书独兼有其长。谈狐说鬼，无殊淄水之洸洋；善劝恶惩，犹是河间之宗旨。纸贵已久，鼎足何疑?"这当然是溢美之词，但在一定层面上把握住了《里乘》的特点。此书以劝善惩恶为出发点。《当涂令》写当涂县令与其幕僚侵吞救灾公款，以致饥民"枕藉于道，惨不能状"。《雷击某总戎》写某总兵暗害某公子，"并纵兵淫辱妇女，悉杀而投诸江"。《某令》写甘肃某县令将七名无辜者当做盗贼杀死，以敷衍上司。《行脚僧》写某行脚僧残杀一老衲，"饱啖，搜其资而遁"。诸多邪恶者，最终都受到应有的惩罚。《少年客》写一少年严惩"欲行劫舟"的舟子，保护客商安然抵沪。《金钱李二》写盗魁李二言行豪爽，熟谙史事，教子有方。《柯寿鞠》《仙露》《袁姬》写几个妓女不仅才貌双全，而且品格高尚，在对卑贱者的赞扬中寓有劝善之意。其他作品，或叙家庭纠纷，或写士子科名，或述名人轶事，亦多以因果报应为结构套路，说教意图明显。少数作品情节曲折，篇幅较长，已近于传奇小说。

书名	出版事项	版式状况	一般事项	所藏处/所藏番号
里乘	许奉恩(清)著，常熟，抱芳阁藏版，光绪五年(1879)刊	10卷10册，中国木版本，有图，18.3×11.9cm	标题纸书名：兰茗馆外史，序：同治十有三年(1874)……方浚颐，跋：同治甲戌(1874)……方锡庆，印：集玉斋，帝室图书之章	首尔大学校奎章阁[奎중]6010

33. 删补文苑楂橘

《删补文苑楂橘》是朝鲜英祖年间朝鲜人选编的文言短篇小说

集。现有活字本和抄本两本，仅存于韩国与日本。此书是朴在渊最近发现的版本，总 2 卷 2 册（上卷 57 张，下卷 52 张），册名为《删补文苑楂橘》，是第一校书馆印书体木活字本。版式是四周双边，半郭 21.4cm×13.2cm，半叶 10 行 20 字，上二叶花纹鱼尾。此书本身高 27cm×17cm，用楮纸印刷。这一活字本，韩国国立中央图书馆一山文库和韩国精神文化研究院（现韩国学中央研究院）各藏有 1 册，延世大学图书馆藏有两部笔写本，国立中央图书馆和朴在渊各藏有一部。

根据“第一校书馆印书体字”，可推定此书在朝鲜印刷时是在肃宗十年（1684）至英祖三十六年（1760）间。①朴在渊推定《删补文苑楂橘》既不是明人编撰，也不是中国失传的文言小说集，而是朝鲜人以《艳异编》等明末文言小说集为底本而编选的。

书名	出版事项	版式状况	一般事项	所藏处/所藏番号
删补文苑楂橘	著者未详，刊写年未详	2 册，笔写本，23.3×16.4cm	“返还文化财”	国立中央图书馆 [古]3738-12
删补文苑楂橘	编者未详，芸阁印青体字本，刊写年未详	2 卷 1 册，26.9×15.8cm，四周单边，半郭：21.9×16.7cm，10 行 20 字，上二叶花纹鱼尾		国立中央图书馆 [일산古]3738-15
删补文苑楂橘		2 卷 2 册，笔写本，32.5×20cm	表题：文苑楂橘	延世大学校 812.38
		1 册（零本，卷之 1 缺），笔写本，32.5×20cm		延世大学校 812.36

① 朴在渊：《删补文苑楂橘》，韩国鲜文大学校中文系 1994 年，第 86 页。

续表

书名	出版事项	版式状况	一般事项	所藏处/所藏番号
删补文苑楂橘	著者未详	1册(册2缺),笔写本,32.5×20.5cm		延世大学校(庸斋文库)811.36
删补文苑楂橘	著者未详,刊写年未详	1册(39页,缺本),笔写本,31×23.3cm		韩国学中央研究院 D7C-34
删补文苑楂橘	著者未详,刊写年未详	2卷2册,木活字本,27×17cm,四周双边,半郭:21.4×13.2cm,有界,10行20字,上二叶花纹鱼尾,纸质:楮纸	表题:文苑楂橘,印:李王家图书之章	韩国学中央研究院 4-6883
删补文苑楂橘	编者未详,刊写年未详	2卷2册,笔写本,27.5×17.4cm,四周单边,半郭:18.5×11.9cm,乌丝栏,10行20字,无鱼尾		启明大学校 812.8-문원사
删补文苑楂橘	第一校书馆印书体字,朝鲜刊	1册(卷一,1册缺),活字本		朴在渊
删补文苑楂橘	朝鲜(笔写)	2卷2册,笔写本	朝鲜人笔写	朴在渊

34. 十一种藏书

《十一种藏书》，又名《雅雨堂藏书》，清卢见曾辑。有乾隆中卢氏刊本。卢见曾（1690—1768），字澹园，又字抱孙，号雅雨，又号道悦子，山东德州人。康熙六十年（1721）进士。历官洪雅知县、滦州知州、永平知府、长芦、两淮盐运使。形貌矮瘦，人称

“矮卢”。乾隆三十三年，两淮盐引案发，因收受盐商价值万余之古玩，被拘系，病死扬州狱中。著有《雅雨堂诗文集》等，刻有《雅雨堂丛书》。《十一种藏书》中包括《封氏闻见记》《唐摭言》《北梦琐言》《文昌杂录》等文言小说。

书名	出版事项	版式状况	一般事项	所藏处/所藏番号
十一种藏书	乾隆丙子(1756)镌雅雨堂藏版	22册,中国木版本,四周单边,匡郭:18.5×14.5cm,有界,10行21字,上黑鱼尾	内容:册1-6:李代易传,册7:易释文李代易传后序周易乾凿度,册8:郑氏周易,册9:尚书大传郑司农集尚书大传考异,册10-11:大戴礼记,册12:匡谬正俗,册13:封氏闻见记,册14-17:高代战国策,册18-19:唐摭言,册20:北梦琐言,册22:文昌杂录,刊记:乾隆丙子(1756)镌雅雨堂藏版	延世大学校(李源喆文库)

35. 海陬冶游录

《海陬冶游录》三卷、《海陬冶游附录》三卷、《海陬冶游余录》一卷，清王韬撰。清代书目未见著录。《中国丛书综录》收入小说家类。有光绪戊寅（1878）眉珠小庵排印本、《香艳丛书》本等。三录皆记清末上海青楼烟花事，意在“追已陈之艳迹，寄幽忧于香草”，“抚今思昔，写怨言愁”，“附诸野史，非故为妖冶之词”。王韬将冶游繁华融注于时事变迁、盛衰之忧，抚今追昔，在青楼想象中寻求文化认同，展示出末代文人的复杂心态。该书体例上“以雅游、丽品、轶事分隶之”，其中“妓家食品”、“青楼所著画屉”、“青楼时令蔬果”、“名妓下捎多不可问”、“拣茶女子，多系小家贫户”等记载颇有价值，是治社会史的重要史料。

书名	出版事项	版式状况	一般事项	所藏处/所藏番号
海陬冶游录	玉魫生(清)撰，光绪四年(1878)刊	7卷7册，中国木版本，19.7×13.2cm	表题纸书名：册3(花国剧谭)，册4(吴门画舫续录，续板桥杂记)，册5(雪鸿小记，秦淮画舫录)，册6(画舫余谭，白门新柳记)，册7(十洲春语，竹西花事小录)，自序：庚申(1860)……玉魫生，刊记：戊寅(1878)季夏印于眉珠小龕，印记：乐山堂印	国立中央图书馆 [古]5-80-2

36. 谐　铎

《谐铎》，十二卷，清沈起凤撰。成书于乾隆五十六年(1791)，乾隆五十六年藤花榭刊本，有韩藻序和殷星岩序。乾隆壬子巾箱本增王昶序和黄桂芳、马惠、沈青瑞跋。另有光绪十七年上海广百宋斋铅印本，上海书局、文蔚书局、锦文堂书店石印本，《清代笔记丛刊》本、《笔记小说大观》本。1985年人民文学出版社《中国小说史料丛书》刊出乔雨舟校点本，附录序跋，颇便使用。沈起凤（1741—1794后），字桐威，号蕢渔，又号红心词客，别署花韵庵主人，吴县（今江苏苏州）人。乾隆三十三年(1768) 28岁时中举，此后五次赴进士试，均落第而归。晚年以选人客死都门。以小说、戏曲知名于世，所作戏曲不下三四十种。今存《报恩缘》《才人福》《文星榜》《伏虎韬》四种，剧目可考者有《千金笑》《泥金带》《黄金屋》三种。《谐铎》是其代表作，书名《谐铎》，意思是寓劝诫于嬉笑言谈之中。《棺中鬼手》嘲讽贪官污吏，《桃夭村》揭露当时社会贿赂公行、是非颠倒的现象，《村姬毒舌》调侃新科状元以科名傲人的丑态。故事短小，文字简练，大量运用夸张、对比、谐音等修辞手法，寓庄于谐，流传广泛。

书名	出版事项	版式状况	一般事项	所藏处/所藏番号
谐铎	沈起凤(清)著,刊写地未详,刊写者未详,光绪二十三年(1897)刊	12卷4册,中国木版本,19.2×11.9cm	序:乾隆重光大渊献(1791)……(清)韩苏,序:时乾隆辛亥(1791)……(清)殷杰,标题纸:光绪丁酉(1897)孟夏新镌……本衙藏板	国立中央图书馆 [古]1246-2
谐铎	沈起凤(清)著,清版本	12卷4册,中国木版本,17.5×12cm	印:集玉斋,帝室图书之章	首尔大学校奎章阁 [奎중]6000
绘图谐铎	沈起凤(清)著,上海锦文堂,宣统元年(1909)刊	12卷4册,中国石印本,有图,20×13.2cm		高丽大学校 C14-B7

37. 今 世 说

《今世说》，八卷，清王晫撰。《四库全书总目》《清史稿·艺文志》小说家类著录王晫《今世说》八卷，有康熙二十年（1681）原刊本。咸丰二年（1852）伍崇曜刻《粤雅堂丛书》本较为通行，《清代笔记丛刊》本、《笔记小说大观》本等皆由此出，1957年古典文学出版社据以排印，注明疑窦，便于使用。王晫（1636—?），初名棐，字丹麓，号木庵，又号松溪子，钱塘（今浙江杭州）人。生于明末，约生活于清顺治、康熙时。顺治四年中秀才，旋弃举业，市隐读书，广交宾客，工于诗文，著有《遂生集》《霞举堂集》《墙东草堂词》及杂著多种。《今世说》系仿照《世说新语》体例所写，共八卷30门452条，以清初四十余年人物为主要记述对象，其由明入清者，亦一并收入，并于每条之下注明条目中人物生平大略。其清初著名人物如毛奇龄、王士祯、施闰章等人，多见于各门类。该书是《世说新语》续书中较为优秀的一部。

书名	出版事项	版式状况	一般事项	所藏处/所藏番号
今世说	王晫(清)撰	8卷2册,笔写本,23.9×18cm,上下单边,半郭:19×13.6cm,有界,9行20字,小字双行,上下黑口,无鱼尾	版心:枫石庵书屋,序:归安严允肇修人撰,同邑丁澎药园撰遂安毛际可会候撰,宜兴徐凤竹逸撰,同郡冯景香远撰,康熙癸亥(1683)仲春武林王晫题于墙东草堂	高丽大学校 대학원贵-586-1-2 卷1~8

38. 茶余客话

《茶余客话》，二十二卷，清阮葵生撰。约写成于乾隆三十六年（1771）。原书有三十卷，王锡祺印本为二十二卷。1958年中华书局排印本二十二卷，补遗一卷。旧时通行节本如《艺海珠尘》本仅有十二卷。阮葵生（1727—1789），字宝诚，号吾山，山阳（今江苏淮安）人。乾隆壬申科举人，辛巳会试以中正榜录用，以内阁中书入值军机处，历任监察御史、通政司参议、刑部右侍郎等职。著有《七录斋集》《七录斋诗词集》《阮氏族训》《阮氏家谱》等，生前都未出版。2009年陕西人民出版社出版了由王泽强校点整理的《阮葵生集》，收录了他的绝大部分作品。《茶余客话》内容丰富，涉及政治、经济、文化、法律等领域，保存了许多重要的史料，其有关清初典章制度和入关前后建置以及淮地名物掌故等记载，有较高的史料价值，还辑录了与戏曲、小说如《荆钗记》《水浒传》《琵琶记》《金瓶梅》《西游记》《长生殿》等有关的史料。

书名	出版事项	版式状况	一般事项	所藏处/所藏番号
茶余客话	阮葵生(清)著	12卷4册,木版本,17.5×10.8cm,四周单边,半郭:13.1×9cm,无界,9行20字,白口,上下向黑鱼尾,纸质:画宣纸	跋:甲寅上元乌程戴璐跋,跋:癸丑小除男钟琦谨识,题词:杨复吉	釜山大学校芝田文库(子部) OEC 3-12 26

39. 质直谈耳

《质直谈耳》，八卷，清钱兆鳌撰。《贩书偶记》小说家类著录，八卷。谓有乾隆五十九年（1794）刊本。又有1914年刊本，未见。今有道光甲申重镌学余堂本，书前有其从兄钱大昕乾隆乙巳（1785）序，云书于此年已成，然书中间有丙午、丁未（乾隆五十一、五十二年）事，当为陆续增补。钱兆鳌（1729—?）字挽夫，号寻真氏，嘉定（今属上海）人。无功名，笃学好古，精于六书形声之学。《质直谈耳》为志怪小说集，语言质朴简短，与《秋灯丛话》类似。

书名	出版事项	版式状况	一般事项	所藏处/所藏番号
质直谈耳	钱肇鳌(清)撰,学余堂,道光四年(1824)刊	8卷4册,中国木版本,16.5×10.8cm,四周单边,半郭:11.9×8.5cm,无界,8行17字,花口,上下向黑鱼尾,纸质:画宣纸	序:竹汀居士大昕书,刊记:道光甲申(1824)重镌学余堂藏板	釜山大学校芝田文库(子部) OEC 3-12 21

40. 壶 天 录

《壶天录》，三卷，清百一居士撰。《中国丛书综录》列于小说家类，三卷。今有《申报馆丛书》本、《清代笔记丛刊》本、《笔记小说大观》本等。书前有光绪十一年（1885）作者自序和白田吏隐后序。百一居士，生平不详，仅据书中所题，知其为光绪间淮阳（今属江苏）人。全书共分为三册，分别为日月合璧、古来、天道。篇制短小，属笔记体小说。

书名	出版事项	版式状况	一般事项	所藏处/所藏番号
壶天录	百一居士（清）著，申报馆，光绪十一年（1885）序	3册，中国活字本，17.5×11.5cm	序：光绪十一年（1885）……百一居士，印：集玉斋	首尔大学校奎章阁[奎중]6162

41. 寄园寄所寄

《寄园寄所寄》，十二卷，清赵吉士撰。《四库全书总目》著录赵吉士《寄园寄所寄》十二卷。康熙三十五年（1696）刻本、三益堂刻本为十二卷。1935年大达图书供应社铅印本分上、下二卷。十二卷本和二卷本均分为十二类，前者类为一卷，后者六类为一卷。《香艳丛书》本仅摘录一卷。赵吉士（1628—1706），字天羽，又字恒夫，号渐岸、寄园，休宁（今属安徽）人。寄籍杭州。顺治八年（1651）举人，康熙七年（1668）授交城知县，历任山西清吏司主事、通州中南仓主管等职。著有《续表忠记》《寄园寄所寄》《杨忠公列传》《万青阁全集》等。《寄园寄所寄》采辑前人野史笔记，分为十二类：囊底寄、镜中寄、倚杖寄、捻须寄、灭烛寄、焚麈寄、獭祭寄、豕度寄、裂眦寄、驱睡寄、泛叶寄、插菊寄。十之七八出于明代，其他为明以前事。所引书达数百种，搜罗颇为宏富。

书名	出版事项	版式状况	一般事项	所藏处/所藏番号
寄园寄所寄	赵吉士(清)辑,清,本衙藏,康熙三十四年(1695)序	12卷16册(卷1-12),中国木板本,17.2×10.6cm,上下单边,左右双边,半郭:13.1×8.1cm,有界,11行21字,花口,上下向黑鱼尾	序:康熙三十四年(1695)……汪光被,刊记:本衙藏版,装帧:黄色表纸白丝四缀	首尔大学校中央图书馆 0330-11-1-16
寄园寄所寄	赵吉士(清)辑,冯云骕(清)等校订,渔古山房,清版本	12卷12册,中国木版本,17.2×11.2cm	印:集玉斋,帝室图书之章	首尔大学校奎章阁 [奎중]5892
寄园寄所寄	赵吉士(清)辑,清,渔古山房,刊写年未详	5卷5册,中国木版本,16.8×10.8cm,上下单边,左右双边,半郭:13.2×9.2cm,有界,11行21字,花口,上下向黑鱼尾,纸质:竹纸	序:仙湖愚兄士麟顿首拜撰,序:康熙三十四年(1695)仲冬朔……汪光被序	釜山大学校梦汉文库(子部) ODC 3-12 42
寄园寄所寄	赵吉士(清)辑,刊写地、刊写者、刊写年未详	1册(缺帙,卷6),中国石版本,20×13cm,四周双边,半郭:17×12cm,无界,15行34字,注双行,上下向黑鱼尾,竹纸		忠南大学校子.杂家类-866
寄园寄所寄	赵吉士,刊写地、刊写者、刊写年不明	8册,中国石版本		国立中央图书馆 BA039-6
寄园寄所寄	赵吉士(清)著,刊写地、刊写者、刊写年未详	12卷8册,石印本,24cm		国立中央图书馆 a1039-6

42. 道听途说

《道听途说》，十二卷，清潘纶恩撰。《中国丛书综录》列于小说家类。有《申报馆丛书》本，十二卷。潘纶恩（? 1797—? 1856），字炜玉，又字苇渔，号箨园，室号箨月山房。皖南泾县人，其家在“茂林之西山下”。道光六年诸生。《道听途说》是一部创作于清代道光中后期至咸丰初年的文言小说集，收录小说一百一十余篇，不仅揭露了吏治黑暗、民风浇薄，还广泛描写了家庭中的人伦关系，大多结构完整，篇幅较长。

书名	出版事项	版式状况	一般事项	所藏处/所藏番号
道听途说	潘纶恩(清)著,上海申报馆,光绪元年(1875)序	12卷6册,中国活字本,17×11.2cm	序:光绪纪元岁乙亥(1875)……筠坪老人,印:集玉斋,帝室图书之章	首尔大学校奎章阁[奎중]5762

43. 淞南梦影录

《淞南梦影录》，四卷，清黄式权撰。有光绪九年（1883）《申报馆丛书》本，署“畹香留梦室主”撰。黄协埙（1851—1924），字式权，原名本铨，号梦畹，别署海上梦畹生、畹香留梦室主。南汇（今属上海市）人。历史上的南汇鹤沙（即下沙）是鹤的栖息地，有“鹤巢”或“鹤窠”之称，于是他自号“鹤窠村人”，把在上海的住宅自称为“鹤寄庐”。工诗词，尤长于骈体文写作。光绪十年（1884）入《申报》馆，后继任《申报》总编纂，主持《申报》笔政二十年之久。1907年任震旦学校校监，1910年后任南汇第三公学校监，并分纂《南汇县续志》。暮年乡居，以诗文自娱。著有《鹤窠树人初稿》《粉墨丛谈》《黄梦畹诗抄》等多种。《淞南梦影录》是一部记录上海洋场风情的笔记，记事颇详，有可读性。

书名	出版事项	版式状况	一般事项	所藏处/所藏番号
淞南梦影录	畹香留梦室主(清)编,上海申报馆,光绪九年(1883)序	4卷1册(49页),中国活字本,17×11.2cm	序:光绪九年(1883)……高昌寒食生,印:集玉斋	首尔大学校奎章阁[奎중]5895

44. 雨窗记所记

《雨窗记所记》，四卷，清谢堃撰。《八千卷楼书目》小说家类著录，四卷。有《春草堂集》本、《扫叶山房丛抄》本。谢堃(1784—1844)，字辔禾，一字佩和，室名春草堂。甘泉（今江苏扬州）人。国子监生。官曲阜屯田郎。工词曲，精鉴赏，亦善书画。著有《春草堂集》《兰言集》。所撰传奇四种：《黄河远》《十二金钱》《绣帕记》《血梅记》，合刻为《春草堂四种曲》。《雨窗记所记》是一部杂记琐事轶闻的文言小说集。

书名	出版事项	版式状况	一般事项	所藏处/所藏番号
雨窗寄(记)所记	谢堃(清)著,光绪六年(1880)刊	4卷4册,中国木版本,17.8×11.7cm	序:谢堃,印:集玉斋,帝室图书之章	首尔大学校奎章阁[奎중]5919

45. 浇 愁 集

《浇愁集》，又名《绘图再续聊斋志异》，八卷，清邹弢撰。有申报馆仿聚珍版印本、申报馆仿聚珍版重印本和封面题“绘图再续聊斋志异”、正文卷端题“潇湘馆侍者撰　曲园居士鉴定”的石印小本等。光绪四年（1878）申报馆仿聚珍版印本首有秦云《叙》、潇湘馆侍者《自叙》、朱康寿《叙》。每篇之后都有总评，评者分别为西脊山人（即秦云）、朱曼叔、吟香子（俞达）、梦仙馆主人、漱红馆主（上二人可能是秦云）、非非子等。邹弢（1850—1931），字翰飞，号潇湘馆侍者，别号瘦鹤词人，亦号司香旧尉，晚号守死楼主。金匮（今江苏无锡）人。同治五年（1866）随父迁居苏州。光绪元年（1875）诸生，然十试秋闱不第。后旅居上海，为申报馆记室、主笔。曾应山东巡抚张朗斋之请，至淄川矿山任职。弢壮岁落拓，因自号邹酒丐。著述甚丰，《浇愁集》外，有《三借庐赘谈》《瓮牖余谈》《海上尘天影》《万国近政考略》《洋务罪言》等。

《浇愁集》是一部写愁抒愤之作，时有模仿《聊斋志异》的痕迹。作者所处的时代，正值清王朝末期，政治腐败，民不聊生，太平天国起义由此爆发，外敌乘机入侵。邹弢的个人境遇和生活环境，令他有感而发，撰为此书。在追步《聊斋志异》的传奇小说集中，这是较好的一部。

书名	出版事项	版式状况	一般事项	所藏处/所藏番号
浇愁集	邹弢(清)著，朱康寿(清)校，申报馆，光绪四年(1878)刊	8卷4册，中国活字本，17.1×11.3cm	序：光绪三年(1877)……秦云，印：集玉斋	首尔大学校奎章阁[奎중]5945

46. 粤　屑

《粤屑》，八卷，清刘世馨撰。《贩书偶记》著录《粤屑》八卷：“阳春刘世馨撰，道光十年刊巾箱本。”书名页题“道光十年新镌粤屑，聚锦同记藏版”。刘世馨，字芗谷，阳春（今属广东）人。优贡生，署番禺县教谕。工诗，尝与黎简唱和，善画兰竹、山水。著有《粤屑》《剑光楼笔记》《小罗浮草堂集》《五百四峰堂诗》《听云楼诗钞》《番禺县志职官表》等。《粤屑》是一部杂记粤中琐闻的文言小说集，清无名氏所撰《风雪媒》《杨花媾》传奇，其素材即取材于该书。

书名	出版事项	版式状况	一般事项	所藏处/所藏番号
粤屑	刘世馨(清)辑，许联升(清)订正,上海申报馆,光绪三年(1877)刊	4卷2册,中国活字本,17×11.2cm	序:芗谷老人(刘世馨) 印:集玉斋,帝室图书之章	首尔大学校奎章阁 [奎중]5926

47. 因树屋书影

《因树屋书影》，又称《书影》，清周亮工撰。《中国丛书综录》列入小说家类，十卷。书成于顺治十六年（1659），康熙六年（1667）由赖古堂刊行，雍正三年（1725）怀德堂重刊。乾隆间修《四库全书》，初收入，后又抽毁。1957年古典文学出版社、1958年中华书局上海编辑所据怀德堂本排印出版，1981年上海古籍出版社又据以重印校订出版。周亮工（1612—1672），字元亮，又有陶庵、减斋、缄斋、适园、栎园等别号，学者称栎园先生、栎下先生。原籍祥符（今河南开封），后移居金陵（今江苏南京）。明崇祯十三年（1640）进士，官至浙江道监察御史。入清后历仕盐法道、兵备道、布政使、左副都御史、户部右侍郎等，曾两次下狱，被劾论死，后遇赦免。《清史列传》入《贰臣传》。生平博极群书，爱好绘画篆刻，工诗文，著有《赖古堂集》《因树屋书影》《读画录》《印人传》《赖古堂文选》《赖古堂印谱》等，今汇编成全集。

《因树屋书影》作于周亮工被劾下狱期间。因狱中无书可以检阅，故取“老人读书只存影子”之语，名为“书影”；又因囚于刑部狱因树屋中，故全称《因树屋书影》。全书或评诗文，或论经史，或谈技艺，或叙奇事，内容广泛。所叙奇事，颇有小说趣味。

书名	出版事项	版式状况	一般事项	所藏处/所藏番号
因树屋书影	周亮工(清)笔记,螺隐(屯溪)(清)校订,因树屋	10卷6册(卷1-10),木版本,24.6×15.6cm,四周单边,半郭:17×13.3cm,有界,9行18字,注双行,花口,上下向白鱼尾	版心题:书影,姜序:康熙六年(1667)……姜承烈,徐序:徐芳,高序:高皋,黄序:黄虞稷,张跋:张遂辰,邓跋:邓汉仪	首尔大学校中央图书馆 3424-176-1-6

48. 萤窗异草

《萤窗异草》，三编十二卷，清长白浩歌子撰。今所见《申报馆丛书》本，有光绪二年梅鹤山人初编序、光绪三年缕馨仙史二编序、悟痴生三编序。另有《笔记小说大观》本、1936年上海通俗图书刊行社铅印本。书凡三编十二卷。别有一种四编本，其第四编乃书贾伪造。关于作者，大致上有两种说法。一据《八旗艺文编目》，说长白浩歌子就是乾隆时代大学士尹继善第六子尹庆兰；一说《萤窗异草》为光绪初年作品，实为申报馆文人所作，此说始于平步青《霞外捃屑》卷六。庆兰（约1735—1788），字似村，满洲镶黄旗章佳氏。乾隆十二年（1747）生员，因皇帝曾亲临考场，自称"殿试秀才"。耽吟咏，好风雅。乾隆十九年（1754）与袁枚诗酒唱和，过从甚密。有《绚春园诗钞》。据戴不凡《小说见闻录》，《萤窗异草》曾有稿本传世，题作《聊斋剩稿》。"纸已敝败，盖不知已经过多少人阅读使然。有因使用指甲翻书而抓破纸张缺字缺句者，有被人揭去半页者，其阙文又有经人用竹纸衬贴补全又复脱落者。就纸色而观，当不晚于乾隆。"

《萤窗异草》属仿效《聊斋志异》而时有新意之作。写"痴情"故事，写人生阴暗面，不乏佳作。而不少作品套用《聊斋志异》构思甚至语言，又不免形迹太似之嫌。

书名	出版事项	版式状况	一般事项	所藏处/所藏番号
萤窗异草	长白浩歌子(清)著,袁枚(清)续评,申报馆,光绪二年(1876)序	4卷12册,中国活字本,17×11.2cm	卷头书名:萤窗异草,序:光绪二年(1876)梅鹤山人,印:集玉斋,帝室图书之章	首尔大学校奎章阁[奎중]5912
萤窗异草	长白浩歌子著,上海锦章图书局,光绪二年(1876)	16卷8册,中国石印本,有图(8页),20.5×13.5cm,四周双边,半郭:17.3×12.3cm,有界,28行42字,上黑鱼尾	序:光绪二年(1876)梅鹤山人	梨花女子大学校[고]812.3 장52
萤窗异草初编	长白浩歌子(清)著,上海锦章图书局,光绪二年(1876)序	4卷8册,中国石印本,有图,22×13.5cm,四周双边,半郭:17.7×12cm,有界,21行42字,花口,上下向黑鱼尾,纸质:竹纸	标题:绘图萤窗异草全编,刊记:上海锦章图书局石印,序:光绪二年岁次丙子(1876)端阳节梅鹤山人序	釜山大学校梦汉文库(子部)ODC 3-12 36
绘图萤窗异草全编	浩歌子(清)著,随园续评,柳桥重订,上海锦章图书局,清光绪二年(1876)序	16卷8册(初编4卷,二编4卷,三编4卷,四编4卷),中国石印本,有图,20.5×13.5cm,四周双边,半郭:17.4×11.9cm,有界,21行42字,上黑鱼尾,纸质:竹纸	书名:表题,初编序:光绪二年岁次丙子(1876)端阳节梅鹤山人序于海上鷦鷯一枝轩,刊记:上海,锦章图书局石印	成均馆大学校D7C-122
萤窗异草全编	长白浩歌子(清)著,随园老人(清)续评,柳桥居士重订,上海锦章图书局,光绪二年(1876)序	全16卷8册(卷1-16),中国石印本,有图,20.2×13.4cm,四周双边,半郭:17.3×11.8cm,有界,21行42字,上内向黑鱼尾	版心书名:绘图萤窗异草初编 刊记:英界棋盘街上海锦章图书局石印,序:光绪二年岁次丙子(1876)梅鹤山人	汉阳大学校812.85-장4182 ㅎ-v.4,-v.5,-v.6,-v.8

续表

书名	出版事项	版式状况	一般事项	所藏处/所藏番号
萤窗异草全编	长白浩歌子(清)著,随园老人(清)续评,柳桥居士重订,上海锦章图书局,光绪二年(1876)序	2卷1册(全16卷8册,卷1-2),中国石印本,有图,20.2×13.4cm,四周双边,半郭:17.3×11.8cm,有界,21行42字,上内向黑鱼尾	版心书名:绘图萤窗异草初编,刊记:英界棋盘街上海锦章图书局石印,序:光绪二年岁次丙子(1876)梅鹤山人	汉阳大学校 812.85-장 4182 ㅎ-v.3
萤窗异草全编	长白浩歌子(清)著,随园老人(清)续评,柳桥居士重订,上海锦章图书局,光绪二年(1876)序	2卷1册(全16卷8册),中国石印本,有图,20.2×13.4cm,四周单边,半郭:17.3×11.8cm,有界,21行42字,上内向黑鱼尾	版心书名:绘图萤窗异草初编,刊记:英界棋盘街上海锦章图书局石印,序:光绪二年岁次丙子(1876)梅鹤山人	汉阳大学校 812.85-장 4182 ㅎ-.1 初编1(卷1-2),-v.2 初编2(卷3-4)
萤窗异草全编	长白浩歌子(清)著,随园老人(清)续评,柳桥居士重订,上海锦章图书局,光绪丁丑(1877)序	2卷1册(全16卷8册,卷1-2),中国石印本,有图,20.2×13.4cm,四周双边,半郭:17.3×11.8cm,有界,21行42字,上内向黑鱼尾	版心书名:绘图萤窗异草初编,刊记:英界棋盘街上海锦章图书局石印,序:光绪丁丑(1877)山阴悟痴生识	汉阳大学校 812.85-장 4182 ㅎ-v.7

49. 秋坪新语

《秋坪新语》，十二卷，清张太复撰。清代书目未见著录。乾隆丁巳（1737）本衙刊巾箱本署“天汉浮槎散人”编。乾隆乙卯（1795）刊本署“浮楂散人”著。据《大清畿辅先哲传》卷二十五：张太复（？1747—1817后），原名景运，字静旃，号秋坪、春岩、浮槎散人，乾隆间南皮人。乾隆四十二年选拔贡生，授浙江太平知县，以洋案谪戍，破产得赎，改迁安县教谕。与洪亮吉、张问陶交好，能诗文书画。《秋坪新语》多记奇闻趣事，是一部笔记体的志怪小说集。

书名	出版事项	版式状况	一般事项	所藏处/所藏番号
秋坪新语	浮槎散人（清）编，清乾隆五十七年（1792）序	12卷7册（1册缺），中国木版本，17×10.8cm，左右双边，半郭：12.7×9cm，有界，9行19字，上下黑口，上黑鱼尾，纸质：竹纸	序：乾隆大岁壬子（1792）春月天汉浮楂散人自题于半一轩南窗下，印：李王家图书之章	韩国学中央研究院 4-243

50. 翼驷稗编

《翼驷稗编》，八卷，清汤用中撰。《八千卷楼书目》小说家类著录汤用中《翼驷稗编》八卷。有道光二十八年（1848）刊本。汤用中（？1801—1849后），字芷卿，北平（今北京）人。道光十九年（1839）举人。赵翼外孙。《翼驷稗编》记明末至清道光间事，而以清人逸闻琐事为主。叙事雅饬明净，在清中叶笔记小说中具有比较突出的地位。

书名	出版事项	版式状况	一般事项	所藏处/所藏番号
翼驷稗编	汤用中（清）著，徐廷华（清）评，本衙藏版，同治六年（1867）刊	8卷6册，中国木版本，18.2×12cm	序：道光戊申（1848）……周仪颢，印：集玉斋，帝室图书之章	首尔大学校奎章阁[奎중]5764

51. 说　铃

《说铃》，包括前后二集，清吴振方编。有康熙十四年（1675）、康熙四十一年（1702）、康熙四十四年（1705）刊本等。早期刻本收书五十二种，后期刻本增加一种。吴振方，字青坛，浙江石门人。康熙十八年（1679）进士。官至监察御史。著有《晚树楼诗稿》《读书正音》《岭南杂记》等。所辑综合性丛书《说铃》收清初笔记颇多，较著名者如余怀《板桥杂记》、陆次云《湖壖杂记》、钮琇《觚賸》、王士祯《陇蜀记闻》、陈鼎《滇黔记游》、吴陈琰《旷园杂志》、陆丽京《冥报录》、东轩主人《述异记》等。

另有清初汪琬《说铃》一卷。成书于顺治十六年（1659）。有《昭代丛书》本、《清人说荟》本等。汪琬（1624—1691），字苕文，号钝庵，初号玉遮山樵，晚号尧峰。长洲（今江苏苏州）人。顺治十二年进士，康熙十八年举鸿博，历官户部主事、刑部郎中。与侯方域、魏禧合称清初散文三大家。有《尧峰诗文钞》《钝翁前后类稿、续稿》。其书多记清初名人轶事，所涉人物有朱彝尊、王士祯、顾炎武、陈维崧、周亮工等。

书名	出版事项	版式状况	一般事项	所藏处/所藏番号
说铃	吴震方（清）编，康熙四十四年（1705）序	16册（册1-16），中国木版本，23.0×15.3cm	序：康熙四十四年（1705）……徐倬	首尔大学校奎章阁 4861
说铃	吴震方（清）编辑，康熙四十四年（1705）序	54卷22册，中国木版本，22.8×15.2cm，左右双边，半郭：19.9×14.2cm，有界，11行25字，内向黑鱼尾，纸质：绵纸	里题：本朝名家杂著说铃，序：康熙四十四年乙酉（1705）长夏吴兴年家弟徐倬拜撰时年八十有三，印：李王家图书之章	韩国学中央研究院 4-227

续表

书名	出版事项	版式状况	一般事项	所藏处/所藏番号
说铃	吴震方(清)辑，中国	6册(缺帙，册1-6)，中国木版本，18×12.5cm		高丽大学校 육당 E2-B6-1-6
说铃	吴震方(清)编，康熙庚午(1690)序	40卷10册(缺帙，卷8-23，31-54)，中国木版本，25.6×15.5cm，上下单边，左右双边，半郭：19.9×13.2cm，有界，11行25字，上下内向黑鱼尾	本书名：表题 册：天禄识余，序：康熙庚午(1690)夏五西河毛奇龄拜，金粉唐纸	忠南大学校 子.天文类-178
说铃	清康熙五十一年(1712)序	不分卷10册，木版本，25.8×16.4cm，左右双边，半郭：20.1×13.5cm，有界，11行25字，内向黑鱼尾，竹纸		成均馆大学校 C14D-0017
说铃	吴震方(清)编，光绪五年(1879)刊	24册，中国木版本，17×11.5cm	藏版记：文富堂藏版	国立中央图书馆 BA古10-00-나44

52. 香艳丛书

《香艳丛书》，凡二十集三百三十五种，清虫天子编辑。书前有宣统元年辑者自序。据《室名别号索引》知虫天子为乌程张廷华，余不详。清代书目未见著录。有国学扶轮社排印本（1909—1911）。所收书皆与娼妓闺阁有关，故名《香艳丛书》。除《杂事秘辛》系托名汉人之作外，其余为唐以后作品，基本上包罗了从唐至晚清有关女性和艳情的小说、诗词、曲赋，为研究者提供了较全面、系统的资料。

书名	出版事项	版式状况	一般事项	所藏处/所藏番号
香艳丛书	编者未详,上海中国图书公司,宣统元年(1909)序	89册,中国铅印本,19.5×12.6cm	序:宣统元年(1909)……虫天子序于国学扶轮社	国会图书馆［古］812.08ㅎ174
香艳丛书	上海国学扶轮社,1910年序	8卷8册2匣,铅活字本,20×13.3cm	标题纸:香艳丛书国学扶轮社校印,卷头序:宣统元年(1909)……国学扶轮社,凡例,目录,花底拾遗小印,卷末跋:心斋居士,国学扶轮社出版广告	岭南大学校古도828-향염총
香艳丛书	国学扶论社编,上海,刊写者未详,宣统二至三年(1910—1911)刊	合36册(零本,12册),新式活字,20×13.5cm	内容:青楼集(元,黄雪蓑),小脚文(旷望生),第4-7,9,11,19-20集	首尔大学校奎章阁［古］895.18-H991

53. 坐花志果

《坐花志果》，八卷，清汪道鼎撰。《八千卷楼书目》小说家类著录，八卷，题汪调生撰。有同治二年（1863）味经堂刻本及民国间诸刻本，均题汪道鼎撰。汪道鼎，字调生，号苕溪生，归安（今浙江吴兴）人。俞樾《春在堂随笔》曾提及其人其书：“汪调生道鼎，乃汪春生前辈之从弟。癸卯岁，余客春生玉山县署，适调生亦至，与共晨夕者数月。调生负才自喜，而与余极相得，每夕纵谈至漏三下始休。尝以《汉书·古今人表》有古无今，拟为补之。是岁除夕，两人联句，达旦不寐。其明年，调生还浙，余寄诗曰：一灯觅句过除夕，九等论才到古人。皆纪实也。调生久下世，诗亦不存集中，已忘之矣。偶于书肆见调生所著《坐花志果》八卷，皆记三十年来耳目见闻之事，颇足资惩劝。追念旧事，为之泫然。其书名《坐花志果》，未知所出，安得起九原而问之也?”所记均为因果报应故事，因“花”而及“果”，故名。

书名	出版事项	版式状况	一般事项	所藏处/所藏番号
坐花志果	汪道鼎(清)述,桐仙馆藏版,咸丰八年(1858)刊	8卷6册,中国木版本,18.3×11.5cm	序:咸丰丁巳(1857)……萧文辉,印:集玉斋,帝室图书之章	首尔大学校奎章阁[奎중]5843
音释坐花志果	汪道鼎(清),中国,广百宋斋,光绪十四年(1888)刊	8卷2册,铅活字本,19.5×12.9cm,四周双边,半郭:15.4×10.6cm,无界,10行26字,注双行,下黑口,上黑鱼尾	刊记:光绪戊子(1888)仲春 广百宋斋板印,序:咸丰岁次丁巳(1857)……/荆履吉	启明大学校812.36-왕도정ㅈ
音释坐花志果	汪道鼎(清)著,樵者音释,上海科学编译书局	2卷2册,石印本,20.2×13.5cm,四周双边,半郭:17×11.4cm,无界,16行40字,上黑鱼尾,纸质:竹纸		成均馆大学校C03-0035

54. 池北偶谈

《池北偶谈》，又名《石帆亭纪谈》，共二十六卷。清王士祯撰。据王士祯自序称，他所居宅西有圃，圃中有池，池北有屋数椽，有书数千卷庋置其中，因而取名《池北偶谈》。又因书库旁有石帆亭，作者时常和宾客在亭内聚谈，所以又名《石帆亭纪谈》。《观古堂藏书目》小说家著录，《四库全书》改入杂家类。书成于康熙三十年（1691），有康熙三十八年临汀郡署刊本、康熙辛巳家刻《渔洋全集》本、光绪二十二年慎记书庄石印本、《清代笔记丛刊》本、《笔记小说大观》本等。王士祯（1634—1711），字子真，一字贻上，号阮亭，自号渔洋山人，新城（今山东桓台）人。原名士禛，殁后因避雍正帝讳，被改名士正；乾隆时赐名士祯。11

岁时应童子试，县府道皆第一，22岁乡试中式，25岁中进士。曾任扬州府推官。历任乡会试考官，礼部、户部主事、郎中等职。康熙十七年（1678），授翰林院侍讲学士，并充明史纂修官、三朝国史副总裁、国子监祭酒等职，官至刑部尚书。有《带经堂集》等。

《池北偶谈》全书近一千三百条，分成四目：《谈故》四卷，记叙清代典章与科甲制度、衣冠胜事等；《谈献》六卷，主要记叙明中叶至清初名臣、畸人、烈女等事；《谈艺》九卷，评论诗文，采撷佳句；《谈异》七卷，记叙神怪传闻故事。在全书四目中，前三目较具学术参考价值，最后一目则为治小说史者所重视。

书名	出版事项	版式状况	一般事项	所藏处/所藏番号
池北偶谈	王士祯(清)著,刊写地未详,三槐堂,康熙三十年(1691)序	26卷8册(卷1-26),中国木版本,24.6×15.9cm,上下单边,左右双边,半郭:19.1×13.9cm,有界,11行23字,大黑口,上黑鱼尾,纸质:竹纸	序:辛巳(1691)海宁门人陈矢禧序	全南大学校 3N3-지 47 ㅇ-v. 1-8, 3N3-지 47 ㅇ-v. 1-26
池北偶谈	王士祯(清)著,王廷抡校,康熙庚辰(1700)夏五,临汀郡署授梓	26卷8册,中国木版本,27cm,上下单边,左右双边,19.1×13.8cm,有界,11行23字	手书刻序:康熙辛未(1691)秋 王士祯序,手书刻跋:汀州府知府(王)廷抡谨识,印记:金炳陆印外多数	延世大学校(中国文集-总集) 812.8/6
池北偶谈	王士祯(清)著,王廷抡校,康熙四十年(1701)序	26卷6册,木版本,28×17.2cm	序:康熙辛未(1691)秋王士祯序	首尔大学校奎章阁 奎中3387
池北偶谈	王士祯(清)著,王廷抡校,康熙四十年(1701)序	26卷8册,木版本,28×17.2cm	序:康熙辛未(1691)秋王士祯序	首尔大学校奎章阁 奎中3386

续表

书名	出版事项	版式状况	一般事项	所藏处/所藏番号
池北偶谈	王士祯(清)撰,文粹堂藏版	26卷10册,木版本,四周单边,匡郭:19.5×14.5cm,有界,11行23字,上黑鱼尾,下黑口	序:康熙辛未(1691)王士祯,印记:阮堂金正喜印秋史	延世大学校 812.8
池北偶谈	王士祯(清)著	26卷8册(卷1-26),26.4×16.5cm,上下单边,左右双边,11行23字,半郭:19.6×14.4cm,有界,黑口,上下向黑鱼尾	丛书名:包匣书名,跋:康熙庚辰(1700)……辛巳(1701)……伯父大人……姪廷抡拜手谨识并书,序:康熙辛未(1691)秋 渔洋山人王士祯序,序:辛巳(1701)……海宁门人陈矢禧书	东亚大学校(4):3-197
池北偶谈	上海商务印书馆,辛巳	1册		岭南大学校 824
池北偶谈	王士祯,三木思堂藏版	8册,木版本,25cm		岭南大学校 东滨文库 [古]824
池北偶谈(抄)	王士祯(清)著	1册,笔写本,29×19cm,无界,12行32字,纸质:楮纸		忠南大学校,鹤山文库集,总集类-1900

55. 归田琐记

《归田琐记》，八卷，清梁章钜撰。《清朝续文献通考·经籍考》小说家类著录梁章钜《归田杂记》八卷。有道光二十五年(1845)、同治八年（1869）刊本。中华书局1981年排印出版。梁章钜（1775—1849)，字闳中，又字茝邻，晚号退庵，祖籍福建长乐，清初徙居福州。乾隆五十九年（1794）举人，嘉庆七年(1802）进士，选任礼部主事。历任员外郎、湖北荆州府知府、江南淮海河务兵备道、山东按察使、山东布政使、江苏布政使、甘肃布政使、江苏巡抚等职。著有《论语集注旁证》《孟子集注旁证》《三国志旁证》《文选旁证》《退庵诗存》《枢垣记略》《浪迹丛谈》《浪迹续谈》《浪迹三谈》及《归田琐记》等。后三种均列入中华书局《历代笔记史料丛刊·清代史料笔记》内。

《归田琐记》为梁氏晚年之作。据其卷一“归田”条（实为本书自序）所述，其撰写时间为道光二十三年至二十四年两年之内。共分八卷：第一卷记述扬州园林、坊巷、草木虫鱼类，占篇幅最多的是医学内外科验方。第二卷包括书札、家传、寿序、钱法，乃至生活琐事。第三卷谈历史人物、碑帖、书板、典章制度。第四卷记述古今人物、科第。第五卷是关于清代前期人物的逸闻趣事的专篇。第六卷主要记师友，兼及读书论学、诗歌楹联等。第七卷记小说、酒食、谜语等。第八卷收录作者晚年的日记。古人著述，以《归田》名书的，最有名的是欧阳修的《归田录》。作者并不讳言此书命名受欧阳修《归田录》影响，但强调“余于道光壬辰引疾解组，虽归田而实无田。越四年，奉命复出。又七年，复以疾引退，则并不但无田可归，竟至有家而不能归”，以示与欧公之别，兼以抒家国之感。该书颇多清代政治史资料、文字狱资料、名人事迹。其他对当时社会、文化、经济、军事、科举的相关记述，包括小说、楹联、灯谜、酒令、谣谚等，可资参考者亦多。

书名	出版事项	版式状况	一般事项	所藏处/所藏番号
归田琐记	梁章钜(清)撰,清,北东园,道光二十五年(1845)刊	8卷4册(卷1-8),中国木版本,23.7×10.3cm,四周双边,半郭:16.1×8.5cm,有界,9行22字,花口,上下向黑鱼尾	跋:许惇书,刊记:道光乙巳年刻,北东园藏板,浪迹丛谈:11卷3册,浪迹续谈:8卷3册,装帧:黄色表纸黄丝四缀,内容:第1-2册,归田琐记,第3-5册,浪迹丛谈(卷1-10,卷11附刻),第6-8册,浪迹续谈	首尔大学校中央图书馆[古]0330-66A-1-8

续表

书名	出版事项	版式状况	一般事项	所藏处/所藏番号
归田琐记	梁章钜(清)撰,刊写地未详,北东园,道光二十五年(1845)序	8卷4册(册1-4),中国木版本,22.2×13.3cm	北东园藏版,序:道光二十五年(1845)序许惇书	首尔大学校奎章阁[古]5291
归田琐记	梁章钜(清)撰,中国,立文堂,同治八年(1869)刊	8卷4册(卷1-8),中国木版本,17.5×11.3cm,上下单边,左右双边,半郭:12.3×9cm,有界,9行22字,花口,上下向黑鱼尾	序:同治二十五年(1886)……许惇书,跋:许惇书,刊记:同治八年(1869)立文堂镌,装帧:黄色表纸黄丝4针眼	首尔大学校中央图书馆[古]0330-66-1-4
归田琐记	梁章钜(清)撰,中国	8卷4册(卷1-8),中国木版本,23.1×14.3cm,上下单边,左右双边,半郭:17.8×12cm,有界,10行22字,注双行,中黑口上下向黑鱼尾	序:道光二十五年(1845)……许惇书,跋:许惇书,装帧:黄色表纸赤丝4针眼	首尔大学校中央图书馆[古]0330-66B-1-4
归田琐记	梁章钜(清)撰,北东园,清,道光二十五年(1845)序	8卷4册,中国木版本,21.5×12.5cm,四周双边,半郭:17×10.5cm,有界,9行22字,上黑鱼尾,纸质:竹纸	序:道光二十五年(1845)冬十二月受业仁和许惇书谨撰,跋:道光二十五年(1845)许惇书谨跋,刊记:道光乙巳年(1845)刻,北东园藏版	成均馆大学校D7C-3
归田琐记	梁章钜(清)撰,道光二十五年(1845)序	8卷4册(卷1-8),24×15cm,上下单边,左右双边,半郭:17.9×12.4cm,有界,10行22字,黑口,上下向黑鱼尾	刊记:道光乙巳(1845)年刊北东园藏版,序:道光二十五年(1845)冬十二月受业仁和许惇书	东亚大学校(3):12:1-12

56. 浪迹丛谈

《浪迹丛谈》，含《浪迹丛谈》十一卷《浪迹续谈》八卷《浪迹三谈》六卷，清梁章钜撰。《清史稿·艺文志》著录梁章钜《浪迹丛谈》十一卷，另有《浪迹续谈》八卷。《浪迹丛谈》有道光二十七年刊本，《浪迹续谈》有道光二十八年刊本。《浪迹三谈》有咸丰间福州梁氏家刊本，未见著录。梁章钜简介参见《归田琐记》题解。

《浪迹丛谈》十一卷，作于1846年至1847年，杂记清末时事、人物、典章制度和扬州一带的名胜掌故，还涉及古代名物、史事的考订，古代诗歌、碑铭、书画的评介，旁及方药及诗作。《浪迹续谈》八卷，作于1848年，多记温州、杭州、苏州等地的名胜、风俗和物产，兼及明清戏曲、小说旧闻和掌故。《浪迹三谈》六卷，作于1848年到1849年，多杂考古代名物、年号、饮食等。本书记载翔实，考订精当，文笔尚佳，也适合阅读。其《浪迹丛谈》自序云："余于道光丙午由浦城挈家过岭，将薄游吴、会间，客有诵杜老'近侍即今难浪迹，此身那得更无家'之句以相质者，余应之曰：'我以疆臣引退，本与近侍殊科，随地养疴，儿孙侍游，更非无家可比，惟有家而不能归，不得已而近于浪迹。'或买舟，或赁庑，流行坎止，仍无日不与铅椠相亲。忆年来有《归田琐记》之刻，同人皆以为可助谈资，兹虽地异境迁，而纪时事，述旧闻，间以韵语张之，亦复逐日有作。岁月既积，楮墨遂多，未可仍用《归田》之名，致与此书之例不相应，因自题为《浪迹丛谈》。'浪迹'存其实，'丛谈'则犹之琐记云尔。"《浪迹丛谈》记事翔实，考订精当，是清代笔记中较好的一部。

书名	出版事项	版式状况	一般事项	所藏处/所藏番号
浪迹丛谈	梁章钜(清)撰，清朝末期	11卷1册，中国木版本，22.5×13.5cm，四周双边半郭：16.5×10.5cm，有界，9行22字，注双行，上黑鱼尾，纸质：绵纸		韩国学中央研究院 C3-206

续表

书名	出版事项	版式状况	一般事项	所藏处/所藏番号
浪迹续谈	梁章钜(清)撰	线装8卷4册,中国木版本,21.5×12.4cm,四周双边,半郭:16.1×10.5cm,有界,9行22字,上黑鱼尾,纸质:竹纸		成均馆大学校 C14B-0006
浪迹丛谈(归田琐记)	梁章钜(清)撰,北东园,道光二十五年(1845)刊	8卷4册(卷1-8),中国木版本,23.7×10.3cm,四周双边 半郭:16.1×8.5cm,有界,9行22字,花口,上下向黑鱼尾	跋:许惇书,刊记:道光乙巳年刻,北东园藏板,浪迹丛谈:11卷3册,浪迹续谈:8卷3册,装帧:黄色表纸黄丝四缀,内容:第1-2册,归田琐记,第3-5册,浪迹丛谈(卷1-10,卷11附刻),第6-8册,浪迹续谈	首尔大学校中央图书馆［古］0330-66A-1-8

57. 池上草堂笔记（劝戒近录，北东园笔录）

《池上草堂笔记》，又名《劝戒近录》《北东园笔录》，凡四录二十四卷，每录各六卷。现存同治五年（1866）刊本，或题《池上草堂笔记》，或题《北东园笔录》，均四录各六卷。另有光绪二十一年（1895）刻本、《笔记小说大观》本等。北东园为梁氏园名，内有池上草堂，书名取意于此。各录均曾单独刊行。梁恭辰（1814—?），字敬叔，福建福州人。梁章钜之子。道光十七年举人，曾任温州知府等官。除《池上草堂笔记》外，另著有《楹联四话》《巧对续录》等，编入其父所著《楹联丛话全编》中。

《池上草堂笔记》取乾隆以来因果吉凶之事，以明报应不爽，旨在劝善惩恶，叙事简明，是一部较好的笔记小说集。

书名	出版事项	版式状况	一般事项	所藏处/所藏番号
池上草堂笔记	梁恭辰(清)撰,福善堂,同治三年(1864)跋	8册,中国木版本,16.4×11.2cm	序:咸丰辛酉(1861)……黄启垣,跋:同治三年(1864)……许之,印:集玉斋,帝室图书之章	首尔大学校奎章阁[奎중]5766
池上草堂笔记	梁恭辰(清)撰,重刊,求放心书屋藏版,同治九年(1870)刊	8册,中国木版本,17.3×11.5cm,上下单边,左右双边 半郭:12.2×9.8cm,有界,8行19字,大黑口	序:道光癸卯(1843)……梁恭辰书,刊记:求放心书屋藏板,印:集玉斋,帝室图书之章	首尔大学校奎章阁[奎중]5767
池上草堂笔记	梁敬叔(清)著,重刊,金陵,同治十二年(1873)序	1册(零本,3卷中第1卷),中国木版本,15.2×12.1cm,上下单边,左右双边,半郭:12.7×8.8cm,有界,9行22字,上黑鱼尾	重刊叙:同治十二年岁次癸酉(1873)……,序:咸丰辛酉(1861)…… 黄启垣,癸卯(1843)……退庵居士,刊记:癸酉(1873)仲夏刊于金陵,自叙:道光癸卯(1843)……梁敬叔	首尔大学校奎章阁[古]920.052-Y17j2-v.1
池上草堂笔记	梁恭辰(清)著,豫章听备馆	7卷7册(缺帙,卷2-8),18.3×12.4cm,上下单边,左右双边,半郭:13.3×9cm,有界,9行22字,注双行,上黑鱼尾	版心题:池上草堂	东亚大学校(3):10:3-17

58. 宋　　艳

《宋艳》，凡十二卷，清徐士銮撰。清代书目未见著录。《中国丛书综录》收入小说家类。有光绪十七年（1891）刻本、《笔记小说大观》本等。徐士銮（1833—1915）字苑卿，又字沅青，天津人。咸丰八年（1858）举人，由内阁中书历擢侍读、记名御史。同治十一年出守浙江台州知府，有政声。光绪十七年引疾归里。所著除《宋艳》外，另有《敬乡笔述》《古泉丛考》《医方丛话》

《蝶坊居诗文钞》等。

《宋艳》博取南北宋婢妾倡伎之事，仿《世说新语》体例，区三十六门，分类编次。其光绪辛卯自作小引云："余自旋里后，杜门却扫，日手一编，借以摄心息虑，曾辑《医方丛话》八卷付梓。余性善忘，而阅过辄不记忆，因于书中可惊可喜之事随手录之，或同一事而纪述互异，亦并录之；其与彼事有辨论有佐证，与夫引用故实之可考核者，亦附录之。至若载籍中箴语格言，余尤喜其得以自警也。岁月既久，手录积多，爰规《世说新语》例，分门三十有六，将所录南北宋事逐类排次。虽事故限以婢妾倡伎，然各有缘由，固可区分。即于各类所载后，或附以历朝事实，或系以先正法言，其间虽片语单词，皆有所本，要非鄙人妄逞臆说也。此书凡三易稿，见者佥谓有关劝惩，怂恿镂板。余以所辑尽宋事也，即以《宋艳》名，盖欲引人观览云尔。光绪辛卯荷月徐士銮识。"其成书过程及撰述宗旨，由此可见。

书名	出版事项	版式状况	一般事项	所藏处/所藏番号
宋艳	徐士銮(清)辑，刊写地未详，蝶园，光绪十七年(1891)刊	12卷6册，木版本，20.4×13.4cm，四周双边，半郭：13.3×9.3cm，有界，9行21字，注双行，黑口，上白鱼尾	刊记：光绪辛卯(1891)冬十月刊蝶园藏板，序：光绪癸巳(1893)仲冬之月上澣宗弟郙序，序：光绪辛卯(1891)秋八月友生杨光仪香吟氏书，宋艳题辞：光绪辛卯(1891)子月上澣乐亭史梦兰香厓题	东亚大学校(3)：10：6-3 卷1-12
宋艳	徐士銮(清)辑，光绪十九年(1893)序	12卷6册，中国木版本，23.5×13.5cm，四周双边，半郭：13.2×6.4cm，有界，9行21字，注双行，大黑口，上黑鱼尾，纸质：竹纸	序：光绪辛卯(1891)秋八月友生杨光仪香吟氏序，序：光绪癸巳(1893)仲冬之十月上澣宗弟郙序，旧刊记：光绪辛卯(1891)冬十月刊，蝶园藏板	成均馆大学校 D7C-48

59. 笑林广记

《笑林广记》，十二卷，清游戏主人纂辑、粲然居士参订。有乾隆四十六年（1781）金阊书业堂刊本、乾隆五十六年三德堂刊本、光绪十三年（1887）刊本等。游戏主人生平不详，据该书刊刻年代，知为乾隆间人。《笑林广记》分十二部，一古艳（官职科名等）、二腐流、三术业、四形体、五殊禀（痴呆善忘等）、六闺风、七世讳（帮闲娼优等）、八僧道、九贪吝、十贫窭、十一讥刺、十二谬误。据周作人《苦茶庵笑话选》（北新版）考证，本书内容辑自冯梦龙《笑府》、石天基《笑得好》等书。世情笑话在《笑林广记》中占了十之七八，以短小精悍者为主，妙趣横生，令人忍俊不禁。

另有不分卷之《笑林广记》，署程世爵撰。有光绪二十五年（1899）刻本。两部《笑林广记》书名相同，而内容不一。

书名	出版事项	版式状况	一般事项	所藏处/所藏番号
译解笑林广记	游戏主人（日本）纂辑，艾草山人（日本）校阅，三都书屋，文政十二年（1829）刊	2卷2册，木版本，上下单边，左右双边，半郭：15.7×10.6cm，有界，9行21字，无鱼尾	表题：译解笑林广记	首尔大学校中央图书馆 3472-64-1-2 卷1-2
绘图笑林广记		4卷4册（卷1-4），有图，15×9cm，四周双边，半郭：12.2×8.1cm，无界，16行38字，上下向黑鱼尾	书名：题签题，标题：真真笑林广记	东亚大学校（3）：12：2-54

60. 此中人语

《此中人语》，六卷，清程麟撰。有《申报馆丛书》本、《笔记小说大观》本等。程麟生平不详，仅据书前吴再福序，知其字趾祥，南汇（今属上海）人。约生于同治八年（1869）。《此中人语》记光绪以来市井传闻，多日常琐事，语言通俗，注重细节描写。

书名	出版事项	版式状况	一般事项	所藏处/所藏番号
此中人语	程麟(清)著,申报馆,光绪十年(1884)刊	6卷1册(55页),中国活字本,16.8×11.4cm	序:光绪八年(1882)……吴再福,印:集玉斋,帝室图书之章	首尔大学校奎章阁[奎중]5910

61. 海上群芳谱

《海上群芳谱》，四卷，清顾曲词人、忏情侍者撰。有《申报馆丛书》本。作者生平不详。据《清人室名别称字号索引》，忏情侍者即毕以锷，又常署为小蓝田忏情侍者。浙江嘉善人。著有《海上群芳谱》《沧海遗珠录》《海上放浪烟花诗》。据王韬《淞隐漫录》忏情侍者，还有《花雨珠尘录》一书，未见传本，未知是否即《沧海遗珠录》。《海上群芳谱》为上海妓女名录，兼寓排列名次之意。

书名	出版事项	版式状况	一般事项	所藏处/所藏番号
海上群芳谱	顾曲词人(清)评,申报馆,光绪十年(1884)序	4卷1册(75页),中国活字本,17.4×11.4cm	序:光绪甲申(1884)……顾曲词人,印:集玉斋	首尔大学校奎章阁[奎중]6182

62. 沧海遗珠录

《沧海遗珠录》，二卷，小蓝田忏情侍者撰。有光绪十二年（1886）刊本。与《海上群芳谱》出于同一作者之手。撰者生平不详。该书现藏中国国家图书馆和韩国奎章阁。亦为上海妓女名录，“遗珠”者，《海上群芳谱》所未录也。

书名	出版事项	版式状况	一般事项	所藏处/所藏番号
沧海遗珠录	忏情侍者(清)纂,梦琓生(清)校,光绪十二年(1886)序	1册(60页),中国木版本,17×11.2cm	序:光绪丙戌(1886)……太痴生,印:集玉斋,帝室图书之章	首尔大学校奎章阁[奎중]5934

63. 秋灯丛话

《秋灯丛话》十八卷，清王椷撰。《八千卷楼书目》《清朝续文献通考·经籍考》小说家类著录王椷《秋灯丛话》十八卷。有乾隆四十三年（1778）原刊本、乾隆四十五年（1780）积翠山房刊本、嘉庆壬申（1812）刊巾箱本、道光戊子（1828）补刊本等。王椷史籍无传，据其《秋灯丛话》所题及书中所记，知为清乾隆时山东福山人。又据《福山县志稿》有关记载，知王椷原名枰，字凝斋。以父荫监生，举乾隆丙辰恩科顺天乡试。历直隶临城、湖北当阳、天门县知县，所至有廉能声。著有《秋灯丛话》。《秋灯丛话》多记闾巷传闻，轶闻遗事多所摄录，兼及名物考证。叙事议论，颇简劲有法。

另有清戴延年撰《秋灯丛话》一卷，《八千卷楼书目》小说家类著录，有《昭代丛书》本。杂记见闻琐事，篇幅较长的几篇略有传奇小说之风。与王椷《秋灯丛话》书名相同，但并非一书。

书名	出版事项	版式状况	一般事项	所藏处/所藏番号
秋灯丛话	王椷(清)著,嘉庆十七年(1812)刊	18卷8册,中国木版本,16.3×10.6cm	印:集玉斋,帝室图书之章	首尔大学校奎章阁[奎중]5935
秋灯丛话	王椷(清)著,清版本	6册(零本,卷5-18),中国木版本,16.2×11cm		首尔大学校奎章阁[古]895.13-W1842c-v.3-8
秋灯丛话抄	王椷(清)著,刊写地、刊写者、刊写年未详	1册(35页,全),笔写本,23.8×14.6cm		韩国学中央研究院C14B-15全

64. 闲谈消夏录

《闲谈消夏录》，光绪四年（1878）朱翊清《埋忧集》、王韬《遁窟谰言》的合刊本。书中除朱翊清同治十三年（1874）自序外，无其他编辑记录。王韬《遁窟谰言》重刻本后书“坊中人辨其版，知为江西书贾所伪托”。有奎章阁藏本等，还有韩国改写本，详见闵宽东相关论文。

书名	出版事项	版式状况	一般事项	所藏处/所藏番号
闲谈消夏录	朱翊清(清)编,翠筠山房,同治十三年(1874)序	12卷12册,中国木版本,15.8×11.5cm	序:同治十三年(1874)……朱翊清,印:集玉斋,帝室图书之章	首尔大学校奎章阁[奎중]6271

续表

书名	出版事项	版式状况	一般事项	所藏处/所藏番号
闲谈消夏录	外史氏(清)著,上海书局	12卷4册,中国石印本,14.8×8.9cm,四周双边,半郭:11.8×7.6cm,无界,18行35字,注双行,上黑鱼尾	刊记:上海书局石印,叙:光绪二十一年(1895)中秋后三日钱塘十二峰主人绳伯洪荣识并书,表纸书名:增广闲谈消夏录	东亚大学校(3):10:3-15卷1-12
闲谈消夏录		2册,笔写本,30.3×19.9cm	表题:消夏录	国立中央图书馆 BC古朝48-258卷1-2

65. 吴门画舫录

《吴门画舫录》,二卷,清西溪山人撰。《中国丛书综录》列于小说家类。嘉庆十一年(1806)红树山房刻本、《申报馆丛书》本为二卷。《艳史丛抄》本、《双梅景暗丛书》本、《香艳丛书》本等为一卷。西溪山人事迹不详,据书内所题,知其为嘉庆间吴门(今江苏苏州)人。

《吴门画舫录》有沈廷炤、郭麐、吴锡麒、汪廷楷、彭兆荪五篇序言,其中有两篇分别写于嘉庆乙丑和丙寅,即1805年和1806年。吴门是苏州的别名。所记苏州名妓数十人,一一叙其姓名、容貌、技艺、逸事。因均为作者亲见,故亦不无史料价值。

另有《吴门画舫续录》三卷,清个中生撰。《中国丛书综录》列于小说家类。嘉庆十八年(1813)来青阁刊本、《申报馆丛书》本为三卷,《香艳丛书》本为一卷。个中生事迹不详,据书内所题,知其为嘉庆间吴门(今江苏苏州)人。《吴门画舫续录》是《吴门画舫录》的续书,亦记苏州名妓杂事。书中谈到清中叶后期苏州雅部的没落和花部的兴起,是戏曲史研究的重要史料。

书名	出版事项	版式状况	一般事项	所藏处/所藏番号
吴门画舫录	西溪山人（清）著,个中生（清）编,上海中华图书馆,清末民初刊	本录3卷,投赠3卷,合2册,中国石印本,19.9×13.2cm,四周双边,半郭:16.7×10.9cm,有界,16行37字,上黑鱼尾,纸质:绵纸	序:嘉庆壬申岁（1812）九月长洲宋翔凤书于江西行省之宿云花榭,刊记:上海中华图书馆印行	成均馆大学校（曹元锡）D7C-165

66. 秘书二十一种

《秘书二十一种》，一百五卷，清汪士汉编。有康熙八年（1669）刊本等。《四库全书》收入。二十一种书中，《三坟》为宋人伪书，楚史《梼杌》、晋《史乘》为元人伪书，《剑侠传》《竹书纪年》为明人伪书，《续博物志》虽不伪而以南宋人为晋人，亦为疏舛。另收《汲冢周书》《吴越春秋》《拾遗记》《白虎通》《山海经》《博物志》《桂海虞衡》《高士传》《中华古今注》《风俗通义》《列仙传》《集异记》《续齐谐记》等数种。

书名	出版事项	版式状况	一般事项	所藏处/所藏番号
秘书二十一种	汪士汉（清）编,康熙八年（1669）刊	20册,中国木版本,21.5×16.6cm,四周单边,匡郭:19.8×13.8cm,有界,10行20字,上黑鱼尾	内容:册1-2汲冢周书,册3-4吴越春秋,册5-6拾遗记,册7-8白虎通,册9-11山海经,册12-13博物志,册14桂海虞衡,博物记,册15高士传,册16剑侠传,册17楚史梼杌,册18竹书纪年,册19中华古今注,册20三坟,风俗通义,列仙传,集异记,续齐谐记	延世大学校［고서중］082 왕사한

续表

书名	出版事项	版式状况	一般事项	所藏处/所藏番号
秘书二十一种	汪士汉(清)校，康熙八年(1669)刊	94卷12册，木版本，21.5×16.6cm，左右双边，半郭：19.8×13.8cm，有界，10行20字，注双行，上黑鱼尾，纸质：竹纸	里题：秘书二十一种 序：康熙己酉(1669)二月春分前二日新安汪士汉识	韩国学中央研究院 C3-246

67. 说　冷　话

《说冷话》，清裫襶道人辑，芙蓉外史编。有光绪十年（1884）刊本，藏中国国家图书馆。2012年文听阁图书有限公司影印出版。裫襶道人生平不详。著有章回小说《妆钿铲传》（二十四回），有乾隆丙子自序。《说冷话》是一部笑话集。

书名	出版事项	版式状况	一般事项	所藏处/所藏番号
说冷话	裫襶道人(清)辑，寿墨阁，光绪十年(1884)刊	1册(34页)，中国木版本，16.8×10.3cm	序：光绪九年(1883)……粟影道人，印：集玉斋，帝室图书之章，附：闺律，芙蓉外史 编	首尔大学校奎章阁 [奎중]5760

68. 三 异 笔 谈

《三异笔谈》，四卷，清许仲元撰。《中国丛书综录》列小说家类。有《申报馆丛书》本、《笔记小说大观》本、民国间上海中华图书馆石印本等，均为四卷。作者道光七年（1827）自序称本书为《三异笔谈一集》，然未见续集。许仲元（1755—1827后），字小欧，云间（今上海松江）人。游历四方，生平足迹遍天下。道光七年，年七十三，罢官居武林。作《三异笔谈》四卷。《三异笔谈》多因果报应故事，时亦涉及下层社会奇人异行，叙事拙涩，不够生动。

书名	出版事项	版式状况	一般事项	所藏处/所藏番号
三异笔谈	许仲元(清)著，申报馆，光绪年间刊	4卷2册，中国活字本，17×11.2cm	序：许仲元，印：集玉斋，帝室图书之章	首尔大学校奎章阁[奎중]5909

69. 梦厂杂著

《梦厂杂著》，十卷，清俞蛟撰。《八千卷楼书目》著录俞蛟《梦厂杂著》十卷。有嘉庆十六年（1811）、道光八年（1828）、同治九年（1870）刊巾箱本和大达图书供应社排印本、文化艺术出版社1988年版《历代笔记小说丛书》本、上海古籍出版社1995年版《四库笔记小说丛书》本等。俞蛟（1751—?），字清源，号梦厂居士，山阴（今浙江绍兴）人。乾隆四十一年（1776）援例入都，五十八年以监生任兴宁县典史。事迹见《江阴县志》《广东通志》等。

据作者自序，《梦厂杂著》成书于嘉庆六年。分“春明丛说”二卷、“乡曲枝词”二卷、“游踪选胜”一卷、“临清寇略”一卷、“读画闲评”一卷、“齐东妄言”二卷、“潮嘉风月”一卷。俞蛟曾在南北各地做幕僚，辗转颠沛，遍及各省，记各处风土人情，多有亲身经历为据，加之《梦厂杂著》文笔清新，时有动人之处，是清代笔记中较好的一种。

书名	出版事项	版式状况	一般事项	所藏处/所藏番号
梦厂杂著	俞蛟(清)著,刊写地未详,敬芸堂,道光八年(1828)刊	10卷6册(册1-6),中国木版本,18.2×12.4cm	敬芸堂藏,序:嘉庆五年(1800)序姚兴泉,内容:第1-2册:春明丛说,第2-3册:乡曲枝辞,第3册:游踪选胜,第4册:临清寇略,读画闲评,第5-6册:齐东妄言,第6册:潮嘉风月	首尔大学校奎章阁[古]5966

70. 板桥杂记

《板桥杂记》，三卷，清余怀撰。《四库全书总目》《八千卷楼书目》小说家类著录余怀《板桥杂记》三卷。《说铃》本、《龙威秘书》本、《艳史丛抄》本、《金陵丛刻》本等均为三卷。《昭代丛书》本、《艺苑捃华》本、《拜鸳楼校刻四种》本等为一卷。余怀(1616—1696)，字澹心，一字无怀，号曼翁、广霞，又号壶山外史、寒铁道人，晚年自号鬘持老人。莆田（今属福建）人，侨居，自称江宁余怀、白下余怀。晚年退隐吴门，征歌选曲，与杜浚、白梦鼐齐名，时称“余、杜、白”。

《板桥杂记》作于康熙三十二年（1693），记载狭邪之事，共分三卷。上卷雅游，描写明末清初秦淮河畔的梨园、秦淮河灯船、妓院和江南贡院。中卷丽品，描写李十娘、顾媚、董小宛、李香、寇媚等秦淮群艳。下卷轶事，记文人狎客的逸闻韵事。其自序云：“鼎革以来，时移物换。十年旧梦，依约扬州。一片欢场，鞠为茂草。红牙碧串，妙舞清歌，不可得而闻也；洞房绮疏，湘帘绣幕，不可得而见也；名花瑶草，锦瑟犀毗，不可得而赏也。间亦过之，蒿藜满眼，楼馆劫灰，美人尘土，盛衰感慨，岂复有过此者乎!”该书极力渲染当年的繁华，以反衬今日的凄凉，寓有伤今吊古的亡国之痛，是明清同类书中的翘楚。

书名	出版事项	版式状况	一般事项	所藏处/所藏番号
板桥杂记	余怀(清)著,中国,光绪四年(1878)序	1册,中国新铅活字本,20.1×13.3cm,四周双边,半郭:14.8×9.6cm,有界,12行23字,大黑口,上下内向黑鱼尾	朱墨傍点,序:光绪四年(1878)……玉生,刊记:戊寅(1878)仲秋园主人选校刊行,吴门画舫录:西溪山人(清)编	首尔大学校中央图书馆 3431-44-1
板桥杂记	余怀(清)著,上海长沙叶氏,光绪三十四年(1908)刊,附录:吴门画舫录,西溪山人编	1册(58张),中国木版本,26.6×15.3cm,上下单边,左右双边,半郭:17.7×12.4cm,有界,11行22字,注双行,上下大黑口,内向黑鱼尾,纸质:绵纸	刊记:光绪戊申(1908)秋中长沙叶氏校刊,序:乙丑(1805)橘春镜卿沈廷照序,嘉庆丙寅(1806)……吴锡麒撰	全南大学校 3N4-판16ㅇ

71. 续板桥杂记

《续板桥杂记》，三卷，清珠泉居士撰。《中国丛书综录》列于小说家类。有乾隆五十七年（1792）跋酉酉山房刊本、《艳史丛抄》本、《香艳丛书》本等。珠泉居士其人未详，仅据书内所题，知其姓吴，苕溪（今属浙江）人，生活于雍正乾隆年间。《续板桥杂记》是《板桥杂记》的续书，卷次布局亦同。珠泉居士《续板桥杂记缘起》云："余曩时读曼翁《板桥杂记》，留连神往，惜不获睹前辈风流。追闻丙申以来，繁华似昔，则梦想白门柳色，又历有年所矣。庚子夏五，枞阳观察招赴金陵，曾于公余遍览秦淮之胜。旋以居停罢官，束装归里，计为平安杜书记者，无多日也。辛丑春，重来白下，闲居三月，时与二三知己，选胜征歌，兴复不浅。嗣余就聘崇川，三年羁迹，青溪一曲，邈若山河。今秋于役省垣，侨居王氏水阁者十日，赤栏桥畔，回首旧欢，无复存者，惟云阳校书，犹共晨夕。回思当日，不乏素心，曾几何时，风流云散。安知目前之依依聚首者，不一二年间，行又蓬飘梗泛乎？爰于回棹余闲，抚今追昔，续成是记，亦类分雅游、丽品、轶事三卷。非敢效颦曼翁，聊使师师、简简之名，得偕江水以俱长尔。至于闻见无多，记叙谫陋，续貂之病，阅者原之。”感怀于人世沧桑，与余怀有所不同。

书名	出版事项	版式状况	一般事项	所藏处/所藏番号
续板桥杂记	珠泉居士(清)著，刊写地未详，西西山房，乾隆五十五年(1790)序	2册，18.3×11cm	西西山房藏版，序：乾隆庚戌(1790)序黎松门	首尔大学校奎章阁［古］6164

72. 桃溪客语

《桃溪客语》四卷，续集一卷，凡五卷，清吴骞撰。原书成于乾隆五十二年（1787），四卷，卷五有嘉庆间事，为续补一卷。《吟香馆书目》小说类著录。《清史稿·艺文志》地理类与杂家类互见，均为五卷。有《拜经楼丛书》本等。吴骞（1733—1813），字槎客，号兔床，海宁（今属浙江）人，诸生。喜藏书，“遇善本倾囊购之弗惜。所得不下五万卷，筑拜经楼藏之。晨夕坐楼中，展诵摩挲，非同志不得登也”。（《海昌备志》）所辑《拜经楼丛书》，校勘精审，著名于世。著有《愚谷文序》《拜经楼诗集》《诗话》《国山碑考》《论印绝句》《桃溪客语》《小桐溪吴氏家乘》《苏祠从祀仪》等。《桃溪客语》杂记宜兴掌故，注意罗列和比勘事实，保留了许多小说戏曲本事和民间传说。

书名	出版事项	版式状况	一般事项	所藏处/所藏番号
桃溪客语	吴骞(清)撰，鄂渚，会稽章氏，光绪十一年(1885)刊	5卷2册(卷1-5)，中国木版本，27×17.9cm，上下单边，左右双边，半郭：17.2×12.5cm，有界，10行22字，注双行，大黑口，上下内向黑鱼尾	(重刊拜经楼丛书七种)，序：乾隆五十三年(1788)序周广业，阳羡名陶录，序：乾隆丙午(1786)……吴骞阳羡名陶录	首尔大学校中央图书馆［古］0230-99-5-6，0230-99A-6-7

73. 多 暇 录

《多暇录》，二卷，清程庭鹭撰。《中国丛书综录》列于小说家类。有光绪二十年（1894）《观自得斋丛书》本。程庭鹭（1796—1858），初名振鹭，字组真，又字问初，号绿卿，改名庭鹭，字序伯，号蘅芗，嘉定（今属上海）人，诸生。早岁问业于陈文述，留吴门（今江苏苏州）甚久。工辞章，兼擅丹青、篆刻。

《多暇录》是一部杂俎性质的笔记。

书名	出版事项	版式状况	一般事项	所藏处/所藏番号
多暇录	程庭鹭(清)著，清，观自得斋，光绪二十年(1894)刊	2卷1册(卷1-2，61页，观自得斋丛书，册15)，中国木版本，24.8×15.6cm，上下单边，左右双边，半郭：15.7×10.4cm，有界，10行21字，注双行，黑口，上下向黑鱼尾	标题面：多暇录张祖翼署检，校刊者：徐士恺(清)，观自得斋丛书自序：光绪甲午(1894)……徐士恺，丛书刊记：光绪十八年(1892)夏六月仁和高邕署首，刊记：光绪甲午(1894)春月观自得斋校刊，装帧：黄色表纸白丝四缀	首尔大学校中央图书馆[古]0230-37-15

74. 蕉轩随录

《蕉轩随录》，十二卷，又《蕉轩续录》二卷，清方浚师撰。有同治十一年（1872）退一步斋刊本。方浚师（1830—1889），字子严，号梦簪，定远（今属安徽）人。咸丰乙卯举人。历任内阁中书、总理各国事务衙门章京、侍学讲士、直隶永定河道等职。著有《蕉轩随录》《蕉轩续录》《退一步斋诗集》《鹾政备览》《岭西公犊棠存》《袁枚年谱》《粤闸唱和集》等著作。

《蕉轩随录》系据多年笔记整理而成，以谈掌故、记遗闻、录时事为主，还包括不少考订经史、品评诗文的文字，内容广泛，具有较高的史料价值。

书名	出版事项	版式状况	一般事项	所藏处/所藏番号
蕉轩随录	方浚师(清)撰,退一步斋,同治十一年(1872)序	12卷12册,木版本,26×15.5cm,四周双边,半郭:16.6×11.9cm,有界,9行21字,花口,上下向黑鱼尾	标题面:孙福清敬书,表题面:浙西孙福清敬署,序:同治十一年(1872)……李光廷,刊记:同治十一年(1872)退一步斋刊,刊记:羊城西湖街富文斋承办,装帧:黄色表纸黄丝四缀	首尔大学校中央图书馆 0330-64-1-12 卷1-12
蕉轩续录	方浚师(清)著,吕景端编校(清),中国,刊写者未详,光绪十八年(1892)刊	2卷(卷上、下)2册,中国新铅活字本,24.9×14.7cm,四周双边,半郭:16×11.6cm,无界,9行21字 注双行,大黑口,上下向黑鱼尾	序:松椿,(退一步斋诗文集),内容:卷上,匪直也人,卷下,明五星右族	首尔大学校中央图书馆[古] 3424-152-11-12

75. 北窗呓语

《北窗呓语》，一卷，清朱焘撰。《中国丛书综录》列入小说家类。有光绪二十年（1894）《观自得斋丛书》本、《古今说部丛书》本等。朱焘事迹不详，其书多为考证议论之语。

书名	出版事项	版式状况	一般事项	所藏处/所藏番号
北窗呓语	朱焘(清)著,清,观自得斋,光绪二十年(1894)刊	1册(11页),中国木版本,24.8×15.6cm,上下单边,左右双边,半郭:15.9×10.4cm,有界,10行21字,黑口,上下向黑鱼尾	刊记:光绪十八年(1892)夏六月仁和高邕署首,跋:周荣椿,刊记:光绪癸巳(1893)冬月观自得斋校刊,明宫词,刊记:光绪甲午(1894)春月观自得斋校刊,明宫词刊记:徐士恺校刊,明宫词,刊记:光绪十有九年岁在癸巳(1893)孟夏之月徐士恺校刊	首尔大学校中央图书馆[古]0230-37-16

76. 庸盦笔记

《庸盦笔记》，六卷，清薛福成撰。有光绪二十三年（1897）遗经堂刊巾箱本、《笔记小说大观》本、《清代笔记丛刊》本等。薛福成（1838—1894），字叔耘，号庸盦，无锡（今属江苏）人，副贡生出身。同治四年（1865）入曾氏幕府。光绪元年（1875）应诏上改革内政外交万言书，被李鸿章延为重要僚员，协理外交事务达十年之久。光绪五年（1879）撰《筹洋刍议》。后历任浙江宁绍台道、湖南按察使等职。曾出使英、法、比、意等国。

《庸盦笔记》是薛福成据其同治四年（1865）至光绪十七年（1891）间所作的随笔删编而成，分史料、轶闻、述异、幽怪诸门类，采录了不少晚清政治、经济及社会习俗等方面的资料，也记述了不少饶有风趣的遗闻趣事，宗旨在于“挽回世道人心”，“有裨经世”。

书名	出版事项	版式状况	一般事项	所藏处/所藏番号
庸盦笔记	薛福成(清)著，中国，遗经楼，光绪二年(1897)刊	1卷1册(42页)，中国木版本，21.2×11.7cm，上下单边，左右双边，半郭：12.6×9cm，有界，9行21字，上中黑口，下花口，上下向黑鱼尾	刊记：光绪丁酉(1876)仲春开雕，刊记：遗经楼校本，刊记：上虞种达卿刻字，装帧：蓝色表纸黄丝四针眼	首尔大学校中央图书馆[古]0330-68-1-6

77. 余墨偶谈

《余墨偶谈》初集八卷《余墨偶谈续集》八卷，凡十六卷，清孙桤撰。《八千卷楼书目》小说家类著录《余墨偶谈》初集八卷《余墨偶谈续集》八卷。同治十年（1871）刊本仅有正编。1931年羊城刊本二编全。《香艳丛书》节录一百三十余条。孙桤字丹五，号诗樵，大兴（今属北京）人。主要活动于同治年间，好吟咏，知绘事。《余墨偶谈》以诗话为主，兼及琐事，其中有些故事颇有小说趣味。

书名	出版事项	版式状况	一般事项	所藏处/所藏番号
余墨偶谈	孙柟(清)编,刊写地未详,双峰书屋,癸酉刊	8卷8册(卷1-8),木版本,15.9×9.7cm,上下单边,左右双边,半郭:10.5×7cm,有界,8行16字,大黑口,上下向黑鱼尾	刊记:癸酉孟冬刻于双峰书屋	庆熙大学校 812-손66ㅇ

78. 定香亭笔谈

《定香亭笔谈》，四卷，清阮元撰。《观古堂藏书目》小说类著录。有清嘉庆五年（1800）扬州阮元琅嬛仙馆刻本、《文选楼丛书》本、《花雨楼丛钞续钞》本等。阮元（1764—1849），字伯元，号芸台，仪征（今属江苏）人。乾隆五十四年（1789）进士，官至体仁阁大学士。在粤设学海堂，在浙设诂经精舍。校刊《十三经注疏》，汇刻《学海堂经解》，著述甚丰。《定香亭笔谈》为阮元督学浙江时所记，由其幕僚吴文溥、陈鸿寿等编录，多记载师友唱和之作，亦有题画诗作及为他人刻书所作之序。

书名	出版事项	版式状况	一般事项	所藏处/所藏番号
定香亭笔谈	阮元(清)编著,刊写地未详,琅嬛仙馆,正祖二十四年(1800)刊	(全4卷2册)4卷2册,(上、下卷2册),中国木版本,24.1×15.3cm,四周双边,半郭:19.1×13.6cm,10行20字	刊记:扬州阮氏琅嬛仙馆刊板,序:嘉庆五年(1800)……扬州阮元记	韩国学中央研究院 D2C-151

续表

书名	出版事项	版式状况	一般事项	所藏处/所藏番号
定香亭笔谈	阮元(清)撰,陈鸿寿录,刊写者未详,刊写年未详	(卷)1卷1册(缺帙),中国木版本,20.5×13.9cm,上下单边,左右双边,半郭:12.5×8.9cm,有界,9行21字,注双行,大黑口,无鱼尾		全北大学校 812.4-완원

79. 椒生随笔

《椒生随笔》，八卷，清王之春撰。《八千卷楼书目》小说家类著录。有光绪七年（1881）刻本。王之春（1842—1906），字椒生，又字爵棠，清泉（今湖南衡阳）人。历任广东、湖北、四川布政使，山西、安徽、广西巡抚。曾出访日本、俄罗斯、德国、法国，多次向朝廷上书自强新政。光绪二十九年坐事解职。著有《国朝柔远记》等。《椒生随笔》为作者“兴到笔随”之作，于掌故轶闻、诗词书画等无所不谈。所记清代人物事件，有较高的史料价值。

书名	出版事项	版式状况	一般事项	所藏处/所藏番号
椒生随笔	王之春(清),上海文艺斋,光绪七年(1881)序	(卷1-8)8卷4册,中国木版本,25.1×14.3cm,四周双边,半郭:17.8×11.1cm,有界,9行20字,花口,上下向黑鱼尾	序:丁丑(1877)周寿昌,序:辛巳(1881)税松云,序:光绪三年丁丑(1877)王之春自序	首尔大学校中央图书馆 [古]0330-4-1-4

80. 雪鸿小记

《雪鸿小记》，二卷，清珠泉居士撰。《中国丛书综录》列于小说家类。有光绪四年（1878）红晖阁内史重校本、《艳史丛抄》本、《香艳丛书》本。珠泉居士另有《续板桥杂记》，《雪鸿小记》为《续板桥杂记》的姊妹编，记秦淮名妓轶事，词采香艳。

书名	出版事项	版式状况	一般事项	所藏处/所藏番号
雪鸿小记	珠泉居士(清)著,红晖阁,光绪四年(1878)刊	1册,新铅活字本,20.1×13.3cm,四周双边,12行32字,半郭:14.8×9.6cm,有界,大黑口,上下内向黑鱼尾	刊记:红晖阁内史重校〇宁版排印秦淮画舫录/捧花生(清)著	首尔大学校中央图书馆[古]3431-44-3

81. 唐人说荟

《唐人说荟》，又名《唐代丛书》，清陈世熙编辑。陈世熙，字赓飏，号莲塘居士，山阴（今浙江绍兴）人。主要生活于乾隆年间。明末桃源居士原辑有《唐人说荟》一书，收书一百四十四种。乾隆时山阴陈世熙又据《说郛》等书补入二十种，编成二十卷。有乾隆五十七年（1792）挹秀轩刊本、道光二十三年（1843）序刻本、宣统三年（1911）上海天宝书局石印本。嘉庆十一年（1806）王文诰改题为《唐代丛书》出版，编者也由陈世熙一人变为陈世熙、王文诰、邵希曾三人。《唐代丛书》实即《唐人说荟》。陈世熙《唐人说荟》是在明代《唐人说荟》的基础上改编而来的，继承了明代《唐人说荟》的一些缺点，如收入了大量的伪书，其价值主要在于保存文言小说（尤其是传奇小说）文本、扩大文言小说的影响。

书名	出版事项	版式状况	一般事项	所藏处/所藏番号
唐人说荟	陈莲塘(清)辑,周愚峰(清)订,刊写地未详,刊写者未详,同治三年(1864)刊	20卷24册(卷1-20),16.7×11cm,上下单边,左右双边,9行21字,半郭:12.2×9.1cm,无界,上下向黑鱼尾	标题:唐代丛书,刊记:同治甲子(1864)冬,序:乾隆岁次壬子(1792)冬仲长沙学弟愚峰周克达拜撰,序:乾隆辛亥(1791)仲冬上浣愚弟彭题于琼南官舍,唐人说荟	东亚大学校(3):12:1-15
唐人说荟	著者未详,上海扫叶山房,光绪三十二年(1906)刊	8册(缺帙,册1-8),中国石版本,20×13.3cm,四周双边,15行32字,半郭:16.5×11.1cm,有界,注双行,花口,上下向黑鱼尾	异书名:唐代丛书,刊记:扫叶山房石印	首尔大学校中央图书馆 895.108-D214s-v.1-8
唐人说荟	陈莲塘,刊写地、刊写者、刊年未详	20册,中国清版本		国立中央图书馆 BA42-3
唐人说荟(唐代丛书)	陈莲塘(清)辑,周愚峰(清)订,刊写地未详,纬文堂,同治三年(1864)刊	24册,木版本,16.4×11cm	纬文堂藏板,标题:唐代丛书 序:乾隆辛亥(1791)……	首尔大学校奎章阁[奎中]5875

下　编

韩国所藏中国文言小说版本目录（按收藏处分类）

第一章

国立图书馆和大学图书馆(含大学博物馆)

1.国立中央图书馆

唐代以前

书名	出版事项	版式状况	一般事项	所藏番号
穆天子传	郭璞(晋)注,汪明际(晋)订,刊写地未详,刊写者未详,延享四年(1747)刊	1册,日本木版本,27×18.2cm	刊记:延享四年丁卯(1747)五月吉旦田中市兵卫梓行,跋:延享丁卯(1747)……(日)芥换彦章,序:时至正十年岁在庚寅(1350)……(元)王渐	[古]6-45-93
神异经	题东方朔著,刊写地未详,刊写者未详,贞享五年(1688)刊	1卷1册,26.7×17.2cm	刊记:贞享五岁(1688)初夏日中村孙兵卫梓	[古]BA古5-80-24

续表

书名	出版事项	版式状况	一般事项	所藏番号
海内十洲记	题东方朔(汉)著,刊写地未详,刊写者未详,光绪二十年(1894)刊	1册,中国木版本,18×12cm,四周单边,半郭:14.5×9.6cm,10行20字,注双行,上黑鱼尾	合刊:洞冥记/郭宪(汉)撰,枕中书/葛洪(晋)著,佛国记/释法显(晋)著	BA2815-1
洞冥记	题郭宪(汉)著,刊写地未详,刊写者未详,光绪二十年刊	1册,中国木版本,18×12cm,四周单边,半郭:14.5×9.6cm,10行20字,注双行,上黑鱼尾	合刊:洞冥记/郭宪(汉)撰,枕中书/葛洪(晋)著,佛国记/释法显(晋)著	BA2815-1
吴越春秋	赵晔(汉),游桂校,清版本	2卷2册,中国木版本,24.8×16.2cm		BA2225-3-1-2
搜神后记	陶潜(晋)撰,光绪二十年(1894)刊	1册,中国木版本,18×12.2cm,四周单边,半郭:14.5×9.4cm,10行20字,注双行,上黑鱼尾	合刊:还冤记(北齐)颜之推,神异经(汉)东方朔	[古]3738-16
刘向新序	刘向(汉)著,武井骥(日本)纂注,大阪版,文政六年(1823)刊	10卷8册,日本木版本,25.4×17.6cm,四周单边,半郭:20×14cm,9行19字,注双行,上黑鱼尾	序:文政壬午(1822)……(日本)源赖绳,(宋)曾巩,跋:文政五年岁次壬午(1822)……松平定常	[古]3741-12
新序	刘向(汉)著,陈用光(清)校,刊年未详	10卷2册,中国木版本,24.8×16.2cm	叙:(宋)曾巩,印记:荻山鰈鸿藏书	[古]1272-2
刘向新序	刘向(汉)著,武井骥(日本)纂注,刊写地未详,刊写者未详,文政五年(1822)序	日本木版本,10卷4册,26.2×18cm	版心题:新序,表题:刘向新序纂注,跋:文政五年岁次壬午(1822)……(日)松平定常,序:(宋)曾巩,序:文政壬午(1822)……(日)天籁馆主人	[古]6-45-44

续表

书名	出版事项	版式状况	一般事项	所藏番号
新序	刘向(汉)撰,刊写地未详,刊写者未详,光绪十九年(1893)刊	10卷2册,中国木版本,18×12cm,四周单边 半郭:14.5×9.5cm,10行20字,注双行,上黑鱼尾		BA2526-25
新序	刘向(汉)著,程荣(明)校,刊写地、刊写者未详,文化十一年(1814)刊	10券2册,笔写本,24.2×17cm	年记:文化九年六月五日写始同年十月五日写终文化十一年(1814)六月十三日成就	[古]6-45-10
新序	刘向(汉)著,程荣(明)校,刊写地、刊写者未详,天保三年(1832)刊	10卷2册,日本木版本,25.7×17.8cm	表题:刘向新序,刊记:天保三年壬辰(1832)仲秋补刻,叙:(宋)曾巩,藏版记:胜野氏藏梓	[古]6-45-12
新序	刘向(汉)著,刊写地未详,刊写者未详,天保三年(1832)刊	10卷2册,笔写本,25.6×18cm	享保二十岁丁卯二月吉日(卷末),叙:(宋)曾巩,标题纸:(汉)刘向著(刘向新序)天保三年壬辰仲秋补刻尚古堂梓	[古]1-49-3
新序	刘向(汉)著,程荣(明)校,刊写地,刊写者未详,享保二十年(1735)刊	10卷5册,日本木版本,21×17.8cm	刊记:享保二十岁乙卯(1735)二月吉旦江府书铺锦山堂 植村藤三郎梓行,叙:(宋)曾巩	[古]1-50-8
고녈녀전(列女传)	刊写地、刊写者未详	1册,79张,笔写本,纸质:楮纸	原文充实翻译	57-아-411 R35N-002960-2
녈녀전	刊写地、刊写者未详	2册(乾,坤),笔写本,28×21cm	再编翻译,列女传	

续表

书名	出版事项	版式状况	一般事项	所藏番号
列女传	刘向(汉)编,上海会文堂,同治十三年(1874)跋	8卷4册,中国石印本,20×13.3cm,四周单边,半郭:15.2×10.5cm,有界,13行28字 注双行,上下向黑鱼尾	表题:列女传校读本,序:道光癸巳(1833)……汪远孙,跋:同治十三年岁在甲戌(1874)……曾本,刊记:上海会文堂粹记出版,藏版记:据钱塘汪氏振绮堂藏本校印	g13738-21
列女传	刘向(汉)撰,上海会文堂书局,1910年刊	8卷4册,中国石印木,19.7×13.2cm,上下单边,左右双边,半郭:15.4×10.4cm,有界,13行26字 注双行,黑口,上下向黑鱼尾	标表题:列女传校读本,序:钱塘梁德绳楚生氏撰,跋:同治十三年岁在甲戌(1874)……曾本,刊记:庚戌(1910)夏上海会文堂书局印行,藏版记:据钱塘汪氏振绮堂藏本精校	BA3738-22 卷1-8
神仙传	葛洪(晋)著,孔声校	10卷1册,木版本	跋:王谟,序:葛洪	BA2520-22
高士传	皇甫谧(晋)著,张遂辰(清)阅,刊写地,写者未详,文化二年(1805)刊	3册,日本木版本,25.6×18cm	刊记:文化二年乙丑岁(1805)出版,序:皇甫谧	BA[古]6-45-95
高士传	皇甫谧(晋)著,刊写地未详,刊写者未详,光绪二十年(1894)刊	2卷1册,中国木版本,四周单边,18×12.2cm,半郭:14.5×9.8cm,20字,注双行,上黑鱼尾	刊记:光绪甲午(1894)孟夏艺文书局重雕,序:皇甫谧,合缀,合刊:莲社高贤传,编者未详,江幼光板	BA252-1
述异记	任昉(梁)撰,光绪十九年(1893)刊	3册,中国木版本,18×12cm,四周单边,半郭:14.5×9.5cm,10行20字,注双行,上黑鱼尾	合刊:续齐谐记/吴均(梁)著,搜神记/干宝(晋)撰	[古]3738-17

续表

书名	出版事项	版式状况	一般事项	所藏番号
西京杂记	葛洪(晋)编,程荣(明)校,刊写年未详	52张,中国木版本,25.8×17.8cm	序:黄省曾(明)	[古]10-30-나41
世说新语	刘义庆(刘宋)撰,刊写年未详	12卷6册,古活字本(木活字),25.5×17.6cm,四周单边,半郭:21×15.3cm,无界,11行21字,注双行,上黑口,无鱼尾	序:刘应登	[한]48-224
世说新语	刘义庆(刘宋)撰,刘孝标(梁)注,万历十三年(1585)刊,后刷	6册,中国木版本,26.6×16.6cm	序:嘉靖乙未(1535)……袁褧,藏版记:本衙藏版	[古]10-30-나113
世说新语补	刘义庆(刘宋)撰,王世贞(明)删,肃宗年间	20卷7册,古活字本(显宗实录字),30×19.4cm,四周单边,半郭:22.9×15.6cm,10行18字,注双行,内向黑鱼尾,纸质:楮纸	补序:嘉靖丙辰(1556)……王世贞	[한]48-225
世说新语补	刘义庆(宋)撰,刘孝标(梁)注,何良俊(明)增,显宗实录字本,肃宗三十四年(1708)刊	20卷5册,29.5×19.5cm,四周单边,半郭:23.2×15.5cm,10行18字,注双行,内向黑鱼尾,纸质:楮纸	序:嘉靖丙辰(1556)……(明)王世贞,万历丙戌(1586)……(明)陈文烛	[古]373-1
山海经	郭璞(晋)传,郝懿行(清)笺疏,嘉庆十四年(1809)序	山海经18卷,图赞1卷,经订讹1卷,合20卷4册,中国木版本,27.5×17.5cm	笺疏序:嘉庆十四年(1809)……(清)阮元,嘉庆九年(1804)……(清)郝懿行	[古]2816-4

续表

书名	出版事项	版式状况	一般事项	所藏番号
山海经	郭璞(晋)注,刊写地未详,浙江书局,光绪三年(1877)刊	18卷3册,中国木版本,25×15.4cm	刊记:光绪三年(1877)浙江书局,据毕氏灵岩山馆本校刻序:乾隆四十六年(1781)……毕沅(清)	BA2816-12
	郭璞(晋)注,大阪,前川大荣堂,刊写年未详	18卷7册(卷1-18),日本木版本,有图,25.1×17.8cm,四周双边,半郭:19.4×13.4cm,无界,9行20字,注双行,上白鱼尾	序:杨慎	[古]6-50-9
山海经文	郭璞(晋)注,刊写地、刊写者、刊写年未详	45页,笔写本,31.7×21cm,纸质:楮纸	山海经图序……杨慎	[古朝]50-131
山海经笺疏图说	郭璞(晋)传,毕沅校,上海图书集成局,光绪二十三年(1897)刊	18卷4册,中国木版本,18.7×12.5cm,四周单边,半郭:15.4×10.6cm,有界,13行40字,内向黑鱼尾		BA750-2
说苑	刘向(汉)撰,刊年未详	20卷4册,木版本,24.8×16cm	序:嘉靖丁未(1547)……(明)何良俊,(宋)曾巩	[古]1572-3
	刘向(汉)著,杨以堂校,刊写地、刊写者、刊写年未详	20卷4册,中国木版本,24.8×16.2cm		BA1272-3-1-4
	刘向(汉)撰,刊写地未详,刊写者未详,光绪十九年(1893)刊	20卷4册,中国木版本,18×12cm,四周单边,半郭:14.5×9.5cm,10行20字 注双行,上黑鱼尾	序:曾巩(宋)	BA2526-24
	刘向(汉)著,宋曾巩编,刊写地未详,刊写者未详,刊写年未详	5册(1-5,卷1-20),笔写本,29.7×20cm,纸质:楮纸	序:嘉靖丁未(1547)……何良俊撰	B12526-4

续表

书名	出版事项	版式状况	一般事项	所藏番号
说苑(卷 7-10)	刘向(汉)撰,刊年未详	4 卷 1 册(68 页),木版本,28×18.8cm,四周单边,半郭:18.7×14.6cm,11 行 18 字,内向黑鱼尾	装帧:黄色厚褙表纸,土红丝缀(改装)	[贵]598,[일산贵]3738-14(b23738-14)
刘向说苑纂注	刘向(汉)撰,尾张关嘉纂注,刊写者未详,宽政六年(1794)刊	20 卷 10 册(卷 1-20),日本木版本,27.5×18.9cm	跋:宽政五年(1793)……冈田挺之	BA051-2-1-9 BA 古 6-45-1

唐五代

书名	出版事项	版式状况	一般事项	所藏番号
酉阳杂俎	段成式(唐)撰,毛晋(明)订,刊年未详	20 卷 4 册,木版本,24.7×15.2cm,四周单边,半郭:18.4×13.2cm,9 行 19 字,注双行,无鱼尾	序:(唐)段成式,识:(明)毛晋	[古]3739-1
	段成式(唐)撰,刊写地未详,刊写者未详,元禄十年(1677)刊	20 卷 8 册,日本木版本,27×19cm		[古]10-30-나3

宋辽金元

书名	出版事项	版式状况	一般事项	所藏番号
夷坚志	释齐贤(日本)评,元禄六年(1693)刊	8 卷 8 册,日本木版本,27.8×19.3cm	表题:夷坚志和解,刊记:元禄六年癸酉(1693)仲春十一日中村孙兵卫绣梓 跋:时贞享三年岁次丙寅(1686)……桑门齐贤,序:元禄三载(1690)……近雅散人	BA[古]5-80-21

续表

书名	出版事项	版式状况	一般事项	所藏番号
杨太真外传	乐史(宋)撰,清刊	2卷1册(上,下),中国木版本,26.3×17cm	跋:嘉庆乙丑(1805)……(宋)乐史	[古]2521-1
新刊鹤林玉露	罗大经(宋)著,刊年未详	1册(卷3-4),日本木版本,25.1×17.9cm,四周单边,半郭:20.2×13.3cm,8行19字,注双行,上白鱼尾	印记:远藤氏藏书记,"おくりがな"	[古]3848-7
齐东野语	周密(宋)著,上海扫叶山房,刊年未详	20卷6册,中国木版本,19.9×13.3cm	序:至元辛卯(1291)……戴表元(元),周密(宋),标题纸:宋弁阳老人周密著 上海扫叶山房石印	[古]2529-1
太平广记	李昉(宋)等奉敕编,黄晟(清)校刊,刊写地、刊写者、刊写年未详	卷目录合32册,32×21.5cm,四周双边,半郭:23.2×17.3cm,12行22字,注双行,内向黑鱼尾	序:乾隆十八年岁次癸酉(1753)……(清)黄晟	[古]d1032-87
太平广记	太宗皇帝命撰,刊写地未详,刊写年未详	册17-64(卷125-500)48册,15.2×10cm	本书总册数64册中,第1-16册落帙	[古]BA3738-13
涑水纪闻	司马光撰,刊写地、刊写者未详,乾隆四十年(1775)刊	4卷7册,中国木版本,26.7×16.9cm		BA3747-78-1-7
归田录	刊写地未详,刊写者未详,1805年刊	81张,笔写本,31.4×19.9cm	南阳洪世钟家,甲子(1804)—乙丑(1805)	BC古朝51-나75
齐东野语	周密(宋)著,上海扫叶山房	20卷6册,中国石印本,19.9×13.3cm	标题纸:宋弁阳老人周密著,上海扫叶山房石印,序:(宋)周密,序:至元辛卯(1291)……(元)戴表元	BA2529-1

续表

书名	出版事项	版式状况	一般事项	所藏番号
鹤林玉露	罗大经著,清版本	4册,24cm,中国版本		a13747-27
鹤林玉露	罗大经(宋)著,刊写地、刊写者未详,1844年刊	1册(68页),笔写本,24.5×16cm,10行24字	卷末:甲辰(1844)孟夏终于德林斋	BA2521-22
新刊鹤林玉露	罗大经撰,刊写地未详,刊写者未详,宽文二年(1662)刊	18卷8册,日本木版本,25×18cm,四周双边,半郭:20×13.2cm,6行19字,注双行,上白鱼尾	刊记:宽文二年壬寅(1662)仲秋日中野市右卫门梓行,序:万历甲申(1584)……黄贞升,序:时宋淳祐戊申(1248)……(宋)罗大经	BA1221-11
新刊鹤林玉露	罗大经(宋)著,刊写地未详,中野市右卫门梓,宽文二年(1662)刊	18卷9册,日本木版本,27×18.5cm	序:万历甲申(1584)……(明)黄贞升	BA 古 10-30-나2
增定智囊补	冯梦龙著	28卷10册,笔写本,22×15.5cm,四周单边,半郭:17.4×13.4cm,9行24字	序:吴门冯梦龙题于松陵之舟中	B13738-10-1-10

明代

书名	出版事项	版式状况	一般事项	所藏番号
说郛	陶宗仪(明)编	168册,中国木版本,25.1×15.5cm		BA 古 10-00-나42
山中一夕话	李卓吾(明)编,笑笑先生增订,哈哈道士校阅	14卷6册(本卷1-7,新卷1-7),中国木版本,25.5×16.4cm,四周双边,半郭:18.9×12.2cm,有界,8行18字,注双行,上下向黑鱼尾	(表)题纸书名:开卷一笑	BA 古 5-80-42

续表

书名	出版事项	版式状况	一般事项	所藏番号
效颦集	赵弼(明)著	3卷1册,木版本,四周双边,有界,12行21字,注双行,上下内向黑鱼尾	序:宣德七年壬子(1432)……王静,*复制本所藏:国立中央图书馆(古3747-287)日本蓬左文库(名古屋市教育委员会蓬左文库)	103-27
玉壶冰	都穆(明)撰	24页,朝鲜木版本,24.1×16.9cm,四周单边,半郭:17.5×13.5cm,9行17字,注双行,内向3叶花纹鱼尾,纸质:楮纸	后识:正德乙亥(1515)……都穆	BC古朝93-117
玉壶冰		1册,笔写本,24cm,纸质:楮纸		a13749-2
玉壶冰	都穆(明)撰	1册,朝鲜木版本,44cm,纸质:楮纸		a13749-4
西湖志林	田汝成(明)辑撰,姚靖增删	103页,笔写本,21.9×14.4cm		c12820-1
五杂俎	谢肇淛(明)撰,日本,宽政七年(1795)刊	16卷8册,日本木版本,22.4×15.8cm	序:李维桢	BA古10-30-나4
稗海	商濬(明)编	45册,中国活字本,25.5×16.9cm	序:陶望龄(明)书	BA3730-15
稗海	商濬(明)等校	9册,中国木版本,26.5×16cm		BA古10-00-나27
两山墨谈	陈霆(明)撰,李檗编,崔起南……等校正,庆州,庆州府,宣祖八年(1575)刊	13卷3册(全18卷4册),朝鲜木版本,33.4×20.8cm,四周双边,半郭:21.6×15.2cm,有界,9行18字,注双行,内向黑鱼尾,纸质:楮纸	版心题:墨谈,序题:刻两山墨谈,序文:行书笔写体大字,跋:嘉靖己亥(1539)……陈霆(明),刊记:皇明万历三年岁在乙亥(1575)春庆州府开刊,手书刻序:嘉靖己亥(1539)李檗(明)	BA3638-39

续表

书名	出版事项	版式状况	一般事项	所藏番号
训世评话	李边(朝鲜)撰,刊写地、刊写者、刊写年未详(1473)	2卷1册,朝鲜木版本,四周单边,有界,10行17字,注双行,上下内向黑鱼尾,纸质:楮纸	跋:正德十三年戊寅(1518)……尹希仁,汉语学习教材(故事:白话文注解)	[古]327-6(日本 蓬在文库)
剪灯新话句解	瞿佑(明)著	64页1册,朝鲜木版本(覆刻),25.8×19cm,四周单边,半郭:23.5×15.9cm,11行20字,注双行,内向二叶花纹鱼尾,纸质:楮纸		[한]48-2
	瞿佑(明)著,沧洲(朝鲜)订正,垂胡子(朝鲜)集释,刊写年未详	2卷2册,朝鲜木版本(覆刻),36.1×22.3cm,四周单边,半郭:21.8×14.6cm,10行20字,注双行,上二叶花纹鱼尾		[한]48-19
皇明世说新语	李绍文(明)撰,刊写年未详	8卷4册,朝鲜木版本(覆刻),30.9×20.4cm,四周双边,半郭:18.5×14.9cm,10行20字,注双行,上二叶花纹鱼尾	印记:[申甲印][武臣经]	[한]48-221
剪灯新话句解	瞿佑(明)著,刊写年未详	1册(卷下),木版本,29×19cm,四周单边,半郭:23×16cm,11行20字,注双行,内向二叶花纹鱼尾,纸质:楮纸		[우구재古]3736-19
剪灯新话句解		1册(卷下),朝鲜木版本,30.4×20.8cm,四周单边,半郭:21×17cm,11行20字,注双行,纸质:楮纸	刊记:庚子年七月日刊	[우구재古]3736-20

续表

书名	出版事项	版式状况	一般事项	所藏番号
剪灯新话	瞿佑(明)著,沧洲(朝鲜)订正,垂胡子(朝鲜)集释,刊写年未详	1册(下),朝鲜木版本,31.3×21cm,四周单边,半郭:22.1×16.5cm,有界,10行18字,注双行,上下黑口鱼尾		[东谷古]3736-57
剪灯新话句解	瞿佑(明)著,沧洲(朝鲜)订正,垂胡子(朝鲜)集释,刊写年未详	2册(卷上下),朝鲜木版本,28×18.2cm,四周单边,半郭:23×16cm,11行20字,注双行,内向二叶花纹鱼尾	印记:[臣申甲均][醉樵][华林主人][平山世家]	[古]3736-7
	瞿佑(明)著,刊写年未详	2卷2册(卷上、下),朝鲜木版本,26×19cm,四周单边,半郭:23.5×16cm,11行20字,注双行,内向二叶花纹鱼尾		[의산古]3730-16
	瞿佑(明)著,沧洲(朝鲜)订正,垂胡子(朝鲜)集释,刊写年未详	2卷2册(卷上、下),朝鲜木版本,28.5×18.6cm,四周单边,半郭:23×16cm,11行20字,注双行,内向二叶花纹鱼尾,纸质:楮纸		[古]3735-2
剪灯新话句解	瞿佑(明)著,刊写年未详	1册(卷上),笔写本,30.2×18.5cm,纸质:楮纸		[의산古]3736-11
		1册(卷下),朝鲜木版本,30.5×20.7cm,四周单边,半郭:23.3×19cm,11行18字,注双内向黑鱼尾,纸质:楮纸		[의산古]3736-14

续表

书名	出版事项	版式状况	一般事项	所藏番号
剪灯新话	瞿佑(明)编,庚子字覆刻本,刊写年未详	1 册(78 页),33.7×21cm,四周双边,半郭:25.3×17.8cm,有界,10 行 18 字,注双行,上下向二叶花纹鱼尾	序:洪武己巳(1389)……桂衡(明)＊东谷 3736-57 下卷所藏	[일모古]3736-70
剪灯余话	李祯(明)撰,刊写年未详	1 册(103 页),中国木版本,16.5×11.5cm,四周双边,半郭:12.4×9cm,有界,9 行 17 字,注双行,上下向黑鱼尾	序:永乐庚子(1420)……李祯	[古]3736-63
剪灯余话	李昌祺(明)编著,张光启(明)校,日本,元禄五年(1692)刊	7 卷 1 册,木版本,25.7×17.3cm	版心题:余话,表题:新编剪灯余话,刊记:元禄五年壬申(1692)十月之吉林兵衙寿梓,序:永乐庚子(1420)……曾棨,序:张光启	BA 古 5-80-22
剪灯新话句解	瞿佑(明)著,胡子昂(明)集释,刊写年未详	卷下(74 页),33×21.1cm,四周双边,半郭:24.9×17.3cm,10 行 18 字,注双行,内向二叶花纹鱼尾	印记:丹城后人	[일산古]3736-5
剪灯新话句解	瞿佑(明)著,沧洲(朝鲜)订,垂胡子(朝鲜)集,刊写年未详	1 册(卷上),朝鲜木版本,28.6×19cm,四周单边,半郭:23×16cm,11 行 20 字,注双行,内向二叶花纹鱼尾		[古]373-2
剪灯新话句解	瞿佑(明)著,沧洲(朝鲜)订,垂胡子(朝鲜)集释,刊写年未详	2 册,朝鲜木版本,30.6×19.7cm,四周单边,半郭:23×16.2cm,11 行 20 字,注双行,内向二叶花纹鱼尾,纸质:楮纸	印记:碧海异珠	[위창古]3736-3

续表

书名	出版事项	版式状况	一般事项	所藏番号
增定智囊补	冯梦龙(明)编,刊写年未详	28卷10册,中国石印本,22×15.5cm	"返还文化财",序:(明)冯梦龙	[古]3738-10
增补智囊补	冯梦龙(明)编,刊写年未详	6册,中国石印本		BA2205-6
花阵绮言	仙叟石公(明)编,翰史茂生 评撰	12卷12册,中国木版本,22.9×15.4cm	序:袁宏道,卷1:三奇合传,卷2-3:花神三妙,卷4-5:天缘奇遇,卷6-7:钟情丽集,卷8-9:金谷怀春,卷10-11:觅莲雅记,卷12:娇红记	[古]5-80-35
西湖游览志	田汝成(明)撰,刊写地未详,刊写者未详,万历四十七年(1619)刊	26卷16册,中国明版本,24cm		BA2822-10
西湖游览志	田汝成(明)撰,刊写地、刊写者、刊写年未详	16册,中国明版本		BA2822-10

清代—民国初期

书名	出版事项	版式状况	一般事项	所藏番号
说铃	吴震方(清)编,刊写地、刊写者未详,光绪五年(1879)刊	24册,中国木版本,17×11.5cm	藏版记:文富堂藏版	BA古10-00-나44
闲谈消夏录		2册,笔写本,30.3×19.9cm,纸质:楮纸	表题:消夏录	BC古朝48-258卷1-2

续表

书名	出版事项	版式状况	一般事项	所藏番号
世说新语姓汇韵分	英祖年间刊	12卷4册,古活字本(显宗实录字体木活字),28×17.7cm,四周单边,半郭:22×15cm,10行18字,注双行,内向二叶花纹鱼尾,纸质:楮纸	补序:嘉靖丙辰(1556)……王世贞,旧序:嘉靖乙未(1535)……袁褧	[한]48-223
删补文苑楂橘	著者未详,刊写年未详	2册,笔写本,23.3×16.4cm	"返还文化财"	[古]3738-12
删补文苑楂橘	编者未详,芸阁印青体字本,刊写年未详	2卷1册,26.9×15.8cm,四周单边,朝鲜木版本,半郭:21.9×16.7cm,10行20字,上二叶花纹鱼尾		[일산古]3738-15
聊斋志异新评	蒲松龄(清)编著,王士正(清)评,道光二十二年(1842)序	16卷4册,中国木版本,20.7×13cm	序:高珩:唐梦赉,自序:道光二十二年(1842)……但明伦,刊记:道光壬寅(1842)仲夏广顺但氏开雕	[古]5-80-3
虞初新志	张潮(清)编,康熙年间	20卷5册,中国木版本,25.2×16cm	自叙:康熙癸亥(1683)……张潮,总跋:康熙庚辰(1700)……张潮,印记:[霖逢印][春泽]	[古]5-80-45
海陬冶游录	(并附录)玉魫生(清)撰,光绪四年(1878)刊	7卷7册,中国木版本,19.7×13.2cm	表题纸书名:册3(花国剧谭),册4(吴门画舫续录,续板桥杂记),册5(雪鸿小记,秦淮画舫录),册6(画舫余谭,白门新柳记),册7(十洲春语,竹西花事小录),自序:庚申(1860)玉魫生,刊记:戊寅(1878)季夏印于眉珠小盦,印记:乐山堂印	[古]5-80-2

续表

书名	出版事项	版式状况	一般事项	所藏番号
阅微草堂笔记	观弈道人(清)撰,刊写年未详	24卷12册,中国木版本 23.7×15.4cm	序:嘉靖庚申(1800)……盛时彦,藏版记:北平盛氏开雕,印记:朴斋纯印	[古]10-30-나18
谐铎	沈起凤(清)著,刊写地未详,刊写者未详,光绪二十三年(1897)刊	12卷4册,中国木版本,19.2×11.9cm	序:乾隆重光大渊献(1791)……(清)韩苏,序:时乾隆辛亥(1791)……(清)殷杰,标题纸:光绪丁酉(1897)孟夏新镌……本衙藏板	[古]1246-2
太平广记详节	李昉(宋)等奉敕撰,成任(朝鲜)改撰,刊写地未详,刊写者未详,睿宗元年(1469)刊	(卷14-19)1册,朝鲜木版本,32.5×20.2cm,四周单边,半郭:23.4×16.2cm,有界,10行17字,注双行,内向黑鱼尾,纸质:楮纸	装帧:黄色厚褙表纸,土红丝缀,改装	[古]B2古朝91-58
檐曝杂记	赵翼(清)撰,刊写地未详,刊写者未详,文政十二年(1829)刊	4卷3册,木版本,26.1×17.2cm	序:文政戊子(1828)……赵翼	[古]BA古10-30-나39
见闻随笔	齐学裘(清)著,刊写地未详,刊写者未详,同治十年(1871)刊	26卷6册,中国清版本,24cm		BA092-1
寄园寄所寄	赵吉士(清)著,刊写地、刊写者、刊写年未祥	8册,中国石印本		BA039-6
寄园寄所寄	赵吉士(清)著,刊写地、刊写者、刊写年未详	12卷8册,中国石印本,24cm		a1039-6

续表

书名	出版事项	版式状况	一般事项	所藏番号
唐人说荟	陈莲塘(清)编,刊写地、刊写者、刊写年未详	20册,中国清版本		BA42-3

2. 韩国学中央研究院（旧韩国精神文化研究院）

唐代以前

书名	出版事项	版式状况	一般事项	所藏番号
山海经	郭璞(晋)传,刊写年未详	18卷2册,中国木版本,24.7×15.6cm,四周单边,半郭:18×13.2cm,11行21字,上黑鱼尾	序:晋记室参军郭璞撰 版心题:槐荫草堂藏版	D7C-25
山海经广注	郭璞(晋)传,吴任臣(清)注,刊写年未详	18卷4册(卷首1册包含),中国木版本,有图,24.8×15.5cm,四周双边,半郭:18.8×12.8cm,9行22字	表纸书名:山海经,标题纸书名:增补绘像山海经广注,序:时康熙岁次丁未(1667)…… 仁和紫绍炳撰,康熙五年柔兆敦牂(丙午1666)……仁和吴任臣撰,藏版记:崇义书院藏版,印:[藕斋][闵栽基印]	[霞]D7C-42
山海经释义	郭璞(晋)传,王崇庆(明)释义,董汉儒(明)校订,清康熙二十八年(1689)刊	18卷6册,中国木版本,有图,25.4×16cm,四周单边,半郭:22.2×13.8cm,有界,9行19字,注双行,上黑鱼尾,纸质:竹纸	里题:山海经广注,版心题:注释山海经,序:岁王正晋陵后学蒋一葵识于尧山堂,跋:万历己未(1619)岁春月之吉戏生明龙岩山人赵维垣书,刊记:康熙己巳(1689)新镌玉堂重梓,印:李王家图书之章	4-224

续表

书名	出版事项	版式状况	一般事项	所藏番号
穆天子传	郭璞(晋)注,刊写年未详	6卷1册,笔写本,27×18cm,四周双边,半郭:19.3×14.5cm,乌丝栏,12行20字,注双行,内向三叶花纹鱼尾,纸质:楮纸	印:李王家图书之章	4-6881
东方朔传记	韩濩(朝鲜)书,宣祖年间刊	1册(8页),笔写本,32.5×19.2cm,纸质:楮纸	贵重本	C10C-63
绣像新刻吴越春秋	上海茂记书庄,光绪三十四年(1908)刊	4卷4册,中国石印本,有图,14×8.8cm	标题纸书名:绣像吴越春秋鼓词全传,表纸书名:绣像吴越春秋,刊记:光绪戊申(1908)冬月上海茂记书庄校印	D7C-81
列女传(고녈려뎐)	翻译笔写本	2册(乾、坤),国文笔写本,28×21cm	原本所藏:国立中央图书馆	57-아-411 R35N-002960-2
新刻古列女传	刘向(汉)撰,胡文焕(明)校,水玉堂,承应三年(1654)刊	8卷5册(续),中国木版本,有图,26×17.8cm,四周单边,半郭:19.8×13.7cm,无界,10行20字,注双行,上白鱼尾,纸质:竹纸	表题:刘向列女传,复本1帙,刊记:承应三年甲午(1654)五月谷旦二条通玉屋町上村次郎衛门版行,序:嘉祐八年(1063)秋日长乐王回撰,序:万历丙午(1606)孟春日新都黄嘉育怀英父,序:编校馆阁书籍臣曾巩	J2-162

续表

书名	出版事项	版式状况	一般事项	所藏番号
新刻古列女传	刘向(汉)撰,胡文焕(明)校,水玉堂,承应三年(1654)刊	11卷8册(续),中国木版本,有图,26.7×18.7cm,四周单边,半郭:20×13.7cm,无界,10行20字,注双行,上白鱼尾,纸质:竹纸	里题:列女传,表题:刘向列女传,刊记:承应三年甲午(1654)五月水玉堂发兑 序:嘉祐八年(1063)秋夕长乐王回撰,序:万历丙午(1606)孟春日新都黄嘉育怀英,小序:嘉定七年甲戌(1214)十二月初五日武夷蔡骥 孔良拜手谨书	J2-161
世说新语	刘义庆(刘宋)撰,刘孝标(梁)注,明万历九年(1581)刊	8卷8册,中国木版本,26.5×17cm,四周单边,半郭:21.7×13.8cm,无界,8行18字,注双行,头注,纸质:绵纸	表题:世说,序:万历辛巳(1581)之夏月云间乔懋敬允德甫撰,印:李王家图书之章	4-228
世说新语补	刘义庆(刘宋)撰,何良俊(明)增补,王世贞(明)删定,显宗实录字版,肃宗三十四年(1708)刊	20卷7册,显宗实录字版,31.4×19.5cm,四周单边,半郭:22.8×15.5cm,有界,10行18字,注双行,内向黑鱼尾,纸质:楮纸	表题:世说,版心题:世说补,序:嘉靖丙辰(1556)季夏琅琊王世贞撰,序:万历庚辰(1580)秋吴郡王世懋撰,序:万历丙戌(1586)秋日沔阳陈文烛玉叔撰,印:丰壤后人,赵东型印,李王家图书之章,卷6-8写本	4-6884
世说新语补	刘义庆(刘宋)撰,刘孝标(梁)注,刘应登(宋)评,何良俊(明)增,王世贞(明)删,黄汝琳(清)补订,乾隆二十七年(1762)刊	20卷8册,中国木版本,24.2×15.5cm,左右双边,半郭:17.8×11.9cm,有界,9行18字,注双行,上黑鱼尾,纸质:竹纸	里题:重订世说新语补,版心题:世说补,序:万历丙戌(1586)秋日沔阳陈文烛玉叔撰,刊记:乾隆壬午(1762)春镌,题:绍兴八年(1138)夏四月癸亥广川董弁题,藏版:茂清书室藏版,印:谚士居人,读书秋䦨□,赵镐印,怡堂,李王家图书之章外1种	4-229

续表

书名	出版事项	版式状况	一般事项	所藏番号
世说新语补	刘义庆(刘宋)撰,刘孝标(梁)注,刘应登(宋)评,何良俊(明)增,王世贞(明)删,黄汝琳(清)补订,清乾隆二十七年(1762)重刊	20卷8册,中国木版本,24.6×15.4cm,左右双边,半郭:17.4×11.7cm,有界,9行18字,注双行,上黑鱼尾,纸质:竹纸	表题:世说,版心题:世说补,序:乾隆二十有七年(1762)壬午上元日崇明黄汝琳砥崖氏书于金阊津西之七桂楼,刊记:乾隆壬午二十七年(1762)春镌,茂清书屋藏版,印:平山之印,李王家图书之章	4-230
世说新语	刘义庆(刘宋)撰,刘孝标(梁)注,刘辰翁(宋)评,明万历八年(1580)序	6卷3册(第3册缺),中国木版本,25.8×16.5cm,四周单边,半郭:20.3×13.5cm,9行20字,上白鱼尾	旧序:刘应登序,序:嘉靖乙未(1535)……吴郡袁褧撰,万历庚辰(1580)……吴郡王世懋书,印:[沈喜泽印][青松]	[贵]D7C-26
世说新语	刘义庆(刘宋)撰,刘孝标(梁)注,刊写年未详	6卷3册,笔写本,24.5×16.7cm	序:淳熙戊申(1188)……笠泽陆游书	D7C-26A
世说新语	刘义庆(刘宋)撰,刘孝标(梁)注,上海扫叶山房,刊写年未详	6卷6册,中国石印本,19.9×13.2cm		D7C-26B
世说新语类抄	刘义庆(刘宋)原著,朴铣(朝鲜)抄录,肃宗年间刊	上下卷2册,笔写本(自笔本),25.2×19.2cm,纸质:楮纸	表题书名:世说,印:[晦叔][朴铣][高灵后人][止观斋]	[贵]D7C-30
世说掇英	刘义庆(刘宋)原著,刊写年未详	不分卷1册(82张),笔写本,24.8×15.5cm	笔写记:甲子(?)二月初三日始克成编	D7C-52
世说抄	俞镇瓒(朝鲜)编,刊写年未详	1卷(71张),笔写本,24.5×19.7cm	跋:甲申……苍史樵夫题,印:[曹秉式印][曹],藏书记:醲墨山房藏	D7C-32

续表

书名	出版事项	版式状况	一般事项	所藏番号
世说新语补	刘义庆(刘宋)撰,刘孝标(梁)注,王世贞(明)删定,肃宗年间刊	20卷7册(第2册缺),显宗实录字版,30.9×19.9cm,四周单边,半郭:23.1×15.7cm,10行18字,上下黑鱼尾,纸质:楮纸	表题书名:世说,版心书名:世说补,序:嘉靖丙辰(1556)……琅琊王世贞撰,万历丙戌(1586)……沔阳陈文烛玉叔撰	D7C-61
世说新语姓汇韵分	刘义庆(刘宋)撰,王世贞(明)补,刊写年未详	12卷6册(第2、4册缺),笔写本,27.5×18.9cm,纸质:楮纸	表题书名:世说,序:嘉靖丙辰(1556)……王世贞撰,旧序:嘉靖乙未(1535)……吴郡袁褧撰	D7C-45

唐五代

书名	出版事项	版式状况	一般事项	所藏番号
酉阳杂俎	段成式(唐)撰,毛晋(明)订,明朝年间	20卷5册,中国木版本,24.5×15.5cm,左右双边,半郭:18.5×13.2cm,有界,9行19字,注双行,纸质:竹纸	序:唐太常少卿段成式撰……酉阳杂俎凡三十篇为二十卷不以此间录味也,跋:以此为嗜矢云湖南毛晋识,印:李王家图书之章	4-239

宋辽金元

书名	出版事项	版式状况	一般事项	所藏番号
太平广记	李昉(宋)等奉敕撰,黄晟(清)刊,清乾隆二十年(1755)刊	500卷48册,中国木版本,16×10.8cm,四周双边,半郭:12.1×9.4cm,有界,12行22字,注双行,上黑鱼尾,纸质:绵纸	序:乾隆十八年(1753)岁次癸酉秋八月天都黄晟晓峰氏校刊于槐荫草堂,刊记:乾隆乙亥(1755)年夏月,藏版:槐荫草堂藏版,印:五车楼发兑,敬业馆之藏书,安乔之印,李王家图书之章	4-244

续表

书名	出版事项	版式状况	一般事项	所藏番号
태평광기(太平广记)	作者未详,刊写年未详	9卷9册,笔写本,28.8×23.2cm,13行23字,注双行,无鱼尾,纸质:楮纸	表题:太平广记,印:藏书阁印	4-6853
梦溪笔谈	沈括(宋)著,商濬(明)校,刊写地未详,刊写者未详,明朝年间刊	26卷4册,中国木版本,24.3×15.5cm,四周单边,半郭:20.4×13.7cm,有界,9行20字,注双行,上黑鱼尾,纸质:竹纸		C3-209
(新刊)鹤林玉露	罗大经(宋)撰	1册(第2-9册缺),中国木版本,25×17.5cm,四周单边,半郭:20×13.2cm,8行19字,上白鱼尾	表纸书名:鹤林玉露,序:万历甲申(1584)……黄贞升,时宋淳祐戊申(1248)……罗大经景纶	C14B-6 全 9册
鹤林玉露	罗大经(宋)撰	全16卷3册,笔写本,26.3×15cm,纸质:楮纸		C14B-5
鹤林玉露	罗大经(宋)著	3册(第4册缺),中国木版本,26.3×16.3cm,四周单边,上白鱼尾		C14B-5C C14B-5B
鹤林玉露	罗大经(宋)著	1册(54页),笔写本,28.3×15.5cm		C14B-5D 全

明代

书名	出版事项	版式状况	一般事项	所藏番号
홍매기(红梅记)	韩文笔写本(18世纪末)	1册,纸质:楮纸	乐善斋本太平广记卷4	4-6853

续表

书名	出版事项	版式状况	一般事项	所藏番号
何氏语林	何良俊(明)撰并注,嘉靖二十九年(1550)刊	30卷10册,中国木版本,25.7×17.5cm,左右双边,半郭:20.4×14.4cm,有界,10行20字,注双行,内向黑鱼尾,纸质:绵纸	序:辛亥(1551)四月之望文徵明书,刊记:嘉靖庚戌(1550)华亭柘湖何氏翻经堂雕梓,印:乘名文库,立教馆图书印,白河文库,李王家图书之章,外2种	4-247
剪灯新话句解	瞿佑(明)著,胡子昂(明)集释,刊年未详	卷2,1册存(卷1册1缺),朝鲜木版本,32.8×22.1cm,四周双边,半郭:21.5×18.1cm,有界,12行8字,注双行,内向黑鱼尾,纸质:楮纸	表题:剪灯新话,印:藏书阁印	4-6886
剪灯新话句解	瞿佑(明)著,胡子昂(明)集释,刊年未详	2卷2册存,朝鲜木版本,31.3×20.3cm,四周单边,半郭:23×16.5cm,有界,11行20字,注双行,内向二叶花纹鱼尾,纸质:楮纸	表题:剪灯新话,版心题:剪灯,印:李王家图书之章	4-6887
剪灯新话句解	瞿佑(明)著,胡子昂(明)集释,刊年未详	卷2,1册缺册,朝鲜木版本,34.4×23.3cm,四周双边,半郭:24.3×17.1cm,有界,10行18字,注双行,内向黑二三叶混入花纹鱼尾,纸质:楮纸	表题:山阳集,印:藏书阁印	4-6888
剪灯新话句解	瞿佑(明)著,垂胡子(朝鲜)集释,刊年未详	2卷2册(上下卷2册),朝鲜木版本,30.2×20cm,四周单边,半郭:22.3×16.2cm,11行20字,上下二叶花纹鱼尾,纸质:楮纸	表纸书名:剪灯新话,版心文字:剪灯	D7C-5

续表

书名	出版事项	版式状况	一般事项	所藏番号
剪灯新话句解	瞿佑(明)著,沧洲(朝鲜)订正,垂胡子(朝鲜)集释,刊年未详	2卷2册(第2册缺),朝鲜木版本,33.1×22.2cm,四周单边,半郭:23.8×19cm,11行18字,上黑鱼尾,纸质:楮纸	表纸书名:剪灯新话,跋:永乐庚子(1420)庐陵晏壁彦文甫跋,后序:永乐十九年岁次辛丑(1421)……钱塘瞿佑宗吉甫书于保安城南寓舍	D7C-5A
剪灯新话句解	瞿佑(明)著,沧洲(朝鲜)订正,垂胡子(朝鲜)集释,康熙四十三年(1704)刊	2卷2册(第2册缺),朝鲜木版本,30.8×21cm,四周单边,半郭:25×17.8cm,10行18字,上下混入花纹鱼尾,纸质:楮纸	表纸书名:剪灯新话,刊记:康熙四十三年甲申(1704)八月日开刊	D7C-5B
剪灯新话句解	瞿佑(明)著,沧洲(朝鲜)订正,垂胡子(朝鲜)集释,刊年未详	2卷2册(第1册缺),朝鲜木版本,31.2×20.5cm,四周单边,半郭:23.5×19.2cm,11行18字,上下黑鱼尾,纸质:楮纸	表纸书名:剪灯新话	D7C-5C
剪灯新话句解	瞿佑(明)著,沧洲(朝鲜)订正,垂胡子(朝鲜)集释,刊年未详	2卷2册(上下卷2册),朝鲜木版本,28.7×19.7cm,四周单边,半郭:21.6×17.1cm,11行20字,上下黑鱼尾,纸质:楮纸		D7C-5D
剪灯新话句解	瞿佑(明)著,沧洲(朝鲜)订正,垂胡子(朝鲜)集释,刊年未详	2卷2册(第2册缺),朝鲜木版本,30.5×20cm,四周单边,半郭:22.8×18.4cm,12行18字,上下二叶花纹鱼尾,纸质:楮纸		D7C-5E

续表

书名	出版事项	版式状况	一般事项	所藏番号
剪灯新话句解	瞿佑(明)著,刊年未详	2卷2册(第1册缺),朝鲜木版本,28.3×21.5cm,四周双边,半郭:23.4×17cm,10行18字,上下二叶花纹鱼尾,纸质:楮纸	表纸书名:剪灯新话	D7C-5F
剪灯新话句解	瞿佑(明)著,沧洲(朝鲜)订正,垂胡子(朝鲜)集释,刊年未详	2卷2册(第2册缺),朝鲜木版本,31.7×20.1cm,四周单边,半郭:21.7×14.6cm,10行18字,上二叶花纹鱼尾,纸质:楮纸	表纸书名:剪灯新话,版心文字:剪灯	D7C-5G
剪灯新话句解	瞿佑(明)著,沧洲(朝鲜)订正,垂胡子(朝鲜)集释,武桥哲宗十四年(1863)刊	2卷2册(上下卷2册),朝鲜木版本,24.1×19.3cm,四周单边,半郭:22×16.7cm,12行20字,上下二叶花纹鱼尾,纸质:楮纸	表纸书名:剪灯新话,版心文字:剪灯,刊记:癸亥(1863)仲秋武桥新刊	D7C-5H
剪灯新话句解	瞿佑(明)著,沧洲(朝鲜)订正,垂胡子(朝鲜)集释,刊年未详	上下卷1册(91张),朝鲜笔写本,36.3×24cm,纸质:楮纸	表纸书名:剪灯新话	D7C-5I
五杂俎	谢肇淛(明)撰,明末清初(1600—1700)刊	16卷10册,中国木版本,24.6×15.9cm,半郭:21.7×14.8cm,有界,半叶9行18字,上白鱼尾,纸质:竹纸	序:大泌人李维桢本宁父撰 五杂俎序	C3-307
五杂俎	谢肇淛(明)撰,日本,宽政七年(1795)刊	16卷8册,日本木版本,22.4×15.8cm	序:李维桢	J3-439

续表

书名	出版事项	版式状况	一般事项	所藏番号
빙빙뎐(聘聘传)	著者未详,刊写年未详	5卷5册(卷2,3,4,5),笔写本,28×20cm,乌丝栏,12行28字,无版心,纸质:楮纸	表题:聘聘传,印:藏书阁印	귀 4-6814
逸史搜奇一百四十家小说	汪云程(清)编集,刊年未详	全10卷10册(1册,第2-10册缺),中国木版本,24.3×15.7cm,四周双边,半郭:20×14cm,12行26字,下黑鱼尾	表纸书名:逸史搜奇,印:广州安鼎福百顺庵	D7C-9
艳异编	新镌玉茗堂批选王弇州艳异编	1册(66张),29.8×18.6cm,10行24字,注双行,无鱼尾		BA3749-61
태원지 太原志	著者、刊写地、刊写者、刊写年未详	4卷4册,笔写本,29.1×15.6cm,无郭,乌丝栏,10行20-25字,无版心,纸质:楮纸	表题:太原志	K4-6852

清代—民国初期

书名	出版事项	版式状况	一般事项	所藏番号
详注聊斋志异图咏	蒲松龄(清)著,吕湛恩(清)注,清光绪十二年(1886)序	16卷8册,中国石印本,有图,15.3×10.3cm,四周双边,半郭:12.8×9cm,无界,14行36字,注双行,纸质:绵纸	序:光绪十有二年(1886)太岁在柔兆阉茂日缠大梁之次古越高昌寒食生撰,印:李王家图书之章	4-225
说铃	吴震方(清)编辑,清康熙四十四年(1705)序	54卷22册,中国木版本,22.8×15.2cm,左右双边,半郭:19.9×14.2cm,有界,11行25字,内向黑鱼尾,纸质:绵纸	里题:本朝名家杂著说铃,序:康熙四十四年乙酉(1705)长夏吴兴年家弟徐倬拜撰时年八十有三,印:李王家图书之章	4-227

续表

书名	出版事项	版式状况	一般事项	所藏番号
新齐谐	袁枚(清)编,乾隆五十三年(1788)刊	24卷12册,中国木版本,24.1×14.7cm,左右双边,半郭:16.4×13cm,有界,11行21字,上黑鱼尾,纸质:绵纸	版心题:子不语,序:书成初名子不语后见元人说部有雷同者乃改为新齐谐云。刊记:乾隆戊申(1788)翻刻必究,藏版:随园藏版,印:李王家图书之章	4-237
浪迹丛谈	梁章钜(清)撰,清朝末期	11卷1册,中国木版本,22.5×13.5cm,四周双边半郭:16.5×10.5cm,有界,9行22字,注双行,上黑鱼尾,纸质:绵纸		C3-206
秋坪新语	浮槎散人(清)著,清乾隆五十七年(1792)序	12卷7册(1册缺),中国木版本,17×10.8cm,左右双边,半郭:12.7×9cm,有界,9行19字,上下黑口,上黑鱼尾,纸质:竹纸	序:乾隆大岁壬子(1792)春月天汉浮楂散人自题于半一轩南窗下,印:李王家图书之章	4-243
删补文苑楂橘	著者未详,刊写年未详	2卷2册,朝鲜木活字本,27×17cm,四周双边,半郭:21.4×13.2cm,有界,10行20字,上二叶花纹鱼尾,纸质:楮纸	表题:文苑楂橘,印:李王家图书之章	4-6883
删补文苑楂橘	著者未详,刊写年未详	1册(39页,缺本),笔写本,31×23.3cm		D7C-34
聊斋志异评注	蒲松龄(清)著,吕湛恩(清)注释,刊写年未详	16卷8册,中国铅印本,有图,20.1×13.2cm		D7C-87

续表

书名	出版事项	版式状况	一般事项	所藏番号
定香亭笔谈	阮元(清)编著,刊写地未详,琅嬛仙馆,正祖二十四年(1800)序	全4卷2册(上下卷2册),中国木版本,24.1×15.3cm,四周双边,半郭:19.1×13.6cm,10行20字	刊记:扬州阮氏琅嬛仙馆刊板,序:嘉庆五年(1800)……扬州阮元记	D2C-151
檐曝杂记	赵翼(清)著,清,刊写者未详,嘉庆十六年(1811)刊	线装6卷2册,木版本,24.5×15.5cm,左右双边,半郭:17.8×12.8cm,有界,11行21字,注双行,上黑鱼尾,纸质:竹纸	表题:檐曝杂记,刊年:妖民吸精髓末,嘉庆十六(1811)年八九月间事	C2-124
秋灯丛话抄	王槭(清)著,刊写地、刊写者、刊写年未详	1册(35页,全),笔写本,23.8×14.6cm		C14B-15
秘书二十一种	汪士汉(清)校,康熙八年(1669)序	94卷12册,中国木版本,21.5×16.6cm,左右双边,半郭:19.8×13.8cm,有界,10行20字,注双行,上黑鱼尾,纸质:竹纸	里题:秘书二十一种,序:康熙己酉(1669)二月 春分前二日新安汪士汉识	C3-246

3. 国史编纂委员会

宋辽金元

书名	出版事项	版式状况	一般事项	所藏番号
续太平广记	明代刊	1册,中国木版本,24.5×15.5cm,左右双边,半郭:19×14.5cm,有界,9行20字,上内向白鱼尾		D7C-2

4. 韩国国学振兴院

唐代以前

书名	出版事项	版式状况	一般事项	所藏番号
山海经	刊写地、刊写者、刊写年未详	1册,笔写本,23.5×15cm		
山海经广注	刊写地、刊写者、刊写年未详	1册,笔写本,31.5×21cm		
世说	刊写地、刊写者、刊写年未详	1册,笔写本,21×14.5cm		
世说	刊写地、刊写者、刊写年未详	9册,笔写本,32.8×21cm		
世说	刊写地、刊写者、刊写年未详	1册,笔写本,22×21cm		
世说新语	刊写地、刊写者、刊写年未详	1册,笔写本,26×18.5cm		
世说抄	刊写地、刊写者、刊写年未详	1册,笔写本,19×13cm		

明代

书名	出版事项	版式状况	一般事项	所藏番号
西湖志	田汝成(明)著	1册,笔写本,28.5×18.5cm		
剪灯新话	刊写地、刊写者、刊写年未详	1册,木版本		
剪灯新话	瞿佑(明),刊写地、刊写者、刊写年未详	3册,木版本,29×21.2cm		

续表

书名	出版事项	版式状况	一般事项	所藏番号
剪灯新话	刊写地、刊写者、刊写年未详	2册,笔写本,29×18.5cm		
剪灯新话	刊写地、刊写者、刊写年未详	1册(坤),木版本,26×19cm		
剪灯新话	刊写地、刊写者、刊写年未详	1册,笔写本,29×19.5cm		

5. 国会图书馆

唐以前

书名	出版事项	版式状况	一般事项	所藏番号
世说新语(及)补	刘义庆(刘宋)撰,刘峻(梁)注,张懋辰(明)订,刊写年未详	12卷10册,中国木版本,25.6×16.7cm,四周单边,半郭:21×14.2cm,有界,9行19字,注双行,上白鱼尾	序:……王思任题,所藏印:成后龙舜卿印,内容:册1:德行,册2:言语,册3:文学,册4:方正,册5:赏誉,册6:捷悟,册7:巧艺,册8:轻诋,册9-10:补遗	[古]952.3 ㅇ431 ㅅ
世说新语补	刘义庆(刘宋)撰,何良俊(明)撰补,王世贞(明)删定,张懋辰(明)考订,刊年未详	1册(第2册缺,全4卷2册),中国木版本,25.6×16.6cm,四周单边,半郭:21.2×14.1cm,有界,9行19字,注双行,上白鱼尾	序:嘉靖丙辰(1556)……王世贞撰,所藏印:成后龙舜卿印	[古]812.3 ㅇ998 ㅅ

清代—民国初期

书名	出版事项	版式状况	一般事项	所藏番号
香艳丛书	编者未详,上海中国图书公司,宣统元年(1909)序	89册,中国铅印本,19.5×12.6cm	序:宣统元年(1909)……虫天子序于国学扶轮社	[古]812.08 ㅎ174

6. 首尔大学校

(1) 奎章阁

唐代以前

书名	出版事项	版式状况	一般事项	所藏番号
吴越春秋	世祖(朝鲜)命撰,肃宗四十五年(1719)刊	1册(零本),笔写本,30.5×19.7cm	刊记:康熙五十八年(1719)壬辰七月日书	181.1-Ow2-v.5/6
列仙传	刘向(汉)撰,刊写地未详,扫叶山房	1册(零本),有图,中国木版本,25.2×15cm		5088-v.00
有象列仙全传	王世贞(明)辑次,刊写地未详,刊写者未详	9卷6册,有图,中国木版本,22.8×15cm	表题纸:列仙传,序:李攀龙	5218
高士传	皇甫谧(晋)撰,王锡龄(清)校,刊写地未详,刊写者未详,咸丰八年(1858)刊	2册(册1-2),中国木版本,有图,29.3×17.6cm	序:咸丰七年(1857)……王锡龄	4522
高士传	皇甫谧(晋)撰,上海同文书局,光绪十二年(1886)刊	1册(53页),中国石印本,有图,19.8×12.6cm	序:咸丰七年(1857)……王锡龄	5646
西京杂记	刘歆(汉)撰,重刊,抱经堂本,光绪八年(1882)刊	1册(61页),中国木版本,14.9×12.2cm	序:卢文弨(㫬),印:集玉斋	[奎中]5680

续表

书名	出版事项	版式状况	一般事项	所藏番号
世说新语	刘义庆(刘宋)撰,刘孝标(梁)注,湖北崇文书局,光绪三年(1877)刊	6卷4册,中国木版本,30.2×17.7cm	印:集玉斋	[奎中]3511
	刘义庆(刘宋)撰,刘孝标(梁)注,上海中华书局,刊年未详	6册,中国石印本,13.2×20.8cm	序:嘉靖乙未(1535)……吴郡袁褧,附:续世说/孔平仲(宋)撰,钱熙祚(清)校	[古]039.952-W182s-v.1-6
世说新语补	刘义庆(刘宋)撰,刘孝标(梁)注,刘辰翁(宋)批	20卷7册,活字本(显宗实录字),30.5×19.6cm,上下单边,左右双边,半郭:22.9×15.4cm,10行18字,注双行,上下黑鱼尾,纸质:楮纸	卷首:嘉靖丙辰(1556)……王世贞撰,万历庚辰(1580)……王世懋撰,万历丙戌(1586)……陈文烛玉叔撰,印:弘文馆	[奎中]1801,2072
	何良俊(明)撰补,张文柱(明)校注,清版本	4卷4册,中国木版本,24.8×15.1cm		[古]952.01-H11s-v.1-4
	刘义庆(刘宋)撰,刘孝标(梁)注,何良俊(明)增,李贽(明)批点,清版本	20卷6册,中国木版本,26.9×16.7cm	标题纸:李卓吾批点……版心书名:批点世说补,表纸书名:世说补,卷首:嘉靖乙未(1535)……吴郡旧字,淳熙戊申(1188)……陆游,旧跋	[가람古]920.052-Y91s-v.1-6
增订世说新语	刘义庆(刘宋)选,刘峻(梁)注,凌濛初(明)订,清版本	4册(零本,卷上下),中国木版本,25.7×15.7cm	印:巡壁堂丛兑	[古]952.052-Y91sb-1

续表

书名	出版事项	版式状况	一般事项	所藏番号
世说新语	刘义庆(刘宋)撰,刘峻(梁)注,凌濛初(明)订,刊年未详	3卷1册(零本),中国木版本,25.6×15.6cm,栏楣注	表纸书名:世说,印:朴鼎源印	[古]920.052-Y91s-v.2
世说新语	刘义庆(刘宋)撰,刘孝标(梁)注,上海扫叶山房,刊年未详	6卷6册,中国石印本,20×13cm,四周双边,半郭:15.5×10.5cm,有界,12行28字,注双行,上下向黑鱼尾	内纸:宋刘义庆撰,梁刘孝标注,世说新语,扫叶山房石印	[奎古]171
广博物志	董斯张(明)纂,杨鹤(明)等订,高晖堂藏版,乾隆二十六年(1761)刊	50卷24册,中国木版本,24.2×16cm	序:万历丁未(1607)……	[古]039.51-D717g-v.1-24
	董斯张(明)纂,杨鹤(明)订,学海堂,光绪五年(1879)刊	50卷24册,中国木版本,29.5×17.4cm	序:万历丁未(1607)……韩敬,印:集玉斋,帝室图书之章	[奎中]2726
汉魏丛书	何镗(清)编,刊写地未详,刊写者未详,万历二十年(1592)序	99册(零本)(65册),中国木版本,24.3×15.6cm,左右双边,匡郭:19×14.3cm,有界,6行14字,上白鱼尾	序:万历壬辰(1592)……屠隆纬真甫纂	[古]4686-35-99

唐五代

书名	出版事项	版式状况	一般事项	所藏番号
独异志	李亢(唐),商濬(明)校,明版本	1册(70页),中国木版本,26.5×16.7cm		[古]952.01-Y56d

续表

书名	出版事项	版式状况	一般事项	所藏番号
酉阳杂俎	段成式(唐)撰,明版本	20卷2册,中国木版本,25.4×16cm	序:段成式	[奎中]4838
宣室志	张读(唐)编,明版本	10卷2册,中国木版本,25.4×16cm	合缀:河东先生龙城录	[奎中]4381
玉泉子	著者未详,刊写地未详,刊写者未详,1368—1644年刊	1册(37页),木版本,26×16.6cm,四周单边,半郭:20.6×13.5cm,有界,9行20字,上黑鱼尾		920.052-Og1
艺苑捃华(梅妃传)	务本堂,同治七年(1868)序	24册,中国木版本,16.2×11.2cm,上下单边,左右双边半郭:12.1×9.2cm,有界,9行20字,鱼尾无	务本堂藏,序:同治七年(1868)……孙衣言	[奎]6192

宋辽金元

书名	出版事项	版式状况	一般事项	所藏番号
闲窗括异志	鲁应龙(宋)著,明版本	1册(59页),中国木版本,25.4×16cm	合缀:搜采异闻录,宋永亨著	[奎中]5153
闲窗括异志	鲁应龙(宋)著,商濬(明)校	1册(30页),中国木版本,26.2×16.6cm,四周双边,半郭:20.4×13.5cm,有界,9行20字,上黑鱼尾		915.2-N658h
太平广记	李昉(宋)等受命编,黄晟(清)校刊,三让睦记藏版,道光二十六年(1846)刊	64册[零本,卷59-62(1册)缺],中国木版本,17.4×11.2cm	序:乾隆十八年(1753)……黄晟,印:集玉斋,帝室图书之章	[奎中]6006

续表

书名	出版事项	版式状况	一般事项	所藏番号
太平广记	李昉(宋)等编,许自昌(明)校,(明)刊写者未详,嘉靖四十五年(1566)刊	80册,25.8×17.7cm,上下单边,左右双边,半郭:22.3×14.1cm,有界,12行24字,注双行,上花口,上下向黑鱼尾	卷1-10,卷1-500,目录10卷4册,500卷76册共80册	[古]0170-35-1-80
太平广记	李昉(宋)等,清黄晟晓峰氏,道光二十六年(1846)刊	162卷23册(卷1-162),中国木版本,17.3×11.1cm,四周双边,半郭:11.1×8.5cm,有界,12行22字,注双行,上花口,上下向黑鱼尾	序:乾隆十八年(1753)……黄晟,刊记:道光丙午年(1846)镌,三让睦记藏板	[古]039.51-Y51t-v.1-23
癸辛杂识(新后集)	周密(宋)著,商濬(明)校,明版本	2册,中国木版本,27×16.8cm	印:弘文馆,帝室图书之章,合缀:江邻几杂志	[奎中]3298
癸辛杂识	周密(宋)著,商濬(明)校,清版本	1册(50页),中国木版本,26.6×16.7cm		[古]895.18-J869g
癸辛杂识外集	周密(宋)著,商濬(明)校,明版本	1册(112页),中国木版本,27.2×17cm	印:弘文馆	[奎中]5339
过庭录	范公偁(宋)著,清版本	1册(92页),中国木版本,25.2×16cm	合缀:泊宅编上、中、下,方勺著	[奎中]5213
冷斋夜话	[释]惠洪(宋)著,明版本	10卷1册(73页),中国木版本,25.3×15.8cm	印:帝室图书之章	[奎中]4492
归田录	欧阳修(宋)著,刊写地未详,刊写者未详,	3册,中国木版本,25.2×16cm	序:治平四年(1067)……欧阳修,合缀:东坡先生志林,苏轼著	5211 의 2
齐东野语	周密(宋)著,上海扫叶山房	20卷6册,中国石印本,19.8×13.3cm	序:至元辛卯(1291)……戴表元	398.21-J868j 1-6册

续表

书名	出版事项	版式状况	一般事项	所藏番号
北梦琐言	孙光宪(宋)纂集,商濬(明)校,刊写地、刊写者、刊写年未详	1册(零本),中国木版本,26.6×16.7cm		952.02-So57b-v.00
鹤林玉露	罗大经(宋)著	1册(零本),活字本,30×18.6cm,四周双边,半郭:22×15cm,12行20字,大黑口,上下花纹鱼尾		895.18-N11h-v.6/11
鹤林玉露	罗大经(宋)著,明版本	16卷4册,中国木版本,25.4×16cm	序:罗大经	4410册1-4
稗史	著者未详,刊写地未详,刊写者未详,刊写年未详	1册(46页),笔写本,27.6×18.4cm	内容目次:三学士传(洪翼汉,尹集,吴达济),朴泰辅直谏记/师善编	7771

明代

书名	出版事项	版式状况	一般事项	所藏番号
稗海	商濬(明)编,刊写地未详,本衙藏,清版本	80册,中国木版本,25.4×16.2cm	本衙藏版 序:商濬	3656
稗海	商濬明)编,刊写地未详,振鹭堂,清版本	100册,中国木版本,25×16.2cm	振鹭堂藏版 序:商濬	4255
觅灯因话	邵景詹(明)撰,遥青阁纂录,清版本	1册(零本,卷1),中国木版本,17.3×11.8cm		[古]920.052-Solm

续表

书名	出版事项	版式状况	一般事项	所藏番号
说郛	陶宗仪(明)纂,张缙彦(明)补辑,刊写地未详,宛委山堂,清版本	165 册(9 册),木版本,22.4×15.3cm	序:弘治九年(1496)……郁文博	[古]4498 册 60-68
说郛	陶宗仪(明)纂,顺治四年(1647)序	160 册,中国木版本,24.8×16.3cm	序:顺治四年(1647)……王应昌,弘治九年(1496)……郁文博	3649
皇明世说	李绍文(明)撰	8 卷 4 册,木版本,31×20cm,四周双边,半郭:19×14.8cm,有界,10 行 20 字,上花纹鱼尾	卷头书名:皇明世说新语序:万历庚戌(1610)……陆从平	4660-17
剪灯新话句解	瞿佑(明)著,林芑(朝鲜)集释,高宗时	2 册,朝鲜木版本,33.4×22.2cm,四周单边,半郭:21.6×18.4cm,有界,12 行 18 字,上下黑鱼尾	印:集玉斋,帝室图书之章	[奎中]1467,1468
正续太平广记	冯梦龙(明)辑,明版本	15 册(零本),中国木版本,24.4×15.6cm	印:熙政堂,帝室图书之章	[奎中]5189
江邻几杂志	商濬(明)校,清版本	1 册(42 张),中国木版本,26.4×16.7cm		[古]818-Sa58g
亘史	逸史冰华生(明)辑,明版本	8 册(零本),中国木版本,26.3×16.8cm	印:弘文馆,帝室图书之章,所藏本-内编:卷 1-23,外编:卷 1-5,杂编:卷 1-6,卷 15-43(8 册)	[奎中]3759
玉壶冰	都穆(明)著,务安县	1 册(23 张),朝鲜木版本,25.6×17.2cm,四周单边,半郭:19.5×13.3cm,有界,9 行 18 字,上下内向花纹鱼尾,纸质:楮纸	卷末:正德乙亥(1515)……都穆,刊记:庚辰(?)十月日务安县刊,印:末松图书	[想白古]895.135-D65o

续表

书名	出版事项	版式状况	一般事项	所藏番号
玉壶冰	都穆(明)著	1册(14张),朝鲜木版本,28.5×18cm,四周单边,半郭:17.5×13.7cm,有界,9行17字,上下内向黑鱼尾,纸质:楮纸	卷末:正德乙亥(1515)……都穆	[想白古]895.135-D65oa
狯园志异	钱希言(明)撰,知不足斋,清版本	8卷4册,中国木版本,17.4×11.6cm	序:癸丑(?)……钱希言.印:集玉斋,帝室图书之章	[奎中]5889
稗史汇编	王圻(明)纂集,明版本	19册,中国木版本,25.6×16.4cm	印:弘文馆,帝室图书之章　所藏本:卷8-11,97-166, 124-129, 134-147, 154-156(19册)	[奎中]4382
何氏语林	何良俊(明)撰,茅坤(明)评,天启四年(1624)序	30卷6册,中国木版本,26.4×17cm	序:天启甲子(1624)……文震孟,印:帝室图书之章	[奎中]3300
顾氏文房小说	崔豹等著,顾元庆(明)编,上海涵芬楼	10册,中国石印本,19.5×13.2cm		[古]895.13-G697-v.1-10
古今说海	陆楫(明)辑,刊写地,刊写者未详,嘉靖二十三年(1544)序	7册(零本,册1-7),笔写本,24.3×15.5cm	表纸书名:说海,序:嘉靖甲辰(1544)……唐绵	5041
太平清话(眉公秘笈)	陈继儒(明)编,万历三十四年(1606)序	69册(零本),中国木版本,24.4×14.9cm,四周单边,半郭:20.4×12.5cm,有界,8行18字,上黑鱼尾(不同)	《尚白斋镌陈眉公订正秘籍》表纸书名:眉公秘籍,序:麟叔祥[万历]丙午(1606)……陈万言,第72册:太平清话2卷	4332册40-74

续表

书名	出版事项	版式状况	一般事项	所藏番号
剪灯新话句解	瞿佑(明)著,林芑(朝鲜)集释,明宗十四年(1559)跋	2册,朝鲜木版本,30.4×21cm,四周双边,半郭:23.6×17cm,有界,1行20字,大黑口,上下细花纹鱼尾	序:洪武十一年(1378)……瞿佑,跋:嘉靖己未(1559)……林芑,印:伊达佰观澜阁图书印	[古贵]895.1308-G93j-v.1-2
	瞿佑(明)著,胡子昂(明)集释,20世纪初刊	2册,朝鲜木版本,25.4×18.8cm,四周单边,半郭:23.1×16cm,有界,11行20字,上下花纹鱼尾		[가람古]895.13-G93jd-v.1-2
	瞿佑(明)著,林芑(朝鲜)集释,高宗时刊	2册,朝鲜木版本,33.4×22.2cm,四周单边,半郭:21.6×18.4cm,有界,12行18字,上下黑鱼尾,纸质:楮纸	印:集玉斋,帝室图书之章	[奎中]1467,1463
	瞿佑(明)著,刊写年未详	2卷2册,朝鲜木版本,35×22.5cm,四周单边,半郭:21.7×18.3cm,有界,12行18字,上下内向黑鱼尾,纸质:楮纸	印:末松图书,郑赞容印,震旦学会,想白文库,剧中有此闲	[想白古]895.135-G93ja-v.1-2
	瞿佑(明)著,胡子昂(明),林芑(朝鲜)集释,刊写年未详	2卷2册,朝鲜木版本,34.7×21.2cm,四周单边,半郭:23×16cm,有界,11行20字,上下内向花纹鱼尾	印:震旦学会,想白文库	[想白古]895.93j-135-Gv.1-2
	瞿佑(明)著,尹春年(朝鲜)订正,林芑(朝鲜)集释,刊写年未详	2卷1册,朝鲜木版本,33×20cm,四周双边,半郭:24.3×16.8cm,有界,10行18字,上下内向花纹鱼尾,纸质:楮纸	表纸书名:剪灯新话,序:洪武十三年(1380)……钱塘,洪武己巳(1389)……桂衡,跋:洪武辛酉(1381)……金冕	[古]3472-7

清代—民国初期

书名	出版事项	版式状况	一般事项	所藏番号
池北偶谈	王士禛(清)著,王廷抡(清)校,康熙四十年(1701)序	26卷6册,中国木版本,28×17.2cm	序:康熙辛未(1691)秋王士禛序	[奎中]3387
池北偶谈	王士禛(清)著,王廷抡(清)校,康熙四十年(1701)序	26卷8册,中国木版本,28×17.2cm	序:康熙辛未(1691)秋王士禛序	[奎中]3386
说铃	吴震方(清)编,刊写地未详,刊写者未详,康熙四十四年(1705)序	16册(册1-16),中国木版本,23×15.3cm	序:康熙四十四年(1705)……徐倬	4861
挑灯新录	吴荆园(清)编次,本堂藏版,同治二年(1863)刊	6卷4册,中国木版本,18.6×12cm	序:嘉庆庚午(1810)……荆园居士题	[古]895.12-O5d-v.1-4
唐人说荟(唐代丛书)	陈莲塘(清)辑,周愚峰(清)订,刊写地未详,纬文堂,同治三年(1864)刊	24册,中国木版本,16.4×11cm	纬文堂藏版,标题:唐代丛书,序:乾隆辛亥(1791)……	[奎중]5875
四海棠全传	编者未详,京都,文和堂,光绪十七年(1891)刊	4卷8册,中国木版本,17.2×10.8cm	印:集玉斋,帝室图书之章	[奎中]5761

续表

书名	出版事项	版式状况	一般事项	所藏番号
见闻随笔	齐学裘(清)著,同治十一年(1872)跋	26卷6册,中国木版本17.8×12cm	序:同治七年(1868)……许国年,跋:同治十一年(1872)……张德坚,印:集玉斋,帝室图书之章	[奎中]5927
遁窟谰言	王韬(清)撰,光绪六年(1880)序	12卷4册,中国活字本,21×13.6cm	序:光绪六年(1880)……洪士伟,跋:光绪纪元乙亥(1875)……王墒,印:集玉斋,帝室图书之章	[奎中]5290
安安录	朱海(清)著,道光十年(1830)	10卷5册,中国木版本,17×10cm	序:道光二年(1822)……叶世倬,印:集玉斋,帝室图书之章	[奎中]5759
广虞初新志	黄承增(清)辑,嘉庆八年(1803)序	40卷20册,中国木版本,17.2×12cm	序:嘉庆癸亥(1803)……黄承增,印:集玉斋,帝室图书之章	[奎中]6186
三异笔谭	许元仲(清)著,申报馆,光绪年间	4卷2册,中国活字本,17×11.2cm	序:许元仲,印:集玉斋,帝室图书之章	[奎中]5909
客窗闲话	吴炽昌(清)著,本堂藏版,光绪二年(1876)刊	8卷4册,中国木版本,16.8×11.4cm	序:乙亥(1875)……长白山人,印:集玉斋,帝室图书之章	[奎中]5798
景船斋杂记	章有谟(清)著,陆明睿(清)校,申报馆,光绪年间(1875—1908)刊	2册,中国活字本,17.5×11.3cm	序:乾隆二十九年(1764)……章德棨,印:集玉斋,帝室图书之章	[奎中]6154
梦园丛说	方浚颐(清)著,申报馆,光绪元年(1875)序	8卷2册,中国活字本,17×11cm	序:光绪纪元岁在乙亥(1875)……许奉恩,印:集玉斋,帝室图书之章	[奎中]5908
无稽谰语	兰皋居士(清)编,清版本	5卷4册,中国木版本,17.8×11.6cm	印:集玉斋,帝室图书之章	[奎中]5937

续表

书名	出版事项	版式状况	一般事项	所藏番号
鹂砭轩质言	戴莲芬(清)著,上海申报馆,光绪五年(1879)序	4卷2册,中国活字本,17.4×11.2cm	序:光绪五年(1879)……戴莲芬,印:集玉斋,帝室图书之章	[奎中]6155
瓮牖余谈	王韬(清)撰,申报馆,光绪元年(1875)跋	8卷4册,中国活字本,17.1×11.3cm	序:同治十二年(1873)……林昌彝,跋:光绪元年(1875)……钱征,印:集玉斋,帝室图书之章	[奎中]6156
详注聊斋志异新评	蒲松龄(清)著,王士正(清)评,但明伦(清)新评,吕湛恩(清)注,上海江左书林,道光二十二年(1842)	16卷8册,中国活字本,有图,19.8×12.8cm	卷头书名:聊斋志异新评,序:道光二十二年(1842)……但明伦,跋:乾隆五年(1740)……孙立德,印:集玉斋,帝室图书之章	[奎中]5806
新刻出像增补搜神记	唐富春(清)校,清版本	6卷4册,中国木版本,有图,24.2×15.2cm	序:罗懋登,印:集玉斋,帝室图书之章	[奎中]5622
新齐谐	袁枚(清)编,清版本	2册(零本,卷6-8,9-11),中国木版本,17.3×11.8cm		[古]895.13-W49s-v.6/8,9/9/11
夜谭随录	霁园主人闲斋氏著,葵园主人兰氏评阅,清版本	1册(零本,卷10),中国木版本,16×10cm	印:权益济印	[古小]920.052-J55y-v.10
夜雨秋灯录	宣鼎(清)著,申报馆,光绪三年(1877)序	8卷8册,中国活字本,17×11.4cm	序:光绪三年(1877)……宣鼎,印:集玉斋,帝室图书之章	[奎中]5771
夜雨秋灯续录	宣鼎(清)著,申报馆,光绪六年(1880)序	8卷8册,中国活字本,17×11.2cm	序:光绪六年(1880)……蔡尔康,跋:光绪庚辰(1880)……何镛,印:集玉斋,帝室图书之章	[奎中]5837

续表

书名	出版事项	版式状况	一般事项	所藏番号
燕山外史注释	陈球(清)著,若骇子(清)辑注,光绪五年(1879)序	8卷4册,中国木版本,22.8×13.4cm	序:光绪五年(1879)……若骇子,跋:光绪五年……项震新,印:集玉斋,帝室图书之章	[奎中]5273
阅微草堂笔记	纪昀(清)著,嘉庆五年(1800)序	24卷10册,中国木版本,24×15.1cm	序:嘉庆庚申(1800)……盛时彦,印:集玉斋,帝室图书之章	[奎中]5178
阅微草堂笔记五种	纪昀(清)著,纬文堂,道光二十七年(1847)序	12册,中国木版本,16×11cm	序:道光丁未(1847)……小蓬莱山馆主人,印:集玉斋,帝室图书之章,内容:滦阳消夏录,如是我闻,槐西杂志,姑妄听之,滦阳续录	[奎中]5864
	纪昀(清)著,唐文星堂,光绪三年(1877)刊	10册,中国木版本,17×11.3cm	序:道光丁未(1847)……小蓬莱山馆主人,印:集玉斋,帝室图书之章,内容:滦阳消夏录,如是我闻,槐西杂志,姑妄听之,滦阳续录	[奎中]6044
聊斋志异新评	蒲松龄(清)著,王士正(清)评,但明伦(清)新评,道光二十二年(1842)序	16卷16册,中国石印本,19.4×12.6cm	序:道光二十二年(1842)……但明伦,印:集玉斋,帝室图书之章	[奎中]5793
	蒲松龄(清)著,王士正(清)评,但明伦(清)新评,吕湛恩(清)注,上海著易堂,光绪十年(1884)刊	16卷8册,中国活字本,19.6×12cm	表纸书名:增注聊斋志异,序:道光二十二年(1842)……但明伦,跋:乾隆五年(1740)……孙立德,印:集玉斋,帝室图书之章	[奎中]5794

续表

书名	出版事项	版式状况	一般事项	所藏番号
聊斋志异评注	蒲松龄(清)著,但明伦(清),王士正(清)评,吕湛恩(清)注释,上海商务印书馆,清版本	16卷12册,中国石印本,有图,20.2×13.2cm	卷首:乾隆三十年(1765)乙酉……余集,康熙乙未(1679)…… 柳泉居士,印:黄华,藏书记:任讷藏书	[古]895.136-P75y-v.1-12
虞初续志	郑澍若(清)编,胡凤(清)校,小嫏嬛山馆,咸丰元年(1851)刊	12卷6册,中国木版本,14.4×10.2cm	序:嘉庆七年(1802)……郑澍若,印:集玉斋,帝室图书之章	[奎中]6171
虞初新志	张潮(清)辑,小嫏嬛山馆,咸丰元年(1851)刊	20卷8册,中国木版本,14.4×10.2cm	序:康熙癸亥(1743)……张潮,印:集玉斋,帝室图书之章	[奎中]6170
右台仙馆笔记	俞樾(清)著,清版本	12卷6册,中国木版本,23.8×14.8cm	序:俞樾,印:集玉斋,帝室图书之章	[奎中]4850
里乘	许奉恩(清)著,常熟,抱芳阁藏版,光绪五年(1879)刊	10卷10册,中国木版本,有图,18.3×11.9cm	标题纸书名:兰苕馆外史,序:同治十有三年(1874)……方浚颐,跋:同治甲戌(1874)……方锡庆,印:集玉斋,帝室图书之章	[奎中]6010
子不语(新齐谐)	袁枚(清)撰,莲溪书屋,清版本	24卷12册,中国木版本,12.2×11cm	印:集玉斋,帝室图书之章	[奎中]5847
谐铎	沈起凤(清)著,清版本	12卷4册,中国木版本,17.5×12cm	印:集玉斋,帝室图书之章	[奎中]6000
萤窗异草	长白浩歌子(清)著,袁枚(清)续评,申报馆,光绪二年(1876)序	4卷12册,中国活字本,17×11.2cm	卷头书名:萤窗异草,序:光绪二年(1876)梅鹤山人,印:集玉斋,帝室图书之章	[奎中]5912

续表

书名	出版事项	版式状况	一般事项	所藏番号
壶天录	百一居士(清)著,申报馆,光绪十一年(1885)序	3册,中国活字本,17.5×11.5cm	序:光绪十一年(1885)……百一居士,印:集玉斋	[奎中]6162
后聊斋志异图说	王韬(清)著,大同书局,光绪十三年(1887)刊	4册,中国石印本,20×12.2cm	序:光绪十年(1884)……王韬,印:集玉斋	[奎中]6113
寄园寄所寄	赵吉士(清)辑,冯云骕(清)等校订,渔古山房,清版本	12卷12册,中国木版本,17.2×11.2cm	印:集玉斋,帝室图书之章	[奎中]5892
道听途说	潘纶恩(清)著,上海中报馆,光绪元年(1875)序	12卷6册,中国活字本,17×11.2cm	序:光绪纪元岁乙亥(1875)…… 筠坪老人,印:集玉斋,帝室图书之章	[奎中]5762
说冷话	褦襶道人(清)辑,寿墨阁,光绪十年(1884)刊	1册(34张),中国木版本,16.8×10.3cm	序:光绪九年(1883)……粟影道人,印:集玉斋,帝室图书之章,附:闺律,芙蓉外史编	[奎中]5760
淞南梦影录	留梦室(清)编,上海申报馆,光绪九年(1883)序	4卷1册(49页),中国活字本,17×11.2cm	序:光绪九年(1883)……高昌寒食生,印:集玉斋	[奎中]5895
宋人百家小说	编者未详,清版本	19册(零本),中国木版本,25.4×16.5cm	序:任申(?)桃源,帝室图书之章,＊4册(第3,5,12,22册)缺	[奎中]5215
两般秋雨庵随笔	梁绍壬(清)纂,大文堂,道光十七年(1837)序	8卷8册,中国木版本,15.7×11cm	序:道光十七年(1837)……汪适孙,印:集玉斋,帝室图书之章	[奎中]6065
浇愁集	邹弢(清)著,朱康寿(清)校,申报馆,光绪四年(1878)刊	8卷4册,中国活字本,17.1×11.3cm	序:光绪三年(1877)……秦云,印:集玉斋	[奎中]5945

续表

书名	出版事项	版式状况	一般事项	所藏番号
雨窗寄(记)所记	谢堃(清)著,光绪六年(1880)刊	4卷4册,中国木版本,17.8×11.7cm	序:谢堃,印:集玉斋,帝室图书之章	[奎中]5919
粤屑	刘世馨(清)辑,许联升(清)订正,上海申报馆,光绪三年(1877)刊	4卷2册,中国活字本,17×11.2cm	序:芗谷老人(刘世馨)印:集玉斋,帝室图书之章	[奎中]5926
翼驷稗编	汤用中(清)著,徐廷华(清)评,本衙藏版,同治六年(1867)刊	8卷6册,中国木版本,18.2×12cm	序:道光戊申(1848)……周仪颢,印:集玉斋,帝室图书之章	[奎中]5764
坐花志果	汪道鼎(清)述,桐仙馆藏版,咸丰八年(1858)刊	8卷6册,中国木版本,18.3×11.5cm	序:咸丰丁巳(1857)……萧文辉,印:集玉斋,帝室图书之章	[奎中]5843
池上草堂笔记	梁恭辰(清)撰,福善堂,同治三年(1864)跋	8册,中国木版本,16.4×11.2cm	序:咸丰辛酉(1861)……黄启垣,跋:同治三年(1864)……许之,印:集玉斋,帝室图书之章	[奎中]5766
	梁恭辰(清)撰,重刊,求放心书屋藏版,同治九年(1870)刊	8册,中国木版本,17.3×11.5cm,上下单边,左右双边,半郭:12.2×9.8cm,有界,8行19字,大黑口	序:道光癸卯(1843)……梁恭辰书,刊记:求放心书屋藏版,印:集玉斋,帝室图书之章	[奎中]5767
	梁敬叔(清)著,重刊,金陵,同治十二年(1873)序	1册(零本,3卷中 第1卷),中国木版本,15.2×12.1cm,上下单边,左右双边,半郭:12.7×8.8cm,有界,9行22字,上黑鱼尾	重刊叙:同治十二年岁次癸酉(1873)……序:咸丰辛酉(1861)……黄启垣,癸卯(1843)…… 退庵居士,刊记:癸酉(1873)仲夏刊于金陵,自叙:道光癸卯(1843)……梁敬叔	[古]920.052-Y17j2-v.1

续表

书名	出版事项	版式状况	一般事项	所藏番号
此中人语	程麟(清)著,申报馆,光绪十年(1884)刊	6卷1册(55页),中国活字本,16.8×11.4cm	序:光绪八年(1882)……吴再福,印:集玉斋,帝室图书之章	[奎中]5910
沧海遗珠录	忏情侍者(清)纂,梦琓生(清)校,光绪十二年(1886)序	1册(60页),中国木版本,17×11.2cm	序:光绪丙戌(1886)……太痴生,印:集玉斋,帝室图书之章	[奎中]5934
秋灯丛话	王棫(清)著,嘉庆十七年(1812)	18卷8册,中国木版本,16.3×10.6cm	印:集玉斋,帝室图书之章	[奎中]5935
	王棫(清)著,清版本	6册(零本,卷5-18),中国木版本,16.2×11cm		[古]895.13-W1842c-v.3-8
闲谈消夏录	佚名(清)编,翠筠山房,同治十三年(1874)序	12卷12册,中国木版本,15.8×11.5cm	序:同治十三年(1874)……朱翊清,印:集玉斋,帝室图书之章	[奎中]6271
海上群芳谱	顾曲词人(清)评,申报馆,光绪十年(1884)序	4卷1册(75张),中国活字本,17.4×11.4cm	序:光绪甲申(1884)……顾曲词人,印:集玉斋	[奎中]6182
香艳丛书	国学扶论社编,上海,刊写者未详,宣统二年至三年(1910—1911)刊	合36册(零本,12册),中国新式活字,20×13.5cm	内容:青楼集(元,黄雪蓑),小脚文(旷望生),第4-7,9,11,19-20集	[古]895.18-H991
香艳丛书	上海,刊写者未详,宣统二年至三年(1910—1911),第8集:中国图书公司,民国三年(1914)刊本	36册(零本,24册),中国新式活字,20×13.5cm	内容:小螺庵病榻忆语(清,孙道乾),花国剧谈(王韬),雪鸿小记(清,珠泉居士),第4-7、9、11、19-20集	[古]895.18-H991

续表

书名	出版事项	版式状况	一般事项	所藏番号
汉魏丛书	王谟(清)编,刊写地未详,刊写者未详,清版本	80册(册1-80),中国木版本,24.2×15.4cm,	表纸书名:汉魏丛书,序:万历壬辰(1592)……屠隆,跋:王谟,内容:小尔雅,神仙传,新序,抱朴子,搜神记,神异经,洞冥记,西京杂记	[古]3713-1-80
归田琐记	梁章钜(清)撰,刊写地未详,北东园,道光二十五年(1845)序	8卷4册(册1-4),中国木版本,22.2×13.3cm	北东园藏版,序:道光二十五年(1845)序许惇书	[古]5291
梦厂杂著	俞蛟(清)著,刊写地未详,敬芸堂,道光八年(1828)刊	10卷6册(册1-6),中国木版本,18.2×12.4cm	敬芸堂藏,序:嘉庆五年(1800)序姚兴泉,第1-2册:春明丛说,第2-3册:乡曲枝辞,第3册:游踪选胜,第4册:临清寇略,读画闲评,第5-6册:齐东妄言,第6册:潮嘉风月	[古]5966
续板桥杂记	珠泉居士(清)著,刊写地未详,西酉山房,乾隆五十五年(1790)序	2册,中国木版本,18.3×11cm	西酉山房藏版,序:乾隆庚戌(1790)序黎松门	[古]6164
情史	詹詹外史(清)评辑,经纶堂,道光二十八年(1848)刊	13卷6册,中国木版本,16.1×11.2cm	卷头书名:情史类略,序:龙子犹,印:集玉斋,帝室图书之章	[奎中]5887
情史类略	詹詹外史(清)评辑,清版本	13卷6册[零本,卷9,14-24(8册)],中国木版本,23.6×15.2cm	印:帝室图书之章	[奎中]4304

续表

书名	出版事项	版式状况	一般事项	所藏番号
新刻典故列女传	扫叶山房,光绪九年(1883)刊	4卷4册,中国木版本,24×15.5cm		[奎中]4053-v.1-4
后聊斋志异图说	王韬(清)著,大同书局,光绪十三年(1887)刊	12卷4册,中国石印本,20×12.2cm	序:光绪十年(1884)……王韬,印记:集玉斋	[奎中]6113

(2) 首尔大学校中央图书馆

唐代以前

书名	出版事项	版式状况	一般事项	所藏番号
燕丹子	孙冯翼(清)编,金陵,问经堂,嘉庆七年(1802)刊	3卷1册(卷上,中,下),中国木版本,27.3×17.2cm,上下单边,左右双边,半郭:17.9×14cm,有界,12行24字,注双行,大黑口,上下内向黑鱼尾	序:孙星衍,自序:孙冯翼刊记:嘉庆七年(1802)九月问经堂刊本	0230-58-15
穆天子传	郭璞(晋)注,程荣(明)校刊,刊写年未详	6卷1册(35页),中国木版本,26.4×17.4cm,上下单边,左右双边,半郭:19.9×13.4cm,有界,9行20字,注双行,花口,上下向白鱼尾	序:万历壬辰(1592)……屠隆,序:至正十年(1350)……王渐,序:郭璞,刊记:钱塘郭志学写,装帧:黄色表纸黄丝四缀	0230-15-22
穆天子传	郭璞(晋)注,陶珽(明)重辑,姚安(清),宛委山堂,顺治四年(1647)刊	1册,中国木版本,26×16.8cm,上下单边,左右双边,半郭:19.2×13.4cm,有界,9行20字,注双行,上花口,上下向白鱼尾		0230-73-138

续表

书名	出版事项	版式状况	一般事项	所藏番号
穆天子传	郭璞(晋)传,洪颐煊(清)校,郑国勋辑,中国,龙溪精舍,刊写年未详	6卷1册,中国木版本,27.3×17.2cm,上下单边,左右双边,半郭:17×12.7cm,有界,10行21字,注双行,花口,上下向黑鱼尾	刊记:龙溪精舍校刊 旧序:至正十年(1350)……王渐,序:荀勖,校正序:嘉庆庚辰(1820)……洪颐煊,刊记:丁巳(1917)夏五潮阳郑氏用孙氏平律食官本刻	0230-29-15
东方朔传	题郭宪(汉)撰,陶珽(明)重辑,姚安,宛委山堂,顺治四年(1647)刊	1册,中国木版本,26×16.8cm,上下单边,左右双边,半郭:19.2×13.4cm,有界,9行20字,注双行,上花口,上下向白鱼尾		0230-73-135
汉武帝内传	班固(汉),斐然(清)阅,金鸡,三余堂,光绪六年(1880)刊	1卷1册(15张),中国木版本,13.5×8.3cm,四周单边,半郭:8.9×6.7cm,有界,10行20字,花口,上下向黑鱼尾	汉武帝内传花口题:武帝内传	0230-15B-22-25
吴越春秋	赵晔(后汉)撰,徐乃昌(清)编,南陵徐氏家,1903—1908年刊	10卷2册(卷1-10),中国木版本,29.7×17.6cm,上下单边,左右双边,半郭:20×14.1cm,有界,9行17字,注双行,上下向白鱼尾	随庵丛书,总目录题,随庵徐氏丛书,总序:光绪戊申(1908)缪荃孙,卷末:徐氏补注,吴氏春秋逸文,吴氏春秋札记,序:徐天佑,跋:丙午(?)徐乃昌	0230-48-2-3
吴越春秋吴太伯传	赵晔(汉)撰,郑国勋(中国)辑,龙溪精舍,刊写年未详	10卷3册(卷1-10),中国木版本,27.3×17.2cm,上下单边,左右双边,半郭:17×12.7cm,有界,10行21字,注双行,花口,上下向黑鱼尾	龙溪精舍丛书,标题:吴越春秋,卷末札记,刊记:龙溪精舍校刊,刊记:潮阳郑氏用元大德本刊,序:徐天佑	0230-29-20-22

续表

书名	出版事项	版式状况	一般事项	所藏番号
列仙传	刘向(汉)撰,徐立方(清),江文伟(清),胡挺(清)同校,会稽(中国)董氏,取斯家塾,刊写年未详	2卷1册,中国木活字本,27.8×18cm,四周单边,半郭:18.8×12cm,有界,9行21字,注双行,大黑口,上下向黑鱼尾	卷末:校讹,卷末:补校,刊记:汲古阁刊本长洲宋翔凤洞箫楼藏书,刊记:宜兴曹凤奎刷印,装帧:黄色表纸金丝缀	0230-87-12
刘向列仙传	冈田挺之(日本)撰,文光堂,宽政五年(1793)刊	2卷2册,日本木版本,25.4×18cm,四周单边,半郭20.7×14.8cm,有界,10行20字,花口,上下向黑鱼尾	版心题:列仙传,版心题:列仙传考异,装帧:蓝色表纸黄丝四缀	4660-155-1-2
灵鬼志	荀氏(晋)撰,陶珽(明)重辑,姚安(清),宛委山堂,顺治四年(1647)刊	1册,中国木版本,26×16.8cm,上下单边,左右双边,半郭:19.2×13.4cm,有界,9行20字,注双行,上花口,上下向白鱼尾	金刚经鸠异/段成式(唐)撰,博异志/郑还古(唐)撰,才鬼记/张君房(宋)撰,括异志/鲁应龙(宋)撰	0230-73-141
神仙传	葛洪(晋)著,金鸡,三余堂,光绪六年(1880)刊	10卷2册,中国木版本,13.5×8.3cm,四周单边,半郭:9.1×6.7cm,无界,10行20字,花口,上下向黑鱼尾	神仙传序题:神仙传	0230-15B-27-28
覆校穆天子传	郭璞(晋)注,掖城(清),五经岁编斋,道光十年(1830)序	6卷1册(卷1-6),中国木版本,26.4×15.4cm,上下单边,左右双边,半郭:16.2×10.1cm,有界,10行25字,注双行,小黑口,上下向黑鱼尾	五经岁编斋三种,序题:穆天子传,序:道光十年(1830)夏五月,东莱翟云升书于五经岁编斋,序:荀勖序,序:至正十年(1350)岁在庚寅春二月二十七日壬子北岳王渐元翰序	0230-34-1

续表

书名	出版事项	版式状况	一般事项	所藏番号
穆天子传	郭璞(晋)注,程荣(明)校刊,刊写年未详	6卷1册(35张,卷1-6),中国木版本,26.4×17.4cm,上下单边,左右双边,半郭:19.9×13.4cm,有界,9行20字,注双行,花口,上下向白鱼尾	汉魏丛书(史籍),序:万历壬辰(1592)屠隆,序:至正十年(1350)王渐,序:郭璞,刊记:钱塘,郭志学写	0230-15-22
穆天子传	郭璞(晋)撰,陶珽(明)重辑,姚安(清),宛委山堂,顺治四年(1647)刊	1册,中国木版本,26×16.8cm,上下单边,左右双边,半郭:19.2×13.4cm,有界,9行20字,注双行,上花口,上下向白鱼尾		0230-73-138
神异经	东方朔(汉)著,程荣(明)校刊,刊写年未详	1册(11张),中国木版本,26.4×17.4cm,上下单边,左右双边,半郭:16.6×11.9cm	序:万历壬辰(1592)屠隆,别国洞冥记:4卷1册(19页),序:程荣,后序:庆历四年(1044),述异记:2卷1册,装帧:黄色表纸黄丝四缀,汉魏丛书子籍,别国洞冥记花口题:洞冥记,内容:神异经,别国洞冥记,述异记	[古]0230-15-51
高士传	皇甫谧(晋)著,郑国勋(中国)辑,龙溪精舍,刊写年未详	3卷1册(卷上/中/下),中国木版本,上下单边,左右双边,27.3×17.2cm,半郭:17×12.7cm,有界,10行21字,注双行,花口,上下向黑鱼尾	丛书事项:龙溪精舍丛书,刊记:龙溪精舍校刊,刊记:潮阳郑氏用明刻本刊,刊记:广陵邱义卿邱绍周监刻,扬州周楚江刊刻,序:皇甫谧	0230-29-54
搜神记	干宝(晋)撰,新安(清),刊写者未详,康熙七年(1668)序	1册,中国木版本,25.3×15.9cm,上下单边,左右双边,半郭:19.9×13cm,有界,10行20字,注双行,上花口,上下向黑鱼尾		0230-98-4

续表

书名	出版事项	版式状况	一般事项	所藏番号
搜神后记	陶潜(晋)著,金鸡,三余堂,光绪六年(1880)刊	2卷1册(15页),中国木版本,13.5×8.3cm,四周双边,半郭:9.3×6.7cm,有界,10行20字,花口,上下向黑鱼尾	序:万历壬辰(1592)……屠隆纬真,丛书,刊记:光绪六年庚辰岁(1880)练江三余堂藏板,丛书,刊记:光绪庚辰年(1880)重镌,搜神后记,跋:王谟,三辅黄图,刊记:述古山庄校刊,装帧:黄色表纸黄丝四缀	[古] 0230-15B-59-61
拾遗录	王嘉(晋)撰,陶珽(明)重辑,姚安(清),宛委山堂,顺治四年(1647)刊	1册,中国木版本,26×16.8cm,上下单边,左右双边,半郭:19.2×13.4cm,有界,9行20字,注双行,上花口,上下向白鱼尾	别国洞冥记花口题:洞冥记,海内十洲记/东方朔(汉)撰,洞天福地记/杜光庭(唐)撰,别国洞冥记/郭宪(汉)撰,西京杂记/刘歆(汉)撰	[古]0230-73-77

唐代

书名	出版事项	版式状况	一般事项	所藏番号
朝野金载	张鷟(唐)撰,陶珽(明)重辑,姚安(清),宛委山堂,顺治四年(1647)刊	1册,中国木版本,26×16.8cm,上下单边,左右双边,半郭:19.2×13.4cm,有界,9行20字,注双行,上花口,上下向白鱼尾	唐国史补/李肇(唐)撰,唐阙史/吴兢(唐)撰,唐语林/王谠(宋)撰,大唐新语/刘肃(唐)撰,三圣记/李德裕(唐)撰,先友记/柳宗元(唐)撰,零陵总记/陆龟蒙(唐)撰,玉堂闲话,皮子世录/皮日休(唐)撰,卢氏杂说/卢言(唐)撰	0230-73-56

续表

书名	出版事项	版式状况	一般事项	所藏番号
因话录	赵璘(唐)撰,陶珽(明)重辑,姚安(清),宛委山堂,顺治四年(1647)刊	1册,中国木版本,26×16.8cm,上下单边,左右双边,半郭:19.2×13.4cm,有界,9行20字,注双行,上花口,上下向白鱼尾	朱墨口诀及傍点	0230-73-31
北里志	孙棨(唐)撰,陶珽(明)重辑,姚安(清),宛委山堂,顺治四年(1647)刊	1册,中国木版本,26×16.8cm,上下单边,左右双边,半郭:19.2×13.4cm,有界,9行20字,注双行,上花口,上下向白鱼尾	序:陈继儒,教坊记/崔令钦(唐)撰,青楼记/黄雪蓑(元)撰,丽情集/张君房(宋)撰	0230-73-93
卓异记	李翱(唐)撰,陶珽(明)重辑,姚安(清)宛委山堂,顺治四年(1647)刊	1册,中国木版本,26×16.8cm,上下单边,左右双边,半郭:19.2×13.4cm,有界,9行20字,注双行,上花口,上下向白鱼尾		0230-73-59
游仙窟	张文成(唐)作,东京,松山堂书店,元禄三年(1690)序	5卷2册,有图,日本木版本,22.3×14.8cm,四周双边,半郭:18×11.3cm,无界,10行11字,无鱼尾	表题:头书图画游仙窟,序题:游仙窟,序:元禄三年(1690)……平休亭(墨书),游仙窟序:元禄三年(1690),游仙窟后序:文宝三年[1319]……英房,装帧:黄色表纸白丝四缀	3477-150-1-2
鸡肋编	庄绰(宋)撰,陶珽(明)重辑,姚安(清),宛委山堂,顺治四年(1647)刊	1册,中国木版本,26×16.8cm,上下单边,左右双边,半郭:19.2×13.4cm,有界,9行20字,注双行,上花口,上下向白鱼尾	浩然斋视听抄花口题:视听抄,朱墨口诀及傍点	0230-73-35

续表

书名	出版事项	版式状况	一般事项	所藏番号
尚书故实	李绰(唐)撰,陶珽(明)重辑,姚安(清),宛委山堂,顺治四年(1647)刊	1册,中国木版本,26×16.8cm,上下单边,左右双边,半郭:19.2×13.4cm,有界,9行20字,注双行,上花口,上下向白鱼尾		0230-73-44
独异志	李冗(唐)撰,新安(清),刊写者未详,康熙七年(1668)序	1册,中国木版本,25.3×15.9cm,上下单边,左右双边,半郭:19.9×13cm,有界,10行20字,注双行,上花口,上下向黑鱼尾	稗海全书	0230-98-8

宋元代

书名	出版事项	版式状况	一般事项	所藏番号
梦溪笔谈	沈括(宋)撰,番禺陶氏,光绪三十二年(1906)刊	26卷3册,中国木版本,27×17.5cm,上下单边,左右双边,半郭:16×11.8cm,无界,11行21字,注双行,大黑口,上下内向黑鱼尾	刊记:番禺陶氏爱庐校刻光绪三十二年丙午(1906)夏四月刻竟药阳王秉恩署,刊记:番禺陶氏校刊,序:崇祯四年(1631)……马元调,重刻后序:巽甫	895.108-Si41m-cv.1-3
绿珠传	乐史(宋)撰,陶珽(明)重辑,姚安(清),宛委山堂,顺治四年(1647)刊	1册,中国木版本,26×16.8cm,上下单边,左右双边,半郭:19.2×13.4cm,有界,9行20字,注双行,上花口,上下向白鱼尾	非烟传/皇甫枚(唐)撰霍小玉传/蒋防(唐)撰,刘无双传/薛调(唐)撰,虬髯客传/张说(唐)撰,韩仙传/韩若云(唐)撰,神僧传/法显(晋)撰,剑侠传	0230-73-137 册1

续表

书名	出版事项	版式状况	一般事项	所藏番号
资暇录	李济翁(宋)撰,陶珽(明)重辑,姚安(清),宛委山堂,顺治四年(1647)刊	2卷1册,中国木版本,26×16.8cm,上下单边,左右双边,半郭:19.2×13.4cm,有界,9行20字,注双行,上花口,上下向白鱼尾	朱墨口诀及傍点,宾退录/赵与时(宋)撰,过庭录/范公偁(宋)撰	0230-73-21 卷1-2
鹤林玉露	罗大经(南宋)撰	16卷4册,中国木版本,23.5×14.1cm,四周单边,半郭:16.5×12.5cm,有界,11行21字,大黑口,无鱼尾	表题:芸四(朱墨口诀及傍点)内容:卷1-4(元),卷5-8(亨),卷8-11(利),卷12-16(贞)	0330-24A-1-4
新刊鹤林玉露	罗大经(宋)著,日本	6册,日本木版本,26.8×16.8cm,四周单边,半郭:20.3×14cm,8行19字,注双行,花口,上下向白鱼尾	表题及版心题:鹤林玉露朱墨傍点,重梓鹤林玉露题词:万历甲申后学黄贞升,集序:宋淳祐戊申罗大经,地集序:宋淳祐辛亥,人集序:宋淳祐壬子	0330-24B-1-6 册1
岩下放言	叶梦得(宋)撰,陶珽(明)重辑,姚安(清),宛委山堂,顺治四年(1647)刊	1册,中国木版本,26×16.8cm,上下单边,左右双边,半郭:19.2×13.4cm,有界,9行20字,注双行,上花口,上下向白鱼尾		0230-73-28
北梦琐言	孙光宪(宋)撰,雅雨堂,乾隆二十一年(1756)序	20卷4册(卷1-20),中国木版本,28.3×17.8cm,四周单边,半郭:18.2×13.4cm,有界,10行21字,花口,上下向黑鱼尾	序:乾隆丙子(1756)卢见曾	4360-11-1-4

续表

书名	出版事项	版式状况	一般事项	所藏番号
归田录	欧阳修(宋)撰,陶珽(明)重辑,姚安(清),宛委山堂,顺治四年(1647)刊	1册,中国木版本,26×16.8cm,上下单边,左右双边,半郭:19.2×13.4cm,有界,9行20字,注双行,上花口,上下向白鱼尾		0230-73-48

明代

书名	出版事项	版式状况	一般事项	所藏番号
五杂俎	谢肇淛(明)撰,京都,松敏轩,宽文元年(1661)刊	16卷8册(卷1-16),日本木版本,22.4×15cm,半郭:19.2×13.3cm,无界,9行18字,花口,上下向黑鱼尾	日汉混用本彩笔书入,序:李维桢,装帧:蓝色表纸蓝丝四缀	0330-13A-1-8
五杂俎	谢肇淛(明)撰,潘膺祉校,中国德聚堂,17世纪以后刊本	16卷16册,中国木版本,29.5×17.7cm,四周单边,半郭:21.4×14cm,有界,9行18字,花口,上下向白鱼尾	标题纸:谢在杭先生缉著,序:李维桢(墨书),各卷末:东吴范迁漫翁审定,各卷末:新安如韦馆藏板,刊写者:黄行素刻,装帧:蓝色表纸黄丝四缀	0330-13-1-16
五杂俎	谢肇淛(明)撰,日本,松梅轩,宽政七年(1795)刊	16卷8册(卷1-16),日本木版本(补刻),23×16.8cm,四周单边,半郭:19.3×13cm,无界,9行18字,上花口,上下向黑鱼尾	刊记:宽文元年辛丑岁(1661),仲冬刊行 宽政七年乙卯岁(1795)仲夏补刻 松梅轩　序:大泌山人 李维桢	081-Sa11o-v.1-8
译解笑林广记	游戏主人(日本)纂辑,艾草山人(日本)校阅,三都书屋,文政十二年(1829)刊	2卷2册,日本木版本,上下单边,左右双边,半郭:15.7×10.6cm,有界,9行21字,无鱼尾	表题:译解笑林广记	3472-64-1-2卷1-2

续表

书名	出版事项	版式状况	一般事项	所藏番号
古今说海	陆楫(明)辑,松岩,道光元年(1821)刊	142卷20册(卷1-142),中国木版本,25.3×16.1cm,上下单边,左右双边,半郭:16.4×11.2cm,有界,8行16字,注双行,花口,上下下向白鱼尾	4部7家135种142卷,刊记:松岩补刻	3403-10-1-20
新刻京台公余胜览国色天香	吴敬所(明)编,如山甫(清)重梓,书业堂,刊写年未详	10卷8册(卷1-10),中国木版本,17.4×11cm,四周单边,半郭:7.8×10cm,有界,13行16字,注双行,花口,上下向黑鱼尾	里题:公余胜览国色天香,表题:国色天香,序:谢友可	3432-68A-1-8
新刻京台公余胜览国色天香	中国,益善堂	10卷10册(卷1-10),中国木版本,26.3×15.9cm,上下单边,左右双边,半郭:20.3×12.8cm,有界,13行16字,花口,上下向黑鱼尾	标题:公余胜览国色天香,版心题:国色天香,书眉注,刻公余胜览国色天香序:谢友可	3432-68-1-10
전등신화(剪灯新话)		5卷(后半部3卷13篇),纸质:楮纸	完译	일사문고

清代—民国初期

书名	出版事项	版式状况	一般事项	所藏番号
蕉轩续(录)	方浚师(清)著,吕景端(清)编校,光绪十八年(1892)刊	2卷2册(卷上、下),中国新铅活字本,24.9×14.7cm,四周双边,半郭:16×11.6cm,无界,9行21字,注双行,大黑口,上下向黑鱼尾	退一步斋诗文集,序:松椿,内容:卷上:匪直也人,卷下:明五星右族	[古] 3424-152-11-12

续表

书名	出版事项	版式状况	一般事项	所藏番号
蕉轩随录	方浚师(清)撰,退一步斋,同治十一年(1872)序	12卷12册,中国木版本,26×15.5cm,四周双边,半郭:16.6×11.9cm,有界,9行21字,花口,上下向黑鱼尾	序:同治十一年(1872)李光廷,刊记:同治十一年(1872)退一步斋刊,刊记:羊城西湖街富文斋承办,装帧:黄色表纸黄丝四缀,标题面:孙福清敬书,表题面:浙西孙福清敬署签	[古]0330-64-1-12
因树屋书影	周亮工(清)笔记,螺隐(屯溪)(清)校订,因树屋	10卷6册(卷1-10),中国木版本,24.6×15.6cm,四周单边,半郭:17×13.3cm,有界,9行18字,注双行,花口,上下向白鱼尾	包匣题/版心题:书影,姜序:康熙六年(1667)……姜承烈,徐序:徐芳,高序:高阜,杜序:杜锴,黄序:黄虞稷,张跋:张遂辰,邓跋:邓汉仪	3424-176-1-6
椒生随笔	王之春(清),上海文艺斋,光绪七年(1881)序	(卷1-8)8卷4册,中国木版本,25.1×14.3cm,四周双边,半郭:17.8×11.1cm,有界,9行20字,花口,上下向黑鱼尾	序:丁丑(1877)周寿昌,序:辛巳(1881)税松云,序:光绪三年丁丑(1877)王之春自序	[古]0330-4-1-4
北窗呓语	朱焘(清)著,观自得斋,光绪二十年(1894)刊	1册(11张),中国木版本,24.8×15.6cm,上下单边,左右双边,半郭:15.9×10.4cm,有界,10行21字,黑口,上下向黑鱼尾	刊记:光绪十八年(1892)夏六月仁和高邕署首,跋:周荣椿,刊记:光绪癸巳(1893)冬月观自得斋校刊,明宫词,刊记:光绪甲午(1894)春月观自得斋校刊,明宫词,刊记:石笞徐士恺校刊,明宫词,刊记:光绪十有九年岁在癸巳(1893)孟夏之月石笞徐士恺校刊	[古]0230-37-16

续表

书名	出版事项	版式状况	一般事项	所藏番号
多暇录	程庭鹭(清)著,观自得斋,光绪二十年(1894)刊	2卷1册(卷1-2,61页),观自得斋丛书,册15,中国木版本,24.8×15.6cm,上下单边,左右双边,半郭:15.7×10.4cm,有界,10行21字,注双行,黑口,上下向黑鱼尾	标题面:多暇录张祖翼署签,校刊者:徐士恺(清),观自得斋丛书自 序:光绪甲午(1894)……徐士恺,丛书刊记:光绪十八年(1892)夏六月仁和高邕署首,刊记:光绪甲午(1894)春月观自得斋校刊,装帧:黄色表纸白丝四缀	[古]0230-37-15
归田琐记	梁章钜(清)撰,北东园,道光二十五年(1845)刊	8卷4册(卷1-8),中国木版本,23.7×10.3cm,四周双边,半郭:16.1×8.5cm,有界,9行22字,花口,上下向黑鱼尾	跋:许惇书,刊记:道光乙巳年刻,北东园藏版,浪迹丛谈:11卷3册,浪迹续谈:8卷3册,装帧:黄色表纸黄丝四缀,内容:第1-2册,归田琐记,第3-5册,浪迹丛谈(卷1-10,卷11附刻),第6-8册,浪迹续谈	[古] 0330-66A-1-8
归田琐记	梁章钜(清)撰,中国立文堂,同治八年(1869)刊	8卷4册(卷1-8),中国木版本,17.5×11.3cm,上下单边,左右双边,半郭:19×12.3cm,有界,9行22字,花口,上下向黑鱼尾	序:同治二十五(1886)……许惇书,跋:许惇书,刊记:同治八年(1869)立文堂镌,装帧:黄色表纸黄丝4针眼	[古]0330-66-1-4
归田琐记	梁章钜(清)撰	8卷4册(卷1-8),中国木版本,23.1×14.3cm,上下单边,左右双边,半郭:17.8×12cm,有界,10行22字,注双行,中黑口,上下向黑鱼尾	序:道光二十五年(1845)……许惇书,跋:许惇书,装帧:黄色表纸赤丝4针眼	[古] 0330-66B- 1-4

续表

书名	出版事项	版式状况	一般事项	所藏番号
桃溪客语	吴骞(清)撰,鄂渚,会稽章氏,光绪十一年(1885)刊	5卷2册(卷1-5),中国木版本,27×17.9cm,上下单边,左右双边,半郭:17.2×12.5cm,有界,10行22字,注双行,大黑口,上下内向黑鱼尾	(重刊拜经楼丛书七种),序:乾隆五十三年(1788)序周广业,阳羡名陶录序:乾隆丙午(1786)……吴骞 阳羡名陶录	[古]0230-99-5- 6, 0230-99A- 6-7
雪鸿小记	珠泉居士(清)著,红晖阁,光绪四年(1878)刊	1册,中国新铅活字本(清),20.1×13.3cm,四周双边,半郭:14.8×9.6cm,有界,12行32字,大黑口,上下内向黑鱼尾	刊记:红晖阁内史重校○宁版排印秦淮画舫录/捧花生(清)著	[古]3431-44-3
板桥杂记	余怀(清)著,中国,图园主人,光绪四年(1878)序	1册,中国新铅活字本,20.1×13.3cm,四周双边,半郭:14.8×9.6cm,有界,12行23字,大黑口,上下内向黑鱼尾	序:光绪四年(1878)……玉生,刊记:戊寅(1878)仲秋 图园主人选校刊行,吴门画舫录:西溪山人(清)编	3431-44-1
庸盦笔记	薛福成(清)著,遗经楼,光绪二年(1876)刊	1卷1册(42张),中国木版本,21.2×11.7cm,上下单边,左右双边,半郭:12.6×9cm,有界,9行21字,上中黑口,下花口,上下向黑鱼尾	刊记:光绪丁酉(1876)仲春开雕,刊记:遗经楼校本,刊记:上虞种达卿刻字,装帧:蓝色表纸黄丝四针眼	0330-68-1-6
两般秋雨庵随笔	梁绍壬(清)著,大文堂,道光十七年(1837)序	8卷8册,中国木版本,16.3×11.2cm,上下单边,左右双边,半郭:12.3×9.2cm,有界,9行21字,注双行,大黑口,无鱼尾	序:道光十七年(1837)……汪适孙	0330-29A-1-8 卷1-8
两般秋雨庵随笔	梁绍壬(清)纂,中国,古华堂,光绪十年(1884)序	8卷8册,中国木版本,19.6×12.8cm,上下单边,左右双边,半郭:13×9.3cm,有界,9行21字,黑口,无鱼尾	序:道光十七年(1837)……汪适孙,后序:光绪甲申(1884)……王厚,刊记:光绪十年(1884)秋十月钱堂许氏古华堂重雕,装帧:黄色表纸黄丝四缀	0330-29-1-8 卷1-8

续表

书名	出版事项	版式状况	一般事项	所藏番号
梦园丛说	方浚颐(清)撰,光绪元年(1875)序	16卷4册,24.3×15cm,四周双边,半郭:16.1×13cm,有界,10行21字,花口(上),小黑口(下),上下向黑鱼尾	序:光绪乙亥(1875)……许奉恩,序:朱铭盘,装帧:黄色表纸黄丝四缀	0330-17-1-4
大字精校唐人说荟	著者未详,上海扫叶山房,光绪三十二年(1906)刊	8册(缺帙,册1-8),中国石印本,20×13.3cm,四周双边,半郭:16.5×11.1cm,有界,15行32字,注双行,花口,上下向黑鱼尾	异书名:唐代丛书,刊记:扫叶山房石印	895.108-D214s- v.1-8
寄园寄所寄	赵吉士(清)辑,本衙藏,康熙三十四年(1695)序	12卷16册(卷1-12),中国木版本,17.2×10.6cm,上下单边,左右双边,半郭:13.1×8.1cm,有界,11行21字,花口,上下向黑鱼尾	序:康熙三十四年(1695)……汪光被,刊记:本衙藏版,装帧:黄色表纸白丝四缀	0330-11-1-16

7. 高丽大学校

唐代以前

书名	出版事项	版式状况	一般事项	所藏番号
列女传	刘向(汉)撰,梁端(清)校注,上海会文堂,同治十三年(1874)刊	8卷4册,中国石印本,20.1×13.3cm	标题:列女传校读本,序:钱塘梁德绳楚生氏撰,古序:嘉祐八年(1063)……长乐王回序并撰,目录序:曾巩序,识:道光癸巳(1833)……汪适孙,跋:同治十三年岁在甲戌(1874)……从子曾本谨跋	대학원 B12-B8-1-4

续表

书名	出版事项	版式状况	一般事项	所藏番号
绘图历代神仙传	上海扫叶山房,1909年序	24卷8册,有图,中国石印本,20×13.2cm	标题纸里面:扫叶山房新印书籍目录,卷头序:宣统元年(1909)夏四月三鱼书屋主人,目录	화산 B12-B28-1-8
博物志	张华(晋)撰,汪士汉 校	10卷1册,中国木版本,25.5×15.7cm	序:康熙戊申(1668)……汪士汉考述,合刊:桂海虞衡志,范成大(宋)纪	C14-B67B
博物志(并)续	张华(晋)撰,上海文瑞楼,20世纪初刊	10卷,续10卷,合2册,中国石印本,20.2×13.4cm	标题:正续博物志,序:钱塘唐琳玉林父识,合刊:续博物志/李石(唐)撰	C14-B67
世说新语补	刘义庆(刘宋)撰,刘孝标(梁)注,刘辰翁(宋)批,何良俊(明)增,王世贞(明)删定,王世懋批释,钟惺(明)批点,张文柱(明)校注,肃宗三十四年(1708)刊	20卷7册,朝鲜笔写本,31.1×19.8cm,左右双边,22.9×15.4cm,10行18字,小字双行,内向黑鱼尾,纸质:楮纸	序:嘉靖丙辰(1556)季夏琅琊王世贞撰,万历庚辰(1580)秋日吴郡王世懋撰,乙酉(1585)王世懋再识,万历丙戌(1586)秋日汭阳陈文烛玉叔撰,印:[东阳 汝成 申晚]	(晚松文库) C14-A37
世说新语姓汇韵分	刘义庆(刘宋)撰,王世贞(明)补	12卷4册,朝鲜木活字本,28×19.2cm,四周单边,半郭:22×14.9cm,10行18字,小字双行,内向二叶花纹鱼尾,纸质:楮纸	序:嘉靖丙辰(1556)季夏琅琊王世贞撰,旧序:嘉靖乙未(1535)岁立秋日吴郡袁褧撰,印:完山李彦莀国献图书 爱吾庐藏	(晚松文库) C14-A37D
		12卷6册,朝鲜木活字本,28.6×18.2cm,四周单边,半郭:21.8×14.8cm,10行18字,小字双行,内向花纹鱼尾,纸质:楮纸	表题:世说,序:嘉靖丙辰(1556)季夏琅琊王世贞撰,旧序:嘉靖乙未(1535)……吴郡袁褧撰	(晚松文库) C14-A37C

续表

书名	出版事项	版式状况	一般事项	所藏番号
世说新语姓汇韵分	刘义庆(刘宋)撰,王世贞(明)补	零本11册,朝鲜木活字本,29.4×18.7cm,四周单边,半郭:22.6×14.9cm,10行18字,小字双行,内向二叶花纹鱼尾,纸质:楮纸	序:嘉靖丙辰(1556)季夏琅琊王世贞撰,嘉靖乙未(1535)岁立春日吴郡袁褧撰,缺本:卷之八(全12卷12册)	(晚松文库)C14-A37E
	刘义庆(刘宋)撰,刘辰翁(宋)编,丁酉(?)刊	12卷2册,朝鲜笔写本,24.8×18cm,纸质:楮纸	笔写记:丁酉(?)九月初七日	(晚松文库)C14-A37B
李卓吾批点世说新语补	刘义庆(刘宋)撰,刘孝标(梁)注,刘辰翁(宋)批,何良俊(明)增,王世贞(明)删定,王世懋(明)批释,李贽(明)批点,张文柱(明)校注,万历五年(1577)序	零本4册,中国木版本,27.4×17.7cm	表题:世说新语,序:嘉靖丙辰(1556)季夏琅琊王世贞撰,万历庚辰(1580)……王世懋撰,丙戌(1586)李贽序,嘉靖乙未(1535)……袁褧撰,印:金昌业,藏本:卷1-8,18-20	(晚松文库)C14-B83A
世说新语补	刘义庆(刘宋)撰,刘孝标(梁)注,刘辰翁(宋)批,何良俊(明)增,王世贞(明)删定,王世懋(明)批释,张文柱(明)校注,王湛(明)校订,万历十四年(1586)序	20卷6册,中国木版本,22×14cm	标题:刘须溪先生纂辑,世说新语补,梅墅石渠阁梓,序:万历丙戌(1586)秋日沔阳陈文烛玉叔撰,嘉靖丙辰(1556)季夏琅琊王世贞撰,万历庚辰(1580)秋……王世懋书,丙戌(1586)李贽序,嘉靖乙未(1535)……袁褧撰,绍兴八年(1138)……董弁题	(晚松文库)C14-B8J

续表

书名	出版事项	版式状况	一般事项	所藏番号
世说新语补	刘义庆(刘宋)撰,何良俊(明)增补,肃宗三十四年(1708)刊	零本1册,朝鲜活字本(显宗实录字),32.5×20.3cm,四周单边,半郭:23.1×15.7cm,有界,10行18字,小字双行,上下白口,上下内向黑鱼尾	所藏本中卷之十六、十七1册,以外缺(全7册中)	(薪庵文库)C14-A37
世说笺本	刘义庆(刘宋)撰,刘峻(梁)注,沧浪·无强笺,秦士铉校读,大阪书林,天保六年(1835)刊	20卷10册,日本木版本,24.5×17.2cm	序:天保乙未(1835)……源海辅识,世说新语补序:嘉靖丙辰(1556)……王世贞撰,世说新语序:万历庚辰(1580)……王世懋撰	C14-C1
世说新语	刘义庆(刘宋)撰,刘孝标(梁)注,吴中珩(明)校,三畏堂	6卷6册,中国木版本,22.1×14.9cm	标题:世说新语补,序:嘉靖乙未(1535)……吴邑袁褧撰,印:太华山人 赵氏宗藏	C14-B76D
	刘义庆(刘宋)撰,刘峻(梁)注,凌濛初(明)订,宝旭斋	6卷6册,中国木版本,25.9×16cm	标题:增订世说新语补,世说新语鼓吹序:康熙丙辰(1676)……富春全城后章绂麟来氏书,吴兴后学凌濛初……书,皇清康熙十一年(1672)……沈筌书于……印:默容	C14-B76E
	刘义庆(刘宋)撰,刘峻(梁)注,凌濛初(明)订,承德堂	6卷,补4卷,合10册,中国木版本,25.2×15.8cm	标题:增定世说新语补,补序:康熙丙辰(1676)……全城后章绂麟来氏书,印:默容室藏,合刊:世说新语补,何良俊(明)撰补,王世贞(明)删定,张文柱(明)校注,凌濛初(明)考订	C14-B76F

续表

书名	出版事项	版式状况	一般事项	所藏番号
世说新语	刘义庆(刘宋)撰,何良俊(明)补,程稍(清)重订,广陵,玉禾堂	8卷,补4卷,合4册,中国木版本,26.7×17.1cm,四周单边,20.8×14.2cm,9行19字,小字双行,上白鱼尾	序:康熙岁在甲戌(1964)春王正月莆阳余怀撰,练江寄亭程稍题,补旧序:嘉靖丙辰(1556)季夏琅琊王世贞撰,刊记:广陵玉禾堂藏板	C14-B76G
世说新语	刘义庆(刘宋)撰,刘孝标(梁)注,王世懋(明)批点,陆瀛初校,万历八年(1580)	8卷8册,中国木版本,26.9×15.8cm	序:……万历庚辰(1580)吴郡王世懋书,印:东阳,申翊圣,君奭,乐斋 外2种	(华山文库) C14-B76
	刘义庆(刘宋)撰,刘孝标(梁)注,上海扫叶山房	6卷3册,中国石印本,19.9×13.1cm		(华山文库) C14-C76A
	刘义庆(刘宋)撰,刘孝标(梁)注,20世纪初刊	6卷6册,中国石印本,20.1×13.2cm	标题纸:宋刘义庆撰……海易戴恂书	(华山文库) C14-B76B
	刘义庆(刘宋)撰,刘孝标(梁)注,张懋辰(明)订,刊年未详	8卷4册,中国木版本,25.8×16.6cm	叙:山阴笑庵居士王思任题,旧序:嘉靖乙未(1535)岁立秋日吴郡袁褧撰,印:锦城介石愚日宅之印,华山,金□房藏书印,全州世家,小颜过目,韩韵海印,李容书印	(华山文库) C14-B76C

续表

书名	出版事项	版式状况	一般事项	所藏番号
世说新语补	刘义庆(刘宋)撰,刘孝标(梁)注,刘辰翁(宋)批,何良俊(明)增,王世贞(明)删定,王世懋(明)批释,钟惺(明)批点,张文柱(明)校注	20卷7册,朝鲜活字本(实录字),31.1×19.8cm,上下单边,左右双边,半郭:22.9×15.4cm,有界,10行18字,白口,内向黑鱼尾	补序:嘉靖丙辰(1556)季夏琅琊王世贞撰,序:万历庚辰(1580)秋吴郡王世懋撰,岁乙酉初春世懋再识,刻补字:万历丙戌(1580)秋日汭阳陈文烛玉叔撰,补旧字:嘉靖乙未(1535)…… 岁立秋日吴郡袁褧撰	(华山文库)C14-A37
世说新语姓汇韵分	刘义庆(刘宋)撰,王世贞(明)删定,出版事项未详	12卷3册,朝鲜木活字本,28.5×18.6cm,四周单边,半郭:21.7×14.5cm,有界,10行18字,小字双行,下内向花纹鱼尾,下白口,纸质:楮纸	世说新语补序:……嘉靖丙辰(1556)季夏琅琊王世贞撰,旧序:……嘉靖乙未(1535)岁立秋日吴郡袁褧撰,复本所藏本中卷之一1册 以外缺	(华山文库)C14-A37A

宋辽金元

书名	出版事项	版式状况	一般事项	所藏番号
睽车志	郭彖(宋)撰	6卷6册,中国木版本,四周单边,半郭:20×14.5cm,有界,9行20字,上黑鱼尾		[고서중]812.385
夷坚志	洪迈(宋)撰,宣统三年(1911)刊	50卷16册,中国石印本,19.6×13cm	序:乾道七年(1171)五月…… 洪迈景庐叙,刊记:宣统三年(1911)七月初版,印:唐澄 浩然	C14-B54
太平广记	李昉(宋)等奉敕编,谈恺、许自昌(明)校	500卷30册,中国木版本,26×16.5cm	表:太平兴国三年(978)……李昉等诚惶……印:金印履度,李宜显德哉章	C14-B53A

续表

书名	出版事项	版式状况	一般事项	所藏番号
太平广记	李昉(宋)等奉敕撰,文光裕记藏板,道光二十六年(1846)刊	目录10卷,186卷,目录卷1-10,卷1-53,368-500,共23册(全64册)目录10卷,186卷,共23册(全64册),中国木版本,15.7×10.7cm		C14-B25-0.1-.2,2-6,47-62,24-26,29,38-39,41,45,47,51,53,58,60-61
太平广记详节	李昉(宋)等奉敕撰,成任(朝鲜)选,成宗年间刊	零本2册,朝鲜木版本,34×20.7cm,四周单边,23.7×15.9cm,10行17字,上下黑口,内向黑鱼尾	版心题:广记详节,刊年:清芬室书目,藏本:卷之八至十一,三十九至四十二(全50卷)	(晚松文库)[贵]338
鹤林玉露	罗大经(宋)撰	全16卷3册,笔写本,26.3×15cm		신암 C12-A48 만송 C12-

明代

书名	出版事项	版式状况	一般事项	所藏番号
玉壶冰	都穆(明)撰,务安,宣祖十三年(1580)刊	1册,朝鲜木版本,25.2×16.7cm,四周单边,半郭:19.4×13.2cm,有界,9行18字,上向二叶花纹鱼尾	卷末:正德(1515)夏六月吴郡都穆去敬文,刊记:庚辰(1580)[?]十月日务安显刊	만송 E4-A7 册1
전등신화([취]경원기)	滕穆醉游聚景园记(취경원기),宪宗十年(1844)刊	1册(14页),韩文笔写本,32.5×16.4cm,纸质:楮纸	里面:大清道光二十四年(1844)岁次甲辰时宪书,剪灯新话	대학원 C14-A31
西湖志余	田汝成(明)辑撰,姚靖增删,纯祖十三年(1813)书	1册56页,笔写本,32×18.8cm,纸质:楮纸		만송 D3-A21 册1

续表

书名	出版事项	版式状况	一般事项	所藏番号
稗海全书	商濬(明)编,中国,槐荫山房,刊写年未详	80册,中国木版本,24.3×16.1cm	标题:稗海,序:会稽商濬书	E1-B1-1-80
林居漫录	朝鲜朝末期	1册,笔写本,30×18.6cm,无界,10行24字,无鱼尾	书名:表题	만송 D1-A2008
剪灯新话句解	瞿佑(明)著,沧洲(朝鲜)订正,垂胡子(朝鲜)集释,广松寺,壬午(?)刊	零本1册(卷下),朝鲜木版本,31×19.9cm,四周单边,半郭:21.2×16.8cm,11行20字,小字双行,上下黑口,内向黑鱼尾,纸质:楮纸	刊记:壬午(?)三月日	(晚松文库)C14-A5
	瞿佑(明)著,沧洲(朝鲜)订正,垂胡子(朝鲜)集释	零本1册(卷之下:全2卷2册),朝鲜木版本,24.5×18.5cm,四周单边,20×17.4cm,11行20字,小字双行,内向二叶花纹鱼尾		(晚松文库)C14-A5E
	瞿佑(明)著,沧洲(朝鲜)订正,垂胡子(朝鲜)集释,肃宗三十年(1704)刊	零本1册(卷之下:全2卷2册),朝鲜木版本,31.5×21.3cm,四周单边,23×17cm,10行18字,小字双行,内向黑鱼尾	刊记:康熙四十三年甲申(1704)八月日开刊	(晚松文库)C14-A5D
	瞿佑(明)著,沧洲(朝鲜)订正,垂胡子(朝鲜)集释	零本1册(卷之下:全2卷2册),朝鲜木版本,34.2×21.5cm,四周单边,23.4×18.6cm,11行18字,小字双行,上下黑口,内向黑鱼尾		(晚松文库)C14-A5F
	瞿佑(明)著	2卷2册,朝鲜笔写本,28.4×16cm		(晚松文库)C14-A5C

续表

书名	出版事项	版式状况	一般事项	所藏番号
剪灯新话	瞿佑(明)著	零本1册(下册:全2册),中国木版本,29.5×19.8cm,四周单边,22.4×18.1cm,12行18字,小字双行,上黑鱼尾	书名:版心题	(晚松文库) C14-A5G
剪灯新话句解	瞿佑(明)著,沧洲(朝鲜)订正,垂胡子(朝鲜)集释,出版事项未详	2卷2册,朝鲜木版本,28.3×18.7cm,四周单边,半郭:23×15.9cm,有界,11行20字,小字双行,上下白口,上下内向花纹鱼尾		(薪庵文库) C14-A5B
剪灯新话句解	瞿佑(明)著,沧洲(朝鲜)订正,垂胡子(朝鲜)集释,广松寺,壬午(?)刊	零本1册(卷之下),朝鲜木版本,29.2×20cm,四周单边,21.3×16.9cm,11行20字,小字双行或上下黑口内向黑鱼尾,纸质:楮纸	刊记:壬午(?)三年日刊广松寺,附录:秋香亭记	C14-A5
剪灯新话句解	瞿佑(明)著,沧洲(朝鲜)订正,垂胡子(朝鲜)集释	零本1册(卷之下:全2卷2册),朝鲜木版本,31.2×21.4cm,四周单边,22.1×18.4cm,12行18字,小字双行内向或下向黑鱼尾		A14-A5A
古今说海	陆楫(明)辑,中国,刊写者未详,刊写年未详	142卷24册(卷1-142),笔写本,22.1×15.6cm	表题:说海,引:嘉靖甲辰(1544)……唐锦题	E2-B2-1-24
两山墨谈	陈霆(明)撰	4卷1册(缺帙),朝鲜木版本,29×19cm,四周双边,半郭:21.5×15.1cm,有界,9行18字,内向黑鱼尾		만 송 贵-309-10-13 卷 10-13

续表

书名	出版事项	版式状况	一般事项	所藏番号
增广智囊补	冯梦龙(明)重辑,张明弼等同阅	28卷6册,中国石印本,19.9×12.8cm	序:吴门冯梦龙题……	목당 B12-B30-1-6 卷1-28
智囊补	冯梦龙(明)重辑	28卷7册,中国木版本,25×15.6cm,四周单边,半郭:20×13.8cm,无界,9行20字,上黑鱼尾	自序:冯梦龙	B12-B30-1-7
增广智囊补	冯梦龙(明)辑,宣统二年(1910)刊	27卷6册,中国石印本,20×12.9cm	表纸书名:增补智囊补庚戌夏五驼署	육당 B12-B12-1-6 卷1-27

清代—民国初期

书名	出版事项	版式状况	一般事项	所藏番号
说铃	吴震方(清)辑,中国,刊写者未详,刊写年未详	6册(缺帙,册1-6),中国木版本,18×12.5cm		육당 E2-B6-1-6
两般秋雨庵随笔	梁绍壬(清)纂,中国,著易堂,20世纪初刊	8卷4册,新铅活字本,17.5×10.2cm	刊记:著易堂聚珍版印	화산 C12-B1-1-4 卷1-8
客窗闲话	上海锦章图书局,20世纪初刊	4卷4册,中国石印本,15.2×9cm		(华山文库)[小]72
我佛山人札记小说	吴趼人(清)著,上海扫叶山房,20世纪初刊	4卷2册,中国石印本,19.8×13.2cm		(华山文库)C14-B14
燕山外史注释	陈球(清)著,光绪五年(1879)刊	8卷4册,中国木版本,22.4×13.4cm		(华山文库)C14-B26

续表

书名	出版事项	版式状况	一般事项	所藏番号
阅微草堂笔记	纪昀(清)著,上海锦章图书局,20世纪初刊	24卷4册,中国石印本,20.3×13.5cm	标题纸:绘图阅微草堂笔记	(华山文库)C14-B37A
虞初新志	张潮(清)辑,康熙三十九年(1700)刊	零本1册,中国木版本,有图,25.1×16cm	所藏本中:卷之十九至二十/1册以外缺	(华山文库)C14-B77
详注聊斋志异图咏	蒲松龄(清)著,吕湛恩(清)注,锦章图书局	16卷16册,中国石印本,有图,20×13cm	异书名:聊斋志异,序:紫霞道人高珩题,豹岩樵史唐梦赉拜题	C14-B22A
	蒲松龄(清)著,吕湛恩(清)注,上海同文书局,光绪十二年(1886)刊	16卷16册,中国石印本,20×13cm	异书名:聊斋志异,序:光绪十有二年太岁在柔兆阉茂(丙戌1886)……高昌寒食生撰	C14-B22B
燕山外史注释	陈球(清)著,上海海左书局,光绪三十二年(1906)刊	8卷4册,中国石印本,有图,20×13cm	标题:绣像全图注释燕山外史,序:嘉庆辛未(1811)……吴展成拜手题	C14-B26
阅微草堂笔记	观弈道人(纪昀)著,苏州振新书社,嘉庆五年(1800)序	24卷12册,中国木版本,25.6×14.9cm	序:嘉庆庚申(1800)八月门人北平盛时彦谨序,印:默容室藏	C14-B37
绘图谐铎	沈起凤(清)著,上海锦文堂,宣统元年(1909)刊	12卷4册,中国石印本,有图,20×13.2cm		C14-B7
今世说	王晫(清)撰	8卷2册,笔写本,23.9×18cm,上下单边 半郭:19.×13.6cm,有界,9行20字,小字双行,上下黑口,无鱼尾	版心:枫石庵书屋,序:归安严允肇修人撰,同邑丁澎药园撰遂安毛际可会候撰,宜兴徐凤竹逸撰,同郡冯景香远撰,康熙癸亥(1683)仲春武林王晫题于墙东草堂	대학원贵-586-1-2 卷1-8

续表

书名	出版事项	版式状况	一般事项	所藏番号
庸闲斋笔记	陈其元(清)著,上海扫叶山房,宣统三年(1911)刊	(卷1-1)12卷4册,中国石印本,19.7×13.1cm	序:同治十有三年(1874)……德清俞樾,同治十有二年(1873)……庸闲老人漫识于行苇堂……刊记:宣统三年(1911)石印	C14-B90-1-4
增订汉魏丛书	王谟(清)增辑,乾隆五十七年(1792)后刷	(册1-72)72册,中国木版本,24.1×16.4cm	标题:汉魏丛书,序:乾隆壬子(1792)陈兰森撰,万历壬辰(1592)东海屠隆纬真甫纂,小尔雅,穆天子传,西京杂记,飞燕外传,神仙传,新序,博物志	E2-B1-1-72
汉魏丛书	王谟(清)辑,中国,震东学社,20世纪初刊	(册20,22-36)16册(缺),中国石印本,20.3×13.3cm	题签题,精校汉魏丛书,版心:育文书局	E2-B20A-20,22-36
汉魏丛书	王谟(清)辑,中国,本衙藏版,乾隆五十六年(1791)刊	75卷75册(缺帙),中国木版本,24.2×15.7cm	标题纸:乾隆辛亥(1791)重镌 本衙藏板	육당 E2-B20-1-18, 20-21, 23, 25-71, 73-79

8. 延世大学校

唐代以前

书名	出版事项	版式状况	一般事项	所藏番号
山海经	郭璞(晋)传	18卷4册,中国木版本,四周单边,匡郭:19×14.5cm,有界,9行20字,上黑鱼尾		915.2

续表

书名	出版事项	版式状况	一般事项	所藏番号
山海经	郭璞(晋)传,毕沅(清)校,浙江书局刻,光绪三年(1877)刊	18卷3册,中国木版本,上下单边,匡郭:18×13.5cm,有界,9行21字,上黑鱼尾	刊记:光绪三年(1877)浙江书局刻	915.2
山海经	郭璞(晋)传,吴志伊注,扫叶山房藏版	4卷4册,中国木版本,四周单边,匡郭:19×14cm,有界,9行20字,上黑鱼尾	序:郭璞	(默容室文库)915.2
山海经	郭璞(晋)撰	18卷4册,中国木版本,四周双边,匡郭:19×14.5cm,有界,9行20字,上黑鱼尾	序:郭璞	(李源喆文库)
山海经广注	郭璞(晋)撰	零本2册(卷5-8,15-18),中国木版本,上下单边,匡郭:20×13cm,有界,9行22字,无鱼尾		(庸斋文库)915.2
世说新语姓汇韵分		12卷6册,笔写本,32×20.5cm,纸质:楮纸	旧序:嘉靖乙未(1535)吴郡袁褧,序:嘉靖丙辰(1556)王世贞,表题:世说	(默容室文库)812.38
增补世说	刘义庆(刘宋)撰	10卷1册,笔写本,22×19cm	序:嘉靖丙辰(1556)王世贞,万历丙戌(1586)陈文焕	812.38
世说新语补	刘义庆(刘宋)撰,何良俊(明)增补,王世贞(明)删定	零本3册,(卷1-2,9-11,18-20),显宗实录字本,四周单边,匡郭:23.5×16.5cm,有界,10行18字,上下黑鱼尾,纸质:楮纸	序:嘉靖丙辰(1556)王世贞	[고서]812.38

续表

书名	出版事项	版式状况	一般事项	所藏番号
世说新语补	刘义庆(刘宋)撰,何良俊(明)增补,茂青书室	20卷6册(卷1-3缺),中国木版本,上下单边,匡郭:18×13cm,有界,9行18字,上黑鱼尾	表题:世说,印记:韩章锡印	811.38
世说新语姓汇韵分	著者未详	12卷6册,朝鲜木活字本,四周单边,匡郭:22×15.5cm,有界,10行18字,上下花纹鱼尾,纸质:楮纸	旧序:嘉靖乙未(1535)袁褧,序:嘉靖丙辰(1556)王世贞	[고서]812.38
世说新语姓汇韵分		12卷6册,笔写本,32×20.5cm,纸质:楮纸	旧序:嘉靖乙未(1535)袁褧,序:嘉靖丙辰(1556)王世贞	[고서]812.38
世说抄	刘义庆(刘宋)撰	2册,笔写本,21.5×15cm		[고서]812.38
世说新语	刘义庆(刘宋)撰	8卷8册,中国木版本,27.5×18cm	表题:刘氏世说	812.38
李卓吾批点世说新语补	刘义庆(刘宋)撰,李贽(明)批点	20卷8册,中国木版本,四周单边,匡郭:19.5×15cm,有界,9行18字,无鱼尾	表题:世说新语补	812.38
世说	刘义庆(刘宋)撰	1册(23张),笔写本,29×19cm	印记:尹泓定印	(李源喆文库)
世说新语补	刘义庆(刘宋)撰,何良俊(明)增补,王世贞(明)删定	零本1册(卷1-2),显宗实录字本,四周单边,匡郭:23.5×16.5cm,有界,10行18字,上下黑鱼尾	序:嘉靖丙辰(1556)王世贞	(濯斯文库)

续表

书名	出版事项	版式状况	一般事项	所藏番号
世说新语补	刘义庆(刘宋)撰,何良俊(明)增补	20卷6册(卷1-3,缺),中国木版本,上下单边,匡郭:18×13cm,有界,9行18字,上黑鱼尾	表题:世说	(韩相億文库)
西京杂记	题刘歆(汉)撰	2卷1册(61张),中国木版本,19cm,上下单边,左右双边,10.3×7.3cm,界线,9行18字,上黑鱼尾	序:葛洪	812.38/4
世说	刘义庆(刘宋)撰	零本1册,23cm,10行20字,注小字双行		812.38/5
世说新语	刘义庆(刘宋)撰,刘孝标注,光绪十有七年(1891)思贤讲舍开雕	6卷6册,中国木版本,上下单边,左右双边,17.4×12.7cm,有界,11行24字,注小字双行,上下大黑口,上黑鱼尾	序:嘉靖乙未(1535)岁立秋日吴郡袁褧撰,题跋:淳熙戊申(1188)重五日新定郡守陆游书,卷首:释名,卷末附录:引用书目,佚文,校勘小识,校勘小识补,考证,藏书记:罗州丁氏寓居谷城珍藏,印记:默容室藏外14种	812.38/6
世说新语	刘义庆(刘宋)撰,刘孝标注,吴勉学校	全6卷6册中一部缺,中国木版本,上下单边,左右双边,19.7×12.8cm,有界,10行18字,注小字双行,上下小黑口,上黑鱼尾,*落卷:卷之1,4(共2册)	第六才子书《西厢记》/王实甫著:金圣叹(辑注),-全8卷中-部缺,插图,落卷:卷之1-3,6	(贵重图书)[귀]812

续表

书名	出版事项	版式状况	一般事项	所藏番号
世说新语补	刘义庆(刘宋)撰,刘孝标(梁)注,刘辰翁(宋)批,何良俊增,王世贞(明)删定,王世懋(明)批释,钟惺(明)批点,张文柱(明)校注	20卷6册,显宗实录字本,32cm,上下单边,左右双边,23×15.5cm,有界,10行18字,注小字双行,上下内向黑鱼尾,纸质:楮纸	版心题:世说补,序:嘉靖丙辰(1556)季夏王世贞撰,万历庚辰(1580)秋吴郡王世懋撰,万历丙戌(1586)秋日陈文烛撰,旧序:嘉靖乙未(1535)立秋日吴郡袁褧撰,旧题:绍兴八年(1138)夏四月癸亥广川董弅题,旧跋:淳熙戊申(1188)重五日新定郡守陆游书 卷首:释名,印记:温阳人郑宗愚明老除□之印外4种	812.38/7
世说新语补	刘义庆(刘宋)撰,刘孝标(梁)注,何良俊(明)增,王世贞(明)删定,王世懋(明)批释,张文柱(明)校注,古吴麟瑞堂藏版	20卷10册,中国木版本,23cm,上下单边,左右双边,18.6×12.4cm,有界,9行18字,注小字双行,上黑鱼尾(上白鱼尾混合)	版心题:世说补,序:万历丙戌(1586)秋日陈文烛撰,嘉靖丙辰(1556)季夏王世贞撰,万历庚辰(1580)吴郡王世懋书,旧序:嘉靖乙未(1535)岁立秋日吴郡袁褧撰,卷首:释名,印记:日庵外3种	812.38/8
世说新语补	刘义庆(刘宋)撰	1册(卷之6-10),显宗实录字本,30cm,上下单边,左右双边,22.9×15.3cm,有界,10行18字,注小字双行,上下内向花纹鱼尾	全20卷6册中零本	812.38/9
世说新语姓汇韵分		12卷6册,朝鲜木活字本,四周单边,21.9×14.6cm,有界,10行18字,注小字双行,上下内向花纹鱼尾,纸质:楮纸	序题:世说新语补,外题:世说,序:嘉靖丙辰(1556)季夏琅琊王世贞撰,旧序:嘉靖乙未(1535)立秋日…… 吴郡袁褧撰,印记:默容室藏 外13种	812.38/10

续表

书名	出版事项	版式状况	一般事项	所藏番号
李卓吾批点世说新语补	刘义庆(刘宋)撰,李贽(明)批点,	20卷8册,中国木版本,四周单边,匡郭:19.5×15cm,有界,9行18字,无鱼尾	序:万历庚辰(1580)王世懋,表题:世说新语补	(韩相億文库)
刘向说苑	刘向(汉)撰	4册(全20卷5册中残本),中国木版本,23cm,四周双边,18.8×14.9cm,有界,11行18字,上下内向花纹鱼尾		(贵重图书)[귀]535
	刘向(汉)撰	10张,中国木版本,30cm,四周单边,18.6×14.9cm,界线,上下小黑口,上下内向黑鱼尾	版心题:说苑15卷,新序5卷,(全20卷中零本)	(贵重图书)[귀]25
汉魏丛书		79册(册76缺),中国木版本,上下单边,匡郭:20×14.5cm,有界,9行20字,上白鱼尾	序:壬辰屠隆纬真甫,内容:-册24穆天子传1-6,册25飞燕外传,神仙传1-4,册26神仙传5-9,册27高士传-册62十洲记,册63述异记上下,西京杂记1-6,册64拾遗记1-10,册65博物志	(李源喆文库)

宋辽金元

书名	出版事项	版式状况	一般事项	所藏番号
睽车志	郭彖(宋)撰	20卷7册,中国木版本,26.5×16.5cm	序:历阳郭彖……绍熙五年(1194),标题:六种奇话卷1-6,睽车志……郭彖撰	

续表

书名	出版事项	版式状况	一般事项	所藏番号
太平广记	李昉(宋)等奉敕修,道光丙午(1846)镌,三让睦记藏版	500 卷 64 册,中国木版本,四周双边,匡郭:12×9.5cm,有界,12 行 22 字,上黑鱼尾	刊记:道光丙午(1846)镌三让睦记藏版	812.38
태평광긔(太平广记)	卷之二	50 张,笔写本,28cm,纸质:楮纸	木觅本(5 卷 5 册)缺本	(贵重图书)[귀]297
태평광긔(太平广记)		零本 1 册(卷 2),笔写本,27.5×17.5cm,纸质:楮纸		297
太平广记	李昉(宋)等奉敕修,道光丙午(1846)镌	64 册,中国木版本,四周双边,匡郭:12×9.5cm,有界,12 行 22 字,上黑鱼尾	序:黄晟,刊记:道光丙午(1846)镌	(李源喆文库)
夷坚志	洪迈(宋)撰,光绪五年(1879)刊	12 册(甲卷 1-6 缺),中国木版本,四周双边,匡郭:18×13cm,有界,9 行 18 字,上下黑口	刊记:光绪五年岁在屠维单阏(1879)	812.385
归田录	欧阳修(宋)著,刊写地、刊写者、刊写年未详	1 册,笔写本,19.3×18.7cm,无界,12 行 18 字,无鱼尾		

明代

书名	出版事项	版式状况	一般事项	所藏番号
皇明世说新语	李绍文(明)撰	8 卷 4 册,木版本,四周双边,匡郭:19.5×16cm,有界,10 行 20 字,上花纹鱼尾	序:万历庚戌(1610)陆从平	(元氏文库)[고서]950.95

续表

书名	出版事项	版式状况	一般事项	所藏番号
皇明世说新语	李绍文(明)撰	8卷3册,笔写本,23.5×17.9cm,四周单边,半郭:19.7×13.8cm,有界,10行20字,上下向二叶花纹鱼尾	朱墨校正字,表题:明世说,序:万历庚戌(1610)阳月 友人陆从平顿首书	(용재문고)[고서]1110-1
剪灯新话句解	瞿佑(明)著,胡子昂(明)集释	2卷2册,朝鲜木版本,四周单边,匡郭:24×16.5cm,有界,11行20字,上下花纹鱼尾,纸质:楮纸		(默容室文库)812.38
广博物志	董斯张(明)撰	32册,中国木版本,四周单边,匡郭:21×15cm,有界,9行18字,上黑鱼尾	表题:博物志	(默容室文库)031.02
玉壶冰	都穆(明)撰	1册(23页),木版本,四周单边,匡郭:18.5×14.5cm,有界,9行17字,上下黑鱼尾		812.36
		1册(20页),木版本,四周单边,匡郭:25.5×18.5cm,有界,10行18字,上下花纹鱼尾		812.38
剪灯新话句解	瞿佑(明)著,胡子昂(明)集释,万历四十二年甲寅(1614)中秋新刊	2卷2册,朝鲜木版本,四周单边,匡郭:21.5×18cm,有界,11行20字,上下黑鱼尾	刊记:万历四十二年甲寅(1614)中秋新刊	812.36
	瞿佑(明)著,胡子昂(明)集释	2卷2册,木版本,四周单边,匡郭:24×16.5cm,有界,11行20字,上下花纹鱼尾		812.36

续表

书名	出版事项	版式状况	一般事项	所藏番号
说郛	陶宗仪(明)编	本集 120 卷 93 册(卷 101 缺),续集 46 卷 40 册(卷 1 缺),合 133 册,中国木版本,四周双边,匡郭:19.5×14.5cm,有界,10 行 20 字,上白鱼尾	序:顺治四年丁亥(1647)王应昌,顺治三年丙戌(1646)李际期	(李源喆文库)
剪灯新话句解	瞿佑(明)著,沧洲(朝鲜)订正,垂胡子(朝鲜)集释	2 卷 2 册,朝鲜木版本,30cm,四周单边,21.6×18.2cm,有界,12 行 18 字,注小字双行,上下内向黑鱼尾	外题:剪灯新话,复本 1 部所藏	812.36/53
	瞿佑(明)著,沧洲(朝鲜)订正,垂胡子(朝鲜)集释	60 页(2 卷 2 册中零本),朝鲜木版本,33cm,四周单边,21.2×17.4cm,有界,11 行 20 字,注小字双行,上下内向花纹鱼尾,	版心题:新话(语)	812.36/54
		57 页(2 卷 2 册中零本),朝鲜木版本,27cm,四周单边,23.3×16.1cm,有界,11 行 20 字,注小字双行,上下内向花纹鱼尾	版心题:剪灯	812.36/55

清代—民国初期

书名	出版事项	版式状况	一般事项	所藏番号
太原志		零本 1 册(卷 2),笔写本,29.5×21cm		811.36

续表

书名	出版事项	版式状况	一般事项	所藏番号
删补文苑楂橘		2卷2册,笔写本,32.5×20cm	表题:文苑楂橘	812.38
		1册(零本,卷之1缺),笔写本,32.5×20cm		812.36
删补文苑楂橘	著者未详	1册(册2缺),笔写本,32.5×20.5cm		(庸斋文库)811.36
十一种藏书	乾隆丙子(1756)镌,雅雨堂藏版	22册,中国木版本,四周单边,匡郭:18.5×14.5cm,有界,10行21字,上黑鱼尾	内容:册1-6:李代易传,册7:易释文 李代易传后序 周易乾凿度,册8:郑氏周易,册9:尚书大传 郑司农集 尚书大传考异,册10-11:大戴礼记,册12:匡谬正俗,册13:封氏闻见记,册14-17:高代战国策,册18-19:唐摭言,册20:北梦琐言,册22:文昌杂录,刊记:乾隆丙子(1756)镌雅雨堂藏版	(李源喆文库)
燕山外史注释	陈球(清)著,若骙子辑注,嘉庆辛未(1811)仲冬,上海袖海山房石印	8卷2册,中国石印本,20cm,四周双边,15.5×10.2cm,12行26字,注小字双行,上黑鱼尾	内题:注释燕山外史,序:光绪五年岁在己卯(1879)孟冬月 永嘉若骙子序,嘉庆辛未(1811) 仲冬 吴展成拜手题	812.36/44
燕山外史	陈球(清)著,大乡穆训点,东京,长野龟七,明治十一年(1878)刊	2卷2册,日本木版本(训点本),四周双边,12.5×9.1cm,有界,9行20字,上下大黑口	序:嘉庆辛未(1811)仲冬 吴展成拜手题	812.36/43

续表

书名	出版事项	版式状况	一般事项	所藏番号
客窗闲话	吴芗厈(清)撰	初集4卷2册,续集4卷2册,共4册,中国石印本,有图,15cm	内题:绘图野叟奇谈正续客窗闲话,序:时在光绪乙未(1895)仲冬,吴县裴锡华书,印记:默容室藏书印 外4种	812.38/1
滦阳消夏录	观弈道人(清)撰,(阅微草堂笔记1)粤东同文堂校刊	1册(卷1-3,全6卷2册中零本),中国木版本,16cm,四周双边,12.9×9.6cm,有界,10行20字,上黑鱼尾	观弈道人是纪昀的别号	812.38/2
埋忧集	朱翊清(清)著,上海进步书局印行	10卷2册,续集2卷1册,共3册,中国石印本,四周双边,12.7×7.9cm,14行35字,上下小黑口,上黑鱼尾	自序:岁次甲戌(1874)孟秋月八日 朱梅叔自题,印记:默容室藏书印外5种	812.38/3
详注聊斋志异图咏	蒲松龄(清)著,吕湛恩(清)注,铁城广百宋斋藏本,上海同文书局石印	16卷8册,中国石印本,有图,20cm,四周单边,15.7×10.8cm,14行36字,注小字双行	序:光绪十有二年太岁在柔兆阉茂(丙戌,1886)高昌寒食生撰,外题:绘图聊斋志异,原序:高珩题,樵史唐赉拜题,原跋:大清乾隆五年岁 次庚申(1740)春日,孙立德谨识,印记:默容室藏 外3种	812.38/16
池北偶谈	王士禛(清)著,王廷抡(清)校,康熙庚辰(1700)夏五,临汀郡署授梓	26卷8册,中国木版本,27cm,上下单边,左右双边,19.1×13.8cm,有界,11行23字	手书刻序:康熙辛未(1691)秋 王士禛序,手书刻跋:汀州府知府(王)廷抡谨识,印记:金炳陆印 外多数	(中国文集、总集)812.8/6

续表

书名	出版事项	版式状况	一般事项	所藏番号
池北偶谈	王士禛(清)撰,文粹堂藏版	26卷10册,中国木版本,四周单边,匡郭:19.5×14.5cm,有界,11行23字,上黑鱼尾,下黑口	序:康熙辛未(1691)王士禛,印记:阮堂 金正喜印 秋史	812.8
池北偶谈	王士禛(清)撰,文粹堂藏版	26卷10册,中国木版本,四周单边,匡郭:19.5×14.5cm,有界,11行23字,上黑鱼尾,下黑口	序:康熙辛未(1691)王士禛,内容:卷1-4谈故,卷5-10谈献,卷11-19谈艺,卷20-26谈异	(默容室文库)812.8
稗史		172张,笔写本,28cm,10行29字,内外	目次:雪壑谀闻,荷潭野乘,紫海笔谈,荷潭破寂,宣庙中兴志,名分说,卷末:岁丁卯孟夏上瀚书	(贵重图书)[귀]884
秘书二十一种	汪士汉(清)编,康熙八年(1669)刊	20册,中国木版本,21.5×16.6cm,四周单边,匡郭:19.8×13.8cm,有界,10行20字,上黑鱼尾	内容:册1-2汲冢周书,册3-4吴越春秋,册5-6拾遗记,册7-8白虎通,册9-11山海经,册12-13博物志,册14桂海虞衡,博物记,册15高士传,册16剑侠传,册17楚史梼杌,册18竹书纪年,册19中华古今注,册20三坟,风俗通义,列仙传,集异记,续斋谐记	[고서중]082 왕사한
夜雨秋灯录	宣鼎(清)著,上海鸿文书局印行	6卷6册,中国石印本,有图,14cm	版心题:绣像夜雨秋灯录,印记:默容室藏书印外4种	812.38/13
两般秋雨庵随笔	梁绍壬(清)纂	65张(全8卷8册中零本),中国木版本,20cm,上下单边,左右双边,半郭:13×9.3cm,有界,9行21字,上下大黑口	印记:礼信文库	812.38/14

9. 成均馆大学校

唐代以前

书名	出版事项	版式状况	一般事项	所藏番号
山海经	毕沅(清)校正,浙江书局,光绪三年(1877)刻,后刷	18卷3册,中国木版本,24×19.7cm,左右双边,半郭:18×12.5cm,有界,9行21字,注双行,上黑鱼尾,纸质:竹纸	序:乾隆四十六年(1781)九月九日兵部侍郎兼都察院右副都御史巡抚陕西西安等处地方赞理军务兼理粮饷钦赐一品顶带毕沅撰,刊记:光绪三年(1877)浙江书局据毕氏灵岩山馆本校刻	D7C-32
绘图广注山海经	吴志伊(清)注,扫叶山房,光绪十年(1884)刊	4卷4册,中国木版本,有图,24×15.5cm,四周单边,半郭:20×13.5cm,有界,9行20字,注双行,上黑鱼尾,纸质:竹纸	序:光绪甲申年(1884)小春月吴县孙溪逸士校于扫叶山房,刊记:扫叶山房藏版	D7C-33
山海经笺疏	郝懿行(清)笺疏,上海还读楼,清光绪十二年(1886)刊	20卷4册,中国木版本,27.5×17cm,四周双边,半郭:18×13.5cm,有界,24行10字,注双行,上黑鱼尾,纸质:竹纸	书名:依里题,序:光绪丙戌(1886)五月上浣海上蔡尔康,刊记:光绪十二年(1886)六月下旬上海,还读楼校刊印行,所藏印:唐城后人	D7C-35
山海经广注杂述	吴志伊(清)注,朝鲜朝末期写	不分卷1册,笔写本,29×17.8cm,10行23字,注双行,纸质:楮纸	序:康熙五年(1666)仲冬朔旦钱塘王嗣槐撰	(晚溪)D7C-191
绘图历代神仙传	编者未详,扫叶山房,刊写者未详,清宣统元年(1909)刊	线装不分卷8册,中国石印本,19.9×13.1cm,四周双边 半郭:17.1×10cm,18行38字,上黑鱼尾,纸质:竹纸		B09FC-0039

续表

书名	出版事项	版式状况	一般事项	所藏番号
重增三教源流圣帝佛师搜神大全	干宝(晋)著,鼓出如林(清)重增,清朝末期刻,后刷	4卷3册,中国木版本,有图,18.4×12.6cm,四周单边,半郭:13.7×10cm,无界,10行24字,上黑鱼尾,纸质:竹纸	里题:绣像搜神记	D7C-97
世说新语	刘义庆(刘宋)撰,刘峻(梁)注,张懋辰(明)订,明朝末期刊	8卷4册,中国木版本,26.5×16.5cm,四周单边,半郭:21.2×14.2cm,有界,9行19字,注双行,上白鱼尾,纸质:竹纸	表题:世说,里题:陈太史增补古世说新语,序:万历庚辰(1580)秋吴郡王世懋书	D7C-46
世说新语	刘义庆(刘宋)撰,刘孝标(梁)注,湖北,崇文书局,光绪三年(1877)刊	6卷4册,中国木版本,27.1×17.3cm,四周双边,半郭:18.5×14cm,有界,12行24字,注双行,大黑口,内向鱼黑尾,纸质:竹纸	刊记:光绪三年(1877)三月湖北崇文书局开雕	D7C-46a
世说新语	刘义庆(刘宋)撰,刘孝标(梁)注,思贤讲舍,清光绪十七年(1891)刊	6卷6册,中国木版本,22.5×16.7cm,左右双边,半郭:17.4×12.8cm,有界,11行24字,注双行,大黑口上黑鱼尾,纸质:绵纸	表题:世说,里题:世说新语,序:嘉靖乙未岁(1535)立秋日吴郡袁褧撰,刊记:光绪十有七年(1891)思贤讲舍开雕	D7C-46b
世说新语	刘义庆(刘宋)撰,刘孝标(梁)注,长沙,光绪二十二年(1896)刊	6卷6册,中国木版本,21.6×14cm,四周单边,半郭:17.5×12cm,有界,10行20字,注双行,大黑口,上黑鱼尾,纸质:绵纸	序:嘉靖乙未岁(1535)立秋日吴郡袁褧撰,卷末:嘉靖乙未岁(1535)吴郡袁氏嘉趣堂重雕,刊记:光绪丙申(1896)七月重刊于长沙	D7C-46c

续表

书名	出版事项	版式状况	一般事项	所藏番号
世说新语补	刘义庆(刘宋)撰,何良俊(明)增补,王世贞(明)删定,显宗实录字版,肃宗年间刊	20卷7册,31×20cm,左右双边,半郭:22.8×15.6cm,有界,10行18字,注双行,内向黑鱼尾,纸质:楮纸	版心题:世说补,序:万历丙戌(1586)秋日沔阳陈文烛玉叔撰,所藏印:严汉重	D7C-47
世说新语补	刘义庆(刘宋)撰,刘孝标(梁)注,何良俊(明)增补,王世贞(明)删定,刘须溪(宋)纂辑,万历十四年(1586)刻,后刷	20卷10册,中国木版本,22.8×14.4cm,左右双边,半郭:18.5×12.6cm,有界,9行18字,注双行,上白,黑混合鱼尾,纸质:竹纸	版心题:世说补,补刻序:万历丙戌(1586)秋日沔阳陈文烛玉叔撰,刊记:梅墅石渠阁梓,所藏印:金氏尚熻,敬庵,王性淳印	D7C-47a
世说新语补	刘义庆(刘宋)撰,何良俊(明)增补,王世贞(明)删定,明朝末期刊	4卷1册,中国木版本,26.6×16.5cm,四周单边,半郭:21×14.2cm,有界,9行19字,注双行,上白鱼尾,纸质:竹纸	里题:世说,序:嘉靖丙辰(1556)季夏琅琊王世贞撰	D7C-47b
世说新语补	刘义庆(刘宋)撰,何良俊(明)增补,王世贞(明)删定,茂清书屋,乾隆二十七年(1762)刊	20卷8册,中国木版本,24×15.5cm,左右双边,半郭:17.5×12cm,有界,9行18字,注双行,上黑鱼尾,纸质:竹纸	表题:世说,里题:重订世说新语补,版心题:世说补,序:乾隆二十有七年壬午(1762)上元日崇明黄汝琳砥崖氏书于金阊津西之七桂楼,刊记:乾隆壬午(1762)春镌,茂清书屋藏版	D7C-47c

续表

书名	出版事项	版式状况	一般事项	所藏番号
世说新语补	刘义庆(刘宋)撰,何良俊(明)增补,王世贞(明)删定,茂清书屋,乾隆二十七年(1762)刊,后刷	20卷6册,中国木版本,23.5×15cm,左右双边,半郭:17.5×12cm,有界,9行18字,注双行,上黑鱼尾,纸质:竹纸	表题:世说,里题:重订世说新语补,版心题:世说补,序:乾隆二十有七年壬午(1762)上元日崇明黄汝琳砥崖氏书于金阊津西之七桂楼,刊记:乾隆壬午(1762)春镌,茂清书屋藏版,所藏印:尹氏致秀	D7C-47d
广博物志	董斯张(明)纂,高士煌,高晖堂,刊写者未详,万历三十五年(1607)刊	线装21卷11页,中国木版本,25.5×17.3cm,四周单边,半郭:20.5×14.5cm,有界,9行18字,上黑鱼尾,纸质:竹纸		C15-0080
博物志	刊写地,刊写者未详,朝鲜朝末期—日帝时代写	线装1册20页,行字数不定,23.1×18cm,纸质:楮纸		C15-0082

唐五代

书名	出版事项	版式状况	一般事项	所藏番号
唐段少卿酉阳杂俎	段成式(唐)撰,月城,成宗二十三年(1492)刻,后刷	20卷3册,朝鲜木版本,28×16.5cm,四周双边,半郭:17.6×12.5cm,有界,10行19字,大黑口,内向黑鱼尾,纸质:楮纸	版心题:俎,跋:募工刊于月城以广流布……弘治壬子(1492)腊前二日广原李士高识,备考:卷6-13纸页中央毁损	贵D7C-16

宋辽金元

书名	出版事项	版式状况	一般事项	所藏番号
正续太平广记	冯梦龙(明)辑,清朝年间刊	386卷33册,中国木版本,24.5×15.7cm,四周单边,半郭:19.2×13.5cm,有界,9行20字,上白鱼尾,纸质:竹纸	魏晋序:苕上野客漫题,唐人序:桃源居士,宋人序:壬申(?)春日桃源(缺),皇明序:甲戌(?)小寒日……石间沈廷松(明)	D7C-193
齐东野语	周密(宋)著,上海扫叶山房	20卷6册,中国石印本,19.9×13.3cm	标题纸:宋弁阳老人周密著 上海扫叶山房石印,序:(宋)周密,序:至元辛卯(1291)……(元)戴表元	C14B-0043

明代

书名	出版事项	版式状况	一般事项	所藏番号
皇明世说新语	李绍文(明)撰,朝鲜朝后期刊	8卷4册,朝鲜木版本,32.8×21.4cm,四周双边,半郭:18.7×15cm,有界,10行20字,注双行,上二叶花纹鱼尾,纸质:楮纸		B09FC-0029
玉壶冰	都穆(明)撰,朝鲜朝末期至日帝时代写	1册19页,笔写本,28.8×19.5cm,10行20字,纸质:楮纸		C14C-0028
西湖志余	田汝成(明)辑撰,姚靖增删,纯祖十三年(1813)书	1册56页,笔写本,32×18.8cm,纸质:楮纸		B16BC-0009

续表

书名	出版事项	版式状况	一般事项	所藏番号
野记	祝允明(明)纂,同治十三年(1874)刊	4卷2册,中国木版本,25.6×15cm,左右双边,半郭:18.5×13cm,有界,12行22字,注双行,上黑鱼尾,纸质:绵纸	序:玉笥山人毛文烨序,刊记:同治甲戌(1874)开雕元和祝氏藏版	D7C-76
说郛	陶宗仪(明)编,陶珽(明)重辑,宛委山堂,顺治四年(1647)序	121卷118册,中国木版本,23.2×15.7cm,左右双边,半郭:19.2×13.6cm,有界,9行20字,上白鱼尾,纸质:竹纸		C14D-0018
剪灯新话句解	瞿佑(明)著,垂胡子(朝鲜)集解,甲寅字覆刻版,肃宗三十年(1704)刊	2卷1册,30.2×21cm,四周单边,半郭:23×16.9cm,有界,10行18字,注双行,内向黑一二叶花纹鱼尾,纸质:楮纸	刊记:康熙四十三年甲申(1704)八月日开刊	D7C-91
剪灯新话句解	瞿佑(明)著,垂胡子(朝鲜)集解,武桥癸亥(?)刊	2卷2册,朝鲜木版本,24.8×19.1cm,四周单边,半郭:21.7×16.6cm,有界,12行20字,注双行,内向二叶花纹鱼尾,纸质:楮纸	刊记:癸亥(?)仲秋武桥新刊	D7C-91a
剪灯新话句解	瞿佑(明)著,垂胡子(朝鲜)集解,朝鲜朝后期刊	2卷2册,朝鲜木版本,30×19.3cm,四周单边,半郭:23.2×16cm,有界,11行20字,注双行,内向二叶花纹鱼尾,纸质:楮纸	版心题:剪灯	D7C-91b
剪灯新话句解	瞿佑(明)著,垂胡子(朝鲜)集解,朝鲜朝后期刻,后刷	1卷1册,朝鲜木版本,29.8×20.6cm,四周单边,半郭:20.8×17cm,有界,11行20字,注双行,内向黑鱼尾,纸质:楮纸		D7C-91c

续表

书名	出版事项	版式状况	一般事项	所藏番号
剪灯新话句解	瞿佑(明)著,垂胡子(朝鲜)集解,朝鲜朝后期刻,末期后刷	2卷2册,朝鲜木版本,30.4×20.8cm,四周单边,半郭:21.6×18.2cm,有界,12行18字,注双行,内向黑鱼尾,纸质:楮纸	版心题:剪灯新话	D7C-91d
剪灯新话句解	瞿佑(明)著,垂胡子(朝鲜)集解,朝鲜朝末期写	2卷2册,朝鲜笔写本,24.7×17.5cm,半郭:20×14cm,青丝栏,10行20字,注双行,纸质:楮纸	所藏印:上党人韩廖镐字伯游号小玉	D7C-91f
增补智囊补	冯梦龙(明)重辑,上海二酉山房,清光绪二十一年(1895)刊	28卷6册,中国石印本,16.8×10.1cm,四周单边,半郭:13.4×8.5cm,18行40字,上黑鱼尾,纸质:绵纸		C14C-0017b
增补智囊补	冯梦龙(明)重辑,张明弼等同阅,上海文盛书局,清宣统三年(1911)刊	28卷4册,中国石印本,19.7×13cm,四周单边,半郭:17.2×11cm,无界,18行字数不定,上黑鱼尾,纸质:绵纸		C14C-0017
新刻京台公余胜览国色天香	吴敬所(明)编辑,清朝后期刊	10卷8册,中国木版本,23×14.6cm,四周单边,半郭:21.4×13cm,有界,13行30字,上黑鱼尾,纸质:竹纸		D02C-0081

清代—民国初期

书名	出版事项	版式状况	一般事项	所藏番号
归田琐记	梁章钜(清)撰,北东园,道光二十五年(1845)刊	8卷4册,中国木版本,21.5×12.5cm,四周双边,半郭:17×10.5cm,有界,9行22字,上黑鱼尾,纸质:竹纸	序:道光二十五年(1845)冬十二月受业仁和许惇书谨撰,跋:道光二十五年(1845)许惇书谨跋,刊记:道光乙巳年(1845)刻,北东园藏版	D7C-3
宋艳	徐士銮(清)辑,光绪十九年(1893)	12卷6册,中国木版本,23.5×13.5cm,四周双边,半郭:13.2×6.4cm,有界,9行21字,注双行,大黑口,上黑鱼尾,纸质:竹纸	序:光绪辛卯(1891)秋八月友生杨光仪香吟氏序,序:光绪癸巳(1893)仲冬之十月上澣宗弟郙序,旧刊记:光绪辛卯(1891)冬十月刊,蝶园藏版	D7C-48
言情小说燕山外史	陈球(清)著,若骙子 辑注,叶璋(清)等 校字,上海海左书局,光绪三十二年(1906)刊	8卷4册,中国石印本,20×13.2cm,四周双边,半郭:17.9×11.5cm,有界,13行32字,注双行,上黑鱼尾,纸质:竹纸	标题:绣像全图注释燕山外史,版心题:注释燕山外史,序:嘉庆辛未(1811)仲冬 古横塘螟巢居士吴展成拜手题,刊记:光绪丙午(1906)上海海左书局石印	D7C-78
阅微草堂笔记	观弈道人(清)撰,同文堂校刊,羊城,咸丰二年(1852)刊	24卷12册,中国木版本,16×11.4cm,左右单边,半郭:13.3×9.5cm,有界,10行20字,上黑鱼尾,纸质:竹纸	序:道光丁未(1847)嘉平月既望小蓬莱山馆主人附识,刊记:咸丰二年(1852)羊城同文堂镌	D7C-79
聊斋志异	蒲松龄(清)著,王士正(清)评,乾隆五十年(1785)刻,后刷	16卷16册,中国木版本,19×11.7cm,左右双边,半郭:13×9.5cm,有界,7行15字,大黑口,纸质:竹纸	序:乾隆三十年岁次乙酉(1765)十一月 仁和余集撰,刊记:乾隆乙巳年(1785)重镌,清柯亭藏版	D7C-82

续表

书名	出版事项	版式状况	一般事项	所藏番号
右台仙馆笔记	俞樾(清)撰,清朝末期刊	16卷8册,中国木版本,24×15cm,四周单边,半郭:15.5×11cm,有界,10行21字,上黑鱼尾,纸质:竹纸	序:曲园居士(俞樾)自记	D7C-85
绘图萤窗异草全编	浩歌子(清)著,随园续评,柳桥重订,上海锦章图书局,光绪二年(1876)序	16卷8册(初编4卷,二编4卷,三编4卷,四编4卷),中国石印本,有图,20.5×13.5cm,四周双边,半郭:17.4×11.9cm,有界,21行42字,上黑鱼尾,纸质:竹纸	书名:依表题,初编序:光绪二年岁次丙子(1876)端阳节梅鹤山人序于海上鷦鷯一枝轩,刊记:上海,锦章图书局石印	D7C-122
山海经图说	毕沅(清)校正,图书集成局,清光绪二十三年(1897)刊	18卷4册,中国石印本,19.8×13.3cm,四周单边,半郭:15.6×11.1cm,有界,13行40字,注双行,内向黑鱼尾,纸质:竹纸	刊记:光绪二十三年(1897)图书集成局印	(曹元锡)D7C-34a
详注聊斋志异图咏	蒲松龄(清)撰,吕湛恩(清)注,上海天宝书局,宣统三年(1911)刊	16卷8册,中国石印本,20.3×13.6cm,四周单边,半郭:17.4×11.7cm,行字数不定,注双行,上黑鱼尾,纸质:竹纸	序:大清乾隆五年岁次庚申(1740)春日孙立德谨识,刊记:宣统三年(1911)上海天宝书局石印	(曹元锡)D7C-141
燕山外史	陈球(清)著,若骙子 辑注,清末民初刊	2卷2册,中国石印本,20×13.2cm,四周单边,半郭:17.4×11.5cm,16行38字,注双行,纸质:竹纸	序:光绪己卯(1879)仲冬嘉善戴咸弼拜撰	(曹元锡)D7C-162

续表

书名	出版事项	版式状况	一般事项	所藏番号
吴门画舫录	西溪山人(清)著,个中生(清)编,上海中华图书馆,清末—民国初刊	本录3卷,投赠3卷,合2册,中国石印本,19.9×13.2cm,四周双边,半郭:16.7×10.9cm,有界,16行37字,上黑鱼尾,纸质:绵纸	序:嘉庆壬申岁(1812)九月长洲宋翔凤书于江西行省之宿云花榭,刊记:上海中华图书馆印行	(曹元锡)D7C-165
绘图后聊斋志异	王紫诠(清)撰,中华图书馆,清光绪十年(1884)序	12卷6册,中国石印本,20.1×13.4cm,四周单边,半郭:17.1×9.9cm,16行40字,上黑鱼尾,纸质:竹纸	序:绘图后聊斋将以付于剞劂氏……光绪十年岁次甲申(1884)五月中瀚淞北逸民王韬自序,刊记:中华图书馆印行	(曹元锡)D7C-189
浪迹续谈	梁章钜(清)撰	线装8卷4册,中国木版本,21.5×12.4cm,四周双边,半郭:16.1×10.5cm,有界,9行22字,上黑鱼尾,纸质:竹纸		C14B-0006
啸亭杂录	昭梿(清)著,上海扫叶山房,清光绪二十七年(1901)刊	8卷3册,中国石印本,20×12.9cm,四周双边,半郭:17.4×10.9cm,有界,15行35字,上黑鱼尾,纸质:竹纸		D07C-0143
广博物志	董斯张(明)纂,高士煌,高晖堂,刊写者未详,万历三十五年(1607)刊	线装21卷11,中国木版本,25.5×17.3cm,四周单边,半郭:20.5×14.5cm,有界,9行18字,上黑鱼尾,纸质:竹纸		C15-0080
	詹詹外史(明)评辑,北京自强书局,清宣统元年(1909)刊	24卷6册,中国石印本,20.3×13.4cm,四周单边,半郭:17.1×11.5cm,行字数不定,头注,纸质:竹纸	刊记:宣统元年(1909)暮春北京自强书局石印	(曹元锡)D7C-182

续表

书名	出版事项	版式状况	一般事项	所藏番号
情史类略	詹詹外史(明)辑评,清朝年间刻,后刷	1卷1册(卷19),中国木版本,23.7×15.5cm,左右双边,半郭:19.2×13.9cm,有界,11行24字,头注,上黑鱼尾,纸质:竹纸	版心题:情史	D7C-168
新编评点古今情史类纂	编者未详,新小说社,清末民初刊	2卷1册(卷1-2),中国石印本,20.5×13.6cm,四周双边,半郭:17.2×11.8cm,有界,19行42字,上黑鱼尾,纸质:竹纸	刊记:新小说社印行	D7C-158
说铃	清康熙五十一年(1712)序	不分卷10册,中国木版本,25.8×16.4cm,左右双边,半郭:20.1×13.5cm,有界,11行25字,内向黑鱼尾,纸质:竹纸		C14D-0017
两般秋雨庵随笔	梁绍壬(清)纂,著易堂,刊写者未详,光绪十年(1884)刊	8卷4册,中国新铅活字本,17.1×10cm,四周双边,半郭:13×8.2cm,13行35字,上黑鱼尾,纸质:绵纸		C14B-0030
音释坐花志果	汪道鼎(清)著,樵者音释,上海科学编译书局	2卷2册,中国石印本,20.2×13.5cm,四周双边,半郭:17×11.4cm,无界,16行40字,上黑鱼尾,纸质:竹纸		C03-0035

10. 庆熙大学校

唐代以前

书名	出版事项	版式状况	一般事项	所藏番号
山海经	毕沅(清)注,刊写地未详,隆文书局,刊写年未详	18卷4册(卷1-18),中国石印本,20.3×13.3cm	刊记:甲子年春三月隆文书局石印	915.2-필 66 ㅅ
西京杂记	葛洪(晋)集,程荣(明)校,刊写地未详,明吴郡黄省曾,刊写年未详	6卷1册(卷1-6),27×17.6cm,四周单边,半郭:19.7×13.4cm,有界,9行20字,上下向白鱼尾	内容:西京杂记/葛洪,程荣……赵飞燕外传/黔玄:程荣……南方草木状/程荣	812.8-정 64 ㅅ
说苑	刘向(汉)撰,刊写地、刊写者、刊写年未详	20卷4册(卷1-20),新式活字本,19.5×13.2cm	刊记:中华民国元年鄂官书处重刊	181.2-유 93 ㅅ
世说	刊写地未详,刊写者未详,刊写年未详	1册,笔写本,21×14.5cm	셜명산실긔	812.8-세 64
世说新语	刘义庆(刘宋)撰,刘峻(梁)注,凌濛初(明)订,刊写地未详,刊写者未详,刊写年未详	6册(册1-6),中国木版本,26×16.3cm,上下单边,左右双边,半郭:19.5×12.2cm,有界,9行20字,部分双行,上下向黑鱼尾	内容:册1-4,世说新语……册5-6,世说新语补	812.31-유 67 ㅅ
世说新语	刘义庆(刘宋)著,刘孝标(梁)注,黄之寀(明)校,海易戴,1523年刊	6卷6册(卷1-6),19.7×13cm,四周双边,半郭:17.5×11.5cm,有界,小字15行35字,上下向黑鱼尾	内容-卷1:德行,言语 卷2:政事,文学 卷3:方正,雅量 卷4:赏誉 卷5:容止,自新 卷6:排调	812.31-유 68 ㅅ

续表

书名	出版事项	版式状况	一般事项	所藏番号
世说新语补	刘须溪(宋)注,三畏堂,肃宗三十四年(1708)刊	6卷6册(卷1-6),朝鲜活字本,24.5×15cm,上下单边,左右双边,半郭:19.5×13cm,有界,9行18字,上下向黑鱼尾	内容-卷1:言语 卷2:文学,政事 卷3:方正 卷4:赏誉 卷5:工艺 卷6:排调	819.8-유 56ㅅ
广博物志	董斯张(明)纂,刊写地未详,高晖堂,丁巳(1857)刊	50卷33册(卷1-50),25cm,四周单边,半郭:20×14cm,有界,9行18字,上下内向黑鱼尾		001-동 52ㄱ
王子年拾遗记	王嘉(晋)著,萧绮(梁)录,刊写地未详,刊写者未详,刊写年未详	10卷2册(卷1-10),中国木版本,27×17.8cm,上下单边,左右双边,半郭:19.4×13.4cm,有界,9行20字,上下向白鱼尾	版心题:拾遗记	812.8-왕 72
新序	刘向(前汉)选,湖北崇文书局,光绪元年(1875)刊	10卷2册(册1-2),27.5×17cm,四周双边,半郭:18.8×14cm,有界,12行24字,上下内向黑鱼尾		952.11-유 63ㅅ
列女传	刘向编撰,上海会文堂,刊写年未详	8卷1册(卷1-8),中国石印本,20cm	表题:列女传校读本	920.052-유 93ㄱ
列女传	刘向(汉)撰,上海,锦章图书局,刊写年未详	8卷4册,中国石印本,20.3×13.4cm,四周双边,半郭:17.4×11.6cm,有界,15行32字,注双行,上下向黑鱼尾,纸质:洋纸	题签:列女传读本,里题:校正列女传,刊记:上海锦章图书局印行,序:钱塘梁德绳楚生氏撰:编校馆阁书籍臣曾巩序	920.052-유 93ㅇ

续表

书名	出版事项	版式状况	一般事项	所藏番号
绘图典故列女全传	著者未详,中国,扫叶山房,宣统三年(1911)刊	4卷4册(卷1-4),有图,19.7×13.1cm,四周单边,半郭:16.5×11.3cm,有界,11行26字,上下向黑鱼尾		812.3-회 24

宋辽金元

书名	出版事项	版式状况	一般事项	所藏番号
鹤林玉露	罗大经(宋)撰	3卷3册,23.7×15.3cm,四周双边,半郭:18.1×11.1cm,有界,9行20字,上下向黑鱼尾		812.081-나 23ㅎ

明代

书名	出版事项	版式状况	一般事项	所藏番号
剪灯新话	瞿佑(明)著,沧洲(朝鲜)订正,垂胡子(朝鲜)集释	2卷2册(卷1-2),有图,朝鲜木版本,30.5×22.4cm,四周单边,半郭:22×18cm,有界,12行18字,注双行,上下内向黑鱼尾		812.3-구 66ㅈㄱ
剪灯新话句解	瞿佑(明)著,沧洲(朝鲜)订正,垂胡子(朝鲜)集释	1册(缺帙),朝鲜木版本,30.2×18.5cm,纸质:楮纸		812.3-구 66ㅈㅍ

续表

书名	出版事项	版式状况	一般事项	所藏番号
剪灯新话句解	瞿佑(明)著,沧洲(朝鲜)订正,垂胡子(朝鲜)集释	1册,28.2×18.7cm,四周单边,半郭:23.2×16cm,有界,11行字数不定,注双行,上下内向二叶花纹鱼尾,纸质:楮纸	版心题:剪灯	812.3-구 66 ㅈㄷ

清代—民国初期

书名	出版事项	版式状况	一般事项	所藏番号
余墨偶谈	孙枟(清)编,刊写地未详,双峰书屋,癸酉	8卷8册(卷1-8),中国木版本,15.9×9.7cm,上下单边,左右双边,半郭:10.5×7cm,有界,8行16字,大黑口,上下向黑鱼尾	刊记:癸酉孟冬刻于双峰书屋	812-손 66 ㅇ

11. 汉阳大学校

唐代以前

书名	出版事项	版式状况	一般事项	所藏番号
说苑新序	刘向(汉)撰,刊写地未详,刊写者未详,刊写年未详	5卷1册(全20卷4册中卷1-5),朝鲜笔写本,30.3×19.5cm,四周单边,半郭:20.6×15.5cm,有界,10行20字,上下内向二叶花纹鱼尾	版心书名:说苑,表纸书名:刘向说苑,说苑新叙序……嘉靖丁未(1547)……东海何良俊撰	181.12-유 926 ㅅㄱ-v.1
世说新语	刘义庆(刘宋)撰,刘孝标(梁)注,刊写地未详,刊写者未详,道光戊子(1828)刊	全36卷6册(1-6,4,卷1-36),中国木版本,25.4×17.9cm,四周单边,半郭:21.4×15.5cm,有界,11行21字,注双行,上黑口无鱼尾	版心书名:世说新语,表纸书名:世说,刊记:道光戊子(1828)……周心如,序:嘉靖乙未(1535)袁褧,世说旧跋:淳熙戊申(1188)陆游	812.34-유 678 ㅅㄴ-v.1-v.4,v.6

续表

书名	出版事项	版式状况	一般事项	所藏番号
世说新语	刘义庆(刘宋)撰,刘峻(梁)注,凌濛初(明)订	全36卷3册(5,卷下,上),木版本,25×15.2cm,左右双边,半郭:23×13.2cm,有界,9行20字,注双行,上内向黑鱼尾	表纸书名:世说新语,内容:卷下之上 容止,自新,企羡,伤逝,栖逸,贤媛,术解,巧艺,宠礼,任诞,简傲	812.34-유 678 ㅅㄷ-v.5
世说笺本	刊写地未详,刊写者未详,刊写年未详	1册,日本木版本,25.8×17.9cm,左右双边,半郭:22.8×13cm,有界,10行18字,上内向黑鱼尾	内容:卷13-14:豪爽外—,卷15-16:贤媛,术解,巧艺,宠礼,任诞—,卷17-18:任诞 外—,卷19-20:轻诋 外	812.34-세 5331-v.7-10
拾遗记	刊写地、刊写者、刊写年未详	1册,16.8×10.3cm		351.1325-습 66
新刻续博物志	李石(宋)编,胡文焕(明)校,刊写地、刊写者、刊写年未详	10卷1册,中国木版本,25.6×15.7cm,左右双边,半郭:19.7×12.7cm,有界,10行20字,上下内向白鱼尾	版心书名:续博物志,表纸书名:续博物志	031.2-이 532 ㅅ
列女传	刘向(汉)编纂,梁端(清)校注,上海,会文堂,宣统二年(1910)刊	全8卷4册(卷1-8),20.1×13.3cm,左右双边,半郭:15.3×10.4cm,有界,13行28字,上内向黑鱼尾	表纸书名:列女传校读本,刊记:据钱塘江氏振绮堂藏本校印,古列女传目录,序:曾巩,跋:同治十三年岁在甲戌(1874)嘉平月从子曾本谨跋,序:道光癸巳(1833)立秋日借闲 漫士汪适孙识,序:钱唐梁德绳,内容:卷1-2:目录,母仪传,贤明传,卷3-4:孽俸传,续传,卷5-6:仁智传,贞顺传,卷7-8:节义传,辩通传	920.052-유 926 ㅇ-v.1-4

明代

书名	出版事项	版式状况	一般事项	所藏番号
广博物志	董斯张(明)纂,刊写地未详,高晖堂,万历三十五年(1607)刊	册(卷18-23),中国木版本,25.7×16.2cm,四周单边,半郭:20.2×14.4cm,有界,9行18字,注双行,上向黑鱼尾	22门167子目	031.2-동 51 ㄱㄱ-v.1,3,4
广博物志	董斯张(明)纂,刊写地未详,高晖堂,万历三十五年(1607)刊	全50卷24册(卷20,25-27),中国木版本,25.7×16.2cm,四周单边,半郭:20.2×14.4cm,有界,9行18字,注双行,上下向黑鱼尾	22门167子目,内容:卷20:人伦,师友,卷25:形体,卷26-27:艺花1-2	031.2-동 51 ㄱㄱ-v.2,5,6
剪灯新话句解	瞿佑(明)著,沧洲(朝鲜)订正,垂胡子(朝鲜)集释,刊写地未详,刊写者未详,刊写年未详	2卷2册(卷上、下),朝鲜木版本,28.5×18.6cm,四周单边,半郭:23×16cm,有界,11行20字,注双行,上下内向二叶花纹鱼尾,纸质:楮纸	内容:册3,鲁颠传 外,内容:卷3-4,马伶传 外,卷7-8,书戚三郎事 外,卷9-10.剑侠传 外,卷11-12,过百龄传 外,卷13-14,曼殊别志书 外,卷15-16,记同梦 外,卷17-18,纪袁枢遇仙始末 外	812.35-구 65 ㅈㄱ-v.1 乾
剪灯新话句解	瞿佑(明)著,沧洲(朝鲜)订正,垂胡子(朝鲜)集释,刊写地未详,刊写者未详,刊写年未详	2卷2册(卷1-2),朝鲜木版本,28.6×19cm,四周单边,半郭:23×16cm,有界,11行20字,注双行,上下内向二叶花纹鱼尾,纸质:楮纸		812.35-구 65 ㅈㄱ-v.2 坤
剪灯新话句解	瞿佑(明)著,垂胡子(朝鲜)集释,刊写地未详,刊写者未详,刊写年未详	上、下2册(册1-2),笔写本,28.3×19.2cm,纸质:楮纸	口诀本(笔写),剪灯新话	812.35-구 65 ㅈ乾

清代—民国初期

书名	出版事项	版式状况	一般事项	所藏番号
阅微草堂笔记(滦阳消夏录)	纪昀(清)著,上海中华图书馆,刊写年未详	24卷6册(卷1-6),中国石印本,有图,20.1×13.3cm,四周双边,全郭:15.9×10.8cm,有界,14行32字,上内向黑鱼尾	序:嘉庆庚申(1800)八月 门人 北平 盛时彦 谨序	812.86-기 662 ㅇ-v.1
阅微草堂笔记(如是我闻)	纪昀(清)著,上海中华图书馆,刊写年未详	24卷6册(卷7-10),中国石印本,有图,20.1×13.3cm,四周双边,全郭:15.9×10.8cm,有界,14行32字,上内向黑鱼尾	序:嘉庆庚申(1800)八月 门人 北平 盛时彦 谨序	812.86-기 732 ㅇ-v.2
阅微草堂笔记(槐西杂志)	纪昀(清)著,上海中华图书馆,刊写年未详	24卷6册(卷11-12),中国石印本,有图,20.1×13.3cm,四周双边,全郭:15.9×10.8cm,有界,14行32字,上内向黑鱼尾	序:嘉庆庚申(1800)八月 门人 北平 盛时彦 谨序	812.86-기 732 ㅇ-v.3
阅微草堂笔记(槐西杂志)	纪昀(清)著,上海中华图书馆,刊写年未详	24卷6册(卷12-14),中国石印本,有图,20.1×13.3cm,四周双边,全郭:15.9×10.8cm,有界,14行32字,上内向黑鱼尾	序:嘉庆庚申(1800)八月 门人 北平 盛时彦 谨序	812.86-기 732 ㅇ-v.4
阅微草堂笔记(姑妄听之)	纪昀(清)著,上海中华图书馆,刊写年未详	24卷6册(卷15-18),中国石印本,有图,20.1×13.3cm,四周双边,全郭:15.9×10.8cm,有界,14行32字,上内向黑鱼尾	序:嘉庆庚申(1800)八月 门人 北平 盛时彦 谨序	812.86-기 732 ㅇ-v.5

续表

书名	出版事项	版式状况	一般事项	所藏番号
阅微草堂笔记(滦阳续录)	纪昀(清)著,上海中华图书馆,刊写年未详	24卷6册(卷19-24),中国石印本,有图,20.1×13.3cm,四周双边,全郭:15.9×10.8cm,有界,14行32字,上内向黑鱼尾	序:嘉庆庚申(1800)八月门人 北平 盛时彦 谨序	812.86-기 732 ㅇ-v.6
虞初新志	张潮(清)辑,荒井公廉(日本)训点,刊写地未详,刊写者未详,刊写年未详	全20卷10册(3,卷5-6),日本木版本,26×17.8cm,四周单边,半郭:18.5×12.5cm,有界,9行20字,注双行,上内向黑鱼尾	内容:册3,鲁颠传 外	812.36-장 74 ㅇ-v.3
虞初新志	张潮(清)辑,荒井公廉(日本)训点	全20卷10册(1-10,卷1-20),日本木版本,26×17.8cm,四周单边,半郭:18.5×12.5cm,有界,9行20字,注双行,上内向黑鱼尾	内容:册3,鲁颠传 外,内容:卷3-4,马伶传 外,卷7-8,书戚三郎事 外,卷9-10,剑侠传 外,卷11-12,过百龄传 外,卷13-14,曼殊别志书 外,卷15-16,记同梦 外,卷17-18,纪袁枢遇仙始末 外	812.36-장 74 ㅇ-v.2,4-9
新齐谐(子不语)	袁枚(清)撰,上海锦章图书局,刊写年未详	8卷8册(初集 卷2,3,5),中国石印本,有图,20.2×13.4cm,四周双边,半郭:17.3×11.9cm,有界,21行45字,上内向黑鱼尾	里表纸书名:绘图正续子不语,版心书名:新齐谐初集	812.36-원 418 ㅅ-v.2,3,5
新齐谐(子不语)	袁枚(清)撰,上海锦章图书局,刊写年未详	1卷1册(初集 卷1,4),中国石印本,有图,20.2×13.4cm,四周双边,半郭:17.3×11.9cm,有界,21行45字,上内向黑鱼尾	里表纸书名:绘图正续子不语,版心书名:新齐谐初集(卷4),新齐谐续集(卷1)	812.36-원 418 ㅅ-v.1,4

续表

书名	出版事项	版式状况	一般事项	所藏番号
新齐谐(子不语)	袁枚(清)撰,上海锦章图书局,刊写年未详	8卷8册(续集 卷上),中国石印本,有图,20.2×13.4cm,四周双边,半郭:17.3×11.9cm,有界,21行45字,上内向黑鱼尾	里表纸书名:绘图正续子不语,版心书名:新齐谐续集	812.36-원 418 ㅅ-v.6,8
新齐谐(子不语)	袁枚(清)撰,上海锦章图书局,刊写年未详	1卷1册(续集 卷中),中国石印本,有图,20.2×13.4cm,四周双边,半郭:17.3×11.9cm,有界,21行45字,上内向黑鱼尾	里表纸书名:绘图正续子不语,版心书名:新齐谐续集	812.36-원 418 ㅅ-v.7
萤窗异草全编	长白浩歌子(清)著,随园老人(清)续评,柳桥居士(清)重订,上海锦章图书局,光绪丁丑(1877)序	2卷1册[4编(1),全16卷8册,卷1-2],中国石印本,有图,20.2×13.4cm,四周双边,半郭:17.3×11.8cm,有界,21行42字,上内向黑鱼尾	版心书名:绘图萤窗异草初编,刊记:英界棋盘街上海锦章图书局石印,序:光绪丁丑(1877)山阴悟痴生识	812.85-장 4182 ㅎ-v.7
萤窗异草全编	长白浩歌子(清)著,随园老人(清)续评,柳桥居士(清)重订,上海锦章图书局,光绪二年(1876)序	全16卷8册(卷1-16),中国石印本,有图,20.2×13.4cm,四周双边,半郭:17.3×11.8cm,有界,21行42字,上内向黑鱼尾	版心书名:绘图萤窗异草初编,刊记:英界棋盘街上海锦章图书局石印,序:光绪二年岁次丙子(1876)梅鹤山人	812.85-장 4182 ㅎ-v.4-6,8
萤窗异草全编	长白浩歌子(清)著,随园老人(清)续评,柳桥居士(清)重订,上海锦章图书局,光绪二年(1876)序	2卷1册(2编(1),全16卷8册,卷1-2),中国石印本,有图,20.2×13.4cm,四周双边,半郭:17.3×11.8cm,有界,21行42字,上内向黑鱼尾	版心书名:绘图萤窗异草初编,刊记:英界棋盘街上海锦章图书局石印,序:光绪二年岁次丙子(1876)梅鹤山人	812.85-장 4182 ㅎ-v.3

续表

书名	出版事项	版式状况	一般事项	所藏番号
萤窗异草全编	长白浩歌子(清)著,随园老人(清)续评,柳桥居士(清)重订,上海锦章图书局,光绪二年(1876)序	2卷1册(全16卷8册),中国石印本,有图,20.2×13.4cm,四周单边,半郭:17.3×11.8cm,有界,21行42字,上内向黑鱼尾	版心书名:绘图萤窗异草初编,刊记:英界棋盘街上海锦章图书局石印,序:光绪二年岁次丙子(1876)梅鹤山人	812.85-장4182 ㅎ-v.1

12. 西江大学校

唐代以前

书名	出版事项	版式状况	一般事项	所藏番号
列女传	刘向(汉)撰,梁端(清)校注,上海锦章图书局,刊写年未详	8卷4册,中国石印本,20.3×13.3cm,四周双边,半郭:17.3×11.6cm,有界,15行32字,注双行,上下向黑鱼尾	标题:校正列女传读本,表题:列女传读本,刊记:上海锦章图书局石印	[고서]열214v.1-4

明代

书名	出版事项	版式状况	一般事项	所藏番号
剪灯新话句解	瞿佑(明)著,沧洲(朝鲜)订正,垂胡子(朝鲜)集释	2卷1册,朝鲜木版本,30.2×19.7cm,四周单边,半郭:23×15.9cm,有界,11行20字,注双行,上下内向二叶花纹鱼尾	版心题:剪灯	[고서]전228

续表

书名	出版事项	版式状况	一般事项	所藏番号
전등신화	瞿佑(明)著,刊写地未详,刊写者未详,刊写年未详	1卷1册(全5册),笔写本,29.7×21.5cm,无界,10行22字内外,无鱼尾,纸质:壮纸	表题:剪灯新话,韩文本	[고서]전228v.2
剪灯新话句解	瞿佑(明)著,沧洲(朝鲜)订正,垂胡子(朝鲜)集释,刊写地未详,刊写者未详,刊写年未详	2卷1册,朝鲜木版本,30.2×19.7cm,四周单边,半郭:23×15.9cm,有界,11行20字,注双行,上下内向二叶花纹鱼尾	版心题:剪灯	[고서]전228
전등신화	瞿佑(明)著,刊写地未详,刊写者未详,刊写年未详	1卷1册(全5册),笔写本,29.7×21.5cm,无界,10行22字,内外无鱼尾,纸质:壮纸	表题:剪灯新话,韩文本	[고서]전228v.2

13. 梨花女子大学校

唐代以前

书名	出版事项	版式状况	一般事项	所藏番号
广博物志	董斯张(明)编,刊写年未详	1册,零本,中国石印本,24.5×16cm,四周单边,半郭:20×15cm,有界,9行22字,小字双行,上黑鱼尾	内容:卷46,外缺	[고]812.8 동61
世说新语补	刘义庆(刘宋)编,刊写年未详	9卷2册,中国木活字本,31.5×20.5cm,四周双边,半郭:23×17cm,有界,10行17字,上下花纹鱼尾	序:万历丙戌(1586)沔阳陈文烛玉叔撰,版心书名:世说补,表纸书名:世说新语	[고]811.085 유78

续表

书名	出版事项	版式状况	一般事项	所藏番号
世说新语・世说新语补	刘义庆(刘宋)编,刊写年未详	11册(缺本),中国木活字本,26×15.5cm,上下单边,左右双边,半郭:23.5×12.8cm,有界,9行24字,注双行,上黑鱼尾	内容:第1-10册,外缺	[고]811.085 유78a

宋辽金元

书名	出版事项	版式状况	一般事项	所藏番号
太平广记	李昉监修	47册(零本),中国石印本,25×16cm,四周单边,半郭:19×14cm,有界,9行20字,上白鱼尾	内容:第45册,外缺	[고]812.08 태854

明代

书名	出版事项	版式状况	一般事项	所藏番号
山中一夕话	李卓吾(明)编	7卷4册,新集7卷2册,共6册,22×14cm,四周单边,半郭:19×13cm,有界,8行18字,上黑鱼尾		812.308-이841 ㅅ-1-6
剪灯新话	瞿佑(明)著,刊写年未详	2卷2册(缺本),29.5×21.2cm,四周单边,半郭:23×16.2cm,有界,11行20字,小字双行,上下花纹鱼尾	内容:第2册,卷下,外缺	[고]812.8 구77
稗海	商濬(明)编,刊写年未详	1册(14页),笔写本,16×13cm,四周单边,半郭:12.3×10.3cm,有界,16行16字	表纸书名:三山日记	[고]812.8 비92

续表

书名	出版事项	版式状况	一般事项	所藏番号
古今说海	陆楫(明)著,北京集成图书公司,宣统元年(1909)刊	142卷12册(卷1-142),中国版本,有图,19.7×13.5cm,四周双边,半郭:16.2×10.4cm,无界,13行32字,无鱼尾	序:嘉靖甲辰岁(1544)夏四月朔,重刻序:陆楫宣统元年(1909)	952-육 818-1-12
西湖游览志	田汝成(明)辑撰,刊写地未详,刊写者未详,刊写年未详	21卷5册(全26卷6册,卷1-4,10-26),笔写本,四周单边,半郭:19.5×15cm,有界,11行20字,上下花纹鱼尾		915.2-전 74-1,3-6

清代至民国初期

书名	出版事项	版式状况	一般事项	所藏番号
萤窗异草	长白浩歌子(清)著,上海锦章图书局,光绪二年(1876)序	16卷8册,中国石印本,有图(8页),20.5×13.5cm,四周双边,半郭:17.3×12.3cm,有界,28行42字,上黑鱼尾	序:光绪二年(1876)梅鹤山人	[고]812.3 장 52
虞初新志	张潮(清)编,刊写年未详	20卷10册,中国石印本,16×10.7cm,四周双边,半郭:10.5×9.2cm,无界,9行20字,上黑鱼尾	序:康熙癸亥(1683)新秋心斋张潮	[고]812.8 장 815
详注聊斋志异图咏	蒲松龄(清)著,吕湛恩(清)注,上海章福记书局,光绪三十三年(1907)刊	16卷8册,中国石印本,20×13.5cm,有图(38页),四周双边,半郭:16.8×12cm,无界,30行45字,上黑鱼尾		[고]812.3 포 65

14. 建国大学校

唐代以前

书名	出版事项	版式状况	一般事项	所藏番号
世说	刊写年未详	1 册(76 页),笔写本,30 × 19cm, 半郭: 24.5 × 14cm,11 行不同		[고] 081
世说新语	刘义庆(刘宋)撰,刘孝标(梁)注,刊写年未详	1 册(零本),中国活字本,25.5×18cm,四周单边,半郭:21.7×15.3cm,无界,11 行 21 字,上内向长花黑鱼尾		[고] 924
世说新语补	刘义庆(刘宋)编,肃宗三十四年(1708)刊	1 册(零本),朝鲜古活字本(显宗实录字),32×20cm,四周单边,半郭:22.7×15.3cm,10 行 18 字,上下花纹鱼尾,纸质:楮纸		[고] 924
	刘义庆(刘宋)撰,刘孝标(梁)注,何良俊(明)增,王世贞(明)删定,刊地未详,刊者未详,肃宗三十四年(1708)刊	3 卷 1 册(零本 3 册,卷 13-16),金属活字本(显宗实录字),31.4×19.5cm,四周单边,半郭:22.8×15.5cm,有界,10 行 18 字,注双行,上下内向黑鱼尾	版心题:世说补,文化财登录番号:140 号	[고] 812.38-유 68 ㅅ-2-13-16
	刘义庆(刘宋)撰,刘孝标(梁)注,刘辰翁(宋)批,何良俊(明)增,王世贞(明)删定,王世懋(明)批释,钟惺(明)批点,张文柱(明)校注	20 卷 5 册(册仁,义,礼,智,信),金属活字本(显宗实录字),31×20cm,四周单边,半郭:23×15.5cm,有界,10 行字数不定,上下向黑鱼尾,纸质:楮纸	表题:世说新语,序:嘉靖丙辰(1556)……王世贞撰,万历庚辰(1580)……王世懋撰……乙酉(1585)世懋识……万历丙戌(1586)……陈文烛撰,旧序:嘉靖乙未(1535)……袁褧撰	[고] 812.34-유 68 ㅅ-2

续表

书名	出版事项	版式状况	一般事项	所藏番号
世说新语姓汇韵分	刊写地未详,刊写者未详,刊写年未详	8卷4册(缺帙,卷1-8),朝鲜木活字本(训练都监字),30.7×19.5cm,四周单边,半郭:21.8×14.5cm,有界,10行18字,注双行,上下内向二叶花纹鱼尾,纸质:楮纸	文化财登录番号:139号,世说新语补序:嘉靖丙辰(1556)季夏琅琊王世贞撰,旧序:嘉靖乙未(1535)立秋日吴郡袁褧撰,书记:崇祯后戊戌(1658)七月买得以为传家……	[고] 812.34-세 53
		4卷2册,朝鲜木活字本(训练都监字),30.8×19.5cm,四周单边,半郭:22×14.6cm,有界,10行18字,上下内向 二叶花纹鱼尾,纸质:楮纸	版心题:世说,纸题:世说新语,文化财登录番号:139号,卷首:世说新语补,序:嘉靖丙辰(1556)……王世贞,旧序:嘉靖乙未(1535)……袁褧撰	[고] 812.38-세 53,1-53
典故列女全传	晓星樵人(清)复校重刊,刊写年未详	1册,中国木版本,23.1×15.5cm,四周单边,半郭:19.3×13.2cm,有界,9行17字,头注,上内向黑鱼尾		[고] 159.2

明代

书名	出版事项	版式状况	一般事项	所藏番号
剪灯新话	瞿佑(明)著,胡子昂集释	2卷2册,中国木版本,28×18cm,四周单边,半郭:23×15.7cm,11行20字,上下花纹鱼尾		[고] 923.5
	瞿佑(明)著,沧洲(朝鲜)订正,垂胡子(朝鲜)集释	2卷2册,中国木版本,28×20cm,四周单边,半郭:21.5×16.8cm,11行20字,上下花纹鱼尾	注记:下卷笔写本	[고] 923.5

续表

书名	出版事项	版式状况	一般事项	所藏番号
剪灯新话句解	瞿佑(明)著,刊写年未详	1册(零本),朝鲜木版本,26×18.7cm,四周单边,半郭:23.2×16cm,有界,11行19字,注双行,上下内向花纹鱼尾		[고] 923.5
		1册(零本),朝鲜木版本,27.2×19.8cm,四周单边,半郭:21×17cm,有界,11行20字,注双行,上内向黑鱼尾		[고] 923.5
	瞿佑(明)著,刊写年未详	2卷2册,朝鲜木版本,28×19cm,四周单边,半郭:22.8×15.7cm,11行21字,上下花纹鱼尾		[고] 923.5
	瞿佑(明)著,沧洲(朝鲜)订,刊写年未详	2卷2册,朝鲜木版本,31×20cm,四周单边,14行25字,上黑鱼尾		[고] 148.8

15. 东国大学校

唐代以前

书名	出版事项	版式状况	一般事项	所藏番号
山海经	郭璞(晋)传,吴任臣(清)注,刊写者未详,朝鲜朝后期写	不分卷1册(34页),朝鲜笔写本,25.8×16.3cm,无界,10行25字,注双行,纸质:楮纸		D819.32 곽41ㅅ

续表

书名	出版事项	版式状况	一般事项	所藏番号
世说新语补	刘义庆(刘宋)撰,刘孝标(梁)注,刘辰翁(宋)批,何良俊(明)增,张文柱(明)校注,刊写者未详,肃宗三十四年(1708)刊	9卷2册(零本,卷1-5,10-13),金属活字本(显宗实录字),31.3×20.5cm,四周双边,半郭:24.9×16.2cm,有界,10行18字,头注 注双行,内向二叶花纹鱼尾,纸质:楮纸	跋:长洲陆师道撰,序:嘉靖丙辰(1556)季夏……王世贞撰	D819.8 유 68 ㅅ
世说笺本	刘义庆(刘宋)撰,刘孝标(梁)注,尾张泰士铉(日本)校读,刊写者未详,文政九年(1826)刊	20卷10册,日本木版本,28×18.9cm,左右双边,上下单边,半郭:22×13.1cm,有界,2段10行18字,注双行,上栏小字头注,上内向黑鱼尾,纸质:和纸	序题:世说新语,补序:嘉靖丙辰(1556)季夏……王世贞撰,序:万历丙戌(1586)……陈文烛玉叔撰,刊记:文政丙戌(1826)春新刊	도전 D819.8 유 68 ㅅㅁ

明代

书名	出版事项	版式状况	一般事项	所藏番号
两山墨谈	陈霆(明)著,李锡龄(清)校刊,长沙,惜阴轩,光绪二十二年(1896)刊	18卷3册,中国木版本,24.1×15cm,四周单边,半郭:17.8×12.1cm,有界,10行22字,注双行,上下中黑口,上内向黑鱼尾,纸质:竹纸	惜阴轩丛书,序:嘉靖己亥(1539)岁仲春……李檗(明)拜书,道光己亥(1839)仲春……李锡龄(清)识于惜阴轩,跋:嘉靖己亥(1539)春正月吉旦陈霆(明)书,刊记:光绪丙申(1896)七月重刊于长沙	도전 D819.35 진 73 ㅇ
剪灯新话句解	瞿佑(明)著,沧洲(朝鲜)订正,垂胡子(朝鲜)集释,刊写者未详,朝鲜朝后期刊	2卷2册,朝鲜木版本,28×18cm,四周单边,半郭:23×15.8cm,有界,11行20字,注双行,内向二叶花纹鱼尾,纸质:楮纸	表题:剪灯新话	D819.35 구 67 ㅈ

续表

书名	出版事项	版式状况	一般事项	所藏番号
剪灯新话句解	瞿佑(明)著,沧洲(朝鲜)订正,垂胡子(朝鲜)集释,刊写者未详,朝鲜朝后期刊	1卷1册(零本,卷下),朝鲜木版本,27.8×20cm,四周单边,半郭:21×17.2cm,有界,11行20字,注双行,内向二叶花纹鱼尾,纸质:楮纸	表题:剪灯新话	D819.35 구67 ㅈ2
剪灯新话句解	瞿佑(明)著,沧洲(朝鲜)订正,垂胡子(朝鲜)集释,刊写者未详,朝鲜朝后期刊	2卷2册,朝鲜木版本,30×20.5cm,四周单边,半郭:21.5×18.2cm,有界,12行18字,注双行,间混黑口,内向黑鱼尾,纸质:楮纸	表题:剪灯新话	D819.35 구67 ㅈ3
野记	祝允明(明)纂,中国,元和祝氏藏,光绪元年(1875)刊	4卷2册,中国石印本,26×15.5cm,左右双边,半郭:18.8×12.8cm,有界,12行22字,上内向黑鱼尾,纸质:竹纸	刊记:同治甲戌(1875)开雕元和祝氏藏板	도전 D952.004-축67 ㅇ-v.1-2

清代—民国初期

书名	出版事项	版式状况	一般事项	所藏番号
(详注)聊斋志异图咏	蒲松龄(清)著,吕湛恩(清)注,上海章福记,宣统二年(1910)刊	16卷16册,中国石印本,有图,20.2×13.4cm,四周双边,半郭:16.2×11.7cm,无界,16行36字,头注,注双行,上内向黑鱼尾,纸质:竹纸	标题:绘图详注加批聊斋志异,版心题:详注聊斋志异,原序:大清乾隆五年岁次庚申(1740)春日孙立德识,刊记:宣统庚戌年(1910)季秋上海章福记印行	D819.36 포55 요

续表

书名	出版事项	版式状况	一般事项	所藏番号
聊斋志异新评	蒲松龄(清)著,王士正(清)评,但明伦(清)新评,上海扫叶山房,光绪九年(1883)刊	1卷1册(卷1),中国石印本,19.2×12.3cm,左右双边,半郭:12.8×10cm,无界,9行21字,头注,注双行,上下中黑口,纸质:绵纸	序(奉):乾隆三十年岁次乙酉(1765)十一月仁和余集撰,刊记:光绪九年(1883)癸未春正月扫叶山房印行	D819.36 포55ㅇ왕

东国大学校-경주캠퍼스

唐代以前

书名	出版事项	版式状况	一般事项	所藏番号
山海经	郭璞(晋)注,吴志伊(清)注,刊写地未详,扫叶山房,1884年刊	4卷4册(卷1),中国石印本,有图,23.5×15.4cm,四周双边,半郭:20×14.1cm,有界,9行20字,注双行,上下向黑鱼尾	书名:卷首题,序题:山海经原序,序题:重修山海经注后序,版心题:山海经,表题:山海经(一),注:吴志伊,序:光绪甲申年小 春月吴县孙溪逸士校于扫叶山房,原序:晋记室参军郭璞撰	D981.2-곽41,v.1/v.2/v.3/v.4
世说新语	刘义庆(刘宋)撰,刊写地未详,刊写者未详,朝鲜朝后期刊	6卷6册(册1-6),笔写本,22.2×14.6cm,纸质:楮纸	书名:卷首题,序题:刻世说新语序,表题:世说(第一),序:吴郡袁褧撰	D823.4-유68,v.1-6

明代

书名	出版事项	版式状况	一般事项	所藏番号
剪灯新话句解	瞿佑(明)著,沧洲(朝鲜)订正,垂胡子(朝鲜)集释,刊写地未详,刊写者未详,朝鲜朝后期刊	1册(上),朝鲜木版本,28.3×21.5cm,四周单边,半郭:22×17.9cm,有界,12行18字,注双行,无鱼尾,纸质:楮纸	书名:卷首题	D823.5-구671

续表

书名	出版事项	版式状况	一般事项	所藏番号
剪灯新话句解	瞿佑(明)著,沧洲(朝鲜)订正,垂胡子(朝鲜)集释,刊写地未详,刊写者未详,刊写年未详	2卷2册(卷1-2),朝鲜木版本,28.6×19cm,四周单边,半郭:23×16cm,有界,11行20字,注双行,无鱼尾,纸质:楮纸	书名:卷首题	D813-전 94
绘图情史	上海书局,1911年刊	24卷6册,1函6册(布匣本),1-6(卷1-24),中国石印本,有图,20.2×13.4cm,四周双边,半郭:16.3×11.2cm,上下向黑鱼尾	书名:卷首题,序题:情史序,版心题:绘图情史,表题:绘图情史,序:吴人龙子犹叙	D912.0094-회 25 v.1-v.6

16. 檀国大学校

唐代以前

书名	出版事项	版式状况	一般事项	所藏处/所藏番号
燕丹子	孙星衍(清)校,上海中华书局	2卷1册,20.5×13.2cm		竹田退溪图书馆 고 991.2-연 655
说苑	刘向(汉)撰,湖北崇文书局,光绪元年(1875)	20卷4册,中国木版本,27×17.5cm		竹田退溪图书馆 IOS 고 152.32-양 524 ㅅ
世说新语	刘义庆(刘宋)著,刊写地未详,长沙,光绪二十二年(1896)	6卷2册,中国木版本,24.9×15cm,四周单边,半郭:19.8×13cm,有界,9行18字,注双行,上下向黑鱼尾	序:……嘉靖乙未岁(1535)……吴郡袁褧撰,刊记:光绪丙申(1896)七月重刊于长沙	竹田退溪图书馆 878.4-유 294 ㅅ

续表

书名	出版事项	版式状况	一般事项	所藏处/所藏番号
世说抄	刘义庆(刘宋)撰,刊写地未详,刊写者未详,刊写年未详	1册(85张),笔写本,22.2×16.2cm		竹田退溪图书馆 IOS,고823.4-유294사
新序	刘向(汉)撰,湖北崇文书局,光绪元年(1875)	10卷2册,中国木版本,27×17.5cm		竹田退溪图书馆 IOS, 고152. 32-유317ㅅ
列女传	刘向(汉)编,梁端(清)校注,上海会文堂,1833年	8卷4册(卷1-8),中国石印本,20.3×13.5cm		竹田退溪图书馆 IOS,고990.84-유317ㅇ
列女传	刘向(汉)撰,上海会文堂,同治十一年(1872)刊	8卷4册(卷1-8),中国石印本,20×14cm		竹田退溪图书馆 IOS,고990.84-유317ㅇ
刘向说苑纂注	刘向(汉),尾洲(日本),永乐室东西郎,宽政五年(1461)	东装册,27cm		竹田退溪图书馆 고 183.32-유317ㅇ
山海经	郭璞(晋)传,中国,刊写者未详,光绪二十三年(1897)	18卷1册(卷1-18),中国石印本,20.1×13.3cm,四周单边,半郭:15.5×10.8cm,有界,13行40字,注双行,内向黑鱼尾		竹田退溪图书馆 398.20953-곽964ㅅ
오월춘추	赵晔(汉)撰	1册(15张),笔写本,31.4×16.3cm,无界,13行字数不定,纸质:楮纸	表题:吴越春秋	天安栗谷图书馆 고 853.5-오869

续表

书名	出版事项	版式状况	一般事项	所藏处/所藏番号
世说新语	刘义庆(刘宋)撰,刘孝标(梁)注,刊写地、刊写者、刊写年未详	2卷1册(零本),笔写本,21.1×13.6cm,无界,10行字数不定	表题:世说,序:万历乙酉(1609)……吴郡袁褧	天安栗谷图书馆 罗孙文库 고 878.4-왕 984 ㅅ-乾
世说新语补	刘义庆(刘宋)撰,刘孝标(梁)注,刊写地未详,刊写者未详,刊写年未详	17卷6册(零本,卷1-20),中国木活字本,30.6×19.7cm,上下单边,左右双边,半郭:22.9×15.4cm,有界,10行18字,注双行,上下内向黑鱼尾	版心题:世说补,表题:世说补,序:嘉靖丙辰(1556)…… 王世贞,序:万历丙戌(1586)……陈文烛	天安栗谷图书馆 罗孙文库 고 878.4-유 294 ㅅ
山海经	郭璞(晋)注,吴中衍(明)校,刊写地、刊写者、刊写年未详	18卷1册(99页),笔写本,18.5×15.3cm,无界,11行27字,纸质:楮纸	表题:山海经抄,序:康熙六年(1667)……吴任臣	天安栗谷图书馆 秋汀文库 고 912.53-곽 964 ㅅ

唐五代

书名	出版事项	版式状况	一般事项	所藏处/所藏番号
古押衙(刘无双传)	高宗十六年(1879)刊	线装1册(37页)韩文笔写本,23×12cm,四周双边,半郭:18×9.8cm,乌丝栏,6行字数不定	表题:传奇,附:裴铏,红线,卷末:岁在己卯三月侄世本七十一岁书(金东旭所藏),翻译:16世纪后半期—18世纪前半期推定	天安栗谷图书馆 고 853.5-고 817
酉阳杂俎	段成式(唐)撰,刊写地未详,刊写者未详,刊写年未详	12卷2册(缺帙,卷1-12),24.1×15.7cm,四周双边,半郭:18.1×12.8cm,有界,9行24字,注双行,花口,内向二叶花纹鱼尾	表题(记):临川李穆堂辑 酉阳杂俎 本衙藏板,……序:段成式	竹田退溪图书馆 873-단 258 ㅇ

续表

书名	出版事项	版式状况	一般事项	所藏处/所藏番号
酉阳杂俎	刊写地、刊写者、刊写年未详	8卷2册(缺帙,卷13-20),23.9×15.6cm,四周双边,半郭:18.1×12.8cm,有界,9行24字,花口,内向二叶花纹鱼尾		竹田退溪图书馆 873-유 285

宋辽金元

书名	出版事项	版式状况	一般事项	所藏处/所藏番号
太平广记	李昉(宋)等奉敕撰,刊写地未详,刊写者未详,刊写年未详	6册(缺本),中国木版本,17×11cm		竹田退溪图书馆 IOS,고 823.4-이 712 ㅌ
太平广记	刊写地未详,刊写者未详,刊写年未详	81卷11册(全500卷40册,所藏卷164-244),中国木版本,16.1×10.8cm,四周双边,半郭:11.3×8.4cm,有界,12行22字,注双行,花口,上下向黑鱼尾		竹田退溪图书馆 873.4-황 812 ㅌ

明代

书名	出版事项	版式状况	一般事项	所藏处/所藏番号
剪灯新话	瞿佑(明)著,刊写地未详,刊写者未详,刊写年未详	2卷2册(卷1-2),木版本,16.9×10.8cm,四周单边,半郭:12.9×9cm,有界,9行17字,黑口,上下向黑鱼尾		竹田退溪图书馆 873.5-구 173 ㅈ

续表

书名	出版事项	版式状况	一般事项	所藏处/所藏番号
西湖志抄	田汝成(明)著	1册46页,笔写本,26.4×20.7cm,纸质:楮纸	标题:绝妆	竹田退溪图书馆 IOS,고 981.202-전 358 ㅅ
剪灯新话句解	瞿佑(明)著,刊写地未详,刊写者未详,肃宗三十年(1704)刊	2卷2册,朝鲜木版本,33×22cm		竹田退溪图书馆 IOS,고 823.5-구 173 ㅈ
剪灯新话	瞿佑(明)著,刊写地未详,刊写者未详,刊写年未详	1册(64页),笔写本,33.4×21.6cm,四周双边,半郭:24.5×17.6cm,乌丝栏,10行24字,上下内向二叶花纹鱼尾		天安栗谷图书馆 고　873.5-구 173 ㅈ
剪灯新话	瞿佑(明)著,刊写地未详,刊写者未详,刊写年未详	10卷1册,笔写本,28.5×19.2cm,无界,8行字数不定,纸质:楮纸	谚释剪灯新话,异面:检案　书	天安栗谷图书馆 고　873.5-구 173 조
剪灯新话	瞿佑(明)著,沧洲(朝鲜)订正,垂胡子(朝鲜)集释,刊写地未详,刊写者未详,刊写年未详	1册(59页),笔写本,23×16cm,无界,12行字数不定,纸质:楮纸		天安栗谷图书馆 고　873.5-구 173 지
剪灯新话句解	瞿佑(明)著,沧洲(朝鲜)订正,垂胡子(朝鲜)集释,刊写地未详,刊写者未详,刊写年未详	2卷2册,朝鲜木版本,25.8×19cm,四周单边,半郭:23.3×15.8cm,有界,11行20字,注双行,内向二叶花纹鱼尾		天安栗谷图书馆 고　873.5-구 173 주-上

续表

书名	出版事项	版式状况	一般事项	所藏处/所藏番号
剪灯新话句解	瞿佑(明)著,沧洲(朝鲜)订正,垂胡子(朝鲜)集释,刊写地未详,刊写者未详,刊写年未详	1卷1册(零本),朝鲜木版本,33×22cm,四周单边,半郭:23×18.5cm,有界,12行18字,注双行,上下内向黑鱼尾		天安栗谷图书馆 고 873.5-구 173 저-上
剪灯新话句解	瞿佑(明)著,沧洲(朝鲜)订正,垂胡子(朝鲜)集释,刊写地未详,刊写者未详,刊写年未详	2卷2册(卷1-2),朝鲜木版本,28.6×19cm,四周单边,半郭:23×16cm,有界,11行20字,注双行,内向二叶花纹鱼尾		天安栗谷图书馆 고 873.5-구 173 즈-上-下
剪灯新话句解	瞿佑(明)著,沧洲(朝鲜)订正,垂胡子(朝鲜)集释,刊写地未详,刊写者未详,刊写年未详	2卷2册(卷上、下),朝鲜木版本,28.5×18.6cm,四周单边,半郭:23×16cm,有界,11行20字,注双行,内向二叶花纹鱼尾		天安栗谷图书馆 고 873.5-구 173 조-上
剪灯新话句解	瞿佑(明)著,沧洲(朝鲜),垂胡子(朝鲜)(共)集释,刊写地未详,刊写者未详,刊写年未详	1卷1册(零本,卷1),朝鲜木版本,33.7×22.2cm,四周双边,半郭:23.8×17.8cm,有界,10行18字,注双行,上下内向二叶花纹鱼尾,纸质:楮纸	表题:剪灯新话(坤),卷末:道光九年己丑(1829)南至月日买来价文一两共上下	天安栗谷图书馆 고 873.5-구 173 죠-下
剪灯新话句解	瞿佑(明)著,沧洲(朝鲜)订正,垂胡子(朝鲜)集释,刊写地未详,刊写者未详,刊写年未详	2卷2册,朝鲜木版本,30.4×20.8cm,四周单边,半郭:20.9×16.9cm,有界,11行20字,注双行,内向黑鱼尾	刊记:庚子(?)年七月日刊	天安栗谷图书馆 고 873.5-구 173 조-下,고 873.5-구 173 저-上

续表

书名	出版事项	版式状况	一般事项	所藏处/所藏番号
剪灯新话句解	瞿佑(明)著,沧洲(朝鲜)订正,垂胡子(朝鲜)集释,刊写地、刊写者、刊写年未详	1册(卷下),朝鲜木版本,31.3×21cm,纸质:楮纸		天安栗谷图书馆 고 873.5- 구 173 자-下
剪灯新话句解	瞿佑(明)著,沧洲(朝鲜)订正,垂胡子(朝鲜)集释,刊写地未详,刊写者未详,刊写年未详	1卷1册(卷下),朝鲜木版本,30.5×20.7cm,四周单边,半郭:22.3×16.9cm,有界,10行18字,注双行,上下黑口,内向黑鱼尾,纸质:楮纸		天安栗谷图书馆 고 873.5- 구 173 자-下
剪灯新话	瞿佑(明)著,刊写年未详	1册(64张),笔写本,33.4×21.6cm,四周双边,半郭:24.5×17.6cm,乌丝栏,10行24字,上下内向二叶花纹鱼尾		天安栗谷图书馆 罗孙文库 [古]873.5/구 173 ㅈ
剪灯新话句解	瞿佑(明)著,沧洲(朝鲜)订正,垂胡子(朝鲜)集释,刊写年未详	1卷1册(零本),朝鲜木版本,31×21.2cm,四周单边,半郭:22.9×17cm,有界,10行18字,注双行,上下内向二叶花纹鱼尾	表题:剪灯新话	天安栗谷图书馆 罗孙文库 [古]873.5/구 173 자
剪灯新话句解	瞿佑(明)著,沧洲(朝鲜)订正,垂胡子(朝鲜)集释,刊写年未详	1册(零本),朝鲜木版本,31.7×20cm,四周单边,半郭:22×14.4cm,有界,10行19字,注双行,上下内向二叶花纹鱼尾	表题:剪灯新话,版心题:剪灯	天安栗谷图书馆 罗孙文库 [古]873.5/구 173 자

续表

书名	出版事项	版式状况	一般事项	所藏处/所藏番号
剪灯新话句解	瞿佑(明)著,沧洲(朝鲜)订正,垂胡子(朝鲜)集释,刊写年未详	1卷1册(零本),朝鲜木版本,30.6×20.8cm,四周单边,半郭:21.1×17.1cm,有界,11行20字,注双行,上下内向二叶花纹鱼尾,纸质:楮纸	表题:剪灯新话,序:洪武十一年戊午(1378)……瞿佑,序:洪武十三年(1380)……凌云翰,跋:洪武辛酉(1381)……	天安栗谷图书馆 罗孙文库 [古]873.5/구173 저
剪灯新话句解	瞿佑(明)著,沧洲(朝鲜)订正,垂胡子(朝鲜)集释,刊写年未详	1卷1册(零本),朝鲜木版本,27.7×18.2cm,四周单边,半郭:23.1×16.6cm,有界,11行20字,注双行,上下内向二叶花纹鱼尾,纸质:楮纸	表题:剪灯新话,版心题:剪灯	天安栗谷图书馆 罗孙文库 [古]873.5/구173 조
剪灯新话句解	瞿佑(明)著,沧洲(朝鲜)订正,垂胡子(朝鲜)集释,刊写年未详	1卷1册(零本),朝鲜木版本,33.7×22.2cm,四周双边,半郭:23.8×17.8cm,有界,10行18字,注双行,上下内向二叶花纹鱼尾,纸质:楮纸	表题:剪灯新话,卷末:道光九年己丑(1829)南至月日买来价文一两共上下	天安栗谷图书馆 罗孙文库 [古]873.5/구173 죠
剪灯新话句解	瞿佑(明)著,沧洲(朝鲜)订正,垂胡子(朝鲜)集释,刊写年未详	1册(零本),朝鲜木版本,26.5×18.7cm,四周单边,半郭:23.1×16.5cm,有界,11行20字,注双行,上下内向二叶花纹鱼尾,纸质:楮纸	表题:剪灯新话,版心题:剪灯	天安栗谷图书馆 罗孙文库 [古]873.5/구173 주
剪灯新话句解	瞿佑(明)著,沧洲(朝鲜)订正,垂胡子(朝鲜)集释,刊写年未详	1卷1册(零本),朝鲜木版本,33×22cm,四周单边,半郭:23×18.5cm,有界,12行18字,注双行,上下内向黑鱼尾		天安栗谷图书馆 其他 [古]873.5/구173 저

续表

书名	出版事项	版式状况	一般事项	所藏处/所藏番号
剪灯新话句解	瞿佑(明)著,沧洲(朝鲜)订正,垂胡子(朝鲜)集释,刊写年未详	1卷1册(零本),朝鲜木版本,29.4×21.7cm,四周单边,半郭:20.4×17.3cm,有界,11行20字,注双行,上下内向黑鱼尾		天安栗谷图书馆 其他 [古]873.5/구173 조
剪灯新话句解	瞿佑(明)著,沧洲(朝鲜)订正,垂胡子(朝鲜)集释,刊写年未详	2卷2册,朝鲜木版本,28.5×18cm,四周单边,半郭:23×15.9cm,有界,11行20字,注双行,上下内向二叶花纹鱼尾	印记:金培信	天安栗谷图书馆 其他 [古]873.5/구173 즈
增广智囊补	冯梦龙(明)重辑,上海文盛书局,光绪三十四年(1908)刊	21卷4册(零本),中国石印本,16.7×10.2cm,四周单边 半郭:13.2×8.7cm,无界,18行40字,注双行,上下向黑鱼尾	版心题:增智囊补 表题:增补智囊补 序:冯梦龙题	天安栗谷图书馆 고 183-풍 52 ㅈ-
增广智囊补	冯梦龙(明)重辑,上海文盛书局,光绪三十四年(1908)刊	1册(零本),中国石印本		竹田退溪图书馆 IOS, 고032-풍 52 ㅈ
西湖游览志	田汝成(明)编,刊写地未详,刊写者未详,刊写年未详	24卷6册,余22卷9册,共46卷15册(缺帙),中国木版本,有图,27.2×16.7cm,四周双边,半郭:18.8×12.8cm,有界,10行20字,上下向黑鱼尾	表题:西湖志…… 序:……万历 十二年岁次甲申(1584)……范鸣谦撰……叙:……田汝成…… 嘉靖二十六年(1547)……	竹田退溪图书馆 915.3-전 358 ㅅ

17. 中央大学校

唐代以前

书名	出版事项	版式状况	一般事项	所藏番号
世说新语	刘义庆(刘宋)撰,刘孝标(梁)注,刊写地未详,刊写者未详,淳熙戊申年(1188)后印	3卷6册,25.5×18cm,中国木版本,四周单边,半郭:21.2×15.5cm,有界,11行21字,注双行,大黑口,无鱼尾	表题:世说,旧跋:淳熙戊申年(1188)重五月……陆游书,内容:册1(卷1上,德行,言语),册2(卷1下,政事,大学),册3(卷2上,方正,雅量,识鉴),册4(卷2下,赏誉,品藻,规箴,捷悟,夙惠,豪爽),册5(卷3上,容止,自新,企羡,伤逝,栖逸,贤媛,术解,巧艺,宠礼,任诞,简傲),册6(卷3下,排调,轻诋,假谲,黜免,俭啬,汰侈,忿狷,谗险,尤悔,纰漏,惑溺,仇隙)	812.8-왕의경세
世说新语补	刘义庆(刘宋)撰,刘孝标(梁)注,刘应登(宋)评,何良俊(明)增,王世贞(明)删,王世懋(明)评,张文柱(明)注,刊写地未详,黄汝琳,乾隆壬午(1762)刊	6卷2册,23.3×14.8cm,中国木版本,左右双边,上下单边,半郭:17.5×11.7cm,有界,9行18字,注双行,上下向黑鱼尾	序题:重订世说新语补,版心题:世说补,表题:世说,刊记:乾隆壬午(1762)春日江夏黄汝琳砥崖补订重刊茂清书屋板,旧序:万历丙戌(1586)春日汚阳陈文烛玉叔撰,重订序:乾隆二十有七年壬午(1762)上元日崇明黄汝琳砥崖氏书……内容:册1(卷1-3),册2(卷4-6)	812.8-유의경세

明代

书名	出版事项	版式状况	一般事项	所藏番号
西湖游览志余抄	田汝成(明)撰,刊写地未详,刊写者未详,刊写年未详	1册,28.8×17.4cm,四周无边,无界,无版,行数不定,小字双行,无鱼尾	表题:西湖览余	812.6-전 여 성 서

18. 淑明女子大学校

唐代以前

书名	出版事项	版式状况	一般事项	所藏番号
世说新语	刘义庆(刘宋)撰,刊写地未详,刊写者未详,刊写年未详	1册,笔写本,24.5×18cm,行字数不定	表题:世说	CL 812 유 의 경세

明代

书名	出版事项	版式状况	一般事项	所藏番号
剪灯新话句解	瞿佑(明)著,沧洲(朝鲜)订正,垂胡子(朝鲜)集释,刊写地未详,刊写者未详,康熙五十八年(1719)刊	1卷1册(缺本),朝鲜木版本,32×20.5cm,四周双边,半郭:20×17.5cm,有界,10行18字,注双行,上下向二叶花纹鱼尾	刊记:康熙五十八年(1719)己亥春嘉善,表题:新话	CL 812.3 구우 전

续表

书名	出版事项	版式状况	一般事项	所藏番号
玉壶冰	都穆(明)著,大学章句大全,朱熹(宋)编,刊写地未详,览辉斋,刊写年未详	1册(36页),笔写本,27×22.2cm,10行22字	写记:岁甲申(?)暮春览辉斋开刊,大学章句序:淳熙己酉(1189)二月甲子新安朱熹序	CL 811.3 도목 옥
剪灯新话句解	瞿佑(明)著,武桥,刊写年未详	1卷1册(卷下),朝鲜木版本,25×19cm,四周单边,半郭:22×18cm,有界,12行20字,注双行,上下内向二叶花纹鱼尾	表题:剪灯,版心题:剪灯,刊记:癸亥(?)仲秋武桥新刊	CL 812.3 구우 전
剪灯新话	瞿佑(明)著,刊写地未详,刊写者未详,刊写年未详	1册,笔写本,24.5×18cm,行字数不定	表题:新话	CL 812 유의경 세
剪灯新话句解	瞿佑(明)著,刊写地未详,刊写者未详,刊写年未详	1卷1册(卷下),笔写本,22×15cm,10行18字,注双行,纸质:楮纸	表题:剪灯新话,刊记:壬辰(?)四月日抄	CL812.3 구우 전가

19. 国民大学校

宋辽金元

书名	出版事项	版式状况	一般事项	所藏番号
太平广记	李昉(宋)等奉敕编,刊写者未详,刊写年未详	4册(缺帙,5,8,10-11),中国木版本,22.8×15.3cm,左右双边,上下单边,半郭:19.3×13.5cm,有界,9行20字,上下向白鱼尾		고 823.4 태01

续表

书名	出版事项	版式状况	一般事项	所藏番号
齐东野语	周密(宋),上海扫叶山房,刊写年未详	20卷6册1匣,中国石印本,20×13.5cm,四周双边,半郭:17.1×11.5cm,无界,14行28字,上下向黑鱼尾	……序:至元辛卯(1291)……剡源戴表元序……自序:周密公谨父书	고 823.4 주 01
冷斋夜话	惠洪(宋)撰,刊写地未详,刊写者未详,刊写年未详	10卷2册,中国木版本,26.5×16.6cm,四周单边,半郭:21.3×13.7cm,无界,9行字数不定,上下向黑鱼尾		고 824.4 혜 01 ㄱ
涑水纪闻	司马光(宋)撰,湖北崇文书局,光绪三年(1877)刊	16卷4册,中国木版本,29.8×17.6cm,四周双边,半郭:19×14cm,有界,12行24字,黑口,内向黑鱼尾		912.0094-사 04
鹤林玉露	罗大经(宋)著	1册(54张),笔写本,28.3×15.5cm		818-나 01 818-나 01 ㄱ

明代

书名	出版事项	版式状况	一般事项	所藏番号
效颦集	赵弼(明)著	1册,笔写本,23.9×16.7cm,12行字数不定,无鱼尾	书名:表题	001-효 01

续表

书名	出版事项	版式状况	一般事项	所藏番号
剪灯新话句解	瞿佑(明),刊写地未详,刊写者未详,刊写年未详	2卷1册,朝鲜木版本,28.6×18.9cm,四周单边,半郭:23.2×16.1cm,有界,11行20字,内向二叶花纹鱼尾		고 823.5 구 01-1
		1册(缺帙,下),朝鲜木版本,28.9×19.2cm,四周单边,半郭:23.2×16.1cm,有界,11行20字,内向二叶花纹鱼尾		고 823.5 구 01-1 ㄱ
		1册(缺帙,下),朝鲜木版本,33.6×22.2cm,四周双边,半郭:23.9×17.4cm,有界,10行18字,内向二叶花纹鱼尾		고 823.5 구 01-1 ㄴ
	瞿佑(明)著,垂胡子(朝鲜)集释,刊写地未详,刊写者未详	1册(缺帙),朝鲜笔写本,24.6×19.9cm	印文:晓山书室藏	고 823.5 구 01-1 ㄷ
增广智囊补	冯梦龙(明)重辑,张明弼(明)等阅,上海文海书局,光绪二十一年(1895)刊	28卷6册,中国石印本,17.2×10.5cm,四周单边,半郭:14.2×9.5cm,无界,行字数不定,上下向黑鱼尾	书名:内题,自叙:冯梦龙题于……	991.2-풍 01

清代—民国初期

书名	出版事项	版式状况	一般事项	所藏番号
续客窗闲话	吴炽昌(清),滋本堂,光绪元年(1875)刊	3册(缺帙,1-3),中国木版本,15.8×11.7cm,四周双边,半郭:11.9×9cm,有界,8行20字,上下向黑鱼尾	标题[记]:光绪乙亥(1875)年镌……滋本堂藏版……序:性甫谢理拜撰,光绪乙亥(1875)……芗谷自序	고 823.6 오 02

续表

书名	出版事项	版式状况	一般事项	所藏番号
详注聊斋志异图咏	蒲松龄(清)著,吕湛恩(清)注,刊写地未详,刊写者未详,刊写年未详	5册(缺帙,3-7),中国石印本,有图,19.3×12.8cm	表题:聊斋志异	고 823.6 포 01 ㄱ
两般秋雨庵随笔	梁绍壬(清)纂	1册(缺帙),中国木版本,17.3×11.3cm,上下单边,左右双边,半郭:13.1×9cm,有界,9行21字,黑口,无鱼尾	表题:秋雨庵随笔	824.6-양 01 7

20. 崇实大学校

明代

书名	出版事项	版式状况	一般事项	所藏番号
痴婆子传	芙蓉主人(明)辑	2卷1册(31页),汉文木活字本,26×18.2cm,四周单边,半郭:21.6×15.1cm,10行20字,上下向黑鱼尾	题签:痴婆子传完,序:乾隆甲申(1764)排浪月,校:清痴子批	5002

21. 明知大学校

唐代以前

书名	出版事项	版式状况	一般事项	所藏番号
列女传	刘向(汉),上海会文堂粹记,发行年不明	8卷4册,13.3×20.1cm,四周单边,半郭:10.7×15.5cm,有界,13行28字,注双行,上下向黑鱼尾	刊记:……嘉祐八年九月二十八日长乐王回序并跋文:……谨跋于陀城禹霁	812.3-2

续表

书名	出版事项	版式状况	一般事项	所藏番号
李卓吾批点世说新语补	发行地不明,发行处不明,发行年不明	6册(1-6,9-10,13-16),16×25cm,四周单边,半郭:14.2×23.6cm,有界,9行18字,注双行	刊记:……心云尔长洲,版心题:批点世说谱,制尖题:世说	812-3
世说新语补	刘义庆(刘宋)选,何良俊(明)补,刊写地未详,刊写者未详,刊写年未详	20卷7册,朝鲜铜活字本,19.3×28.4cm,半郭:16×23cm,有界,10行18字,上黑鱼尾	版心题:世说补	812 유 687 ㅅ

明代

书名	出版事项	版式状况	一般事项	所藏番号
剪灯新话句解	瞿佑(明)著,发行地未详,发行处未详,发行年未详	2册,朝鲜木版本,29.4×18.8cm,四周单边,半郭:23.3×16.9cm,有界,11行19字,注双行,内向4叶花纹鱼尾,纸质:楮纸		812-4
剪灯新话句解	瞿佑(明)著,胡子昂(明)集释,发行处未详,发行年未详	2卷2册,朝鲜木版本,33×22.8cm,四周单边,半郭:22.7×18.2cm,有界,10行18字,注双行,内向4叶花纹鱼尾,纸质:楮纸	卷末:大韩隆熙四年(1910)庚戌正月二十四日书也(所藏者印记)	812-3
剪灯新话句解	瞿佑(明)著,发行地未详,发行处未详,发行年未详	1册(零本),22.8×33cm,朝鲜木版本,四周单边,半郭:22.7×18.2cm,有界,10行18字,注双行,鱼尾多样,纸质:楮纸		812-6

22. Catholic 大学校

书名	出版事项	版式状况	一般事项	所藏番号
剪灯新话句解	瞿佑(明)著,刊写地未详,刊写者未详	1卷1册(缺帙,卷下),朝鲜木版本,29.5×20.3cm,四周单边,半郭:20.7×16.5cm,有界,11行20字,上下内向花纹鱼尾	刊记:大正九年四月……三版发行	

23. 京畿大学校

唐代以前

书名	出版事项	版式状况	一般事项	所藏番号
世说	刊写地未详,刊写者未详,刊写年未详	1册,笔写本,29.2×20.4cm,无界,12行字数不定,无鱼尾	书名:表题	경기-K111953
世说新语	刊写地未详,刊写者未详,刊写年未详	1册,笔写本,26×18cm,无界,10行字数不定,小字双行,无鱼尾	表题:世说	경기-K113427-全
世说新语补	刊写地未详,刊写者未详,刊写年未详	1册,笔写本,27.5×16.9cm,四周单边,半郭:22.5×12.8cm,有界,12行字数不定,注双行,无鱼尾	表题:世说新语	경기-K114463-单
世说新语补	刘义庆(刘宋)撰,刊写地未详,刊写者未详,刊写年未详	1册(缺帙,卷1-2),中国木版本,31.8×18.9cm,上下单边,左右双边,半郭:22.9×15.7cm,有界,10行18字,注双行,上下内向黑鱼尾	版心题:世说补	경기-K121453-1

续表

书名	出版事项	版式状况	一般事项	所藏番号
世说新语序	刊写地未详,刊写者未详,刊写年未详	1册,笔写本,31.9×21.1cm,无界,16行字数不定,无鱼尾	版心题:世说补	경기-K115916
世说新语姓汇韵分	刊写地未详,刊写者未详,刊写年未详	8卷4册(缺帙,卷1-4,7-8,11-12),朝鲜木活字本,28.4×18.3cm,四周单边,半郭:22.4×14.7cm,有界,10行18字,注双行,上下内向二叶花纹鱼尾	表题:世说	경기-K121023-1
世说新语抄	刊写地未详,刊写者未详,刊写年未详	1册,笔写本,21.6×14.2cm,无界,行字数不定,注双行,无鱼尾	表题:世说	경기-K119057

宋代

书名	出版事项	版式状况	一般事项	所藏番号
鹤林玉露	罗大经(宋)撰	1册,笔写本,28.7×19cm,无界,行字数不定,无鱼尾		경기-K118875-单册1
鹤林玉露	罗大经(宋)撰	1册,笔写本,20.7×20cm,无界,行字数不定,无鱼尾		경기-K103261-1册1

明代

书名	出版事项	版式状况	一般事项	所藏番号
玉壶冰	刊写地未详,刊写者未详,刊写年未详	1册,笔写本,25.5×18.7cm,四周单边,半郭:20.8×16.2cm,有界,10行21字,无鱼尾		경기-K109044

续表

书名	出版事项	版式状况	一般事项	所藏番号
两山墨谈	陈霆(明)撰,宣祖八年(1575)刊	9卷2册(缺帙),朝鲜木版本,32×20.1cm,四周双边 半郭:20.9×15cm,有界,9行18字,上下内向黑鱼尾	版心题:墨谈,刊记:皇明万历三年岁在乙亥(1575)春庆州府开刊	경기-120798-4 卷6-10,15-18
剪灯新话	刊写地未详,刊写者未详,刊写年未详	1卷1册(全2卷2册,卷下),木版本,33.2×22cm,四周单边,半郭:22.5×17cm,有界,10行18字,小字双行,上下内向二叶花纹鱼尾	书名:版心题	경기-K108328-2
剪灯新话	刊写地未详,刊写者未详,刊写年未详	1册,笔写本,23×14.9cm,无界,9行16字,无鱼尾		경기-K118857
剪灯新话句解	瞿佑(明)著,刊写地未详,刊写者未详,刊写年未详	2卷2册(卷1-2),朝鲜木版本,35×22.5cm,四周单边,半郭:21.7×18.3cm,有界,12行18字,上下内向黑鱼尾,纸质:楮纸		경기-K108327-1
剪灯新话句解	瞿佑(明)著,沧洲(朝鲜)订正,垂胡子(朝鲜)集释,刊写地未详,刊写者未详,刊写年未详	1卷1册(缺帙,卷下),34.9×23cm,四周单边,半郭:22.3×17cm,有界,行字数不定,注双行,上下内向黑鱼尾	表题:剪灯新话	경기-K119038-2
剪灯新话句解	瞿佑(明)著,沧洲(朝鲜)订正,垂胡子(朝鲜)集释,刊写地未详,刊写者未详,刊写年未详	1卷1册(全2卷2册,卷上),朝鲜木版本,27.6×20cm,四周单边,半郭:21×16.9cm,有界,11行21字,注双行,上下内向混叶花纹鱼尾,纸质:楮纸	表题:剪灯新话,跋:辛西(?)端阳前一……由义西斋写	경기-K115075-1(乾)

续表

书名	出版事项	版式状况	一般事项	所藏番号
剪灯新话句解	瞿佑(明)著,沧洲(朝鲜)订正,垂胡子(朝鲜)集释,刊写地未详,刊写者未详,肃宗三十年(1704)刊	1卷1册(全2卷2册,卷下),朝鲜木版本,31.5×21.3cm,四周单边,半郭:23×17cm,有界,10行18字,小字双行,上下内向黑鱼尾,纸质:楮纸	刊记:康熙四十三年甲申(1704)八月日开刊	경기-K102682-上
剪灯新话句解	刊写地未详,刊写者未详,刊写年未详	1卷1册(缺帙,卷下),朝鲜木版本,28×20cm,四周单边,半郭:20.3×16.9cm,有界,11行20字,小字双行,上下内向二叶花纹鱼尾,纸质:楮纸		경기-K107364-2
剪灯新话句解	瞿佑(明)著,沧洲(朝鲜)订正,垂胡子(朝鲜)集释,刊写地未详,刊写者未详,刊写年未详	1卷1册(缺帙,卷上),朝鲜木版本,30.1×19.8cm,四周单边,半郭:21.9×18cm,有界,12行18字,注双行,上下内向黑鱼尾		경기-K118786-1
剪灯新话句解	刊写地未详,刊写者未详,刊写年未详	1卷1册(缺帙,卷上),朝鲜木版本,26.3×19.4cm,四周单边,半郭:22.9×16.8cm,有界,12行18字,注双行,上下内向黑鱼尾		경기-K119860-1
剪灯新话句解	瞿佑(明)著,刊写地未详,刊写者未详,刊写年未详	2卷2册(卷1-2),朝鲜木版本,30.6×20cm,四周单边,半郭:23×16cm,有界,11行20字,白口,上下内向二叶花纹鱼尾	版心题:剪灯,表题:剪灯新话	경기-K104513-1(上)=2

续表

书名	出版事项	版式状况	一般事项	所藏番号
剪灯新话句解	瞿佑(明)著,沧洲(朝鲜)订正,垂胡子(朝鲜)集释,刊写地未详,刊写者未详,刊写年未详	2卷2册(卷1-2),木版本,25×19cm,四周单边,半郭:22×16.6cm,有界,12行20字,注双行,上下内向二叶花纹鱼尾	表题:剪灯新话,版心题:剪灯,刊记:癸亥(?)仲秋武桥新刊	경기-K114698-2
剪灯新话句解	刊写地未详,刊写者未详,刊写年未详	1卷1册(缺帙,卷下),笔写本,28.1×19.6cm,无界,9行17字,无鱼尾	表题:剪灯新话	경기-K116750-2(下)
剪灯新话句解	瞿佑(明)著,垂胡子(朝鲜)集释,刊写地未详,刊写者未详,刊写年未详	2卷2册(卷1-2),30.4×20.8cm,四周单边,半郭:21.6×18.2cm,有界,12行18字,纸质:楮纸		경기-K105758-上

24. 龙仁大学校

书名	出版事项	版式状况	一般事项	所藏番号
剪灯新话句解	瞿佑(明)著,胡子昂(明)集释	2册,朝鲜木版本(后刷),29.4×20.7cm,四周单边,半郭:22.3×19cm,有界,12行18字,内向黑鱼尾		D7-18
		残本1册(卷下),朝鲜木版本,29.4×20.7cm,四周单边,半郭:22.3×19cm,有界,12行18字,内向黑鱼尾		D7-19

续表

书名	出版事项	版式状况	一般事项	所藏番号
剪灯新话句解	瞿佑(明)著,胡子昂(明)集释	2 册,朝鲜木版本,30×20cm,四周单边,半郭:22.3×19cm,有界,12 行 18 字,内向黑鱼尾		D7-20
		2 册,朝鲜木版本(后刷),29.4×20.7cm,四周单边,半郭:22.3×19cm,有界,12 行 18 字,内向黑鱼尾		D7-21

25. 仁荷大学校

书名	出版事项	版式状况	一般事项	所藏番号
剪灯新话句解	瞿佑(明)著,沧洲(朝鲜)订正,垂胡子(朝鲜)集释,刊写地未详,刊写者未详,刊写年未详	2 卷 2 册(卷 1-2),朝鲜木版本,29×19cm,四周单边,半郭:23×16cm,有界,11 行 20 字,注双行,内向二叶花纹鱼尾		H812.35-구 66 전

26. 忠南大学校

唐代以前

书名	出版事项	版式状况	一般事项	所藏番号
山海经	郭璞(晋)传,吴志伊(清)注,扫叶山房,清光绪十年(1884)刊	4 卷 4 册,中国木版本,有图(74 图),24×15.5cm,四周单边,半郭:19×13.8cm,有界,9 行 20 字,注双行,上下向黑鱼尾,纸质:竹纸	版心题:南山经,原序:晋记室参军郭璞景纯撰,后序:光绪甲申年(1884)小春月吴县孙溪逸士核于扫叶山房,刊记:绘图广注晋记室参军郭璞撰,所藏印:安钟和章	史·地理类-549

续表

书名	出版事项	版式状况	一般事项	所藏番号
新刻古列女传	刘向(汉)撰,胡文焕(明)校,书种堂,日承应三年(1654)跋	零本8册(新刻古列女传卷1-8,5册,新续列女传卷1,上、下3册),日本木版本,有图,24.6×17.4cm,四周单边,半郭:19.9×13.7cm,无界,10行字数不定,上下向白鱼尾,纸质:和纸	里题:列女传,序:万历丙午(1606)孟春日新都黄嘉育怀英父撰汪其澜仲观父书,刘向古列女传小序:嘉定七年甲戌(1214)十二月初五日武夷蔡骥孔良拜手谨书,跋:承应三年甲午(1654)五月	史·传记类-中国人-744
列女传	刘向(汉)撰,上海,锦章图书局	8卷4册,中国石印本,20.3×13.4cm,四周双边,半郭:17.4×11.6cm,有界,15行32字,注双行,上下向黑鱼尾,纸质:洋纸	题签:列女传读本,版心题:校正列女传,序:钱塘梁德绳楚生氏撰,编校馆阁书籍臣曾巩序,刊记:上海锦章图书局印行	史·传记类-556
世说新语姓汇韵分	刘义庆(刘宋)撰,何良俊(明)增补,王世贞(明)删定	2卷2册,笔写本,17.6×14.1cm,无界,10行35字,注双行,纸质:楮纸	表题:世说,所藏印:夏山	
世说新语姓汇韵分	刘义庆(刘宋)撰	9卷4册,朝鲜木活字本,29.2×18.2cm,四周单边,半郭:21.8×15cm,有界,10行18字,注双行,头注,内向二叶花纹鱼尾,纸质:楮纸	表题:世说,版心题:世说,世说新语补序:嘉靖乙未(1535)岁立秋日吴郡袁褧撰,所藏印:德水李□□,大仲	总·丛书类-52

宋辽金元

书名	出版事项	版式状况	一般事项	所藏番号
太平广记详节	李昉(宋)等奉敕撰,世祖八年(1462)序	2卷1册,朝鲜木版本,30.7×19.9cm,四周单边,半郭:23×16cm,有界,10行17字,内向黑鱼尾,纸质:楮纸	表题:太平广记,序:苍龙壬午(1462)夏四月有日达城徐居正(1420—1488)刚中书于四佳亭之读书轩易城李胤侯序	集,总集类-1251

续表

书名	出版事项	版式状况	一般事项	所藏番号
太平广记详节	李昉(宋)等奉敕撰,成宗年间(1470—1495)刊	3卷3册(卷1-3),朝鲜木版本,33.5×20.5cm,四周单边,半郭:23.2×15.9cm,有界,10行17字,注双行,内向黑鱼尾,纸质:藁精纸	版心题:广记,序:易城李胤保序	集,总集类-1251
太平广记详节	李昉(宋)等奉敕纂,成任(朝鲜)编,世祖—成宗年刊	4卷3册(卷1-3),朝鲜木版本,33.5×20.5cm,四周单边,半郭:23.2×15.9cm,有界,行字数不定,上下内向黑鱼尾,纸质:藁精纸	版心题:广记,序:壬午(1462)夏四月有日达成徐居正(1420—1488)刚中书,序:易城李胤保序	集,总集类-1251
鹤林玉露	罗大经(宋)著	1册(54页),笔写本,28.3×15.5cm		儒家类-2295
鹤林玉露	刊写地未详,刊写者未详,刊写年未详	1册,笔写本,25.6×14.7cm,无界,半叶12行31字,纸质:楮纸		子·杂家类-1259
鹤林玉露	罗大经(宋)撰,李穆堂(明)辑,刊写地、刊写者、刊写年未详	16卷4册,中国木版本,26.3×15.8cm,四周单边,半郭:21×13.4cm,有界,9行20字,上下向黑鱼尾,纸质:竹纸	刊记:临川李穆堂辑本衙藏板	子·杂家类-613

明代

书名	出版事项	版式状况	一般事项	所藏番号
西湖游览志	田汝成(明)撰,商濬(明)重校,发行处不明,发行年不明,清代刊	4卷1册(卷4-7,零本),中国木版本,26.5×17cm,四周单边,半郭:22×14cm,有界,10行21字,上向白鱼尾,纸质:竹纸	表题:西湖志,版心题:西湖志	鹤山古书史·地理类1609

续表

书名	出版事项	版式状况	一般事项	所藏番号
剪灯新话	瞿佑(明)著,沧洲(朝鲜)订正,垂胡子(朝鲜)集解,刊写地未详,刊写者未详,壬乱以前刊	4卷1册,朝鲜乙亥字本,21×13.7cm,四周单边,半郭:17.4×10.7cm,有界,14行18字,纸质:楮纸	备考:卷首卷末缺张	集,小说类-1228
剪灯新话句解	瞿佑(明)著,沧洲(朝鲜)订正,垂胡子(朝鲜)集释,仁祖十一年(1633)刊	2卷2册,朝鲜木版本,31×19.7cm,四周单边,半郭:20.8×16.7cm,有界,11行20字,注双行,内向黑鱼尾,纸质:楮纸	题签:剪灯新话,刊记:崇祯六年癸酉(1633)六月日开刊	集,小说类-1229
剪灯新话句解	瞿佑(明)著,沧洲(朝鲜)订正,垂胡子(朝鲜)集释	2卷2册,朝鲜木版本,26.8×19.1cm,四周单边,半郭:23.1×15.9cm,有界,11行20字,注双行,内向二叶花纹鱼尾,纸质:楮纸	版心题:剪灯	集,1230
剪灯新话句解	瞿佑(明)著,沧洲(朝鲜)订正,垂胡子(朝鲜)集释,刊写地未详,刊写者未详,刊写年未详	2卷2册,朝鲜木版本,25.8×19cm,四周单边,半郭:23.3×15.8cm,有界,11行20字,注双行,内向二叶花纹鱼尾,纸质:楮纸		集,小说类-1230
剪灯新话句解	瞿佑(明)著,刊写地未详,刊写者未详,刊写年未详	2卷2册,朝鲜木版本,30.6×20cm,四周单边,半郭:23×16cm,有界,11行20字,白口,上下内向二叶花纹鱼尾	版心题:剪灯,表题:剪灯新话	集·小说类-中国-1296 卷1-2

续表

书名	出版事项	版式状况	一般事项	所藏番号
剪灯新话句解	瞿佑(明)著,沧洲(朝鲜)订正,垂胡子(朝鲜)集释,刊写地未详,刊写者未详,刊写年未详	2卷2册,朝鲜木版本,30.4×20.8cm,四周单边,半郭:20.9×16.9cm,有界,11行20字,注双行,内向黑鱼尾,纸质:楮纸	刊记:庚子(?)年七月日刊	集·小说类-1296 1-2
剪灯新话句解	瞿佑(明)著,沧洲(朝鲜)订正,垂胡子(朝鲜)集解,发行地不明,发行处不明,发行年不明	零1册(卷下),朝鲜木版本,29×19.5cm,四周单边,半郭:23×16cm,有界,10行20字,注双行,上下内向二叶花纹鱼尾,纸质:楮纸	表题:剪灯新话,版心题:剪灯,识记:昭和三载(1928)正月初五日修缮本	鹤山文库,集,小说类-2034
剪灯新话句解	瞿佑(明)著,沧洲(朝鲜)订正,垂胡子(朝鲜)集解,刊写地不明,刊写者不明,壬乱以前刊	2卷2册,朝鲜木版本,32×21cm,四周单边,半郭:32×21cm,有界,12行18字,注双行,小黑口,上下内向黑鱼尾,纸质:楮纸	表题:剪灯新话	鹤山文库,集,小说类-2032
说郛	陶宗仪(明)编,陶珽(明)重辑,清代刊	零本18册,中国木版本,24.2×15.4cm,上下单边,左右双边,半郭:19.2×14.3cm,有界,9行20字,上下向白鱼尾,纸质:竹纸	册5,12,13,15,16,30,37,38,39,48,58,59,78,111,116,117,118,续16	总·丛书类-13
古今说海	陆楫(明)编,清道光元年(1821)刻,后刷	5册,中国木版本,25×16.4cm,上下单边,左右双边,半郭:16.1×11.2cm,有界,8行16字,下向白鱼尾,纸质:竹纸	表题:说选,版心题:说选甲集,引:嘉靖甲辰(1544)岁夏四月朔龙江唐锦题,刊记:道光元年(1821)苕溪邵氏酉山堂重刊,道光元年(1821)苕溪邵氏酉山堂松岩重刊本,所藏印:安钟和印	集·总集类-中国-1324

清代—民国初期

书名	出版事项	版式状况	一般事项	所藏番号
池北偶谈(抄)	王士祯(清)著,刊写地未祥,刊写者未祥,刊写年未详	1册,笔写本,29×19cm,无界,12行32字,纸质:楮纸		鹤山文库,集,总集类-1900
详注聊斋志异图咏	蒲松龄(清)著,吕湛恩(清)注	16卷8册,中国石印本,有图,20.4×13.3cm,四周双边,半郭:17.7×12.2cm,无界,31行73字,头注,上下向黑鱼尾,纸质:竹纸	题签:详注聊斋志异图咏	集,小说类-522
详注聊斋志异图咏	蒲松龄(清)著,吕湛恩(清)注	16卷8册,中国石印本,有图,20.3×13.4cm,四周双边,半郭:17.7×12.2cm,无界,31行73字,头注,上下向黑鱼尾,纸质:竹纸	刊记:锦章图书局藏版	集,小说类-522卷1-16
燕山外史注释	陈球(清)著,若骇子(清)辑注,上海海左书局,光绪三十二年(1906)刊	8卷4册,中国石印本,有图,20×13.3cm,四周双边,半郭:17.3×11.1cm,有界,13行32字,注双行,上下向黑鱼尾,纸质:洋纸	表题:言情小说燕山外史,版心题:注释燕山外史,里题:绣像全图注释燕山外史,序:嘉庆辛未(1811)仲冬古横塘螟巢居士吴展成拜手题,刊记:光绪丙午(1906)上海海左书局石印	集,小说类-1218
说铃	刊写地未详,刊写者未详,刊写年未详	10册,中国木版本,25.5×15.5cm,上下单边,左右双边,半郭:19.3×13.4cm,有界,11行25字,上下内向黑鱼尾,金粉唐纸		子·天文类-178

续表

书名	出版事项	版式状况	一般事项	所藏番号
寄园寄所寄	赵吉士(清)辑,刊写地未详,刊写者未详,刊写年未详	1册(缺帙,卷6),中国石印本,20×13cm,四周双边,半郭:17×12cm,无界,15行34字,注双行,上下向黑鱼尾,纸质:竹纸		子·杂家类-866
说铃	刊写地未详,刊写者未详,刊写年未详	40卷10册(缺帙,卷8-23,31-54),中国木版本,25.6×15.5cm,上下单边,左右双边,半郭:19.9×13.2cm,有界,11行25字,上下内向黑鱼尾	本书名:表题,册:天禄识余,序:康熙庚午(1690)夏五西河毛奇龄拜乇,金粉唐纸	子·天文类-178

27. 忠北大学校

书名	出版事项	版式状况	一般事项	所藏处/所藏番号
山海经广注	郭璞(晋)注	8卷3册,中国木版本,有图,22.3×14.5cm	山海经图序……杨慎	忠北大学校 981.2-ㄱ 435 ㅅ
열녀전(列女传)	翻译笔写本	1册,67页		李树凤 所藏本
世说新语补	刘义庆(刘宋)撰,中国,茂清书屋,1762年刊	4册,无界,行字数不定,无鱼尾	版心书名:世说补,刊记:乾隆壬午(1762),卷首:嘉靖乙未(1535)……吴郡袁褧,万历丙戌(1586)……刘应登,万历丙戌(1586)……陈文烛(明)	912.03-ㅅ 384-春,夏,秋,冬
世说新语姓汇韵分	英祖年间刊	12卷3册,朝鲜古活字本,30.5×19cm,四周单边	表题:世说,补序:嘉靖丙辰(1556)…… 王世贞,旧序:嘉靖乙未(1535)……袁褧	忠北大学校 823-ㅇ 591

28. 清州大学校

唐代以前

书名	出版事项	版式状况	一般事项	所藏处
世说新语	刘义庆(刘宋)撰,刘孝标(梁)注,传古堂,明万历三十七年(1609)序	3卷5册(卷上之上,上之下,中之上,中之下,下之下),中国木版本,25×16.9cm,上下单边,左右双边,半郭:19.8×15.3cm,10行20字,注双行,内向黑鱼尾,纸质:竹纸	表题:世说新语补,序:吴郡袁褧撰,万历己酉(1609)春开氏博古堂刊,内容:德行-简傲	图书馆
世说新语补	刘义庆(刘宋)撰,刘孝标(梁)注,刘辰翁(宋)批,肃宗三十四年(1708)刊	20卷7册,显宗实录字本,29.7×19.2cm,上下单边,左右双边,半郭:23.1×16.4cm,有界,10行18字,注双行,内向黑鱼尾,纸质:楮纸	表题:世说,刻序:万历丙戌(1586)秋日沔阳陈文烛(明)玉叔 撰,嘉靖丙辰(1556)季夏琅琊王世贞(明)撰,内容:德行-仇隙	图书馆
五朝小说	钱惟演(宋)等著,清代刊	2册,中国木版本,22.8×16.5cm,上下单边,左右双边,半郭:19.3×14.4cm,有界,9行20字,注双行,下向白鱼尾,纸质:竹纸	内容:家王故事,钱惟演(宋)著,家世 隽闻,陆瀞(宋)著	图书馆
刘向说苑旁注评林	刘向(汉)著,黄从诚(明)评注,明万历二十五年(1597)序	33卷5册[卷1-7 1册,卷16-21 1册,卷1-10 2册(新字),卷1-10 1册(韩诗外传)],29×17.8cm,上下单边,左右双边,半郭:23.8×15.2cm,有界,6行17字,注双行,头注,下向黑鱼尾,纸质:竹纸	表题:刘向说苑,序:万历丁酉(1597)秋九月望 前进士古会稽郡楼居主人黄猷吉(明)寓武林南屏山寺,内容:君道-杂言	图书馆

明代

书名	出版事项	版式状况	一般事项	所藏处
剪灯新话句解	瞿佑(明)著,垂胡子(朝鲜)集解,朝鲜朝末期刊	2卷2册(卷上、下),朝鲜木版本,30.5×20cm,四周单边,半郭:22.4×25.3cm,有界,上卷12行18字,下卷10行19字,注双行,内向黑一二叶混入花纹鱼尾,纸质:楮纸	表题:剪灯新话	图书馆
剪灯新话句解	瞿佑(明)著,垂胡子(朝鲜)集解,朝鲜朝后期刊	1卷1册(卷上),朝鲜木版本,27.5×19.3cm,四周单边,半郭:21.6×17.6cm,有界,12行18字,注双行,内向黑鱼尾,纸质:楮纸	刊记:金锡范	民俗博物馆

清代—民国初期

书名	出版事项	版式状况	一般事项	所藏番号
情史类略	冯梦龙编,詹詹外史评辑,清代刊	22卷11册(卷1-7,10-24),中国木版本,24.4×15.5cm,上下单边,四周双边,半郭:19.4×14.5cm,有界,11行24字,注双行,上下向黑鱼尾,纸质:绵纸	表题:情史,版首题:情史,版尾题:情迹,标题:情史,序:江南詹詹外史述,所藏印:[赵文和章][玄问],内容:情史类-情迹类	图书馆

29. 全南大学校

唐代以前

书名	出版事项	版式状况	一般事项	所藏番号
穆天子传	荀勖(晋)校正,郭璞(晋)注,上海,天一阁,刊写年未详	6卷1册,中国石印本,20×13.2cm,四周单边,半郭:13.6×9.8cm,有界,9行18字,注双行,纸质:北黄纸	序:至正十年(1350)庚寅王渐玄翰序	3Q2-목 813 ㅅ
世说新语	刘义庆(刘宋)撰,刊写地未详,刊写者未详,肃宗年间刊	17卷7册(卷1-17),金属活字本(显宗),32.5×20.3cm,四周单边,半郭:22.7×15.3cm,有界,9行字数不定,注双行,内向黑鱼尾,纸质:楮纸	序:万历庚辰(1580)秋吴郡王世懋撰,万历丙戌(1586)秋日沔阳陈文烛玉叔撰	3Q-세 53 ㅇ-v. 1-7
世说新语补	刘义庆(刘宋)撰,刊写地未详,刊写者未详,肃宗年间(1675—1720)刊	8卷3册(卷1-8),朝鲜木版本,32×20.6cm,上下单边,左右双边,半郭:22.9×15.3cm,有界,10行18字,注双行,花口,内向黑鱼尾,纸质:楮纸	序:嘉靖丙辰(1543)季夏琅琊王世贞撰	3Q-세 53 ㅇ 2
世说新语补	刘义庆(刘宋)撰,刊写地未详,刊写者未详,肃宗年间刊	8卷3册(卷1-8),朝鲜木版本,32×20.6cm,上下单边,左右双边,半郭:22.9×15.3cm,有界,注双行,10行18字,内向黑鱼尾,纸质:楮纸	序:嘉靖丙辰(1543)季夏琅琊王世贞撰	3Q-세 53 ㅇ 2-v. 1-3

续表

书名	出版事项	版式状况	一般事项	所藏番号
世说新语补	刘义庆(刘宋)撰,刊写地未详,刊写者未详,肃宗年间(1675—1720)刊	17卷7册(卷1-17),金属活字本(显宗实录字),32.5×20.3cm,四周单边,半郭:22.7×15.3cm,有界,9行字数不定,注双行,花口,内向黑鱼尾,纸质:楮纸	表题:世说新语,版心题:世说补,序:万历庚辰(1580)秋吴郡王世懋撰,万历丙戌(1586)秋日沔阳陈文烛玉叔撰,旧序:嘉靖乙未(1535)岁立秋日吴郡袁褧撰	3Q-세 53 ㅇ
世说抄	刘义庆(刘宋)撰,刘孝标(梁)注,刊写地未详,刊写者未详,刊写年未详	1册(48页),朝鲜笔写本,24.5×21.2cm,四周无边,无界,17行字数不定,注双行,无鱼尾,纸质:楮纸	上栏注,行间朱色重要标点	2H1-세 53
世说抄	编著者,刊写地、刊写者、刊写年未详	48页,朝鲜笔写本,24.5×21.2cm,四周无边,无界,17行字数不定,纸质:楮纸		2H1-세 53
续博物志	李石(唐)撰,湖北,崇文书局,光绪元年(1875)刊	10卷1册(卷1-10),中国木版本,26.8×17cm,四周双边,半郭:18.3×13.9cm,有界,12行24字,大黑口,内向黑鱼尾,纸质:竹纸	刊记:光绪纪元(1875)夏月湖北崇文书局开雕	3N4-속 41 ㅇ
汉魏丛书	王谟(清)编,刊写地未详,育文书局,20世纪初刊	(册1-6)6册(缺帙),中国石印本,20.5×13.3cm,四周单边,半郭:17×11.9cm,有界,18行45字,注双行,上黑鱼尾	内容:说苑,博物志,拾遗记,述异记,搜神记,神异经,洞冥记,枕中书,纸质:竹纸	3N4-한 67 ㅇ-v. 1-6

宋辽金元

书名	出版事项	版式状况	一般事项	所藏番号
玉壶清话	文莹(宋)撰,中国,宝绘堂,乾隆四十五年(1780)序	10卷2册,中国木版本,19.4×11.5cm,上下单边,左右双边,半郭:12.6×9.1cm,有界,9行21字,注双行,小黑口,无鱼尾,纸质:绵纸	序:元丰戊午岁(1078)八月十日余杭沙门文莹湘山草堂,刊记:乾隆庚子(1780)……宝绘堂	4D-옥 95 ㅇ
鹤林玉露抄	罗大经(宋)著	1册(57页),笔写本,29.1×16.5cm,四周单边,半郭:13.6×25.4cm,有界,14行42字 注双行,无鱼尾,纸质:楮纸	表题:鹤林抄	4D-학 239 ㄴ 册1

明代

书名	出版事项	版式状况	一般事项	所藏番号
说郛	陶宗仪(明)纂,陶珽(明)重辑	38册(缺帙),中国木版本,22.8×15.4cm,上下单边,左右双边,半郭:19.1×13.6cm,有界,9行20字,注双行,花口,上下向白鱼尾,纸质:竹纸		3N4-설 47 ㄷ
剪灯新话句解	瞿佑(明)著,刊写地未详,刊写者未详,朝鲜后期刊	2卷2册(卷1-2),朝鲜木版本,29.6×20.5cm,四周单边,半郭:21.2×18.3cm,有界,12行19字,注双行,大黑口,内向二叶花纹鱼尾,纸质:楮纸	表题:剪灯新话	3Q-전 228 ㄱ

续表

书名	出版事项	版式状况	一般事项	所藏番号
剪灯新话句解	瞿佑(明)著,刊写地未详,刊写者未详	2卷2册(卷1-2),朝鲜木版本,30.9×21.5cm,四周单边,半郭:22.5×16.7cm,有界,10行18字,注双行,内向二叶花纹鱼尾,纸质:楮纸	表题:剪灯	3Q-전 228 ㄱ
剪灯新话句解	瞿佑(明)著,刊写地未详,刊写者未详,刊写年未详	2卷1册(卷1-2),朝鲜木版本,29.5×19cm,四周单边,半郭:23.2×15.7cm,有界,11行20字,注双行,二叶花纹鱼尾,纸质:楮纸		3Q-전 228 ㄱ 2
剪灯新话句解	瞿佑(明)著,刊写地未详,刊写者未详,后刷	2卷1册(卷1-2),朝鲜木版本,30.9×21.5cm,四周单边,半郭:22.5×16.7cm,有界,10行18字,注双行,内向黑鱼尾,纸质:楮纸		3Q-전 228 ㄱ-v. 1-2
剪灯新话句解	瞿佑(明)著,刊写地未详,刊写者未详,朝鲜后期刊	2卷1册(卷1-2),朝鲜木版本,29.5×19cm,四周单边,半郭:23.2×15.7cm,有界,11行20字,注双行,花口,内向二叶花纹鱼尾,纸质:楮纸	表题:剪灯新话	3Q-전 228 ㄱ 2
剪灯新话句解	瞿佑(明)著,刊写地未详,刊写者未详,刊写年未详	2册,朝鲜木版本,29.6×20.5cm,四周单边,半郭:21.2×18.3cm,有界,12行19字,注双行,花口,上黑内向鱼尾,纸质:楮纸		3Q-전 228 ㄱ-v. 1-2

续表

书名	出版事项	版式状况	一般事项	所藏番号
情史	詹詹外史(明)编,经纶堂,道光二十八年(1848)刊	24卷12册,中国木版本,16.3×10.8cm,四周单边,半郭:11.5×9.2cm,有界,11行24字,注双行,花口,上下向黑鱼尾	序:吴人龙子犹叙 刊记:道光戊申(1848)新镌,经纶堂梓行	용 택 OC3Q1 정 51 ㅊ v. 1-v. 12

清代—民国初期

书名	出版事项	版式状况	一般事项	所藏番号
聊斋志异新评	蒲松龄(清)著,上海,刊写者未详,道光二十二年(1842)序	16卷16册(卷1-16),中国木版本,18×12.1cm,上下单边,左右双边,半郭:13.1×10.4cm,有界,9行21字,注双行,上下小黑口,无鱼尾,纸质:竹纸	序:道光二十二年(1842)夏五月广顺云湖但明伦识于两淮运署之题襟馆,跋:大清乾隆五年岁次庚申(1740)春日孙立德谨识	3Q-요 72 ㅍ
夜雨秋灯录	宣鼎(清)著,中国,刊写者未详,光绪三年(1877)序	5册(缺帙,册1、3-4、6-7),中国新铅活字本,17×11.2cm,四周双边,半郭:12.2×9.3cm,无界,12行24字,花口,上下向黑鱼尾,纸质:竹纸	自序:光绪三年(1877)春二月花朝日天长宣鼎瘦梅自序于仙蝶来馆	3N1-야 67 ㅅ
夜雨秋灯录	宣鼎(清)著,刊写地未详,刊写者未详,光绪三年(1877)序	5册(缺帙),中国新铅活字本,17×11.2cm,四周双边,半郭:12.2×9.3cm,无界,12行24字,上黑鱼尾,纸质:竹纸	自序:光绪三年(1877)春二月花朝日天长宣鼎瘦梅自序于仙蝶来馆	3N1-야 67 ㅅ-v. 1,3-4,6-7

续表

书名	出版事项	版式状况	一般事项	所藏番号
池北偶谈	王士祯(清)著,刊写地未详,三槐堂,康熙三十年(1691)序	26卷8册(卷1-26),中国木版本,24.6×15.9cm,上下单边,左右双边,半郭:19.1×13.9cm,有界,11行23字,大黑口上黑鱼尾,纸质:竹纸	序:辛巳(1691)长国海宁门人陈矢禧序	3N3-지 47 ㅇ-v.1-8, 3N3-지 47 ㅇ-v.1-26
板桥杂记	余怀(清)著,上海长沙叶氏,光绪三十四年(1908) 附录:吴门画舫录:西溪山人编	1册(58页),中国木版本,26.6×15.3cm,上下单边,左右双边,半郭:17.7×12.4cm,有界,11行22字,注双行,上下大黑口,内向黑鱼尾,纸质:绵纸	刊记:光绪戊申(1908)秋中长沙叶氏校刊,序:乙丑(1805)橘春镜卿沈廷照序,嘉庆丙寅(1806)……吴锡麒撰	3N4-판 16 ㅇ
奇文观止本朝虞初新志	菊池纯(日)编,依田百川(日)评点,日明治十五年(1882)序	3卷3册,日本木版本,19.1×12cm,四周单边,半郭:15.8×8.8cm,有界,9行18字,头注,大黑口,纸质:绵纸	序:明治壬午(1882)八月日学海依田百州(日)撰并序,跋:时庆应丁卯(1867)六月松园道人盐田泰识	3Q2-본 75 ㄱ

30. 朝鲜大学校

书名	出版事项	版式状况	一般事项	所藏番号
剪灯新话	瞿佑(明)著,刊写地未详,刊写者未详,刊写年未详	1册,29.6×19.7cm,四周单边,半郭:23.1×16.4cm,11行20字,上下二叶花纹鱼尾	版心题:剪灯	895.13-ㄱ 483 저

续表

书名	出版事项	版式状况	一般事项	所藏番号
剪灯新话句解	瞿佑(明)著,刊写地未详,刊写者未详,仁祖十一年(1633)刊	2卷2册,28.3×20.7cm,四周单边,朝鲜木版本,半郭:22.7×16.4cm,行字数不同,上二叶花纹鱼尾,纸质:楮纸	表纸题:剪灯新话,版心题:剪灯	895.13-ㄱ 483 전
剪灯新话句解	瞿佑(明)著,沧洲(朝鲜)订正,垂胡子(朝鲜)集释,刊写地未详,刊写者未详,仁祖十一年(1633)刊	2卷2册,30.5×20.7cm,四周单边,朝鲜木版本,半郭:21.6×18.8cm,10行22字,黑口,上下黑鱼尾,纸质:楮纸	版心题:剪灯新话	895.13-ㄱ 483 ㅈ

31. 全北大学校

唐代以前

书名	出版事项	版式状况	一般事项	所藏番号
说苑	刘向(汉)撰,上海中华书局,刊写年未详	9卷2册(缺帙,卷7-15),中国新铅活字本,19.4×10.2cm,四周单边,半郭:14.2×10.2cm,有界,13行19字,小黑口,上下内向黑鱼尾	刊记:中华书局聚珍仿宋版印	340.1-유향설
说苑杂录	刊写地未详,刊写者未详,刊写年未详	3卷1册(卷1-3),笔写本,24×13.5cm,无界,10行30字,注双行,无鱼尾	朱墨旁点,写记:岁在乙卯(?)孟秋阴一日抄	181.21-설 원잡

续表

书名	出版事项	版式状况	一般事项	所藏番号
世说新语	刘义庆(刘宋)撰,刘孝标(梁)注,光绪三年(1877)刊	5卷3册(缺帙,卷2-6),中国木版本,26×17cm,四周双边,半郭:19.1×14cm,有界,12行24字,注双行,大黑口,上下内向黑鱼尾		812.081-유 의록세
世说抄	刘义庆(刘宋)撰,刊写地未详,刊写者未详,刊写年未详	2册,笔写本,22.9×18.2cm	跋:甲申(?)……苍史樵夫题,藏书记:浓墨山房藏	812.081-세 설초
续世说	未署著者,上海中华书局,刊写年未详	4卷1册(缺帙,卷9-12),中国新铅活字本,19.6×13.3cm,四周单边,半郭:14.9×10.2cm,有界,13行20字,小黑口,上下向黑鱼尾	刊记:中华书局聚珍仿宋版印,跋:钱熙祚	812.081-공 평중속

清代—民国初期

书名	出版事项	版式状况	一般事项	所藏番号
定香亭笔谈	阮元(清)撰,陈鸿寿(清)录,中国,刊写者未详,刊写年未详	(卷)1卷1册(缺帙),中国木版本,20.5×13.9cm,上下单边,左右双边,半郭:12.5×8.9cm,有界,9行21字,注双行,大黑口,无鱼尾		812.4-완원

32. 圆光大学校

书名	出版事项	版式状况	一般事项	所藏番号
剪灯新话句解	瞿佑(明)著,尹春年(朝鲜)订正,林芑(朝鲜)集释	1册(零本,卷下),朝鲜木版本(后刷),29×20.3cm,四周单边,半郭:22×18.3cm,有界,12行18字,注双行,上下黑鱼尾,纸质:楮纸	表题:剪灯新话	AN 823.5-ㄱ483 ㄱ
剪灯新话句解	瞿佑(明)著,尹春年(朝鲜)订正,林芑(朝鲜)集释	1册(零本,卷下),朝鲜木版本,27×19.4cm,四周单边,半郭:23.3×16cm,有界,11行20字,注双行,上下二叶花纹鱼尾,纸质:楮纸	表题:剪灯新话	AN823.5-ㄱ483 ㄷ
剪灯新话句解	瞿佑(明)著,尹春年(朝鲜)订正,林芑(朝鲜)集释,后刷	1册(零本,卷下),朝鲜木版本,29.2×19cm,四周单边,半郭:23×16.6cm,有界,11行20字,注双行,上下二叶花纹鱼尾,纸质:楮纸	版心题:剪灯,表题:剪灯新话	AN 823.5-ㄱ483 ㄹ
剪灯新话句解	瞿佑(明)著,尹春年(朝鲜)订正,林芑(朝鲜)集释,后刷	1册(零本,卷下),朝鲜木版本,30×20.5cm,四周单边,半郭:23×17.5cm,有界,11行18字,注双行,上下黑鱼尾,纸质:楮纸	表题:剪灯新话	AN823.5-ㄱ483 ㅁ
西湖志	田汝成(明)辑撰	1卷1册,笔写本,24.5×15.3cm,无界,10行27字,注双行,纸质:楮纸		AN820.819-ㅈ294 ㄱ
西湖志	田汝成(明)辑撰	1卷1册,笔写本,25.5×16cm,无界,11行30字,注双行,纸质:楮纸		AN820.819-ㅈ294 ㄴ

续表

书名	出版事项	版式状况	一般事项	所藏番号
西湖志	田汝成(明)辑	1 卷 1 册,笔写本,22.8×14.5cm,无界,8 行 31 字,注双行,纸质:楮纸		AN820.829-ㅈ294 서

33. 全州大学校

书名	出版事项	版式状况	一般事项	所藏番号
剪灯新话句解	瞿佑(明)著,垂胡子(朝鲜)集解,刊写地未详,刊写者未详,甲寅字翻刻本,20 世纪初刊	2 卷 2 册(上,下),朝鲜活字本,四周双边,半郭:23.2×16.1cm,有界,11 行 20 字,注双行,上下内向二叶花纹鱼尾		OM823.5-구67 ㅈ
剪灯新话句解	瞿佑(明)著,沧洲(朝鲜)订正,垂胡子(朝鲜)集释,刊写地未详,刊写者未详,刊写年未详	2 卷 2 册(下卷欠),朝鲜木版本,25.8×19cm,四周单边,半郭:23.3×15.8cm,有界,11 行 20 字,注双行,内向二叶花纹鱼尾		OM823.5-구67 저

34. 釜山大学校

唐代以前

书名	出版事项	版式状况	一般事项	所藏番号
山海经	郭璞(晋)注,郝懿行(清)笺疏,清光绪七年(1881)刊	18 卷 4 册,中国木版本,24.5×16cm,上下单边,左右单边,半郭:18.4×14.4cm,有界,10 行 24 字,纸质:竹纸	刊记:光绪七年(1881)十二月二十四日内阁奉上谕前据顺天府府尹游百川呈进已	2-11-18

续表

书名	出版事项	版式状况	一般事项	所藏番号
列女传	刘向(汉)撰,梁端(清)校注,上海会文堂书局,清宣统二年(1910)刊	4卷2册(卷1-4),中国石印本,20.1×13.4cm,四周双边,半郭:15.5×10.3cm,有界,13行26字,注双行,小黑口,上下向黑鱼尾,纸质:绵纸	里题:列女传校读本,序:道光癸巳(1833)立秋日借闲漫士汪适孙(清),刊记:庚戌(1910)夏上海会文堂书局印行	2-7-185
世说新语	刘义庆(刘宋)撰,刘孝标(梁)注,刊写地未详,博古堂,刊写年未详	3卷3册,中国木版本,26×17cm,上下单边,左右双边,半郭:19.6×14.5cm,有界,10行20字,注双行,白口,上下内向黑鱼尾	标题:世说新语补,序:万历己酉(1609)春周氏博古堂刊序毕……袁褧撰,纹样:卍字七宝纹	海麓文库(子部) OBC 3-10 6
世说新语补	刘义庆(刘宋)集录	1册(71页),笔写本,25.9×14.3cm,无界,10行26字,注双行,纸质:楮纸		小讷文库(子部),OFC 3-10 6A
世说新语摘评	卢相稷(朝鲜)著	1卷1册(16页),笔写本,14.6×9cm,无界,8行字数不定,纸质:楮纸	表题:世说新语,朱黑批点	小讷文库(子部),OFC 3-12 59

宋代

书名	出版事项	版式状况	一般事项	所藏番号
正续太平广记	冯犹龙(明)编,刊写地未详,刊写者未详,刊写年未详	(1-40)40册,中国活字本,25.2×16.3cm,四周单边,半郭:19×14cm,有界,9行20字,花口,上下向白鱼尾	标题:正续太平广记,卷头:苕上野客漫题	3-12-33

明代

书名	出版事项	版式状况	一般事项	所藏番号
剪灯新话句解	瞿佑(明)著,沧洲(朝鲜)订正,垂胡子(朝鲜)集释,朝鲜朝后期刊	2卷2册,朝鲜木版本,31.5×21cm,四周单边,半郭:23×16cm,有界,11行20字,注双行,内向二叶花纹鱼尾,纸质:楮纸	表题:剪灯新话	釜山大学校图书馆
剪灯新话句解	瞿佑(明)著,沧洲(朝鲜)订正,垂胡子(朝鲜)集释,朝鲜朝后期刻,后刷	1卷1册(卷上),朝鲜木版本,28×17.3cm,四周单边,半郭:23.5×16cm,有界,11行20字,注双行,内向二叶花纹鱼尾,纸质:楮纸	表题:剪灯新话,跋:洪武辛酉(1381)……金冕……序之由义西斋写	釜山大学校图书馆
剪灯新话句解	瞿佑(明)著,沧洲(朝鲜)订正,垂胡子(朝鲜)集释,朝鲜朝后期刻,末期后刷	1卷1册(卷上),朝鲜木版本,31.6×21.2cm,四周单边,半郭:23×18cm,有界,12行18字,注双行,小黑口,内向黑鱼尾,纸质:楮纸	表题:剪灯新话	釜山大学校图书馆
剪灯新话句解	瞿佑(明)著,沧洲(朝鲜)订正,垂胡子(朝鲜)集释,20世纪初刊	1卷1册(卷上),朝鲜木版本,28×18.2cm,四周单边,半郭:23.2×16cm,无界,12行20字,纸质:楮纸	题签:剪灯新话,版心题:剪灯	釜山大学校图书馆
剪灯新话句解	瞿佑(明)著,垂胡子(朝鲜)集释	1卷1册(69页),朝鲜木版本,29×18.3cm,四周单边,半郭:23.1×16.7cm,有界,11行20字,白口,上下内向二叶花纹鱼尾,纸质:楮纸	表题:剪灯新话,版心题:剪灯	海苍文库(子部) OAC 3-12 32

续表

书名	出版事项	版式状况	一般事项	所藏番号
剪灯新话句解	瞿佑(明)著,垂胡子(朝鲜)集释	1卷1册(57页),朝鲜木版本,27.8×17.8cm,四周单边,半郭:22.8×15.8cm,有界,11行20字,注双行,白口,上下内向二叶花纹鱼尾,纸质:楮纸	表题:剪灯新话,版心题:剪灯,纹样:卍字纹	直斋文库(子部) OCC 3-12 32
剪灯新话句解	瞿佑(明)著	1卷1册(64页),朝鲜木版本,30.6×20cm,四周单边,半郭:23×16cm,有界,11行20字,注双行,白口,上下内向二叶花纹鱼尾,纸质:楮纸	版心题:剪灯	芝田文库(子部) OEC 3-12 32A
剪灯新话句解	瞿佑(明)著,尹春年(朝鲜)订正	1卷1册(60页),朝鲜木版本,28×20cm,四周单边,半郭:21.3×17.3cm,有界,11行20字,注双行,白口,上下内向二叶花纹鱼尾,纸质:楮纸		苍原文库 (经书部) OHC 3-12 32B
剪灯新话句解	瞿佑(明)著,垂胡子(朝鲜)集释	1卷1册(60页),朝鲜木版本,26.4×19.3cm,四周单边,半郭:20.7×17.1cm,有界,11行20字,注双行,白口,上下内向二叶花纹鱼尾,纸质:楮纸	表题:剪灯新话	于溪文库(子部) OIC 3-12 32E

清代—民国初期

书名	出版事项	版式状况	一般事项	所藏番号
博物志	与《桂海虞衡志》等合刊	7册,中国木版本,18.3×11.9cm,四周单边,半郭:13.4×9.5cm,有界,10行25字,注双行,花口,上下向黑鱼尾,纸质:竹纸	桂海虞衡志序:淳熙二年(1175)……范成大书	海苍文库(子部)OAC 3-11 31

续表

书名	出版事项	版式状况	一般事项	所藏番号
萤窗异草初编	长白浩歌子(清)著,上海锦章图书局,光绪二年(1876)序	4卷8册,中国石印本,有图,22×13.5cm,四周双边,半郭:17.7×12cm,有界,21行42字,花口,上下向黑鱼尾,纸质:竹纸	标题:绘图萤窗异草全编,刊记:上海锦章图书局石印,序:光绪二年岁次丙子(1876)端阳节梅鹤山人序	梦汉文库(子部)ODC 3-12 36
寄园寄所寄	赵吉士(清)辑,清,渔古山房,刊写年未详	5卷5册,中国木版本,16.8×10.8cm,上下单边,左右双边,半郭:13.2×9.2cm,有界,11行21字,花口,上下向黑鱼尾,纸质:竹纸	序:仙湖愚兄士麟顿首拜撰,序:康熙三十四年(1695)仲冬朔……汪光被序	梦汉文库(子部) ODC 3-12 42
质直谈耳	钱肇鳌(清)撰,清,学余堂,道光四年(1824)刊	8卷4册,中国木版本,16.5×10.8cm,四周单边,半郭:11.9×8.5cm,无界,8行17字,花口,上下向黑鱼尾,纸质:画宣纸	序:竹汀居士大昕书,刊记:道光甲申(1824)重镌 学余堂藏板	芝田文库(子部)OEC 3-12 21
茶余客话	阮葵生(清)著	12卷4册,中国木版本,17.5×10.8cm,四周单边,半郭:13.1×9cm,无界,9行20字,白口,上下向黑鱼尾,纸质:画宣纸	跋:甲寅上元乌程戴璐跋,跋:癸丑小除男钟琦谨识,题词:杨复吉	芝田文库(子部)OEC 3-12 26
详注聊斋志异图咏	蒲松龄(清)著,吕湛恩(清)注,上海,清末民初刊	16卷8册(卷1-2,13-14缺),中国石印本,有图,19.9×13.1cm,四周单边,半郭:15.6×10.8cm,无界,14行26字,纸质:竹纸		釜山大学校

续表

书名	出版事项	版式状况	一般事项	所藏番号
典故列女全传	清朝末期刊	4卷4册,中国木版本,四周单边,23.6×15.4cm,半郭:19×13cm,有界,9行17字,注双行,头注,上下向黑鱼尾,纸质:竹纸	表题:列女传,里题:列女传,刊记:晓星樵人复校重刊	2-7-61

35. 东亚大学校

唐代以前

书名	出版事项	版式状况	一般事项	所藏番号
山海经	郭璞(晋)传,吴志伊(清)注,刊写地未详,刊写者未详,光绪十年(1884)序	4卷4册(卷1-4),有图,24×15.3cm,四周单边,半郭:18.9×14.5cm,有界,9行20字,注双行,上下向黑鱼尾	目录题:山海经广注,标题:绘图广注山海经,原序:晋记室参军郭璞景纯撰,重修后序:光绪甲申年(1884)小春月吴县孙溪逸士校于扫叶山房,重修后序:大唐翰林侍读学士国子祭酒成都杨慎序于锦江浣溪书屋	(3):12:2-20
新刊古列女传	余仁仲(宋)著,刊写地,刊写者未详,道光五年(1825)跋	2卷1册(卷7-8,全8卷4册),有图,27.5×15.8cm,上下单边,左右双边,半郭:18.6×12.1cm,无界,11行12字,黑口,上下向黑鱼尾	版心题:列女传,跋:嘉庆二十五年(1820)三月十一日甘泉江藩题竣时年六十,跋:道光五年(1825)秋濮州阮福识于岭海节楼	(2):7:2-25
刘向说苑	刘向(汉)撰,刊写地未详,刊写者未详,刊写年未详	2卷1册(缺帙,卷17-18),29.4×18.2cm,四周双边,半郭:26.1×16.7cm,有界,10行19字,黑口,无鱼尾		(3):1-100

续表

书名	出版事项	版式状况	一般事项	所藏番号
参订刘向列女传	松元万年(日本)标注,本荻江(日本)校正,东京,万青堂,明治十一年(1878)刊	3卷3册(卷1-3),23×15.7cm,四周双边,半郭:18.6×12.4cm,无界,11行21字,注17行6字,上下向黑鱼尾	标题:标注刘向列女传,刊记:明治十一年(1878)五月出版,序:明治十一年(1878)四月四日四田义书上段(注记)2.90cm,下段(本文)15.7cm	(2):7:2-72
绘图笑林广记	编者未详,刊写地未详,刊写者未详,刊写年未详	4卷4册(卷1-4),有图,15×9cm,四周双边,半郭:12.2×8.1cm,无界,16行38字,上下向黑鱼尾	书名:题签题,标题:真真笑林广记	(3):12:2-54

唐五代

书名	出版事项	版式状况	一般事项	所藏番号
酉阳杂俎	段成式(唐)撰,上海文瑞楼,刊写年未详	20卷3册(续集10卷2册,共5册,卷1-20,续集卷1-10),20×13.2cm,四周双边,半郭:16.4×11.8cm,有界,14行31字,上下向黑鱼尾	表题:正续酉阳杂俎,刊记:上海文瑞楼印行	(3):12:2-18

宋辽金元

书名	出版事项	版式状况	一般事项	所藏番号
太平广记	李昉(宋)等奉敕编,黄晟(清)校刊,刊写地未详,刊写者未详,刊写年未详	405卷48册(全500卷64册,卷105-500),18×11.8cm,四周双边,半郭:11.4×9cm,有界,12行22字,注双行,上下向黑鱼尾		(3):12:2-56

续表

书名	出版事项	版式状况	一般事项	所藏番号
太平广记	许自昌(明)校,刊写地未详,刊写者未详,刊写年未详	18卷2册(缺帙,卷316-325, 440-447), 26.9×18.6cm,上下单边,左右双边,半郭: 22.3×14.5cm,有界,12行24字,注双行,上下向黑鱼尾		(3):12:3-4
涑水记闻	司马光(宋)撰,陆锡熊(清),纪昀(清),萧芝(清)共纂修,刊写地,刊写者未详,乾隆四十二年(1777)序	16卷4册(卷1-16),19.1×13.1cm,四周双边,半郭:17.8×12.4cm,有界,13行33字,注双行,上下向黑鱼尾	序:乾隆四十二年(1777)八月恭校上	(3):12:1-6
鹤林玉露	罗大经(宋)著	24卷7册,26×16.4cm,四周单边,半郭:19.4×14.3cm,有界,9行19字,上下向黑鱼尾		(4):3-72

明代

书名	出版事项	版式状况	一般事项	所藏番号
剪灯新话句解	瞿佑(明)著,沧洲(朝鲜)订正,垂胡子(朝鲜)集释,刊写地未详,刊写者未详,刊写年未详	2卷2册(卷上、下),30.7×20.5cm,四周单边,半郭:21.4×18.4cm,有界,12行18字,注双行,内向黑鱼尾,纸质:楮纸	表题:剪灯新话	(3):12:2-6

续表

书名	出版事项	版式状况	一般事项	所藏番号
剪灯新话句解	瞿佑(明)著,沧洲(朝鲜)订正,垂胡子(朝鲜)集释,刊写地未详,刊写者未详,刊写年未详	2卷2册(卷上、下),29.7×18.6cm,四周单边,半郭:23.2×16.3cm,有界,11行20字,注双行,内向二叶花纹鱼尾	版心题:剪灯,表题:剪灯新话	(3):12:2-7
古今说海	陆楫(明)编,上海,集成图书公司,宣统元年(1909)刊	142卷12册(卷1-142),中国新活字本,20.2×13.3cm,四周双边,半郭:16.4×10.6cm,无界,13行32字,注双行,无鱼尾	刊记:宣统元年(1909)季冬月第二次印于上海,引:嘉靖甲辰岁(1544)四月朔龙江唐锦题,重刻序:无名氏	(3):10:5-9
西湖游览志	田汝成(明)撰,刊写地未详,刊写者未详,1895年刊	24卷4册(卷1-24),中国木版本,有图,24.3×15.8cm,四周双边,半郭:16.5×11cm,有界,10行20字 注双行,上黑鱼尾	刊记:光绪乙未(1895)仲春余杭孙树义仁和罗孙峻校字姜德铨摹图,序:万历十二祀岁次甲申(1584)季秋望日巡按浙江监察御史江阴范鸣谦撰,叙:钱塘田汝成叔禾撰,嘉靖二十六年(1547)冬十一月	(2):11:9-5
国色天香	吴敬所(明)编,刊写地未详,刊写年未详,大业堂刊	10卷3册(卷1-10),中国木版本,22.9×14.6cm,四周双边,半郭:20.8×13.2cm,有界,13行30字,上黑鱼尾	版心题:国色天香,内表纸书名:京台新镌公余胜览国色天香,刊记:大业堂重校梓	(3):11-140卷1-10

清代—民国初期

书名	出版事项	版式状况	一般事项	所藏番号
分甘余话	王士祯(清)著,刊写地未详,刊写者未详,刊写年未详	4卷1册,26.4×16.7cm,上下单边,左右双边,半郭:16.4×13cm,有界,10行19字,黑口,上下向黑鱼尾	丛书名:包匣书名,序:乙丑(1685)腊月朔雪中书渔洋老人王士祯(渔洋山人全集,25)	(4):3-197 卷1-4
池北偶谈	王士祯(清)著,刊写地未详,刊写者未详,刊写年未详	26卷8册(卷1-26),26.4×16.5cm,上下单边,左右双边,半郭:19.6×14.4cm,有界,11行23字,黑口,上下向黑鱼尾	丛书名:包匣书名,跋:康熙庚辰(1700)……辛巳(1701)…… 父大人……侄廷抡拜手谨识并书,序:康熙辛未(1691)秋渔洋山人王士祯序,序:辛巳(1701)……海宁门人陈矢禧书	(4):3-197
池上草堂笔记	梁恭辰(清)著,刊写地未详,豫章听备馆,刊写年未详	7卷7册(缺帙,卷2-8),18.3×12.4cm,上下单边,左右双边,半郭:13.3×9cm,有界,9行22字,注双行,上黑鱼尾	版心题:池上草堂	(3):10:3-17
详注聊斋志异图咏	蒲松龄(清)著,吕湛恩(清)注,上海,天宝书局,刊写年未详	16卷8册(卷1-16),有图,20×13.4cm,四周双边,半郭:17.4×12cm,无界,24行50字,注双行,上下向黑鱼尾	原跋:大清乾隆五年岁次庚申(1740)春日孙立德谨识,印记:烟台兴隆街诚文信记印,精印弁言:宣统三年太岁重光大渊献(辛亥,1911)日火之次节山啸生撰	(3):12:2-9
北梦琐言	孙光宪(宋)撰,刊写地未详,刊写者未详,乾隆二十一年(1756)	20卷4册(卷1-20),26.7×16.4cm,四周单边,半郭:17.8×14.3cm,有界,10行21字,注双行,上下向黑鱼尾	刊记:乾隆丙子(1756)镌雅雨堂藏板,序:乾隆丙子(1756)德州卢见曾序	(3):12:1-10

续表

书名	出版事项	版式状况	一般事项	所藏番号
右台仙馆笔记	曲园居士(清)著,刊写地、刊写者、刊写年未详	16卷5册(卷1-16),22.8×14.8cm,上下单边,左右双边,半郭:16×11.7cm,有界,10行21字,上下向黑鱼尾	序:曲园居士自记	(3):12:2-17
归田琐记	梁章钜(清)撰,刊写地、刊写者未详,道光二十五年(1845)刊	8卷4册(卷1-8),24×15cm,上下单边,左右双边,半郭:17.9×12.4cm,有界,10行22字,黑口上下向黑鱼尾	刊记:道光乙巳(1845)年刊北东园藏板,序:道光二十五年(1845)冬十二月受业仁和许惇书谨撰	(3):12:1-12
绘图情史	詹詹外史(明)评辑,刊写地、刊写者、刊写年未详	11卷3册(卷14~24,缺帙),19.9×13cm,四周双边,半郭:16.9×11.5cm,无界,23行48字,上下向黑鱼尾	上栏外小字头注	(3):12:2-83
	詹詹外史(明)评辑,刊写地、刊写者未详,宣统元年(1909)刊	5卷1册(卷9~13,缺帙),20×13cm,四周双边,半郭:17×11.6cm,无界,23行48字,上下向黑鱼尾	上栏外小字头注	(3):12:2-71
分甘余话	王士祯(清)著,刊写地未详,刊写者未详,刊写年未详	4卷1册,26.4×16.7cm,上下单边,左右双边,半郭:16.4×13cm,有界,10行19字,黑口,上下向黑鱼尾	丛书名:包匣书名,序:乙丑(1685)腊月朔雪中书渔洋老人王士祯(渔洋山人全集,25)	(4):3-197 卷1-4
唐人说荟	陈莲塘(清)辑,周愚峰(清)订,刊写地未详,刊写者未详,同治三年(1864)刊	20卷24册(卷1-20),16.7×11cm,上下单边,左右双边,半郭:12.2×9.1cm,无界,9行21字,上下向黑鱼尾	标题:唐代丛书,刊记:同治甲子(1864)冬,序:乾隆岁次壬子(1792)冬仲长沙学弟愚峰周克达拜撰,序:乾隆辛亥(1791)仲冬上浣酉愚弟彭题于琼南官舍,唐人说荟	(3):12:1-15

续表

书名	出版事项	版式状况	一般事项	所藏番号
梦园丛说	方浚颐(清)撰,同治十三年(1874)刊	16卷4册,中国木版本,26×15.8cm,四周双边,半郭:16.2×12.4cm,有界,10行21字,下黑口,上黑鱼尾	刊记:同治十三年甲戌(1874)仲冬月刊于扬州序:光绪纪元岁在乙亥(1875)孟夏之月桐城许恩叔平甫撰,序:受业朱铭盘谨序	(3):10:3-11
北梦琐言	孙光宪(宋)撰,刊写地未详,刊写者未详,乾隆二十一年(1756)刊	20卷4册(卷1-20),26.7×16.4cm,四周单边,半郭:17.8×14.3cm,有界,10行21字,注双行,上下向黑鱼尾	刊记:乾隆丙子(1756)镌雅雨堂藏板,序:乾隆丙子(1756)德州卢见曾序	(3):12:1-10
宋艳	徐士銮(清)辑,刊写地未详,蝶园,高宗二十八年(1891)刊	12卷6册,中国木版本,20.4×13.4cm,四周双边,半郭:13.3×9.3cm,有界,9行21字,注双行,黑口,上白鱼尾	刊记:光绪辛卯(1891)冬十月刊蝶园藏板,序:光绪癸巳(1893)仲冬之月上澣宗弟早序,序:光绪辛卯(1891)秋八月友生杨光仪香吟氏书,宋艳题辞:光绪辛卯(1891)子月上澣乐亭史梦兰香厓题	(3):10:6-3卷1-12
闲谈消夏录	外史氏(清)著,上海书局	12卷4册,中国石印本,14.8×8.9cm,四周双边,半郭:11.8×7.6cm,无界,18行35字,注双行,上黑鱼尾	刊记:上海书局石印,叙:光绪二十一年(1895)中秋后三日钱塘十二峰主人绳伯洪荣识并书,表纸书名:增广闲谈消夏录	(3):10:3-15卷1-12
耳食录二编	道光元年(1821)刊	8卷4册,18.5×11.3cm,四周双边,半郭:12.3×10.2cm,有界,8行16字,上下向黑鱼尾	包匣题:耳食录,刊记:道光元年(1821)重刊青芝山馆藏板,序:乾隆甲寅(1794)岁十二月乐宫谱元洲自序于邸芳阴别业	(3):12:2-108卷1-8

36. 庆星大学校博物馆（庆星大学校乡土文化研究所）

唐代以前

书名	出版事项	版式状况	一般事项	所藏处
山海经要抄略	庚戌(?)写	1册(178页),笔写本,20.7×19.3cm,无界,10行20字,注双行,纸质:楮纸	表题:山海经,写记:庚戌(?)元月	庆星大学校博物馆
世说新语补	刘义庆(刘宋)撰,何良俊(明)增补,朝鲜朝后期至末期写	1册(56页),笔写本,25.4×18.9cm,无界,14行字数不定,注双行,纸质:楮纸	表题:世说	庆星大学校博物馆

明代

书名	出版事项	版式状况	一般事项	所藏处
剪灯新话句解	瞿佑(明)著,沧洲(朝鲜)订正,垂胡子(朝鲜)集释,朝鲜朝后期刊	2卷2册,朝鲜木版本,27.8×19.8cm,四周单边,半郭:20.8×17.5cm,有界,11行21字,注双行,内向一、二、三叶混人花纹鱼尾,纸质:楮纸	表题:剪灯新话,版心题:剪灯新话,序:洪武十三年(1380)夏四月钱塘凌云翰(明)序	庆星大学校博物馆
剪灯新话	朝鲜朝后期至末期写	1册,笔写本,32×19cm,四周单边,半郭:22.8×15cm,乌丝栏,10行字数不定,纸质:楮纸		庆星大学校博物馆

37. 釜山女子大学校伽倻文化研究所

书名	出版事项	版式状况	一般事项	所藏处
剪灯新话句解	瞿佑(明)著,沧洲(朝鲜)订正,垂胡子(朝鲜)集释,朝鲜朝末期刊	2卷2册,朝鲜木版本,有图,30.1×20.8cm,四周单边,半郭:21.6×18.1cm,有界,12行18字,纸质:楮纸	表题:剪灯新话,附录:秋香亭记	釜山女子大学校 伽倻文化研究所

38. 庆尚大学校

唐代以前

书名	出版事项	版式状况	一般事项	所藏番号
山海经	郭璞(晋)传,刊写地未详,浙江书局,光绪三年(1877)刊	18卷3册(1匣),中国木版本,24×15.2cm,上下单边,左右双边,半郭:18.2×12.3cm,有界,9行21字,注双行,上下向白鱼尾	中国最古的地理书,刊记:光绪三年(1877)浙江书局据畔氏灵岩山馆本校刻,序:乾隆四十六年(1781)……后序:乾隆四十八年癸未(1783)……	古(춘추)D3B 곽41 ㅅ v.1-3
世说新语补	刘义庆(刘宋)撰,王世贞(明)删定,刊写地、刊写者、刊写年不明	1册(130页),笔写本,23.5×14.4cm		C2 유 68 ㅅ (오림)
世说新语	刘义庆(刘宋)撰,王世贞(明)删定,刊写地、刊写者、刊写年不明	1册(零本),中国木版本,26.3×18cm	表题:世说,所藏:卷下之上	D7 왕 68 ㅅ (아천)

续表

书名	出版事项	版式状况	一般事项	所藏番号
世说新补	刘义庆(刘宋)撰,王世贞(明)删定,刊写地、刊写者、刊写年不明	2册,笔写本,24×15.4cm,8行27字,注双行	表题:世说	D7 유 68 ㅅ(아천)
世说	刘义庆(刘宋)撰,王世贞(明)删定,刊写地、刊写者、刊写年不明	3卷1册,笔写本,23.6×16cm,9行28字,注双行		D7c 유 68a(아천)
新序	刘向(汉)著,程荣(明)校,江户,锦山堂,享保二十年(1735)刊	10卷1册,中国木版本,27.2×18cm,四周单边,半郭:18.8×13.4cm,无界,9行20字,上花口,上下向白鱼尾	叙:……编校书籍臣曾巩上	古(춘추)C2 유 92 ㅅ
说苑	刊写地、刊写者、刊写年未详	1册(57页),笔写本,21.5×20.2cm	书名:表题	古(춘추)D2A 설 67

明代

书名	出版事项	版式状况	一般事项	所藏番号
剪灯新话句解	瞿佑(明)著,沧洲(朝鲜)订正,垂胡子(朝鲜)集释,刊写地未详,刊写者未详,刊写年未详	1册(零本,卷上),朝鲜木版本,有图,26×19.7cm,四周单边,半郭:22×18.3cm,有界,12行18字,注双行,上下内向黑鱼尾		D7C 구 67 ㅈ(아천)

续表

书名	出版事项	版式状况	一般事项	所藏番号
剪灯新话句解	瞿佑(明)著,沧洲(朝鲜)订正,刊写地未详,刊写者未详,刊写年未详	1卷1册(卷上),朝鲜木版本,31.8×22.2cm,四周单边,半郭:21.8×18.3cm,有界,12行18字,注双行,上下内向黑口鱼尾		D7C 구 67 ㅈ (오림)
剪灯新话句解	瞿佑(明)著,垂胡子(朝鲜)集释,刊写地未详,刊写者未详,刊写年未详	1册(零本,卷下),朝鲜木版本,有图,26.9×20.5cm,四周单边,半郭:22.5×17cm,有界,10行18字,注双行,上下内向黑鱼尾		D7C 구 67 ㅈ a (아천)
剪灯新话句解	瞿佑(明)著,沧洲(朝鲜)订正,垂胡子(朝鲜)集释,刊写地未详,刊写者未详,刊写年未详	1卷1册(全2卷2册),朝鲜木版本,30.6×20.8cm,四周单边,半郭:22.5×18cm,有界,12行28字,注双行,内向黑鱼尾	表题:剪灯新话	古(춘추) D7A 구 67 v. 1
剪灯新话句解	瞿佑(明)著,沧洲(朝鲜)订正,垂胡子(朝鲜)集释,刊写地未详,刊写者未详,刊写年未详	2卷1册,朝鲜木版本,28.7×20cm,四周单边,半郭:21×17.3cm,有界,11行21字,注双行,内向二叶花纹鱼尾,纸质:楮纸	版心题:剪灯新话,序:洪武十一年(1378)戊午……瞿佑书于吴山大隐堂……	古(춘추) D7A 구 67 ㅈ v. 1-2
剪灯新话句解	瞿佑(明)著,刊写地未详,刊写者未详,刊写年未详	1卷1册(缺帙),朝鲜木版本,25.9×19.7cm,四周单边,半郭:22.9×18.4cm,有界,12行18字,注双行,内向混叶花纹鱼尾		古(춘추) D7B 구 67 ㅈ v. 1

续表

书名	出版事项	版式状况	一般事项	所藏番号
剪灯新话句解	瞿佑(明)著,沧洲(朝鲜)订正,刊写地未详,刊写者未详,刊写年未详	2卷2册,朝鲜笔写本,32.2×21.7cm,10行字数不定	表题:瞿文	勿川文库 古(물천)D7A 구67 ㅈ v.1-2
玉壶冰	都穆(明)撰,刊写地未详,刊写者未详,刊写年未详	1册(24张),朝鲜木版本,25.7×17.7cm,四周单边,半郭:17×13.8cm,有界,9行17字,上下向黑鱼尾		古(춘추)D2C 도95o
西湖志余	田汝成(明)辑撰	1册,笔写本,22×13.2cm,8行字数不定,注双行	表题:东坡集,表题:西湖志,附录:东坡志林,坡仙别集抄	B15BC-전 64 ㅅ

39. 庆州市立图书馆

书名	出版事项	版式状况	一般事项	所藏地
说苑	刘向(汉)著	2册,中国木版本		庆州市立图书馆

40. 庆北大学校

唐代以前

书名	出版事项	版式状况	一般事项	所藏番号
批点世说补	刊写事项不明	零本1册(卷1-3),新铅活字本,27.6×16.8cm,四周单边,半郭:20.5×14.8cm,有界,10行18字,无鱼尾	版心题:批点世说补,序:万历丙戌秋日沔阳陈文烛玉叔撰	[古]812.1 비73

续表

书名	出版事项	版式状况	一般事项	所藏番号
穆天子传	郭璞(晋)注,刊写事项不明	1册,笔写本,20.7×13cm,无界,行字数不定,无鱼尾	表题:齐谐	[古] 812.15 목 813

明代

书名	出版事项	版式状况	一般事项	所藏番号
玉壶冰	都穆(明)撰,刊写事项不明	1册,朝鲜木版本,24.4×17.8cm,四周单边,半郭:17.4×13.4cm,有界,9行17字,上下内向二叶花纹鱼尾	表题:玉壶冰,版心题:玉壶冰	[古] 812.04 도 35 ㅇ
剪灯新话句解	瞿佑(明)著,沧洲(朝鲜)订正,垂胡子(朝鲜)集释,刊写事项不明	2卷2册,朝鲜木版本,27×18.3cm,四周单边,半郭:22.9×15.8cm,有界,11行20字,上下内向二叶花纹鱼尾	表题:剪灯,版心题:剪灯	[古]812.3 구 67 ㅈ
剪灯新话句解	瞿佑(明)著,沧洲(朝鲜)订正,垂胡子(朝鲜)集释,刊写事项不明	2卷2册,朝鲜木版本,32×21.4cm,四周双边,半郭:21.2×17.1cm,有界,10行18字,上下内向二叶花纹鱼尾	版心题:剪灯新话	[古]812.3 구 67 ㅈ(2)
剪灯新话句解	瞿佑(明)著,沧洲(朝鲜)订正,垂胡子(朝鲜)集释,刊写事项不明	零本1册(卷下),朝鲜木版本,26.3×19.5cm,四周单边,半郭:21×17.3cm,有界,11行20字,上下内向二叶花纹鱼尾,纸质:楮纸	表题:剪灯新话,版心题:新话	[古]812.3 구 67 ㅈ(3)

续表

书名	出版事项	版式状况	一般事项	所藏番号
剪灯新话句解	瞿佑(明)著,沧洲(朝鲜)订正,垂胡子(朝鲜)集释,刊写事项不明	零本1册(卷下),朝鲜木版本,29.5×20.5cm,四周单边,半郭:20.7×17.5cm,有界,11行20字,上下内向 二叶花纹鱼尾,纸质:楮纸	表题:剪灯新话,版心题:新话	[古]812.3 구67 ㅈ(4)
剪灯新话句解	瞿佑(明)著,沧洲(朝鲜)订正,垂胡子(朝鲜)集释,刊写事项不明	零本1册(卷下),朝鲜木版本,31×21cm,四周单边,半郭:21.3×16.8cm,有界,11行20字,上下内向 二叶花纹鱼尾,纸质:楮纸		[古]812.3 구67 ㅈ(5)
剪灯新话句解	瞿佑(明)著,沧洲(朝鲜)订正,垂胡子(朝鲜)集释,刊写事项不明	零本1册(卷下),朝鲜木版本,28.1×20.2cm,四周单边,半郭:20.4×17.3cm,有界,11行20字,上下内向 二叶花纹鱼尾,纸质:楮纸	表题:剪灯新话,版心题:新话	[古]812.3 구67 ㅈ(6)
剪灯新话句解	瞿佑(明)著,沧洲(朝鲜)订正,垂胡子(朝鲜)集释,刊写事项不明	零本1册(卷上),朝鲜木版本,32.5×22cm,四周单边,半郭:21.5×17cm,有界,10行18字,上下内向二叶花纹鱼尾,纸质:楮纸	表题:剪灯新话,版心题:新话	[古]812.3 구67 ㅈ(7)
剪灯新话句解	瞿佑(明)著,沧洲(朝鲜)订正,垂胡子(朝鲜)集释,刊写事项不明	零本1册(卷上),朝鲜木版本,31.2×20.7cm,四周单边,半郭:21.5×18.2cm,有界,12行18字,上下内向黑鱼尾	表题:剪灯	[古]812.3 구67 ㅈ(8)

续表

书名	出版事项	版式状况	一般事项	所藏番号
剪灯新话句解	瞿佑(明)著,沧洲(朝鲜)订正,垂胡子(朝鲜)集释,刊写事项不明	零本1册(卷上),朝鲜木版本,28×19cm,四周单边,半郭:23.1×15.6cm,有界,11行20字,上下内向二叶花纹鱼尾,纸质:楮纸	表题:剪灯新话,版心题:新话	[古]812.3 구67 ㅈ(9)
剪灯新话句解	瞿佑(明)著,沧洲(朝鲜)订正,垂胡子(朝鲜)集释,刊写事项不明	零本1册(卷上),朝鲜木版本,30.8×21cm,四周单边,半郭:22.7×18.4cm,有界,12行18字,上下内向黑鱼尾	表题:剪灯新话	[古]812.3 구67 ㅈ(10)
剪灯新话句解	瞿佑(明)著,沧洲(朝鲜)订正,垂胡子(朝鲜)集释,刊写事项不明	零本1册(卷上),朝鲜木版本,30.9×21.2cm,四周双边,半郭:23×17.4cm,有界,10行18字,上下内向二叶花纹鱼尾,纸质:楮纸	版心题:剪灯新话	[古]812.3 구67 ㅈ(11)
剪灯新话句解	瞿佑(明)著,沧洲(朝鲜)订正,垂胡子(朝鲜)集释,刊写事项不明	零本1册(卷上),朝鲜木版本,25.5×19.4cm,四周单边,半郭:22×16.6cm,有界,12行20字,上下内向二叶花纹鱼尾,纸质:楮纸	表题:剪灯新话,版心题:新话下	[古]812.3 구67 ㅈ(12)
剪灯新话句解	瞿佑(明)著,沧洲(朝鲜)订正,垂胡子(朝鲜)集释,刊写事项不明	零本1册(卷上),朝鲜木版本,27.3×17.8cm,四周单边,半郭:21.9×14.5cm,有界,10行18字,上下内向二叶花纹鱼尾,纸质:楮纸		[古]812.3 구67 ㅈ(13)

续表

书名	出版事项	版式状况	一般事项	所藏番号
剪灯新话句解	瞿佑(明)著,沧洲(朝鲜)订正,垂胡子(朝鲜)集释,刊写事项不明	零本1册(卷上),朝鲜木版本,26.4×19cm,四周单边,半郭:22.5×18cm,有界,12行18字,上下内向黑鱼尾	表题:剪灯新话	[古]812.3 구67 ㅈ(14)
剪灯新话句解	瞿佑(明)著,沧洲(朝鲜)订正,垂胡子(朝鲜)集释,刊写事项不明	零本1册(卷下),朝鲜木版本,32.5×22.9cm,四周单边,半郭:23.1×17.3cm,有界,10行18字,上下内向二叶花纹鱼尾,纸质:楮纸	版心题:剪灯新话	[古]812.3 구67 ㅈ(15)
剪灯新话句解	瞿佑(明)著,刊写事项不明	1册,笔写本,33.7×21.2cm,无界,10行24字,无鱼尾,纸质:楮纸		[古]812.3 구67 ㅈ(16)
剪灯新话句解	瞿佑(明)著,沧洲(朝鲜)订正,垂胡子(朝鲜)集释,刊写事项不明	1册(卷下),笔写本,29×22.7cm,四周双边,半郭:23.2×21cm,无界,11行20字,无鱼尾,纸质:楮纸		[古]812.3 구67 ㅈ(17)
剪灯新话句解	瞿佑(明)著,沧洲(朝鲜)订正,垂胡子(朝鲜)集释,刊写事项不明	零本1册(卷下),笔写本,29.4×17.8cm,无界,10行20字,无鱼尾,纸质:楮纸	版心题:剪灯新话	[古]812.3 구67 ㅈ(18)
剪灯新话句解	瞿佑(明)著,沧洲(朝鲜)订正,垂胡子(朝鲜)集释,刊写事项不明	零本1册(卷下),笔写本,29.7×20cm,无界,11行18字,无鱼尾,纸质:楮纸	表题:剪灯新话	[古]812.3 구67 ㅈ(19)

续表

书名	出版事项	版式状况	一般事项	所藏番号
剪灯新话句解	瞿佑(明)著,沧洲(朝鲜)订正,垂胡子(朝鲜)集释,刊写事项不明	零本1册(卷下),笔写本,27.5×20cm,无界,行字数不定,无鱼尾,纸质:楮纸		[古]812.3 구67 ㅈ(20)
剪灯新话句解	瞿佑(明)著,沧洲(朝鲜)订正,垂胡子(朝鲜)集释,刊写事项不明	零本1册(卷下),笔写本,22.2×21.3cm,四周单边,半郭:19.8×18.3cm,无界,10行18字,无鱼尾		[古]812.3 구67 ㅈ(21)
剪灯新话句解	瞿佑(明)著,沧洲(朝鲜)订正,垂胡子(朝鲜)集释,刊写事项不明	零本1册(卷上),笔写本,26×15.2cm,四周单边,半郭:21.7×12.3cm,有界,8行20字,无鱼尾,纸质:楮纸	表题:剪灯	[古]812.3 구67 ㅈ(22)
剪灯新话句解	瞿佑(明)著,沧洲(朝鲜)订正,垂胡子(朝鲜)集释,刊写事项不明	零本1册(卷坤),笔写本,31.5×22.5cm,无界,11行20字,无鱼尾,纸质:楮纸	表题:剪灯新话	[古]812.3 구67 ㅈ(23)
剪灯新话句解	瞿佑(明)著,沧洲(朝鲜)订正,垂胡子(朝鲜)集释,刊写事项不明	零本1册(卷下),笔写本,29.5×19cm,无界,10行20字,无鱼尾,纸质:楮纸	表题:孟解	[古]812.3 구67 ㅈ(24)
剪灯传	刊写事项不明	1册,笔写本,26.6×17.7cm,无界,8行19字,无鱼尾	表题:剪灯传	[古]812.3 전228

清代—民国初期

书名	出版事项	版式状况	一般事项	所藏番号
燕山外史注释	陈球(清)著,刊写地不明,刊写者不明,乙未(1895)刊	8卷2册,中国石印本,有图,15×9.4cm,四周双边,半郭:11.3×7.5cm,有界,13行字数不定,上下向二黑鱼尾	表题:燕山外史,版心题:注释燕山外史,序:嘉庆辛未(1811)…… 清泰铁崖氏拜手,跋:为池校勘爰书数语以归之,刊记:乙未(1895)	[古]812.3 진17 ㅇ
详注聊斋志异图咏	蒲松龄(清)著,吕湛恩(清)注,刊写地不明,中华图书馆,光绪十二年(1886)序	16卷8册,中国石印本,有图,20×13cm,四周单边,半郭:15.6×11cm,无界,14行36字,无鱼尾	题签题:绘图聊斋志异,版心题:详注聊斋志异图咏,序:光绪十有二年(1886)…… 高昌寒食生撰,刊记:中华图书馆发行	[古]812.3 포55 ㅅ
详注聊斋志异图咏	蒲松龄(清)著,但明伦(清)评,吕湛恩(清)注,上海文宜书局,光绪丙申(1896)刊	16卷8册,中国石印本,有图,20×13.2cm,四周双边,半郭:17.5×11cm,无界,20行字数不定,上下向黑鱼尾	版心题:详注聊斋志异图咏,序:道人高珩题,刊记:光绪丙申(1896)上海文宜书局	[古]812.3 포55 ㅅ(2)
客窗闲话	刊写事项不明	初集4卷2册,续集4卷2册(合4册),中国石印本,有图,14.7×8.9cm,四周单边,半郭:11.6×7.9cm,无界,16行36字,上下向黑鱼尾	题签题:绘图奇谈正续客窗闲话,版心题:绘图客窗闲话	[古]812.4 객811

41. 启明大学校

唐代以前

书名	出版事项	版式状况	一般事项	所藏番号
列仙传	刘向(汉)撰,日本,名古屋,文光堂,明治三十五年(1902)刊	2卷2册,中国木版本,25.2×18.2cm,四周单边,半郭:20.5×14.8cm,有界,10行20字,上黑鱼尾	序:宽政五年(1793)……/冈田挺之	920.952-유 향 ㅇ
神异经	刊写年未详	1册,笔写本,25×14.9cm,四周无边,无界,12行字数不定,注双行		이 812.8 신이경
述异记	任昉(梁),刊年未详	1册(11页),笔写本,30.5×17.1cm,四周单边,半郭:26.9×15cm,无界,12行26字,无鱼尾		이 812.8-임방ㅅ
新序	刘向(汉)著,刊写年未详	10卷3册,朝鲜木版本,26.5×16.7cm,四周单边,半郭:19.6×13.5cm,有界,9行20字,上白鱼尾	序:曾巩	이 812.8-유향ㅅ
刘向新序	刘向(汉)著,1492—1493年刊	1册(零本,所藏本:卷1-5),木版本,25.7×17.9cm,四周单边,半郭:18.5×14.7cm,有界,11行18字,黑口,内向黑鱼尾	内容:卷1-5,杂事	귀 812.8 812.081-유 향ㅇ

续表

书名	出版事项	版式状况	一般事项	所藏番号
刘向新序	刘向(汉)著,刊写年未详	5卷1册,笔写本,28.4×16.7cm,四周单边,半郭:24.6×13cm,乌丝栏,10行18字,内向二叶花纹鱼尾		812.081-유 향 ㅇ
世说新语	刘义庆(刘宋)撰,思贤讲舍,光绪十七年(1891)刊,清版本	2卷,附录,合4册,中国木版本,26.7×17.1cm,四周单边,半郭:17.2×12.8cm,有界,11行24字,注双行,黑口,上黑鱼尾	序:嘉靖乙未(1535)……袁褧,刊记:光绪十有七年(1891)……思贤讲舍开雕	이 812.8 유의경ㅅ
世说新语补	刘义庆(刘宋)撰,何良俊(明)增,刊写年未详	20卷5册,显宗实录字本,29.2×19.2cm,四周单边,半郭:23×15.5cm,有界,10行18字,注双行,内向黑鱼尾	序:嘉靖丙辰(1556)……王世贞	이 812.8 유의경ㅅ
世说新语补	刘义庆(刘宋)撰,刊写年未详	1册,笔写本,28.5×18cm,四周无边,无界,14行34字		고 812.8 유의경ㅅ
世说新语	刘义庆(刘宋)撰,中国,刊写年未详	4册(零本,卷2-5),中国木版本,26×16.5cm,上下单边,半郭:20.5×15.3cm,有界,10行20字,注双行,内向黑鱼尾		고 812.8
世说新语补	刘义庆(刘宋)撰,何良俊(明)增,刊写年未详	20卷5册,显宗实录字本,29.2×19.2cm,四周单边,半郭:23×15.5cm,有界,10行18字,注双行,内向黑鱼尾	序:嘉靖丙辰(1556)……王世贞	고 812.8

续表

书名	出版事项	版式状况	一般事项	所藏番号
世说新语补	刘义庆(刘宋)撰,刊写年未详	20卷3册,笔写本,31.8×20.4cm,四周白边,无界,14行24字,注双行	序:嘉靖丙辰(1556)……王世贞,刊记:壬辰八月……凤西册毕书涧翁也	178-유의경ㅅ
皇明世说新语	李绍文(明)撰,刊写年未详	8卷4册,中国木版本,30×20.3cm,四周双边,半郭:19.8×15.4cm,有界,10行20字,上花纹鱼尾	序:万历庚戌(1910)……陆从平	082-이소운ㅎ

宋辽金元

书名	出版事项	版式状况	一般事项	所藏番号
渑水燕谈录	王辟之(宋)著,刊写年未详	10卷1册,中国木版本,26.9×16.5cm,四周单边,半郭:21.4×13.5cm,有界,9行20字,上黑鱼尾		이 812.8-왕벽지ㅅ
齐东野语	周密(宋)著,上海扫叶山房	20卷3册,中国石印本,19.5×13cm,四周双边,半郭:17×11.5cm,无界,14行28字,上黑鱼尾	序:周密	812.4-주밀ㅈ
鹤林玉露	罗大经(宋)著,刊写地、刊写者、刊写年未详	16卷2册,笔写本,24.2×18cm,四周白边,无界,12行字数不定		812.0904-나대경ㅎ
鹤林玉露	罗大经(宋)著,刊写地、刊写者、刊写年未详	1册,笔写本,21.8×14.7cm,四周白边,无界,12行26字		812.0904-나대경ㅎ

明代

书名	出版事项	版式状况	一般事项	所藏番号
两山墨谈	陈霆(明)著,庆尚道,庆州府,宣祖八年(1575)刊	18卷4册,朝鲜木版本,24.2×20.9cm,四周双边,半郭:21.6×15cm,有界,9行18字,内向黑鱼尾	刊记:皇明万历三年(1575)岁在乙亥春庆州府开刊,序:嘉靖己亥(1539)……/李檗	812.8-진정ㅇ
玉壶冰	都穆(明)著,刊年未详	1册,朝鲜木版本,22×17.1cm,四周单边,半郭:17.8×13.8cm,有界,9行17字,内向黑白鱼尾	跋:正德乙亥(1515)……都穆	이 812.8
智囊补	冯梦龙(明)重辑	28卷7册,中国木版本,25×15.6cm,四周单边,半郭:20×13.8cm,无界,9行20字,上黑鱼尾	自序:冯梦龙	920.952-풍몽룡ㅈ
西湖游览志	田汝成(明)撰,中国,万历四十七年(1619)序	4册(零本,所藏本:卷1-24),中国木版本,25.5×21.2cm,四周单边,半郭:22.4×13.7cm,有界,10行21字,注双行,上白鱼尾	序:万历四十七年(1619)	812.8-전여성ㅅ
西湖游览志余	田汝成(明)撰,中国,刊写年未详	26卷6册,中国木版本,25.5×16.2cm,四周单边,半郭:22.4×13.7cm,有界,10行21字,上白鱼尾		812.8-전여성서
剪灯新话	瞿佑(明)著,刊写年未详	1册,笔写本,33.8×22.5cm,四周无边,无界,12行27字,注双行		고 812.35 구우전드

续表

书名	出版事项	版式状况	一般事项	所藏番号
剪灯新话	瞿佑(明)著,刊写年未详	2卷1册,笔写本,23.8×19.5cm,四周无边,无界,12行20字,注双行		이 812.35 구우ㅈ
剪灯新话句解	瞿佑(明)著,尹春年(朝鲜)订正,林芑(朝鲜)集释,刊写年未详	2卷2册,朝鲜木活字本,28.3×20.3cm,四周单边,半郭:21.6×14.7cm,有界,10行18字,注双行,上二叶花纹鱼尾,纸质:楮纸		고 812.35 구우ㅈ
剪灯新话句解	瞿佑(明)著,尹春年(朝鲜)订正,林芑(朝鲜)集释,刊写年未详	2卷2册,朝鲜木版本,32.3×21cm,四周单边,半郭:21.5×18.4cm,有界,12行18字,注双行,内向黑鱼尾		고 812.35 구우전
剪灯新话句解	瞿佑(明)著,尹春年(朝鲜)订正,林芑(朝鲜)集释,刊写年未详	2卷2册,朝鲜木版本,25.4×18.8cm,四周单边,半郭:24.1×15.3cm,有界,11行20字,注双行,内向二叶花纹鱼尾,纸质:楮纸		고 812.35 구우전ㄷ
剪灯新话句解	瞿佑(明)著,刊写年未详	1册(零本),朝鲜笔写本,33.5×22cm,四周单边,半郭:29.2×18.4cm,乌丝栏,11行20字,注双行,内向二叶花纹鱼尾,纸质:楮纸		고 812.35 구우저

清代—民国初期

书名	出版事项	版式状况	一般事项	所藏番号
删补文苑楂橘	刊写年未详	2卷2册,朝鲜笔写本,27.5×17.4cm,四周单边,半郭:18.5×11.9cm,乌丝栏,10行20字,无鱼尾		812.8-문원사
音释坐花志果	汪道鼎(清)撰,广百宋斋,光绪十四年(1888)刊	8卷2册,中国铅活字本,19.5×12.9cm,四周双边,半郭:15.4×10.6cm,无界,10行26字,注双行,下黑口,上黑鱼尾	刊记:光绪戊子(1888)仲春 广百宋斋板印,序:咸丰岁次丁巳(1857)……/荆履吉	812.36-왕 도정ㅈ

42. 岭南大学校图书馆

唐代以前

书名	出版事项	版式状况	一般事项	所藏处/所藏番号
绘图历代神仙传	上海扫叶山房,1909年刊	24卷8册,有图,中国石印本,20×13.2cm	标题纸里面:扫叶山房新印书籍目录. 卷头:序:宣统元年(1909)夏四月三鱼书屋主人,目录	古도 823.6-역대신
世说新语	刘义庆(刘宋)撰,刘孝标(梁)注	4册(零本,全6卷6册),中国木活字本(徐氏木活字),25.7×18.1cm,四周单边,半郭:21.1×15.5cm,有界,11行21字,注双行,上大黑口黑鱼尾	卷头:世说新语序目:嘉靖乙未(1535)……吴郡袁褧,目录. 世说旧题一首旧跋 二首:旧题,旧跋:绍兴八年(1138)……董弅,淳熙戊申(1188)……陆游,世说新语释名,所藏:卷上之上,中之上,中之下,下之下	味山文库[古宅]823 유의경

续表

书名	出版事项	版式状况	一般事项	所藏处/所藏番号
世说新语姓汇韵分		3 册(零本,全 12 卷 4 册,本馆所藏:3 册,卷 1-9),朝鲜木活字本,28.9×19.2cm,四周单边,半郭:21.9×14.7cm,有界,10 行 18 字,注双行,上下内向四瓣黑鱼尾	世说新语补序:嘉靖丙辰(1556)……王世贞,旧序:嘉靖乙未(1535)……吴郡袁褧,世说新语姓汇韵分凡例,目录,版心题:世说,表纸书名:世说	味山文库[古味]823.099 세설신
世说抄		1 册,笔写本,24.9×15.4cm	表纸书名:世说	味山文库 823.099 세설초
重订世说新语补	茂清书屋藏,1762 年刊	6 册,23cm		东滨文库[古]823
世说新语姓汇韵分		5 册(零本),朝鲜古木活字本,30×19cm,纸质:楮纸		东滨文库[古]823.099
绘图历代神仙传	上海扫叶山房,1909 年刊	24 卷 8 册,中国石印本,有图,20×13.2cm	卷头:序:宣统元年(1909)夏四月三鱼书屋主人目录,标题纸里面:扫叶山房新印书籍目录	陶南文库[古도]823.6 역대신
世说新语补	刘义庆(刘宋)撰,刘孝标(梁)注,刘辰翁(宋)批,何良俊(明)增补,王世贞(明)删定	2 册(零本,全 20 卷 7 册,本馆所藏:2 册,卷 6-8,15-17),金属活字本(显宗实录字),29.6×19.4cm,四周单边(一部分左右双边),半郭:23×15.6cm,有界,10 行 18 字,注双行,上下内向黑鱼尾	版心题:世说补,卷六第 1-5 张笔写本,表纸书名:世说	南斋文库[古南]823 유의경

续表

书名	出版事项	版式状况	一般事项	所藏处/所藏番号
世说新语补	刘义庆(刘宋)撰,刘孝标(梁)注,刘辰翁(宋)批,何良俊(明)增补,王世贞(明)删定,王世懋(明)批释,张文柱(明)校注,王湛(明),彭燧(明)校订	1册(零本,全20卷5册,本馆所藏:1册,卷13-16),木版本,22.5×14.9cm,上下单边,左右双边,半郭:18.6×12.6cm,有界,9行18字,注双行,上下内向白鱼尾	版心题:世说补,表纸书名:世说补	南斋文库[古南]823 유의경ㅈ
山海经	郭璞(晋)注,吴志伊(清)注,上海扫叶山房,1884	4卷4册,中国木版本,有图(74图),24.2×15.5cm,四周单边,半郭:19.1×13.8cm,有界,9行20字,注双行,上下向黑鱼尾	卷头:序:郭璞 重修山海经注后序:光绪甲申(1884)……孙溪,目录,标题纸:绘图广注 山海经 晋记室参军郭璞撰 扫叶山房藏版	南斋文库古南 823.5-곽박
世说新语	刘义庆(刘宋)撰	1册,笔写本,21×22cm		中央图书馆823
世说新语补	刘义庆(刘宋)撰	1册,笔写本,22×20cm		中央图书馆823
李卓吾批点世说新语补	刘义庆(刘宋)撰	20卷5册,中国活印本,26cm		中央图书馆[慕]823
世说新语	刘义庆(刘宋)撰	6卷6册,中国石印本,22×14cm		庆州市汶坡文库

唐代

书名	出版事项	版式状况	一般事项	所藏处/所藏番号
唐段少卿西阳杂俎	唐太常少卿柯古段成式撰,明四川道监察御史内乡李云鹄校	30卷(前集,20卷,续集,10卷)4册,中国石印本,20×14cm		庆州市汶坡文库

宋代

书名	出版事项	版式状况	一般事项	所藏番号
太平广记	李昉(宋)等受命编,黄晟(清)校刊,刊写地未详,三让睦记,1846年刊	(1-64,匣 1-8)64 册 8 匣,中国木版本,11.4×8.5cm,有界,12行22字注双行,上下向黑鱼尾		古도 082-이방
渑水燕谈录	王辟之(宋)著,刊写地未详,刊写者未详,刊写年未详	10卷2册,中国木版本,17.8×11.8cm,左右双边(上下单边),半郭:12.8×9.2cm,有界,9行21字,注双行,上下大黑口	标题纸:渑水燕谈录,知不足斋丛书,全240册中一部,卷头:渑水燕谈录,序:绍圣二年(1095)正月甲子序,目录1,版心下端记录(木版):知不足斋丛书,卷末:跋(知不足斋丛书)	古南 912.0094-왕벽지
鹤林玉露	罗大经(宋)著,刊写地、刊写者、刊写年未详	1册,笔写本,26×20.4cm		古部 820.9-나대경

明代

书名	出版事项	版式状况	一般事项	所藏番号
玉壶冰	都穆(明)撰,1515 年刊	1 册,朝鲜木版本,24cm		东滨文库 [古]824
剪灯新话句解	瞿佑(明)著,垂胡子(朝鲜)集释	上下 2 册,朝鲜木版本,26.7×18.8cm,四周单边,半郭:23.1×16cm,有界,11 行 20 字,注双行,上下内向四瓣黑鱼尾,纸质:楮纸	版心题:剪灯,表纸书名:剪灯新话	味山文库 823.5 구우
剪灯新话句解	瞿佑(明)著,垂胡子(朝鲜)集释	1 册(零本,全上下 2 册,本馆所:1 册,卷上),朝鲜木版本,28.3×19.2cm,四周单边,半郭:23.1×16cm,有界,11 行 20 字,注双行,上下内向 四瓣黑鱼尾,纸质:楮纸	版心题:剪灯,表纸书名:剪灯新话	味山文库 823.5 구우-2
剪灯新话句解	瞿佑(明)著,垂胡子(朝鲜)集释	1 册(零本,全上下 2 册,本馆所:1 册,卷下),朝鲜木版本,29×20.3cm,四周双边,半郭:21.1×16.7cm,有界,10 行 18 字,注双行,上下内向四瓣黑鱼尾(一部分有纹黑鱼尾),纸质:楮纸	版心题:剪灯新话,表纸书名:剪灯新话	味山文库 823.5 구ㅁ
剪灯新话句解	瞿佑(明)著,垂胡子(朝鲜)集释,京城,泰华书馆,刊写年未详	上下 2 册,朝鲜木版本,27.4×19cm,四周单边,半郭:23×16.3cm,有界,11 行 20 字,注双行,上下内向四瓣黑鱼尾	版心题:剪灯 表纸书名:剪灯新话	陶南文库 [古陶]823.5 구우

续表

书名	出版事项	版式状况	一般事项	所藏番号
剪灯新话句解	瞿佑(明)著,垂胡子(朝鲜)集释	1册(零本,全上下2册,本馆所藏:1册,卷上),朝鲜木版本,33.4×21.9cm,四周单边,半郭:22.1×18.4cm,有界,12行18字,注双行,上下内向四瓣黑鱼尾	表纸书名:剪灯新话	南斋文库[古南]823.5 구우
剪灯新话句解	瞿佑(明)著,垂胡子(朝鲜)集释	1册(零本,全上下2册,本馆所藏:1册,卷上),朝鲜木版本,32.1×21cm,四周单边,半郭:22.1×18.4cm,有界,12行18字,注双行,上下内向四瓣黑鱼尾,纸质:楮纸	表纸书名:剪灯新话	南斋文库[古南]823.5 구우-2
剪灯新话句解	瞿佑(明)著,垂胡子(朝鲜)集释	1册(零本,全上下2册,本馆所藏:1册,卷上),朝鲜木版本,26×19.8cm,四周单边,半郭:22.1×18.4cm,有界,12行18字,注双行,上下内向四瓣黑鱼尾,纸质:楮纸		南斋文库[古南]823.5 구우-3
剪灯新话句解	瞿佑(明)著,垂胡子(朝鲜)集释	1册(零本,全上下2册,本馆所藏:1册,卷下),朝鲜木版本,有图,31.4×20.9cm,四周单边,半郭:22.4×17.2cm,有界,10行18字(第5张以后는 11行),注双行,一部分,上下大黑口,上下内向黑魚尾,纸质:楮纸	表纸书名:剪灯新话	南斋文库[古南]823.5 구우ㅁ

续表

书名	出版事项	版式状况	一般事项	所藏番号
剪灯新话句解	瞿佑(明)著,垂胡子(朝鲜)集释	上下2册,朝鲜笔写本,33.9×21.5cm	表纸书名:剪灯新话	南斋文库,[古南]823.5 구우
剪灯新话句解	瞿佑(明)著,垂胡子(朝鲜)集释	1册(零本,全上下2册,本馆所藏:1册,卷下),笔写本,33.3×20.2cm,纸质:楮纸	原本印出记录(卷末):崇祯六年癸酉(1633)六月日开刊,笔写记录(表纸里面):道光二十七年(1847)菊月二十 八日记	南斋文库[古南]823.5 구우ㅍㄱ
剪灯新话句解	瞿佑(明)著,垂胡子(朝鲜)集释	1册(零本,全上下2册,本馆所藏:1册,卷上),笔写本,33.9×21.2cm	笔写记录(卷末):乾隆六十乙卯(1795),表纸书名:剪灯新话,口诀本(笔写)	南斋文库[古南]823.5 구우ㅍㄴ
剪灯新话句解	瞿佑(明)著,垂胡子(朝鲜)集释	1册(零本,全上下2册,本馆所藏:1册,卷上),笔写本,28.3×19.2cm	口诀本(笔写),表纸书名:剪灯新话	南斋文库[古南]823.5 구우ㅍㄷ
剪灯新话	瞿佑(明)著	2册(第1册),25×19cm		중앙도서관 823.5
剪灯新话	瞿佑(明)著	2册(第2册),32×21cm		중앙도서관 823.5
剪灯新话	瞿佑(明)著	2册(上),笔写本,23×18cm		중앙도서관 823.5
剪灯新话	瞿佑(明)著	2册(下),笔写本,30×19cm		중앙도서관 823.5
剪灯新话	瞿佑(明)著	1册,笔写本,29×18cm		중앙도서관 823.5
剪灯新话	瞿佑(明)著	2册,朝鲜木版本,19cm		중앙도서관 823.5
剪灯新话句解	瞿佑(明)著	2册,朝鲜木版本,29×19cm		중앙도서관 [韶]823.5

清代—民国初期

书名	出版事项	版式状况	一般事项	所藏番号
香艳丛书	上海国学扶轮社,1910年刊	8卷8册2匣,中国铅活字本,20×13.3cm	标题纸:香艳丛书,国学扶轮社校印,卷头序:宣统元年(1909)……国学扶轮社,凡例,目录,花底拾遗小印,卷末跋:心斋居士,国学扶轮社出版广告	古도 828-향염총
聊斋志异新评	中新书局藏版	1册(零本),中国活印本,20cm		중앙도서관 823.6
详注聊斋志异图咏		1册,中国石印本,21cm		중앙도서관 823.6
详注聊斋志异图咏	华兴书局,丁未(1907)刊	1匣8册,20cm		중앙도서관 [韶]823.6
池北偶谈	上海商务印书馆,辛巳年刊	1册		중앙도서관 824
阅微草堂笔记	纪昀(清)著,北平,盛氏,1804年刊	10册,25cm		东滨文库 [古]820.21
虞初新志	张潮(清)编,小娜嬛馆,1851年刊	1匣8册,16cm		东滨文库 [古]823.6
虞初续志	郑澍若(清)编,未详,养花草堂,1802年刊	1匣4册,16cm		东滨文库 [古]823.6

续表

书名	出版事项	版式状况	一般事项	所藏番号
池北偶谈	王士祯(清)著，三木思堂藏版	8册，中国木版本，25cm		东滨文库[古]824
耳食录	乐钧(清)著，青芝山馆，1821年刊	10册，16.8×11.8cm	道光元年中刊，内容：1册-6册，上编：7册-10册，下编	古凡 824.6-악균

岭南大学校博物馆

书名	出版事项	版式状况	一般事项	所藏地
世说新语补	刘义庆(刘宋)撰，何良俊(明)增编，王世贞(明)删定，肃宗三十四年(1708)刊	2卷1册(卷1-2)，显宗实录字本，29.1×19.4cm，左右双边，半郭：22.9×15.3cm，有界，10行18字，注双行，内向黑鱼尾，纸质：楮纸	表题：世说，版心题：世说补，序：嘉靖丙辰(1556)季夏王世贞(明)撰，万历庚辰(1580)秋吴郡王世懋撰，万历丙戌(1586)秋日沔阳陈文烛玉叔撰	庆山郡岭南大学校博物馆

43. 大邱大学校

书名	出版事项	版式状况	一般事项	所藏番号
剪灯新话句解	瞿佑(明)著，胡子昂(明)集释	零1册，朝鲜木版本，30×22cm，四周单边，半郭：23.7×18.3cm，有界，10行18字，小字双行		大邱大学校(송곡문고)古 823 ㄱ 483 ㅈ

44. 大邱 Catholic 大学校

唐代以前

书名	出版事项	版式状况	一般事项	所藏番号
说苑杂录	刊写者未详,20世纪初刊	1 册, 笔 写 本, 21.7 × 14.5cm		동 828-설 67
世说	刊写者未详,20世纪初刊	不分卷 1 册, 笔写本, 25.2×12.5cm		동 991.2-세 53
绘图山海经	郭璞(晋)注,刊写者未详,20 世纪初刊	卷(1-4),21.1×13.4cm		동 981.2-곽 41 ㅎ

宋辽金元

书名	出版事项	版式状况	一般事项	所藏番号
鹤林玉露	罗大经(宋)著	17 卷 5 册,木版本,22cm	石田文库 序:罗大经	820.8-나 222 ㅎ
鹤林玉露	罗大经(宋)著,刊写地未详,刊写者未详,刊写年未详	1 册,笔写本,25cm	石田文库	동 820.8-나 222 ㅎ

明代

书名	出版事项	版式状况	一般事项	所藏番号
剪灯新话	瞿佑(明)著,刊写者未详,20 世纪初刊	1 册(卷上下),笔写本,22×15cm		동 823.5-구 67 ㅈ

续表

书名	出版事项	版式状况	一般事项	所藏番号
剪灯新话句解	瞿佑(明)著,刊写者未详,20世纪初刊	1卷(句下),33.2×22.4cm		동823.5-구67ㅈ
剪灯新话句解	瞿佑(明)著,刊写者未详,20世纪初刊	1册(卷1-2),33cm		동823.5-구67ㅈ
剪灯新话句解	尹春年匡订,林艺集解,朝鲜刊本	卷1-3,朝鲜出版本,纸质:楮纸		대구가톨릭대 823.5-367

45. 大邱市立图书馆

宋辽金元

书名	出版事项	版式状况	一般事项	所藏番号
鹤林玉露	罗大经(宋)撰	7卷2册(卷1-3,13-16缺帙),中国木版本,25.9×15.9cm,四周单边,半郭:21.2×13.1cm,有界,10行22字,上下向白鱼尾	跋:万历戊申(1608)二月甲子余姚孙鑛识;万历七年(1579)首夏之望보田林大识	OL820.82-나222-1-3,13-16
鹤林玉露	罗大经(宋)撰	2册(缺帙),新铅活字本,26.3×15.2cm,无界,行字数不定,无鱼尾	序:……后学黄贞升撰……万历甲申(1584)一阳月下浣之吉……时宋淳祐戊申(1248)正月望日庐陵罗大经景纶	OL820.82-나222-天,地 册2

续表

书名	出版事项	版式状况	一般事项	所藏番号
新刊鹤林玉露	罗大经(宋)著,日本,守野市右卫门,宽文二年(1662)刊	18卷3册,日本木版本,25×16.4cm,四周单边,半郭:20.2×13cm,无界,8行19字	序……后学黄贞升撰..万历甲申(1584)一阳月下浣之吉……时宋淳祐戊申(1248)正月望日庐陵罗大经景纶刊记:……宽文二年(1662)壬寅仲秋日守野市右衙门梓行	OL820.82-나222-1-18 卷1-18
鹤林玉露	罗大经(宋)撰	12卷3册(缺帙),中国木版本,25×16.3cm,四周单边,半郭:20.3×13.3cm,有界,9行20字,上下向黑鱼尾		OL820.82-나222-1-12 卷1-12

明代

书名	出版事项	版式状况	一般事项	所藏番号
剪灯新话	瞿佑(明)著,刊写者未详,刊写年未详	2卷2册(卷1-2),木版本,26.5×19cm,四周单边,半郭:23×16cm,有界,11行20字,上下内向花纹鱼尾	本馆所藏:51-100回	OL823.5-구67-上,下

46. 安东大学校

宋辽金元

书名	出版事项	版式状况	一般事项	所藏番号
鹤林玉露	罗大经(宋)著	3卷3册,笔写本,29.6×18.4cm,无界,10行34字	序:罗大经	824.4-나 222ㅎ

明代

书名	出版事项	版式状况	一般事项	所藏番号
五色线	发行事项不明	1 册, 笔写本, 23.2×15.4cm		[古小]082 오52
剪灯新话句解	瞿佑(明)著,发行事项不明	2 卷 2 册,朝鲜木版本,25.7-29.8 × 19.5-19.8cm,四周单边,半郭:21.6-22.2 × 18.1-16.9cm,有界,12 行 18 字,注双行,上下内向黑鱼尾,纸质:楮纸		[古小]823.5 구67 ㅈ
剪灯新话句解	瞿佑(明)著,尹春年(朝鲜)订正,林芑(朝鲜)集释,发行事项不明	零本 1 册(2 卷 2 册,卷 2),朝鲜木版本,29.2×18.8cm,四周单边,半郭:23.2×15.9cm,有界,11 行 20 字,注双行,上下内向二叶花纹鱼尾,纸质:楮纸		[古小]823.5 구67 ㅈ

47. 海军士官学校

唐代以前

书名	出版事项	版式状况	一般事项	所藏处/所藏番号
西京杂记	题刘歆(汉)著,高宗年间(1864—1906)写	6 卷 1 册,笔写本,24.4×16.3cm,无界,12 行 24 字,注双行,纸质:楮纸		庆尚南道镇海市海军士官学校

续表

书名	出版事项	版式状况	一般事项	所藏处/所藏番号
世说新语补	刘义庆(刘宋)撰,刘孝标(梁)注,刘辰翁(宋)批,何良俊(明)增,肃宗三十四年(1708)刊	2卷1册(卷1-2),显宗实录字本,29.7×19.5cm,上下单边,左右双边,半郭:23×15.5cm,有界,10行18字,注双行,内向黑鱼尾,纸质:楮纸	表题:世说新语,版心题:世说补,序:嘉靖乙未(1535)袁褧(明)撰,万历丙戌(1586)……陈文烛玉叔撰	庆尚南道 镇海市 海军士官学校
世说新语补	刘义庆(刘宋)撰,刘孝标(梁)注,刘辰翁(宋)批,何良俊(明)增,肃宗三十四年(1708)刊	零本1册,朝鲜古活字本(显宗实录字本),29.7×19.5cm,上下单边,左右双边,半郭:23×15.5cm,有界,10行18字,小字双行,白口,上下内向黑鱼尾	表纸书名:世说新语:……嘉靖丙辰(1556)王世贞撰……万历丙戌(1586)……陈文烛玉叔撰,补序:……嘉靖乙未(1535)……袁褧撰,印:3种未详,所藏本中卷之1-2,1册以外缺(全20卷7册中)	[한] 248
世说新语补	刘义庆(刘宋)撰,何良俊(明)增,王世懋(明)评,茂清书室,乾隆二十七年(1762)刊	零本8册,中国木版本,24.3×15.3cm,上下单边,左右双边,半郭:17.7×12cm,有界,9行18字,小字双行,白口,上黑鱼尾	版心书名:世说新,标题:乾隆壬午年(1762)春镌茂清书室藏板,所藏本中卷之一至十,十五至二十,8册以外缺(全20卷10册中)	[중] 86
搜神记	干宝(晋)撰,杨先烈校,清初刊	8卷1册,中国木版本,24.8×16cm,上下单边,左右双边,半郭:19.4×13.5cm,有界,9行20字,白口,上白鱼尾	印:礼信文库	[중] 95

明代

书名	出版事项	版式状况	一般事项	所藏番号
剪灯新话句解	瞿佑(明)著,沧洲(朝鲜)订正,垂胡子(朝鲜)集释,纯祖至哲宗(1801—1863)刊	零本1册,朝鲜木版本,29.5×20.5cm,四周单边,半郭:21.2×17.3cm,有界,11行21字,小字双行,白口,上下内向二叶花纹鱼尾,纸质:楮纸	序:……洪武十三年(1380)夏四月钱塘凌云翰序……洪武十四年(1381)秋八月吴植书……洪武己巳(1389)六月六日睦人桂衡书……卷首跋:洪武辛酉(1381)……所藏本中卷之上1册以外缺(全2卷2册中)	[한] 408
剪灯新话句解	瞿佑(明)著,沧洲(朝鲜)订正,垂胡子(朝鲜)集释,哲宗十四年(1863)刊	零本1册,朝鲜木版本,25.4×19cm,四周单边,半郭:22.3×16.9cm,有界,12行20字,小字双行,白口,上下内向二叶花纹鱼尾	表纸版心书名:剪灯,刊记:癸亥(1863)仲秋武桥新刊,所藏本中卷之下1册 以外缺(全2卷2册中)	[한] 407
剪灯新话句解	瞿佑(明)著,沧洲(朝鲜)订正,垂胡子(朝鲜)集释,高宗末刊	零本1册,朝鲜木版本,29.7×19.4cm,四周单边,半郭:22.8×16cm,有界,11行20字,小字双行,白口,上下内向二叶花纹鱼尾	所藏本中卷之下1册以外缺(全2卷2册中)	[한] 406

清代—民国初期

书名	出版事项	版式状况	一般事项	所藏番号
情史类略	著者未详,嘉庆十四年(1809)刊	零本7册(所藏本中卷1-4,7-11,19-20以外缺,全24卷12册中),中国木版本,17.2×10.6cm,四周单边,半郭:12×9.2cm,无界,11行24字,白口、上黑魚尾	版心书名:情史,标题纸刊记:嘉庆己巳(1809)年镌	[중]173

第二章

书院/乡校/寺刹/研究院（所）/博物馆/企业图书馆

1. 三 溪 书 院

书名	出版事项	版式状况	一般事项	所藏处
酉阳杂俎		4 册,中国木版本		三溪书院

2. 庆州市　玉山书院

唐代以前

书名	出版事项	版式状况	一般事项	所藏处
说苑	刘向(汉)著	4 册		玉山书院

宋辽金元

书名	出版事项	版式状况	一般事项	所藏处
太平广记详节	李昉（宋）奉敕编，中宗至宣祖年间刊	3册（零本），朝鲜木版本，四周单边，半郭：16.2×24cm，10行17字，有界，黑口，上下内向黑鱼尾	所藏本：卷之8-11，20-23，35-37	玉山书院

明代

书名	出版事项	版式状况	一般事项	所藏处/所藏番号
两山墨谈	陈霆（明）著	18卷4册，朝鲜木版本，32.1×20.6cm，四周单边，半匡：21.8×15.3cm，有界，10行20字，大黑口，上下内向黑鱼尾，线装，纸质：楮纸	刊记：皇明万历三年岁在乙亥春庆州府开刊，序：刻两山墨谈水南先生……嘉靖己亥（1539）岁仲春之吉赐进 士知德清县事……李檠拜书，印：玉山书院（墨印），玉山书院	玉山书院（庆州）01-0745-0748
两山墨谈	陈霆（明）著	8卷4册，朝鲜木版本，32.5×20.4cm，四周单边，半匡：22.3×15.3cm，有界，9行18字，注双行，上下内向黑鱼尾，线装，纸质：楮纸	嘉靖己亥（1539）岁仲春之吉赐进士…… 李檠拜书	玉山书院（庆州）01-1230-1233

3. 高敞郡　玄谷书院

书名	出版事项	版式状况	一般事项	所藏番号
列女传	刘向（汉）撰，梁端（清）校注，上海会文堂，同治十三年（1874）刊	8卷4册，中国石印本，20×13.3cm，上下单边，左右双边，半郭：15.2×10.3cm，有界，13行26字，注双行，上下向黑鱼尾，纸质：洋纸	里题：列女传校读本，古序：嘉祐八年（1063）九月十八日长乐王回序并撰，序：道光癸巳（1833）立秋日借闲漫士汪适孙识于观驯斋，跋：同治十三年岁在甲戌（1874）嘉平日从子曾本谨跋于佗城寓斋，刊记：上海会文堂粹记出版，所藏印：高与世家，柳永善印	

4. 长城郡　笔岩书院

书名	出版事项	版式状况	一般事项	所藏番号
皇明世说新语	李绍文(明)撰,朝鲜朝后期刊	8卷4册,朝鲜木版本,30.3×9.5cm,四周双边,半郭:18.9×14.8cm,有界,10行20字,上下向二叶花纹鱼尾,纸质:楮纸	表题:皇明世说,版心题:皇明世说,序:万历庚戌(1610)阳月友人陆从平顿首书,所藏印:笔岩书院之章,内容:卷1德行(散佚)言语上,卷2言语下文学等,卷6贤媛等,卷7简傲等,卷8假谲等	

5. 直指寺（金泉）

书名	出版事项	版式状况	一般事项	所藏番号
剪灯新话句解	朝鲜后期刊	1册(卷下),朝鲜木版本,四周单边,半郭:22.8×18.2cm,有界,10行18字,上下黑鱼尾,纸质:楮纸	版心题:下	

6. 梵鱼寺（釜山）

书名	出版事项	版式状况	一般事项	所藏番号
剪灯新话句解	朝鲜时代刊	1册(卷上),朝鲜木版本,四周单边,半郭:21.6×18cm,有界,12行18字,注双行,上下内向黑鱼尾,纸质:楮纸	版心题:剪灯新话	

7. 银河寺（金海市）

书名	出版事项	版式状况	一般事项	所藏番号
剪灯新话句解	朝鲜后期刊	1册（卷下），笔写本，34.5×21.7cm	墨书刊记：乙未四月初八日罢	

8. 光明寺（济州道）

书名	出版事项	版式状况	一般事项	所藏番号
剪灯新话句解	朝鲜时代刊	1册（卷上），朝鲜木版本，26.1×19.4cm，四周单边，半郭：23.3×16.8cm，有界，11行字数不定，二叶花纹黑鱼尾，纸质：楮纸	版心题：前（剪）灯上	

9. 三陟郡　灵隐寺

书名	出版事项	版式状况	一般事项	所藏番号
剪灯新话句解	瞿佑（明）著，沧洲（朝鲜）订正，垂胡子（朝鲜）集释，朝鲜朝后期刊	1卷1册（卷上），朝鲜木版本，29.6×21cm，四周单边，半郭：22.5×18.9cm，有界，12行18字，注双行，内向黑鱼尾，纸质：楮纸		

10. 韩国民族美术研究所（涧松文库）

唐代以前

书名	出版事项	版式状况	一般事项	所藏番号
世说新语	刘义庆(刘宋)撰,刘孝标(梁)注,刘辰翁(宋)注,明版本衙藏版,己酉(1609万历三十七年)刊	3卷6册,中国木版本,16.1×25.5cm,上下单边,左右双边,半郭:14.5×20cm,有界,10行20字,细注双行20字,白口,黑鱼尾上	序:袁褧(1535),印:闵丙承印	
世说新语	刘义庆(刘宋)撰,刘孝标(梁)注,刘辰翁(宋)注	6卷6册1匣,中国石印本,13×19.6cm,四周双边,半郭:11.6×17.6cm,有界,15行35字,细注双行35字,白口上黑口下,黑鱼尾上		
世说新语补	刘义庆(刘宋)撰,宣祖十九年丙戌,万历十四年(1586)刊	20卷5册,中国木版本,14.4×22cm,上下单边,左右双边,半郭:12.5×18.3cm,有界,9行18字,细注双行18字,白口,白鱼尾上	版心书名:世说补,序:王世贞(1556),王世懋(1585),陈文烛(1586),刘辰翁(宋)批,刊记:梅墅石渠阁梓	
世说新语补	刘义庆(刘宋)撰	20卷7册,朝鲜活字本(改铸甲寅字,显宗实录字),20×31.1cm,四周单边,半郭:15.8×23.2cm,10行18字,细注双行18字,白口,黑鱼尾上下	表纸书名:世说补,序:王世贞(1559),王世懋(1585),陈文烛(1586),刘辰翁(宋)批,印:金东弼之直章	

明代

书名	出版事项	版式状况	一般事项	所藏番号
剪灯新话句解	瞿佑(明)著	2卷2册,朝鲜木版本,18.7×28.7cm,四周单边,半郭:16×23cm,有界,11行20字,细注双行20字,白口,花纹鱼尾上下	表纸书名:剪灯新话,版心书名:剪灯,印:全钟源章(青印)	
剪灯新话句解	瞿佑(明)著	2卷2册,朝鲜木版本,19.1×27.4cm,四周单边,半郭:16.3×23cm,有界,11行20字,细注双行20字,白口,花纹鱼尾上下	表纸书名:剪灯新话,版心书名:剪灯,印:藕斋,闵晟基印,闵丙承印,闵晟基(英文印)	

清代—民国初期

书名	出版事项	版式状况	一般事项	所藏番号
遁窟谰言	王韬(清)撰,高宗十七年庚辰,光绪六年(1880)刊	12卷4册,中国铅活字本,13.6×21cm,四周双边,半郭:9.7×13.1cm,有界,12行23字,白口,黑鱼尾上	序:洪士伟(前序1875,后序1880)黄怀珍 王韬自序(1875),跋:梁鹗(1875),钱征(1875),印:善斋,闵丙承印,刊记:庚辰仲夏重校以活字版印行	
详注聊斋志异图咏	蒲松龄(清)著,隆熙三年己酉(1909、宣统元年)刊	16卷8册,中国石印本,13.4×19.9cm,四周单边,半郭:11.9×17cm,无界,24行50字,细注双行,白口,黑鱼尾上	序:高珩 吕湛恩 注,刊记:宣统元年冬上海久敬斋石印,印:藕斋 闵晟基印	

续表

书名	出版事项	版式状况	一般事项	所藏番号
聊斋志异新评	蒲松龄(清)著,王士正(清)评,但明伦(清)新评,吕湛恩(清)注	6卷3册(零本),中国铅活字本,13×19.8cm,四周双边,半郭:11×16.1cm,无界,16行42字,细注双行,白口,黑鱼尾上	表纸书名,版心书名:详注聊斋志异图咏,印:善斋,闵丙承印	
虞初新志	张潮(清)辑,肃宗二十六年庚戌,康熙三十九年(1700)刊	20卷8册(卷1-2,1册缺),中国木版本,16×25cm,四周单边,半郭:12.8×18.5cm,有界,9行20字,白口,黑鱼尾上	跋:张潮(1700),印:朝鲜国漆原县人尹氏师国字宝卿号直庵图书印,直庵尹师国私印,尹师国印,郑氏昌顺,三山藏书	

11. 诚庵古书博物馆

唐代以前

书名	出版事项	版式状况	一般事项	所藏番号
山海经抄(并儒胥必知)	抄者未详,朝鲜朝后期写	1册(66张),笔写本,28.7×18.9cm,10行33字,注双行,纸质:楮纸	表纸墨书识记:己巳(1809—1867)腊月书于里中社,合缀:儒胥必知(编者未详)	4-1415
世说新语补	刘义庆(刘宋)撰,何良俊(明)增补,王世贞(明)删定,肃宗三十四年(1708)刊	6卷2册(卷9-11,15-17),显宗实录字版,31.3×20cm,四周单边,半郭:22.7×15.5cm,有界,10行18字,注双行,头尖,内向黑鱼尾,纸质:楮纸	表题:世说新语,版心题:世说补,刊年出处:藏书阁目录,备考:共7册中2册存	4-1417

续表

书名	出版事项	版式状况	一般事项	所藏番号
世说新语补	刘义庆(刘宋)撰,何良俊(明)增补,王世贞(明)删定,肃宗三十四年(1708)刊	20卷7册,显宗实录字版,31.4×19.9cm,四周单边,半郭:22.8×15.3cm,有界,10行18字,注双行,内向黑鱼尾,纸质:楮纸	表题:世说新语,版心题:世说补,序:嘉靖丙辰(1556)……琅琊王世贞(明)撰,序:万历庚辰(1580)……王世懋(明)撰,印记:朴瑊,凝川后人	4-1418
世说新语补	刘义庆(刘宋)撰,何良俊(明)增补,肃宗三十四年(1708)刊	20卷7册中14卷5册(卷1-11,15-17),显宗实录字版,30.7×20.1cm,四周单边,半郭:22.7×15.7cm,有界,10行18字,注双行,内向二叶花纹鱼尾,纸质:楮纸	表题:世说,版心题:世说补,序:嘉靖丙辰(1556)季夏琅琊王世贞(明)撰,印记:李世德,外4种	4-1419
世说新语抄	刘义庆(刘宋)撰,抄者未详,朝鲜朝末期写	1册(58页),笔写本,25.5×16.1cm,17行字数不定,注双行,纸质:楮纸	内容:忠孝部,德行,志概部,言行部,为政,假谲,节义,慷慨等分类,奇异事迹,人名,略历特,奇异事	4-1420

唐五代

书名	出版事项	版式状况	一般事项	所藏番号
唐段少卿酉阳杂俎	段成式(唐)撰,成宗二十三年(1492)刊	10卷1册(卷11-20),朝鲜木版本,29.1×16.8cm,四周双边,半郭:18.4×12.5cm,有界,10行19字,注双行,内向黑鱼尾,纸质:楮纸	表题:酉阳杂俎,版心题:俎,跋:……弘治壬子(1492)……李士高识,印记:权熙渊花山世家实言,内容:卷11奇谈录,卷12语资,卷13冥迹,卷14-15诺皋记上下,卷16广动植之类,并序,羽篇,毛篇,卷17广动植之类二,鳞介篇,虫篇,卷18广动植之类三,木篇,卷19广动植之类四,草篇,卷20肉攫部,备考:卷11,末6张以上缺	4-1412

续表

书名	出版事项	版式状况	一般事项	所藏番号
唐段少卿酉阳杂俎	段成式(唐)撰,成宗二十三年(1492)刊	8卷1册(卷12-15,17-20),朝鲜木版本,26.9×17.5cm,四周双边,半郭:18.4×12.5cm,有界,10行19字,注双行,上下小黑口,上向黑鱼尾,纸质:楮纸	版心题:俎,跋:……弘治壬子(1492)……李士高识……弘治五年(1492)…… 李宗准谨识 …… 弘治壬子(1492)…… 睡翁崔应贤宝臣谨志	4-1413

宋辽金元

书名	出版事项	版式状况	一般事项	所藏番号
太平广记详节	李昉(宋)奉敕监修,成任(1470—1449)选,成宗年间(1470—1495)刊	7卷2册(卷15-21),朝鲜木版本,33.9×20.9cm,四周单边,半郭:23.8×16.1cm,有界,10行17字,注双行,上下小黑口,内向黑鱼尾,纸质:楮纸	表题:太平广记,版心题:广记详节,刊年出处:清芬室书目,内容:卷15博物,卷16书,卷17绝艺,卷18酒,卷19谄佞等으로分类하여 그 缘由记事를 辑录한册	4-1433
桯史	岳珂(宋)著,陈文东(明)批点,明成化十一年(1475)刊	15卷2册,中国木版本,30×17.7cm,四周双边,半郭:21.3×14cm,有界,10行20字,上下大黑口,下向黑鱼尾,纸质:绵纸	序:嘉定马逢淹茂岁(?)圉如既望珂(宋)序,跋:成化十一年乙未(1475)月元日建安江泝(明)题,印记:闻韶世家,金[illegible]伯温,内容:哀辑南北宋杂事中140余条诙谐之词	4-1437
鹤林玉露	罗大经(宋)撰	3卷1册(缺帙),中国木版本,26.4×16.5cm,上下单边,左右双边,半郭:20.8×13cm,有界,10行22字,上下向白鱼尾,纸质:绵纸		성암 3-970

明代

书名	出版事项	版式状况	一般事项	所藏番号
剪灯新话句解	瞿佑(明)著,垂胡子(朝鲜)集释,朝鲜朝后期刊	1卷1册(卷下),初铸甲寅字覆刻版,31.5×21.3cm,四周单边,半郭:23.7×17cm,有界,10行18字,注双行,内向二叶花纹鱼尾,纸质:楮纸	版心题:剪灯新话	4-1427
剪灯新话句解	瞿佑(明)著,垂胡子(朝鲜)集释,朝鲜朝后期刊	1卷1册(卷上),朝鲜木版本,27×19.5cm,四周单边,半郭:23.1×18cm,有界,12行18字,注双行,内向黑鱼尾,纸质:楮纸		4-1428

12. 国立清州博物馆

书名	出版事项	版式状况	一般事项	所藏处
剪灯新话		1卷1册,朝鲜木版本,25.5×19.2cm		国立清州博物馆
剪灯新话句解	18世纪刊	1卷1册,朝鲜木版本,31.2×21cm		国立清州博物馆

13. 温阳市　温阳民俗博物馆

书名	出版事项	版式状况	一般事项	所藏处
世说新语补	刘义庆(刘宋)撰,何良俊(明)增补,肃宗三十四年(1708)刊	6卷1册(卷11-16),显宗实录字本,30.5×19.4cm,四周单边,半郭:22.8×15.3cm,有界,10行18字,注双行,内向黑鱼尾,纸质:楮纸	版心题:世说补	忠清南道 温阳市 温阳民俗博物馆

14. 雅丹文库

唐代以前

书名	出版事项	版式状况	一般事项	所藏番号
世说	刘义庆(刘宋)著	1 册，笔写本，26.4×17.5cm,13 行 27 字	内容:宋临川王义庆采汉晋以来诸著	823.4-异人 67
世说新语	刘义庆(刘宋)撰,刘孝标(梁)注	3 卷 6 册,中国木版本,半郭:17.5×12.8cm,11 行 24 字,上下黑口,上黑鱼尾	刊记:光绪十有七年(1891)思贤讲舍开雕	823.4-异人 67
世说新语	刘义庆(刘宋)著	6 卷 1 册(95 张),笔写本,半郭:20.6×18cm	表纸:昭阳协洽阏逢摄提格 始题于南阳石南家	823.4-异人 67
世说新语	刘义庆(刘宋)撰,刘孝标(梁)注	6 卷 3 册,中国木版本,半郭:18.9×14.1cm,12 行 24 字,上下黑口,黑鱼尾	印记:李范修印,刊记:中华民国元年(1911)鄂官书屋重刊	823.4-异人 67
世说新语补	刘义庆(刘宋)撰,刘孝标(梁)注,何良俊(明)增	2 卷 1 册(卷 17-18),中国木版本,半郭:17.9×12.2cm,9 行 18 字,黑白混鱼尾	印记:金柱臣(1661—1712)厦卿印,庆恩府院君家藏书籍	823.4-异人 67
世说新语补	刘义庆(刘宋)撰,何良俊(明)增编	5 卷 1 册(卷 16-20,贞),笔写本,22×19cm,10 行 18 字	表纸书名:世说新语	823.4-异人 67
世说新语补	刘义庆(刘宋)撰,刘孝标(梁)注	8 卷 3 册(卷 10-12,16-20),中国木版本,半郭:18.9×12.5cm,9 行 18 字,上黑鱼尾		823.4-异人 67

续表

书名	出版事项	版式状况	一般事项	所藏番号
世说新语补	刘义庆（刘宋）撰，刘孝标（梁）注，何良俊（明）增，王世贞（明）删定	7卷2册（卷1-4，12-14），显宗实录字本，半郭：22.9×15.4cm，10行18字，内向黑鱼尾	序：万历丙戌（1586）秋日汭阳陈文烛玉叔撰	823.4-유 67 ㅅ

宋辽金元

书名	出版事项	版式状况	一般事项	所藏番号
매비전（梅妃传）		1册，笔写本，29.2×20.5cm，13行字数不定，纸质：楮纸	附录：당고종무후뎐	813.5- 48
汉成帝赵飞燕合德传	1册，笔写本，23页	29.2×20.5cm，13行字数不定，纸质：楮纸	《매비전（梅妃传）》附录1	813.5- 48
唐高宗武后传	1册，笔写本，22页	29.2×20.5cm，13行字数不定，纸质：楮纸	《매비전（梅妃传）》附录2	813.5- 48

明代

书名	出版事项	版式状况	一般事项	所藏番号
钟离葫芦	朝鲜朝后期刊	1册（30张），朝鲜木版本，20×14cm，7行15字，内向二叶鱼尾，纸质：楮纸		813.7 종 298
西湖游览志	田汝成（明）辑撰	2卷1册（卷12-13），中国木版本，半郭：19.6×12.7cm，10行20字，上黑鱼尾		813.7 종 298

续表

书名	出版事项	版式状况	一般事项	所藏番号
剪灯新话	瞿佑(明)著	1册(下卷),木版本,半郭:23.5×16.7cm,10行18字,内向二叶鱼尾		823.5-구66ㅈ
剪灯新话句解	瞿佑(明)著,沧洲(朝鲜)订正,垂胡子(朝鲜)集释	1册(下卷),笔写本,21.6×21.1cm,行字数不定		823.5-구66ㅈ
剪灯新话句解	瞿佑(明)著	2卷2册(同书3帙),朝鲜木版本,半郭:21.6×18.1cm,12行18字,内向黑鱼尾		823.5-구66ㅈ
剪灯新话句解	瞿佑(明)著,沧洲(朝鲜)订正,垂胡子(朝鲜)集释	2卷1册,朝鲜木版本,半郭:23.6×16cm,11行20字,内向二叶鱼尾		823.5-구66ㅈ
剪灯新话句解	瞿佑(明)著	2卷2册,朝鲜木版本,半郭:23.1×15.9cm,11行20字,内向二叶鱼尾		823.5-구66ㅈ
剪灯新话句解	瞿佑(明)著,沧洲(朝鲜)订正,垂胡子(朝鲜)集释	2卷2册,朝鲜木版本,半郭:20.4×17.1cm,11行20字,黑口内向黑鱼尾		823.5-구66ㅈ
剪灯新话句解	瞿佑(明)著,沧洲(朝鲜)订正,垂胡子(朝鲜)集释	1卷1册(卷上),朝鲜木版本,半郭:22.4×14.6cm,10行18字,上二叶鱼尾		823.5-구66ㅈ
剪灯新话句解	瞿佑(明)著	1卷1册(卷下),朝鲜木版本,半郭:20.5×16.5cm,11行20字,大黑口,内向黑鱼尾		823.5-구66ㅈ

续表

书名	出版事项	版式状况	一般事项	所藏番号
剪灯新话句解	瞿佑(明)著,沧洲(朝鲜)订正,垂胡子(朝鲜)集释	2册(卷上),朝鲜木版本,半郭:23.1×16cm,11行20字,内向二叶鱼尾		823.5-구66ㅈ
剪灯新话句解	瞿佑(明)著,沧洲(朝鲜)订正,垂胡子(朝鲜)集释	2卷2册,朝鲜木版本,半郭:23.4×15.7cm,11行20字,内向二叶鱼尾	标题:山阳集	823.5-구66ㅈ

清代—民国初期

书名	出版事项	版式状况	一般事项	所藏番号
阅微草堂笔记	纪晓岚(清)著,上海中华图书馆刊	24卷6册(1函),中国石印本,半郭:16.1×11.3cm,14行32字,上黑鱼尾		823.6-기95ㅇ

15. 大田市　文忠祠

书名	出版事项	版式状况	一般事项	所藏番号
过庭录	范公偁(宋)著,李羲平(1772—1839)整理,20世纪初写	1册,定稿本,29×20.1cm,四周双边,半郭:20.6×14.5cm,有界,10行20字,注单行,上下向二叶花纹鱼尾,纸质:楮纸	被传者:李泰永(1744—1803)	

16. 崇德祠（春川市）

书名	出版事项	版式状况	一般事项	所藏番号
剪灯新话句解	瞿佑(明)著,垂胡子(朝鲜)集释,辛亥(?)写	1卷1册(卷上),朝鲜笔写本,30.2×18.7cm,四周单边,有界,11行20字,注双行,纸质:楮纸	刊记:辛亥(?)满月旬九日誊终	

17. 江陵市　船桥庄

唐代以前

书名	出版事项	版式状况	一般事项	所藏番号
山海经	郭璞(晋)传,郝懿行(清)笺疏,清,嘉庆九年(1804)跋	18卷4册(卷1-18),中国木版本,27×17.3cm,上下单边,左右双边,半郭:18.2×14.4cm,有界,10行24字,注双行,纸质:竹纸	表题:山海经笺注,跋:嘉庆九年甲子(1804)二月廿八日栖霞郝懿行撰	
山海经	郭璞(晋)传,郝懿行(清)笺疏,清,嘉庆十四年(1809)序	8卷4册(卷1-8),中国木版本,27.2×17.4cm,上下单边,左右双边,半郭:18.4×14.5cm,有界,10行24字,纸质:竹纸	序:嘉庆十四年(1809)夏四月扬州阮元序,跋:嘉庆九年甲子(1804)二月廿八日栖霞郝懿行撰,附录:山海经图赞,山海经订讹	

宋辽金元

书名	出版事项	版式状况	一般事项	所藏番号
太平广记	李昉（宋）奉敕监修，黄晟（清）校刊，清代刊	500卷64册（目录2册，卷1-500卷62册），中国木版本，16.9×10.8cm，四周双边，半郭：11.8×9.3cm，有界，12行22字，上下向黑鱼尾，纸质：竹纸	序：乾隆十八年岁次癸酉（1753）秋月天都黄晟晓峰氏	

清代—民国初期

书名	出版事项	版式状况	一般事项	所藏番号
详注聊斋志异图咏	蒲松龄（清）著，吕湛恩（清）注，清代刊	16卷8册（卷1-16），中国石印本，有图，19.5×12.8cm，四周单边，半郭：16.3×11.5cm，无界，14行36字，注双行，纸质：绵纸	题签：绘图聊斋志异，序：康熙己未（1679）春日柳泉居士题，序：大清乾隆五年岁次庚申（1740）春日孙立德谨序	
燕山外史注释	陈球（清）著，若骙子（清）辑注，新东垣（清）参校，清光绪五年（1879）刊	2卷2册（卷上、下），中国石印本，有图，20×13cm，四周单边，半郭：17.3×12.2cm，无界，16行38字，注双行，纸质：洋纸	里题：绣像燕山外史，序：光绪己卯（1879）仲冬嘉善戴咸弼拜撰	

18. 大田 燕亭国乐院

书名	出版事项	版式状况	一般事项	所藏番号
剪灯新话	瞿佑(明)著,己巳(?)写	1册,笔写本,27.4×16.9cm,无界,12行20字,注双行,纸质:楮纸	写记:己巳(?)初八月初八日书记,备考:水浸本	
钟伯敬批点世说新语补		1册	合缀:诗传大全	

19. 清州 古印刷博物馆

书名	出版事项	版式状况	一般事项	所藏处
世说新语补	刘义庆(刘宋)撰,何良俊(明)增补,王世贞(明)删定,肃宗三年(1677)刊	3卷1册(卷9-11),显宗实录字本,32.5×20.5cm,四周单边,半郭:23×16.4cm,有界,10行18字,注双行,头注,白口,内向黑鱼尾,纸质:楮纸	表题:世说新语补,版心题:世说补	忠北 清州市古印刷博物馆
世说新语补	刘义庆(刘宋)撰,何良俊(明)增补,王世贞(明)删定,1708年刊	3卷1册(卷3-5),显宗实录字本,29×19.5cm,四周单边,半郭:23.2×16.5cm,有界,10行18字,注双行,头注,白口,内向黑鱼尾,纸质:楮纸	表题:世说谱	忠北 清州市古印刷博物馆

续表

书名	出版事项	版式状况	一般事项	所藏番号
世说新语补	刘义庆（刘宋）撰，何良俊（明）增补，王世贞（明）删定，1708年刊	6卷2册（卷3-8），显宗实录字本，31×19.4cm，四周单边，半郭：23×16.6cm，有界，10行18字，注双行，头注，白口，内向黑鱼尾，纸质：楮纸	表题：世说新语补，版心题：世说补	忠北 清州市古印刷博物馆
世说新语补	刘义庆（刘宋）撰，何良俊（明）增补，王世贞（明）删定	20卷6册，朝鲜木版本，31×19.8cm，上下单边，左右双边，半郭：23.1×16.5cm，有界，10行22字，注双行，头注，白口，内向黑鱼尾，纸质：楮纸	表题：世说补，版心题：世说补，序：余少时得世说新……尔长洲陆师道撰	忠北 清州市古印刷博物馆
世说新语补	刘义庆（刘宋）撰，何良俊（明）增补，王世贞（明）删定	20卷7册（卷1-20），显宗实录字本，32.5×19.7cm，上下单边，左右双边，半郭：23×18.3cm，有界，10行18字，注双行，头注，白口，内向黑鱼尾，纸质：楮纸	表题：世说，版心题：世说补	忠北 清州市古印刷博物馆
世说新语姓汇韵分	18世纪刊	20卷4册，朝鲜古活字本（显宗实录字体木活字），29.4×19.1cm，四周单边，半郭：22.3×15.7cm，10行18字，注双行，头注，白口，内向二叶花纹鱼尾	表题：姓汇世说，版心题：世说	忠北 清州市古印刷博物馆

20. 堤川　义兵展示馆

书名	出版事项	版式状况	一般事项	所藏处
说苑	刘向	5 册(残),活字本,16.5×25.2cm		忠清北道 堤川市 义兵展示馆

21. 沃川　管城会馆

书名	出版事项	版式状况	一般事项	所藏处
剪灯新话	朝鲜后期	1 卷 1 册,朝鲜木版本,22×32cm		忠清北道 沃川郡 管城会馆

第三章

收藏家

1. 鲜文大学校　朴在渊

唐代以前

书名	出版事项	版式状况	一般事项	所藏番号
古列女传	上海广雅书局	6 卷 3 册,中国石印本		
列女传		2 卷 2 册,中国石印本		
西京杂记		1 册,中国木版本,明刊本	金奎璇所藏本	

宋辽金元

书名	出版事项	版式状况	一般事项	所藏番号
太平广记		一册(卷 4-9 存),袖珍本		

明代

书名	出版事项	版式状况	一般事项	所藏番号
화영집(花影集)		4 卷 20 篇 (뉴 방 삼 의 뎐) 1 편	翻译:1586 年顷(推定)	
剪灯新语	朝鲜刊本	上下二卷二册,木版本		
剪灯新语	覆刷本			
谚文悬吐剪灯新话	唯一书馆、新旧书林版	1 册,旧活字本		

清代—民国初期

书名	出版事项	版式状况	一般事项	所藏番号
西湖志余	钱塘田汝成(明)辑撰	1 册,朝鲜笔写本	朝鲜人笔写	
夜雨秋灯录		2 册(卷之一、二),活字本	申报馆仿聚珍版印	
燕山外史		8 卷 1 册(1 册缺,卷三,四,五,六,七,八存),石印本		
艳异编	新镌玉茗堂批选王弇州先生艳异编	1 册(卷十、十四存),木版本	宫掖部	
删补文苑楂橘	第一校书馆印书体字,朝鲜刊	1 册(卷一,一册缺),活字本		

续表

书名	出版事项	版式状况	一般事项	所藏番号
删补文苑楂橘		2卷2册,朝鲜笔写本	朝鲜人笔写	
情史	冯梦龙(明)编	24卷6册,中国石印本		
智囊补	经纶堂版	12卷6册,中国木版本		
智囊补	上海文盛书局,1910年刊	38卷6册,中国石印本		
聊斋志异			高丽大,李无尽先生珍藏本	

2. 庆山郡　崔在石

书名	出版事项	版式状况	一般事项	所藏番号
刘向新序	刘向(汉)撰,1492—1493年刊	2卷1册,朝鲜木版本,24×17.5cm,四周双边,半郭:18.4×14.5cm,有界,11行18字,大黑口,内向黑鱼尾,纸质:楮纸		

3. 达城郡　成垓济

书名	出版事项	版式状况	一般事项	所藏番号
剪灯新话句解	瞿佑(明)著,垂胡子(朝鲜)集释,朝鲜朝后期刻,后刷	2卷2册,朝鲜木版本(戊申字覆刻),29.5×20.3cm,四周单边,半郭:22.1×18.2cm,有界,12行18字,注双行,内向黑鱼尾,纸质:楮纸	表题:剪灯新话	

4. 奉化郡 权廷羽（冲斋宗宅）

唐代以前

书名	出版事项	版式状况	一般事项	所藏番号
刘向说苑	刘向（汉）撰，1492—1493 年刊，后刷	1 册，朝鲜木版本，26.6×18.5cm，四周双边，半郭：18×14.8cm，有界，11 行 18 字，大黑口，内向黑鱼尾，材质：楮纸	版心题：说苑	

唐代

书名	出版事项	版式状况	一般事项	所藏番号
唐段少卿酉阳杂俎	段成式（唐）撰，16 世纪刊	零本 1 册，朝鲜木版本，29.2×16.8cm，四周双边，半郭：18.6×12.3cm，有界，10 行 19 字，上下大黑口，上下内向黑鱼尾，纸质：楮纸	序：……唐太常少卿……段成式，所藏：卷 1-10	09-1935

5. 奉化郡 金斗淳

书名	出版事项	版式状况	一般事项	所藏番号
刘向说苑	刘向（汉）撰，1492—1493 年刊	1 册，朝鲜木版本，28.5×18.8cm，四周双边，半郭：18.7×14.8cm，有界，11 行 18 字，大黑口，内向黑鱼尾，纸质：楮纸	版心题：说苑	

续表

书名	出版事项	版式状况	一般事项	所藏番号
刘向说苑	刘向(汉)撰,曾巩(宋)集,1492—1493 年刊	3 册,朝鲜木版本,24.1×17.9cm,四周双边,半郭:18.8×15cm,有界,11 行 18 字,大黑口,内向黑鱼尾,纸质:楮纸		

6. 荣丰郡　金用基

书名	出版事项	版式状况	一般事项	所藏番号
刘向新序	刘向(汉)撰,1492—1493 年刊	4 卷 1 册,朝鲜木版本,25.4×18cm,四周双边,半郭:18.3×14.6cm,有界,11 行 18 字,小黑口,内向黑鱼尾,纸质:楮纸	版心题:新序	

7. 醴泉郡　李虎柱

书名	出版事项	版式状况	一般事项	所藏番号
刘向说苑	刘向(汉)撰,1492—1493 年刊	2 卷 1 册,朝鲜木版本,28.2×18.4cm,四周双边,半郭:18.7×14.7cm,有界,10 行 18 字,小黑口,内向黑鱼尾,纸质:楮纸		

8. 蔚珍郡　南汶烈

书名	出版事项	版式状况	一般事项	所藏番号
典故列女传		1 册,木版本,23.9×15.4cm,四周单边,半郭:19.8×13.2cm,有界,9 行 17 字,注双行,头注,上下向黑鱼尾,纸质:楮纸	表题:列女传,印记:刘氏世藏	

9. 蔚珍郡 张甫均

书名	出版事项	版式状况	一般事项	所藏番号
剪灯新话	瞿佑(明)著,垂胡子(朝鲜)集释,朝鲜朝后期刊	1册,朝鲜木版本,31.4×21.9cm,四周双边,半郭:23.9×16.5cm,有界,10行18字,注双行,内向二叶花纹鱼尾,纸质:楮纸		

10. 蔚珍郡 崔震箕

书名	出版事项	版式状况	一般事项	所藏番号
山海经	郭璞(晋)传,朝鲜朝后期写	2卷2册,笔写本,26.9×17.9cm,四周单边,半郭:21×14.8cm,乌丝栏,10行21字,注双行,纸质:楮纸		

11. 漆谷郡 李敦柱

书名	出版事项	版式状况	一般事项	所藏番号
世说新语姓汇韵分	刘义庆(刘宋)撰,朝鲜朝后期刻	12卷6册,朝鲜木活字本,30×19.2cm,四周单边,半郭:22.5×15cm,有界,10行18字,注双行,白口,内向二三叶混入花纹鱼尾,纸质:楮纸	版心题:世说,旧序:嘉靖乙未(1535)岁立秋日吴郡王世懋撰,嘉靖丙辰(1556)季夏琅琊王世贞撰	

12. 大田市 赵钟业

书名	出版事项	版式状况	一般事项	所藏番号
剪灯新话句解	瞿佑（明）著，沧洲（朝鲜）订正，垂胡子（朝鲜）集释，壬乱以后刻，后刷	1卷1册（卷下），朝鲜木版本，有图，31.5×21.8cm，四周单边，半郭：22×17.2cm，有界，10行18字，注双行，内向黑鱼尾，纸质：楮纸	表题：剪灯新话	
剪灯新话句解	瞿佑（明）著，沧洲（朝鲜）订正，垂胡子（朝鲜）集释，朝鲜朝后期刊	1卷1册（卷下），朝鲜木版本，29×19.5cm，四周单边，半郭：23×15.9cm，有界，11行20字，注双行，内向二叶花鱼尾，纸质：楮纸		

13. 论山郡 尹宝重

唐代以前

书名	出版事项	版式状况	一般事项	所藏番号
世说新语	刘义庆（刘宋）撰，朝鲜朝后期写	1册，笔写本，24.9×16.6cm，12行字数不定，注双行，纸质：楮纸		

明代

书名	出版事项	版式状况	一般事项	所藏番号
剪灯新话句解	瞿佑（明）著，垂胡子（朝鲜）集释，朝鲜朝后期刊	1册，朝鲜木版本，28.6×19.2cm，四周单边，半郭：21.7×16.8cm，有界，11行18字，注双行，内向黑鱼尾，纸质：楮纸	表题：奇谈	

续表

书名	出版事项	版式状况	一般事项	所藏番号
剪灯新话句解	瞿佑(明)著,垂胡子(朝鲜)集释,朝鲜朝后期刊	1卷1册(卷下),朝鲜木版本,33.5×21.5cm,四周双边,半郭:23.2×17.2cm,有界,10行18字,注双行,内向二叶花纹鱼尾,纸质:楮纸	表题:剪灯新话,版心题:剪灯新话,跋:洪武辛酉(1381)重阳前一日……西斋写	

14. 江陵市 权纯显

书名	出版事项	版式状况	一般事项	所藏番号
剪灯新话句解	瞿佑(明)著,沧洲(朝鲜)订正,垂胡子(朝鲜)集释,朝鲜朝后期写	2卷1册(卷上,下),笔写本,30.8×23.2cm,无界,11行28字,注双行	墨书识记:岁在壬寅(?)子月日架	

15. 里里市 柳在泳

书名	出版事项	版式状况	一般事项	所藏番号
世说抄	刘义庆(刘宋)撰,朝鲜朝后期写	1册(44页),朝鲜笔写本,25.6×11.4cm,无界,行字数不定,纸质:楮纸		

16. 高敞郡 林钟秀

书名	出版事项	版式状况	一般事项	所藏番号
剪灯新话句解	瞿佑(明)著,垂胡子(朝鲜)集释,朝鲜朝后期写,末期后刷	1册,朝鲜木版本,26×19.3cm,四周单边,半郭:22.8×18.4cm,有界,12行18字,注双行,小黑口,内向黑鱼尾,纸质:楮纸	版心题:剪灯新话,内容:水官庆会录、富贵发迹司志	

17. 丰山郡 金直铉

唐代以前

书名	出版事项	版式状况	一般事项	所藏番号
刘向说苑	刘向(前汉)撰,朝鲜朝中期刊	5卷1册(卷16-20),朝鲜木版本,25×18.9cm,四周双边,半郭:19.7×15.9cm,有界,11行18字,上下大黑口,内向一、二叶混入花纹鱼尾,纸质:楮纸	版心题:说苑,所藏印:五美洞印,丰山金氏,金宪在印	

明代

书名	出版事项	版式状况	一般事项	所藏番号
剪灯新话句解	瞿佑(明)著,沧洲(朝鲜)订正,垂胡子(朝鲜)集释,朝鲜朝后期写	2卷1册,朝鲜笔写本,26.4×18.9cm,四周双边,半郭:22.2×15.4cm,12行26字,乌丝栏,纸质:楮纸	表题:剪灯新话,所藏印:金宪在印	

18. 禄转面 金台正

书名	出版事项	版式状况	一般事项	所藏番号
剪灯新话句解	瞿佑(明)著,垂胡子(朝鲜)集释,朝鲜朝后期刊	1卷1册(卷下),朝鲜木版本,27×19.5cm,四周单边,半郭:23.1×18cm,有界,11行20字,注双行,内向二叶花纹鱼尾,纸质:楮纸		

19. 卧龙面　后雕堂（金俊植）

唐代以前

书名	出版事项	版式状况	一般事项	所藏番号
刘向说苑	刘向(汉)撰,壬乱以前刊	20卷4册,朝鲜木版本,26.9×17.8cm,四周双边,半郭:18.7×14.9cm,有界,11行18字,注双行,内向一叶花纹鱼尾,纸质:楮纸	版心题:说苑,所藏印:先祖公家藏书男富义□□□	
刘向新序	刘向(汉)撰,壬乱以前刊	5卷1册(卷6-10),朝鲜木版本,31×20cm,四周双边,半郭:18.5×15cm,有界,11行18字,注双行,内向黑鱼尾,纸质:楮纸	内容:刺奢第 节士第 义勇第 善谋上第 善谋下第(下卷)	

明代

书名	出版事项	版式状况	一般事项	所藏番号
玉壶冰	都穆(明)著,中宗十年(1515)跋,后刷	1册(24页),朝鲜木版本,27×18cm,四周单边,半郭:19.5×15cm,有界,9行17字,注双行,内向二叶花纹鱼尾,纸质:楮纸	内容:中国小说,跋:正德乙亥(1515)夏六月吴郡都穆	
剪灯新话句解	瞿佑(明)著	卷下,朝鲜木版本,27×19cm,半郭:21.9×14.2cm,上二叶鱼尾		

20. 临东面 金源宅

书名	出版事项	版式状况	一般事项	所藏番号
剪灯新话句解	瞿佑(明)著,沧洲(朝鲜)订正,垂胡子(朝鲜)集释,壬乱前后刊	1卷1册(卷下),朝鲜木版本,33.5×22.1cm,四周双边,半郭:24.5×17.2cm,有界,10行18字,注双行,内向黑鱼尾,纸质:楮纸		
剪灯新话句解	瞿佑(明)著,沧洲(朝鲜)订正,垂胡子(朝鲜)集释,壬乱前后刊	1卷1册(卷下),朝鲜木版本,33.5×22.1cm,四周双边,半郭:24.5×17.2cm,有界,10行18字,注双行,内向黑鱼尾,纸质:楮纸		

21. 灵岩郡 文昶集

书名	出版事项	版式状况	一般事项	所藏番号
世说新语补	刘义庆(刘宋)撰,刘孝标(梁)注,刘辰翁(宋)批,何良俊(明)增,王世贞(明)删定,王世懋(明)批释,钟惺(明)批点,张文柱(明)校注,肃宗年间刊	20卷5册(卷1-20),显宗实录字本,32×18.8cm,四周双边,半郭:22.8×15.4cm,有界,10行18字,注双行,内向黑鱼尾,纸质:楮纸	序:嘉靖丙辰(1556)季夏琅琊王世贞撰,万历丙戌(1586)秋日沔阳陈文烛玉叔撰,刊年出处:藏书阁图书韩国版总目录,所藏印:边时渊印,内容:哀册文 笺 表 等	

22. 釜山市　金戊（茂）祚

书名	出版事项	版式状况	一般事项	所藏番号
剪灯新话句解	瞿佑(明)著,沧洲(朝鲜)订正,垂胡子(朝鲜)集释,朝鲜朝后期刊	1卷1册(卷下),朝鲜木版本,27.2×18.5cm,四周单边,半郭:23×15.9cm,有界,11行20字,注双行,内向二叶花纹鱼尾,纸质:楮纸	表题:剪灯新话,版心题:剪灯	

23. 晋州市　崔载浩

书名	出版事项	版式状况	一般事项	所藏番号
世说新语补卷抄	刘义庆(刘宋)著,写年未详	2册,朝鲜笔写本,23.9×25.4cm,无界,8行字数不定,纸质:楮纸	表题:世说	

24. 密阳郡　申柄澈

唐代以前

书名	出版事项	版式状况	一般事项	所藏番号
世说新语补	刘义庆(刘宋)撰,肃宗年间刊	9卷3册(卷6-14),显宗实录字本,21.6×19.4cm,四周单边,半郭:22.8×15.7cm,有界,10行18字,注双行,内向黑鱼尾,纸质:楮纸	表题:世说新语	

明代

书名	出版事项	版式状况	一般事项	所藏番号
玉壶冰	都穆(明)著,朝鲜朝后期刊	1册(24页),木版本,27.9×18cm,四周单边,半郭:17.6×13.8cm,有界,9行17字,注双行,内向黑,二叶混入鱼尾,纸质:楮纸		

25. 韩益洙（济州道）

书名	出版事项	版式状况	一般事项	所藏番号
剪灯新话	瞿佑(明)著,朝鲜朝末期写	1册,笔写本,10行16字,纸质:楮纸		

26. 金 敏 荣

书名	出版事项	版式状况	一般事项	所藏番号
世说新语	刘义庆(刘宋)撰,刘孝标(梁)注,刘辰翁(宋)批,王世贞(明)删定,王世懋(明)批释,钟惺(明)批点,张文柱(明)校注,刊写地未详,刊写者未详,朝鲜中期	4卷1册(零本),朝鲜木活字本,31.4×20.5cm,四周单边,半郭:23.5×16cm,有界,10行18字,注双行,上下内向二叶花纹鱼尾	表题:世说,所藏本:卷10-13	

续表

书名	出版事项	版式状况	一般事项	所藏番号
世说新语补	刘义庆(刘宋)撰,刘孝标(梁)注,刘辰翁(宋)批,王世贞(明)删定,王世懋(明)批释,钟惺(明)批点,张文柱(明)校注,刊写地未详,刊写者未详,朝鲜中期刊	5卷1册(零本),朝鲜木活字本,31.4×20.5cm,四周双边,半郭:23.2×16.3cm,有界,10行18字,注双行,上下内向二叶花纹鱼尾	表题:世说,序:万历庚辰(1580)秋吴郡王世懋撰,补序:嘉靖丙辰(1556)季夏琅琊王世贞撰,补序:万历丙戌(1586)秋日沔阳陈文烛玉叔撰,所藏本:卷1-5	

27. 庆州市 金相宅

书名	出版事项	版式状况	一般事项	所藏番号
剪灯新话	瞿佑(明)著	1册,木版本		

28. 庆州市 蒋燉

书名	出版事项	版式状况	一般事项	所藏番号
剪灯新话句解	瞿佑(明)著	1册(卷下),朝鲜木版本,纸质:楮纸		

29. 庆州市 郑炳瑁

书名	出版事项	版式状况	一般事项	所藏番号
剪灯新话句解	瞿佑(明)著	2册,朝鲜木版本,纸质:楮纸		

30. 山气文库

唐代以前

书名	出版事项	版式状况	一般事项	所藏番号
世说新语	编者未详，壬乱以后刊	12卷4册，朝鲜木活字本，30×19.1cm，四周单边，半郭：22×14.7cm，有界，10行18字，注双行，内向二叶花纹鱼尾，纸质：楮纸	版心题：世说，序：嘉靖丙辰(1556)季夏琅琊王世贞撰，旧序：嘉靖乙未(1535)岁立秋日吴郡袁褧撰，印记：沧浪老叟，苑山，白元山，安东世家外5种	4-694
世说新语补	刘义庆（刘宋）原著，王世贞（明）删定，肃宗年间（1675—1720）刊	20卷7册，显宗实录字本，31×19.7cm，四周单边，半郭：23.2×16.1cm，有界，10行18字，注双行，内向黑鱼尾，纸质：楮纸	版心题：世说补，序：万历丙戌(1586)秋日沔阳陈文烛玉叔撰，印记：国宗外2种	4-695
世说新语姓汇韵分	刘义庆（刘宋）著，朝鲜朝中期刊	12卷5册，朝鲜木活字本，30×18cm，四周双边，半郭：22×15cm，有界，10行18字，内向二叶花纹鱼尾，纸质：楮纸	表题：世说新语，版心题：世说，序：嘉靖丙辰(1556)……琅琊 王世贞撰，印记：宿云堂藏，菁川，王振外2种	4-696

明代

书名	出版事项	版式状况	一般事项	所藏番号
剪灯新话	瞿佑（明）著，朝鲜朝中期刊	下卷1册，朝鲜木版本，33×22.5cm，四周单边，半郭：23.2×16cm，有界，18行18字，内向二叶花纹鱼尾，纸质：楮纸	备考：剪灯新话后记，后志，后序，补写	4-716

续表

书名	出版事项	版式状况	一般事项	所藏番号
剪灯新话句解	瞿佑(明)著,壬乱以后刊	1卷1册(卷上缺),朝鲜木版本,31.5×21cm,四周单边,半郭:23.2×16.9cm,有界,10行18字,注双行,内向二叶花纹鱼尾,纸质:楮纸	表题:剪灯新话	4-717
剪灯新话句解	瞿佑(明)著,仁祖十一年(1633后刷	1册(卷下),朝鲜木版本,36×20cm,四周单边,半郭:21.8×17.5cm,有界,11行20字,注双行,内向黑鱼尾,纸质:楮纸	刊记:崇祯六年(1633)癸酉六月开刊	4-718
剪灯新话句解	瞿佑(明)著,肃宗三十年(1704)后刷	1卷1册(卷下缺),朝鲜木版本,33.4×22cm,四周单边,半郭:21.5×18.3cm,有界,12行18字,注双行,下向黑鱼尾,纸质:楮纸	表题:剪灯新话	4-719
剪灯新话句解	瞿佑(明)著,沧洲(朝鲜)订正,垂胡子(朝鲜)集释,朝鲜朝中期刊	1册(卷上),朝鲜木版本,29.5×19cm,四周单边,半郭:23×16cm,有界,11行20字,注双行,内向二叶花纹鱼尾,纸质:楮纸	版心题:剪灯	4-720
剪灯新话句解	瞿佑(明)著,沧洲(朝鲜)订正,垂胡子(朝鲜)集释,朝鲜朝中期刊	1册(卷上),朝鲜木版本,28.3×18.2cm,四周单边,半郭:21.5×14.2cm,有界,10行18字,注双行,上二叶花纹鱼尾,纸质:楮纸	版心题:剪灯	4-721

续表

书名	出版事项	版式状况	一般事项	所藏番号
剪灯新话句解	瞿佑(明)著,沧洲(朝鲜)订正,朝鲜朝中期刊	2卷2册(卷上,下),朝鲜木版本,28×19cm,四周单边,半郭:22×14.5cm,有界,10行18字,注双行,上二叶花纹鱼尾,纸质:楮纸		4-722

31. 尚熊文库

唐代以前

书名	出版事项	版式状况	一般事项	所藏番号
世说新语补	刘义庆(刘宋)撰,刘孝标(梁)注,刘辰翁(宋)批,肃宗三十四年(1708)刊	20卷5册,显宗实录字版,31.3×20cm,左右双边,半郭:22.9×15.5cm,有界,10行18字,注双行,内向黑鱼尾,纸质:楮纸	表题:世说,版心题:世说补,序:万历丙戌(1586)……沔阳陈文烛玉叔撰	4-158

明代

书名	出版事项	版式状况	一般事项	所藏番号
剪灯新话句解	瞿佑(明)著,垂胡子(朝鲜)集释,朝鲜朝后期刊	1册(卷下),朝鲜木版本,33.3×22cm,四周单边,半郭:22.2×17.2cm,有界,10行18字,内向黑鱼尾,纸质:楮纸		4-171

续表

书名	出版事项	版式状况	一般事项	所藏番号
剪灯新话句解	瞿佑(明)著,垂胡子(朝鲜)集释,朝鲜朝后期刊	1册(卷下,74张),朝鲜木版本,31.4×21.4cm,四周单边,半郭:23×17.2cm,有界,10行18字,注双行,内向黑二叶花纹鱼尾,纸质:楮纸	版心题:剪灯新话(或无)	4-172
剪灯新话句解	瞿佑(明)著,垂胡子(朝鲜)集释,朝鲜朝后期刊	1册(卷上,69张),朝鲜木版本,33.3×22cm,半郭:21.6×18.4cm,有界,12行18字,注双行,内向黑鱼尾,纸质:楮纸		4-173
剪灯新话句解	瞿佑(明)著,垂胡子(朝鲜)集释,朝鲜朝后期刊	1册(卷上),朝鲜木版本,31.6×21.8cm,半郭:22×18cm,有界,12行18字,注双行,内向黑鱼尾,纸质:楮纸		4-174

32. 玩树文库

唐代以前

书名	出版事项	版式状况	一般事项	所藏番号
穆天子传	郭璞(晋)注,朝鲜朝后期写	6卷1册(15页),笔写本,25.3×19cm,16行字数不定,纸质:楮纸	序:南台都事海岱刘贞干旧藏是书惧其无传暇日稍加雠校……命金陵学官重刊……予题其篇端云时至正十年(1350)岁在庚寅春二月二十七日壬子北岳王渐玄翰序	4-191

明代

书名	出版事项	版式状况	一般事项	所藏番号
剪灯新话句解	瞿佑(明)著,朝鲜朝后期刊	卷2册(上,下),朝鲜木版本,24.5×18cm,四周单边,半郭:22.8×15.8cm,有界,11行20字,内向二叶花纹鱼尾,纸质:楮纸	表题:剪灯新话	4-194

33. 仁寿文库

唐代以前

书名	出版事项	版式状况	一般事项	所藏番号
世说新语补	刘义庆(刘宋)撰,刘辰翁(宋)批,何良俊(明)增,肃宗三十三年(1707)刊	20卷10册,显宗实录字版,30.8×20cm,四周单边,半郭:22.8×15.8cm,有界,10行18字,注双行,内向黑鱼尾,纸质:楮纸	刊年出处:韩国古印刷技术史	4-434

唐代

书名	出版事项	版式状况	一般事项	所藏番号
酉阳杂俎	段成式(唐)撰,清光绪元年(1875)刊	20卷2册,中国木版本,26.7×17.5cm,四周双边,半郭:18.7×14cm,有界,12行24字,注双行,上下小黑口,内向黑鱼尾,纸质:绵纸	序:段成式序,识:湖南毛晋识,刊记:光绪纪元夏月湖北崇文书局开雕	4-440

明代

书名	出版事项	版式状况	一般事项	所藏番号
剪灯新话句解	瞿佑(明)著,沧洲(朝鲜)订正,垂胡子(朝鲜)辑释,朝鲜朝末期写	1卷1册(卷上),朝鲜笔写本,32.5×19.7cm,11行20字,注双行,纸质:楮纸		4-436

34. 悳愚文库

书名	出版事项	版式状况	一般事项	所藏番号
剪灯新话句解	瞿佑(明)著,沧洲(朝鲜)订正,垂胡子(朝鲜)集释,朝鲜朝后期刊	2卷2册,朝鲜木版本,四周单边,半郭:23.1×15.3cm,纸质:楮纸	备考:卷上,1-2页落	

35. 丰山柳氏　河回村　和敬堂（北村）

书名	出版事项	版式状况	一般事项	所藏处
山海经广注	未详	1册,笔写本,31.5×21cm,纸质:楮纸		韩国国学振兴院受托

36. 义城金氏　川前派　门中　霁山宗宅

书名	出版事项	版式状况	一般事项	所藏处
世说新语	未详	1册,笔写本,26×18.5cm		韩国国学振兴院受托

37. 五美洞 丰山金氏 虚白堂门中 令监宅

书名	出版事项	版式状况	一般事项	所藏处
稗史	未详	1册,笔写本,17.8×17cm	注记:丙申七月至十月	韩国国学振兴院受托

38. 安东权氏 歌隐后孙

书名	出版事项	版式状况	一般事项	所藏处
剪灯新话	瞿佑(明)著	3册,木版本		韩国国学振兴院受托

39. 仁同张氏 南山派 晦堂 宗宅

书名	出版事项	版式状况	一般事项	所藏处
剪灯新话	瞿佑(明)著	2册,笔写本,29×18.5cm		韩国国学振兴院受托

40. 英阳南氏 宁海 兰皋宗宅

书名	出版事项	版式状况	一般事项	所藏处
世说新语补	未详	1册,笔写本,31×20.8cm,纸质:楮纸		韩国国学振兴院受托

41. 汉阳赵氏 荷潭古宅

书名	出版事项	版式状况	一般事项	所藏处
刘向说苑	未详	1册,笔写本,26.5×15.8cm,纸质:楮纸		韩国国学振兴院受托

42. 载宁李氏 存斋派 眠云斋门中

书名	出版事项	版式状况	一般事项	所藏处
刘向说苑	未详	4册,笔写本,26×17.5cm,纸质:楮纸	元亨利贞	韩国国学振兴院受托

43. 鹅洲申氏 忍斋派 典庵后孙家

书名	出版事项	版式状况	一般事项	所藏处
绘图情史	未详	24卷6册,中国版本,20.2×13cm,四周双边,半郭:17.4×11.8cm,23行48字,白口,上下向黑鱼尾	行草书,序:吴人 龙子犹	韩国国学振兴院受托

44. 义城金氏 开岩公派 南湖古宅

书名	出版事项	版式状况	一般事项	所藏处
世说抄	未详	1册(66页),笔写本,19×13cm,12行字数不同,注双行,纸质:楮纸	行书	韩国国学振兴院受托

45. 开城高氏 月峰宗宅

书名	出版事项	版式状况	一般事项	所藏处
山海经广注	未详	5卷1册(67页),笔写本,24×14.7cm,8行24字,注双行,纸质:楮纸	楷书,内容:南山经,西山经,北山经,东山经,中山经	韩国国学振兴院受托

46. 青松/仲坪　平山申氏　泗南古宅

书名	出版事项	版式状况	一般事项	所藏处
剪灯新话句解	瞿佑(明)著	1册(1册,52页),笔写本,27.8×18.4cm,9行字数不同,纸质:楮纸	楷书,背面记录:祭文	韩国国学振兴院受托

47. 英阳南氏　宁海　时庵古宅

书名	出版事项	版式状况	一般事项	所藏处
山海经广注	郭璞(晋)传,吴任臣(清)注	1册(1册65页),笔写本,35.8×21.7cm,12行24字,注双行,纸质:楮纸	楷书,序:王嗣槐(1666),郭璞	韩国国学振兴院受托

48. 潭阳田氏　后塘　德贤派

书名	出版事项	版式状况	一般事项	所藏处
世说新语	未详	1册(1册,23页),笔写本,23.8×15cm,12行字数不同,注双行,纸质:楮纸	行书,内容:德行,言语,规箴 等	韩国国学振兴院受托

49. 安东金氏　海轩古宅

书名	出版事项	版式状况	一般事项	所藏处
剪灯新话句解	瞿佑(明)著	不分卷1册,朝鲜木版本,29.7×20.3cm,四周单边,半郭:23×18.5cm,有界,12行18字,注双行,白口,上下内向黑鱼尾	楷书	韩国国学振兴院受托

50. 永州 冶城宋氏 松皋古宅

书名	出版事项	版式状况	一般事项	所藏处
剪灯新话	瞿佑(明)著	不分卷 1 册,朝鲜木版本,32.2×20.5cm,四周单边,半郭:21.5×16.8cm,有界,11 行 20 字,注双行,白口,上下内向二叶花纹鱼尾	楷书	韩国国学振兴院受托

51. 平山申氏 判事公派 宗宅

书名	出版事项	版式状况	一般事项	所藏处
山海经	未详	1 册(67 页),朝鲜笔写本,29.5×18cm,行字数不同	行书	韩国国学振兴院受托

52. 青松沈氏 七悔堂古宅

唐代以前

书名	出版事项	版式状况	一般事项	所藏处
博物志	张华(晋)撰	1 册(107 页),笔写本,23.3×17.2cm,11 行 20 字,注双行	行书,附:续博物志	韩国国学振兴院受托

明代

书名	出版事项	版式状况	一般事项	所藏处
剪灯新话句解	瞿佑(明)著	下 1 册,朝鲜木版本,31.2×21.4cm,四周单边,半郭:22.8×19cm,有界,11 行 18 字,注双行,黑口,上下内向混入鱼尾	楷书	韩国国学振兴院受托

53. 晋州姜氏 海隐公派 博士宅

书名	出版事项	版式状况	一般事项	所藏处
剪灯新话句解	瞿佑(明)著	上1册，朝鲜木版本，31.3×21cm，四周单边，半郭：18.9×16.3cm，有界，11行18字，注双行，黑口，上下内向混入鱼尾	楷书	韩国国学振兴院受托
剪灯新话句解	瞿佑(明)著	下1册，朝鲜木版本，27.3×19.8cm，四周单边，半郭：20.5×17.3cm，有界，11行18字，注双行，黑口，上下内向混入鱼尾	楷书	韩国国学振兴院受托

54. 潘南朴氏 乐闲亭 宗家

书名	出版事项	版式状况	一般事项	所藏处
刘向说苑上		1册，笔写本，28.5×18.5cm，10行30字，纸质：楮纸	楷书	韩国国学振兴院受托

55. 潘南朴氏 判官公派 青下斋

书名	出版事项	版式状况	一般事项	所藏处
剪灯新话句解	瞿佑(明)著	1册，笔写本，28×18.7cm，10行20字，纸质：楮纸	楷书	韩国国学振兴院受托

56. 张宪求家

书名	出版事项	版式状况	一般事项	所藏处
剪灯新话句解	瞿佑(明)著	上 1 册,朝鲜木版本, 26.6×18.6cm,四周单边,半郭:22.9×15.6cm,有界,11 行 20 字,注双行,白口,上下内向二叶花纹鱼尾	楷书	韩国国学振兴院受托

57. 光山金氏　洛阴斋

书名	出版事项	版式状况	一般事项	所藏处
剪灯新话句解	瞿佑(明)著	1 册,笔写本, 32.3×22.2cm,无界,13 行 24 字,纸质:楮纸	行书	韩国国学振兴院受托

58. 荣州　啸皋祠堂

书名	出版事项	版式状况	一般事项	所藏处/所藏番号
唐段少卿西阳杂俎	16 世纪刊(推定)	零本 1 册,朝鲜木版本, 28×18cm,四周双边,半郭:21.7×14cm,有界,10 行 23 字,上下白口,上下向黑鱼尾,纸质:和纸	藏书记:夏寒亭	啸皋祠堂 01-01525

59. 镇川郡　申章澈

书名	出版事项	版式状况	一般事项	所藏处
鹤林玉露	罗大经(宋)著,朝鲜后期	1 册,朝鲜笔写本		忠清北道 镇川郡 申章澈

60. 报恩郡 金奭仲

书名	出版事项	版式状况	一般事项	所藏处
剪灯新话	朝鲜后期刊	1卷1册，朝鲜木版本，22×32cm		忠清北道 报恩郡 金奭仲
剪灯新话句解(上)	戊午年刊	1卷1册，笔写本，20.5×31.2cm		忠清北道 报恩郡 金奭仲

61. 槐山郡 金文起

书名	出版事项	版式状况	一般事项	所藏处
剪灯新话句解		1卷1册，朝鲜木版本，19×25.5cm		忠清北道 槐山郡 金文起
汉魏丛书		42卷12册，木版本，15×26cm		忠清北道 槐山郡 金文起

62. 槐山郡 李龟范

书名	出版事项	版式状况	一般事项	所藏处
剪灯新话	刊写年未详	2卷1册，朝鲜木版本，17×27.3cm		忠清北道 槐山郡 李龟范

63. 丹阳郡 金显吉

书名	出版事项	版式状况	一般事项	所藏处
剪灯新话	刊写年未详	1册，朝鲜活字本，18.7×25.3cm		忠清北道 丹阳郡 金显吉

附录

韩国汉籍目录收藏现状

1. 国立图书馆和大学图书馆（包含大学博物馆）

所藏处名	古书目录	细部 分类	刊行年度	番号
国立中央图书馆	国立中央图书馆 外国古书目录 Ⅰ 中国本篇		1976 年	1-1
	国立中央图书馆 外国古书目录 Ⅱ 韩国本篇		1977 年	1-2
	国立中央图书馆 古书目录 1	文学(词曲,小说)	1970 年	1-3
	国立中央图书馆 古书目录 2	小说类;无(经学/史学)	1971 年	1-4
	国立中央图书馆 古书目录 3		1972 年	1-5
	国立中央图书馆 古书目录 4		1980 年	1-6
	国立中央图书馆 古书目录 5		1993 年	1-7
	国立中央图书馆 古书目录 6		1994 年	1-8
	韩国古典籍综合目录 system http://www.nl.go.kr/korcis/			1-9

续表

所藏处名	古书目录	细部 分类	刊行年度	番号
韩国学中央研究院（旧韩国精神文化研究院）	藏书阁图书中国版总目录（藏书阁贵重本丛书第7辑）	词曲类，小说类	1974年	2-1
	韩国古小说目录		1983年	2-2
	藏书阁图书 韩国版总目录	小说类	1984年	2-3
	藏书目录 古书篇1	小说类 国文/小说类 汉文	1991年	2-4
	韩国古典籍综合目录 system http://www.nl.go.kr/korcis/			2-5
国史编纂委员会	国史编纂委员会古书目录	集部 小说类（国文，汉文）	1983年	3
国立中央博物馆图书馆	韩国古典籍综合目录 system http://www.nl.go.kr/korcis/			4
韩国国学振兴院	韩国古典籍综合目录 system http://www.nl.go.kr/korcis/			5
国会图书馆	国会图书馆 古书目录		1995年	6-1
	韩国古书综合目录	所藏处一览表	1968年	6-2
	韩国古典籍综合目录 system http://www.nl.go.kr/korcis/			6-3
首尔大学校	奎章阁图书 中国本 综合目录	小说类	1982年	7-1
	奎章阁图书 韩国本 综合目录	小说类（国文，汉文，随笔，杂著）	1994年（修订版）	7-2
	奎章阁 寄赠古图书古文书目录	小说类(汉文，随笔，杂著)：1995—2004年	2005年	7-3
	首尔大学校 中央图书馆 古书目录	国文学，中国文学	未详	7-4
	韩国古典籍综合目录 system http://www.nl.go.kr/korcis/			7-5

续表

所藏处名	古书目录		细部 分类	刊行年度	番号
高丽大学校	高丽大学校 汉籍综合目录(上)	晚松文库	小说类	1979 年	8-1
		高丽大学校 藏书目录 第 8 辑 汉籍目录(旧藏)	子部 小说	1984 年	8-2
	高丽大学校 汉籍综合目录(下)	薪庵文库 汉籍目录	子部 小说	1974 年	8-3
		华山文库		1976 年	8-4
	高丽大学校 藏书目录 第 9 辑 石洲文库		小说类	1973 年	8-5
	高丽大学校 藏书目录 第 15 辑 贵重图书目录			1980 年	8-6
	韩国古典籍综合目录 system http://www.nl.go.kr/korcis/				8-7
延世大学校	延世大学校 中央图书馆 古书目录 第 1 辑		文库目录(默容室文库,绥堂文库,庸斋文库,元氏文库,李源喆文库,张起元文库,佐翁文库,濯斯文库,韩相亿文库,海观文库)	1977 年	9-1
	延世大学校 中央图书馆 古书目录 第 2 辑		贵重图书书架目录 庸斋文库古书追加目录 鹭山文库古书追加目录	1987 年	9-2
	韩国古典籍综合目录 system http://www.nl.go.kr/korcis/				9-3
成均馆大学校	古书目录		集部:小说类(国文,汉文)	1979 年	10-1
	古书目录 第 2 辑		集部:小说类(国文,汉文)	1981 年	10-2
	古书目录 第 3 辑 (成均馆大学校 东亚细亚学术院 尊经阁)		小说类(国文,汉文)	2002 年	10-3
	韩国古典籍综合目录 system http://www.nl.go.kr/korcis/				10-4

续表

所藏处名	古书目录	细部 分类	刊行年度	番号
庆熙大学校	韩国古典籍综合目录 system http://www.nl.go.kr/korcis/			11
汉阳大学校	韩国古典籍综合目录 system http://www.nl.go.kr/korcis/			12
西江大学校	西江大 中央图书馆 电算数据			13
梨花女大学校	梨花女子大学校 图书馆 古书目录	集部 全体	1981 年	14-1
	韩国古典籍综合目录 system http://www.nl.go.kr/korcis/			14-2
建国大学校	藏书目录(汉籍综合编)		1984 年	15-1
	韩国古典籍综合目录 system http://www.nl.go.kr/korcis/			15-2
东国大学校	古书目录	中国文学(小说,其他)	1981 年	16-1
	东国大学校 建学 100 周年 纪念 古书目录	韩国文学(戏曲,小说) 中国文学(戏曲,小说)	2006 年	16-2
	韩国古典籍综合目录 system http://www.nl.go.kr/korcis/			16-3
檀国大学校	檀国大学校 栗谷纪念图书馆 汉籍目录(天安)	罗孙文库(金东旭),秋汀文库(天安)	1994 年	17-1
	韩国古典籍综合目录 system http://www.nl.go.kr/korcis/			17-2
中央大学校	韩国古典籍综合目录 system http://www.nl.go.kr/korcis/			18
淑明女大学校	韩国古典籍综合目录 system http://www.nl.go.kr/korcis/			19
国民大学校	省谷图书馆 古书目录	文学 全体	2008 年	20-1
	韩国古典籍综合目录 system http://www.nl.go.kr/korcis/			20-2

续表

所藏处名	古书目录	细部 分类	刊行年度	番号
崇实大学校	崇实大学校 韩国基督教博物馆 古文献 目录	韩国学,其他	2005 年	21-1
	韩国古典籍综合目录 system http://www.nl.go.kr/korcis/			21-2
明知大学校	明知大学校 中央图书馆			22
Catholic 大学校	韩国古典籍综合目录 system http://www.nl.go.kr/korcis/			23
京畿大学校	韩国古典籍综合目录 system http://www.nl.go.kr/korcis/			24
龙仁大学校	龙仁大学校 传统文化研究所 古书目录	集部(词曲类,小说类,安东吾先生 寄赠图书)	2000 年	25-1
	韩国古典籍综合目录 system http://www.nl.go.kr/korcis/			25-2
仁荷大学校	韩国古典籍综合目录 system http://www.nl.go.kr/korcis/			26
江原大学校	韩国典籍综合调查目录 第 3 辑 江原道		1989 年	27
忠南大学校	忠南大学校图书馆 古书目录	集部(韩国,中国)	1993 年	28-1
	忠南大学校 中央图书馆 鹤山文库目录		1997 年	28-2
	韩国古典籍综合目录 system http://www.nl.go.kr/korcis/			28-3
大田 Catholic 大学校	韩国古典籍综合目录 system http://www.nl.go.kr/korcis/			29
忠北大学校(中原文化研究所)	韩国典籍综合调查目录 第 9 辑 忠清北道 / 济州道		1996 年	30-1
	韩国古典籍综合目录 system http://www.nl.go.kr/korcis/			30-2

续表

所藏处名	古书目录	细部 分类	刊行年度	番号
清州大学校	韩国典籍综合调查目录 第9辑 忠清北道／济州道		1996年	31
全南大学校	全南大学校 图书馆 所藏古书目录Ⅰ	小说类	1990年	32-1
	韩国古典籍综合目录 system http://www.nl.go.kr/korcis/			32-2
	韩国典籍综合调查目录 第6辑 全罗南道		1992年	32-3
朝鲜大学校	韩国古典籍综合目录 system http://www.nl.go.kr/korcis/			33
顺天大学校	中央图书馆 电算资料			34
全北大学校 图书馆/ 博物馆	韩国典籍综合调查目录 第4辑 全罗北道		1990年	35-1
	韩国古典籍综合目录 system http://www.nl.go.kr/korcis/			35-2
圆光大学校	圆光大学校 古书目录	文学 全体	1994年	36-1
	韩国典籍综合调查目录 第4辑 全罗北道		1990年	36-2
	韩国古典籍综合目录 system http://www.nl.go.kr/korcis/			36-3
全州大学校	韩国古典籍综合目录 system http://www.nl.go.kr/korcis/			37
釜山市立 图书馆	釜山广域市 市立图书馆 古书目录		1995年	38-1
	韩国古典籍综合目录 system http://www.nl.go.kr/korcis/			38-2

续表

所藏处名	古书目录	细部 分类	刊行年度	番号
釜山大学校	釜山大学校图书馆 古书目录	海苍文库,东麓文库,直斋文库,梦汉文库,芝田文库,小讷文库,설뫼文库,苍原文库,于溪文库	2010 年	39-1
	韩国古典籍综合目录 system http://www.nl.go.kr/korcis/			39-2
釜庆大学校	中央图书馆 电算资料			40
东亚大学校	韩国古典籍综合目录 system http://www.nl.go.kr/korcis/	石堂文库(郑在焕)		41
庆星大学校博物馆,乡土文化研究所	韩国典籍综合调查目录 第 7 辑 釜山直辖市		1993 年	42
釜山教育大学校图书馆	韩国典籍综合调查目录 第 7 辑 釜山直辖市		1993 年	43
釜山女大学校伽倻文化研究所	韩国典籍综合调查目录 第 7 辑 釜山直辖市		1993 年	44
蔚山大学校	韩国古典籍综合目录 system http://www.nl.go.kr/korcis/			45
庆尚大学校	庆尚大学校图书馆 汉籍室 所藏 汉籍目录	小说部	1996 年	46-1
	庆尚大学校图书馆 汉籍目录	儒家类,小说部	1996 年	46-2
	韩国古典籍综合目录 system http://www.nl.go.kr/korcis/			46-3
庆南大学校	庆南大学校 中央图书馆			47
庆州市立图书馆	庆州地方 古书调查目录(庆州文化院刊行)		1992 年	48
大邱市中央图书馆	韩国古典籍综合目录 system http://www.nl.go.kr/korcis/			49

续表

所藏处名	古书目录	细部 分类	刊行年度	番号
庆北大学校	庆北大学校 中央图书馆 数据			30
启明大学校	启明大学校 古书目录	中国文学(小说)	1987 年	51-1
	启明大学校 开校 50 周年纪念 古书综合目录	文学	2004 年	51-2
	韩国古典籍综合目录 system http://www.nl.go.kr/korcis/			51-3
岭南大学校 图书馆/博物馆	岭南大学校 中央图书馆	文学 全体	1973 年	52-1
	藏书目录 汉古籍篇	东滨文库		
	岭南大学校 图书馆 所藏 古书古文书目录(味山文库)	文学 全体	2000 年	52-2
	岭南大学校 图书馆 所藏 古书古文书目录(南斋文库)	文学 全体	2001 年	52-3
	岭南大学校 图书馆 所藏 古书古文书目录(陶山文库)陶南诞生 100 周年纪念	文学	2004 年	52-4
	韩国典籍综合调查目录 第 1 辑 大邱直辖市.庆尚北道		1986 年	52-5
	韩国古典籍综合目录 system http://www.nl.go.kr/korcis/			52-6
	汶波文库			52-7
大邱大学校	大邱大学校 中央图书馆 数据			53
大邱 Catholic 大学校	韩国古典籍综合目录 system http://www.nl.go.kr/korcis/			54
安东大学校	安东大学校 图书馆 所藏古书目录 1	明谷文库	1994 年	55-1
	安东大学校 图书馆 所藏 古书目录 2	一般古书/西坡/东山文库/小极文库	2003 年	55-2

续表

所藏处名	古书目录	细部 分类	刊行年度	番号
安东大学校	韩国典籍综合调查目录 第5辑 安东市.郡		1991年	55-3
	韩国古典籍综合目录 system http://www.nl.go.kr/korcis/			55-4
济州大学校 民俗博物馆	韩国典籍综合调查目录第9辑 忠清北道/济州道		1996年	56
西原大学校/博物馆	忠清北道的古书(10),清州市编	忠清北道 清州市 (私)忠北乡土文化研究所	2004年	57
陆军士官学校	中央图书馆 资料			58
海军士官学校	汉籍目录	子部	1977年	59-1
	韩国典籍综合调查目录 第8辑 庆尚南道		1994年	59-2
钟路图书馆	藏书目录 古书解题编		1983年	60

2. 书院/乡校/寺刹/研究院(所)/博物馆/企业图书馆

所藏处名	古书目录	细部 分类	刊行年度	番号
书 院	李朝书院文库目录	玉山书院,屏山书院,绍修书院,临皋书院	1969年	101
玉山书院 尚州 东学教堂	2004年 一般动产文化财 多量所藏处 实态调查 学术用役报告书	岭南大学校民族文化研究所(文化财厅 庆尚北道)	2004년	101-1
高敞郡 玄谷书院	韩国典籍综合调查目录 第4辑 全罗北道		1990年	102
长城郡 笔岩书院	韩国典籍综合调查目录 第6辑 光州直辖.全罗南道		1992年	103

续表

所藏处名	古书目录	细部 分类	刊行年度	番号
山清郡 道川书院	韩国典籍综合调查目录 第 8 辑 庆尚南道		1994 年	104
洪川郡 洪川乡校	韩国典籍综合调查目录 第 3 辑 江原道		1989 年	105
祇林寺(庆州) 直指寺(金泉)	韩国的寺刹文化财(大邱/庆尚北道) ＊文化财厅(大韩佛教曹溪宗文化遗产发掘调查团)	＊京畿道/首尔未出版 ＊忠南[2004],忠北[2006]在江原道[2002]版未确认	2007 年	106
梵鱼寺(釜山) 石南寺(蔚山) 银河寺(金海市)	韩国的寺刹文化财 (釜山/蔚山/庆尚南道)		2010 年	107
大兴寺(海南)	韩国的寺刹文化财(光州/全罗南道)		2006 年	108
香山寺(扶安)	韩国的寺刹文化财(全罗北道)		2003 年	109
开岩寺(扶安)	韩国的寺刹文化财(全罗北道)		2003 年	110
光明寺(济州道)	韩国的寺刹文化财(全罗北道/济州道)		2003 年	111
松广寺	韩国古典籍综合目录 system http://www.nl.go.kr/korcis/			112
三陟郡 灵隐寺	韩国典籍综合调查目录 第 3 辑 江原道		1989 年	113

续表

所藏处名	古书目录	细部 分类	刊行年度	番号
韩国民族美术研究所（涧松文库）	涧松文库汉籍目录	集部（易学，小说家类）	1968 年	114
普门精舍	庆州地方 古书调查目录（庆州文化院 刊行）		1992 年	115
庆州市 独乐堂	庆州地方 古书调查目录（庆州文化院 刊行）		1992 年	116
庆州市 芸阴亭	庆州地方 古书调查目录（庆州文化院 刊行）		1992 年	117
诚庵古书博物馆	诚庵文库典籍目录	小说类（韩文，汉文）	1975 年	118-1
	韩国古典籍综合目录 system http://www.nl.go.kr/korcis/			118-2
国立清州博物馆	宋寅泽 · 李光子 寄赠 古书	集部 小说类	2008 年	119
国立民俗博物馆	韩国古典籍综合目录 system http://www.nl.go.kr/korcis/			120
温阳民俗博物馆	韩国典籍综合调查目录 第 2 辑 忠清南道		1988 年	121
釜山市立博物馆	韩国典籍综合调查目录 第 7 辑 釜山直辖市		1993 年	122
韩国银行	韩国银行古书解题	韩国银行 2	2001 年	123
雅丹文库	雅丹文库 藏书目录（2）	韩国小说，中国小说	1996 年	124
慕德祠	韩国古典籍综合目录 system http://www.nl.go.kr/koris			125

续表

所藏处名	古书目录	细部 分类	刊行年度	番号
大田市 文忠祠	韩国典籍综合调查目录 第2辑 忠清南道		1988年	126
忠烈祠	韩国典籍综合调查目录 第7辑 釜山直辖市		1993年	127
灵岩郡 大同稧祠文见善	韩国典籍综合调查目录 第6辑 光州直辖市.全罗南道		1992年	128
春川市 崇德祠	韩国典籍综合调查目录 第3辑 江原道		1989年	129
江陵市 船桥庄	韩国典籍综合调查目录 第3辑 江原道		1989年	130
大田 燕亭国乐院	韩国典籍综合调查目录 第2辑 忠清南道		1988年	131
东莱女子高等学校	韩国典籍综合调查目录 第7辑 釜山直辖市		1993年	132
南海郡 南海郡厅	韩国典籍综合调查目录 第8辑 庆尚南道		1994年	133
清州古印刷博物馆	忠清北道的古书(10)清州市编	忠北乡土文化研究所	2004年	134
堤川义兵展示馆	忠清北道的古书(8)提(堤)川市编	忠北乡土文化研究所	2003年	135
沃川管城会馆	忠清北道的古书(5)沃川郡编	忠北乡土文化研究所	2001年	136
沃川乡土展示馆	忠清北道的古书(5)沃川郡编	忠北乡土文化研究所	2001年	137

3. 个人收藏家

<table>
<tr><th>所藏处名</th><th>古书目录</th><th>细部 分类</th><th>刊行年度</th><th>番号</th></tr>
<tr><td>鲜文大学校
朴在渊</td><td>古书展示目录(第 49 回 韩国中国小说学会 定期学术发表会纪念)</td><td></td><td>2001 年 12 月 1 日，鲜文大学校</td><td>201</td></tr>
<tr><td>庆山郡 崔在石</td><td rowspan="14">韩国典籍综合调查目录
第 1 辑 大邱直辖市 庆尚北道</td><td></td><td rowspan="14">1986 年</td><td rowspan="14">202</td></tr>
<tr><td>达城郡 成玹济</td><td></td></tr>
<tr><td>奉化郡 权宁甲</td><td></td></tr>
<tr><td>奉化郡 权廷羽</td><td></td></tr>
<tr><td>奉化郡 金斗淳</td><td></td></tr>
<tr><td>尚州郡 赵诚德</td><td></td></tr>
<tr><td>英阳郡 赵观镐</td><td></td></tr>
<tr><td>荣丰郡 金用基</td><td></td></tr>
<tr><td>醴泉郡 李虎柱</td><td></td></tr>
<tr><td>蔚珍郡 南斗烈
南汶烈</td><td></td></tr>
<tr><td>蔚珍郡 张甫均</td><td></td></tr>
<tr><td>蔚珍郡 崔震箕</td><td></td></tr>
<tr><td>青松郡 逸野亭</td><td></td></tr>
<tr><td>漆谷郡 李敦柱</td><td></td></tr>
<tr><td>公州市 李钟宣</td><td rowspan="8">韩国典籍综合调查目录
第 2 辑 忠清南道</td><td></td><td rowspan="8">1988 年</td><td rowspan="8">203</td></tr>
<tr><td>大田市 尹炳泰</td><td></td></tr>
<tr><td>大田市 赵钟业</td><td></td></tr>
<tr><td>论山郡 尹宝重</td><td></td></tr>
<tr><td>唐津郡 宋基华</td><td></td></tr>
<tr><td>扶余郡 刘世钟</td><td></td></tr>
<tr><td>扶余郡 黄寅直</td><td></td></tr>
<tr><td>燕歧郡 洪钟檍</td><td></td></tr>
</table>

续表

所藏处名	古书目录	细部 分类	刊行年度	番号
江陵市 权纯显	韩国典籍综合调查目录 第3辑 江原道		1989年	204
江陵市 崔钟瑚				
旌善郡 赵廷凤				
春城郡 朴宜东				
春城郡 柳然五				
春城郡 洪在昭				
洪川郡 李英九				
里里市 柳在泳	韩国典籍综合调查目录 第4辑 全罗北道		1990年	205
全州市 金大经				
全州市 宋俊浩				
高敞郡 金璟植				
高敞郡 裴圣洙				
高敞郡 林钟秀				
高敞郡 黄炳宽				
丰山郡 金直铉	韩国典籍综合调查目录第5辑 安东市郡(上)		1991年	206-1
吉安面 卓世光				
禄转面 金台正				
卧龙面 金俊植				
临东面 金源宅	韩国典籍综合调查目录第5辑 安东市郡(下)			206-2
临东面 柳海钟				
丰川面 柳宁夏				
灵岩郡 文昶集	韩国典籍综合调查目录 第6辑 光州直辖市 全罗南道		1992年	207
长城郡 边时渊				
长城郡 奉祥九				
金茂祚	韩国典籍综合调查目录 第7辑 釜山市		1993年	208

续表

所藏处名	古书目录	细部 分类	刊行年度	番号
蔚山市 李秉稷	韩国典籍综合调查目录第 8 辑 庆尚南道		1994 年	209
晋州市 金相朝				
晋州市 崔载浩				
居昌郡 林基福·林永文				
固城郡 裴学烈				
固城郡 诸凤模				
南海郡 金宇烘				
密阳郡 申柄澈				
密阳郡 李佑成				
山清郡 吴珪焕				
陕川郡 李钟奭				
尹秉俊	韩国典籍综合调查目录第 9 辑 忠清北道 济州道		1996 年	210
韩益洙				
梁龙哲				
金敏荣	金敏荣所藏 古书目录		2007 年	211
闵宽东(庆熙大学校)		三国志演义/西游记		212
庆州市 金상택	庆州地方 古书调查目录 (庆州文化院 刊行)		1992 年	213
庆州市 李종환				
庆州市 张대현				
庆州市 张燉				
庆州市 정병모				
庆州市 崔병희				
庆州市 黄재현				

续表

所藏处名	古书目录	细部 分类	刊行年度	番号
山气文库	韩国典籍综合目录 (社团法人国学资料保存会)	第 1 辑	1974 年	214
尚熊文库		第 2 辑	1974 年	
玩树文库 诚严文库		第 3 辑	1974 年	
仁寿文库		第 5 辑	1975 年	
陶南文库 元堂文库 憓愚文库		第 6 辑	1976 年	
真城李氏 响山古宅 古典籍	韩国国学振兴院所藏 国学数据目录集 1		2003 年	215
永川李氏 聋岩宗宅 古典籍	韩国国学振兴院所藏 国学数据目录集 3		2004 年	216
丰山柳氏 河回 和敬堂(北村)	韩国国学振兴院所藏 国学数据目录集 4		2005 年	217
义城金氏 川前派 门中	韩国国学振兴院所藏 国学数据目录集 5		2006 年	218
五美洞 丰山金氏 虚白堂门中	韩国国学振兴院所藏 国学数据目录集 7		2007 年	219
丰山柳氏 忠孝堂	韩国国学振兴院所藏 国学数据目录集 8		2009 年	220
安东权氏 歌隐 后孙	2002 韩国国学振兴院受托 国学数据 目录集		2002 年	221
安东权氏 花山 宗家				
礼安李氏上里宗宅				
固城李氏 八悔堂 宗宅				
仁同张氏 南山派 晦堂宗宅	2003 韩国国学振兴院受托 国学数据 目录集		2004 年	222
全州柳氏 定斋 宗宅	2004 韩国国学振兴院受托 国学数据 目录集(上)		2005 年	223-1
全州柳氏 好古窝 宗宅				
全州姜氏 起轩古宅				

续表

所藏处名	古书目录	细部 分类	刊行年度	番号
达成徐氏 洛东精舍	2004 韩国国学振兴院 受托 国学数据 目录集(下)		2006 年	223-2
英阳南氏 宁海兰皋宗宅				
汉阳赵氏 荷潭古宅				
载宁李氏 存斋派眠云斋门中				
永川李氏 迂川宗中春公派(?)				
鹅洲申氏 忍斋派典庵后孙家	2005 韩国国学振兴院 受托 国学数据 目录集(上)		2006 年	224-1
真城李氏 下溪派近斋文库				
义城金氏 开岩公派南湖古宅	2005 韩国国学振兴院 受托 国学数据 目录集(下)		2006 年	224-2
龙宫 蔚珍张氏演派文库				
开城高氏 月峰宗宅	2006 韩国国学振兴院 受托 国学数据 目录集		2007 年	225
青松/仲坪 平山申氏泗南古宅				
英阳南氏 宁海时庵古宅				
潭阳田氏 后塘德贤派				
安东金氏 海轩古宅				

续表

所藏处名	古书目录	细部 分类	刊行年度	番号
永州 冶城宋氏 松皋古宅	2007 韩国国学振兴院 受托 国学数据 目录集(上)		2008 年	226-1
平山申氏 判事公派 宗宅				
宁海大兴白氏 成安公派仁良宗宅				
青松沈氏 七悔堂古宅				
晋州姜氏 海隐公派 博士宅	2007 韩国国学振兴院 受托 国学数据 目录集(下)		2008 年	226-2
密阳朴氏 敬轩古宅				
义城金氏 文忠公派 一派 门中				
潘南朴氏 乐闲亭 宗家				
潘南朴氏 判官公派 青下斋				
义城金氏 龟尾派 门中	2008 韩国国学振兴院 受托 国学数据 目录集		2009 年	227
原州 边氏 巨村 门中				
张宪求 家	2009 韩国国学振兴院 受托 国学数据 目录集		2010 年	228
丰川任氏 清岩祠				
安东权氏 正庵文库				
安东金氏 副使公派				
光山金氏 洛阴斋				
永川李氏 涧山文库				
固城李氏 法兴门中				

续表

所藏处名	古书目录	细部 分类	刊行年度	番号
南应时(盈德) 忠孝堂(安东) 金基泰(星州)	2004年 一般动产文化财 多量所藏处 实态调查 学术用役报告书2	岭南大学校 岭南文化研究院	2004年	229
荣州 啸皋祠堂 荣州 黄春一 荣州 李守恒	一般动产文化财 多量所藏处 实态调查 报告书	岭南大学校 岭南文化研究院(荣州市厅)	2005年	230
闻庆 高原东 闻庆 永慕斋	2005年 一般动产文化财 多量所藏处 实态调查 报告书(1)	岭南大学校 民族文化研究所 (文化财厅 庆尚北道)	2006年	231-1
尚州 修严宗宅 尚州 李采河	2005年 一般动产文化财 多量所藏处 实态调查 报告书(2)	岭南大学校 民族文化研究所 (文化财厅 庆尚北道)	2006年	231-2
李亮载				232
镇川 金世镜	忠清北道的古书(1)总括·镇川	忠北乡土 文化研究所	1997年	233
报恩 金东器 报恩 金奭中 报恩 崔毅雄	忠清北道的古书(2)报恩郡	忠北乡土 文化研究所	1999年	234
沃川 全在球 沃川 全大河	忠清北道的古书(5)沃川郡	忠北乡土 文化研究所	2001年	235
阴城 辛泳徽	忠清北道的古书(6)阴城郡	忠北乡土 文化研究所	2002年	236
槐山 金文起 槐山 李龟范	忠清北道的古书(7)槐山郡	忠北乡土 文化研究所	2003年	237
丹阳 金显吉 丹阳 李奉雨	忠清北道的古书(9)丹阳郡	忠北乡土 文化研究所	2003年	238
清原 宋天根	忠清北道的古书(11)清原郡	忠北乡土 文化研究所	2004年	239

武汉大学学术丛书 书目

中国当代哲学问题探索
中国辩证法史稿（第一卷）
德国古典哲学逻辑进程（修订版）
毛泽东哲学分支学科研究
哲学研究方法论
改革开放的社会学研究
邓小平哲学研究
社会认识方法论
康德黑格尔哲学研究
人文社会科学哲学
中国共产党解放和发展生产力思想研究
思想政治教育有效性研究（第二版）
政治文明论
中国现代价值观的初生历程
精神动力论
广义政治论
中西文化分野的历史反思
第二次世界大战与战后欧洲一体化起源研究
哲学与美学问题
行为主义政治学方法论研究
政治现代化比较研究
调和与制衡
“跨越论”与落后国家经济发展道路
村民自治与宗族关系研究
中国特色社会主义基本问题研究
一种中道自由主义：托克维尔政治思想研究
社会转型与组织化调控
中国现阶段所有制结构及其演变的理论与实证研究
战后美国对外经济制裁
从简帛中挖掘出来的政治哲学
物理学哲学研究
中国特色社会主义理论体系的基本特征研究

国际经济法概论
国际私法
国际组织法
国际条约法
国际强行法与国际公共政策
比较外资法
比较民法学
犯罪通论
刑罚通论
中国刑事政策学
中国冲突法研究
中国与国际私法统一化进程（修订版）
比较宪法学
人民代表大会制度的理论与实践
国际民商新秩序的理论建构
中国涉外经济法律问题新探
良法论
国际私法（冲突法篇）（修订版）
比较刑法原理
担保物权法比较研究
澳门有组织犯罪研究
行政法基本原则研究
国际刑法学
遗传资源获取与惠益分享的法律问题研究
欧洲联盟法总论
民事诉讼辩论原则研究
权力的法治规约
宪法与公民教育
国际商事争议解决机制研究
人民监督员制度的立法研究
论自然国际法的基本原则
能源政策与法律

当代西方经济学说（上、下）
唐代人口问题研究
非农化及城镇化理论与实践
马克思经济学手稿研究
西方利润理论研究
西方经济发展思想史
宏观市场营销研究
经济运行机制与宏观调控体系
三峡工程移民与库区发展研究
２１世纪长江三峡库区的协调与可持续发展
经济全球化条件下的世界金融危机研究
中国跨世纪的改革与发展
中国特色的社会保障道路探索
发展经济学的新发展
跨国公司海外直接投资研究
利益冲突与制度变迁
市场营销审计研究
以人为本的企业文化
路径依赖、管理哲理与第三种调节方式研究
中国劳动力流动与“三农”问题
新开放经济宏观经济学理论研究
关系结合方式与中间商自发行为的关系研究
发达国家发展初期与当今发展中国家经济发展比较研究
旅游业、政府主导与公共营销
创新、模仿、知识产权和全球经济增长
消费者非伦理行为形成机理及决策过程研究
网络口碑的形成、传播与影响机制研究
消费者参与企业创造的心理机制研究
企业间信任问题研究
学术创业：中国研究型大学“第三使命”的认知与实现机制
财政社会保障支出：结构、公平性与影响
投资者情绪与资产价格异常波动研究

武汉大学学术丛书 书目

文言小说高峰的回归
文坛是非辩
评康殷文字学
中国戏曲文化概论（修订版）
法国小说论
宋代女性文学
《古尊宿语要》代词助词研究
社会主义文艺学
文言小说审美发展史
海外汉学研究
《文心雕龙》义疏
选择·接受·转化
中国早期文化意识的嬗变（第一卷）
中国早期文化意识的嬗变（第二卷）
中国文学流派意识的发生和发展
汉语语义结构研究
明清词研究史
新文学的版本批评
中国古代文论诗性特征研究
唐五代逐臣与贬谪文学研究
王蒙传论
教育格言论析
嘉靖前期诗坛研究（1522-1550）
清词话考述
“原来”、“从来”、“连连”三组时间副词研究
中唐元和诗歌传播接受史的文化学考察
宋词传播方式研究
神道设教：明清章回小说叙事的民族传统
袁宏道与晚明性灵文学思潮研究
中古汉语称数法研究
宋代文学传播探原
文学研究的知识论依据
元代科举与文学
批评文体论纲
文本周边
中国早期文化意识的嬗变（第三卷）
敦煌文研究与校注
文学史哲学
韩国所藏中国文言小说版本目录

中国印刷术的起源
现代情报学理论
信息经济学
中国古籍编撰史
大众媒介的政治社会化功能
现代信息管理机制研究
科学信息交流研究
比较出版学
IRM-KM范式与情报学发展研究
公共信息资源的多元化管理
学术期刊主题可视化研究
非物质文化遗产档案管理理论与实践
数字信息资源配置

随机分析学基础
流形的拓扑学
环论
近代鞅论
鞅与ｂａｎａｃｈ空间几何学
现代偏微分方程引论
算子函数论
随机分形引论
随机过程论
平面弹性复变方法（第二版）
光纤孤子理论基础
Ｂａｎａｃｈ空间结构理论
电磁波传播原理
计算固体物理学
电磁理论中的并矢格林函数
穆斯堡尔效应与晶格动力学
植物进化生物学
广义遗传学的探索
水稻雄性不育生物学
植物逆境细胞及生理学
输卵管生殖生理与临床
Ａｇｅｎｔ和多Ａｇｅｎｔ系统的设计与应用
因特网信息资源深层开发与利用研究
并行计算机程序设计导论
并行分布计算中的调度算法理论与设计
水文非线性系统理论与方法
拱坝CADC的理论与实践
河流水沙灾害及其防治
地球重力场逼近理论与中国2000似大地水准面的确定
碾压混凝土材料、结构与性能
喷射技术理论及应用
Dirichlet级数与随机Dirichlet级数的值分布
地下水的体视化研究
病毒分子生态学
解析函数边值问题（第二版）
工业测量
日本血吸虫超微结构
能动构造及其时间标度
基于内容的视频编码与传输控制技术
机载激光雷达测量技术理论与方法
相对论与相对论重力测量
水工钢闸门检测理论与实践
空间信息的尺度、不确定性与融合
基于序列图像的视觉检测理论与方法
GIS与地图信息综合基本模型与算法

中日战争史（１９３１～１９４５）（修订版）
中苏外交关系研究（１９３１～１９４５）
汗简注释
国民军史
中国俸禄制度史
斯坦因所获吐鲁番文书研究
敦煌吐鲁番文书初探（二编）
十五十六世纪东西方历史初学集（续编）
清代军费研究
魏晋南北朝隋唐史三论
湖北考古发现与研究
德国资本主义发展史
法国文明史
李鸿章思想体系研究
唐长孺社会文化史论丛
殷墟文化研究
战时美国大战略与中国抗日战场（1941~1945年）
古代荆楚地理新探·续集
汉水中下游河道变迁与堤防
吐鲁番文书总目（日本收藏卷）
用典研究
《四库全书总目》编纂考
元代教育研究
中国实录体史学研究
分歧与协调
清代财政政策与货币政策研究
“封建”考论（第二版）
经济开发与环境变迁研究
中国华洋义赈救灾总会研究
明清长江流域山区资源开发与环境演变
明清鄂东宗族与地方社会
历史时期长江中游地区人类活动与环境变迁专题研究
国家权力与民间秩序：多元视野下的明清两湖乡村社会史研